N.R.F. *Biographies*

LAURE ADLER

MARGUERITE DURAS

GALLIMARD

Je me fais l'impression d'un somnambule ; c'est comme si fiction et vie se mêlaient.

En écrivant beaucoup, j'ai fait de ma vie la vie d'une ombre ; j'ai le sentiment de ne plus me déplacer sur terre mais de flotter sans pesanteur dans une atmosphère qui n'est pas faite d'air mais de ténèbres. Si la lumière pénètre dans ces ténèbres, je tomberai écrasé.

August Strindberg,
Correspondance.

AVANT-PROPOS

Un livre, *Un barrage contre le Pacifique*, a été au départ de mon aventure. Je l'avais découvert parmi les volumes fatigués de ce qu'il serait abusif de nommer la « bibliothèque » d'une maison de location. Il n'avait pas eu droit lui-même à d'autre sort que les romans de gare qui traînaient là, brûlés par le soleil de la plage ou délavés par les averses des nuits à la belle étoile. Je n'avais pas eu de mal, évidemment, à porter mon choix sur lui. Mais j'ai toujours eu le sentiment qu'en fait il m'attendait. Je venais, cet été-là, de subir l'une de ces épreuves personnelles dont on pense ne jamais pouvoir se remettre. Je peux témoigner qu'un livre, substituant son temps au mien, l'ordre de son récit au chaos de ma vie, m'a aidé à reprendre souffle et à envisager le lendemain. La détermination sauvage, l'intelligence de l'amour manifestées par la jeune fille du *Barrage* y furent sans doute pour beaucoup, et, de retour à Paris, j'ai voulu l'écrire à Marguerite Duras.

C'était il y a quinze ans. Deux jours après que j'eus déposé ma lettre rue Saint-Benoît, Marguerite m'appelait. Elle voulait me voir. Pour parler, disait-elle. J'ai hésité, je dois le dire, à franchir le pas de la rencontre. Ce qu'un livre peut donner, la fréquentation de son auteur risque, on le sait bien, de le reprendre... Et puis surtout, Marguerite Duras rassemblait à cette époque autour de son nom tout un petit cercle d'inconditionnels, propagateurs zélés d'une doxa où s'égarait certainement la vérité de l'œuvre au profit d'une hagiographie complaisante qu'elle-même entretenait.

L'univers de Duras, comme beaucoup de mes contemporaines, je le connaissais peu. Des images d'Inde pourrissante se confondaient avec celles de villages d'Indochine à la tombée de la nuit. C'était cela Duras à l'époque pour moi, l'évocation de ce court moment qui clôt le jour, où les aspérités du monde s'effacent dans la grisaille du crépuscule, où l'effroi et la violence semblent désarmés, mais rôdent encore dans l'ombre. À cette heure, qu'on nomme entre chien et loup, tous les coups sont permis. Les lumières blanches des grandes villas coloniales ne sont pas encore allumées et les ténèbres pas encore assez épaisses pour que s'y engloutissent les vagabonds et les prophètes de malheur.

À cette heure-là, les petites filles doivent rester chez elles. À cette heure-là, une fois, il y a très longtemps, une petite fille qui n'a même pas eu à enfreindre la loi maternelle est sortie de chez elle, et derrière elle, dans le noir, une mendiante a surgi en vociférant. La petite fille a couru, couru. Elle n'a jamais, depuis, repris son souffle. Jusque très tard dans sa vie, ces cris n'ont cessé de retentir dans sa mémoire.

Je n'en menais pas large quand je sonnai rue Saint-Benoît. Non, je n'avais pas révisé Duras, mais elle m'intimidait. Sa voix, son style, ses éclats avaient contribué à créer une légende Duras où la curiosité un peu malsaine pour le personnage le disputait à l'admiration pour l'écrivain. Je dus constater que j'avais tout faux. Marguerite m'ouvrit la porte, m'entraîna dans la cuisine, prépara le café. La gaieté dans les yeux : ce fut la première impression. Une formidable énergie, rieuse. L'impression ne se démentira pas au cours de l'enquête : ses amis les plus proches, échelonnés tout au long de ses différentes vies (car elle en eut plusieurs avec des amis différents, des choix d'écriture contrastés, des croyances idéologiques variées qu'elle cloisonna soigneusement), à l'évocation de son souvenir disent tous : ce qui reste de Marguerite, c'est son rire. Le rire malicieux, enfantin, le rire communicatif de l'amitié, le rire de la moquerie, voire parfois celui de la méchanceté. Marguerite riait de tout, de toutes et de tous, et à l'occasion d'elle-même. Ce jour-là aussi elle a beaucoup ri en parlant de son enfance, de son petit frère, en commentant les photographies accrochées près de son miroir. Je me souviens qu'elle me parla également de sa mère et de ses aventures avec son fils.

On a continué à se voir de temps en temps. À se parler au téléphone surtout. Marguerite était spécialiste des coups de fil au milieu de la nuit. À chaque sortie de livre, elle était anxieuse comme une petite fille et quémandait gauchement ou péremptoirement votre avis. La maladie nous a séparées. Elle se repliait sur elle-même, gardée, protégée par un homme qui l'aimait. Je n'ai jamais été une amie ; plutôt quelqu'un qu'elle « aimait bien », c'étaient ses termes, quelqu'un avec qui elle aimait de temps à autre parler de tout et de rien, de cuisine comme de cinéma, de littérature, de mode, de faits divers, de politique, comme ça, sans prétention, avec le côté flottant et agréable de la conversation. Elle aimait les enfants à la folie. Ma fille Léa est née avec des cheveux noirs et des yeux bleus le lendemain de la publication de son livre intitulé *Les yeux bleus cheveux noirs*. Elle y a vu un signe. Puis le temps a effiloché nos rapports sans jamais les rompre. Le succès de *L'amant* l'a prise au piège de la notoriété. Elle n'a plus parlé comme avant ; elle s'imitait, parlait d'elle à la troisième personne, sans s'apercevoir qu'elle fournissait leurs meilleurs arguments à ses détracteurs. Les ricaneurs ne se comptaient plus, qui ne la lisaient plus, à supposer qu'ils l'eussent jamais lue. Peu importait. On tenait là l'effigie pathétique d'une intelligentsia grotesque et décadente. Après la saison de l'adoration, vint le temps où il était de bon ton de vouer Duras aux gémonies.

La maladie l'a de nouveau éloignée des autres, mais pas d'elle-même, c'est-à-dire de son désir d'écrire. Ses premiers mots, au sortir d'un coma de neuf mois, furent pour demander des corrections sur la page du manuscrit interrompu. Elle, la petite fille élevée dans des écoles françaises en Indochine, où l'enseignement se faisait en vietnamien et en français, restait, au soir de sa vie, profondément fière d'avoir obtenu des notes exceptionnelles à son certificat d'études. « J'étais la première de toute l'Indochine », me confiera-t-elle gravement, avec l'orgueil encore vivace de l'enfance qui lui faisait briller les yeux. « Tu te rends compte. Les gens disaient mais d'où elle sort cette petite ? » Cette petite fille sauvage et maigre que les bourgeoises de Saigon montraient envieusement à leurs enfants, tant elle brillait en orthographe et en grammaire, n'a cessé ensuite, progressivement, de malmener notre langue, d'en perturber les règles, inventant par là un univers où les mots et leur place dans la phrase conduisent le plus vite, et apparemment le plus simplement du monde, à la pureté du sens.

Ça parle Duras. Ça parle en nous souvent — et pour nous, quelquefois, secrètement. En tout cas, elle en donne l'impression. Chez Duras — littérature et cinéma confondus — le voyeur-lecteur est roi. Elle lui donne de l'émotion soustraite, pour l'essentiel, à la part de l'interdit et des sensations fortes puisées dans les zones les plus secrètes, les plus obscures. On lui a beaucoup reproché son égotisme, son narcissisme, son amour dévorant d'elle-même. Dès la publication de son premier livre, Marguerite Duras a cru en son propre talent. Très vite, elle s'est prise pour un génie. Elle a édifié elle-même sa propre statue. Dans les vingt dernières années de sa vie, elle parlait d'elle en s'appelant Duras. Elle ne savait plus très bien qui elle était, qui était cette Duras qui écrivait. Obligée de se relire, elle note, en marge d'un cahier inédit, peu de temps avant de mourir, de sa petite écriture fine et serrée : « Ça c'est du Duras ? » « Ça ne ressemble pas à du Duras. »

Qui était vraiment Marguerite Duras ? Malicieuse Marguerite, qui a pris tant de masques, et qui s'est amusée, au fil du temps, à brouiller les pistes et à cacher certains épisodes de sa vie. Celle qui fut une experte de l'autobiographie, une professionnelle de la confession, a réussi à nous faire croire à ses propres mensonges. Marguerite Duras, dans ses dernières années, croyait plus à l'existence des personnages de ses romans qu'aux amants et amis qui l'ont accompagnée. Chez elle, le mot même de vérité est sujet à caution et la réalité si mouvante qu'elle en devient hors d'atteinte. Comme l'une de ses héroïnes préférées, Emily L., Marguerite Duras vivait sur un bateau. Autour d'elle, la tempête faisait rage. Tout tangue, en effet, quand on tente de découvrir qui elle était. Les seuls moments d'accalmie sont ceux où elle écrit. Elle fait enfin corps avec elle-même : « Je sais que quand j'écris, il y a quelque chose qui se fait. Je laisse agir en moi quelque chose qui, sans doute, procède de la féminité... c'est comme si je retournais dans un terrain sauvage * [1]. »

Il y a, d'un côté, la vie de Marguerite Duras telle qu'elle l'a vécue et, de l'autre, celle qu'elle a racontée. Comment distinguer la vérité de la fiction, des mensonges ? Elle a voulu, au fil du temps, reconstruire sa vie par l'écriture et faire sienne cette biographie. Ce livre tentera de démêler les différentes versions, et de les confronter sans avoir la prétention de dire la vérité sur un personnage qui aimait tant se dérober. Il essaiera de mettre en lumière les zones d'ombre qu'elle-même a mises en scène avec tant de talent : la relation avec le jeune homme chinois à la fin de l'enfance, son attitude pendant la guerre et à la Libération, ses passions amou-

* Les notes sont regroupées en fin de volume, p. 593.

reuses, littéraires et politiques. Car la vie de Marguerite est aussi celle d'une enfant du siècle, d'une femme profondément engagée dans son temps et qui en a épousé les principaux combats.

Dans un carnet intime retrouvé après sa mort, sur une feuille arrachée, elle a écrit : « Les gens qui disent ne pas aimer leurs propres livres, s'il y en a, c'est qu'ils n'ont pas surmonté l'attrait de l'humiliation... J'aime mes livres. Ils m'intéressent. Les gens de mes livres sont ceux de ma vie. » Marguerite Duras ne savait plus quand elle avait décidé de devenir écrivain. Cela se perdait dans la nuit des temps, disait-elle, mais c'était sans doute à la fin de l'enfance. « Je n'ai jamais écrit, croyant le faire, je n'ai jamais aimé, croyant aimer, je n'ai jamais rien fait qu'attendre devant la porte fermée. » Il faut prendre au pied de la lettre ces phrases de *L'amant*.

Les portes resteront fermées au biographe. Quand j'ai demandé à Marguerite Duras, à l'automne 1992, si elle acceptait que j'écrive sa biographie, elle a haussé les épaules, m'a renvoyée à ses livres, m'a offert un café puis m'a parlé d'autre chose : ce jour-là, c'était de politique. À l'époque un livre sur elle [2] devait être publié et elle tentait d'en différer la sortie. Je n'ai compris que plus tard la hargne et la colère qui l'animaient. Duras détestait qu'on aille fouiller dans sa vie, haïssait par principe l'idée que quelqu'un d'autre qu'elle-même écrive sur elle. Ce n'était pas par hasard qu'elle avait dissimulé si savamment certains épisodes de son parcours. Interdit donc d'entrer. Duras elle-même avait si patiemment construit son propre personnage, que je compris qu'il était vain d'attendre qu'elle donnât son acquiescement. J'ai suivi ses conseils. J'ai acheté ses premiers livres. La lecture de l'œuvre par ordre chronologique suscitait de nombreuses questions tant biographiques que littéraires. Je suis retournée la voir. Tant de questions se bousculaient en moi que je suis restée muette. C'est elle qui a commencé à parler cet après-midi-là. Elle m'a montré une photographie de son petit frère épinglée au-dessus de son bureau et puis elle est partie très loin... De sa voix rauque et inimitable, dans sa langue cassée, elle m'a parlé de l'Indochine, de son enfance, des trahisons qu'elle avait subies tout au long de sa vie, et de la peur surtout, cette peur qui ne l'a jamais quittée.

Marguerite Duras a souffert très fort au cours de son enfance et de son adolescence. Cette souffrance explique peut-être sa capacité de révolte. Elle n'a jamais cessé d'être une femme révoltée, indignée, une pasionaria de la liberté. Liberté politique mais aussi liberté sexuelle. Car si elle fut, bien sûr, l'écrivain de l'Amour, elle fut aussi une militante de la cause des femmes et l'avocate passionnée du plaisir féminin. Elle revendiqua sans cesse le droit à la jouissance et fut, tout au long de sa vie, une grande amoureuse. Elle aimait faire l'amour et a su exalter la force de l'amour, la jouissance, l'abandon, l'exultation de l'amour. Elle en a exploré les limites et vampirisé les énergies : la quête de l'absolu comme recherche du plaisir. Elle disait qu'elle n'y pouvait rien, qu'elle était faite pour ça. Souvenez-vous dans *L'amant* : « J'avais en moi la place du désir, j'avais à quinze ans le visage de la jouissance et je ne connaissais pas la jouissance. » Duras restera à la merci du désir jusqu'à sa mort. Le désir fut sa ligne de conduite. Ne jamais le laisser s'échapper, fût-ce au prix de reniements, ou de grandes souffrances. « Il n'y avait pas à attirer le désir. Il était dans celle qui le provoquait ou il n'existait pas. Il était déjà là dès le premier regard ou bien il n'avait jamais existé. Il était l'intelligence immédiate du rapport de sexualité ou bien il n'était rien [3]. »

J'ai donc commencé ce travail du vivant de Marguerite Duras. Nous avons eu plusieurs entretiens. Déjà la maladie de la mémoire la tenaillait. Il y avait des jours avec et des jours sans. Des jours pleins d'enfance, de souvenirs de sa jeunesse d'étudiante au Quartier latin, d'analyses profondes de quelques livres d'elle qu'elle aimait encore car elle commençait à déprécier son œuvre, et puis de tristes jours, où la complaisance, le narcissisme et le ressassement de certaines haines empêchaient le dialogue. Mais il y avait la gaieté, la formidable gaieté de Marguerite qui, par moments, éclatait de rire, et ce rire balayait tout, effaçait les rancœurs et la rendait de nouveau attachante. J'ai vite compris qu'elle n'était pas l'archiviste d'elle-même, l'éternelle pleureuse d'une enfance saccagée, la théoricienne intransigeante de ses différentes écritures.

C'est ailleurs qu'il fallait chercher. Dans les archives des bibliothèques coloniales, dans l'imprégnation sensuelle de certains paysages, dans la force que possèdent les lieux qu'elle a su habiter, dans l'évocation d'un passé partagé par d'anciens compagnons de route, dans des textes inédits restés au rebut, dans des carnets intimes, oubliés parmi des recettes de cuisine, dans des journées entières passées à écouter celles et ceux avec qui elle a partagé sa vie, ses amours, ses illusions.

Ils furent nombreux à accepter de jouer, pour elle, au jeu de la vérité. Certains sont devenus, en chemin, des amis. Qu'ils en soient tous ici de tout cœur remerciés. Mais ce travail n'aurait pu être mené à bien sans l'aide précieuse de quatre personnes en particulier : Jean Mascolo, le fils de Marguerite, qui a accepté de me confier les archives inédites ; Dionys Mascolo, son père, le compagnon de Marguerite qui m'a communiqué ses carnets et sa correspondance ; Monique Antelme, qui m'a soutenue et aidée tout au long de ce travail ; Yann Andréa enfin qui fut, entre Marguerite et moi, un messager attentionné. C'est lui qui transcrivait, dans les derniers mois, ce qu'elle disait. Des réponses, par exemple, à des questions que je lui posais sur l'écriture. Dans l'une d'elles, la dernière que j'ai reçue, elle disait qu'un livre n'a rien de mystérieux, que, dans la vie, il n'y a pas de secret.

Des secrets pourtant demeurent. Certains, je l'espère, seront élucidés, même s'il subsiste, malgré l'enquête, la multiplicité des témoignages et la découverte d'archives inédites, une part d'ombre et de mystère. Marguerite Duras échappe encore aujourd'hui. C'est peut-être mieux ainsi. La biographe, quelquefois, ne pourra faire que des hypothèses. Au lecteur de trouver la vérité. Comme dans ses livres où il manquait toujours des pièces au puzzle, il subsiste des trous, des manques.

Une biographie de Marguerite Duras ? Elle avait prévenu : ce qu'il y a dans les livres est plus véritable que ce que l'auteur a vécu. Elle disait aussi : « L'histoire de ma vie n'existe pas. Ça n'existe pas. Il n'y a jamais de centre. Pas de chemin, pas de ligne. Il y a de vastes endroits où l'on fait croire qu'il y avait quelqu'un, ce n'est pas vrai il n'y avait personne[4]. » Pendant longtemps, en effet, il n'y eut personne. Sinon un élément dans un magma familial animé de tensions dégénérant en violences. C'est le désir d'écrire qui la fondera comme individu ayant un rôle à jouer dans le monde, et c'est l'écriture qui lui donnera son nom : Duras.

Avant de mourir, elle avait enfin autorisé le transfert de toutes ses archives personnelles à l'Institut de la mémoire de l'édition contemporaine. Elle prétendait ne garder que peu de choses. Mais comme les fleurs fanées qu'elle conservait en les faisant sécher, Marguerite Duras collectionnait, pêle-mêle, des traces de son passé. Seize cartons arrivèrent à l'IMEC, rue de Lille ! Publications, épreuves corrigées, articles de presse du monde entier ; mais aussi des scripts, des scénarios, les différentes versions de ses textes, des dessins gribouillés, des cahiers d'écolier de son fils, des livres d'images récupérés dans les poubelles du quartier, des recettes de cuisine recopiées, réinventées, des inédits, des photographies annotées au verso, des projets abandonnés, les manuscrits de *L'amant*, les cahiers bleus de *La douleur*, des carnets intimes, des feuilles volantes arrachées à la nuit. Dont celle-ci, non datée, qui sonne comme un avertissement : « Je ne dis rien à personne. Rien de ce qui traverse ma vie, la colère et ce mouvement fou du corps vers le plaisir, ce mot sombre, caché. Je suis la pudeur, le silence le plus grand. Je ne dis rien. Je n'exprime rien. De l'essentiel rien. Il est là, innommé, inentamé. »

CHAPITRE I

LES RACINES DE L'ENFANCE

L'ordre chronologique donc. Il sera bousculé à l'occasion. La vie de Marguerite est pleine d'accidents, de ruptures, d'exaltations soudaines, d'emportements passagers. Mais la terre maternelle, le territoire d'origine, le véritable lieu d'enracinement de son être restera jusqu'à la fin de sa vie l'Indochine coloniale. C'est même devenu un cliché, les splendeurs vénéneuses de Saigon la captive, le mystère de la ville chinoise brasseuse de vices interdits, les allées de tamariniers au somptueux tapis de fleurs d'un rose passé, les femmes blanches épuisées par la chaleur, qui réservent leurs ardeurs amoureuses pour les vacances en Occident, les congaïs ravissantes courtisées par les Blancs, méprisées par les Blanches. Marguerite Duras, au fil du temps, est devenue l'ambassadrice d'une Indochine perdue.

Elle m'avait dit : « Tu ne trouveras rien au Vietnam. Yann va t'emmener sur les bords de la Seine, à trente kilomètres de Paris, là où elle fait une boucle et où les feuilles font un lit sur la rive et où la terre devient spongieuse. C'est pas comme le Mékong. C'est le Mékong. »

Je sais, Marguerite : tout est partout. Pas la peine d'aller chercher ce qui est là. Calcutta, les lauriers-roses, Savannakhet, Sadec, tous ces noms tourbillonnent dans la mémoire. Il y a des cartes géographiques dans *India Song*, mais peu importe la vérité des lieux, la réalité des distances.

Je suis allée au bord de la Seine. J'ai fermé les yeux. Ça n'a pas marché. L'automne était déjà là, le crachin empêchait la lumière, les détritus interdisaient d'imaginer un ailleurs.

Saigon, été 1996. En face de l'hôtel Continental un petit garçon vend dans une boîte en bois des photocopies blanchies et mal collées de *Sur la route mandarine* de Roland Dorgelès et de *L'amant*. Dorgelès n'a pas droit à sa photo sur la fausse couverture. Marguerite si. Chapeau de feutre cabossé, regard nostalgique. Quelque chose ne colle pas. Il faut acheter le livre pour constater que non ce n'est pas elle, mais l'actrice du film *L'amant* qu'on a pu voir ici au Vietnam l'année d'avant mais censuré des scènes dites érotiques. Depuis, des cassettes prétendues « intégrales » ont été vendues par milliers sur le marché parallèle.

Saigon, donc, aujourd'hui. Hô Chi Minh-Ville. En bas de l'ancienne rue Catinat, les Champs-Élysées des années 20, scintillante de cafés et de boutiques de luxe, des jeunes gens habillés comme les Américains sportifs qu'on voit à la télé — baskets délavées, jeans immensément larges, casquettes de base-ball vissées à l'envers — vendent des ordinateurs japonais après avoir vidé chaque matin dans les égouts les petits rats égarés dans les cages de bambou laissées à cet usage pendant la nuit dans les magasins.

La maman de Marguerite aurait eu bien du mal à vendre son diamant : les rares bijouteries sont suisses, blindées, ressemblent à des forteresses avec périmètre de sécurité. Il faut sonner avant d'entrer ; les caméras de surveillance vous filment. Quand elle était petite — huit, neuf ans —, Marguerite a raconté que sa maman l'emmenait à l'Eden Cinéma, à l'époque le grand cinéma de Saigon situé dans un passage, juste à côté du théâtre municipal. Aujourd'hui, le hall de l'Eden Cinéma est transformé en parking de mobylettes. Le cinéma ne projette que des films pornographiques en provenance de Taïwan. L'après-midi, des amoureux viennent s'embrasser sur les sièges en cuir — d'époque — complètement défoncés. La pellicule tourne dans la salle, il n'y a pas de cabine de projection. Ça fait un bruit d'enfer couvert par des cassettes de rap jamaïcain. Quand la nuit tombe, les filles du quartier spécialisé y emmènent leurs clients. La musique à fond la caisse sert à couvrir les ébats.

Beaucoup de choses n'ont pas changé : les allées d'arbres si hauts qu'on ne voit pas le ciel, la splendeur tropicale d'une végétation luxuriante mais savamment ordonnancée, dans ce qui fut le quartier chic de Saigon, les villas coloniales somptueuses, l'odeur des frangipaniers quand le jour baisse, les cris joyeux des enfants marchands de soupe, les lumières aigres de midi, l'humidité des nuits précoces.

« Marguerite Duras est née en Indochine où son père était professeur de mathématiques et sa mère institutrice. À part un bref séjour en France pendant son enfance, elle ne quitta Saigon qu'à l'âge de dix-huit ans. » Laconique, la notice biographique que l'auteur fait figurer dans ses premiers livres ne changera pas au fil du temps.

Sans Dieu la mère.
Sans maître.
Sans mesures. Sans limites, aussi bien dans la douleur qu'elle ramassait partout, que dans l'amour du monde [1].

La mère donc. Sévère, autoritaire, courageuse, les pieds sur terre, le chignon serré, le menton volontaire, le regard droit. Les photographies la montrent ainsi, figée dans la représentation douloureuse de la maternité, plus mère que femme, plus rigide qu'affectueuse. Dans l'album de famille, elle sourit rarement, elle a les traits tirés, se trouve physiquement à côté de ses enfants mais on ne la voit jamais les prendre dans ses bras, sur ses genoux, elle ne fait que les effleurer, et encore à peine [2]. Le père semble abattu, le regard triste, les yeux dans le vague. Marguerite a raconté que sa mère obligeait ses enfants à prendre des photographies. Elles devenaient des preuves d'existence qu'elle envoyait à la famille en France. De ces photographies familiales émane une impression tenace de mélancolie, de destin qu'il faut vaincre.

On le sait, le thème obsédant de l'œuvre de Marguerite Duras sera la mère. Marguerite, fille de sa mère, unique fille de sa mère, sœur de ses deux frères, fille sans père trop tôt disparu. Mais était-elle véritablement fille de son père ? C'est une autre histoire, brouillée, sur laquelle on reviendra.

Il y a donc un couple : une mère et une fille, mais la mère ne veut pas de ce couple-là. Elle l'a déjà son alter ego, à la vie, à la mort : c'est son fils aîné. Marguerite est venue après. Trop tard ? Trop tard en tout cas pour trouver sa place dans la constellation maternelle. Il faudra qu'elle cherche ailleurs. C'est ce qui la sauvera. C'est de cette façon qu'elle deviendra écrivain.

Avant la naissance de la fille, la mère eut une vie. Amours. Mari. Divorce. Une vie déjà bien remplie mais dont elle ne parlait pas. Même Marguerite ignorait la vie antérieure de la mère.

J'ai eu cette chance d'avoir une mère désespérée d'un désespoir si pur que même le bonheur de la vie, si vif soit-il, quelquefois, n'arrivait pas à l'en distraire tout à fait. Ce que j'ignorerai toujours c'est le genre de faits concrets qui la faisaient chaque jour nous quitter de la sorte[3].

Marguerite n'en connaissait que des fragments, récits de misère de l'enfance dans le Pas-de-Calais, dureté de l'existence matérielle, absence d'espoir, difficultés d'échapper à la condition de femme de paysan. « D'abord, c'était une paysanne, elle, elle était d'origine paysanne, elle avait été une paysanne », dira Marguerite à Michelle Porte[4]. Famille maternelle pauvre, très pauvre, me dira-t-elle en insistant.

Les mères racontent toujours à leurs filles que, de leur temps, quand elles étaient petites, la vie était plus dure. Marie Adeline Augustine Josèphe Legrand est née le 9 avril 1877 à Fruges, comme l'atteste son extrait de naissance. Ses parents, Alexandre et Julie, se sont mariés jeunes, eux aussi, à Fruges. Julie avait vingt et un ans, Alexandre vingt-huit, à l'époque il était négociant. Les deux témoins de leur mariage sont originaires de Fruges, l'un est le frère de Julie. Il s'appelle Augustin Dumont, il est marchand. Marie est une enfant de l'amour et la première d'une grande lignée. Mais le père perdra vite son travail, la famille quittera Fruges pour Bonnières et le malheur s'abattra sur elle. La mère s'occupera des enfants, le père se retrouvera sans travail, vivotant à Bonnières. Marie racontera à sa fille Marguerite la fratrie nombreuse, les fins de mois difficiles, l'espoir et la passion qu'elle mettra, dès l'enfance, dans l'instruction. Mot capital, idéal de vie auquel elle ne dérogera jamais, modèle d'existence mais aussi moyen de faire basculer son destin. Car Marie aimait apprendre. Elle aimait tant apprendre qu'elle décida de devenir institutrice, ce qui lui permit, jeune femme, de rompre avec sa famille du Nord pour partir pour l'Indochine, avec peut-être une escale dans le Lot-et-Garonne.

Marie entra donc comme élève, puis comme élève maître à l'école normale d'instituteurs de Douai. Elle devint institutrice à l'école de Rexpoede puis à Dunkerque. Les registres administratifs des débuts de la carrière de Marie Legrand n'en disent pas plus. Elle sera nommée, le 10 mars 1905, institutrice provisoire à l'école municipale des jeunes filles de Saigon. Pourquoi le départ en Indochine ? L'extrait d'acte de son second mariage avec le futur papa de Marguerite permet de donner une piste : l'un de ses deux témoins, Gustave André Cadet, médecin major à l'artillerie coloniale âgé de trente-huit ans, et résidant en Cochinchine, est un « cousin de l'épouse ». Marie a-t-elle été attirée par les propositions de Gustave ? A-t-elle voulu quitter sa terre d'enfance pour, comme on dit, recommencer sa vie au loin et repartir de zéro ?

Car Marie Legrand s'est mariée une première fois avec un jeune homme de son village qui devint commerçant. Firmin Augustin Marie Obscur épousa en premières noces Marie Legrand, à Fruges, le 24 novembre 1904. Six mois plus tard, elle se retrouvait à Saigon. Pourquoi ? Comment ? On sait seulement qu'elle quitte un mari qui mourra en France deux ans plus tard et qu'elle ne reverra jamais. C'est donc une femme seule, non divorcée, approchant de la trentaine, qui débarque en Indochine pour y enseigner. Elle prend son poste dès le lendemain de son arrivée en Cochinchine. Henri Donnadieu, jeune directeur de l'Instruction publique, plutôt fringant et beau garçon, bien sous tous rapports, tombera éperdument amoureux de Marie Obscur très peu de temps après son arrivée à Saigon. Marie apprendra son veuvage par courrier. Son futur mari vivra l'agonie de sa première femme à Saigon, épaulé moralement par celle qui deviendra sa seconde épouse. Marguerite est donc le fruit de l'union de deux jeunes veufs.

Se sont-ils rencontrés avant ? Rien ne permet de l'affirmer, même si certains habitants du village de Duras affirment encore aujourd'hui que Marie Legrand serait passée dans la région avant de partir pour Saigon. Dans le pays du père, on raconte qu'ils s'y seraient connus au cours d'un remplacement que Marie aurait fait et qu'elle serait partie secrètement pour le rejoindre. Dans *Outside*, Marguerite racontera que monsieur l'inspecteur, au cours d'une tournée à Dunkerque, après avoir visité sa classe, lui demanda sa main. Sa main sûrement pas. Henri était casé. Mais son amour certainement. L'a-t-elle rejoint ou l'a-t-elle rencontré là-bas ? Toujours est-il que ce fut le coup de foudre. Mais Henri était marié avec Alice, une amie d'enfance, sans profession, et mère de deux enfants.

Quand la liaison commence-t-elle ? Manifestement assez vite si l'on en juge par les lettres de dénonciation conservées dans les dossiers administratifs du ministère des Colonies.

Marie était-elle l'amie d'Alice ou l'amante du mari ? Alice tomba gravement malade et Marie resta à son chevet jusqu'à sa mort. On entend encore les commentaires sarcastiques, les réprobations vives, les jugements définitifs sur le nouveau couple qui fit scandale dans la bonne petite bourgeoisie blanche saigonnaise.

Car Marie et Henri s'installent ensemble. Puis ils décident de se marier. À toute vitesse. Les secondes noces se sont déroulées très vite, trop vite pour certains, après la mort d'Alice. Le marié était en noir. Les convenances n'ont pas été respectées. Cinq mois séparent l'enterrement d'Alice du mariage d'Henri Donnadieu, âgé de trente-sept ans, directeur de l'école normale de Gia Dinh en Cochinchine, avec Marie Legrand.

Les ennuis ont commencé tôt dans la famille. Lourds secrets dont Marguerite ne sera pas totalement préservée pendant la petite enfance. Marguerite se doutait que sa mère était, pour reprendre son expression, « impure » avant ses trois enfants. Sa mère lui donnera en effet quelques os à ronger quand elle deviendra jeune fille : le nom de son premier mari par exemple, M. Obscur. Elle en riait, la mère, d'avoir été la veuve Obscur. La fille a bien caché le premier nom de la mère, pour mieux le livrer, mine de rien, dans son livre le plus lu, *L'amant*.

> Quand elle a vu le diamant elle a dit d'une petite voix : ça me rappelle un petit solitaire que j'ai eu aux fiançailles avec mon premier mari, je dis Monsieur Obscur. On rit. C'était son nom, dit-elle, c'est pourtant vrai.

Firmin Augustin Marie Obscur. Décédé à Amélie-les-Bains le 5 février 1907. De quoi ? L'histoire ne le dit pas. Quelquefois les critiques littéraires compliquent à souhait et obscurcissent (c'est le cas de le dire) les motivations des écrivains : ainsi n'en déplaise à l'éminent analyste littéraire de l'excellente revue *Critique* qui a vu dans l'invention par Marguerite Duras de ce nom qu'il trouve ridicule, Obscur, un refus total de la filiation dans son œuvre[5]. Non, M. Obscur existe, il a aimé la maman de Marguerite et il est mort très jeune, seul. On n'en saura pas plus sur M. Obscur. Il ne nous reste qu'un nom dans les archives de l'administration ainsi que des photographies de la mère, du temps où elle s'appelait Marie Obscur. Elle semble très gaie, elle est très jolie, elle a un air rieur, une bouche mutine, les cheveux bouclés. C'est indéniablement une jeune femme attirante, séduisante.

Une photographie de Marie et d'Henri au début de leur mariage les montre unis, proches, regardant comme les vrais amoureux dans la même direction. Marie a encore sa chevelure mousseuse, les yeux maquillés, la bouche fardée. Elle dégage encore le parfum de séduction de Mme Obscur. La coquetterie de la mise, la collerette en dentelle (que Marguerite réutilisera dans *Savannah Bay*) le prouvent. Elle possède le regard des femmes captives, amoureuses, désireuses de bonheur conjugal.

Henri était un bel homme. De très rares documents subsistent : une photographie, une seule, que Marguerite a possédée et qui est restée longtemps punaisée dans l'entrée de l'appartement de la rue Saint-Benoît. « Mon père je ne l'ai pas connu. Il est mort j'avais quatre ans. Il a fait un livre de mathématiques avec les fonctions exponentielles que j'ai perdu. Tout ce qui me reste de lui, c'est cette photographie et une carte postale écrite par lui à ses enfants avant de mourir[6]. »

« Cheveux châtain clair, yeux châtains, front découvert, long nez, visage ovale », précise la fiche de la visite médicale à l'armée avant son incorporation en 1915. Dans les cartons de la bibliothèque des Archives d'outre-mer sont conservés nombre de documents administratifs et militaires permettant de reconstituer l'itinéraire du père. Il fait ses classes à l'école normale d'Agen, est nommé instituteur en 1893 au Mas-d'Agenais, puis à Marmande et à Mézin. Il cesse ses fonctions en France le 15 septembre 1904. Il arrive donc en Cochinchine en 1905 avec Alice. Ils ont deux enfants, tous deux nés à Mézin, Jean le 8 juin 1899, Jacques le 27 juin 1904. Des correspondances familiales permettent d'établir que Jacques était à Saigon quand sa mère est tombée malade, et qu'il resta avec son père après la naissance du premier fils de Marie, Pierre. Après la mort du père, les relations s'envenimèrent entre la mère de Marguerite et la famille Donnadieu, à cause de sombres histoires d'argent sur lesquelles nous reviendrons.

Mais Marguerite qui a construit une grande partie de son œuvre sur sa saga familiale, une mère veuve, pauvre, solitaire, deux frères (un méchant, un gentil) et elle, la dernière, la petite, a délibérément occulté ses deux demi-frères dans son univers romanesque et dans sa vie. On raconte encore aujourd'hui dans la commune de Duras que Marguerite, venue en décapotable un été au début des années 60 et s'arrêtant pour prendre de l'essence à la station que possédait son demi-frère Jean, aurait dit à l'employé parti le chercher dans le village d'à côté : « Je n'ai pas le temps d'attendre. » Jean, élégant et puissant, président de la Fédération nationale de la chasse, concessionnaire riche, homme affable et généreux, a laissé un souvenir vivace dans la région de Duras. Les femmes, particulièrement, s'en souviennent et disent qu'il avait un port de prince et était extrêmement fier de sa demi-sœur. Jacques, le cadet, s'établira lui aussi comme garagiste dans la patrie de son père avant de s'installer dans le Sud. Quand on sait que Paul, celui que Marguerite appelait son petit frère adoré, avait deux passions véritables dans la vie : le démontage des moteurs de voiture et le maniement de la carabine, on comprend mieux l'amour immodéré, violent et tenace qu'eut Marguerite tout au long de son existence pour les voitures, toutes les voitures, mais surtout les plus grosses, les plus rapides. Péché de famille...

Si du côté Donnadieu on aimait la mécanique, du côté Legrand on vénérait l'instruction. De ce choc des deux cultures familiales naîtra peut-être chez Marguerite Duras cette manière à la fois matérielle et intellectuelle de considérer l'écriture non comme un don ou comme une inspiration, mais comme un travail, un labeur, une activité somme toute banale consistant à assembler des mots. Quand Marguerite publiera enfin, et non sans mal, son premier roman, *Les impudents,* elle le dédiera « à mon frère Jacques D. que je n'ai pas connu ».

La mère de Marguerite déploiera des efforts considérables pour constituer une nouvelle famille au détriment quelquefois de ses beaux-fils. Le sort s'acharnera contre elle avec tant de cruauté qu'il semble cependant difficile de la taxer de manque de générosité. Elle décida de sauver ses enfants de la misère, quitte à avoir parfois tendance à oublier ses obligations financières et morales vis-à-vis de ses beaux-fils quand elle devint veuve.

La nouvelle Mme Donnadieu, à l'inverse de la première, douce et gentille, n'était guère aimée dans la communauté blanche de Cochinchine. Henri Donnadieu jouissait d'un beau poste, d'une situation enviable, et elle, à peine débarquée, s'était fait épouser sans respecter les délais de veuvage et sans jouer à la belle-mère éplorée.

Marmande le 21 avril 14

Monsieur le Ministre,

Comment pouvez-vous garder à la tête de l'école supérieure à Saigon ce Donnadieu de si mauvaise réputation, de si triste mentalité ? Cet homme a laissé mourir sa femme mystérieusement à Saigon entre les mains de sa maîtresse et il y a eu un scandale, la maîtresse était enceinte, il fallut que la femme disparaisse et la mère est devenue Donnadieu quelques jours après sa mort, alors les menaces de révélation ont pris fin.

Quelle humiliation pour ces braves professeurs d'être sous les ordres d'un si sale personnage.

Ici à Marmande il a eu de très mauvaises fréquentations, une accoucheuse de sa parenté, spécialisée dans l'avortement, il l'a fait venir à Saigon. Surveillez tout ce monde-là de très près.

Respectueuses salutations.

Le ministre des Colonies a conservé cette lettre, signée d'une femme de la région de Duras, et l'a transmise au service du personnel pour classement ultérieur. Rancœurs d'une femme qui voulait se venger ? Sinistre délation ? Le premier enfant de Marie ne naquit qu'un an après le mariage. N'en déplaise à cette dame les convenances furent, cette fois-là, respectées. Le couple eut trois enfants en quatre ans.

Les responsabilités clouent au sol. Le bonheur ne va pas. Ne va pas avec la liberté. L'épreuve de la liberté est sans doute la plus dure de toutes mais il s'agit d'un autre et terrible bonheur quand on parle des gens seuls, c'est aussi là, dans ces couples qui se disent heureux, stables, qu'on les trouve. Il y a des enfants[7].

La famille Donnadieu appartient à l'étroite communauté blanche, petite-bourgeoise, de Gia Dinh, faubourg tout proche de Saigon. Gia Dinh signifie en chinois « tranquillité parfaite ». Marguerite est née là, ainsi que ses deux frères. Gia Dinh occupe un territoire compris entre la rivière de Saigon et le Mékong. Terres alluvionnaires, immensité des rizières d'un vert tendre coupé par le vert foncé des palmes de cocotiers. Ici on se demande où commence la terre. Blancheur d'un ciel sans éclat. Champs miroitants de soleil, petites digues entre les rivières, eau qui circule et qui, de temps à autre, devient boue, puis vase qui durcira sous le soleil pour devenir terre où s'accrochent des arbustes misérables. Ici la nature est en devenir perpétuel. Le fleuve peut devenir limon et la mer reculer, la terre redevenir de la boue rougeâtre. Les rives sont bordées de palétuviers dont les marées couvrent et découvrent le réseau compliqué des racines. Terre de labeur, climat épuisant, uniformité des paysages : rouge de la boue, vert des rizières. Taches de couleur : les fleurs violacées, cachées sous le feuillage des flamboyants, les étendues bleues des jacinthes du Japon. Entourant cette terre-mer, des forêts, de vastes forêts malsaines, fiévreuses, peuplées de bandes de singes, de sangliers, de tigres, de léopards, de chats-tigres et d'ours des cocotiers. Sans oublier les légions de rats et autres espèces du même genre. L'éléphant se montre rarement, le rhinocéros au début de ce siècle commence à disparaître de la région, mais les parcs à crocodiles abondent. La queue de crocodile grillée est un plat d'ailleurs très prisé et assez peu onéreux puisque les crocodiles remis dans l'eau refont tranquillement et rapidement leur queue.

> Dehors, à perte de vue les rizières. Le vide du ciel. La chaleur blême. Le soleil voilé. Et partout les petites routes pour les charrettes à buffles conduites par des enfants [8].

Comment et pourquoi Henri Donnadieu puis Marie Legrand sont-ils partis pour l'Indochine ? Marguerite racontera une histoire d'affiches vantant les bienfaits de la colonie, l'appel du large, le désir d'aventure, la certitude de mieux gagner sa vie. « Certains dimanches, à la mairie, elle rêvait devant les affiches de la propagande coloniale : " Engagez-vous dans l'armée coloniale. " " Jeunes allez aux colonies, la fortune vous y attend [9]. " » Dans la région d'Henri, région de commerce et d'influences diverses, c'était une tradition à la fin du siècle dernier que de tenter l'aventure quand on était jeune et bien portant. Pour Henri, ce départ est synonyme de promotion : de simple instituteur à l'école de Marmande, il devient directeur de l'école normale de Gia Dinh. Il aura sous ses ordres quatre professeurs français et cinq instituteurs indigènes.

Mais l'Indochine au moment où le père de Marguerite y débarque n'est pas encore la belle colonie, ni Saigon la perle de l'Extrême-Orient. Elle le deviendra plus tard, après la fin de la Première Guerre mondiale. Henri avait-il visité la magnifique Exposition indochinoise, en 1900 à Paris, qui vantait les charmes de cette colonie ? Des amis l'ont-ils encouragé à partir ? Je n'ai retrouvé aucune trace de l'explication de son départ ni dans la mémoire familiale ni dans les archives [10]. Marguerite inventera sa version, une version romanesque, littéraire :

> Elle se maria avec un instituteur qui, comme elle, se mourait d'impatience dans un village du Nord victime comme elle des ténébreuses lectures de Pierre Loti. Peu après leur mariage, ils firent ensemble leur demande d'admission dans les cadres de l'enseignement colonial et ils furent nommés dans cette grande colonie que l'on appelait alors l'Indochine française [11].

Peu importe au fond les véritables raisons du départ. Marguerite Duras, au fil de son imaginaire, ne cessera de les réinventer, fabriquant progressivement une véritable mythologie familiale. Ils sont partis. Ils ont coupé avec le monde européen, les traditions familiales étroites, la vie toute tracée et l'absence de destin. Mais ils sont partis séparément.

Marguerite est une enfant de l'Indochine. Jusqu'à la fin de sa vie, elle évoquera ses paysages, ses lumières, ses odeurs. Que serait Marguerite sans l'Indochine ? Serait-elle même devenue Duras ? Dans cette terre natale dont elle fit le foyer de son écriture, dans cette différence sensorielle qu'elle continuera à cultiver, elle ne cessera, jusqu'à sa mort, de se ressourcer. Elle était même devenue physiquement une jeune fille à l'air oriental, à la peau mate, puis une femme aux pommettes saillantes, aux yeux étirés que l'on aurait pu prendre pour une congaï. S'il y eut chez Marguerite, indubitablement, une imprégnation physique de la terre d'Indochine, il y eut aussi une manière d'habiter la langue vietnamienne.

Marguerite adorait son père, elle en parlait souvent, disant de lui — on connaît son goût pour l'exagération et les formules chocs — qu'il était un génie mathématique. Elle avouait à la fin de sa vie qu'il lui avait beaucoup manqué. De lui, elle disait avoir hérité son goût pour la séduction, son humour, et cette nonchalance élégante dans le désir insatiable de se faire aimer.

Henri Donnadieu débarque en Indochine fin 1905. Cette date fournit peut-être l'explication de son départ, car Henri arrive au moment où le système d'instruction, sous l'impulsion du gouverneur général Paul Beau, va se moderniser, tout en s'adaptant au système confucéen d'apprentissage des connaissances. Un nouveau code d'instruction publique pour l'Indochine fut alors rédigé et le ministère informa l'ensemble du corps enseignant par circulaires et affiches que de nombreux postes étaient à pourvoir d'urgence aux colonies. Six mois plus tard, un contingent composé d'éducateurs, d'instituteurs et de fonctionnaires débarqua à Saigon. Parmi eux, Henri.

Dans la petite bibliothèque de sciences humaines de Hô Chi Minh-Ville, non loin de l'élégante rue Catinat, de jeunes étudiantes vietnamiennes viennent, entre deux heures de cours, réviser les langues étrangères, l'anglais et le japonais, mais, hélas, plus le français. À l'heure du déjeuner, la chef bibliothécaire rentre chez elle. Les communications cessent. Si vous persistez à venir tous les jours à la bibliothèque, on vous considérera peut-être comme une habituée et l'on vous fera comprendre discrètement qu'à l'heure du déjeuner, si vous avez vraiment besoin de travailler, vous pouvez exceptionnellement rester. La bibliothécaire ferme à clef derrière vous, poste un chien dans l'entrée et tire la porte. À l'heure de la sieste, bercées par le ronronnement de ventilateurs poussifs, quelques jeunes filles s'allongent sur les bancs de bois rappelant étrangement les meubles des écoles de la IIIe République et s'endorment en souriant. C'est le moment idéal pour explorer la bibliothèque. Au bout d'un petit couloir, en prenant soin de ne pas tirer trop fort le fichier en bois pour ne pas troubler le sommeil des demoiselles, j'ai pu découvrir, soigneusement classées, les archives et monographies de la colonie, rédigées minutieusement par des fonctionnaires sourcilleux, respectueux des vérités administratives, et ayant dressé l'inventaire des gens et des biens. C'est ainsi que l'on peut, avec précision, reconstituer le cadre de vie : quand le père de Marguerite arrive dans son lieu de résidence à Gia Dinh, huit couples mariés blancs, vingt célibataires blancs, douze enfants blancs y vivent. Quant aux « autres », tous les autres, c'est-à-dire les non-Blancs, le rapport n'en précise pas le nombre. Bien sûr, cohabitent des Annamites, des Chinois et « autres Asiatiques ». Mais seuls les Blancs existent en tant qu'individus...

Gia Dinh, avec sa caserne de l'infanterie de marine, son jardin botanique, son orphelinat pour indigènes dirigé par la congrégation des Sœurs de Saint-Paul de Chartres, sa route provinciale numéro deux, qui longe la concession Canavaggio, son tramway à vapeur qui va jusqu'à Saigon en quatre stations en passant par des marchés achalandés, des villages disséminés dans la campagne, des maisons isolées ensevelies sous de hauts manguiers ou protégées par des citadelles de bambuseraie. Ici les villages s'appellent Eau-Tranquille, Pacification, Beauté-Parfaite. Au marché de Vo Vap, on vend de la poudre d'os de vautour pour prévenir les maladies vénériennes et des amulettes contenant des fragments de tibia de singe pour les femmes enceintes. On trouve de tout à Gia Dinh, les meilleurs vins venus de France, des spiritueux de toute l'Europe, du sucre roux et de la farine de blé, du riz italien et des olives grecques. Les premiers Blancs sont arrivés en 1875 pour planter des caféiers. Ils ne sont pas repartis. Cinq ans plus tard, un lieutenant de vaisseau, le bien nommé Espérance, plantera des indigotiers et des vanilliers. Lui aussi est resté. Les hommes se retrouvent le dimanche à l'aube. On chasse le tigre, la panthère, le sanglier avec des chiens, au filet, à l'arc, à dos de buffle avec des dards empoisonnés ou à l'affût. Les femmes se réunissent le dimanche après-midi, à l'heure où le soleil décline à l'horizon des champs de caféiers, et où la lumière si blanche fait moins cligner les yeux, pour prendre le thé.

> Il y en a de très belles, de très blanches, elles prennent un soin extrême de leur beauté ici, surtout dans les postes de brousse... Elles attendent, elles s'habillent pour rien. Elles se regardent [12].

La femme du comptable jalouse la nouvelle épouse du commissaire de police, qui vient de planter trois hectares de vanilliers et cinq de caféiers. Il règne une atmosphère d'aventure. Les Blancs éprouvent le sentiment d'appartenir à une élite qui a su couper les liens avec l'ancien monde, prendre des risques — financiers mais aussi physiques, car la dysenterie et le paludisme rôdent en permanence. Certains espèrent faire des affaires. Ils sont ouvertement encouragés par les autorités coloniales, qui donnent les terres à ces nouveaux colons. La Cochinchine devient un nouveau Far West et, à l'époque, le simple fait de défricher une terre vous constituait propriétaire. Mais le corps des fonctionnaires, qui est pourtant le plus nombreux, se situe au bas de l'échelle sociale. Il est aussi le plus mal payé et peu considéré.

La prise de possession de l'Indochine par la France s'est

accomplie en moins de vingt ans. Émile Bonhoure, dès 1900, estime que l'Indochine constitue déjà pour la France une grande école de colonisation. « Nous y avons fait successivement l'épreuve de tous les systèmes et de toutes les politiques [13]. » La Cochinchine, colonie « annexée », terre française représentée au Parlement, a toujours prétendu à une certaine supériorité sur les autres parties de l'Indochine [14]. Le Français qui débarque bénéficie d'une autorité morale naturelle, héritée de sa race [15]. Chaque Français représente une élite, une « élite de caractère comme d'intelligence, énergie, savoir, bienveillante douceur [16] ». Le colon est un être supérieur, doté d'un cerveau développé, physiquement mieux armé que les populations locales. C'est l'homme dans son plus large épanouissement [17]. Une colonisation bien conduite, formant graduellement les indigènes, était une tâche qui s'imposait aux peuples civilisés [18]. Les idéologues de cette période, hommes politiques, commentateurs, économistes le disent à l'unisson [19]. L'Indochine est un grenier futur de la France, une terre vierge à défricher [20].

La communauté blanche est divisée en de multiples catégories : de très riches planteurs ayant bâti des fortunes rapides sur l'« or vert », l'hévéa notamment, des entrepreneurs fortunés et peu scrupuleux, venus faire du trafic, des hauts fonctionnaires directeurs de l'administration coloniale, des Blancs au revenu moyen, commerçants, enseignants, des petits Blancs pauvres constituant une sorte de lumpenprolétariat [21]. Henri fait partie de cette majorité de fonctionnaires, tentés sans doute par l'aventure, le dépaysement. Les enseignants sont venus sans chercher à faire fortune, car les conditions faites à ces nouveaux arrivants ne sont guère avantageuses. Ils ont signé un contrat avec l'État. Ils doivent, en toute connaissance de cause, le respecter : pas de prime particulière pour le départ, pas d'assurance, en cas de maladie tropicale ou de dépression, de retrouver un poste en métropole. Bref, un aller simple, avec un séjour réglementaire de trois ans au minimum. Les vacances en France — six mois payés à solde entière — sont soigneusement contrôlées. La prolongation du séjour en Indochine donne droit à un congé supplémentaire en France. Fixés en francs, les traitements ne sont pas susceptibles d'être affectés par les changements du cours de la piastre qui permettent l'enrichissement phénoménal de certains aventuriers trafiquants. Le salaire d'un instituteur démarre à 3 000 francs pour plafonner à 7 000 en fin de carrière, celui d'un inspecteur et d'un directeur d'école varie de 3 200 à 7 200 francs. De petites indemnités sont prévues dans les régions dites insalubres, mais l'administration réclame des preuves si difficiles à obtenir que ni le père ni la mère de Marguerite n'en bénéficieront, alors que tous deux souffriront de maladies graves causées par leur environnement et leurs conditions de travail.

Des bateaux des Messageries maritimes en provenance de Marseille, débarquent alors à Saigon, outre des fonctionnaires, de jeunes couples venus des régions déshéritées tenter fortune — beaucoup de Corses (Saigon deviendra rapidement une colonie corse !), des Auvergnats, des Bretons —, des petits commerçants qui rêvent de bâtir des empires industriels, mais aussi de jolies jeunes femmes câlines en quête de protecteurs et, pourquoi pas, de maris, des touristes en transit pour Angkor, des trafiquants d'opium, des écrivains en mal d'exotisme venus vérifier de visu si les dames chinoises de Cholon portent bien des plaques de métal sur leurs ongles afin de protéger leurs griffes, et si l'écartèlement des mamelons chez la jeune Cochinchinoise est bien de dix-neuf centimètres[22].

Henri Donnadieu, lui, arrive avec des discours plein la tête. On lui a fait la leçon avant de partir : diriger une école signifie représenter la France, être le gardien des mœurs et des âmes. Les idéologues laïcs le répètent à l'envi : la véritable prise de possession du pays, progressive et régulière, se fera par l'école. L'instituteur devient un missionnaire laïque. « Ces foyers de civilisation qui s'allument peu à peu sur toute l'étendue dans l'Union sont les plus sûrs garants de l'avenir de la France à cette pointe extrême de l'Orient[23]. » Pour la plupart des colonisateurs, l'école demeure l'instrument par excellence de conquête des cœurs et l'arme la plus efficace de la mission civilisatrice de la France[24], même s'ils sont obligés de reconnaître que, dans ce pays de vieille civilisation où la culture intellectuelle fut toujours tenue en haute estime, les méthodes de l'enseignement traditionnel sont fortement implantées sur l'ensemble du territoire[25]. C'est une période charnière où les Français s'interrogent sur ce qu'ils doivent faire. Faut-il reconnaître et accepter l'école traditionnelle confucéenne, vivace et populaire, ou implanter le système éducatif français avec obligation d'apprendre la langue ? Il vivra l'ère des expériences pédagogiques, surveillé par des directeurs de l'administration vantant les mérites de l'assimilation et entouré par des collègues qui reconnaissent l'autorité des maîtres des écoles indigènes [26].

Il n'est pas facile de reconstituer les premiers temps de la vie d'Henri en Indochine. De très rares documents subsistent sur cette période dans les cartons du ministère des Colonies et les archives familiales ont disparu. Alice, Jacques et Henri vivent un bonheur familial apparemment sans nuages. Alice ne travaille pas et élève Jacques. Puis survient Marie veuve Obscur. Elle sème le trouble et les malheurs s'enchaînent. Bien des questions demeurent : de quoi Alice est-elle morte ? De paludisme vraisemblablement. Où était son fils aîné au moment de sa maladie ? Je n'ai retrouvé aucune trace de Jean, à Saigon. Était-il resté en France avec sa famille maternelle ? Probablement. Au pays du père, la mère de Marguerite n'a pas laissé que de bons souvenirs...

Cinq mois après la mort d'Alice, Henri épouse Marie à Saigon, le 20 octobre 1909, à cinq heures du soir. Les bans ont été simultanément publiés à la mairie de Saigon et à l'inspection de Gia Dinh. Les témoins d'Henri sont « des amis », l'un est pilote, l'autre commerçant. Les témoins de Marie sont l'un son cousin, Gustave Cadet, l'autre un ami du nouveau couple, directeur des travaux à la Compagnie des Messageries fluviales de Cochinchine.

Onze mois plus tard, au petit matin, une certaine Louise Rigal, âgée de trente-sept ans, sans profession, arrive dans le cabinet de l'administrateur de la province de Gia Dinh avec un bébé dans les bras qu'elle veut déclarer. « Un enfant de sexe masculin qu'elle nous a dit être né le mercredi 7 septembre 1910 à 1 heure du matin à Gia Dinh chef-lieu au village de Binh Haoxa canton de Binh Tri Thuang. Les parents l'ont nommé Pierre. »

Pierre de toutes les romances tristes de l'enfance et de l'adolescence de Marguerite, ce frère à qui la mère a tout donné, la vie et la vie après la vie, celui auprès duquel la mère repose aujourd'hui, unis pour l'éternité dans une tombe commune. L'unique, le seul, le vrai, le fils tant aimé de la mère, celui que Duras a immortalisé dans *Savannah Bay* et *Des journées entières dans les arbres*. Un frère naîtra un an plus tard. Pierre aura le loisir d'exercer sur lui ses talents de méchanceté perverse avant de les amplifier sur sa petite sœur, Marguerite, la toute petite, la malingre, la fille aux yeux d'or, celle à qui il a fait comprendre, dès le début de l'enfance, qu'elle était toujours de trop dans la famille, celle qu'il poursuivait de ses ricanements et de ses chicanes et qui se planquait sous l'escalier, terrorisée.

À la naissance de Pierre, la mère n'arrêta pas de travailler. La mère d'ailleurs n'arrêtera jamais de travailler. Institutrice de quatrième classe à la naissance de l'aîné, elle continuera à franchir les échelons de l'administration et deviendra institutrice principale en 1918 à Saigon. Mais dès la naissance de Pierre, les ennuis du couple commencent. Henri a une santé fragile. De nombreux bulletins médicaux attestent de ses maux de tête fréquents, de ses douleurs continuelles à l'estomac qui le font maigrir. Henri consulte mais ne trouve pas de réponse. Il se sent de plus en plus affaibli et déprimé. Prend-il peur ? En tout cas, il quitte brutalement Saigon avec son épouse et ses deux petits garçons pour retourner en France. La famille Donnadieu débarque à Marseille en avril 1912. Et ne repart pas pour l'Indochine à la date prévue, comme le père s'y était engagé auprès de l'administration. Henri, fatigué, décide de rester en France et de se reposer chez lui dans le Lot-et-Garonne. Marie repart avec ses enfants, le 6 avril 1913. Seule. C'est elle qui le suppliera de revenir. Henri cède et repart pour Saigon.

Quelques jours après son retour, est conçu leur troisième enfant. Henri sera présent lors de l'accouchement. Sa première fille, prénommée Marguerite Germaine, naîtra, comme ses deux frères, au domicile familial, à Gia Dinh, le 4 avril 1914 à quatre heures du matin. Marguerite a six mois quand sa mère tombe malade si gravement que les médecins militaires à Saigon la rapatrient d'urgence en France. Elle souffre « d'arthrites multiples, de paludisme, de manifestations cardiaques et de complications rénales ». Soignée à l'hôpital militaire de Toulouse, elle revient le 14 juin 1915 à Saigon pour apprendre que son mari doit repartir pour la France.

La toute petite a donc vécu huit mois loin de sa mère, élevée par un boy vietnamien. La famille vient à peine de se retrouver que c'est au tour du père de sombrer dans des souffrances atroces qui l'obligent à consulter d'urgence les médecins militaires qui diagnostiquent une double congestion pulmonaire, une colite aiguë et une dysenterie grave. Ordre lui est donné par le gouverneur général de l'Indochine de regagner immédiatement la France.

Marie est une femme seule, qui doit élever ses trois enfants, torturée par l'état de santé de son mari dont elle ne reçoit des nouvelles que rarement. Henri, hospitalisé à Marseille, n'ose pas lui écrire la vérité : les médecins le trouvent en très mauvais état et ne savent pas comment le soigner tant son corps est délabré. Ils tentent plusieurs traitements dont l'un lui permettra d'envisager le retour en Indochine. Mais le sort s'acharne contre le couple. Ce n'est plus la maladie, mais la guerre qui continuera à les séparer. Il vient à peine de prendre son billet de bateau pour Saigon que l'armée le cueille à Marmande. Il est immédiatement incorporé, soldat de deuxième classe.

Ce que voulait cette femme, ma mère, c'était nous assurer à nous, ses enfants, qu'à aucun moment de notre vie, quoi qu'il arrive, les événements les plus graves, la guerre par exemple, on ne serait pris de court. Du moment qu'on avait une maison et notre mère on ne serait jamais abandonnés, emportés dans la tourmente, pris au dépourvu[27].

Versé dans le service auxiliaire, Henri tombe de nouveau malade. Heureusement. Cela le sauvera, temporairement. Il ne sera jamais envoyé au front. Réformé en mars 1916, hospitalisé une nouvelle fois à Marmande, puis envoyé à Reims, il devient un cas pour la médecine, un objet d'étude perclus de douleur, épuisé de fatigue. Les médecins militaires tentent de nouveaux traitements contre « cette dysenterie et ce paludisme chroniques ». Ils le soignent alors si bien qu'il est jugé de nouveau apte au service militaire par son administration en septembre 1916 ! Mais Henri réussit à faire valoir ses droits de père de famille et s'embarque enfin pour l'Indochine en octobre.

Parfois pendant notre enfance, ma mère jouait à nous montrer la guerre. Elle prenait un bâton long comme à peu près un fusil, elle se le mettait à l'épaule, et elle marchait au pas devant nous tout en chantant *Sambre et Meuse*. À la fin elle éclatait en sanglots. Et nous on la consolait. Oui, ma mère aimait la guerre des hommes[28].

Le père laisse en France son fils aîné qui décide de quitter le collège pour s'engager. Pendant deux ans, Henri restera sans nouvelles de son fils. La mère aimait la guerre des hommes et le père la subissait dans sa chair.

La famille Donnadieu habite l'école de Gia Dinh. Pas de luxe, de stucs, de bouddhas somnolents, de ruines orientales, mais une maison classique de fonctionnaire du début du siècle. Juste quelques maigres petits palmiers devant l'entrée pour la touche exotique. La mère se rend en tram à l'école municipale des jeunes filles de Saigon. Quatre arrêts. Une petite heure de trajet. Les petits sont élevés par des domestiques. Existence petite-bourgeoise de Blancs, de fonctionnaires bien intégrés dans le cercle de la colonie. Sur les rares photos qui subsistent, les enfants sont habillés comme des communiants, sages comme des images. Les parents, eux, ont l'air déjà vieux, las, fatigués.

Marguerite disait qu'elle aurait tant voulu se souvenir de son enfance avec nostalgie et émerveillement. Hélas, elle fut triste et sans éclat. Vieille dame, elle n'y verra même aucun signe de l'enfance : « Rien de plus net, de plus vécu, de moins rêvé que ma toute enfance. Aucune imagination, rien de la légende et du conte bleu qui auréole l'enfance des rêves [29]. » Marguerite a trois ans quand ses parents quittent Saigon. Son père est nommé au Tonkin. Avancement administratif sur le tableau d'honneur de la colonie. Indéniablement cette nomination est une promotion. Henri devient directeur de l'enseignement primaire à Hanoi.

Hanoi... Cloaque infect trente ans auparavant, la ville, quand la famille Donnadieu y débarque, est devenue un mini-paradis parisiano-tropical. Dans la rue principale, les salons de coiffure parisiens jouxtent les parfumeries luxueuses, les magasins du dernier cri et puis tous ces cafés, café du Commerce, café de la Place, café Albin et, surtout, le café Beine, où Mme Beine, cantinière en retraite, vient à la fraîche sur la terrasse, vêtue de sa capeline, servir de l'absinthe aux officiers de la citadelle. Au cœur de la vieille ville, des pagodes ont tout juste été détruites pour permettre la construction des nouveaux bâtiments administratifs : la Marine, le Trésor, la Poste, la Résidence. Au bord du lac, des promenades ont été aménagées comme dans les jardins publics français ; sur le lac, les jeunes militaires montrent leurs muscles en pratiquant le canotage. Avant la mousson, quand le ciel se voile, on pourrait se croire dans une allée du bois de Boulogne, un dimanche d'automne, avec tous ces jeunes gens si bien habillés et ces jeunes femmes à bottines s'abritant le visage derrière des ombrelles ouvragées.

C'est la cour d'une maison sur le petit lac d'Hanoi. Nous sommes ensemble, elle et nous, ses enfants. J'ai quatre ans. Ma mère est au centre de l'image. Je reconnais bien comme elle se tient mal, comme elle ne sourit pas, comme elle attend que la photo soit finie. À ses traits tirés, à un certain désordre de sa tenue, à la somnolence de son regard, je sais qu'il fait chaud, qu'elle est exténuée, qu'elle s'ennuie [30].

Les souvenirs d'Hanoi restent teintés de mélancolie et de tristesse. Certes le père est promu, mais la mère ne retrouve pas de poste. Elle tournoie, s'ennuie, se singularise dans cette communauté blanche si tranquille. Elle est à part, montrée du doigt. Bruyante, excessive, exaltée, alors que le père semble épouser sans problème les normes de l'administration française qu'il incarne à merveille. Elle ne veut pas se contenter d'élever ses trois enfants et cherche du travail, désespérément. Le père s'inquiète pour son fils aîné, Jean, démobilisé, qui souhaite le rejoindre en Indochine et a fait une demande en ce sens au ministre des Colonies : « Je faisais mes études lorsque je suis parti à la guerre et, pour les continuer, je désirerais rejoindre ma famille le plus tôt possible. Je sais, Monsieur le Ministre, que ce n'est pas un droit pour moi que de rejoindre mes parents à la colonie où j'ai l'intention de rester mais mon cas est spécial. » Le père, consulté par le gouvernement général d'Indochine, confirme qu'il accepte la venue de son fils à Hanoi. Il le certifie même par écrit le 9 août 1919 aux autorités administratives : « Je soussigné, directeur de l'enseignement primaire à Hanoi, certifie que mon fils Jean n'a aucun métier, j'ai autorisé mon fils à s'engager à sa sortie du collège pour la durée de la guerre. » Le père attend ce grand fils qu'il connaît à peine et qui veut vivre avec lui. Le fils attendra à Marseille, pendant trois mois, le bateau pour l'Indochine. L'administration donnera finalement son accord. Au moment où il peut enfin partir, Jean change brutalement d'avis et refuse de s'embarquer. Pourquoi ? Dans quelle circonstance ? On peut noter que Jean, dans sa correspondance, parle de « ses parents ». Le père et le fils se sont manqués à tout jamais et Marguerite ne connaîtra jamais ce grand frère qui aurait pu la protéger.

Marie, elle, ne trouvant pas de travail dans l'administration, se résout à acheter, en s'endettant, une maison qu'elle transforme en école privée. Elle ne peut se passer de travailler. Bien plus tard, après sa retraite, fatiguée, épuisée, elle ajoutera des annexes à sa maison, à Saigon, pour y héberger de jeunes princes laotiens et des enfants de la colonie qu'elle prendra en pension. Pour l'heure, elle accueille des élèves d'Hanoi mais accepte aussi quelques pensionnaires issus de familles fortunées avec lesquels la petite Marguerite sera élevée pendant toute cette période de sa petite enfance. Marguerite dira avoir, dans cette maison, subi sa première expérience sexuelle. Un jour, un jeune Vietnamien propose à la petite de le suivre dans sa cachette, son abri, son endroit secret qu'il s'est bricolé avec des planches, tout près du lac. Elle n'a pas peur. Il sort sa verge et elle fait ce qu'il lui dit. « Le souvenir est clair : je suis quelque chose comme déshonorée d'avoir été touchée. J'ai quatre ans. Il a onze ans et demi, il n'est pas encore pubère [31]. »

Marguerite Duras attendit soixante-dix ans avant de fixer par écrit cet épisode. Pourquoi ? A-t-elle eu honte ? L'avait-elle enfoui ? Ou a-t-elle, au fil du temps, construit un « vrai faux souvenir » ? On le sait, les faux souvenirs traumatiques abondent et la mémoire peut transmettre avec précision un événement qui ne s'est jamais produit [32]. Elle dira avoir été tourmentée par cette histoire et y avoir pensé pendant longtemps comme à une chose terrible : « La scène s'est déplacée d'elle-même. En fait elle a grandi avec moi, elle ne m'a jamais quittée. »

La fillette a vécu. L'accès au monde est trop tôt entrouvert, la relation mère-fille déjà sérieusement perturbée. Car la petite a raconté à la mère. Et la mère a décidé de faire comme si rien n'était arrivé. Certes elle a chassé le garçon de la pension, puis elle a dit à sa fille de ne plus jamais y penser. Marguerite s'est sentie fautive d'avoir parlé, et responsable de l'exclusion de ce garçon. « Jamais je n'ai reparlé de ça avec ma mère. Elle a cru, toute sa vie, que j'avais oublié [33]. »

Ce moment traumatisant de sa petite enfance l'imprégnera durablement. Dans cette détresse réellement subie ou dans le souvenir-écran, elle inventera son modèle de dispositif sexuel qu'elle décrira dans plusieurs de ses livres : pour la femme jouissance par le regard, pour l'homme montée du plaisir solitaire et transgressive. Dans le rapport sexuel, chacun demeure séparé. L'amour sert à oublier — de façon éphémère — cette cruauté de la jouissance solitaire. Les enfants chez Marguerite Duras ne sont pas asexués : ils comprennent, appellent ou subissent le désir. À quatre ans, Marguerite est salie, touchée, souillée. Poupée offerte à la convoitise. Déjà coupable ? Malheureuse avec ce sentiment qui l'étreint en permanence que c'est sa faute. Son corps est objet de jouissance. Elle sait. Elle sait que c'est trop tôt. « Je ne l'ai raconté que beaucoup plus tard à des hommes en France. Mais je savais que ma mère n'avait jamais oublié ces jeux d'enfants[34]. »

À cinq ans, Marguerite assiste à l'enterrement d'une femme adultère en Chine. Vivante. Quelquefois, on enterrait l'amant avec. Vivant lui aussi. On les disposait face contre face dans le cercueil. Le mari trompé restait seul juge du châtiment. Les femmes n'en réchappaient jamais, les amants quelquefois... Dans *Les yeux verts*, Marguerite évoque très brièvement ce voyage qu'elle avait fait avec ses parents. Souvenirs d'amants enterrés vivants et de cruauté perverse. Le voyage manifestement n'était pas du genre touristique. Ou est-ce Marguerite qui ouvre grands, trop grands, les yeux sur le monde ? Car ses archives gardent la trace de ce séjour en Chine et de ce qui retint son attention. On trouve même, dans un cahier, sans mention de date, un texte inédit. Marguerite raconte qu'elle a découvert, là-bas, dans une poubelle devant une maison, un homme mort :

> Il était plié en deux, le cul au fond. Il était trop grand pour être contenu dans une poubelle. Ses pieds en jaillissaient et sa tête en pendait, bouche ouverte. Il était gris, grouillant de poux, vieux comme un éléphant. Et pourtant c'était un homme. On le regarda inlassablement avec mes frères. On en faisait le tour. On regardait pour toute notre vie un homme mort dans une poubelle.

Encore une fois la mère fit comme si de rien n'était. Le silence comme remède. Les mains de la mère sur les yeux de la fille. Mais comment oublier qu'un homme mort peut être mis dans une poubelle ? Et comment alors continuer à vivre une enfance insouciante ?

Après Hanoi, le père est nommé à Phnom Penh. La vie nomade recommence. À chaque fois, on pense s'installer et puis il faut lever le camp et tout recommencer. La petite enfance de Marguerite se résumera en une longue errance dans les principales villes de l'Indochine. Pas de maison repère, pas d'amitiés durables, pas d'école non plus : la mère fait l'institutrice à la petite, douce, appliquée, aimant particulièrement la lecture et l'écriture, contrairement aux deux frères, qui se montrent déjà rétifs à la moindre tentative d'instruction. La famille Donnadieu quitte donc Hanoi, apparemment sans regret mais avec le souci de la maison-pension qu'ils viennent juste d'acheter et n'ont pu revendre.

De Phnom Penh, Marguerite ne conservera que des souvenirs d'angoisse, d'attente, de désespoir. Cette ville restera pour toujours attachée au malheur, à la mort. Tout pourtant avait bien commencé : grâce à cette nomination-promotion le père hérite d'un logement de fonction somptueux et baroque. Ils emménagent le 31 décembre 1920. Et miracle, la mère, cette fois-ci, retrouve du travail rapidement dans le cadre de la fonction publique : elle est nommée directrice de l'école Norodom le 19 janvier 1921. La famille découvre les charmes de cette demeure magnifique, située au cœur de la ville, entourée d'un grand parc. Des domestiques s'occupent des trois enfants dans la journée. N'allant toujours pas à l'école, ils vivent dans le parc, libres, sauvages, et apprennent quand ils veulent. Marguerite reste une très bonne élève et reçoit tout le savoir de sa mère.

Le père s'occupe peu des enfants et déploie son énergie à lutter contre un épuisement perpétuel, une langueur sans raison, une fatigue inexplicable médicalement. En février, sans force, il est contraint d'arrêter son travail. En mars, il tombe gravement malade et s'alite. Le 24 avril 1921 il est embarqué de toute urgence sur le bateau le *Chili* comme rapatrié sanitaire. Seul. Débarqué à Marseille le 23 mai, il est immédiatement pris en main par les médecins coloniaux de l'hôpital militaire de la ville. En vain. Manifestement, Henri Donnadieu est un cas médical. En désespoir de cause, les médecins décident de l'envoyer en cure à Plombières. La cure n'y fait rien. Henri va de plus en plus mal. L'administration coloniale lui signifie alors officiellement l'interdiction de revenir en Indochine. De toute façon, il n'en a pas la force, mais sa femme le réclame. Le 23 septembre 1921, le docteur Fraussard, de Plombières, diagnostique chez Henri Donnadieu « une affection rebelle qui a entraîné chez lui de l'amaigrissement, de l'asthénie et un mauvais état général. Actuellement, il est incapable de rejoindre son poste, un long séjour lui est nécessaire pour lui permettre de se soigner d'une façon rigoureuse. Le repos intellectuel et physique lui est indispensable pendant de longs mois ». Les médecins parlent pudiquement de repos. Henri Donnadieu, en fait, est en train de mourir et il semble qu'il en ait eu alors conscience. Il quitte brutalement la cure sans prévenir ses médecins et rentre se terrer chez lui, dans cette maison du Lot-et-Garonne qu'il avait achetée au cours d'un séjour précédent, le domaine du Platier, à Pardaillan par Duras. Son fils Jean le rejoint.

Il se couche et attend la mort, n'acceptant les visites que de ses deux fils aînés, de son frère Roger et de son ancienne belle-mère. L'agonie durera un mois et demi. Henri mourra seul, selon sa volonté. Son frère le retrouvera dans son lit apaisé, les yeux ouverts fixant la fenêtre.

La mère apprendra la mort de son mari, là-bas, à Phnom Penh. « Nous dormons tous les quatre dans le même lit. Elle dit qu'elle a peur de la nuit. C'est dans cette résidence que ma mère apprendra la mort de mon père. Elle l'apprendra avant l'arrivée du télégramme, dès la veille, à un signe qu'elle était seule à avoir vu et à savoir entendre, à cet oiseau qui en pleine nuit avait appelé, affolé, perdu dans le bureau de la face nord du palais, celui de mon père[35]. » Marie était-elle persuadée qu'encore une fois son mari s'en sortirait ? Vraisemblablement. Les alertes de santé avaient été si nombreuses. Mais Marguerite, elle, ne comprendra pas. Plus tard, elle s'interrogera sur les raisons de la mère : « Ma mère aura refusé de le suivre en France, elle sera restée là où elle était. Arrêtée là. »

La mère ne voulut pas croire à la réalité de la nouvelle transmise de France. Elle voulut vérifier la teneur du télégramme. Oui, c'est bien votre mari qui vient de mourir, lui répondent les fonctionnaires de l'administration coloniale. Nous venons, nous aussi, d'en être informés. Mais Marie ne bouge pas et ne songe pas un seul instant à repartir par le premier bateau avec ses enfants. Pourquoi ? Cela paraît étrange. L'administration l'aurait mise en congé et aurait pris en charge le voyage. Non. Elle reste là, dans cette grande maison inquiétante, entourée de ce parc où vivent des oiseaux de malheur. Arrêtée oui. Immobilisée. Pourquoi cette absence de soutien pendant la maladie ? Pourquoi cette non-assistance ? Marie craignait-elle de revenir dans la famille de son mari ? Henri avait-il exprimé le désir de ne plus voir son épouse ? Elle et ses enfants. Seule avec les trois. « Nous fûmes le sel de sa vie, le sel de cette terre qui fut dès lors somptueusement fécondée[36]. »

Henri Donnadieu mourut le 4 décembre 1921 à 12 h 30.

Le 5, un télégramme signé de Jean, le fils aîné, part de Duras pour Phnom Penh. Les mots sont laconiques. Le 7 décembre, Jean Donnadieu prend peur et craint les réactions de Marie. Il écrit au ministre des Colonies pour lui demander de prendre soin de Marie, qu'il appelle « ma mère », de « mes petits frères et de ma sœur » et de « prendre les mesures nécessaires ». Il ajoute : « ma mère a été avertie par moi par télégramme ».

Marguerite a sept ans, ses frères dix et onze ans. Elle dira ne pas se souvenir d'en avoir été affectée. Certains en profiteront même pour se livrer à des interprétations pour le moins fantaisistes : le père de Marguerite ne serait pas son vrai père, son vrai père serait un Chinois... l'amant de la mère[37] ! La mère jouait déjà le rôle du père. Elle était la protectrice et celle qui ramenait l'argent au foyer. Marguerite se vantera même de son non-attachement à son père et de l'absence de drame qui entoura l'annonce de sa disparition : « J'étais très jeune lorsque mon père est mort. Je n'ai manifesté aucune émotion. Aucun chagrin, pas de larmes, pas de questions... Il est mort en voyage. Quelques années plus tard, j'ai perdu mon chien. Mon chagrin fut immense. C'était la première fois que je souffrais tant[38]. » Le temps déforma ses souvenirs. Trois ans avant de mourir, elle avouait sa grande tendresse pour son père. Elle le trouvait plus beau que sa mère, plus attachant, plus courageux, plus droit, moins fou[39].

Les circonstances de la mort du père demeureront longtemps une énigme pour l'administration coloniale. Henri ayant refusé toute assistance médicale, aucun acte de décès ne fut délivré. La mort parut donc si suspecte que le gouvernement général de l'Indochine, cinq ans après, se demandera encore si Henri est vivant ou mort ! Pas d'acte de décès, pas de pension pour Mme Donnadieu. Marie passera des années à tenter d'apporter à l'administration la preuve que son mari est bien mort et qu'elle est bien veuve Donnadieu. D'Indochine, elle relancera de multiples fois les médecins militaires d'Agen, de Marseille et de Plombières pour quémander ce fameux certificat. De guerre lasse, elle les suppliera de lui fabriquer un certificat de complaisance. Les médecins céderont et produiront des papiers, mais le gouvernement général de l'Indochine se montrera encore, et pour longtemps, intraitable. « Le directeur du service de santé des troupes du groupe de l'Indochine auquel fut soumis ce dossier a estimé que ces certificats permettaient seulement d'estimer qu'Henri Donnadieu était atteint d'une dysenterie chronique contractée en Indochine, mais ces certificats n'autorisaient pas à conclure que cette affection avait été la cause de sa mort », stipule une note du gouvernement général de l'Indochine datant du 18 décembre 1926. Marie patientera six ans pour toucher sa pension de veuve. Par son obstination, elle réussira à faire céder l'administration, mais aucun certificat médical ne sera produit. Son dossier ne sera jamais définitivement classé. Elle ne touchera donc ses 3 000 francs annuels de pension qu'en 1927, le quart de cette pension étant destiné à Jacques, fils mineur du premier mariage de son époux, mais ni Jacques ni Roger Donnadieu, son tuteur et son oncle, n'arriveront à percevoir cet argent.

Pour Marguerite, la mort du père fut plus la continuation d'une absence que l'irruption soudaine d'un malheur. La mère était déjà seule, dans la souffrance, la lassitude de vivre, les soucis permanents. Le destin s'acharnait contre elle depuis longtemps. Inutile de combattre. La mère de Marguerite aime le malheur et le malheur s'est attardé sur elle comme un amant prodigue et pervers.

> Je lui dis que dans mon enfance le malheur de ma mère a occupé le lieu du rêve. Que le rêve c'était ma mère et jamais les arbres de Noël, toujours elle seulement, qu'elle soit la mère écorchée vive de la misère ou qu'elle soit celle dans tous ses états qui parle dans le désert, qu'elle soit celle qui cherche la nourriture ou celle qui interminablement raconte ce qui est arrivé à elle, Marie Legrand de Roubaix, elle parle de son innocence, de ses économies, de son espoir[40].

Marguerite me dira que son enfance fut bercée par les conversations que sa mère « entretenait » régulièrement avec son mari. Elle lui parlait à voix haute, normalement, généralement au cœur de la nuit. Elle lui demandait conseil et lui rendait des comptes.

Quand Marie rentra en France, elle vécut d'abord plusieurs mois dans le Nord avant de s'installer dans la maison du Platier qui devint donc la sienne aux yeux des voisins. Mais sa belle-famille refusa de modifier les papiers et de la mettre officiellement à son nom. Aujourd'hui, cette maison est une ruine. Les arbres poussent au milieu de la maison, le plancher a disparu et la végétation a envahi ce qui, autrefois, était une belle demeure avec un verger, un four à pain, des allées d'arbres, des terres cultivables, en tout onze hectares entretenus par un métayer. En 1953, un incendie a achevé de détruire les ultimes traces de vie. En 1962, Marguerite a voulu racheter la maison plus un hectare de terre ; elle a même commencé à faire débroussailler le pourtour. L'affaire ne s'est pas faite. Deux ans avant de mourir, elle souhaitera aller se recueillir sur la tombe de son père. Par téléphone elle mènera en vain son enquête pour savoir où il fut inhumé. Henri avait demandé, dans ses dernières volontés, à être enterré dans le tombeau de sa première femme. Même dans l'éternité, les histoires de famille restent compliquées.

Marguerite arrive au Platier. Elle a huit ans, elle y vivra deux ans. C'est son premier choc avec la France. Cette période restera baignée de bonheur et du sentiment très fort d'une fusion avec la nature : « Dire la pureté des paysages et la pauvreté des terres, une certaine sauvagerie des paysages et des gens. » Sa patrie, c'est la Cochinchine, c'est son pays natal, mais cette élection-adoption s'est accompagnée parallèlement, et comme en secret, d'une imprégnation profonde de cette terre du Lot-et-Garonne. « La France c'est encore Pardaillan pour moi, l'odeur des pommes dans les clayes des fours, l'eau claire du Dropt et ses cressonnières », écrira-t-elle en 1992 à une payse de Pardaillan, Patricia Gaudin. La France c'est Pardaillan, l'écriture c'est sa vie, et quand elle décidera d'en faire un métier et de publier son premier roman, elle abandonnera le nom du père pour choisir Duras, nom de la commune de la maison paternelle, et choisira comme cadre pour son premier roman, *Les impudents*, la terre d'origine du père.

On se souvient à Duras (et on la raconte encore) de l'arrivée de la mère Donnadieu avec ses trois enfants dans cette maison qu'elle voulait s'approprier et reprendre en main. Religieuse, la mère, très religieuse, liée avec le curé de Pardaillan, l'abbé Dufaux qui deviendra plus tard le précepteur de Pierre. Âpre au gain, dure en affaire. À peine arrivée, elle tente de déshériter son plus jeune beau-fils. Une abondante correspondance entre le frère d'Henri, Roger, et le gouverneur général d'Indochine témoigne de cette intense guerre familiale. À titre d'exemple je ne citerai que cette lettre de Roger Donnadieu, datée du 22 avril 1923, adressée au gouverneur général d'Indochine :

Elle veut récupérer la maison du Platier. Elle réussira. Elle veut pouvoir toucher la pension de son beau-fils même si elle ne l'élève pas, considérant que sa vie de veuve devant prendre en charge trois enfants seule est un enfer. Elle réussira. Madame Donnadieu, qui n'a aucune affection pour les enfants de son mari, les actionne aujourd'hui en justice dans le but évident de retarder la succession de mon frère qu'en fait elle détient.

Marie ne réussira pas à récupérer la maison du Platier, mais elle déshéritera les deux fils de son mari, tout en touchant l'argent de la pension du dernier, jusqu'à sa majorité. Son attitude l'isolera de sa belle-famille. Mais ces deux années à la campagne vont imprégner le corps et l'âme de Marguerite. Yvette, ancienne petite voisine, épicière de Monteton à la retraite, se souvient très bien de sa copine d'enfance que tout le monde au village appelait Néné. Marguerite était devenue une vraie petite paysanne qui arpentait en sabots les prés et les forêts avec ses camarades. Une sauvageonne. « Tous les jeudis, je venais chez les Donnadieu passer l'après-midi. Le soir Marguerite, ses frères et leur mère me raccompagnaient chez moi. Comme nous étions proches voisins, nous traversions les champs et nous franchissions un ruisseau qui s'appelle le Rieutord. Marguerite était une petite fille qui avait du caractère, assez solitaire. Je me souviens que certains jeudis Mme Donnadieu nous laissait chez la mère du curé de Pardaillan, et à l'heure du goûter, le curé sortait les confitures du placard. Elle n'aimait pas beaucoup sa maison et se sentait mieux chez les plus proches voisins les Bousquet qui l'avaient adoptée et chez qui elle couchait régulièrement [41]. »

Dans les papiers personnels de Marguerite, j'ai pu retrouver une courte nouvelle inédite intitulée « La vieille Bousque ». L'action se passe entre Pardaillan et Duras. L'héroïne est une vieille femme, au corps cassé, détentrice d'un savoir immémorial.

Pour nous autres enfants, elle s'en venait avec le soir qui nous ramenait à la maison et elle était cette vieille femme sur laquelle on fermait la porte pour se garder d'une nuit qu'elle semblait enchanter. Mais elle n'avait de vieux que son visage extraordinaire qu'on eût pu inventer et il nous semblait qu'elle ne mourrait jamais tant elle savait bien s'accommoder de ses années.

Pauvre vieille Bousque. Personne ne la voyait, personne ne l'entendait. Une belle-fille voulut sa mort pour raisons d'héritage.

Sans un mot la vieille Bousque prit sa place humblement près du feu et ne le quitta plus. On fit un feu de ses vêtements.

Après son congé administratif réglementaire en France, la mère de Marguerite tente de rester en métropole en arguant de son mauvais état de santé. Elle se plaint d'anémie et de paludisme chronique auprès du ministère des Colonies. Les médecins militaires d'Agen en décident autrement. Dans leur séance du 19 mai 1924, après examen médical, ils concluent : « Madame Donnadieu est apte, dès à présent, à suivre sa destination coloniale. Elle doit donc rejoindre son poste outre-mer. »

Le 5 juin 1924, accompagnée de ses trois enfants, Marie s'embarque à Marseille avec comme destination Saigon, mais sans connaître son affectation définitive. Elle espère que ce sera Saigon, tout en rêvant à haute voix d'Hanoi. À l'escale de Colombo, elle apprend par câble qu'elle est affectée à Phnom Penh. Pour elle, c'est une catastrophe. Elle ne veut pas retourner à Phnom Penh, sans doute parce qu'elle ne veut pas revivre dans la ville où elle a appris la mort de son mari. Là-bas aussi, elle n'a pas laissé que des bons souvenirs et elle le sait. Elle envoie de Colombo des télégrammes à Paris au ministère des Colonies, ainsi qu'à Saigon au gouverneur général de l'Indochine, et utilise des émissaires qui, à leur tour, envoient des télégrammes. Mais le bateau repart. À l'arrivée à Saigon, elle apprend la confirmation définitive et sans appel de son affectation à Phnom Penh. Elle tempête, enrage, supplie, puis part, contrainte et forcée, pour Phnom Penh, d'où elle envoie au gouverneur général d'Indochine cette lettre désespérée :

Cette nouvelle de mon affectation au Cambodge aurait été très agréable si j'avais été seule car, directrice de l'école Norodom en 1921-1922, je m'étais attachée à mes fonctions. Mais j'ai trois enfants dont deux garçons âgés de 14 et 13 ans. Ils ont fini leur classe de 6e et aucun établissement ne leur permet de continuer leurs études.

D'autre part, le poste de directrice que j'occupais ici n'est plus libre, de sorte que malgré mon grade et mon ancienneté, je suis obligée de vivre à l'hôtel avec mes enfants et le principal de ma solde y passe dans cette installation sans confort. Or je possède une maison à Hanoi.

Enfin, Monsieur le Gouverneur Général, mon pauvre mari,

mort en 1921, possédait d'un premier lit deux enfants dont un est mineur. J'ai eu à cause de cela de grands ennuis...

Moi-même j'exerce à la colonie depuis 20 ans, je me suis toujours dévouée à l'éducation des enfants qui m'ont été confiés et il n'est pas possible à l'heure où les miens ont besoin d'appui que leur avenir soit compromis.

Cette missive déclenche une enquête menée par les autorités administratives de la colonie. Les gentils collègues de Marie, interrogés à son sujet, se déchaînent. Le directeur de l'enseignement primaire au Cambodge câble à Saigon que Mme Donnadieu a « très mauvaise réputation tant à l'école Norodom que dans les commissions d'examens » et que sa seule présence « est une cause de trouble et de désunion ». Marie le sent. Marie se doute de la trahison et vit alors dans une atmosphère de complot. Elle tente de parler avec ses collègues, exige des explications, mais tous se dérobent. Elle ne comprend rien, se débat seule dans cette ville du malheur. Paranoïaque, Mme Donnadieu ? En tout cas très malheureuse. Devant le silence obstiné de ses collègues, elle sollicite de la direction de l'instruction la réunion d'un conseil d'enquête « en vue de connaître la vérité sur des faits qui [lui] seraient reprochés ». Mais les mêmes qui envoient des lettres de délation jouent les étonnés. Dans une chambre d'hôtel, enfermée avec ses trois enfants, Marie vit un cauchemar dont Marguerite se souviendra : « Ma mère avait peur des gens qui avaient des fonctions publiques, des fonctionnaires, des trésoriers, des douaniers, de tous ceux dont la fonction est de représenter la loi. Toujours fautive avec cette misérable mentalité de pauvre[42]. » Elle exige un rapport. Elle l'aura. « Madame Donnadieu n'a jamais été l'objet d'aucune mesure disciplinaire, l'intéressée a même été ensuite au tableau d'avancement et promue à la classe supérieure. » L'honneur professionnel reste sauf, et aucun reproche ne lui est adressé officiellement, mais les racontars enflent. Marie s'isole dans un climat de plus en plus hostile. Elle câble son désespoir au gouverneur général de l'Indochine. Le père Noël fait bien les choses. Le 23 décembre 1924, son histoire bascule : elle reçoit un décret de nomination. Le 24 décembre, Marie Donnadieu quitte enfin Phnom Penh et ses oiseaux de mauvais augure. Destination : Vinh Long.

Marguerite a dix ans. C'est à ce moment-là que sa véritable enfance indochinoise commence. Marguerite quitte les bâtiments administratifs massifs, les maisons-écoles, les villes coloniales bruyantes, l'atmosphère pesante de la colonie blanche, pour le fleuve, la forêt, l'être enfin livré à lui-même. Vinh Long, poste de brousse de la Cochinchine, Vinh Long, plaine des oiseaux : l'image du paradis, la somnolence de la douceur, l'étirement du temps, Vinh Long ou la miniature d'un monde rêvé. Comme dira Marguerite, « c'est arrivé comme la foudre ou la foi ». « C'est arrivé pour ma vie entière. À soixante-douze ans, c'est encore là comme hier, les allées du poste, pendant la sieste, le quartier des Blancs, les avenues désertes bordées de flamboyants. Le fleuve qui dort[43]. »

Il n'y a plus de tigres à Vinh Long. Mais les paysans continuent à se battre contre des hordes de sangliers qui mangent la nuit les pousses tendres des rizières. De grands singes ricaneurs appelés co-rai gardent l'entrée de la forêt. Rien n'a vraiment changé à Vinh Long. La ville est comme assoupie et solennelle dans une lenteur moite. Partout on sent la présence du fleuve. Eaux lourdes boueuses traversées de tourbillons. Les forgerons et les bijoutiers ont leur marché dans un coude du fleuve. La tradition de l'artisanat est restée vivace à Vinh Long. De même, les bonzeries ont pu, vaille que vaille, subsister sous le communisme. Et si les missionnaires catholiques ont toujours été refusés, un curé pourtant a réussi à s'installer.

Dans les années 20, les Blancs vivaient entre Blancs habillés de blanc. Les femmes portaient des capelines, des robes à dentelle, les petites filles des robes à fronces et des souliers vernis, les messieurs des casques coloniaux, des shorts et des nœuds papillons.

Silence. Le Chinois dit :
— Vous avez regretté Vinh Long.
— Oui. C'est ce qu'on a trouvé le plus beau[44].

Monde arrêté. La famille est repliée dans un quartier lui-même isolé. À Vinh Long, ont été construites une école de filles et une école de garçons. Marie est la directrice de l'école des filles. Sa fonction n'est pas d'enseigner, mais de diriger.

Elle a, sous sa responsabilité, une centaine d'élèves. L'enseignement pour les filles a surtout un caractère pratique, couture et broderie. Les filles apprennent, en outre, des notions de français et de calcul. Marie règne sur des instituteurs indigènes, mais elle s'ennuie vite, alors elle fait aussi la classe. Elle enseigne le français aux élèves, ainsi que la couture. Elle est très fière de posséder son CAP de couture. Elle aime ce qu'elle fait. Elle aime ses élèves, ces filles qui dans le système confucéen n'étaient pas a priori exclues de l'école mais interdites de mandarinat, ces filles intelligentes que les parents ont enlevées des champs pour les mettre à l'école[45].

Allées de cocotiers bien nettes, rues coloniales coupées à angle droit, jardins publics soigneusement entretenus. Ville blanche silencieuse où naviguent, vitres soigneusement fermées, quelques Hotchkiss luisantes, propriétés de Blancs très riches, de chasseurs de tigres en escale dans cette bourgade fantôme ou de Chinois puissants. « Ça c'est une calèche dans laquelle on sortait le soir à Vinh Long. Je me souviens on passait près d'un cabaret et ensuite on traversait des rivières et on revenait par les rives du Mékong. La nuit venait quand on rentrait[46]. » La famille Donnadieu obéissait aux rites blancs de Vinh Long. Apparemment intégrée. Apparemment seulement. Car la mère est respectée mais pas aimée. Elle est à part ; elle reste montrée du doigt, isolée. Sans doute parce qu'elle est veuve, qu'elle parle haut et trop fort. Et puis, elle est embrouilleuse, toujours à quémander, à se plaindre, à juger les autres, à intervenir, à se mêler de tout et de rien, à gendarmer le monde.

Marie Donnadieu est seule avec, à sa charge, ses trois enfants. Sa famille ne l'aide pas, et celle de son mari a coupé les ponts. Marie, de plus, ne touche toujours pas sa pension de veuve. Elle écrit de nouveau à tous les échelons de l'administration et, devant leur silence, envoie une lettre désespérée au ministre des Colonies. Elle lui dit qu'elle « a des ennuis », qu'elle n'en peut plus. Elle parle « au nom de [ses] trois orphelins dont l'éducation est à [sa] charge entière ». Elle gagne à l'époque 10 000 francs par mois. Elle donne des cours de français en dehors des heures de classe. Petits bénéfices. Mais ce n'est pas seulement une question d'argent. Marie ne veut pas d'une vie planifiée par le tableau d'avancement des instituteurs. Marie ne se contente pas de son statut de fonctionnaire. Elle rêve d'aventure ; elle veut briser ce train-train, cette vie morne et sans lendemain de petit Blanc étriqué. Le fils aîné a quitté l'école, ne rend plus de comptes, fait des esclandres dans le quartier chinois. La mère laisse faire. Le petit aussi déserte l'école. Les fils d'une institutrice ! Ils se lèvent à cinq heures de l'après-midi et sortent la nuit. Les trois enfants marchent pieds nus, parlent vietnamien, vivent avec les domestiques. Les Blancs jasent de plus en plus. Pierre commence-t-il à fréquenter les fumeries d'opium ? La mère, en tout cas, a besoin de plus en plus d'argent. Abandonnée à elle-même, Marguerite en prend son parti. À la maison ça crie, ça hurle, ça vocifère. Les insultes, les coups, l'injustice tombent souvent sur elle. Elle se réfugie sous l'escalier et attend que ça passe. Ça passe. Boule de haine, de terreur, de désirs et de rires. Elle ne connaît que la famille comme manière de vivre. Famille radeau, famille tempête, famille où on ne connaît que l'excès. Ce n'est pas *Famille je vous hais*, mais *Famille je vous aime mais pourquoi je vous aime puisque vous ne m'aimez pas*... Pour elle, sa famille demeure à la fois son seul refuge, mais où il lui est impossible de vivre. En écrivant *L'amant*, elle dira avoir eu le sentiment d'être sortie de la contradiction, ou au moins de la tenir enfin à distance.

Dans les histoires de mes livres qui se rapportent à mon enfance, je ne sais plus tout à coup ce que j'ai évité de dire, ce que j'ai dit, je crois avoir dit l'amour que l'on portait à notre mère mais je ne sais pas si j'ai dit la haine qu'on lui portait aussi, et l'amour qu'on se portait aussi les uns aux autres, et la haine aussi terrible, dans cette histoire commune de mort qui était celle de cette famille dans tous les cas, dans celui de l'amour comme dans celui de la haine et qui échappe encore à tout mon entendement qui m'est encore inaccessible, cachée au plus profond de ma chair, aveugle comme un nouveau-né du premier jour[47].

La nuit, la fille dort avec la mère, dans le lit de la mère. La nuit, donc, elle a moins peur de Dieu. La nuit tombe vite sans crier gare. Un soir là-bas à Vinh Long, il s'est passé quelque chose dans la tête et dans le corps de Marguerite. Une chose grave qui va la hanter, lui faire mal et en même temps féconder une partie de l'œuvre. Un traumatisme d'enfance, répété, déformé par des rêves persistants, n'explique jamais une œuvre romanesque, mais éclaire cruellement la matrice d'un imaginaire peuplé de personnages récurrents et d'obsessions taraudantes.

La peur est telle que je ne peux pas appeler. Je dois avoir huit ans. J'entends son rire hurlant surtout et ses cris de joie, c'est sûr qu'elle doit s'amuser de moi. Le souvenir est celui d'une peur centrale. Dire que cette peur dépasse mon entendement, ma force, c'est peu dire [48].

De *L'amant* à *India Song* en passant par *Un barrage contre le Pacifique*, la folle, la mendiante, la hurleuse, la sirène surgie de la vase qui préfère les poissons fétides aux fruits du paradis ne cessera de traverser l'univers de Duras. Dans *Le cri*, ce tableau de Munch, l'homme est fixé en plein élan de stupeur et d'effroi. Chez Duras, la femme vacille, convulsive, au bord de la folie.

Des notes de travail inédites sur le film *Nuit noire Calcutta*, qui jouera le rôle d'ébauche du *Vice-consul*, attestent le travail de Marguerite pour tenter d'exorciser ce personnage qui a bouleversé sa vie et a hanté son imaginaire. « Un œuf énorme, noir, pestilentiel. Des images s'entassent au-dessus de l'embouchure du Gange en un Himalaya. La mendiante pleine de poux est accompagnée dans l'eau des rivières près des berges où dorment les carpes. Elle les guette et les mange crues [49]. » Mi-homme, mi-femme, surgie des frontières de la nuit courant dans la cité interdite, celle des Blancs, cette mendiante profère des mots annonciateurs de l'apocalypse.

La petite a eu peur, peur d'être touchée. Marguerite ne se vit pas dans le monde des Blancs ; elle est une fille blanche à part, à qui sa mère laisse tout faire. La folle est une passeuse et Marguerite le sent. Passeuse de folie. Toute sa vie Duras a craint de basculer dans la folie. Elle la fréquenta si souvent qu'elle décida d'en faire une compagne plus qu'une ennemie à abattre : « Être à soi-même son propre objet de folie et ne pas en devenir fou, ça pourrait être ça le malheur merveilleux », écrit-elle dans *Les yeux verts*. Très tard, trop tard, elle s'est aperçue que sa mère était folle : elle l'a dit, elle l'a écrit. Comme pour exorciser sa propre part de folie.

Marguerite a été poursuivie par cette folle hurlante à la fin du jour. Quelques minutes. Mais cela suffit pour trembler de peur et d'effroi. Dans cette maison de Vinh Long, au bout de l'allée, après le portail, dans le noir, la petite Marguerite court, puis, dès la porte de la maison franchie, préfère tomber. Ouf. Sauvée. Lol V. Stein tombera de la même façon dans le champ de blé derrière l'hôtel où les amants font l'amour. Tombera aussi, genoux nus dans la boue du lac natal, dans *Le vice-consul*, la vieille petite fille enceinte.

La folle entre dans la maison. Dans ses bras, elle tient un enfant. Car cette mendiante pourchassée, battue, reniée est une mère qui abandonne son enfant. Marguerite Duras, écrivain, ne cessera plus tard d'évoquer ce qui s'est alors passé. Dans *Un barrage contre le Pacifique*, la mendiante donne la petite fille à la mère de Marguerite qui la soignera, lui construira un berceau, lui donnera ses jours et ses nuits. La petite fille mourra en étouffant. De sa bouche sortiront des vers. Dans *L'amant*, la mendiante est cette folle hurleuse du poste de Vinh Long, arrêtée là au bord du Mékong. Elle est maigre comme la mort. Elle est la mort. Dans *Le vice-consul*, c'est la petite fille blanche qui oblige sa mère à prendre le bébé de la mendiante à la fin du marché de Vinh Long. Elle a dû d'abord s'éloigner physiquement de sa mère, marcher à côté de la mendiante — du même pas —, changer de camp et aller jusqu'à l'épreuve de force. Pour avoir le bébé de la mendiante, la petite fille impose, pour la première fois, sa loi à sa mère.

> La dame est devant le portail. Elle l'ouvre, garde la main sur la poignée, se retourne, regarde sa propre enfant, longuement, pèse le pour et le contre, regarde seulement le regard de son enfant et cède. Le portail est refermé. La jeune fille et son enfant sont entrés [50].

Dans un entretien accordé à Claire Devarrieux, Marguerite racontera, avec précision, ce souvenir traumatique de l'enfance : si l'Inde d'*India Song* est inexacte et fantasmatique, la mendiante, elle, a bien existé. « Elle est arrivée chez nous en Cochinchine et elle revient dans presque tous mes livres. Elle est arrivée avec son bébé, une petite fille de deux ans qui paraissait six mois et qui était rongée par les vers. Je l'avais adoptée. Ma mère me l'avait donnée. Elle est morte on n'a pas pu la sauver. » Ce fut un traumatisme énorme [51]. « Ça s'est passé comme je l'ai écrit : la mendiante s'est sauvée plusieurs fois, elle s'est enfuie. Elle avait une plaie au pied. On l'a rattrapée. Et la dernière fois elle s'est vraiment sauvée la nuit [52]. »

De Vinh Long, Marguerite n'a jamais eu de photographie. Les paysages se sont inscrits dans sa mémoire. Au moment de la préparation de *L'amant*, dans un dialogue avec

Claude Berri, resté inédit, elle confiera : « Vinh Long c'est le fleuve avec les racs comme des délaissés comme à Conflans. Des deltas de mer qui n'aboutissent pas. Beaucoup de villages. Autour de Vinh Long beaucoup de bras d'eau endormis. L'endroit était très beau. Les parcs, les terrains donnaient directement sur le fleuve comme dans *Le vice-consul*. La maison de l'institutrice est au fond de la ville blanche dans des endroits discrédités. Vinh Long est entouré d'endroits alluvionnaires, d'endroits pas terminés chirurgicalement. » Longues allées bordées de paillotes sous les palmes. Compartiments accolés de bijoutiers et d'épiciers. Boutiques chinoises plus souvent qu'annamites. Vie dolente et discrète. Ici on goûte le temps en attendant le crépuscule qui rosit le fleuve. Mais à Vinh Long, pour la famille Donnadieu, tout fout le camp : la mère passe par des périodes d'abattement qui terrifient les enfants, les fils sont montrés du doigt comme des voyous et la mère, parmi les petits fonctionnaires, de moins en moins acceptée : trop bavarde, trop autoritaire à l'école, trop meneuse et semeuse de zizanies parmi ses collègues. Pierre devient de plus en plus violent. Violent avec son petit frère. Violent, très violent, avec sa sœur. Il l'agonit d'injures, la bat, la maltraite. Il hurle tout le temps contre les domestiques, contre son frère, sa sœur, contre le monde. Il provoque les voisins, achète des singes qu'il passe son temps à épouiller sur la terrasse quand il ne leur caresse pas les couilles au vu et au su de tout le monde pendant des heures. Et la petite Marguerite dans tout ce capharnaüm, au milieu de ces cris, de ces bagarres incessantes, ou de ces silences assassins, travaille, survit en travaillant. Elle travaille si bien qu'elle obtient les meilleures notes de toute la Cochinchine au certificat d'études. D'où vient-elle cette petite ? ont dit, les yeux écarquillés, les inspecteurs de Saigon. Elle vient de Vinh Long. C'est la fille de l'institutrice. D'où sort-elle ? « Et ma mère arrivait. J'avais honte de ses robes, j'avais honte d'elle. Mais on disait qu'elle était veuve. J'étais son faire-valoir. C'était pour mériter son amour[53]. »

Avec Pierre, la violence frisera la folie. La mère ne dit rien. Elle n'a jamais rien dit. Elle voit qu'elle ne peut et ne veut rien faire pour contrecarrer les élans de son fils. Cette attirance pour le côté maléfique de son fils, elle l'endosse sans honte, avec fierté parfois. Mais elle est mère des trois. De temps en temps, elle s'en souvient. Et si elle ne dit rien, elle observe. Un jour, elle franchit le pas et décide de le renvoyer en France. Marguerite dira, dans *L'amant de la Chine du Nord*, que ce fut après avoir vu Pierre prendre la viande dans l'assiette de son petit frère. « Et il l'a mangée — un chien on aurait dit — et il a hurlé : un chien, oui, c'était ça [54]. » Pierre l'incarnation de la malfaisance. À son corps défendant mais sentant que c'est une question de vie ou de mort, la mère le fait embarquer pour Marseille. De là, il rejoindra la terre du père, Pardaillan ; il y sera pris en charge par l'abbé Dufaux, qui deviendra son précepteur et son tuteur. La mère alors, son fils éloigné, peut enfin respirer. Elle se remet à penser à l'avenir et à rêver d'argent. Toujours ce désir d'argent qui la taraude. Avec de l'argent on peut tout. Avec de l'argent on a tout. Marie pense et pensera toute sa vie que seul l'argent amène la considération et le bonheur. Jamais elle ne se contentera de son sort. Après l'avoir beaucoup réclamée, elle reçoit enfin cette pension de veuve qu'elle espérait depuis si longtemps. Elle vend au même moment sa petite maison d'Hanoi et, avec ses maigres économies, se lance dans un projet gigantesque qui, elle en est sûre, fera basculer son destin : acheter une terre, la faire fructifier, devenir la reine des rizières du Pacifique.

On appelle cela des concessions : ce sont des arpents de terre volés aux paysans que l'administration française donne aux Blancs qui désirent les cultiver. Un décret vient justement d'être publié qui incite légalement la petite colonisation à devenir propriétaire de terres qu'elle a rendues disponibles en Cochinchine, au Cambodge et en Annam. Marie pourrait, de par ce décret, obtenir immédiatement une concession de trois cents hectares gratuitement. Mais Marie a de l'ambition. « Il n'y en a pas que pour les riches. Nous aussi si on veut on est riches [55]. » Marie rêve, et l'administration coloniale, pilleuse de biens, entretient savamment les rêves des petits Blancs. Alors Marie divague. Elle s'imagine milliardaire, capitaine d'industrie, richissime. Alors Marie exige. L'administration lui offre, tout de suite, trois cents hectares d'une bonne terre où elle veut. Trois cents hectares c'est trop petit. C'est un royaume qu'elle veut. Au moins le double en superficie. Elle accepte donc d'attendre. Longtemps.

Puis elle relance l'administration. Elle la veut sa concession au bord du Pacifique. Elle la pare de tous les attraits. Elle y pense jour et nuit. Elle supplie l'administration. On lui explique de nouveau qu'elle peut bénéficier tout de suite de trois cents hectares mais, pour les trois cents supplémentaires, elle est obligée de se plier à des règles compliquées : les terrains supplémentaires doivent être achetés par adjudication et les demandeurs doivent être agréés par l'administration. Un chef d'administration indique les territoires à concession dans des périmètres ouverts à la colonisation [56]. Marie accepte tout : la paperasserie, les formalités interminables, l'enquête administrative. Aucune nouvelle. Marie désespère, arrache un rendez-vous : elle fait valoir son veuvage, ses trois enfants, ajoute sur les papiers les deux enfants de son mari pour apitoyer les fonctionnaires. Deux ans elle attendra, folle d'espoir, à échafauder à haute voix, devant ses enfants qui commencent à y croire, ses rêves de nouvelle vie. Elle aimerait une terre près de son poste. Mais la Cochinchine est déjà occupée. Ce sera le Cambodge. « Ce qu'on appelle une concession, oui. Et on lui a donné, on a vu cette femme arriver seule, veuve sans défenseur, complètement isolée et on lui a collé une terre inutilisable. Elle l'ignorait complètement qu'il fallait soudoyer les agents du cadastre pour avoir une terre cultivable. On lui a donné une terre, ce n'était pas une terre, c'était une terre envahie par l'eau pendant six mois de l'année. Et elle a mis là-dedans vingt ans d'économies [57]. »

Elle apprendra la nouvelle à Sadec où elle vient d'être nommée, en septembre 1928, directrice de l'école des filles. Sadec est considérée alors comme la plus belle ville de l'Indochine. Les voyageurs de la fin des années 30 découvrent une bourgade alanguie, étirée sur les rives sinueuses du Mékong, enfouie sous une végétation tropicale.

Aujourd'hui encore, dans le quartier chinois envahi par les poules caquetantes, les forgerons travaillent dans des odeurs de menthe. Au milieu de la ville, l'île des Blancs de la coloniale se visite. On y accède par des barques tanguantes en traversant les bouillonnements boueux du Mékong. Le long de l'île, la promenade empierrée, ourlée de tamariniers et de cocotiers inclinés, n'a pas changé depuis le temps de Marguerite. L'école est un bâtiment administratif colonial à la façade imposante et aux minuscules et très pauvres salles de classe. Les manguiers sauvages ont poussé dans la cour de récréation. Tout subsiste, mais dans le miracle d'un temps suspendu, car tout semble au bord de l'écroulement. Là-bas, il y a des fleurs tigres qui poussent si vite qu'elles envahissent en quelques jours le seuil des petites maisons en bambou et en interdisent l'accès. À Sadec, il y a une maison de 1910 haute, imposante, cachée aux regards par des haies de lauriers-roses. Il faut sauter par-dessus la grille, franchir le jardin abandonné, pousser légèrement la porte d'entrée pour ne pas la casser et, escortée d'une bande de bambins rigolards et facétieux qui sortent d'on ne sait où, traverser les pièces de réception, entrer dans la grande salle du bal, toucher les enluminures de papier ancien déchirées par le temps, entrouvrir les persiennes et glisser sur le carrelage en esquissant un pas de valse. Il ne manque que la musique de Carlos d'Alessio. On y est. *India Song, Son nom de Venise dans Calcutta désert, Le vice-consul*. Et si Marguerite Duras n'avait rien inventé ? Et si cette maison l'avait tellement hantée qu'elle avait su la faire réapparaître plus tard et ailleurs ? Mais avec elle, ailleurs, c'est partout.

À Sadec, un vieux monsieur souriant et courtois, M. Dong, me raconte que oui, de Marguerite, il se souvient très bien. Il avait quatre ans de moins qu'elle, c'était son voisin, et c'est lui qui apportait tous les soirs le repas de la famille Donnadieu, que sa maman préparait. Surtout du porc sauté. La mère ne faisait jamais le marché et ne préparait jamais à manger. Gentille ? Respectée plutôt. Les filles de l'école la craignaient. Les gens du quartier l'appelaient Madame Dieu. Ce n'était pas forcément gentil. Elle se prenait en effet souvent pour Dieu. Autoritaire avec ses élèves et peu amène avec ses collègues. Les rapports d'inspection ne manquent pas de souligner ses défauts, et ses supérieurs hiérarchiques ne se privent pas de la critiquer et de mal la noter. Ainsi ce M. Tondet, directeur du groupe scolaire professionnel de Sadec, professeur principal hors classe, la gratifie en fin d'année scolaire 1929 d'un « passable », qui vaut à la fois pour sa conduite, sa tenue, ses aptitudes pédagogiques, alors que les appréciations sur les autres collègues sont dithyrambiques. Et M. Tondet de conclure : « Madame Donnadieu a fait cette année peu d'efforts pour améliorer les méthodes en usage dans son école. Cette directrice a très mauvais esprit, elle accepte difficilement d'être placée sous les ordres de quelqu'un et rend de plus en plus délicate la tâche du directeur du groupe scolaire. » Vengeance ? Histoire personnelle ? Un rapport est demandé sur Mme Donnadieu. Décidément sa mauvaise réputation la suit. Le chef local du service, M. Taboulet, est appelé à la rescousse et témoigne : « Cette institutrice a un caractère difficile. Elle s'occupe certainement de son école dont elle se préoccupe un peu trop de grossir l'effectif[58]. »

M. Dong, aujourd'hui, se rappelle parfaitement ses années d'école, quand il était petit garçon : les horaires des cours, les matières, le nom de ses instituteurs. L'enseignement se faisait en français. On lui apprenait à chanter *La Marseillaise* et il connaissait par cœur l'histoire de Clovis et de Napoléon. Il était formellement interdit de parler en vietnamien dans l'enceinte de l'école sous peine d'exclusion : les enfants entre eux parlaient tout bas dans leur langue. Ils appelaient cela « fermer le cadenas ». L'école était obligatoire jusqu'à la sixième. M. Dong dit aujourd'hui que Mme Dieu avait raison d'être autoritaire avec ses élèves. Elle voulait bien faire ; elle tentait de les mener au certificat d'études primaires, ce qui leur permettait d'espérer un poste de secrétaire des services provinciaux. M. Dong se souvient de la timidité de la petite, toujours accrochée à sa maman, de la lassitude de la mère, si fatiguée, perdue dans ses songes, écroulée des heures durant dans un fauteuil de la véranda, aux yeux de tous. Et puis le grand qui, un beau jour, a débarqué de France et la violence et les cris dans la famille Donnadieu qui ont recommencé. Les souvenirs de M. Dong sont confirmés par les archives de l'administration coloniale. Pierre, en effet, brusquement, sans argent, sans autorisation et sans prévenir sa mère, a quitté Pardaillan. Marseille, Saigon, Sadec. Il se justifiera en disant qu'il avait senti que sa mère était très malade et qu'il fallait qu'il vienne la protéger. La mère est cernée de toutes parts : le fils adoré, de plus en plus violent, l'administration qui la harcèle, les emprunts à faire pour obtenir enfin la concession. Seule contre tous. Elle transformera cet isolement social en solitude victorieuse et transmettra à sa fille l'énergie de sa révolte, comme en témoigne ce texte inédit de Marguerite Duras :

Bonjour Monsieur Bartoli. Entre tous je vous choisis aujourd'hui. Vous administriez une province grande comme la Dordogne dans le sud de la Cochinchine. Ma mère vous craignait beaucoup : vous étiez comptable de la bonne administration de son école.

Elle m'enseigna qu'il ne fallait rien dire de vos injustices criantes dans la grande province de Sadec où vous fûtes administrateur pendant dix ans. Il en allait de sa situation d'institutrice d'école indigène.

Pourtant, si elle me mentit sur la Chine, sur vous elle ne me mentit point...

Dix mille paysans cochinchinois attendaient dans de petites barques sur le Mékong de vous payer leur impôt. Cette capitation était de trois piastres plus une piastre que vous les obligiez à vous verser afin d'avoir le droit de vous payer l'impôt. La plupart de ces paysans n'avaient pas trois piastres. Ils attendaient des semaines sur le Mékong que fléchisse votre rigueur légendaire. Beaucoup vendaient leurs provisions de voyage pour vous soudoyer. Beaucoup vendaient leur barque.

Votre colossale fortune vous valut une considération générale du fonctionnariat colonial.

Entre autres, je vous choisis aujourd'hui, parmi mes souvenirs d'enfance... Je ne pourrai vous oublier[59].

Marie subit mais ne dit rien. Elle souffre mais jamais ne se plaint. Et puis ce fils aîné, cette relation passionnelle qu'elle a avec lui et qu'elle cache devant sa fille qui n'est pas dupe. Ce culot qu'il a de disparaître des nuits entières ! Il avait le choix. Il y avait à l'époque cinq fumeries d'opium à Sadec. Pour une piastre on pouvait fumer deux, trois heures. Tout dépendait de la dose. Du dehors, les fumeries ressemblaient à des boutiques toutes noires, d'où s'échappait une odeur qui rappelait celle du chocolat brûlé. À l'intérieur, on n'entendait pas un bruit. La plus grande disposait de trois rangées de lits. Des lits de camp faits de planches ordinaires couvertes de nattes, précise M. Dong. On se couchait sur le côté, et on fumait dans de longues pipes en bois. Dortoir de rêveurs. À la sortie le coolie veillait et comptait les sous. M. Dong sourit. Tout le monde fumait, les riches aussi bien que les pauvres, et les Français encourageaient. « Ça leur rapportait de l'argent, beaucoup d'argent et ça devait nous abrutir », dit-il aujourd'hui. L'opium effectivement rapportait gros et ses bénéfices venaient renflouer les caisses de l'État, comme le justifie sentencieusement le rapport officiel du gouvernement général de l'Indochine : « L'opium appartient à cette catégorie de denrées qui ne sont intéressantes que dans la mesure où elles rapportent au fisc. » La régie de l'opium représente à elle seule plus du quart des recettes, plus de 7 millions de piastres par an à l'État. À Saigon et à Hanoi, ont été installées, grâce à la sollicitude des laboratoires d'analyse qui travaillent en étroite relation avec l'Institut Pasteur, de véritables usines d'opium dans le but d'assurer une préparation moins nocive pour la santé des consommateurs, en même temps qu'un rendement meilleur pour le fisc. Mais ce n'est manifestement pas assez pour l'administration qui se plaint de ne pas disposer encore « d'un personnel suffisant pour pouvoir vendre elle-même partout son opium ». La France aura réussi au-delà de ses espérances. Ils sont des milliers de Vietnamiens qui ne peuvent plus vivre sans opium à la fin des années 20. Rôdant comme des affamés devant les portes des fumeries, somnambules, dépendants, squelettiques. Des pauvres, prêts à tout pour fumer une pipe, rien qu'une pipe.

Pierre Donnadieu vit dans une fumerie le long du fleuve. Il ne rentre que pour soutirer de l'argent à la mère qui désespère et qui se confie à sa fille. Elles pleurent toutes les deux allongées dans le lit unique. La fille crie contre la mère puis demande pardon. Là, toutes les deux, dans la nuit, corps à corps. « Que je vous dise aussi ce que c'était, comment c'était. Voilà : il vole les boys pour aller fumer l'opium. Il vole notre mère. Il fouille les armoires. Il vole. Il joue [60]. » Le fils aîné est finalement reparti. « Pendant quelques années, il n'a plus fait partie de la famille. C'est en son absence que la mère a acheté la concession. Terrible aventure, mais pour nous les enfants qui restaient, moins terrible que n'aurait été la présence de l'assassin des enfants de la nuit, de la nuit du chasseur [61]. »

Et puis la mère disparaît. Avec ses deux enfants. Trou noir. Elle quitte Sadec. Pour où ? Saigon. L'Eden Cinéma, dira Marguerite, qui entretiendra, jusqu'à sa mort, le mythe d'une mère aventurière, prête à tout pour ses enfants, se métamorphosant en capitaine d'industrie, en pianiste, en princesse des rizières. La mère cherchait à arrondir ses fins de mois. Comme l'a écrit Marguerite évoquant cette période : « Elle a continué à enseigner. Ce n'était pas suffisant. Pendant deux ans, elle a donné des leçons de français en plus. Puis — on grandissait — ça a été encore insuffisant. Alors elle s'est engagée à l'Eden Cinéma comme pianiste. » Dix ans, sûrement pas, comme le prétend Marguerite. C'était si beau de lui faire interrompre son métier de pianiste à la fin du cinéma muet. Mais la mère n'a jamais arrêté sa vie de petit fonctionnaire. Dans son dossier administratif, dans son tableau d'avancement, il n'y a pas d'arrêt, pas de rupture. Elle en a eu peut-être envie, et la fille a su plus tard admirablement décrire les désirs de sa mère : les enfants qui sommeillent sur des coussins, cette grotte apaisante que représente la salle de cinéma, tout au fond l'écran noir et blanc, les images qui défilent et la mère, droite, si droite, si raide devant son piano, qui joue des valses pour bercer les câlineries des Blancs de la rue Catinat s'encanaillant avec des congaïs très maquillées. Mais je n'y crois guère. Question de déclassement social, de qu'en-dira-t-on, d'emploi du temps, de caractère aussi. La mère, je l'imagine mal se pliant à un patron de salle, jouant sur commande. Et puis, oui bien sûr, elle jouait du piano ou plutôt elle pianotait. Vaguement. Pas comme Marguerite qui a toujours caché sa culture musicale et qui s'en moquait mais qui, elle, jouait bien. Marguerite n'a pas inventé l'Eden Cinéma. Quel beau nom Eden Cinéma ! Elle y a installé sa mère pianiste pour l'éternité. Pourquoi ? À la fin de *L'Eden Cinéma*, elle raconte que sa mère n'arrêtait pas d'inventer, d'exagérer, d'interpréter, de déformer le monde. Du cinéma, elle s'en faisait tout le temps. « Et le nôtre de surcroît. » Marguerite l'a rendue muette en lui faisant jouer du piano. Se faire du cinéma. Faire enfin du cinéma. Sur l'écran noir de ses désirs, Marguerite, plus tard, saura fixer dans ses films les désarrois de ses héroïnes. D'ailleurs avec Marguerite on est toujours au cinéma. Où est le monde, la vérité ? Elle l'a tant fait son cinéma, nous endormant dans ses mythes familiaux, ses songes de princesse de feuilleton télévisé, ses hallucinations plus belles que la toujours triste réalité !

Fin 1928, pour les vacances de Noël, la famille Donnadieu débarque enfin au terme d'un long voyage épuisant, en compagnie de deux domestiques, dans cette parcelle de terre si ardemment convoitée. Marguerite découvre cette Beauce de rizières, une eau, couleur de crevette ou de sable rose, selon les heures du jour, un ciel lourd.

Marguerite habitera ces terres bordées par le Pacifique et vivra le choc avec la nature, la liberté du corps, la peur de la forêt, l'excitation procurée par la chasse. L'empreinte sur le corps et dans l'imaginaire deviendra définitive. Auparavant, Marguerite a vécu dans des bourgades coloniales à l'image des sous-préfectures de province, où même les jardins publics caricaturaient la douce France. Dans cette terre de Prey Nop, au Cambodge, non loin de la chaîne de l'Éléphant, elle se retrouvera environnée par une forêt hostile infestée de tigres, et immergée dans un paysage de rivières, de racs, de terre boueuse et d'écumes de la mer. Elle dira avoir découvert là-bas la sauvagerie d'une nature où elle aimait bien se perdre. Les rassemblements de fauves, les poissons vivant dans des vasques au-dessus des arbres, la jungle tropicale bruissante et effrayante : tout est vrai. Marguerite n'a rien inventé. La concession était située dans un pays d'une majestueuse beauté. Prey Nop. À quatre-vingts kilomètres de Kampot, il suffit de regarder une carte : sud-ouest de la Cochinchine et du Cambodge, cette vaste échancrure en forme de croissant s'appelle le golfe du Siam. C'est aussi beau que la baie d'Along, les montagnes de marbre, les ruines d'Angkor. Le golfe du Siam était encore peu de temps avant l'arrivée de la famille Donnadieu le refuge des bandits de la mer. Les bandes armées du Chinois Trieu Chan, établi sur l'île du Milieu, terrorisaient toute la région. La mer est à trois kilomètres de la concession. Entre la mer et la terre, s'étendent des plantations de cocotiers, des poivrières immenses. Sur les plages de sable blanc s'étalent les filaos. Ce n'est qu'au début de ce siècle que la région a été explorée par les Blancs. M. Baudoin, qui fut le premier à reconnaître les lieux, a écrit son émerveillement devant « l'étranglement des monts rocheux drapés du velours vert des forêts vierges et les assises des montagnes, véritables quais naturels, véritables soubassements de citadelles de Titans ensevelis sous la verdure ». Les pagodes cachées, les chemins tracés dans la jungle, les bonzeries abandonnées au milieu de la forêt, les terres brûlées, les singes ricaneurs, les rivières transparentes, la pureté de l'air, tout est vrai. Marguerite en sera à tout jamais émerveillée.

Prey Nop, c'était le bout du monde. De Saigon, le voyage durait deux jours. De Sadec, une nuit et une journée. La mère partait toujours de nuit. Paulo, le petit frère, en profitait pour sentir le fauve à chaque arrêt et dégainer le fusil de chasse en cas de besoin. Une équipée, ce voyage, dans une vieille guimbarde surchargée, sur des routes défoncées. La famille, accompagnée par un chauffeur et la fidèle domestique Dô, traversait des plaines immenses, des rizières entrecoupées de cocotiers et d'aréquiers pour arriver enfin dans « cette espèce de pays où il n'y avait plus de village, plus d'habitation, un pays d'eau, de marais. Avec, en bordure de mer, les forêts de palétuviers, qui étaient seules à émerger sur des centaines d'hectares à la saison des hautes eaux [62] ». Commence la liberté. La mère ne leur interdit rien. Elle les laisse là tous les deux, Paulo et elle, abandonnés à eux-mêmes au milieu de la plaine des étés entiers à tirer sur les échassiers, à marcher sous le soleil à l'heure de la sieste, à remonter des cascades glacées pour parvenir aux hectares brûlés de bananiers. Marguerite a quatorze ans, son frère dix-sept. Elle tue avec lui des singes, des oiseaux. « C'était horrible, on tuait tout ce qu'on trouvait. » Les caïmans, les panthères, les serpents. Ils marchent sous le ciel obscurci par les forêts de lianes où s'ébattent les perroquets bavards, arpentent les terres salines du barrage et se baignent dans l'eau croupie du rac où pourrissent les carcasses des échassiers. Le frère initie la sœur. Il lui apprend à écouter le cri des animaux, à sentir leur odeur, à ne pas déranger les grands fauves. Il y a un côté Mowgli, brother and sister de la jungle, dans l'évocation de cette période heureuse. Fréquenter des tigres au lieu de chats vous fait évidemment une enfance différente. Dorgelès a su restituer ce climat d'aventure, cette sensation de liberté, cette luxuriance des paysages, dans son merveilleux grand reportage sur l'Indochine, sur *la route mandarine*. Même si pour lui le moustique et le cochon noir a priori moins excitants se révélaient à l'usage plus dangereux que le tigre qu'on vous emmène chasser au cœur de la nuit dans des expéditions exotiques[63].

Marguerite et Paulo vivent comme des Vietnamiens, parlent vietnamien, partagent leurs jeux avec les enfants vietnamiens. Période heureuse de la préadolescence. La beauté de la nature, les lumières, les odeurs, les couleurs resteront gravées dans la mémoire. Bernard Moitessier, le navigateur, vécut aussi son enfance en Indochine, à la même époque que Marguerite. Ses parents étaient commerçants à Saigon et avaient acheté une concession pas très loin de celle de Marie. Il raconte, dans *Tamata et l'Alliance*, ce choc avec la nature, la fusion avec les éléments et la découverte d'une vie communautaire avec les jeunes Vietnamiens du village d'à côté. Lui aussi adopta sensuellement cette terre. « L'aube est encore loin de blanchir le ciel, et déjà nous courons dans la nuit retrouver nos copains pour choisir avec eux de quoi sera fait aujourd'hui. Couchés avec les poules, debout au chant du coq, nos aujourd'hui d'ici sont peuplés à ras bord[64]. » Pour Marie Donnadieu, cette concession n'a jamais été un moyen. C'était un but : « Elle ne savait pas la mère. Rien. Elle était sortie de la nuit de l'Eden ignorante de tout. Du grand vampirisme colonial. De l'injustice fondamentale qui règne sur le monde[65]. »

Marie mettra du temps à s'apercevoir que son rêve de richesse est une absurdité. Pis : un véritable cauchemar. La terre que l'administration a fini par lui concéder est, de fait, une terre incultivable, car inondable, et inondée chaque année. Un marécage. De toute façon, la mère n'y connaît rien. Ni à la rizière, ni à l'agriculture, ni à l'administration. Elle ne se renseigne pas, ne se fait pas conseiller, elle fait comme si elle savait. « Son malheur vient de son incroyable naïveté », dira Marguerite. Elle mettra deux ans à comprendre qu'elle a été volée. « Exception faite des cinq hectares qui donnaient sur la piste, et au milieu desquels elle avait fait bâtir son bungalow, elle avait jeté ses économies de dix ans dans les vagues du Pacifique[66]. »

Aujourd'hui encore, à Hô Chi Minh-Ville, de vieux lettrés vietnamiens vous parlent les yeux embués de larmes du livre de Marguerite *Un barrage contre le Pacifique*. Ce n'est pas tant le désespoir de la mère qui les émeut, que la flamme avec laquelle Marguerite a su, dans ce livre, rendre hommage à ces hommes morts pour la France en construisant des routes, au milieu des marécages, sous un soleil de plomb. On enchaînait les hommes les uns aux autres. On prenait des pauvres paysans crevant de faim et des condamnés politiques encadrés par des chefs de milice, anciens de la coloniale, qui avaient reçu l'ordre de les faire travailler jusqu'à l'épuisement. De nombreux témoins ont vu des groupes traînant des cadavres. Cette histoire, orale et interdite, n'a jamais été consignée. C'est tout juste si on en trouve quelques échos dans les livres de Léon Werth, et dans quelques textes du jeune Malraux. Marguerite a rendu hommage à ces héros anonymes sacrifiés. Aujourd'hui encore, des étudiants vietnamiens vibrent de reconnaissance envers Marguerite Duras, la seule à avoir su parler de ces enfants de la plaine qui, à peine nés, étaient destinés à mourir de faim, du choléra ou de la dysenterie : « Les enfants retournaient simplement à la terre comme les mangues sauvages des hauteurs, comme les petits singes de l'embouchure du rac[67]. »

Un barrage contre le Pacifique demeure un grand livre, son plus grand livre d'amour et de désespoir, un maître livre sur le dégoût : celui de l'injustice de devoir vivre comme ça, abandonnée au monde, au seuil de l'adolescence. Marguerite, à la fin de sa vie, l'aimait encore. C'était à l'époque où elle disait qu'elle n'avait pas fait grand-chose de bien. Le *Barrage*, c'est sacré, me disait-elle. « J'aurais pu aller plus loin. Mais c'était le territoire de la mère. Quand il est sorti de l'imprimerie, j'ai pris ma voiture et je l'ai apporté à ma mère qui habitait alors près de la Loire. J'ai attendu qu'elle le lise. Elle est restée allongée dans sa chambre du haut. Elle m'a appelée pour me dire comment as-tu pu écrire cela ? C'est une infamie. Je vous ai tous aimés. » Marguerite est repartie vers Paris. À Xavière Gauthier, elle confie qu'elle n'a pas raconté « complètement » dans le *Barrage*. « Je ne voulais pas raconter tout. On m'avait dit : il faut que ce soit harmonieux. C'est beaucoup plus tard que je suis passée à l'incohérence [68]. »

Le *Barrage* reste dans la mémoire comme le roman de la mère. Mère défaite par la vie, brisée par le « vampirisme colonial », brisée physiquement, cassée mentalement, seule face aux éléments, à la lisière de la folie.

> Elle se réveille. Elle hurle les noms de ses enfants. On répond plus, plus d'enfants dans la plaine. Elle prépare le repas d'échassier et de riz. Plus personne pour manger. La plaine est vide. On n'est plus là.
>
> La terre au premier jour.
> Elle serait punie la mère
> De nous avoir aimés [69].

Duras voyait dans le *Barrage* le roman de la dénonciation du capitalisme, le procès d'un système colonial qu'elle avait su pourtant vanter dix ans auparavant dans son tout premier livre, *L'Empire français*, publié sous son nom de Donnadieu avec Philippe Roques. Elle reniera ce tout premier livre écrit à l'âge de vingt-six ans lorsqu'elle était chef de bureau au ministère des Colonies et collaboratrice de Georges Mandel ; elle le fera même disparaître de toutes ses bibliographies. À trente-six ans, elle publie le *Barrage*. Durant ces dix années, elle a acquis un style mais aussi, au gré des événements et des amitiés, une conscience politique. Pour elle, le *Barrage* est un livre engagé et, même si la douleur de la mère reste le foyer de l'écriture, il décrit et analyse avec précision les rouages du système colonial.

Ce livre est son troisième roman, mais le premier à lui valoir d'être reconnue. Ce sera un succès. Il la rendra riche : avec les droits d'adaptation cinématographique du film de René Clément, elle achètera sa maison de Neauphle. Le *Barrage* sera reconnu comme un livre important par ses amis, et aussi par certains critiques littéraires qui le sélectionneront pour le Goncourt. Marguerite restera persuadée jusqu'à la fin de sa vie que, s'il ne l'a pas obtenu, c'est parce qu'il était gênant politiquement. « On m'a dit que c'était un livre communiste », disait-elle à Claude Berri au moment de la préparation de *L'amant*. « En somme, j'étais punie et en même temps que moi mon frère et ma mère. En réalité, on accusait ma mère d'avoir subi cette injustice et moi d'avoir osé raconter cette injustice. Le Goncourt m'aurait permis de ne pas la taire cette injustice. » Qu'on soit puni pour avoir osé raconter la vérité la révoltait encore à la fin de sa vie. Ce Goncourt « politique » qu'elle n'a pas obtenu au moment du *Barrage*, et qu'elle a tant regretté, explique sans doute l'ironie dont elle fit preuve, trente ans plus tard, quand elle apprit, aux Roches noires, à Trouville, que *L'amant* venait enfin de se voir décerné ce prix autrefois si convoité...

Quand elle évoquait les thèmes du *Barrage*, à la fin de sa vie, Marguerite avait des battements de cœur si forts qu'elle était obligée de s'arrêter pour reprendre son souffle. Cette souffrance d'avoir cru aux vertus du colonialisme et d'avoir été trahi marquera à tout jamais la famille Donnadieu. Marguerite écrivit pour sa mère ce roman du désespoir et de l'injustice. Mais la mère n'y lira que l'histoire d'une famille monstrueuse.

Dans des notes manuscrites retrouvées après la mort de Marguerite, arrachées à un cahier non daté, on peut lire ce poème sur le *Barrage* :

Chant du caporal
L'attente est longue
Sous le soleil
Les hommes traînent sur la route
Enchaînés à l'espoir
J'ai beaucoup attendu de la piste
La chaîne aux pieds, la chaîne au cou
La tête au soleil
L'estomac vide, la trique au cul

Riz de misère
Soleil de fer

Mes enfants affamés

La faim, le paludisme

Ô plaines de mon pays
Si glorieuses d'enfants
Morts de faim
Ô soleil de sel
Ô mon pays, ma seule destinée[70].

La mère a été grugée. La mère n'a rien compris. Trop naïve pour comprendre le système de concession. Au nom de l'État français, des administrateurs corrompus lui ont vendu d'une part, et concédé gratuitement d'autre part, une terre dont elle ne serait jamais véritablement propriétaire, une terre insalubre abandonnée à l'eau stagnante et aux marées, qui ne pourrait jamais être cultivée. Le système d'obtention des concessions, savant amalgame du système traditionnel édicté par l'empereur Gia Long et de pillage organisé sous couvert de formules administratives contournées, se révèle en effet d'une admirable perversité. Tout arrêté de concession de terres comporte une clause de déchéance : après vérification par une commission spécialement constituée, la personne doit restituer d'office au domaine la partie qui n'aurait pas été cultivée. Les concessions sont en outre étroitement surveillées par les chefs des administrations locales qui ne prêtent qu'aux gros propriétaires, dégageant beaucoup de capitaux sur lesquels l'administration prélèvera des impôts. Les petits, qui comme la mère de Marguerite demandent des subventions, n'ont droit qu'à des terres justement incultivables. Certains fonctionnaires intègres ont bien tenté de décourager ces Blancs trop pauvres et mal armés de se lancer dans l'aventure[71]. Peines perdues. Les riches ont édifié des fortunes considérables avec ces concessions, les pauvres y ont englouti leurs rêves et leurs économies.

Marie Donnadieu s'est obstinée. Devant la mer qui avance, elle tente l'impossible : la construction de barrages. Elle défie Dieu. Elle n'était pas la seule, comme l'attestent des documents coloniaux retrouvés à Hô Chi Minh-Ville. Ils furent des dizaines à hériter de terres insalubres et à se battre avec l'énergie du désespoir pour construire, avec l'aide des paysans, des murs de boue et de rondins contre le Pacifique. Des dizaines à se révolter avant d'abandonner. Ils intentèrent des procès qui n'aboutirent jamais. Marie, heureusement, avait construit le bungalow dans la partie la plus saine des terres. Cette construction en dur sur une terre meuble va lui permettre de gagner du temps contre l'administration. Bungalow refuge, nid au milieu de la jungle. Territoire de la mère. Les deux chambres et la véranda dominent les bananiers et les cannas fatigués.

La mère avait attendu ce moment toute sa vie. La petite maison, construite en bordure de la piste qui longe la plantation, lui coûte cinq mille piastres, somme énorme pour l'époque. Bâtie sur pilotis à cause des inondations, entièrement en bois qu'il fallut couper et débiter en planches sur place, elle résistera à l'humidité, au temps et à l'écume des vagues du Pacifique. Mais la mère voit toujours plus grand. C'est un domaine qu'il lui faut. Elle engage donc simultanément une cinquantaine de travailleurs qu'elle fait venir de Sadec. Elle les installe en pleine jungle, leur verse des salaires dérisoires et leur demande de construire un village en plein marécage, à deux kilomètres de la mer. La mère décide de tout très vite, elle fonce et puis s'affole. Rapidement elle se sent dépassée par les travaux gigantesques qu'elle a engagés et qu'elle veut surveiller. Elle supplie la direction de l'enseignement de Saigon de lui accorder une disponibilité qu'elle obtient tardivement. Pendant six mois, la mère, le petit frère et la sœur vont vivre là, isolés du monde, dans cet endroit perdu entre la chaîne de l'Éléphant et la mer. Dans le tout premier manuscrit resté inédit de *L'amant*, rédigé à la fin de la guerre, et qui mêle dans un seul récit sous forme de journal des fragments qui se retrouveront dans le *Barrage* et dans *L'amant*, Marguerite raconte le commencement de cette période, marquée pour elle par une joie très intense. « Pendant la construction de notre maison, nous habitions, ma mère, mon jeune frère et moi une paillote attenante à celle des domestiques " d'en haut ". Le village était situé à quatre heures de barque de la piste et donc de notre maison. Nous partagions alors complètement la vie des domestiques à ceci près que ma mère et moi avions les matelas pour la nuit. »

Mais la mère tombe rapidement malade. Des attaques

de découragement et de mélancolie l'abattent, l'obligent à rester allongée. Les crises peuvent durer des journées entières. Marie dit qu'elle va mourir. Les enfants prennent peur. Personne ne peut leur venir en aide. Le médecin le plus proche se trouve à des heures de piste, le téléphone n'existe pas encore dans cette région du Cambodge. Alors la mère soulève de temps en temps ses paupières fatiguées et dit à ses enfants de ne pas s'inquiéter. « Ça va passer », soupire-t-elle avant de retomber dans un état proche de la catalepsie. Dans le *Barrage* et dans *L'Eden Cinéma*, Marguerite Duras décrira les étapes de cette maladie, cette alternance de vociférations et de silences meurtriers : « Depuis l'écroulement des barrages, elle ne pouvait presque rien essayer de dire sans se mettre à gueuler, à propos de n'importe quoi [72]. » Les comas léthargiques étaient suivis d'intenses crises de pleurs. Les problèmes d'argent accentueront l'angoisse, le délabrement du corps. Les enfants se retrouvent seuls, abandonnés du monde. « Les crises de ma mère consternaient et inquiétaient les domestiques indigènes qui, chaque fois, menaçaient de s'en aller. Ils avaient peur de ne pas être payés. Ils s'approchaient de la paillote et s'asseyaient en silence sur un talus qui la bordait pendant tout le temps que duraient ces crises. À l'intérieur, ma mère était couchée sans connaissance et râlait doucement. De temps en temps mon frère et moi en sortions pour dire aux domestiques que ma mère n'était pas morte et pour les rassurer. Ils ne le croyaient que difficilement. Mon frère leur disait que si ma mère mourait il faisait le serment de les ramener en Cochinchine coûte que coûte et qu'il les paierait [73]. »

« Dans mon enfance, le malheur de ma mère a occupé le lieu du rêve », confie Marguerite Duras dans *L'amant*. La mère se sent abandonnée par le père. Elle aimerait bien le rejoindre dans l'au-delà. Il ne lui reste plus que la nuit pour parler à son mort préféré. La mère ne parle qu'aux morts. Avec les vivants elle crie. Les enfants eux aussi sont de trop. La mère ne les protège pas. Ils sont définitivement trop loin d'elle-même. Elle ne peut plus rien leur donner. À bout de souffle, hors champ, la mère. Mère saleté, mère mon amour. Comment ne pas comprendre la tristesse dans le regard de Marguerite sur ces rares photographies qui subsistent des débuts de l'adolescence ? Obligé de grandir trop vite, le petit frère, Paulo, devient l'homme, le patron de la concession, le garant de la vie de la mère et de la petite sœur. « Mon frère avait treize ans à cette époque-là, il était déjà l'être le plus courageux que j'aie jamais rencontré. Il trouvait à la fois la force de me rassurer et me persuader qu'il ne fallait pas pleurer devant les domestiques, que c'était inutile, que notre mère vivrait. Et effectivement lorsque le soleil disparaissait de la vallée derrière les monts de l'Éléphant notre mère reprenait connaissance [74]. »

Et la vie recommençait comme si de rien n'était : les cris, les hurlements, le découragement. L'enfer quotidien. Le soir qui descend brutalement, les bruits de la jungle environnante, la solitude de chacun des membres du trio. La mère devient de plus en plus absente à elle-même. La nuit, elle refait ses comptes interminablement, le jour, elle dort, en proie à un abattement profond. Les adolescents entretiennent avec elle des rapports compliqués, tissés de révolte, de désir, de haine, d'admiration, de compassion. Ensemble toujours, le frère et la sœur. Sauf les nuits de chasse. Il dispose d'une carabine Winchester calibre 10,7 mm, d'un 357 Magnum et se révèle excellent chasseur. Il organise sa vie autour de la chasse, accumule des appâts de grands ruminants qui pourrissent sous la véranda, et disparaît dans les postes d'affût qu'il s'est construits dans la forêt. « Tirer sur le fauve au haut du crâne, entre les oreilles, si vous êtes de face, au milieu du cou si vous êtes de profil, précise un guide de chasse publié en 1905 en Indochine. Ce sont les endroits où vous avez la chance d'abattre la bête sur le coup. Sinon même gravement atteinte aux poumons ou au cœur, elle vous entraînera dans la jungle au plus épais du fourré et si vous n'êtes pas entièrement maître de vos nerfs et de vos réflexes, une telle poursuite n'est pas à recommander. »

Paulo, quand il ne chasse pas, rêve de filles blondes aux lèvres rouges en écoutant des chansons d'amour sur un phonographe usé, le soir, sur la véranda au moment où les bêtes boivent. Marguerite saura restituer dans le *Barrage* les espoirs fous et les attentes déçues de ce couple qu'elle formait alors avec son frère. Dans la première partie, ils semblent tous deux englués à tout jamais dans l'éternité d'une attente, rivés à cette terre nauséabonde, esclaves consentants du malheur. Marguerite et Paulo — Suzanne et Joseph.

Je me souviens : cette odeur de feu dans toute la plaine. Partout cette odeur.

Sous le ciel la piste, blanche, droite, de la poussière.

Sur les flancs de la montagne, les carrés verts des poivrières chinoises. Au-dessus le brouillard des feux. La jungle. Et puis le ciel[75].

Toutes les économies de la mère y passeront. Vingt-quatre ans de fonctionnariat. Et pourtant la mère de Marguerite croit dur comme fer qu'elle deviendra millionnaire en quatre ans. Elle le pense, donc c'est vrai. Elle répète ce que le père lui « dit ». Le père ne peut se tromper. En fait, c'est le père qui « décide ». Et la mère qui exécute ce qu'elle croit comprendre du père. « À cette époque-là, elle se tenait en communication avec mon père mort depuis de longues années. Elle ne faisait rien sans lui demander conseil et c'était lui qui lui " dictait " ses plans d'avenir. Les " dictions ", d'après elle, ne se faisaient que vers une heure du matin, ce qui justifiait les nuits de veille de ma mère et lui conférait à ses yeux un prestige fabuleux[76]. »

La mer balaie les plantations et la récolte est brûlée sur pied en une nuit par les vagues du Pacifique. Le bungalow se retrouve isolé au milieu d'un immense marécage. Le lendemain, pendant huit heures, en barque, la mère inspecte avec ses deux enfants son territoire de désolation et ne se résigne pas devant l'ampleur du désastre. Elle décide de défier la mer, la terre et le gouvernement général de l'Indochine. Sa mise en disponibilité étant terminée, elle revient à Sadec pour assurer la rentrée scolaire. Minée par les problèmes d'argent, elle tente d'emprunter aux chettys, ces prêteurs hindous qu'on retrouve dans tout l'Extrême-Orient. À Sadec aussi, le climat se tend. Elle est de moins en moins acceptée par la communauté blanche qui la trouve bizarre, agressive, excentrique. Les enfants vivent repliés chez eux. À l'école aussi, la mère pose des problèmes. De nouveau jugée trop autoritaire, excessive, emportée. Les autres Blanches ne lui ressemblent décidément pas, ne s'habillent pas comme elle, ne vivent pas comme elle, ne parlent pas comme elle.

Elle disparaît chaque fin de semaine avec ses enfants pour inspecter la concession. Mille six cents kilomètres aller-retour en deux jours. Car la mère a trouvé la solution miracle : les barrages. Donc elle part les surveiller. Les barrages, c'est encore une idée géniale du père, transmise au cœur de la nuit. La mer est domptable quand on habite l'au-delà. Dans un texte inédit, Marguerite Duras évoque l'exaltation de sa mère quand elle « inventa » cette idée de barrages qu'elle concrétisa immédiatement : « On fit venir plusieurs centaines d'ouvriers et les barrages furent construits en saison sèche sous la surveillance de ma mère et de mon frère. Malheur. Les barrages furent rongés par des nuées de crabes qui s'enlisaient lors des marées [77]. »

La mère pense alors à des pierres mais, dans ce pays de terre inondable, les pierres sont rares. Elle opte finalement pour des troncs de palétuviers. « Encore une fois elle avait trouvé. Les soirs où elle faisait de pareilles découvertes et où elle nous les communiquait sont parmi les plus beaux de ma vie [78]. » Les palétuviers tiendront bon et le riz pourra enfin pousser. Le miracle aura bien lieu mais trop tôt ! Les employés de la mère, irrités par son autoritarisme qui confine à l'esclavagisme, ne la préviennent pas. Ils font une récolte précoce et la vendent au planteur voisin. Une fois l'argent empoché, ils décampent par la mer pour rejoindre la Cochinchine. Ils ne reviendront jamais à la concession. La mère, aux vacances scolaires, découvre l'étendue du désastre. Marguerite se souviendra de ses réactions : « Une fois de plus ma mère en prit son parti. La pureté d'âme de ma mère n'avait d'égal que son désintéressement. Elle se lassa des barrages et voulut ignorer que l'année d'après ceux qui avaient réussi à tenir s'effondrèrent à leur tour [79] ! »

La mère garde la concession mais décide alors de ne plus l'exploiter que très partiellement, sur quelques arpents de terre les plus éloignés de la mer, à titre d'essai avant l'abandon complet. Elle est ruinée. Elle se rend là-bas de temps en temps avec ses enfants. Juste pour rêver. Une nuit entière de voyage avec la vieille voiture déglinguée du *Barrage*. Paulo astique ses armes. Marguerite rêve d'écrire. Là-bas la mère se repose enfin. Ensemble ils regardent le bleu du ciel et respirent l'odeur de la nuit de velours. La maison du *Barrage* devient la maison des vacances. Max Bergier, qui rencontra pour la première fois la mère de Marguerite en 1931, et qui vécut ensuite chez elle comme pensionnaire à Saigon, se souviendra qu'ils y partaient pendant deux mois pour les grandes vacances : « On voyageait toujours de nuit. Paul avait toujours son fusil. La voiture était décapotable, vieille. La route était mauvaise. Sur le trajet on rencontrait des fauves, des chevreuils, des troupeaux d'éléphants. La maison, sur pilotis, était ouverte en permanence. Elle était entourée de marécages. Il y avait des crocodiles partout.

Selon les marées, la mer empiétait sur la maison. La maison ressemblait à une paillote. Elle était vraiment très simple. Tout autour le paysage était sauvage, la forêt profonde et inquiétante. Toute la région était réputée dangereuse. Les fauves se baladaient partout. Paul m'emmenait à la chasse. Il avait deux fusils. Dans nos expéditions, on croisait des tribus moïs vivant à moitié nus. Un jour, Paul est revenu de chasse avec une voiture Wyllis Ford chargée de trois chevreuils et d'un chat-tigre vivant. Il a gardé le petit chat-tigre qu'il nourrissait au biberon et qu'il couchait la nuit dans un tiroir de sa chambre[80]. »

À Sadec, Pierre débarque alors sans crier gare. La discorde et la violence envahissent de nouveau la maison Donnadieu. Le tout début de *L'amant de la Chine du Nord* en fera l'écho. Pierre veut tuer Paul. Marguerite veut faire mourir Pierre. Pierre vole la mère qui, elle-même, redemande de l'argent aux chettys. Pierre achète un nouveau babouin qu'il élit comme seul objet d'amour. Il lui joue du piano la nuit, lui fait avaler des pièces de monnaie. Mais amour rime avec torture. Il lui fait avaler tant de pièces de monnaie que le singe ne peut plus se déplacer que tête baissée. Il lui achète un coq que le singe plume, méticuleusement. Le coq hurle. Le singe continue. Et puis le coq meurt. Pierre achète un autre coq. Le singe devient vicieux et passe son temps sur la véranda à se masturber consciencieusement, des heures entières, encouragé vivement par son propriétaire hilare. La mère comprend-elle alors qu'elle doit sauver sa fille de la méchanceté de son grand frère ? Elle lui parle, la rassure. Marguerite lui fera dire dans *L'amant* : « Il ne faut pas que tu aies de la peine pour lui. C'est terrible à dire pour une mère, mais je te le dis quand même : il n'en vaut pas la peine. »

CHAPITRE II

LA MÈRE, LA PETITE, L'AMANT

C'est au moment où la mère comprend enfin qu'elle est tout à fait ruinée, et donc où elle abandonne définitivement le rêve de devenir millionnaire par le moyen de la concession, qu'elle transfère toute son énergie et son désir d'avenir sur l'éducation de sa fille. Nous sommes en 1929. Marguerite a quinze ans et Marie Donnadieu songe à l'inscrire au lycée Chasseloup-Laubat de Saigon. Elle a décidé que sa fille réussirait comme elle avait décidé que la concession la rendrait riche. Marguerite, élève intelligente mais turbulente, n'était appréciée ni de ses maîtresses ni de ses camarades. Elle venait de faire une année scolaire calamiteuse, avec des zéros pointés dans toutes les matières, assortis de réprimandes dues à de graves manquements à la discipline, dont un passage en conseil de discipline pour une sombre histoire de cartable qu'elle avait lancé à la figure d'une enseignante à la fin d'un cours de français. Marguerite traverse une mauvaise période. Mais elle est douée et elle est en mesure de faire une bonne scolarité. La mère le sait, qui se souvient de ses résultats exceptionnels quand elle était petite fille. Le lycée ne comporte pas d'internat. Marie Donnadieu remue ciel et terre à Saigon pour trouver un endroit pas trop cher où sa fille pourrait loger. Marguerite n'a jamais habité à la pension Lyautey, si bien immortalisée dans *L'amant*. D'ailleurs, la pension Lyautey n'a jamais existé. Marguerite va échouer chez l'inénarrable Mlle C., dont elle saura se venger, trente ans après, avec un humour féroce, en stigmatisant sa méchanceté et sa perversité.

Dans la petite maison de Mlle C. vivent trois autres pensionnaires : deux professeurs et une jeune fille de deux ans plus jeune que Marguerite, Colette, qui va aussi au lycée. Mlle C. a demandé à Marie Donnadieu le quart de son salaire d'institutrice en échange d'une éducation dite accomplie. « Seule Mlle C. savait que ma mère était institutrice, elle et moi le cachions soigneusement aux autres pensionnaires qui en auraient pris ombrage [1]. » Mlle C. est décrite dans la nouvelle *Le boa* sous le nom de « la Barbet », vieille vierge coquette. C'est peut-être ce qui explique que son esprit vagabonde et que son corps frissonne encore de désirs inassouvis. Marguerite deviendra l'otage sexuel de Mlle C. Scène terrible racontée dans *Le boa* mais transcrite aussi dans son journal intime de manière quasi identique : chaque dimanche après-midi, après la visite au jardin botanique, après le petit goûter biscuit-banane, Mlle C. dite la Barbet attendait la jeune fille dans sa chambre, à moitié déshabillée.

Elle se tenait bien droite pour que je l'admire, baissant les yeux elle-même, amoureusement. À moitié nue. Elle ne s'était jamais montrée ainsi à personne dans sa vie, qu'à moi. C'était trop tard. À soixante-quinze ans passés, elle ne se montrerait plus jamais à personne d'autre qu'à moi. Elle ne se montrait qu'à moi dans toute la maison et toujours le dimanche après-midi quand toutes les autres pensionnaires étaient sorties et après la visite au Zoo. Il fallait que je la regarde le temps qu'elle décidait.

— Ce que je peux aimer ça, disait-elle. J'aimerais mieux me passer de manger [2].

Ni vu ni connu. Mlle C. imposa ses séances toutes les semaines. Pas toucher, non juste regarder. Regarder et ne rien dire. Complices toutes les deux. Elle se postait devant la fenêtre : pleine lumière sur le corps flétri à moitié nu. Marguerite a des yeux pour voir. Elle n'a encore jamais fait l'amour. Elle l'imagine bien sûr. Elle y pense tout le temps. Marguerite regarde donc avec une convoitise feinte la vieille fille folle de son corps. Le contrat est manifestement rempli. Cela suffit à la demoiselle fanée par les ans. Elle semble repue de jouissance. Mais la jeune fille est dégoûtée, dépitée, excitée. Après avoir refermé la porte de Mlle C., Marguerite se poste donc sur le balcon de la maison et chantonne pour attirer l'attention des soldats de la coloniale qui déambulent dans les rues de Saigon, en leur décochant de langoureuses œillades.

Dans l'œuvre de Duras, le thème du regard est obsédant. Dans le *Ravissement,* Lol V. Stein possède un regard étrange qu'on ne peut capter, des yeux aux iris décolorés. L'homme du *Navire Night* n'a pas le droit de voir celle qu'il commence à aimer en parlant au téléphone mais qui se dérobe à la rencontre. Il insiste. Il n'a que des orgasmes noirs. « Parce que l'idée de voir fait de plus en plus peur, il veut voir. Une façon de liquider l'histoire, d'y mettre fin. » Anne Desbaresdes, dans *Moderato cantabile*, ne voit pas le drame et dépense son énergie vitale à reconstituer ce qu'elle n'a pas pu voir. « Ne regarde pas », dit Anne Desbaresdes à son enfant après le crime. « Dis-moi pourquoi, demande l'enfant. — Je ne sais pas, répond la mère. » Les yeux de la femme ne s'entrouvrent qu'au moment où le sperme de *L'homme assis dans le couloir* les aura aspergés. Et que dire du noir dans les films de Duras ? Obligation de fermer les yeux ?

Deux ans, cela dura deux ans, ces séances sexuelles que Marguerite Donnadieu dira être obligée d'accepter. Fantasme ou réalité ? Elle en parla plus tard à une amie comme d'un traumatisme et l'exprimera dans cette nouvelle, *Le boa*, sous forme d'une dévoration lente, informe, noire. Le corps de la Barbet est pourri, gangrené. Quand Marguerite la voit déshabillée pour la première fois, elle comprend enfin l'odeur particulière de la mort. Mlle Barbet pue la mort. « Mlle C. avait un cancer sous le sein gauche et ne le montrait qu'à moi dans toute la maison. Elle découvrait son sein, s'approchait de la fenêtre et me le montrait. Je poussais la délicatesse jusqu'à contempler le cancer pendant deux où trois longues minutes. " Tu vois ", disait Mlle C., je disais : " oh oui, je vois "[3]. »

Denise Augé, d'un an la cadette de Marguerite, aujourd'hui une dame vive, enjouée, délicieuse qui, curieusement, possède aussi comme Marguerite dans le visage une expression orientale — l'influence des lieux, explique-t-elle en souriant —, se souvient très bien de l'arrivée de Mlle Donnadieu au lycée Chasseloup-Laubat en 1929. Une fille maigre, jolie, aux longs cheveux qu'elle tressait en nattes. Une fille gentille, sociable, très bonne en mathématiques, si bonne en mathématiques qu'elle aidait tous les garçons du lycée ; assez réservée, peu bruyante, donnant toujours l'impression qu'elle n'était pas à la hauteur. Coquette. Oui. Denise se souvient d'une partie de tennis à laquelle on l'avait conviée et où Marguerite est arrivée avec ses chaussures à talons. Toutes les filles ont ri. Marguerite a rougi, s'est sauvée en courant sans un mot.

« Je n'ai jamais été là où j'aurais été à l'aise, j'ai toujours été à la traîne, à la recherche d'un lieu, d'un emploi du temps, je ne me suis jamais trouvée là où je voulais être », écrit-elle dans *La vie matérielle*. Sa vraie maison, elle la trouvera plus tard, ce sera Neauphle puis Trouville et son foyer, son port d'attache, son point d'ancrage jusqu'à la fin de sa vie, la rue Saint-Benoît. Car tout au long de son enfance et de son adolescence, Marguerite vécut en transit, éternelle nomade, dans des annexes d'écoles, dans des logements anonymes de fonctionnaires. La première maison fut celle que la mère achètera plus tard à Saigon. Mais quand elle se retrouve pensionnaire chez Mlle C. et qu'elle débarque dans cette ville hostile où elle n'a pas encore de véritables repères, elle n'a de cesse de trouver un lieu à elle. Plus tard elle adoptera un petit coin bruyant de Cholon. Un espace ouvert aux sens, aux odeurs. Un petit territoire qu'elle réussira à faire sien : la chambre de *L'amant* deviendra sa chambre à elle, son territoire, son lieu intime où elle pourra enfin coïncider avec elle-même, être en paix, comprendre la séparation d'avec le monde, établir la frontière entre le dehors et le dedans.

Au lycée Chasseloup-Laubat les cours commencent à sept heures trente. La chaleur est encore tolérable et l'odeur des tamariniers moins entêtante. À l'heure de la sieste, elle rentre à la pension et s'enferme dans sa chambre. Ne dort pas. Regarde ses seins. « Mes seins étaient propres, blancs. C'était la seule chose de mon existence qui me faisait plaisir à voir dans cette maison. » Marguerite, comme beaucoup d'adolescentes, se regardera beaucoup et passera des journées entières devant les glaces. Ses deux premiers romans, *Les impudents* et *La vie tranquille*, témoignent de ces vertiges. Comment considérer son corps, le posséder soi-même pour qu'il soit un jour possiblement donné à l'autre ? Au lycée, elle fait une classe de troisième calamiteuse. Zéro pointé, encore, dans presque toutes les matières. Puis dès les débuts de la seconde, c'est la révélation : « On lisait mes rédactions dans tout le lycée. Mes professeurs en seconde refusaient de les noter tellement elles étaient bonnes et pourtant, j'entendais rien à la littérature française », dira-t-elle à Claude Berri. Denise confirmera. Leur grande idole de l'époque, c'était Delly[4], qu'elles connaissaient par cœur et qu'elles se récitaient à la récré. De Delly à Racine, que s'est-il passé ? Marguerite n'a pas compris. « Et pourtant je copiais pas, j'écoutais. C'est tout. » La beauté des textes. Cela lui suffisait. « Il y avait quelque chose que j'imposais auquel les profs ne pouvaient pas me soustraire[5]. » Brusquement Marguerite devient une excellente élève. De zéro elle obtient dix-neuf sur vingt. Sans rien vouloir. Sans travailler. Comme elle dit : « Ça avait diminué ma peur. » Elle se sent plus rassurée quand sa mère vient la chercher au début des vacances. Elle lui montre son carnet : Marguerite se souvient que la mère s'est mise à pleurer dans la cour. Elle a même pensé, pour une fois, à l'embrasser.

Marguerite au lycée Chasseloup-Laubat se mettait toujours au dernier rang avec les enfants des douaniers comme l'exigeait sa classe sociale. Dix-neuf sur vingt, mais au dernier rang tout de même. La réussite scolaire ne fait pas oublier l'origine. Jamais Denise n'aurait songé qu'un jour Marguerite Donnadieu pût accéder à la notoriété. Deux adolescents dans la classe, en revanche, possédaient des dons exceptionnels : Petras, qui deviendra d'ailleurs un joueur de tennis célèbre, et une certaine Paulette qui réussira une brillante carrière de pianiste en Europe. Dans la classe, il y avait encore les sœurs Stretter, oui Stretter comme l'Anne-Marie du même nom dans certains des romans de Marguerite Duras. Elles s'appelaient Mariette et Anne, elles étaient brillantes, intelligentes, leur père était administrateur, leur mère très belle, une beauté froide, hiératique. Marguerite mathématicienne célèbre, oui, peut-être, mais écrivain... Non... Denise hoche la tête, réfléchit. Odile à la place de Marguerite, ç'aurait été plus logique : Odile obtenait toujours le premier prix de français et de version latine. Le lycée Chasseloup-Laubat sélectionnait ses élèves dans toute la Cochinchine. La minorité était blanche. Il y avait cinq, six filles blanches par classe. Les garçons vietnamiens, on disait alors annamite ou indigène, tombaient souvent amoureux des filles blanches dans les grandes classes. Comme dit Denise, en rougissant, en dépit de ses quatre-vingt-deux ans : « J'avais un amoureux indigène dans ma classe qui m'écrivait des poèmes chaque jour, j'étais gênée. Le sentiment de l'amour entre eux et nous n'était pas envisageable. Nous n'étions pas élevés dans un climat raciste mais une relation de ce type était, par définition, contre nature. J'appartenais à une génération qui n'a jamais méprisé les Annamites, mais qui, en dehors du lycée, n'aurait jamais eu l'idée de les fréquenter[6]. »

Denise a eu beau fouiller dans ses souvenirs, écrire à

l'amicale des anciens du lycée Chasseloup-Laubat, relire ses lettres d'adolescente et regarder attentivement ses photographies du lycée, elle ne voit pas qui a pu être le modèle de l'Hélène Lagonelle immortalisée dans *L'amant*. Mais en lisant le roman la première fois elle a pensé à Colette, Colette Dugommier, l'autre pensionnaire de Mlle C., la belle Colette, très belle, si belle que Denise, elle aussi, avait envie de la toucher, de la caresser. Non, quoi qu'en dise Marguerite, il n'y avait pas de pensionnaires au lycée Chasseloup-Laubat. Pas de jeudi après-midi dans la cour déserte à danser sur un air de paso doble dans l'ombre fraîche joue contre joue, peau contre peau, en respirant la douceur de la peau d'Hélène Lagonelle. Pas de liberté possible pour toutes ces jeunes filles blanches étroitement surveillées pour qui Saigon était une ville pleine de dangers. Chaque famille a son chauffeur qui attend devant le portail du lycée. Marguerite, elle, est une exception.

C'est la route du lycée. C'est sept heures et demie. C'est le matin. À Saigon c'est la fraîcheur miraculeuse des rues après le passage des arroseuses municipales, l'heure du jasmin qui inonde la ville de son odeur — si violente que « c'est écœurant », disent certains Blancs au début de leur séjour. Pour ensuite le regretter dès leur départ de la colonie[7].

Denise avait oublié Marguerite. Un jour, à Paris, elle tombe sur l'affiche du film de Jean-Jacques Annaud. Elle s'empresse d'aller le voir, achète le livre. Mais reste catégorique : « Je n'arrive pas à comprendre son histoire d'amant chinois. C'était pas comme aujourd'hui. Il n'y avait pas d'amants, à plus forte raison chinois. Des scandales il y en a eu deux au lycée Chasseloup-Laubat : une amie de Marguerite est tombée amoureuse d'un homme marié (blanc évidemment) : sa famille l'a envoyée illico dans un couvent à Hong Kong, une autre a voulu épouser, à quinze ans et trois mois, un avocat âgé. Elle a divorcé un mois après. »

Une autre amie de Marguerite, Marcelle, camarade de classe pendant deux ans au lycée Chasseloup-Laubat, rapporte que Marguerite était une fille secrète, même si elle apparaissait timide, réservée, bien élevée ; personne de son entourage n'a pu recueillir ses confidences et connaître sa vie de lycéenne en dehors des heures de cours. Mais elle se souvient cependant qu'elle s'était vantée à deux reprises d'avoir une autre vie sans préciser laquelle. Elle se rappelle notamment d'un matin où Marguerite est arrivée triomphante, un diamant au doigt qu'elle a fait admirer à quelques filles en disant qu'elle connaissait un homme riche. L'histoire de l'amant chinois est-elle vraie ? Marguerite eut l'art, tout au long de sa vie, de brouiller les pistes et de nous faire croire à ses propres mensonges auxquels elle-même finissait par adhérer, presque de bonne foi ! Elle raconta sous tant de formes cette histoire qu'elle voulut immortaliser, que le biographe se doit de rester sceptique. Cependant un voyage au Vietnam et la découverte d'un cahier inédit permettent aujourd'hui d'apporter des éclairages nouveaux.

Le Chinois a existé. J'ai vu sa tombe, sa maison. L'histoire avec le Chinois a existé. C'est ce que m'a dit son neveu que j'ai rencontré dans la pagode que le grand-père avait fait édifier à Sadec. Il m'a invitée chez lui dans un faubourg de Sadec où il tient un petit restaurant et m'a raconté l'histoire de Marguerite et de son oncle. Il m'a montré des photographies de la femme de l'amant vivant là-bas, loin, aux États-Unis, avec ses enfants. Il m'a emmenée sur l'ancienne propriété du père de l'amant, aujourd'hui à l'écart de Sadec. Des terres agricoles où gisent comme de gros scarabées des bâtiments abandonnés à mi-construction au milieu de rizières bien entretenues, cernées de paillotes au toit branlant. Le neveu m'a emmenée faire un curieux tour dans l'ancienne propriété familiale. Nous allions reprendre la route goudronnée quand il a bifurqué sur un chemin fangeux qui s'arrêtait en plein milieu d'un champ. En franchissant les herbes folles, il m'a menée vers une sorte de tertre : sur une grande dalle composée de pierres grises rongées par les pluies tropicales, souillées, non entretenues, au milieu des mouches bleues au vrombissement obsédant, s'élèvent, parallèlement, deux tombeaux identiques. L'un contient un cercueil. L'autre est vide. Sur le premier sont inscrites deux dates. Sur le second ne figure que celle de la naissance. L'épouse de l'amant sait qu'elle reposera un jour, ici, près de lui, malgré la double vie de son mari qui lui a préféré sa sœur en cachette pendant longtemps, avant de choisir de vivre avec elle au grand jour jusqu'à sa mort. Malgré les souffrances, l'humiliation devant la famille, la douleur, les trahisons, les silences, les mensonges, et l'éloignement géographique, l'épouse reposera dans la terre près de lui. Loin, elle est partie loin. Mais elle reviendra ici. Ainsi en ont décidé, il y a très longtemps, leurs familles respectives. L'épouse de l'amant avait réussi à se construire seule un destin. Dans la mort ils seront de nouveau réunis.

La maison bleue de l'amant, elle aussi, existe. Elle a été transformée depuis quelques années en commissariat de police et il est interdit de la photographier. Il n'y a plus cette armée de singes rieurs que le père de l'amant caressait des jours durant, ni ces pythons lovés sur les canapés en bambou où il s'endormait, rêveur et las, sa pipe d'opium posée toujours près de lui, sur la véranda. De l'autre côté de la rue défoncée, le fleuve. Trois policiers jouent au ballon dans la cour avec des petits enfants. Je sors discrètement mon appareil photo, malgré les admonestations de l'interprète. Elle avait raison. Les policiers arrivent en criant et veulent confisquer l'appareil. Mais quels secrets peut donc aujourd'hui abriter cette maison délabrée ? Nous repartons. Le neveu me conduit chez lui, dans cette maison-restaurant, dont il paraît très fier, située dans un faubourg miséreux de la ville. Quatre tables en bois dehors. Il est cinq heures de l'après-midi, le moment où la lumière change et où la nuit déjà avance. L'homme me raconte la vie de l'amant après Marguerite, le mariage arrangé, les nombreux enfants, la passion de son oncle pour la sœur adorée de sa femme, la double vie si difficile dans le bourg où tout le monde s'épie. La nuit tombe. Les bières se vident. Au moment de la révolution, me raconte-t-il encore avant de nous quitter, les gardes ont séquestré la famille. Et seul l'amant a réussi à s'échapper, grâce à la complicité d'un ancien copain d'école. Les autres ? Ils les ont emmenés au centre de leurs terres, puis leur ont fait creuser des trous dans la terre molle des rizières. Un trou pour chaque homme, dont le corps fut recouvert de boue jusqu'à la tête. Puis ils ont fait venir les paysans qui travaillaient pour eux et les ont placés face aux têtes, en leur donnant des pierres. La lapidation à laquelle les paysans furent contraints dura jusqu'à ce que l'aube blanchisse.

Il fallut trois mois à l'amant pour regagner Saigon, de nuit, en empruntant les canaux des rizières. Son neveu, en prenant congé, me donne l'adresse à Saigon de l'ami de l'amant, qui lui avait sauvé la vie. Puis il se ravise et, avec des airs de conspirateur, part me chercher deux documents qu'il conserve sous son lit, soigneusement ficelés. Je m'attends à découvrir de vieilles photos de l'album de famille, des lettres d'amour, de l'inédit, du jamais-vu... Mais ce qu'il exhibe avec fierté n'est autre qu'un numéro fatigué d'un magazine français où, en première page, a été reproduite la photo d'identité de son oncle. L'histoire existe puisque la photo de l'amant est dans *Paris-Match*. *La photographie absolue*, c'était le titre de travail, pendant longtemps, du texte qui deviendra *L'amant*...

La rencontre eut lieu à la fin de 1929.

Elle hésite. Elle dit en s'excusant :
— Je suis encore petite.
— Combien d'années ?
Elle répond dans la façon des Chinois :
— Seize années.
— Non — il sourit — ce n'est pas vrai.
— Quinze années... quinze et demi... ça va ?
Il rit.
— Ça va [8].

Beaucoup d'hommes apparaissent dans les livres de Marguerite. Parmi eux, trois amants. Celui qui fut immortalisé sous le nom de l'amant est plus faible, plus petit, plus malingre que l'amant de la Chine du Nord, plus robuste, plus sûr de lui, un rien péremptoire. Ces deux amants sont chinois, de la Mandchourie ou d'ailleurs. Des Chinois à la peau claire, presque blanche. Chinois, pas vietnamiens, c'est plus chic, ça vous pose. Ils sont à part, les Chinois, souvent commerçants, riches, très riches. Mais le premier amant décrit par Marguerite — ce sera dans *Un barrage contre le Pacifique* — est blanc. Maigre, fade, obscène, voyeur. Il n'a pas de charme et pourtant il aime séduire les filles. Il ne pense qu'à cela. Il hume le gibier. Ces trois amants ont autour de vingt-cinq ans, possèdent de grosses limousines noires et sont généralement mal bâtis. La difformité de leurs corps demeure criante malgré leur manière identique de s'habiller avec d'élégants costumes de tussor amples et bien coupés. Le premier amant, celui du *Barrage*, se fait gentiment traiter de singe par le grand frère de l'héroïne. Ce n'est pas vraiment grave car pour Suzanne, pour sa mère, pour ses frères, il ressemble vraiment à un singe. Plus à un singe qu'à un homme. D'ailleurs « c'était vrai, la figure n'était pas belle. Les épaules étaient étroites, les bras courts, il disait avoir une taille au-dessous de la moyenne [9] ». Heureusement, il y a les mains. Les mains des amants durassiens sont toutes sublimes, forcément sublimes, et Marguerite les décrira minutieusement, admirablement. Les mains sont érotiques. Par les mains commence la passion. Même le premier amant, le plus grotesque, le plus malingre, le plus pathétique, est sauvé par ses mains, « les mains, petites, étaient soignées, plutôt maigres, assez belles ».

Souvenez-vous de la première rencontre de l'amant et de la petite. Ils sont dans la voiture. Deux corps immobiles. Dehors, la lumière blanche. Dedans, le refuge. Deux présences côte à côte. Dort-il ? Fait-il semblant de dormir ? Et cette respiration si douce et si légère. C'est elle, la petite, qui va vers lui. Elle lui touche la main, partie du corps offerte, comme abandonnée. « C'est maigre, ça s'infléchit vers les ongles, un peu gras comme si c'était cassé, atteint d'adorable infirmité, ça a la grâce de l'aile d'un oiseau mort [10]. » La main, la chose enveloppée de peau, le premier point du corps à être touché par elle, dans le sommeil, comme si de rien n'était. Mais chez Marguerite les mains de tous les amants sont ornées de diamants. Et la présence du diamant leur confère une valeur royale [11]. Marguerite a toujours aimé les diamants. Elle en a porté jusqu'à la fin de sa vie ; elle ne les quittait jamais, même pour laver le riz. La mère de *Des journées entières dans les arbres* est couverte de bagues dont elle ne se sépare sous aucun prétexte. Elle a raison. Si elle s'endort, son fils les volera. Suzanne, la jeune héroïne du *Barrage*, arrive à prendre le diamant que M. Jo lui offre sans coucher avec lui et va le vendre avec sa mère à Saigon. Dans l'univers de Duras le diamant est un ornement affolant et un excitant sexuel. Les ingrédients de la cérémonie amoureuse sont toujours les mêmes : d'abord il y a la vue du diamant comme moteur du désir, puis l'odeur d'ambre de la peau après l'amour, et le toucher de la soie des vêtements des amants qui conservent dans leurs replis des relents d'opium.

Corps lisses, parfumés, abandonnés à l'amour. L'homme est féminin. Les amants sont des anti-machos, captifs du désir féminin. Chez Marguerite, c'est toujours la fille qui mène la danse, qui entre dans la limousine, qui prend la main, qui fait attendre, qui délivre certains signes encourageants : regards appuyés, douceur subite de la voix, abandons du corps dans la séduction. C'est toujours la fille qui décide de l'histoire et qui en marque les étapes. Mais pour autant, elle ne sait pas très bien ce qu'elle fait ni où elle en est. La jeune fille de *L'amant*, après avoir fermé la portière de la limousine, se sent cotonneuse, sans force. Non parce qu'elle transgresse un tabou sexuel et social mais parce que, pour la première fois de son existence, elle s'arrache à la cellule familiale pour décider seule d'un acte qui l'engage. Marguerite Duras dira, quelques années avant de mourir, qu'elle était alors, à cette période, encore engluée, comme noyée dans son amour pour la mère. Dans une note manuscrite de la quatrième version de *L'amant*, elle a écrit, à propos du désir qu'éprouve l'héroïne pour sa camarade Hélène Lagonelle : « Je n'aime pas Hélène Lagonelle, je suis encore dans le seul amour de cette famille à l'exclusion de tout autre amour. C'est dans son avidité et sa férocité que, déjà, je me rapproche d'un lieu où plus tard me tenir[12]. » Et dans *L'amant* : « Je suis encore dans cette famille, c'est là que j'habite à l'exclusion de tout autre lieu. C'est dans son aridité, sa terrible dureté, sa malfaisance que je suis le plus profondément assurée de moi-même, au plus profond de ma certitude essentielle, à savoir que plus tard j'écrirai. »

L'amant échoue à séparer la mère de la fille, à faire exister la fille hors de ses frères. Mais il réussit à lui donner une seconde vie : l'écriture. L'amant est le premier à entendre et à croire que la petite veut devenir écrivain. La mère, elle, ne l'a jamais cru, ou plutôt n'a jamais voulu y croire. Elle ne le comprendra que très tard, une fois les livres publiés. Et encore ! Comme il y était souvent question d'elle, elle les réprouvait et les détestait tous en bloc. « Tu mens dans tes livres », disait-elle à sa fille. La mère avait-elle raison ? Marguerite ne mentait-elle que dans ses livres ? Marguerite imagine, travestit, déforme. Elle place souvent le lecteur dans une situation où elle, l'auteur, demande à être crue. Le lecteur est amené ainsi à prendre pour vérité ce qu'elle énonce pourtant sous forme romanesque...

Marguerite dans *L'amant* ne livre pas la reconstitution exacte et minutieuse de sa vie au lycée comme elle semble le faire croire. Marguerite romance, exagère. Elle imagine aussi sa mère pianiste à l'Eden Cinéma. Pourquoi pas ? Qui pourrait lui en vouloir ? À qui pourrait-elle rendre des comptes ? À sa mère justement qui lui en voudra violemment d'avoir exposé — même sous forme de romans — ce qui pour elle devait rester privé, intime, secret. Pour la mère, l'idée même que sa fille soit écrivain est obscène. Agricultrice peut-être, comptable sûrement, enseignante encore, mais écrivain ? La mère n'a jamais voulu entrer dans les histoires écrites par sa fille. Elle a préféré rester à l'extérieur et proférer des anathèmes. La fille a ensuite choisi les images comme moyen d'expression : mais la mère n'a jamais voulu voir le cinéma de sa fille. Jamais l'écriture de la fille n'atteindra la mère. Et seule l'écriture pouvait faire exister la fille. La fille continuera cependant à écrire pour exister aux yeux de la mère. Le combat était perdu d'avance. La fille a longtemps fait semblant de l'ignorer.

Quand elle rencontre l'amant, c'est à elle que l'histoire arrive, et non à ses frères et à sa mère. Elle, à l'époque, se trouve toujours sous la dépendance de sa mère et de ses frères, elle n'est à ses propres yeux qu'une quantité négligeable, un élément du magma familial. Elle ne possède pas encore la sensation de son indépendance. L'histoire avec l'amant la détache du bloc familial. En même temps qu'elle vit cette histoire, elle la pense, elle choisit déjà les mots pour pouvoir, plus tard, « en écrire ». « Ça ne fait rien que tu n'écoutes pas. Tu peux même dormir. Raconter cette histoire c'est pour moi plus tard l'écrire. Je ne peux pas m'empêcher [13]. »

Marguerite n'a cessé, tout au long de son existence, de raconter de multiples façons cette histoire avec l'amant. La première fois qu'elle la rédige sous forme romanesque, c'est dans *Un barrage contre le Pacifique*. Elle n'a pas osé faire de lui un Chinois. Pour sa première apparition, il est blanc. Encore blanc. Riche, seul, avantageux, moche, très moche même ; peut-être, mais riche, si riche avec son diamant qui luit à l'une de ses mains. La scène se passe à la cantine de Ram. C'est la mère qui voit le type et observe qu'il regarde sa fille de façon appuyée. « “ Pourquoi tu fais une tête d'enterrement ? dit la mère. Tu ne peux pas avoir une fois l'air aimable. ” Suzanne sourit donc au planteur du Nord. Sourire de commande. Il faut obéir à sa mère — mère maquerelle — qui offre sa fille [14]. » Suzanne n'est pas Marguerite, pas tout à fait. Marguerite Duras n'a pas cessé d'écrire de nouvelles versions de cette rencontre : à la plénitude de l'âge dans le *Barrage*, puis à la vieillesse dans *L'amant*, puis dans *L'amant de la Chine du Nord*. Duras a déclaré que le *Barrage* était un roman et que *L'amant* était un récit, un fragment de son autobiographie. Elle a voulu rétablir les faits dans *L'amant* et entend nous dire enfin la vérité, sa vérité : « Ce n'est pas à la cantine de Ram, vous voyez, comme je l'avais écrit, que je rencontre l'homme riche à la limousine noire, c'est après l'abandon de la concession, deux ou trois ans après, ce jour-là je raconte, dans cette lumière de brume et de chaleur [15]. »

On pourrait croire que, à la fin de sa vie, Marguerite a la mémoire qui flanche, et qu'elle pense que ce qu'elle a écrit est plus vrai que la réalité de son propre passé. Mais la découverte d'un document après sa mort permet d'apporter sur cette histoire un nouvel éclairage. Il s'agit d'un journal, rédigé sous forme d'un récit autobiographique, magma d'écriture où se trouvent déjà à l'état d'ébauche des fragments de *L'amant*, du *Barrage* ; cahier non daté mais qui, d'après les spécialistes en écriture de l'IMEC, a dû être rédigé pendant la guerre. Marguerite Donnadieu écrit donc dans ce texte jamais destiné à être publié :

Ce fut sur le bac entre Sadec et Saigon que je rencontrai Léo pour la première fois, je rentrais à la pension et quelqu'un — je ne sais plus qui — m'avait prise en charge dans son auto en même temps que Léo. Léo était indigène mais il s'habillait à la française, il parlait parfaitement le français, il revenait de Paris. Moi je n'avais pas quinze ans, je n'avais été en France que fort jeune. Je trouvais que Léo était très élégant. Il avait un gros diamant au doigt et il était habillé de tussor de sari grège, je n'avais jamais vu pareil diamant que sur des gens qui, jusqu'ici, ne m'avaient pas remarquée et mes frères, eux, s'habillaient de cotonnade blanche... Léo me dit que j'étais une jolie fille.

— Vous connaissez Paris ?

Je dis que non en rougissant. Lui connaissait Paris. Il habitait Sadec. Il y avait quelqu'un à Sadec qui connaissait Paris et je ne le savais pas jusqu'alors. Léo me fit la cour et mon émerveillement était immense. Le docteur me déposa à la pension et Léo se débrouilla pour me dire qu'on se reverrait. J'avais compris qu'il était d'une richesse extraordinaire et j'étais éblouie, je ne répondais rien à Léo tant j'étais émue et incertaine.

Écrit sans ratures, d'une écriture fine et soignée, le texte était soigneusement rangé dans une enveloppe que Marguerite n'avait jamais décachetée. Il précède vraisemblablement *Les impudents* et, bien sûr, les carnets de *La douleur*. Le souci du style n'apparaît pas. Marguerite décrit à la première personne les circonstances de la rencontre et les débuts de la liaison. S'agit-il pour autant d'une confession ? N'est-ce pas déjà l'ébauche d'un roman ? Difficile de trancher. L'accumulation des détails, la volonté de restituer les différentes étapes d'une relation amoureuse compliquée, le ton même, le désir de se délivrer me font plutôt pencher pour la transcription d'une histoire réellement vécue. Mais, dans ce texte, si la narratrice dit je, elle prend soin de ne pas donner à l'amant son vrai prénom. Avec Duras, il faut toujours se méfier des notions de vérité et de réalité. Ce texte raconte en tout cas une histoire comme si elle était vraie. Duras n'a jamais souhaité la voir publier. L'avait-elle oubliée ? Fragment du puzzle de la vérité, qu'elle n'a pas cessé de reconstruire en la réécrivant de multiples façons, cette histoire écrite sous forme de journal sonne vrai. Pour la première fois, Marguerite raconte cette histoire d'amour et de trahison qui la tourmentera jusqu'à la fin de sa vie :

> Le lendemain, j'entendis à l'heure de la sieste un grand coup de klaxon. C'était Léo... Trente-cinq fois de suite Léo passa dans sa voiture. Il ralentissait devant la maison mais n'osa pas s'arrêter. Je ne parus pas au balcon... Je m'habillais le mieux que je pouvais et à deux heures je descendis pour aller au lycée. Léo m'attendait sur le parcours appuyé à la portière de son automobile, toujours vêtu d'un costume de tussor grège.

La suite on la connaît. Ce qui n'apparaîtra jamais vraiment clairement dans aucune des versions « officielles » de *L'amant* et s'offre en toute candeur dans ce texte, c'est la fascination de l'argent — l'argent comme moteur du désir.

> L'auto de Léo exerçait sur moi une vraie fascination. Aussitôt montée, je demandai de quelle marque elle était et combien elle coûtait. Léo me dit que c'était une Léon Amédée Bollée et qu'elle coûtait 9 000 piastres, je pensais à notre Citroën qui coûtait 4 000 et que ma mère avait payée en trois fois. Léo avait l'air très heureux que nous nous engagions dans une conversation aussi aisée. Il vint le soir et revint le lendemain, et les jours qui suivaient. J'étais si fière de son auto que je comptais bien qu'on la verrait et j'y faisais exprès d'y rester de crainte de passer inaperçue auprès de mes camarades.
>
> Je pensais que je pourrais alors frayer avec les filles des hauts fonctionnaires indochinois. Aucune d'entre elles ne disposait d'une pareille limousine avec chauffeur en livrée, limousine noire et

veste, commandée spécialement à Paris, de dimensions aussi impressionnantes, d'un goût aussi royal. Malheureusement, Léo était annamite malgré sa merveilleuse auto. Celle-ci m'éblouit à un tel point que j'oubliai cet inconvénient.

La Marguerite qui écrit ces lignes est proche, on le voit, de l'auteur de *L'Empire français* et très loin de celle qui signera le Manifeste des 121. Annamite, hélas il l'est. C'est le prix à payer. S'il n'était pas annamite, il ne s'intéresserait pas à elle, se dit-elle. J'aime ton argent, donc je peux t'aimer. L'argent, dès le début de l'histoire, fabriquera le désir. Sans l'argent, l'histoire n'eût pas existé. D'abord l'argent. Pour le reste, la petite s'arrangera. Avec elle-même. Avec sa mère. Avec l'idée même qu'elle se fait de l'amour.

Je continuerais à voir Léo pendant plusieurs semaines. Je m'arrangeais toujours pour le faire parler de sa fortune. Il avait à peu près cinquante millions d'immeubles disséminés dans toute la Cochinchine, il était fils unique, il disposait d'un argent considérable. Les chiffres par lesquels s'évaluait la fortune de Léo me confondaient, j'en rêvais la nuit et j'y pensais sans cesse le jour.

Si on lit attentivement, en parallèle, *Un barrage contre le Pacifique*, qu'elle publiera en 1950, et ce texte, on ne peut qu'être troublé par la ressemblance entre les différentes séquences, la construction même du récit, la parenté entre les personnages. Certes M. Jo est blanc et riche, et Léo est annamite et très riche. Il faudra la libération que procure la vieillesse, le détachement de l'âge, pour que Marguerite Duras ose écrire que l'amant n'était pas de la même race, allant qualifier son origine même dans le dernier titre, *L'amant de la Chine du Nord*. Avoir un amant indigène était infamant. « Malheureusement, Léo était annamite malgré sa merveilleuse auto. »

Jamais la petite et Léo ne pourront s'unir. Cela restera jusqu'au bout une sordide histoire de sous. Et l'argent, encore une fois, triomphera. Au poker du désir, de la sexualité et des alliances, les Blancs perdront. La famille du Chinois ne voudra pas du mélange et refusera la dilapidation de la fortune. Pour la mère de Marguerite, l'histoire était finalement jouable. Léo n'est-il pas un peu blanc, parce que si riche ? Elle, la petite, presque jaune, parce que si pauvre ? À l'époque, la mère de Marguerite touche 22 000 francs par mois. Elle en donne le quart à la directrice de la pension de Saigon, un autre quart est envoyé en France au tuteur de Pierre et un tiers est prélevé pour les chettys, en vue de couvrir les emprunts de la concession. Elle n'a plus rien pour vivre. Elle traverse sa période la plus noire. Seule, défaite, sans défense. Pauvre mais respectable. La mère veut sauver les apparences. Personne ne doit être au courant. Comme Marguerite l'écrira si sobrement dans ce texte inédit : « Nous souffrions beaucoup de notre pauvreté et notre misère était de la cacher. »

À la plantation où la famille vivait loin des regards, cette pauvreté restait supportable parce que invisible aux autres. Mais pas à Sadec, où « il fallait empêcher par tous les moyens que les soixante Français du poste apprennent quoi que ce soit de notre situation. Ainsi ma mère allait la veille de chaque premier du mois remettre au chetty le tiers de sa solde en paiement des arriérés, elle y allait en cachette, à la nuit tombée. Plusieurs fois elle ne put le faire. Je ne sais plus pourquoi. Les chettys vinrent chez nous. Ils prirent place au salon et attendirent. Plusieurs fois ma mère pleura devant eux en les suppliant de s'en aller parce que les domestiques pouvaient les voir. Les chettys ne partaient pas. Finalement, ma mère leur jetait l'argent à la figure[16]. » La fille se révolte devant l'injustice que subit la mère. La mère a beaucoup de défauts mais pas celui de taire la vérité à ses enfants : Marie Donnadieu leur apparaît comme une martyre, veuve, seule, abandonnée de tous, mise au ban de la société. Mais plus les ennuis d'argent deviennent préoccupants, plus la violence et l'irritabilité de la mère augmentent. Entre M. Tondet qui reste son supérieur hiérarchique immédiat, directeur du groupe scolaire de Sadec, professeur principal hors classe, et Marie, la guerre continue. Petits mots acides, règlements de comptes qui enflent.

La mère vient de temps en temps le week-end avec son fils Paulo, qui conduit la vieille Citroën, voir sa fille à Saigon. La fille a honte de la mère, comme elle l'a si bien raconté dans *L'amant*. Honte de ses habits usés, de son corps défraîchi, de ses bas reprisés, de sa voix trop forte, de son air d'être toujours à côté, éternellement désaccordée du monde. La fille cache sa mère et quelquefois même se cache d'elle en se réfugiant dans un coin sombre de la cour de récréation du lycée. Alors la mère se lasse de ses manèges. Elle ne vient plus. Trop fatiguée... C'est la fille qui fait le chemin. Huit heures de route dans un car bondé, piaillant, bringuebalant. On ne comprend bien *L'amant* et ses métamorphoses que si l'on a en tête la dualité des lieux : Saigon, la ville ouverte, vivant de jour comme de nuit avec son quartier de plaisirs ; Sadec, la bourgade endormie, le lieu de travail et de souffrance de la mère. Entre les deux : le fleuve qui charrie tout, la boue, les épaves, les arbres. C'est sur le bac, radeau au-dessus des tumultes, qu'a lieu la rencontre.

Le bac n'a pas changé, les rives du Mékong très peu non plus, si l'on en croit les rares photographies. Le vieux car fait encore le trajet, et on se demande bien comment... Bondé au-dedans comme au-dehors par des occupants qui s'entassent ou se juchent sur les marchepieds, sur le toit, en équilibre instable, chargés de leurs cages d'animaux — un vrai poulailler —, de leurs vélos et de leurs sacs de riz. Bref, c'est une Arche de Noé qui s'ébranle en klaxonnant interminablement sur cette route défoncée pour que les camions lui cèdent une place. L'arrivée sur le bac nécessite d'incroyables manœuvres, sur fond de criailleries, orchestrées par une nuée de marchands ambulants prenant d'assaut les voyageurs. C'est enfin le départ. La rive s'éloigne lentement. Le bac semble si vieux, son ossature si rouillée, ses câbles si usés que l'on se prend à imaginer l'accident, l'engloutissement, et que revient en mémoire la peur de Marguerite : « Dans le courant terrible, je regarde le dernier moment de ma vie. Le courant est si fort, il emporterait tout, aussi bien des pierres, une cathédrale, une ville. Il y a une tempête qui souffle à l'intérieur des eaux du fleuve. Du vent qui se débat [17]. » Aujourd'hui, les camions diesel ont remplacé la Léon Amédée Bollée, mais le car de Sadec existe encore et porte toujours son gros bouddha protecteur peint à la main, placé près du chauffeur. La traversée dure moins d'un quart d'heure. Une agitation intense règne sur le bac. Un musicien aveugle chante en s'accompagnant d'une crécelle, escorté par deux petits enfants qui tendent la sébile. Sur un vélo, ingénieusement trafiqué, un système de vapeur permet de garder au chaud des gâteaux blancs gélatineux. Des dames vantent haut et fort les vertus des œufs de caille. Le vent souffle violemment, on sent la présence de la mer non loin, l'eau bouillonne. De chaque côté de la rive, des nuées de petites filles vendent du nougat, des gâteaux de riz et de maïs sucrés à la mélasse et enveloppés dans des feuilles de bananier. « Le Chinois lui en offre un. Elle le prend. Elle le dévore. Elle ne dit pas merci [18]. »

Entre le bac de My Tho et Saigon la route est plate, droite, monotone. Bananiers, palmiers d'eau, cocotiers plient sous le vent. Les tiges de riz frissonnent. Dans les champs, des tombes grises et blanches posées dans l'immensité verte, érigées toutes, et depuis toujours, face au soleil couchant. Dans une bourgade, une petite fille allongée sur un lit de bambou au bord de la route joue avec un morceau de bois. Juste derrière elle, un homme peint des caractères rouges sur un cercueil en bois. La vie, la mort, l'attente, l'immortalité. Il fait gris. C'est le temps des vacances. Les écoles sont ouvertes à plein vent, pas de fenêtres, un sol en terre battue. « C'est après le village qu'elle s'endort de nouveau. Toujours on dort sur les routes entre rizières et ciel quand on a un chauffeur pour se faire conduire [19]. » Le chauffeur de l'amant est mort il n'y a pas si longtemps. C'était le chauffeur du père. La Léon Amédée Bollée fut remplacée par une Peugeot 403 beaucoup moins érotico-romantique.

Le jour de la rencontre dans le bac, la jeune fille porte une robe invraisemblable, avec des coutures apparentes aux épaules et sur les côtés, et dont le motif représentait une branche de cerisier sur laquelle se déplaçait, à hauteur de sa taille, un énorme oiseau exotique en position d'envol. Discrète, la robe. Discret aussi le chapeau de feutre couleur bois de rose, que la mère affectionne, et qui cache en partie les nattes en donnant à la petite un côté cow-boy des films américains du début du siècle.

> Outre que je manquais de charme et que j'étais habillée d'une façon dont il est difficile de rendre le ridicule, je ne me distinguais pas par la beauté. J'étais petite et assez mal faite, criblée de taches de rousseur, accablée de deux nattes rousses qui me tombaient jusqu'à la moitié des cuisses, j'étais brûlée par le soleil à la plantation où nous vivions à peu près toujours dehors (et à ce moment-là la mode était à la peau blanche à Saigon).

Mes traits réguliers auraient pu passer pour beaux mais l'expression ingrate, taciturne, butée de mon visage les dénaturait complètement et on ne les remarquait pas. J'avais un mauvais regard que ma mère qualifiait de venimeux. Je cherche en vain une douceur sur mes traits, une mollesse.

La mère lui dit quelquefois, mais trop rarement, et toujours en cachette, qu'elle est jolie. Si, si, tu peux être jolie, Marguerite. Tu vas y arriver. Elle lui demande de ne pas trop s'en faire. Pierre, quand il ne lui tape pas dessus (on reviendra sur les coups), l'insulte en lui disant qu'elle est une ratée, une bonne à rien, si moche qu'elle éloigne les hommes, laide, si laide qu'elle doit se faire à l'idée qu'elle restera vieille fille.

Il est vrai que je n'avais pas de dot et que ma mère était angoissée à l'idée qu'il faudrait un jour me marier. Dès que j'eus quinze ans, il en fut question à la maison. « Tu peux courir, disait mon frère aîné, pour la caser. À trente ans, tu l'auras encore sur les bras. » C'était un point sensible chez ma mère et elle se fâchait. « Demain si je veux, je la marie et à qui je veux encore. »

La perspective de rester vieille fille me glaçait, la mort elle-même me paraissait un moindre mal. J'écoutais. Je savais que ma mère mentait en disant qu'elle pourrait me marier à n'importe qui mais j'espérais quand même que je réussirais à trouver un « parti »[20].

Marguerite était à vendre. Les frères n'envisageaient pas de travailler, la mère considérait comme normal que sa fille quitte la famille moyennant espèces sonnantes et trébuchantes. Ils lui cherchèrent un parti avant même le début de l'histoire avec Léo. En vain. Personne, apparemment, ne voulait de Marguerite. Survient, miraculeusement, la rencontre avec Léo. « Comment Léo me remarqua-t-il ? Il me trouva à son goût. Je ne m'explique la chose que parce que Léo lui-même était laid. Il avait eu la petite vérole, et il en avait gardé des traces. Il était nettement plus laid qu'un Annamite moyen mais il s'habillait avec un goût parfait[21]. »

Tant pis s'il était laid. Tant pis pour les midinettes et les cœurs sensibles (dont j'étais) qui ont fantasmé sur la beauté sensuelle de l'amant, sa peau de pluie, ses mains expertes, son corps parfait. L'amant est très laid et mal foutu. L'amant apparaît même répugnant aux yeux de cette tendre jeune fille, oui, mais l'amant s'intéresse à elle. Quelqu'un de l'autre sexe la regarde enfin, la prend en considération, lui donne l'impression d'exister. Certes, Marguerite a attiré l'attention d'un de ses camarades de classe du lycée Chasseloup-Laubat qui la poursuit de ses avances depuis des mois. Mais il lui apparaît encore plus laid que Léo. Plus dégoûtant encore ! Et puis, il n'est pas riche... « C'était un cancre de la classe, un métis, je ne lui permettais pas de me toucher parce qu'il avait des dents pourries. Il était l'objet d'un mépris général. Son frère tenait un magasin dans le quartier chinois. Il avait plus de vingt ans quand il était en troisième tant il avait redoublé de classes. » Ce pauvre jeune homme suppliait Marguerite des heures durant de se mettre à côté de lui au fond de la classe. Puis, sur un ton insistant de commisération servile, il lui demandait de lui donner ses mains qu'il embrassait goulûment. « Je le regardais avec curiosité... Cet être était une calamité : je ne pouvais pas le voir parce qu'il incarnait l'espèce que je voulais fuir. L'espèce pauvre et méprisée à laquelle j'appartenais [22]. »

Entre le petit copain de classe un peu niais et le jeune homme au visage grêlé à la Léon Amédée Bollée, le choix n'est guère difficile à comprendre. D'ailleurs s'agit-il véritablement d'un choix ? Pas vraiment. Marguerite est acculée. La pression de son frère et de sa mère s'exerce fortement sur elle. Elle est mise, croit-elle, dans la nécessité de chercher un homme. Elle le trouve. Elle ne l'attend pas mais il tombe à point. Elle se sent dans l'obligation de sauver sa famille de la misère. Elle seule peut le faire. Au tout début elle ne dit rien à sa mère. Elle se promène l'après-midi dans les rues de Saigon vitres fermées avec lui. Elle se renseigne auprès de lui et des habitants de Sadec sur le montant de sa fortune familiale. Elle acquiert vite la certitude de son immense richesse. Elle le présente à sa famille au cours de vacances à Sadec puis, progressivement, poussée par sa mère et son grand frère, elle lui met le marché en main : un possible amour contre beaucoup de piastres. Il y eut le rêve du *Barrage*. Il y aura désormais, non pour Marguerite seule mais pour la famille Donnadieu, le rêve de la richesse de l'amant.

L'intrusion de Léo dans la famille changera tous les plans. Dès qu'on connut le montant de sa fortune, il fut décidé à l'unanimité que Léo paierait les chettys, financerait diverses entreprises (une scierie pour mon frère cadet, un atelier de décoration pour mon frère aîné) dont les plans furent soigneusement étudiés par ma mère, qu'en outre, et accessoirement, il munirait chaque membre de la famille d'une auto particulière. J'étais chargée de transmettre ces projets à Léo et de le « sonder » à cet effet sans rien lui permettre en contrepartie. « Si tu pouvais ne pas l'épouser, disait ma mère, ce serait mieux, il est tout de même l'indigène, tu me diras ce que tu voudras[23]. »

L'amant devient alors l'objet d'échange, la source de l'argent, l'unique ressource de la famille Donnadieu. Dans ce jeu pervers dont elle prend l'initiative, Marguerite est-elle dupe, complice ou victime ? Elle se pique au jeu. Au jeu de l'amour qu'elle transfigurera par l'écriture dans ses deux versions de l'amant. Belle revanche de l'écrivain sur la sordide réalité ! Elle fera résonner cette histoire qu'elle amplifiera et romancera de manière si émouvante et apparemment si véridique que l'amant deviendra un épisode de sa vraie vie — que nul ne songera à contester. Avec le livre *L'amant*, elle s'est vengée. D'une histoire minable, elle a fait un conte érotique. Elle a encaissé l'argent avec délices. Elle semblait enfin apaisée. Mais m'a-t-elle dit la vérité quand elle m'a expliqué qu'elle se trouvait alors sous l'emprise totale de sa famille, qu'elle était pieds et poings liés, devenue objet, contrainte de continuer ce trafic ? Elle donne la même version à Jacques Tronel et à Claude Berri alors qu'elle prépare l'adaptation cinématographique de *L'amant*. « La petite n'a pas été violée, elle a été donnée par la mère à l'amant[24]. » L'homme-amant n'est pas responsable. La fille cède non à l'amant mais à la mère. La mère peut tout demander à sa fille. La fille est la propriété de la mère. La mère fait don de sa fille, elle donne tout sauf le sexe. Pour posséder le sexe, il faut épouser. Mais la mère veut éviter le mariage — tout de même il est indigène et en même temps continuer à profiter des avantages financiers de cette relation le plus longtemps possible.

Duras n'a cessé, tout au long de sa vie d'écrivain, de revenir sur cette douleur ; cet épisode reste obscur à ses propres yeux, cette nécessité d'aimer, ce sacrifice d'elle-même à sa mère consenti, ce tour de passe-passe où croyant se donner à la mère elle se livrera à un homme qui lui procurera du plaisir en l'arrachant à l'emprise de la mère. « En outre il était sortable parce qu'on ne voyait pas sa taille mais seulement sa tête qui, si elle était laide, n'était pas dénuée d'une certaine distinction. Jamais je n'ai consenti à faire avec lui cent mètres à pied dans une rue. Si la faculté de honte d'un être pouvait s'épuiser, je l'aurais épuisée avec Léo », écrit-elle dans son journal.

Dans *L'amant de la Chine du Nord*, il y a l'enfant, l'homme et le désir. Le désir tout de suite. Le désir si fort que les mots sont inutiles et que le silence s'impose. Le silence de l'amour. Marguerite a épuisé la honte par l'écriture. Elle a littéralement vidé l'histoire de sa part d'ombre et de malheur pour n'en garder que l'épure. Elle a transformé par la passion répétitive des mots l'histoire personnelle en ritournelle d'amour.

> L'histoire est déjà là, déjà inévitable,
> Celle d'un amour aveuglant,
> Toujours à venir,
> Jamais oublié [25].

L'histoire avec le Chinois dure presque deux ans. Pendant la première année, Marguerite reste pensionnaire à Saigon. Ce fut l'année des promenades dans la voiture noire, des baisers volés, des sorties la nuit dans les restaurants de Cholon, de la chambre du sexe, des conversations interminables avec Hélène Lagonelle, la seule, l'élue véritable de son cœur, celle dont elle désirait le corps, le regard, la bouche, les seins. Puis la mère quitte Sadec. Mutée à Saigon où elle devient directrice d'une école de filles, elle emménage dans une maison non loin du lycée Chasseloup-Laubat. Ce fut l'année de la boîte de nuit la Cascade, de la piscine bleutée, des fox-trot ridicules, de la mère mélancolique et avachie, des frères roquets et agressifs, toujours là, collant, surveillant comme des chiens de garde affamés la petite et l'amant.

Au tout début de l'histoire, le jeune homme vient la chercher avec son chauffeur à la sortie du lycée. Calfeutrés dans cette automobile qui paraît le comble du luxe à la jeune fille, ils font connaissance en se parlant. Au bout de quelques semaines, le jeune homme lui prend la main et lui dit : je t'aime. Ces mots la précipitent brutalement dans l'idée du désir. Ce sont les mots qui la bouleversent, ces mots qu'elle a lus tant de fois dans un livre qu'elle met au-dessus de tout et qu'elle connaît par cœur (elle se vante de l'avoir lu au moins cinquante fois), *Magali* de Delly. Dans *Magali*, ces mots « je t'aime » ne sont prononcés qu'une seule fois. Mais ils consacrent entre les amants un lien indestructible forgé par des mois d'attente, une séparation douloureuse, une souffrance mutuellement endurée. Je t'aime, on ne le dit qu'une seule fois. Dans son journal, elle écrit : « En même temps qu'il le disait, il ne le dirait plus jamais et c'était à moi qu'il le disait[26]. » Lui ou un autre, peu importe. C'est l'effet provoqué par ces mots que la jeune fille ressent ardemment dans son corps. Une générosité violente l'ouvre au monde et la transporte. « N'importe qui aurait pu me le dire. Ça m'aurait fait le même effet dans les mêmes conditions. » Mais Léo est laid. Il ne lui plaît pas. Comment oublier son absence de séduction ? Marguerite racontera par le détail dans son journal les multiples tentatives du jeune homme. Léo a de la méthode : il commence par les cheveux, puis la taille, passe aux seins qu'il tente de caresser, puis monte désespérément jusqu'à la bouche. Le combat durera des mois.

« Moi, j'ai envie d'être dans les bras de personne », dit Suzanne du *Barrage*, après s'être fait vernir les ongles des mains puis les ongles des pieds interminablement par M. Jo. Corps fragmenté. Taille, cou, bras, mains, cheveux, bouche. Non pas la bouche. Jamais la bouche. Le reste, passe encore. Cette impression de dégoût si bien décrite du côté de la jeune fille dans le *Barrage* imprègne déjà profondément le récit du journal. Ainsi, le premier baiser décrit comme un viol :

> Il le fit par surprise. La répulsion que j'éprouvais était proprement indescriptible. Je bousculais Léo, je crachais, je voulais partir de l'auto. Léo ne savait plus que faire. En l'espace d'une seconde, je me suis tendue comme un arc perdue à jamais. Je répétais : c'est fini, c'est fini. J'étais le dégoût même... Je crachais sans arrêt, je crachais toute la nuit et le lendemain quand j'y repensais, je crachais encore[27].

Elle rendra publique cette histoire soixante-dix ans plus tard, et en fera un best-seller international. Mots cailloux qu'elle expulsera d'elle-même. Mais, à l'époque où elle la rédige pour la première fois, elle tente de l'exorciser. Elle l'éloigne d'elle en l'écrivant. L'écriture de ce journal semble jouer la fonction d'une catharsis. Elle ne montrera d'ailleurs jamais ce texte et ses amis et son compagnon en ignoreront l'existence. Elle décrit comment elle réagit violemment, physiquement, à ce qui lui arrive sans le comprendre vraiment mais elle enregistre tout dans les replis de son corps. Elle vit dans une confusion de sentiments, de perceptions. Le chemin vers le sens, la compréhension du monde passe uniquement par les mots. « Je ne sais déjà plus très bien ce que je disais à Léo. En même temps que c'est si terrible ça n'a plus beaucoup d'importance[28]. »

Le journal de Marguerite respecte la chronologie : au dégoût se mêle, d'abord, le désir de se faire remarquer auprès des filles du lycée qui la méprisent. L'auto noire l'attend à la sortie. Les mains juste embrassées, enlacées. Vitres fermées, tous deux embarqués dans une histoire qu'ils n'ont pas vraiment voulue. Lui ne comprend rien au jeu constamment ambigu de la jeune fille. Elle ne sait pas jusqu'où elle peut aller. La mère lui avait dit : tu peux tout faire avec Léo, sauf coucher. Mais elle ne sait pas ce que ça veut dire coucher. Son frère aîné la traite de grue à la première occasion, mais personne ne lui a expliqué ce que le mot signifiait. Puis, il la traite de sale pute. Ce mot pute reste pour elle un mystère, elle le reçoit à chaque fois en plein cœur. Elle en ignore le sens mais elle l'aime, ce mot. Elle ne sait pas pourquoi, mais il l'attire. Pute, sale pute. Elle regarde son frère droit dans les yeux quand il lui dit ces mots-là. Trouver la signification des mots afin de nommer ce que l'on ressent : pour Marguerite les mots et les choses mirent longtemps à coïncider. De ce décalage et du perpétuel brouillard qui l'enveloppa à l'adolescence, naîtra aussi l'écriture comme méthode d'élucidation. Comprendre certes, mais pas trop et jamais tout.

Léo s'enhardit. Léo veut la toucher. Léo l'initie à des plaisirs inconnus. Léo devient le passeur de la nuit. Il l'entraîne à Cholon, elle qui n'a connu que la torpeur des postes indigènes. Cholon, c'est la vie même, une bousculade permanente, un tumulte de couleurs, de sens, d'odeurs, de mouvements, un entassement, une cohabitation, une beauté mouvante, violente.

Saigon et Cholon étaient autrefois séparées par une plaine. Au début de la colonisation, les Blancs y ont découvert un immense champ de tombes. Aujourd'hui le cimetière a disparu sous l'asphalte et des avenues, envahies de pousse-pousse et de mobylettes, y mènent. Tout mène à Cholon. Cholon, c'est le ventre de la ville, un des plus grands marchés d'Indochine. Personne ne dort à Cholon. La nuit, le jour dans de minuscules boutiques, les pieds dans la boue, de vieux messieurs vendent des pattes de crabes séchées destinées à assurer une érection prolongée, pendant que juste à côté, des heures durant, des jeunes filles très maquillées coupent délicatement les têtes de grosses carpes brillantes. À Cholon, ça sent la vase et le nuoc-mâm, les épices et les thés parfumés ; on vous bouscule, on est toujours pressé, sauf les petits enfants qui, au milieu du tohu-bohu, calligraphient consciencieusement sur de jolis cahiers les caractères chinois qu'une grand-mère leur dessine. À Cholon, rien n'a changé depuis les années 30. La rue de Paris reste illuminée de guirlandes multicolores avec ses restaurants aux escaliers en miroirs gardés par des bouddhas ventripotents. Les fumeries sont ouvertes. Devant des hommes se lavent, s'aspergent en riant dans la boue. On joue aux dominos, on crie des chiffres, une petite fille chante allongée sur un lit de sangle posé là dans la rue. En bas les coolies s'agglomèrent autour de la soupe de poivrons. En haut les rois du riz boivent du champagne pour atteindre l'ivresse. Léon Werth dit qu'il avait l'impression de voir Pigalle et Belleville juxtaposés, mêlés. Les restaurants sont comme dans *L'amant*, immenses paquebots de nourriture, de lumières et de sons qui débordent, les serveurs hurlent les commandes, le va-et-vient donne le vertige. Ville franche, ville de trafic, de racaille, de prostitution. Tout est à vendre. Rien au monde ne ressemble à Cholon. Dorgelès a raison : « On sort de la pagode pour courir chez les chanteuses, on piétine sans but à travers le grand marché qui déborde dans les rues, on achète des pots bleus à dix sous et des brochettes de pruneaux confits, on grimpe dans les fumeries, se faufile dans les tripots, fouille chez les marchands et quand on est trop bourré d'images de bruit, on siffle une voiture malabare ou un pousse, on s'y jette harassé, et on s'en retourne par la route haute, revoyant dans un demi-sommeil qui vous fait divaguer les gros ventres nus des boutiquiers et les joues peintes des " petites fleurs "[29]. »

Léo se révèle jaloux. Il espionne la jeune fille et l'attend des heures devant le lycée. Il exige de connaître son emploi du temps, la suit en voiture du lycée chez Mlle C. La petite se laisse toucher. Chaque jour un peu plus. Elle ne veut pas mais elle ne sait plus comment résister à ses avances. Il lui dit : si tu me trompes je te tue. Il l'emmène voir des films de gangsters américains pour la tripoter dans le noir. Elle n'ose pas le repousser et se laisse caresser tout en écarquillant des yeux émerveillés devant ces héroïnes si belles et si courageuses. Elle se croit sans cesse coupable. Coupable de ne pas savoir l'aimer. Coupable de ne pas pouvoir l'aimer. Elle prend cette histoire comme une fatalité. Et pourtant, comme elle le dit : « Dès le début je pris nos relations très au sérieux et je ne lui ai jamais donné l'occasion d'être jaloux. » La jalousie cimente la relation et la fait durer. L'attente du rapport sexuel aussi. Marguerite Duras a très bien décrit dans le *Barrage* cette lente autorisation que Suzanne donne à son éventuel fiancé de se l'approprier par le regard, mais pas encore par le toucher. Dans le journal déjà, elle analyse cette savante montée du plaisir : « Je croyais vraiment que j'étais coupable vis-à-vis de Léo et j'étais au supplice de ne pouvoir faire plus. » Et puis la mère et les frères débarquent à Saigon. La jeune fille retrouve la vie commune tissée de rires, de fous rires, mais aussi les coups.

En tout cas, c'est ce que Marguerite écrit dans ce journal. Texte par moments déchirant, tant la violence physique dont elle dit avoir fait l'objet et qu'elle décrit de manière insistante paraît insoutenable. Marguerite enfant martyre ? Objet lubrique cassé par le grand frère avec la complicité de la mère dans une jouissance sans nom ? Les apparences étaient sauves, et la vie familiale apparemment petite-bourgeoise. Denise Augé, sa camarade de classe du lycée Chasseloup-Laubat, n'a jamais soupçonné que Marguerite pouvait être battue. Max Bergier, qui sera plus tard pensionnaire de la mère à Saigon, pense que c'était impossible. À ses amis, compagnons de toujours comme Edgar Morin, Claude Roy, elle n'a pas parlé de ces coups, même si elle a, à plusieurs reprises, évoqué la violence physique de son frère dont elle disait qu'elle avait peur. À Monique Antelme, elle a cependant confié qu'elle avait été beaucoup battue par sa mère et que les coups qu'elle avait endurés n'ôtaient rien à l'amour qu'elle lui portait. La mère, selon une amie qui l'a connue à son retour d'Indochine, était violente dans son comportement, et hostile et agressive avec sa fille. Alors, comment savoir ?

Certains de ses amants — dont Gérard Jarlot — se vantaient auprès de leurs camarades de son désir de recevoir des coups. Plus tard, avec son fils, elle échangera des coups. Ne dit-on pas que les enfants battus deviennent des parents violents ? Son fils les lui rendait quelquefois. Nombreux sont les amis de Marguerite à avoir assisté à ces séances d'agressions réciproques entre la mère et le fils, gênés, dans l'incapacité d'intervenir. La mère répétait-elle le malheur subi pendant l'enfance ? Masochiste Marguerite ? Au cours des entretiens, elle a confirmé les coups du frère et de la mère sans vouloir s'y attarder ni les commenter. Dans ce journal, elle les évoque abondamment. Infâme tas de petits secrets ou délire de l'imagination de l'écrivain qui réinvente la fin de son enfance ?

Des coups, donc, il y en aurait eu. Beaucoup. Sauvages, violents, blessants, mais aussi attendus, espérés. La violence physique se situe au cœur de la constellation familiale. L'amour-désir-soumission de la fille à la mère passe par les coups. La petite les accepte mais craint les réactions de Léo :

> Maman me battait souvent et c'était en général lorsque ses nerfs lâchaient, elle ne pouvait plus faire autrement. Comme j'étais la plus petite de ses enfants et la plus maniable, c'était moi que maman battait le plus. Elle me faisait valser avec légèreté. Elle me donnait des coups avec un bâton. La colère lui faisait monter le sang à la tête et elle parlait de mourir de congestion. Alors la peur de la perdre l'emportait toujours sur ma révolte. J'étais toujours d'accord sur les motifs qui faisaient que maman me battait mais pas sur les moyens. Je savais que Léo ne comprendrait pas, qu'il n'adhérerait jamais à l'attitude de maman à mon égard, or j'étais profondément d'accord avec elle et n'aurais pas supporté que quiconque, ni Léo, la blâmât [30].

Marguerite se vit comme une fille méchante, sauvage, solitaire. Elle n'a pas d'amies, excepté Colette qu'elle transformera sous les traits d'Hélène Lagonelle, et les quelques filles qui l'entourent forment plus une bande d'adoratrices subjuguées qu'un noyau de confidentes. Denise, aujourd'hui, s'en veut de ne jamais l'avoir invitée aux surprises-parties, aux thés dansants de la bonne société saigonnaise. Jamais elle n'en était. « Je vivais dans un état de culpabilité à peu près constant, ce qui ne faisait qu'ajouter à mon arrogance et à la méchanceté car j'avais l'orgueil de ne jamais m'en attrister [31]. » Elle éprouve son pouvoir maléfique en faisant pleurer certaines élèves à qui elle n'adresse plus la parole. Elle s'enhardit en prenant pour cibles certains professeurs qu'elle arrive à faire tomber malades uniquement en les regardant fixement. Elle provoque des étouffements et des malaises chez des surveillantes qui sont obligées de quitter l'établissement. Elle craint elle-même cette peur qu'elle provoque. Elle « mérite » donc les coups qui vont peut-être apaiser cette malfaisance native dont elle se dit encombrée. Le frère se met à la battre de plus en plus savamment : une étrange émulation soude la mère et le fils aîné dans cette surenchère maladive.

C'était à qui me battrait. Quand maman ne me battait pas de la façon qui lui convenait il lui disait « attends » et la relayait. Mais elle le regrettait vite parce qu'à chaque fois elle pensait que je resterais sur le carreau. Elle poussait des hurlements épouvantables mais mon frère s'arrêtait difficilement. Un jour, il changea de tactique et m'envoya rouler contre le piano, ma tempe heurta un coin du meuble et je me relevai avec peine. La peur de ma mère fut telle qu'elle vécut par la suite dans la hantise de ces batailles. La force herculéenne de mon frère qui pour comble de mon malheur avait une hypertrophie musculaire des biceps en imposait à ma mère et par contraste sans doute lui donnait plus encore envie de me battre [32].

L'histoire de Léo excite le grand frère qui ne se contente plus des coups. Il y ajoute les injures. Après pute, pourriture devient alors sa préférée, mais aussi chienne, merdeuse, venin de serpent. La petite encaisse en silence, mais craint de plus en plus pour sa vie. Dans son journal, Marguerite écrit :

La différence entre les coups de ma mère et les coups de mon frère était que ceux-ci faisaient beaucoup plus mal et que je ne les admettais en aucune façon. Chaque fois, il arrivait un moment où je croyais que mon frère allait me tuer et où je n'éprouvais plus de colère mais la peur que la tête ne se détache de mon corps et aille rouler par terre ou aussi d'en rester folle [33].

La nuit, Léo se « trimbale », comme le note Marguerite, toute la famille. Dans les restaurants de Cholon où les frères prennent ce qu'il y a de plus cher sans jamais dire merci, avant de terminer la soirée dans la boîte de nuit à la mode, la Cascade.

La Cascade du journal et de *L'amant de la Chine du Nord* a vraiment existé et les vieux Saigonnais se souviennent des virées nocturnes des Blanches fardées arrivant dans de grosses automobiles aux confins de la ville où les attendaient des Français déjà éméchés. Aujourd'hui, la Cascade n'existe plus. L'endroit, réputé pour son luxe ostentatoire et ses alcôves, lieux de débauche, disposées dans le jardin tropical, a été rayé de la carte. La petite rivière qui alimentait la piscine coule aujourd'hui au milieu d'un océan de détritus. Les pistes de danse ont été remplacées par un marché. Plus de *Ramona* ni de Martell-Perrier. Des enfants m'escortent dans la petite maison d'un vieux monsieur qui fut serveur à la Cascade et qui se souvient, avec émotion, de ce temps béni où les Chinois riches sortaient les jeunes filles blanches et les faisaient boire et danser jusqu'à l'aube. Plus de fox-trot, de charleston.

« Nous allions surtout à la Cascade qui se trouvait à vingt kilomètres de la ville où il y avait une piscine de nuit creusée à même le lit d'un torrent dont le cours avait été capté. L'intérieur de cette piscine était éclairé à l'électricité et les corps s'y dessinaient fluides et souples. Nous nous baignions mes frères et moi avant de prendre le souper froid rituel et de danser. Les soirées étaient curieuses, elles n'étaient pas gaies. Mes frères, qui tenaient Léo dans un grand mépris, arboraient une attitude silencieuse et digne. Ma mère souriait continûment d'une façon triste et gentille, elle contemplait ses enfants qui dansaient avec fierté. Elle portait toujours les mêmes robes qui ressemblaient à des peignoirs, cousus sur le côté et aux épaules, sans ceinture, elle portait des bas de coton dans des souliers éculés. Elle se tenait un peu à l'écart de la table, son gros sac qui ne la quittait jamais sur ses genoux dans lequel il y avait en permanence le plan cadastre de la plantation et les reçus des chettys. » Les soirées à la Cascade se multiplient. Marguerite Duras transcrit les états d'âme de la jeune fille et la dépression de la mère. La mère se prend pour une victime : « Elle le disait chaque jour, chaque fois qu'elle me battait. Pour nous elle était passée insensiblement à la condition de martyre. Comme on avance dans les grades du malheur. Elle était martyre comme on est autre chose. Elle disait : " Je suis attelée à mon malheur, je suis usée, ce qui peut m'arriver de mieux c'est de mourir... " Elle le disait trop, on y était devenu insensible. On la disait alors très coupable de faiblesse surtout à cause de cette histoire avec Léo qui lui porta un grand tort[34]. »

La mère se fait entretenir par Léo, les frères aussi. Mais cela ne suffit pas. La mère et le frère aîné ont besoin d'argent frais. La mère fait comprendre à la fille, sans lui dire explicitement, qu'elle a besoin de piastres, qu'il faut hâter les choses. La fille obéira mais mettra du temps à s'exécuter. Léo avait droit aux baisers, aux mains enlacées. Lui sera ensuite autorisé le tango. L'amour dans la chambre, elle n'y consentira qu'à la fin, quelques jours avant son départ pour la France, et, d'après le journal, une fois. Une seule fois. L'argent, elle a fini par lui en demander. L'amant ne lui en a jamais proposé. Soixante ans après, Marguerite Duras se demandait encore comment elle en était arrivée à cette « extrémité[35] » — c'est le mot qu'elle employait. Il n'y a que la première fois qui coûte. Après, elle n'éprouva plus de honte. Elle raconte dans ce journal intime que la jeune fille a enfin l'impression d'exister aux yeux des siens quand elle rapporte l'argent. Alors elle en redemande. Mais Léo se fait tirer l'oreille, il a compris le stratagème, il trouve cela honteux, dégoûtant. La mère attend la fille qui vient de quitter Léo. Aujourd'hui, c'est combien ? La fille ne répond pas, fait durer le plaisir. « Lorsqu'elle savait que j'en avais ma mère entrait dans une sorte d'hypnose. » La mère suit la fille pas à pas dans la maison, le frère les encercle à moitié nu. La petite peut enfin tenir sa mère à sa merci. Elle qui souffre tant de son manque d'amour la possède comme otage. Elle l'humilie, l'abaisse, la fait haleter de désir. Elle sait qu'après avoir donné elle sera battue. Elle diffère le moment. Ce n'est plus l'argent le moteur, mais l'exaltation des sentiments. L'argent n'est qu'un moyen, l'arme fatale du désir : « " Tu vas me le donner immédiatement. " La main était tendue au-dessus de mon visage, prête à tomber. Je donnais. L'argent était enfermé dans le sac. On n'y pensait plus[36]. » La mère est contente de sa fille. Elle se fait moins de soucis pour elle. Elle trouve que, finalement, elle ne se débrouille pas si mal dans la vie. Elle ne se mariera peut-être pas, mais elle sait y faire avec les hommes. C'est cela qui est important.

Au lycée, Marguerite s'isole de plus en plus de ses camarades. Elle croise des regards de réprobation en permanence. On la traite de prostituée, on l'appelle la plus jeune traînée de Saigon. Elle se rend de moins en moins à ses cours. Elle racontera qu'elle est alors agressée par certaines de ses camarades et ne peut plus demander de l'aide au censeur qui a tenté de l'embrasser, après l'avoir enfermée dans son bureau. C'est l'époque où elle s'initie à la littérature. Elle délaisse Delly au profit de Shakespeare et de Molière qu'elle aimera et lira toute sa vie. Et puis il y a le coup de foudre pour Lewis Carroll, qu'elle découvre par hasard lors d'un cours d'anglais. Elle envie Alice qui s'invente un monde. Marguerite, elle, ne rêve de rien d'autre que ce qu'elle vit. Elle n'imagine pas une vie meilleure. Dans le journal, elle se décrit comme méchante. Elle sait qu'elle l'est. Elle ne peut pas se débarrasser de cette méchanceté. Méchante, tu n'es qu'une méchante. Léo le lui répète aussi sans arrêt. Cœur de pierre, bonne qu'à faire souffrir, insensible, attirée par son argent uniquement. Pourtant, elle se prend un peu à l'aimer. Léo qui, du coup, reprend le dessus va enfin pouvoir maîtriser la situation. Elle en est, dit-elle, « amoureuse à sa façon », et lorsque, pour la punir, il reste une semaine sans lui faire signe, elle devient très malheureuse. Léo lui parle de vie future et la petite se résigne à l'idée qu'elle va passer sa vie avec lui. De toute façon, elle n'attend rien. La vie avec Léo sera peut-être moins dure qu'avec la mère. « J'acceptais les niaiseries de Léo. J'acceptais tout. Ma mère, mon frère aîné, les pluies de coups. Tout. Il me semblait que la seule façon d'en sortir c'était encore d'épouser Léo parce qu'il avait de l'argent, qu'avec cet argent nous irions en France et que là nous aurions du bon temps. Je n'envisageais pas de rester en Indochine parce que la vie seule avec Léo me paraissait au-dessus de mes forces. »

Mais Léo, au bout de presque deux ans de relations, vient un jour annoncer à la mère que son père lui interdit d'épouser Marguerite. Alors les événements se précipitent. La mère veut repartir en France très vite pour refaire sa vie. Mais elle n'a pas un sou vaillant. Elle considère Léo comme responsable de ce nouveau malheur. Elle lui demande donc de l'argent. Deux millions. Vraiment deux millions, me dira, avec une certaine fierté dans la voix, Marguerite, qui donnera le même chiffre à Claude Berri. Dans ses livres, elle parle d'un diamant, d'un gros diamant, d'un diamant hélas abîmé, un diamant avec crapaud donné par la famille de l'amant et que la mère tentera de vendre. Je ne sais si la famille a donné un diamant mais de l'argent liquide lui fut versé. Le père de l'amant chinois se renseigne sur l'argent nécessaire pour permettre le départ de la famille Donnadieu.

À l'été 1931, Marie et ses deux enfants prennent le bateau, le *Bernardin de Saint-Pierre,* à destination de Marseille. La mère n'a pas payé ce voyage auquel elle avait pourtant droit en tant que fonctionnaire. Le père de l'amant a finalement cédé. L'argent, c'est la vengeance de la mère. On dit bien : faire payer. Ils partent, pensent-ils, définitivement. Marguerite racontera aussi la séparation dans *L'amant*, le quai des Messageries maritimes qui s'éloigne, la silhouette de Léo s'estompant dans la confusion des sentiments, puis le suicide d'un jeune voyageur au milieu de l'océan, dont le corps fut englouti sans bruit. Marguerite dit adieu à l'enfance mais, contrairement à l'une des légendes qu'elle a voulu se forger, elle ne dit pas adieu à l'Indochine : elle y reviendra un an plus tard avec sa mère pour une année scolaire, avant le départ définitif.

Croire à l'insignifiance de son enfance c'est, je crois, la marque d'une incroyance foncière, définitive, totale.

Tout le monde est d'accord sur l'enfance. Toutes les femmes du monde pleureraient sur n'importe quel récit d'enfance, fût-ce même celle des assassins, des tyrans. J'ai vu dernièrement une photographie d'Hitler enfant en jupons brodés debout sur une chaise.

À partir de l'enfance, toute destinée est pitoyable infiniment. Sans doute ne suis-je portée à croire qu'à celle des autres car dans la mienne je n'y vois qu'une précarité qui me ferait plutôt honneur[37].

Les gros paquebots français, villes de lumière, enclaves de plaisirs faciles et de passions éphémères, si bien décrits par Duras dans son œuvre, n'accostent plus aujourd'hui devant l'Établissement des Messageries maritimes. De gros cargos débarquent encore des containers dans un port envasé où de jeunes plongeurs attrapent des poissons blancs et gras à main nue. La mendiante d'*India Song* et du *Vice-consul,* qui avance lentement dans une eau épaisse et argileuse à la recherche d'une hypothétique nourriture, rôde non loin. Le hangar des Messageries n'a pas été détruit, mais il est interdit d'accès par des fils de fer barbelés protégeant le bâtiment, devenu le musée Hô Chi Minh. Le drapeau de la révolution flotte encore sur le Mékong. Saigon autrefois tête des lignes de la Chine et du Japon, importante escale vers les Indes et la péninsule Malaise, a perdu de son éclat. Les amants n'attendent plus sur le quai, les yeux mouillés.

On ne sait que très peu de choses sur ce séjour en France : des adresses provisoires sur des bulletins de l'administration coloniale attestent que Marie et ses enfants ont d'abord vécu dans la famille de la mère, dans la Somme, à Doullens, puis au Platier par Duras. Jean-Louis Jacquet, qui accompagna Marguerite dans le dernier voyage qu'elle fit à Duras, se souvient d'elle marchant dans les champs de l'ancienne propriété et se parlant à elle-même, à haute voix, de la guerre qu'avait en vain menée sa mère pour récupérer cette maison à laquelle elle savait pourtant qu'elle n'avait pas droit. Les motifs de son acharnement se trouvent sans doute dans une lecture attentive du premier livre de Marguerite, *Les impudents*, où elle met en scène, vivant dans une propriété à la campagne, un frère méchant, falot et bon à rien, une sœur exaltée, indécise, et une mère injuste et violente, engluée dans l'amour exclusif qu'elle porte à son fils. La mère tente de fixer le fils à cette terre et de faire de lui une sorte de gentleman-farmer. Ses efforts se révèlent vains. Le fils a besoin d'argent facile et de filles de la ville.

L'amie de la petite enfance, Yvette, ne retrouve pas la Marguerite rieuse qui courait à travers champs et parlait et mangeait comme une vraie petite paysanne. Marguerite est devenue une jeune femme secrète et solitaire qui ne cherche pas à renouer avec les gens du village. Elle s'enferme chez elle et ne dit bonjour à personne. Elle intrigue par sa beauté. Les garçons la regardent et la sifflent sur le chemin qu'elle emprunte le dimanche après-midi pour aller au ciné, encadrée par ses frères. Deux amies d'Yvette se souviennent de son extrême timidité. René Blanc, historien de la région, raconte l'émoi provoqué dans les environs quand, le jour de l'adjudication, dans les champs, les meubles chinois et les trésors venus d'Extrême-Orient furent éparpillés. De cette période subsistent aussi quelques photographies où l'on voit le trio Donnadieu poser gentiment devant l'objectif. Apparemment uni. Marguerite, mince, les cheveux tirés, robe soignée, a le regard mélancolique.

Après les vacances scolaires passées au Platier, Marie décide de s'installer à Paris. Dans un texte de *La vie matérielle* intitulé « Le train de Bordeaux », Marguerite Duras évoquera ce qu'elle croit avoir vécu ou ce qu'elle a vraiment vécu — tant le récit sonne comme une séquence de roman-photo — la nuit de ce voyage. Elle était dans un wagon de troisième classe avec sa mère et ses deux frères. En face d'elle était assis un homme d'une trentaine d'années qui la regardait. « J'avais toujours ces robes claires des colonies et les pieds nus dans les sandales. Je n'avais pas sommeil. Cet homme me questionnait sur ma famille, et je racontais comment on vivait aux colonies, les pluies, la chaleur, les vérandas, la différence avec la France, les randonnées dans les forêts et le bachot que j'allais passer cette année-là... » Marguerite parlait si bas qu'elle a endormi tout le monde. Et puis tout d'un coup ça s'est passé « dans un seul regard ». Elle s'est allongée. Elle s'est endormie. Elle s'est réveillée. La main douce, chaude de l'homme remontait sur ses cuisses. La nuit, le train, la mère, les frères juste à côté qui dorment et l'étreinte sur la banquette. Quand elle a ouvert les yeux à l'arrivée à Paris, la place de l'homme était vide.

Marie Donnadieu, à son arrivée dans la capitale, entreprend des démarches auprès de la Ville de Paris pour obtenir un logement. Veuve, trois enfants, fonctionnaire depuis si longtemps. À force d'insister, elle décroche un appartement 16, boulevard Victor-Hugo à Vanves. Quel choc fut pour Marguerite la découverte de la vie en France ? Elle n'en parla jamais, sauf indirectement dans la troisième partie des *Impudents* où Vanves est devenu Clamart et où l'héroïne, Maud, traîne son vague à l'âme au cours d'une longue errance dans les rues glacées d'une banlieue uniforme. « Et au fur et à mesure que le temps passait, elle se retrouvait de plus en plus seule, toujours plus loin des rives familières de la vie. » Le roman, dans ses derniers chapitres, évoque avec insistance une mère de plus en plus « dérangée », violente, protégeant en toutes circonstances son fils aîné, injuste envers sa fille. La vie quotidienne de la famille Donnadieu à Vanves devient vite un enfer. Pierre joue et flambe chaque soir l'argent qu'il arrache à sa mère, avant de s'engloutir dans la nuit et de revenir à l'aube, défait. Toutes les petites économies de Marie disparaissent. Marguerite avouera que sa famille manquait alors cruellement du confort minimal. Sa mère n'avait pas de quoi lui acheter un manteau d'hiver et ils ne mangeaient pas chaud tous les jours. Dans cette atmosphère de déroute, elle prépare consciencieusement son premier bac. Dans quel lycée ? Je n'ai pas trouvé. Marguerite précise seulement que les résultats furent affichés à la Sorbonne et que sa mère, telle une folle, campa une nuit entière dans la cour, brisée par l'inquiétude, avant de découvrir, premier sur la liste, le nom de sa fille.

Sur cette période, Marguerite Duras s'est très peu exprimée. Elle la considérait comme un intermède avant le retour en Indochine d'où elle partit, cette fois, définitivement. Elle a cependant, dans un long entretien accordé à Luce Perrot, insisté sur les problèmes d'argent et la manière dont elle continua à en soutirer pour le rapporter à la maison : « J'étais obligée de... pas de voler... mais si vous voulez de demander de l'argent. Je demandais de l'argent à des gens, à des gens qui étaient dans la classe. Je savais qu'ils étaient riches... et puis après les flics sont arrivés... ils ont pas parlé... mais ils ont découvert que c'était moi quand même... et sans contrepartie aucune... aucune contrepartie. C'est étrange mais c'est comme ça... j'étais suffoquée de faire des choses pareilles mais je les faisais quand même [38]. » Dans son journal, elle évoque brièvement cette période en insistant aussi sur l'argent. « Mon frère prit l'habitude lorsque nous vivions en France et que je recommençais à faire mon petit trafic avec des garçons au lycée de me faire les poches tous les soirs. Après quoi il me battait en prétextant que je me faisais entretenir et qu'il se chargeait de m'apprendre à vivre, qu'il faisait ça pour mon bien. »

De l'argent, elle m'a beaucoup parlé à la fin de sa vie. Marguerite était riche mais elle avait toujours peur de manquer. Avide Marguerite, jamais rassasiée. Dans une conversation avec Jacques Tronel, peu avant de préparer l'adaptation filmée de *L'amant*, elle avouait avoir eu honte, les premières fois au début de son séjour en France, de demander de l'argent. Ensuite elle en prit l'habitude, n'en demandant qu'aux garçons de son lycée, puis ensuite à des hommes. Elle précisait avec une violence enfantine et un désir, par-delà les années, de se justifier : « Jamais une fois, que je meurs si c'est faux, je n'ai pris un franc pour moi. Tout a été donné à la mère ou au grand frère... Rien. Pas même un chocolat. Donc je ne suis pas vénale. »

Argent et écriture ont partie liée chez Duras. Rétention, délivrance. Obsession. La mère, le frère, les coups, l'argent : le territoire de l'écriture. C'est parce qu'elle n'a pas gardé l'argent pour elle à cette époque qu'elle a pu écrire. Elle, elle voyait plus loin que le gain. Prendre l'argent pour le donner mais garder à l'intérieur d'elle-même cette force de la cruauté et du désenchantement qui fait que l'écriture peut commencer. Durant cette période, elle écrit déjà beaucoup, des nouvelles qu'elle a toutes déchirées, des poèmes aussi, beaucoup de poèmes qu'elle a pour la plupart brûlés. « Dans le brouillard du ciel, un gouffre migrateur » : ainsi commence un de ses poèmes de cette période, resté inachevé. Et celui-ci, inédit :

LA MER

Ô mer, tant de baisers sur nos pauvres regards
Tant de flots assemblés,
Et tant de volonté
Dans ce harcèlement de déserts engloutis.
Les hommes tout autour baignant dans tes écumes,
La voix de tes prisons
S'éteignent sur leurs corps.
Ô peuple toujours un lendemain vous prive de la mer
Votre voix et vos mains se font plus déchirantes
Et déjà dans vos yeux
Contre toute la terre, il y a des souvenirs.

La mère a longtemps tergiversé avant de rentrer en Indochine. L'impossibilité de recueillir l'héritage de son mari la conforte dans l'idée qu'elle doit songer à poursuivre sa vie professionnelle, au-delà de la retraite, qu'elle pourra toucher dans quatre ans, mais qui lui permettra de subvenir aux besoins de sa famille et particulièrement à ceux dévorants de son fils aîné. Si le rêve du barrage est bel et bien enterré, elle n'a perdu ni l'énergie ni l'espoir de forcer le destin et peut-être un jour de faire fortune. L'Indochine reste pour elle, en dépit des misères et des injustices qu'elle y a subies, un Eldorado, une terre où le rêve de richesse peut encore s'incarner.

La Belle Colonie, en effet, attire plus que jamais les investisseurs métropolitains qui multiplient les créations d'entreprises. Le début des années 30 est une période d'expansion et de richesse pour la colonie blanche de Saigon. Les fortunes des planteurs de caoutchouc, des producteurs de riz s'édifient grâce aux prêts de la Banque de l'Indochine et au trafic de piastres couvert par l'administration coloniale. Le racisme règne avec son cortège de mépris et de brutalités. La société blanche est très hiérarchisée : on trouve, tout en haut, quelques familles immensément riches qui font la loi ; tout en bas, les indigènes pauvres, très pauvres, exploités, humiliés par les Blancs qui ne se privent pas de les battre quelquefois et qui savent qu'ils peuvent compter sur une justice inique. Depuis les débuts de la colonisation les mœurs ont évolué. Vers 1895, si un soldat de l'infanterie coloniale tuait un Annamite cela lui coûtait, pris sur sa « masse », quarante francs, qui servaient à payer les frais d'enterrement. Pour construire les routes et les lignes de chemin de fer, l'armée avait sacrifié les hommes — généralement des condamnés politiques et des forçats — par centaines. Depuis, le gouvernement général de l'Indochine use d'une certaine subtilité. Les Annamites ne sont plus soumis légalement au règne du massacre, constate Léon Werth en 1926 dans *Indochine*, plaidoyer anticolonial dont la publication vaudra à l'auteur d'être inquiété par les Renseignements généraux. On ne tue plus un Annamite pour quarante francs. Si un soldat maltraite un Annamite à Saigon, l'autorité militaire punira le soldat. Il fallut tout de même rédiger une circulaire, la circulaire dite Sarraut, pour interdire officiellement aux Blancs de frapper les Annamites. Elle scandalisa bien des coloniaux. La brutalité européenne hésite et prend d'autres formes, note Werth. Elle règne grâce à l'alliance de la politique et de la finance. Là où autrefois les muscles, les armes opéraient, l'administration désormais suffit à laisser perdurer l'inégalité des races.

Marguerite revient en Indochine au moment où un petit cercle d'intellectuels français a réussi à nouer des relations d'estime et d'amitié avec des jeunes Annamites cultivés, exaltés, épris de liberté, qui réclament l'indépendance de leur pays et évoquent la menace d'une révolution. Ces fils d'Annamites riches ont fait leurs études à Paris. Là-bas ils ont étudié la Révolution française, appris le droit et, pour certains, fréquenté les cercles marxistes et anarchistes. Ils en sont revenus avocats, ingénieurs, médecins. Ces Annamites, aux yeux de la loi française, ne sont ni sujets ni protégés. Ils ont donc les mêmes droits que les Français. Certains coloniaux attardés ou trop imbibés de Martell-Perrier les prennent encore pour des boys saigonnais. Le boy saigonnais, quand il est obligé de travailler pour un Européen brutal, n'utilise pas le mot qui signifie servir en annamite mais une expression qui dit donner à manger et qui n'est employée d'ordinaire que pour les animaux. Le jeune ingénieur, médecin, avocat annamite qui revient de France, lui, est effaré et vite indigné par le sort et le statut que le gouvernement général de l'Indochine continue de réserver à sa race.

Certes il y a les Annamites riches, très riches, francisés, alliés dociles des autorités coloniales. Eux restent fascinés par les bienfaits de la civilisation pacificatrice. Eux trouvent normal que leurs enfants, lorsqu'ils sont acceptés au lycée Chasseloup-Laubat, délaissent la tunique noire au profit du costume européen. Eux tolèrent que le gouvernement colonial puisse interdire que leurs fils soient inscrits dans une université en France, exception faite de ceux qui obtiennent l'autorisation du gouverneur général, après l'avis du chef de l'administration locale et du directeur de l'Instruction publique. Ce sont des Annamites désannamitisés, des Européens en simili. Les autres ont découvert en France une autre race blanche que celle des coloniaux. Certains y ont même trouvé l'élan intérieur et les éléments théoriques pour lutter contre l'oppression et songer à l'indépendance. Ceux-là sont appelés antifrançais ou bolcheviques. Le terme d'antifrançais est alors utilisé de manière aussi fréquente et vague que le fut le mot de défaitiste pendant la guerre de 14-18. Sont considérés comme antifrançais les Annamites et les Français qui s'attaquent, par leurs actes, leurs écrits ou leurs paroles, au gouvernement colonial. Les modèles chinois inspirent les Vietnamiens. En 1927, a été fondé le VNQDD à l'image du Kouo-ming-tang. Le Parti communiste vietnamien est créé à Hong Kong en février 1930 et appelé, dès l'automne, Parti communiste indochinois. Les nationalistes purs, au tout début des années 30, en Indochine sont d'origine chinoise. Ils sont encore très peu nombreux. Ils veulent libérer le territoire du Blanc qui est, par essence, un conquérant. Le paysan, les masses peuvent et doivent se soulever. Des armes, on en trouve. Mais déterminer si ce nationalisme embryonnaire peut devenir un jour un véritable sentiment de groupe ou une protestation contre l'oppression semble encore utopique[39].

Marguerite n'est pas une jeune fille politisée, mais il semble difficile de croire qu'elle ait pu méconnaître l'atmosphère d'agitation du pays, les répressions terribles dont firent l'objet les communistes dès la fin de 1931, quelques mois après son premier départ d'Indochine. Elle qui se destinait à devenir une étudiante brillante, comment aurait-elle pu ignorer les articles d'Andrée Viollis, dont le livre *Indo-Chine S.O.S.*, publié en 1935 et préfacé par André Malraux, créera le scandale et aura un énorme retentissement[40] ? On y apprend qu'à l'époque mille cinq cents prisonniers politiques croupissent dans les geôles de la prison centrale de Saigon. On y pratique des tortures d'une cruauté inouïe et on fait mourir des jeunes gens au terme de supplices raffinés. En Annam sévit une famine terrible. Le livre d'Andrée Viollis ne juge pas, il raconte. Partie pour accompagner en visite officielle le ministre des Colonies Paul Reynaud, elle a su échapper aux discours et manifestations officiels, et a pu rencontrer les directeurs des journaux indépendants ; elle a réussi à entrer dans les prisons, elle a arpenté les terres du Nord Annam où elle a vu des paysans misérables mourir de faim par centaines dans des lazarets installés par des Français qui ne leur donnent pas à manger. Elle a vu aussi Saigon la douce, la perverse, où règnent encore les planteurs, les colons : luxe, champagne, tripots, pianolas, toilettes de Paris, costumes blancs des hommes, robes claires des Blanches parfumées, foule bigarrée qui se presse dans les magasins chics de la rue Catinat, musiciens de l'orchestre de jazz habillés de smoking blanc sur la terrasse de l'hôtel Continental à la nuit tombée. Rien n'a apparemment changé dans ce Passy oriental et languissant. C'est dans ce quartier où les rues sont bordées de tamariniers, les maisons toutes blanches, ornées de vérandas, entourées de jardins, cernées de grilles et où, au détour d'un carrefour, on peut entendre quelques notes de piano que Marie Donnadieu, accompagnée de sa fille et de son fils cadet, décide de s'installer.

La petite famille a débarqué du *Bernardin de Saint-Pierre* le 14 septembre 1932. Marie fait l'acquisition d'une maison au 141, rue Testard, actuelle rue Vo Van Tan. Max Bergier, aujourd'hui retraité EDF en Haute-Savoie, champion de natation catégorie brasse papillon, premier pensionnaire de Marie Donnadieu à la fin de 1932, se souvient très bien de la maison, de l'ambiance qui y régnait, de Marguerite qui l'avait pris sous son aile protectrice et de la mère sévère, autoritaire certes, mais respectable. Max a photographié mentalement cette maison spacieuse. D'après son plan il y avait douze pièces, ouvertes sur des vérandas, avec un petit jardin sur le devant orné d'une fontaine. Max partait tous les matins avec Mme Donnadieu en pousse-pousse à l'école communale où elle enseignait face au zoo, tout près de l'arsenal maritime. Marguerite s'est prise d'affection pour le petit garçon à qui elle apprend à lire, et qu'elle emmène, le jeudi après-midi, au zoo voir les éléphants s'ébrouer et le boa avaler ses poulets morts. Max dort en haut dans la chambre de Marguerite.

La vie semble réglée comme du papier à musique. École-sieste-école. Le petit Max se sent intégré dans cet univers familial et ne souffre pas trop de l'absence de son père, ancien baryton devenu régisseur des taxes municipales et qui vit avec sa mère, couturière, représentante en Indochine de trois grandes maisons, dans une bourgade isolée à plus de trois cents kilomètres de Saigon. Les parents de Max voulaient qu'il aille à l'école. Marie a tout de suite accepté de le prendre en pension. Entre les parents de Max et la mère il n'y eut manifestement pas d'échange d'argent, mais des robes de temps en temps, que lui confectionnait gratuitement la mère de Max. Des robes de Paris. Le soir, Mme Donnadieu le faisait lire ou écrire dans la grande salle à manger. Marguerite travaillait soit dans sa chambre, soit avec sa mère. « Certains soirs, on se mettait au salon. Néné [Marguerite] lisait, Mme Donnadieu jouait du piano. Lorsque mes parents venaient, elle accompagnait mon père qui chantait des airs d'opérette. »

Marguerite a repris le chemin du lycée Chasseloup-Laubat pour son second baccalauréat. Les photographies prises par les parents de Max montrent une jolie jeune fille aux yeux maquillés, à l'allure très soignée, avec un regard intense. Au lycée, Denise la revoit solitaire, isolée, ne sortant jamais, rarement invitée aux sauteries du tennis-club ou aux thés dansants de la jeunesse blanche saigonnaise. Mais travailleuse, recevant les félicitations plusieurs fois. À la maison, la mère se lève très tôt et se couche très tard, épluchant des comptes interminablement. Paulo travaille : des petits boulots aux arsenaux maritimes, comme mécanicien dans un garage avant de trouver un poste dans l'administration à Cholon. Il voue toujours une véritable passion aux voitures. Il en change souvent, il bricole devant la maison, le dimanche, des heures entières. Sa préférée est une Delage décapotable qu'il rafistole, puis sa mère lui donne de l'argent, et se ruine, pour lui offrir une Hotchkiss. Dans le souvenir de Max, Paulo et Marguerite s'entendent très bien, une complicité les unit. On prend tous les repas en famille. La mère parle très peu, n'ouvre la bouche que pour donner des ordres. Deux domestiques servent. Max dort toujours avec Marguerite. Elle aime que les jalousies restent ouvertes jusqu'à l'aube. Quand il fait trop chaud elle sort les lits de sangle et ils dorment sur la terrasse, sous les étoiles. La vie tranquille, pour reprendre le titre du deuxième roman de Marguerite Duras.

Les portes de la chambre restaient toujours ouvertes, précise Max. Pas d'amant en vue. Léo a disparu. La mère ne le reverra que plus tard, après le départ définitif de Marguerite pour la France. La mère impose le respect. Jamais d'éclats de voix ni de violence. Manifestement, l'absence du grand frère a apaisé le climat familial et la fille et la mère ont apparemment des relations quasi normales. La période des violences physiques semble révolue. La mère sèche, caractère ombrageux de jeune fille, dit Max, n'a jamais en public, devant les domestiques, un mot plus haut que l'autre. Elle paraît proche de Paulo, assez distante de Marguerite, mais sans agressivité ni hostilité. Enfin la bonne distance entre la mère et la fille. Dans l'un des manuscrits inédits de *L'amant*, Marguerite écrira en marge, au début du texte : « Quand la mère décide de repartir à Saigon pour prendre sa retraite, la fille décide de retourner avec elle. » Et elle ajoute :

> Alors je suis repartie avec elle pour un an à Saigon. Je ne peux pas la laisser aussi vite. Je passe mon second bac à Saigon. Cette année-là est la meilleure année de ma vie avec elle. C'est une des bonnes choses de l'existence cette décision que je prends. Elle, elle laisse faire. Mon frère aîné est resté en France. Nous n'avons plus peur. Ma mère s'habitue à cette fille qu'elle n'aimait pas beaucoup mais qu'elle se mettra probablement à aimer pendant cette année. Après elle m'oubliera. Le fils aîné recommencera à être le seul enfant. Je sais que c'est faute de cet enfant-là qu'elle me garde auprès d'elle. Mais je l'aime au-delà de cette connaissance que j'ai d'elle et qu'elle n'a pas d'elle-même [41].

Marguerite éprouve alors moins de peur pour sa mère, pense beaucoup à Dieu, lit les Évangiles, se passionne pour la philosophie, fait de Spinoza son maître, s'abîme dans le travail, se regarde moins dans la glace, veut décrocher son bac. Elle obtient son bac philo avec mention. La mère est contente, la fille aussi. La séparation peut enfin avoir lieu : « Ma mère m'a embarquée sur ce bateau. Elle voulait que je continue à Paris à faire mes études... Avoir un enfant diplômé, c'était aussi bête que ça. Je l'ai été. J'ai été diplômée. Tout ce qu'elle voulait, elle l'a eu, mais je ne l'aimais plus. Je l'ai alors désaimée comme un amant [42]. » La mère, le frère et Max accompagnent Marguerite jusque sur le quai des Messageries maritimes. Max se souvient qu'elle semblait heureuse ce jour-là.

La note de débarquement du service colonial de Marseille précise que Mlle Donnadieu Marguerite, 19 ans et demi, fille de Mme Donnadieu, professeur hors classe, a débarqué du paquebot le *Porthos* à Marseille. Nature du congé : anticipation ! Nous sommes le 28 octobre 1933. L'oncle paternel de Max Bergier l'attend sur le quai, la conduit jusqu'à la gare Saint-Charles. Direction : Paris.

CHAPITRE III

MARGUERITE, ROBERT ET DIONYS

Elle s'appelle France. Quand elle ne donne pas à manger aux corbeaux, à la tombée de la nuit dans le parc du château à côté de chez elle, elle s'occupe de ses arrière-petits-enfants, sauf les jours où Bernard Pivot fait la dictée à la télévision. Là, tout s'arrête. Jour sacré. Vive, drôle, la mémoire intacte, cette dame alerte a la langue bien pendue et acérée. Faire remonter ses souvenirs de jeunesse l'amuse et la ragaillardit. France Brunel demeure l'un des très rares témoins, avec Georges Beauchamp, à avoir fréquenté assidûment, sur les bancs de la faculté de droit de Paris, dans les cafés du boulevard Raspail, une jeune et ravissante jeune femme à la peau mate et aux yeux étirés, venue d'ailleurs : Marguerite Donnadieu qu'elle surnommait « le chat » à cause de son air câlin et de la douceur qu'elle déployait pour capturer les jeunes gens en feignant de s'en moquer. La petite D., ainsi les garçons la nommaient-ils. À cause de sa petite taille et parce qu'elle leur avait avoué qu'elle détestait son nom. Les yeux verts, mordorés, les cheveux tirés, soignée, si soignée, des robes impeccables, un air à la fois nostalgique et rieur, une icône orientale. On pouvait tomber amoureux d'elle à tout instant. D'ailleurs elle le cherchait : dans l'œil, dans la façon dont elle se donnait en vous regardant, confirme Georges Beauchamp qui, comme il le dit aujourd'hui avec malice, a heureusement su échapper à la formidable force de séduction de Marguerite. Ils s'en sont mal sortis ceux qui lui ont cédé, ajoute-t-il en riant.

Si la vie étudiante de Marguerite au Quartier latin à partir de 1935, dont elle a très peu parlé, peut être reconstituée grâce à deux témoignages, en revanche la période qui s'étend de l'arrivée à Paris jusqu'à la rencontre avec la bande d'amis qu'elle ne quittera plus et qui deviendra d'une importance cruciale jusqu'à sa mort demeure une zone obscure. On ne sait que peu de choses. Tout au plus peut-on affirmer que l'oncle de Max qui l'a mise dans le train pour Paris sait que là-bas l'attend son frère Pierre. Pour le reste, nous disposons du témoignage de Duras elle-même et des rares confidences faites à des amis [1]. Pierre, au lieu de l'aider, continue à la vampiriser et tente de l'exploiter. Marguerite subit donc de nouveau la violence de son frère, qu'elle retrouve dans un état de misère effroyable. De petit voyou qu'il était en Indochine, il est devenu à Paris un petit trafiquant minable ; il verse aussi dans le maquereautage de bas étage et n'a pas hésité à mettre sur le trottoir à Montparnasse, devant la Coupole, sa petite amie. Il la présente à Marguerite avec qui elle se lie d'une forte amitié. Mais la jeune femme tombe rapidement malade. Une tuberculose foudroyante l'empêche d'aller travailler. Pierre l'abandonne mais Marguerite réussit à la faire hospitaliser et s'occupe d'elle jusqu'à son dernier soupir [2].

Au début de son premier roman, *Les impudents*, subsiste une trace autobiographique de ce besoin insatiable d'argent qu'éprouvait son frère, prêt à toutes les combines, joueur, flambeur, indifférent aux autres, y compris à celle qui l'aime. Quand il en avait, il redevenait un autre homme. On retrouvera le frère hâbleur, pervers et voleur ensuite dans *Des journées entières dans les arbres*. Plus tard, Marguerite racontera à un ami qu'il trafiquait l'opium dans le quartier Montparnasse et qu'il devenait occasionnellement « voyeur » dans les soirées bourgeoises où il vendait très cher cette tranquillité perverse qu'il avait dans le regard et ses services d'amoureux professionnel. Regarder pour jouir. Être payé pour regarder, pour pouvoir enfin jouir. Dans *L'homme atlantique*, les lecteurs seront confrontés à la description minutieuse de ce dispositif de désir. Fantasmes élaborés par Marguerite sur ce frère si redouté ou confidences d'une vérité qu'elle tiendra ensuite à cacher ? Marguerite, en tout cas, refuse de vivre avec son frère, tente de couper les liens avec lui et s'établit dans une pension assez chic, collet monté, pour étudiants plutôt argentés, juste derrière le Bon Marché. Elle dispose d'un petit pécule, que lui a donné sa mère à son départ de l'Indochine, qui lui permettra de vivre correctement et même très correctement, puisque à la fin de l'année 1935 elle fera l'acquisition d'une superbe automobile.

Elle s'inscrit à la faculté de droit rue Saint-Jacques. Par

amour pour son père, elle dit suivre parallèlement des cours de mathématiques spéciales. Elle avouera plus tard, dans un long entretien publié par *Réalités* en 1963, qu'elle eut, à ce moment-là, « une vie agitée ». Elle dira collectionner les aventures. Pas forcément pour se faire payer, même si certains lui laissent de l'argent. Surtout, elle proclamera haut et fort avoir éprouvé jusque tard dans sa vie une véritable passion pour l'amour physique. Elle avait envie et besoin de faire l'amour. Elle le disait, elle l'écrivait. Plusieurs hommes qui ont vécu avec elle l'ont confirmé. L'amour comme dévoration. Le sexe comme apaisement. À l'époque ce n'était pas si fréquent. Cela plaisait aux hommes, cette fille belle, affranchie, qui disait qu'elle aimait ça, l'amour. L'amour pour l'amour. Pas l'amour toujours. Plutôt l'amour-capture. « Mais ce qui m'a sauvée, c'est que je trompais les hommes avec qui je vivais : je partais. Cela m'a sauvée. J'étais infidèle. Pas toujours mais la plupart du temps. C'est-à-dire que j'aimais ça. J'aimais l'amour et j'aimais ça [3]. »

Elle envoie des lettres à sa mère où elle la rassure ; elle lui explique qu'elle travaille beaucoup et qu'elle veut toujours devenir professeur. À Saigon, Marie achète et aménage une maison de la rue Catinat en une véritable pension et non plus simplement en maison d'hébergement pour quelques enfants d'amis. Elle hésite sur son avenir et ne sait si elle vivra encore en Indochine après sa mise à la retraite ou si elle rejoindra sa fille à Paris. Dans toute l'Indochine, les troubles se multiplient et les élites intellectuelles s'organisent pour réclamer un statut d'autonomie et dénoncer la violence meurtrière des autorités coloniales qui, au nom du profit, laissent mourir de faim des milliers de paysans. Dans le nord du pays sévissent de nouveau des disettes effroyables dont rend compte Andrée Viollis dans le prestigieux journal *Vendredi* qui se veut « l'organe des hommes libres de ce pays et l'écho de la liberté du monde [4] ».

Marguerite lit-elle, dès les premiers numéros, cet hebdomadaire de politique et de culture, dirigé par Louis Martin-Chauffier, qui ne se préoccupe pas « d'adhésions politiques, mais de valeurs morales, de conscience intellectuelle et de connaissance des réalités » ? Sans doute, comme nombre de ses camarades étudiants qui ne veulent pas manquer les textes inédits de Gide, de Maritain, de Julien Benda et Paul Nizan. Marguerite n'était pas encore clairement engagée dans un camp politique, se souviennent ses amis.

Elle n'adhéra pas au Comité de vigilance des intellectuels antifascistes contre la montée du nazisme, mais cela ne l'empêcha pas de s'indigner des faits et gestes des ligues factieuses au Quartier latin[5]. A-t-elle participé à ce 14 juillet 1935 historique où, de la Bastille à la Nation, la république des professeurs escortée de milliers d'étudiants défila unie contre le fascisme ? Ni France Brunel ni Georges Beauchamp n'en ont gardé le souvenir. Observatrice sympathisante sûrement, mais pas encore engagée. France, sa nouvelle amie de faculté, témoigne de leur état d'esprit : « Mais oui, de tout cœur, on était avec les révoltés mais on était jeunes, encore innocents, insouciants politiquement[6]. »

Marguerite, en fait, se sent bientôt isolée, mal dans sa peau, si mal qu'elle décide sans prévenir ses amis de disparaître de la faculté et d'entrer à l'Armée du Salut pendant six mois. « Pourquoi ? Je ne sais pas. L'atmosphère était irrespirable[7]. » Six mois donc à vivre avec les déshérités, à leur venir en aide, à trouver de quoi les réchauffer, leur faire à manger. Six mois d'apostolat, de plongée dans la misère ordinaire qu'elle n'évoquera que rarement, mais qui contribuèrent à la politiser. Marguerite déserte la faculté mais ne quitte pas définitivement sa pension où elle ne vient dormir que rarement. Une nuit, à la fin de l'année 1935, un incendie atteint le toit de la maison et la pension commence à brûler. Marguerite, cette nuit-là, n'a pas découché. Au milieu du vacarme, et devant les pompiers, elle fait la connaissance de son voisin de palier, un certain Jean Lagrolet. Une rencontre, à tous égards, brûlante.

« Je suis né le 11 octobre 1918 à Bayonne. Orphelin, j'ai vécu dans de grandes propriétés en ruine au milieu de vieillards muets. J'ai poursuivi des études de droit, de lettres et de sciences politiques. Pendant la guerre, je suis resté prisonnier trois ans puis me suis évadé. Depuis lors je ne me suis occupé de rien, vivant de manière plus campagnarde que citadine et pendant ce temps j'ai beaucoup voyagé. » Ainsi Jean Lagrolet rédigera-t-il à l'intention des éditions Gallimard, et à l'occasion de la publication de son roman *Les vainqueurs du jaloux*, en 1956, sa notice biographique.

Ce beau jeune homme à la mise élégante, aux allures de grand bourgeois, à l'immense culture dont il fait rarement étalage, tombe éperdument amoureux de Marguerite. Ils se découvrent condisciples, aussi peu assidus aux cours l'un que l'autre, excepté ceux des grandes personnalités qu'ils admirent comme le civiliste Henri Capitant, Fortunat-Strowski et Bergeron. Fous de littérature, Marguerite et Jean veulent tous deux devenir écrivains. À l'époque, Marguerite se trouve beaucoup moins cultivée que son compagnon. Si elle a oublié Delly et les plaisirs qu'il lui procurait à l'adolescence, elle relit Loti, Dorgelès, Spinoza, et se plonge dans les *Méditations* de Descartes. Jean Lagrolet l'initie à la littérature étrangère et notamment américaine : il lui fait découvrir *Lumière d'août* de Faulkner et les poèmes de T.S. Eliot, puis l'œuvre de Conrad qu'elle aimera tant et qu'elle relira jusqu'à la fin de sa vie. Jean Lagrolet dort peu et passe ses nuits à jouer aux échecs ou à découper les journaux en minuscules lanières. Marguerite s'endort dans des linceuls de petits papiers froissés. Il fume sans arrêt et se réfugie souvent dans des crises de mélancolie. Il évoque auprès de Marguerite son enfance sans mère, l'agressivité de son père qui a rendu ce petit garçon responsable de la disparition de la seule femme qu'il aimait à la folie — la mère est morte à la naissance de Jean. Il raconte l'empressement intéressé de ses nurses, sa solitude affective dans la grande maison bourgeoise glacée et la jalousie morbide de son frère à son égard. Quand il a rencontré Marguerite, il venait de quitter définitivement son univers familial mais se sentait coupable d'avoir abandonné son frère. Libre donc mais horriblement malheureux : « Un vautour m'est tombé sur les épaules. J'ai su que j'avais tué mes raisons de vivre. Les murs de mon crâne ont été ébranlés [8]. »

Jean Lagrolet est attachant, séduisant, romantique, mais il fait peur à Marguerite qui ne sait comment panser les plaies de son âme. Il hurle souvent la nuit, des cris d'effroi qu'il ne peut arrêter et dont Marguerite se souviendra lors de la rédaction du *Vice-consul*. Dans le film tiré du livre, Michaël Lonsdale saura vociférer cette impossibilité de vivre, cette douleur de ne pouvoir exister, cette absence définitive de consolation. Il était beau, Jean Lagrolet, il ressemblait à Tyrone Power en plus charmeur encore, dira France Brunel, la voix cassée par l'émotion. Si beau, si riche mais si torturé. Dans ses fantasmes, il s'enferme à jamais dans l'ombre ou, comme Œdipe, arrache ses yeux qui ont vu ce qu'ils n'auraient jamais dû voir. Dans ses cauchemars, il est l'homme qui enfonce dans son œil avec excitation une plume sergent-major pour en tirer l'écorce véridique.

Marguerite et Jean sont tous deux dans leur troisième année de licence. À l'époque sur les bancs de la fac, il y a une fille pour dix garçons. Marguerite travaille bien et va toujours voir ses professeurs à la fin des cours, avec déjà ce penchant à vouloir toujours séduire, commente France en riant. Elle se passionne pour l'économie politique et s'inscrit parallèlement à l'École des sciences politiques tout en continuant à suivre des cours de mathématiques. Partout, elle obtient de bons résultats, se fait distinguer par son intelligence et sa vivacité et surprend ses camarades par son énorme capacité de travail. France se souvient qu'elle se promenait toujours, y compris quand elles partaient toutes deux le week-end pour de longues marches, avec des cours de droit dans sa poche et un bloc pour écrire. Le droit, c'est bien mais elle ne veut pourtant pas en faire un métier. Elle veut devenir écrivain. Elle l'avoue à France. Toutes deux se passionnent aussi pour le cinéma. Elles vont au Bonaparte voir toutes les nouveautés.

Grâce à Lagrolet, Marguerite découvre aussi le théâtre : la scène remplace alors l'écran, et devient un engouement. Elle passe désormais au théâtre au moins deux soirs par semaine, écoutant avec ferveur le répertoire classique à la Comédie-Française et particulièrement Racine qui restera son véritable maître. Elle découvre Antonin Artaud, metteur en scène dans les *Cenci*, et voit débuter Jean-Louis Barrault dans son premier spectacle intitulé *Autour d'une mère* au théâtre de l'Atelier, cinq ans avant que Copeau ne l'engage à la Comédie-Française pour interpréter le Cid de façon bouleversante. Se noue alors une amitié indéfectible entre Marguerite et lui qui se traduira bien plus tard par un compagnonnage fructueux. Elle admire le groupe Octobre, assiste religieusement aux mises en scène de Louis Jouvet et de Charles Dullin, mais sa passion des planches culmine quand elle découvre Ludmilla et Georges Pitoëff : grâce aux tarifs étudiants du théâtre des Mathurins, elle peut voir et revoir *Roméo et Juliette*, entendre Claudel, Ibsen et Pirandello. Elle racontera comment il lui arrivait d'aller soir après soir dans ce théâtre et d'attendre que la salle fût vide pour se lever et partir en titubant tant les mots continuaient à la hanter. Le couple Pitoëff la fascinait. Un bouleversement physique et mental s'opéra à leur contact. Là s'ancra le désir qu'un jour les mots qu'elle écrirait seraient prononcés sur une scène de théâtre.

Un des secrets de Georges Pitoëff était de poétiser tout ce qu'il touchait et de savoir avec presque rien fééiser le plus pauvre des décors et le plus minable des costumes. Cocteau a dit de lui qu'il apporta au théâtre quelque chose de fébrile, d'égaré en ce monde et de terrible comme le rythme d'un cœur qui bat. Quelques cubes, deux rideaux gris, trois projecteurs suscitaient l'émotion. Les Pitoëff furent les premiers à supprimer le rideau de scène et le souffleur. Le texte, rien que le texte, sans effet, sublimé par les voix. Pour pouvoir mettre en scène, il faut d'abord remonter jusqu'à l'inspiration première de l'auteur, avait coutume d'expliquer Pitoëff ; il faut savoir pénétrer ses intentions, entrer dans son univers. Une fois cette source découverte, le metteur en scène peut s'emparer de la totalité naturellement. Marguerite saura, plus tard, se remémorer la leçon. Épurer le texte des scories, atteindre à son essence même pour aller droit au corps du spectateur, c'est ce qu'elle ne cessera de tenter sur les planches des théâtres à travers l'Europe.

Jean Lagrolet, lui, préfère Giraudoux et Henry Bernstein qu'il fait découvrir à son camarade de faculté, François Mitterrand, alors épris de Claudel. À la faculté de droit, les événements politiques tendent l'atmosphère. La plupart des étudiants sont de droite, certains même d'extrême droite. Ils fréquentent les conférences du théâtre du Vieux-Colombier où Jacques Bainville et Charles Maurras théorisent devant les amis de Brasillach. On y voit souvent un certain Otto Abetz alors propagandiste nazi pour la coopération des jeunesses franco-allemandes. France et Marguerite se juchent sur les tables des cafés du boulevard Saint-Michel pour se protéger des batailles rangées qui opposent étudiants de droite et de gauche. De gauche, elles sont, de cœur, d'âme. Républicaines, antifascistes certes, mais plus sentimentalement que politiquement.

L'affaire Jèze, au début de l'année 1936, va précipiter les choses et fixer les engagements. « Gaston Jèze, professeur de droit fiscal assez peu aimé des étudiants à cause de sa sévérité, ayant conseillé le Négus, devint un traître, un antinational aux yeux de ma corpo de droit, se rappelle France Brunel, car il s'opposa à l'agression de Mussolini en Éthiopie. Certains de mes camarades l'appelaient le juif Jèze, le négroïde Jèze, et l'empêchèrent de faire cours. Cela nous indignait. » La faculté fut fermée et le conflit s'éternisa jusqu'au mois de mars. L'extrême droite empêcha Jèze d'enseigner et de s'exprimer. L'affaire Jèze, comme l'explique Pierre Péan [9], symbolisait le déchirement du pays : d'un côté l'extrême droite, les ligueurs, les anciens combattants ; de l'autre, la gauche, le Front populaire, la masse ouvrière qui tentent de faire contrepoids au « fascisme ». Léon Blum ne s'y trompe pas qui écrit : « Le scandale Jèze n'est pas un chahut spontané d'étudiants. C'est une opération politique. Il n'est pas éclos spontanément au Quartier latin, il a été imaginé, monté et conduit du dehors. La faculté de droit n'est, en l'espèce, qu'un terrain de manœuvres organisées par les ligues factieuses [10]. » Si François Mitterrand se glorifiera alors auprès de ses camarades de droite d'avoir participé aux manifestations anti-jézistes, Marguerite, elle, resta prudemment chez elle. On ne la voyait jamais dans aucune action collective, confirment France Brunel et Georges Beauchamp, car elle avait peur de la foule — mais elle désapprouvait clairement au cours de réunions amicales la violence de l'extrême droite et l'exaltation préfasciste de certains de ses camarades. Sans être une jeune femme engagée, elle n'était pas non plus une jeune fille rangée. Si elle lisait *Marianne* et *Vendredi*, se passionnait pour Nietzsche, suivait à la Sorbonne les cours de littérature de Fortunat-Strowski, découvrait Melville et Kafka, elle aimait aussi Brasillach pour son *Marchand d'oiseaux* et Maurras pour sa *Musique intérieure*. Lors de la victoire du Front populaire, à minuit, le jour du second tour, le 3 mai, elle ne descendit pas dans la rue comme bon nombre d'intellectuels en chantant *L'Internationale* et en criant : « Les fascistes au poteau. » Marguerite vit comme une petite-bourgeoise cultivée, qui veut réussir ses études et profiter de la vie.

Avec Jean Lagrolet cependant, les relations se compliquent. Jean tombe de temps en temps dans des comas dépressifs d'où Marguerite n'arrive pas à le sortir. Marguerite s'éloigne de lui géographiquement mais pas sentimentalement. Elle prend du champ, quitte la pension et s'installe seule dans un appartement au 28 de la rue Paul-Barruel. Jean se dérobe à son amour et semble inatteignable dans la forteresse de solitude qu'il s'est construite depuis l'enfance. Un jour de janvier 1936, il présente à Marguerite deux copains de Bayonne : Georges Beauchamp et Robert Antelme. Ils constituent un trio soudé depuis les bancs du lycée. « Montés » à Paris pour faire du droit, tous trois sont cultivés, séduisants, bourgeois, charmeurs. Marguerite s'intègre très vite à leur bande. Ensemble, ils font des balades. Marguerite est leur reine. Ensemble, ils vont jouer aux courses. Vincennes, Longchamp, Auteuil. Marguerite est une joueuse effrénée. Elle dit toujours connaître des martingales que lui donne un serveur de café du boulevard Raspail. Ils font des virées à Trouville, ou dans le Midi, dans son cabriolet Ford, voiture, à l'époque, extrêmement luxueuse. Marguerite conduit dans tous les sens du terme. Folles équipées dont Georges Beauchamp se souvient. Insouciance, gaieté, amitié. Fous rires inextinguibles. Ils resteront unis dans une fidélité à toute épreuve. À la vie, à la mort, comme on le verra plus tard. Ils s'aimaient, s'estimaient, se faisaient confiance.

Comment parler de Robert Antelme ? Toutes celles et tous ceux que j'ai rencontrés disent avec émotion l'être exceptionnel qu'il fut. Ils évoquent sa grâce, sa profondeur, son immense générosité. Une sorte de grand ours métaphysicien, un poète du quotidien, un passeur de vie. Et puis ce sourire qu'il arborait en permanence, cette gentillesse innée qui faisait qu'en sa présence femmes comme hommes se sentaient protégés. Son père avait été sous-préfet de Bayonne. Dans le cadre de ses fonctions, il avait arrêté le maire compromis dans l'affaire Stavisky et le patron du Crédit municipal. Sa carrière en fut immédiatement brisée. Rétrogradé au poste de percepteur, il s'installa à Paris, rue Dupin. La mère était née Rocaserra, issue de la haute bourgeoisie corse de Sartène. Robert avait deux sœurs, Marie-Louise, dite Minette, et Alice. Les photographies de l'époque le montrent l'air facétieux, lèvres sensuelles, regard gourmand, un bon vivant. Robert faisait du droit parce qu'il était fils de bourgeois et qu'il fallait bien faire quelque chose, mais il était attiré par la littérature, le théâtre, l'histoire de l'Antiquité. Catholique, il perdra la foi à Auschwitz. « Quand on me dit charité chrétienne, je répondrai Auschwitz », murmura-t-il à son ami Beauchamp venu le chercher au camp. « C'est dommage que vous ne l'ayez pas connu, dira Marguerite Duras à Jean-Marc Turine [11]. Même dans un bistrot, ajoutait-elle. Pour parler avec lui, croiser son regard, sentir son humanité. » Cet homme était un saint, disaient à l'unisson Claude Roy, Georges Beauchamp, Dionys Mascolo. Un saint laïque doublé d'un intellectuel d'une rare profondeur. « C'est l'homme que j'ai connu qui a le plus agi sur les gens qu'il a connus, l'homme le plus important quant à moi et quant aux autres, expliquera Marguerite. Je ne sais pas nommer cela. Il ne parlait pas et il parlait. Il ne conseillait pas et rien ne pouvait se faire sans son avis. Il était l'intelligence même et il avait horreur de parler intelligent[12]. » « C'est l'homme le plus exceptionnel que j'aie rencontré, renchérit Georges Beauchamp. Et pourtant j'ai quatre-vingts ans et j'ai été l'ami de François Mitterrand[13]. » « Il m'a tout de suite fait penser au personnage de *L'Idiot* de Dostoïevski, commente Edgar Morin. C'était un être d'une grande bonté, d'une immense bienveillance. En réalité, il était plus complexe. Il suscitait l'admiration. Il donnait l'impression qu'il écoutait[14]. »

Entre Robert et Marguerite, naît une passion amoureuse qui entraînera un drame de l'amitié. Georges Beauchamp raconte : « Entre Jean Lagrolet et Marguerite Donnadieu, cela marchait de moins en moins fort. Elle se fatiguait de ce garçon qu'elle trouvait torturé. Elle l'avait amené à faire des expériences comme l'opium et elle supportait de plus en plus mal ses divagations intellectuelles. Robert, lui, était toujours là. À côté de Jean. Disponible, attentionné. Il était moins beau mais il riait tout le temps. Jean Lagrolet, c'était Dorian Gray. Elle a eu envie de sérénité et de calme. Elle l'a quitté pour Robert. » Georges enlève des mains de Robert le revolver qu'il venait de dérober dans le bureau de son père. Robert cherche à se tuer parce qu'il vient de trahir son meilleur ami. Pendant ce temps, Jean se bourre de laudanum pour se suicider. Marguerite s'enferme dans son appartement en pleurant. C'est Georges qui va dénouer la situation. Laissant Marguerite et Robert vivre leur vie de tourtereaux à Paris, il emmène, contre son gré, un Jean Lagrolet abruti de médicaments dans un long voyage en Europe centrale. Georges sera sensible au charme slave, pas Jean qui ne se remettra pas de ses meurtrissures d'amour. Plus jamais Jean Lagrolet ne touchera une femme, et il ne se cachera plus de son homosexualité.

Robert vit chez ses parents, rue Dupin. Marguerite, rue Paul-Barruel. France Brunel sert de boîte aux lettres pour leurs rendez-vous amoureux. Aux yeux des autres — sans doute pour ne pas blesser Jean Lagrolet — ils entretiennent plus des rapports de camaraderie intellectuelle que d'amoureux traditionnels. Marguerite éprouve une intense admiration pour Robert qu'elle écoute, elle qui, durant sa vie, a si rarement écouté les autres. Elle l'admire pour son intelligence, sa générosité, son sens du paradoxe. Avec lui elle se sent enfin en sécurité. Après la mort de Robert, elle dira qu'elle était son enfant et que, lui vivant, elle savait qu'il ne permettrait jamais qu'on lui fasse du mal. Leur relation survivra à bien des épreuves. Rien n'arrivera à les séparer. Leur vie commune dans le même appartement, alors que chacun d'eux vivait d'autres amours, persistera longtemps. Une même sensibilité au monde, un engagement politique partagé cimentèrent cette union qui se transformera en une amitié forte. Marguerite avait enfin trouvé son grand frère, le vrai, celui avec qui elle pouvait jouer aux jeux de l'amour et de la vérité. C'est Robert qui s'éloignera de Marguerite quand, à la fin des années 70, elle ne parlait plus que d'elle et de son œuvre, quelquefois même à la troisième personne. Leurs liens se brisent après la publication dans la revue *Sorcières* du texte « Pas mort en déportation [15] », où Marguerite décrivait, avec force détails physiques qui ont choqué Robert, la lente réémergence à la vie de son mari au retour du camp de concentration.

Vivre une passion amoureuse, quand on était étudiant ou intellectuel au Quartier latin dans ces années-là, signifiait souvent la partager collectivement avec une bande d'amis, dans les cafés de Montparnasse dont les arrière-salles abritaient des discussions interminables, des nuits entières, sur les conséquences de l'hitlérisme, l'avenir du Front populaire et la manière la plus efficace d'aider les républicains espagnols. À l'époque, Sartre et Simone de Beauvoir vivaient dans les bistrots, communiaient en littérature et avaient eux aussi chacun leur vie [16]. Plus de dix ans après le retentissement de *La garçonne* [17], les étudiantes indépendantes financièrement n'hésitaient pas à mettre en péril permanent la relation avec l'être aimé pour mieux l'éprouver. Les filles restaient rares dans ces cénacles intellectuels et politiques et semblaient respectées à l'égal des garçons. L'amant-camarade ne deviendrait pas forcément un mari. Le mariage n'était considéré comme un idéal que pour les parents de ces jeunes émancipées qui vivaient l'amour au jour le jour.

Marguerite était considérée comme une fille émancipée et indépendante. Elle avait de l'argent, témoignent ses amis. Pas mal d'argent. Elle le recevait régulièrement de sa mère qui, à l'époque, avait aussi ouvert son école de la rue Catinat à Saigon pendant les vacances scolaires et accueillait des enfants de plus en plus nombreux. Elle avait engagé des femmes de sous-officiers et d'officiers afin d'assurer l'encadrement et l'enseignement et dirigeait de main de fer son établissement. « Pour elle, les enfants, c'était un bétail qui rapportait de l'argent », dira un de ses anciens élèves, Henri Thano, qui connut l'établissement en 1938 et qui se souvient de la discipline de fer et du mode de vie spartiate qu'elle imposait aux élèves : enseignement, repos et sieste dans la classe sur la même table d'école. « Le contraste était saisissant, ajoute-t-il, entre cette femme toujours habillée de noir, sévère, l'air d'une veuve et son fils qui vivait avec elle et qui était habillé de façon ostentatoire — costumes de tussor, chaussures rutilantes — et qui achetait régulièrement des voitures de luxe aux pneus blancs qu'il faisait crisser devant les enfants. La mère se tuait au travail, pour entretenir son fils qui avait des goûts de luxe et à qui elle cédait tous ses caprices et pour envoyer des mandats conséquents à sa fille qui, disait-elle, réussissait tous ses examens [18]. »

Les copains d'abord. Robert continue à fréquenter assidûment Georges Beauchamp et Jean Lagrolet. Au fur et à mesure que les espoirs mis dans le Front populaire s'effondrent, Robert, Georges et Jean deviennent de plus en plus pacifistes. Ils observent, ironiques, une France fatiguée, spectatrice de son propre malheur. Un de leurs amis, fils de général, veut les emmener un soir à une réunion de Doriot. Ils y ont vraisemblablement croisé François Mitterrand [19], leur condisciple à la fac de droit dont ils ne feront véritablement la connaissance que six ans plus tard au moment de leur entrée dans la Résistance. François Mitterrand collaborait alors au journal *L'Écho de Paris*, qui défendait Mussolini et le fascisme, et participait à la croisade anticommuniste et anti-Blum. Jacques Benet, qui sera incorporé en 1938 avec Robert Antelme, était un copain catholique de François Mitterrand. Ils s'étaient connus à la pension mariste, au 104 de la rue de Vaugirard où ils habitaient. Mitterrand était alors, dit-il, « quelqu'un d'assez flou ». « Nous étions des petits jeunes gens qui arrivaient de province [20]. » Catho social, François Mitterrand l'était. Étudiant assidu à la bibliothèque de la faculté tenue alors par les Camelots du roi, plus féru de littérature que de droit civil, il conseillait à l'époque à une jeune parente, Marie-Claire, qui deviendra l'épouse de Jacques Benet, de lire Brasillach.

Tous ces jeunes gens n'éprouvaient pas le besoin d'une

adhésion politique à un parti et ne croyaient pas à une idéologie particulière. Ils avaient le sentiment qu'un changement était nécessaire, que le vieux monde corrompu était incapable de faire face aux difficultés économiques[21]. Rejetant le dogme du communisme ou du fascisme, ils choisissent plutôt parmi un certain nombre de courants de pensée ceux qui donnent priorité au développement spirituel de l'individu et qui proposent la constitution de « communautés d'âmes ». Les influences de Maurras, Barrès, Proudhon, Sorel se mélangent dans les têtes de ces jeunes bourgeois qui se veulent non conformistes et vaguement révolutionnaires. Rive gauche mais pas forcément à gauche. Dans ce climat intellectuel et moral à la fois exalté et incertain évolue le jeune couple Marguerite Donnadieu-Robert Antelme, où la météorologie sentimentale est changeante et les opinions politiques pas définitives. Rares étaient à l'époque les Clara Malraux, antifasciste notoire et pasionaria de tous les combats, figure importante et aujourd'hui trop oubliée.

À l'époque, Claude Roy fréquentait le cercle d'étudiants d'Action française, écrivait dans *Je suis partout* avant de collaborer à la revue *Combat*, fondée par deux anciens de l'Action française. Robert Brasillach, doux amateur de poésie, admirateur éperdu de Supervielle, l'avait entraîné à *Je suis partout* où il signa ses premiers articles « Claude Orland » avant de reprendre son vrai nom à partir de février 1938. Brasillach écrivait aussi régulièrement des articles politiques vengeurs comme en témoigne ce court extrait : « Un Léon Blum, un Herriot nous paraissent assurément quelques-uns des exemplaires les plus répugnants de l'humanité[22]. » François Mitterrand et Claude Roy passaient des nuits entières à parler littérature. « Notre seule passion d'alors, m'a dit Mitterrand, était la recherche de notre vérité[23]. » « Il y avait du ragoût à se prétendre alors monarchiste, une sorte de dandysme archaïsant. Mais accorder les deux était bien difficile », reconnaît Claude Roy dans *Moi je*. Mobilisé en septembre 1939, il sera fait prisonnier en Lorraine, s'évadera en octobre 1940, gagnera la zone non occupée où il collaborera à la presse et à la radio vichystes[24]. Maurice Blanchot, lui, inventait avec Thierry Maulnier et Claude Roy un maurrasisme hérétique. Il entra lui aussi à *Combat* en 1936 avant de rejoindre, à la veille de la guerre, les principaux rédacteurs d'*Aux écoutes* et, sous l'Occupation, ceux de *Jeune France*[25]. Claude Roy entrera plus tard en résistance et

Maurice Blanchot écrira après la guerre des pages bouleversantes sur l'Holocauste, avant de devenir un acteur engagé contre la guerre d'Algérie et le principal instigateur du Manifeste des 121. Dans l'histoire qu'on écrit après, même si les héros ne savent pas toujours où ils vont, nous le savons pour eux, a dit Claude Roy. Certains de ces jeunes gens épris de Nietzsche et désireux d'une révolution qu'ils ne savaient pas nommer se retrouveront, plus tard après la guerre, chez Marguerite Duras, unis dans une même passion pour le communisme... Entre-temps l'heure des défaites avait sonné et recomposé l'échiquier des passions. Ces jeunes étudiants furent précipités dans des événements qui les façonnèrent.

L'expérience de l'incorporation, à la fin de l'été 1938, marqua profondément Robert Antelme. Avant de faire ce grand saut, il adressa une lettre nostalgique à son amie France : « Oui je me prépare “ à partir ” vers je ne sais quelle direction mais dans un costume que je connais beaucoup trop hélas. Où va aller le lent développement de mes ressources d'énergie et de poésie ? Aussi n'ai-je pas l'amertume froide mais le simple regret des mondes. Ce sont eux, enfermés en soi, parfois douloureux et forts comme des parfums, qui montrent la langueur des choses et leur mystérieux entraînement[26]. » Robert éprouve l'impression d'une coupure qui sera peut-être définitive d'avec la vie d'avant et d'un énorme gâchis intellectuel. Il se sait en pleine recherche personnelle, il a besoin de temps et de tranquillité d'âme. Il n'éprouve, de plus, aucune envie de se séparer de Marguerite qu'il sait charmeuse et séductrice... Simple soldat, il constate sur le terrain la mauvaise préparation du pays à la guerre. Il vit dans l'angoisse et l'exprime dans de longues conversations avec Benet. L'Europe est à l'agonie, la démocratie baisse les bras, comment espérer ? Selon Robert Antelme, cette période correspond aux prémices avant le plongeon dans la barbarie. En témoigne une lettre qu'il écrit à France Brunel le 17 septembre 1938 :

Comment ne serait-on pas écœuré le plus profondément à regarder le nouveau visage de la France ? Est-ce celui-là que l'on nous avait appris à aimer à l'époque des petits livres d'histoire ? Pâle et peureuse et presque traître qui se cache au moindre roulement de tambour.

Un petit pays ne compte que sur nous et nous laissons aller.

Nous sommes au plus bas, les plus pauvres. Vous me répondrez immédiatement que « je veux la guerre » ou plutôt vous le craindriez peut-être mais est-ce vraiment pacifique que de laisser commettre un acte qui ouvrirait et consacrerait une ère de barbarie ?

Si la règle ne s'impose plus, ni la justice, l'esprit lui-même a-t-il perdu sa dernière chance et faut-il attendre l'avènement d'une révolution allemande pour voir cesser ces coutumes ? Nous savons malheureusement que des forces aussi barbares et contenues maintenant dans ces formules d'un patriotisme de circonstance se délivreraient des derniers rets à la faveur d'une révolution voisine.

La raison ne veut pas se placer en face d'une semblable alternative. On ne vous parle que de Wagner et de *Lohengrin*, confondant la légende intérieure et l'épopée sanglante, l'harmonie et le nivellement.

Et ce sont des Français qui, ployant ainsi à pic dans l'erreur, des Français de pensée « distinguée » qui admirent le dynamisme du IIIe Reich, le souffle du IIIe Reich.

Je ne suis pas allé à Paris depuis un mois, nous sommes maintenus ici pour rien, je crois.

À Munich, Chamberlain et Daladier acceptent les exigences territoriales d'Hitler en Tchécoslovaquie. À son retour, quand Daladier voit la foule venue l'accueillir à l'aéroport, il s'attend à être conspué. Il est longuement applaudi. « Ah, les cons », fut son seul commentaire. Les Français, en effet, n'ont aucune envie de se battre. Faire des sacrifices au nom de la paix semble encore réaliste pour certains. Simone de Beauvoir écrit dans son journal que n'importe quoi, même la plus cruelle injustice, vaut mieux qu'une guerre pendant que Sartre lui rétorque « on ne peut pas céder indéfiniment à Hitler[27] ». On le voit, Robert Antelme abandonne son pacifisme et se situe dans le camp de ceux pour qui céder à Hitler signifie le déshonneur. Il soutient l'Association des écrivains tchécoslovaques dans leur appel « À la conscience du monde » et suit attentivement, comme en témoigne son copain de chambrée, Jacques Benet, l'évolution dramatique des événements[28].

Robert subit l'armée. Soldat de deuxième classe, il est parti au service militaire en traînant les pieds. Il y éprouve ce sentiment de vacuité qui pèse sur tous ces jeunes gens cultivés, découvrant la condition de simple troufion. François Mitterrand, incorporé au même moment au même grade, l'a décrite ironiquement : « Être soldat pour nous, qui fûmes appelés en 1938, c'était apprendre de quelle manière un citoyen honnête dans sa médiocrité pourrait s'accoutumer dans le minimum de délai à la saleté, à la paresse, à la boisson, aux maisons closes et au sommeil [29]. »

Robert rentre donc dès qu'il le peut en permission, à Paris. Il racontera à celle qui deviendra plus tard son épouse, Monique, ainsi qu'à son ami Georges [30], qu'arrivé plusieurs fois sans avoir pu prévenir Marguerite il l'attendait des nuits entières en dormant sur le paillasson. France Brunel se souvient de la vie amoureuse « agitée » de Marguerite menée en parallèle avec des études brillantes. Marguerite termine sa licence, obtient son diplôme de sciences politiques et se met à chercher un travail. « À l'époque, ce n'était pas difficile, s'exclame France. J'ai tout de suite trouvé au ministère de la Défense et Marguerite au ministère des Colonies où j'allais la chercher en fin d'après-midi à son bureau. »

Marguerite entre au ministère des Colonies le 9 juin 1938 comme « auxiliaire », avec un salaire de 1 500 francs par mois. Une décision du 13 juin signée du ministre, Georges Mandel, le confirme. Elle est affectée au service intercolonial d'information et de documentation situé 11, rue Tronchet. A-t-elle choisi ce ministère à cause de son passé familial ? Vraisemblablement. Sa mère qui a été radiée définitivement des cadres de l'administration coloniale le 24 juillet 1936, et admise à la retraite comme professeur de l'enseignement primaire, a conservé des relations au ministère. Elle s'est battue pour pouvoir continuer à travailler au-delà de l'âge fatidique, comme en témoigne une abondante correspondance échangée entre le cabinet du gouverneur général en Indochine et le chef de bureau du chiffre au ministère. La mère fait relayer ses demandes par sa fille au bureau de Paris. Celle-ci tente, en vain, d'intercéder auprès du ministre des Colonies. Est-ce à cette occasion qu'elle le rencontra la première fois ? Ce travail en tout cas la passionne, confirme France, qui la voit avaler des documentations sur les sujets les plus variés comme la qualité des thés des plateaux moïs, le parcours des fleuves en Afrique-Occidentale, ou les manières de traiter les vanilliers. Marguerite apprend surtout très vite. Puis rédige des articles techniques sur différents sujets à usage interne. Elle s'y montre si brillante qu'elle se fait remarquer et qu'on la propose pour la préparation des discours politiques du ministre. Son statut, son importance et ses fonctions vont en effet bientôt changer grâce à l'influence d'un collaborateur important du cabinet, Philippe Roques. C'est lui qui va la distinguer et lui confier de plus grandes responsabilités. Engagé par le ministre lui-même le 20 juin 1938, Philippe Roques, alors âgé de vingt-huit ans, a été affecté dans le département où venait d'être recrutée Marguerite : le service intercolonial d'information. Sans le passage chez Mandel, Marguerite se serait-elle lancée dans l'écriture ? Sans doute, mais son premier livre, *L'Empire français*, sera rédigé pour le ministère des Colonies et commandé par le ministre.

Mandel, après le ministère des PTT, a hérité à contrecœur du portefeuille des Colonies. C'est un petit ministère, sans argent, sans structures, sans moyens. Il s'est battu comme un lion pour obtenir la Défense nationale que se réserva in fine Daladier, puis a réclamé l'Intérieur, l'Air. Étrange ironie de l'histoire. Lui, l'ancien disciple de Clemenceau qui s'était tant battu contre les colonies, administre donc la rue Oudinot. Le personnage irritait et sa nomination a été diversement appréciée dans les milieux politiques et journalistiques, comme en témoigne cet article de *L'Écho de Paris* : « Que fera-t-il aux Colonies ? Il téléphonera le soir aux rois nègres de son empire pour voir s'ils arrivent à l'heure à la salle du trône. Il révoquera les retardataires en citant Royer-Collard. » Mais cet homme à la volonté de fer et à l'obstination légendaire décide de révolutionner ce ministère endormi en s'aidant d'une équipe de fidèles collaborateurs, dont Philippe Roques et Pierre Lafue, qui deviendront rapidement des proches de Marguerite Donnadieu. Philippe Roques sera chargé des relations avec la presse et Pierre Lafue commis à la préparation des discours ministériels.

Mandel bouscule les habitudes, met de l'ordre dans les nominations, révoque les incompétents, ceux qu'il a coutume d'appeler « les coloniaux en colonies ». Il ne se borne pas à faire fonctionner efficacement son ministère, il se préoccupe surtout et avant tout de préparer les colonies à la guerre[31]. La Défense nationale lui a été refusée : soit. Mandel fait contre mauvaise fortune bon cœur et transforme son petit ministère en celui de la défense des colonies. Traumatisé par la guerre de 14, persuadé que le prochain conflit ne se bornera plus aux frontières de l'Europe, il veut faire de l'ensemble des colonies des forces d'appoint militaires, stratégiques, prêtes à l'offensive en cas de combat. « Des événements vont surgir, mon devoir est d'y parer et de renforcer le pays », explique-t-il aux membres du gouvernement. Poursuivant son souci de militariser les colonies, il obtient de Daladier le droit de siéger au Conseil supérieur de la Défense nationale dès le 12 mai 1938, puis crée, la semaine suivante, un état-major des colonies, responsable de l'organisation et de la mobilisation des troupes et nomme à sa tête le général Bührer. « Je ne puis accepter des délais. La guerre est à nos portes et nous ne sommes pas prêts », lui confie Mandel. Il s'agit donc d'augmenter les effectifs de l'armée coloniale et d'assurer sa pleine autonomie en vue d'affaiblir le fascisme. « Nous les colonies, nous allons, dès à présent, mener une guerre subversive à partir de nos frontières contre le Boche et les fascistes », explique-t-il inlassablement à une classe politique qui le trouve un peu égocentrique, excessif et pessimiste. Sur le terrain stratégique et militaire, Mandel fut en fait d'une grande efficacité. En juin 1939, il annonce au gouvernement qu'il est en mesure de parer à toute éventualité et qu'il dispose de 600 000 hommes prêts à combattre sur tous les terrains. Mais il comprend vite que son action politico-stratégique doit être rapidement relayée par une campagne d'information. Il prend pour attachée de presse Marguerite ! Marguerite va devenir le soldat zélé de cette propagande militaro-coloniale et, en effet, faire ses premières armes d'écrivain en défendant haut et fort la grandeur de la politique coloniale.

Mais avant d'arriver à ce poste politique, elle a suivi administrativement plusieurs échelons. Le 16 septembre 1938, elle a obtenu sa première promotion : elle est affectée comme auxiliaire au comité de la propagande de la banane française créé en juin 1937. Elle quitte la banane pour plancher ensuite sur le thé, avant de retourner au service intercolonial d'information dès le 1er mars 1939. Sa tâche y est précise : elle doit concevoir la rédaction d'un ouvrage sur les vertus et les grandeurs de l'Empire colonial en collaboration avec son supérieur hiérarchique Philippe Roques et avec l'aide d'un proche du ministre, Pierre Lafue, historien, écrivain qui publiera l'année suivante, chez Gallimard, un roman intitulé *La plongée*. On appelle cela une commande. Il n'y a pas de temps à perdre, dit le ministre, et le livre doit paraître le plus tôt possible. Marguerite — on l'a vu — s'est déjà fait remarquer par son esprit de synthèse, sa capacité de travail, sa facilité à rédiger et sa connaissance du passé de l'Indochine. Elle s'attelle à la tâche et noircit jour et nuit des pages que Roques corrige et réécrit.

Robert Antelme s'ennuie ferme pendant ce temps dans son cantonnement à Rouen. Heureusement, il fait la connaissance d'un copain de chambrée à qui il peut se confier et qui deviendra d'une importance décisive pour lui car il le fera entrer deux ans plus tard dans la Résistance et lui fera rencontrer son ami François Mitterrand : Jacques Benet se souvient d'avoir rencontré Robert Antelme pour la première fois en avril 1939 au 39e régiment d'infanterie. « J'ai passé un mois avec lui. On parlait des nuits entières de l'hitlérisme, de l'invasion de l'Albanie par Mussolini. On sentait qu'on allait vers un affrontement avec l'Allemagne et il était violemment antihitlérien. De toutes parts, on sentait la guerre venir. J'étais très attiré par lui, par son intelligence et sa sensibilité[32]. »

Un jour, Robert Antelme reçoit un télégramme : « Veux t'épouser. Reviens à Paris. Stop. Marguerite. » Jacques Benet se souvient de la joie de Robert. Celui-ci prend ses trois jours et attrape le premier train pour Paris. Le 23 septembre 1939 à 11 heures 15, il épouse Marguerite à la mairie du XVe arrondissement. Le mariage est célébré en toute intimité. Marguerite s'est occupée des formalités. Les amis sont loin, la plupart sont incorporés comme Georges Beauchamp et Jean Lagrolet. Mais ils ne sont même pas prévenus par courrier, comme si l'événement n'existait pas. Il s'agit manifestement pour le couple d'une simple formalité à accomplir — d'ailleurs, il n'y a pas de contrat de mariage —, d'une mesure de sécurité dans ces temps de détresse, d'un espoir, d'un gage d'avenir.

Oui. Ils ont dit oui devant deux témoins. Le témoin de Marguerite s'appelle Joseph Andler. C'est un journaliste anglais qui disparaîtra vite de leur vie commune. Celui de Robert s'appelle Fernande Figli. Marguerite l'a choisie. Nul, parmi les amis de Robert et de Marguerite, n'a entendu parler d'elle ni ne la verra. C'est un mariage vite fait. France Brunel arrive le lendemain de son Sud-Ouest natal. Marguerite lui dit, comme on parle de la pluie ou du beau temps, qu'elle s'est mariée la veille avec Robert. Robert dira à sa seconde épouse, trente ans plus tard, un soir, qu'il avait appris des années après que le témoin de Marguerite était son amant du moment.

Pourquoi se sont-ils mariés ? À cause de la déclaration de guerre, diront certains de leurs proches. Dionys Mascolo, qui deviendra le compagnon de Marguerite un peu plus tard pendant la guerre, affirme encore aujourd'hui qu'ils ont voulu — face à la gravité des événements — consacrer juridiquement ce lien si fort de camaraderie qui les unissait depuis quelques années. Des copains qui se mettent en ménage en somme. « Elle a épousé Robert car ils avaient une énorme sympathie l'un pour l'autre et parce que Robert était mobilisé [33]. » Cette version dénuée de romantisme est vivement contestée par Monique Antelme à qui Robert dira qu'il était à l'époque fou amoureux de Marguerite, profondément heureux qu'elle veuille se marier avec lui. Car c'est Marguerite qui a voulu épouser Robert et qui l'a demandé en mariage. Mariage à l'essai pour Marguerite et mariage d'amour pour Robert ? Rappelons que la période était dramatique et que le lien juridique consacrait la protection, le secours, l'assistance. Le couple fut séparé le jour même du mariage. N'oublions pas que, dans ce milieu, les garçons et les filles pouvaient penser échanger leurs alliances pour pouvoir plus tard mieux se séparer. Couple soluble en quelque sorte. Aucun droit de propriété l'un envers l'autre. Dominique Desanti, dans ses Mémoires [34], raconte que son futur mari, Jean-Toussaint Desanti, en guise de déclaration d'amour, lui proposa le mariage avec examen de conscience de part et d'autre tous les six mois. Le premier qui voulait divorcer le déclarait, l'autre n'avait pas le droit de s'y opposer. Dominique se maria en noir, au grand dam de son père, qui la traita de femme de chambre, et le soir de ses noces, « pour se désembourgeoiser », elle alla s'enivrer avec son jeune philosophe d'époux au Sphynx, bordel bourgeois de Montparnasse. Marguerite, elle, le soir de ses noces, rentra sagement chez elle après avoir accompagné à la gare Robert qui repartit faire le troufion à Rouen.

Le mois suivant Robert écrit à France :

> Nous ne savons pas encore quand nous partirons d'ici. Je vous confie qu'ici c'est mortel. Qu'est-ce qui nous laisse croire que nous sommes encore des hommes ? Oui il y a un long sommeil qui commence et chacun de ses répits en sera douloureux.
>
> Nous, nous participons, nous participons au chaos. Nous

sommes engagés de tout notre corps dans une lutte, au sein d'une laideur. Les combats qui vont se livrer reprennent dans leur principe cette lutte que vous avez menée et moi aussi peut-être, contre ce qui relève de la barbarie des hommes. Mettons que ce soit une relève que nous devons opérer, relève de forces épuisées contre l'ère de la bêtise et du néant...

Je vous écris assis sur de la paille et un nuage énorme obscurcit ce que j'écris, dans le noir, au milieu des hurlements de ceux qui sont désormais mes voisins [35].

À l'époque, Raymond Queneau, qui vit la même expérience, note dans son journal : « Les types la nuit appellent maman, maman. Des hommes de 40 ans traités comme des bleus, agissant comme des gosses. Nervosité, névrosisme de tous les gars. Au fait hier : revue d'armes. Il est naturel qu'ils veulent que leurs fusils soient propres, mais ils viennent non pour cela mais pour " attraper " deux ou trois types, et les punir [36]. » À la même période, François Mitterrand écrit : « Si des hommes se battent, tant pis ; qu'ils apprennent à vivre ; qu'ils pistent leur bêtise jusque dans sa tanière ; qu'ils soient amenés à se frapper la poitrine devant leur barbarie ; les voilà qui, par amusement ou par ambition, sont en passe de perdre leurs libertés, leur finesse, leurs facilités. Ce qui m'ennuierait c'est de mourir pour les valeurs auxquelles je ne crois pas. Alors je m'arrange avec moi-même [37]. » Le soldat Sartre, lui, se décrit comme « un météorologue civil », « rond-de-cuir pour sa raison sociale », relit Stendhal, termine *L'âge de raison*, annote le *Journal* de Jules Renard, s'ennuie ferme, joue aux échecs, écrit beaucoup au Castor des lettres qui n'évoquent que très rarement et par des notations brèves la situation politique. Sartre, comme tant d'autres, subit la guerre sans révolte : « Je pense que c'est cet oubli total de la paix qui aide à supporter la guerre. À présent, des bombes tomberaient autour de moi que j'aurais, certes, une peur abominable mais comme devant un cataclysme naturel », écrira-t-il à Simone de Beauvoir le 12 mai 1940. Et il ajoute : « On s'est habitué à l'idée que le sang est fait pour couler. Ça n'est plus le sacrilège du début [38]. »

À Paris, Marguerite Donnadieu travaille d'arrache-pied à l'ouvrage réclamé par le ministre. Mandel, depuis son arrivée au ministère, a voulu marquer son passage rue Oudinot et marteler ses idées. Dans ce but, il n'a négligé aucun moyen de communication : allocutions radiophoniques, encarts publicitaires sur les richesses et les avantages des colonies, comités de propagande orchestrés par Philippe Roques, qui distille régulièrement des informations sur l'importance du ministère et, bien sûr, les hauts faits du ministre lui-même rapportés et commentés élogieusement dans une certaine presse acquise à ses idées. Certains journalistes se gaussent de Mandel et de son appétit de reconnaissance : « Radio Toulouse, à la prière de M. Mandel, a félicité M. Mandel de l'heureuse initiative de M. Mandel, lequel M. Mandel, plus Mandel que jamais, a demandé à Radio Toulouse de consacrer une émission spéciale aux colonies[39]. »

Le 18 mars 1940, François de Roux, membre du cabinet, envoie le manuscrit enfin terminé et intitulé *L'Empire français* aux éditions Gallimard, rue Sébastien-Bottin. François de Roux est un ami de Gaston, auteur à la *NRF* de *Jour sans gloire,* publié en 1935, grâce à l'appui de Ramon Fernandez. Gaston Gallimard s'était réfugié à Mirande à la fin du mois d'août 1939. À Paris la maison d'édition continue à fonctionner sous la direction de Brice Parain, secrétaire général et administrateur de la maison en l'absence de Gaston[40]. Quelques jours plus tard, Louis-Daniel Hirsch, le directeur commercial, donne un avis favorable à la publication de *L'Empire français*. Le contrat prévoit un achat de 3 000 exemplaires par le ministère. Le volume doit paraître de préférence avant le 1er mai en prévision du Salon de la France d'outre-mer. Une préface de Mandel doit suivre. Dans ce courrier, Roques est décrit comme un proche du ministre. Le nom de Marguerite Donnadieu n'apparaît même pas.

La préface ne sera jamais écrite. Les délais de publication sont respectés. Sous le nom de Philippe Roques et Marguerite Donnadieu paraît le 25 avril 1940 *L'Empire français*, un essai de 240 pages avec un tirage initial de 6 300 exemplaires. Divisé en cinq chapitres précédés d'un avant-propos, rédigé dans un style scolaire et technique, le livre n'a qu'un but, et un seul, comme l'annoncent clairement les premières lignes du texte : apprendre à tous les Français qu'ils possèdent un immense domaine outre-mer, un Empire qu'il faut rendre sensible à chaque Français. L'ouvrage est militant et ne s'en cache guère : la France doit connaître, pour s'en enorgueillir, « ses aptitudes colonisatrices ». « Or à cette tâche si nécessaire, ce livre est destiné à collaborer. De sa lecture, nous avons voulu qu'on retire une certitude : l'Empire est fait. La guerre l'a achevé. »

La date de publication explique le ton nettement engagé : l'Empire et ses futures armées peuvent et doivent devenir une source de résistance à la menace allemande. Les mots employés désignent clairement l'état d'esprit des auteurs : les personnes nées aux colonies sont « des indigènes », qui éprouvent « de l'amour » pour la mère patrie, ils possèdent « une foi d'enfants » pour la « douce France ». Le livre fait l'inventaire et l'historique de la colonisation française sur un ton constamment paternaliste. Au passage, Clemenceau est fustigé pour s'être opposé à la politique d'expansion coloniale de Jules Ferry, présenté, lui, comme un modèle de stoïcisme et de modernisme. *L'Empire français* est une œuvre de propagande. Le livre approuve la tutelle de la France sur l'ensemble des colonies. Le principe même de la colonisation y sonne, de manière permanente, comme une évidence inscrite pour l'éternité[41] bien que les colonies apparaissent de plus en plus comme un fardeau économique et financier, ainsi qu'en témoigne ce sondage fait en 1939 par l'IFOP : « Êtes-vous décidés à vous battre plutôt que de céder la moindre partie de nos possessions coloniales ? » 44 % des Français répondent non, 40 % oui. Mais il règne en France une sorte d'« humanisme colonial » débouchant sur l'idée d'une communauté fraternelle. Rares, très rares sont ceux qui connaissent les thèses indépendantistes des intellectuels communistes. Plus rares encore ceux qui y adhèrent. Pour la majorité des Français, les colonies signifiaient exotisme, dépaysement et représentaient un ailleurs aux contours géographiques assez flous et aux cultures quasi encore inconnues, même si un Institut français d'Extrême-Orient avait vu le jour en Indochine et si un Marcel Griaule faisait découvrir à une élite d'étudiants fascinés la complexité et la force de ces cultures si longtemps ignorées.

Le livre de Marguerite Donnadieu et Philippe Roques ne fait aucunement état de ces recherches. Pour les deux auteurs la race blanche est, par nature, par essence, celle qui conquiert. Pas question de remettre en cause ce dogme. Si le livre rend hommage au courage et à la fierté des indigènes et si l'on ne peut en aucun cas le traiter de raciste, il n'en abonde pas moins en clichés qui font appel à une hiérarchie entre les êtres humains. Ainsi en haut de l'échelle des habitants des colonies figurent les Annamites — parti pris de

Marguerite pour son pays natal ? — et en bas le négrille de l'Afrique : « Le négrille est écrasé par les forces de la nature. Chétif, malingre, méfiant, il se réfugie dans l'ombre de la forêt et se sent incapable de dissiper le mystère qui l'entoure. Le négrille s'enfonce dans la forêt à mesure que l'Européen y pénètre pour laisser la place à des races indigènes plus vigoureuses[42]. » Mais quand la forêt s'éclaircit et que la conquête blanche avance, pour Marguerite Donnadieu et Philippe Roques, « le type de l'indigène se modifie ». En effet « le nègre de la steppe est plus courageux, plus hardi ».

Les indigènes sont donc indéniablement des gens pas tout à fait comme les autres. C'est-à-dire pas comme nous Occidentaux. C'est la raison pour laquelle, expliquent les auteurs avec force arguments, nous devons continuer à les façonner à notre image en leur apportant les bienfaits de notre civilisation. À cet effet, l'instruction et la médecine se révèlent être des armes privilégiées. Mais comment considérer le point de vue de certaines élites indigènes qui souhaitent une reconnaissance et non plus une domination ? Marguerite Donnadieu et Philippe Roques envisagent une politique concertée de petits pas. En échange de ce que nous donnent certains indigènes, la France peut en effet concéder un pouvoir supplémentaire à certaines assemblées locales, notamment en Indochine. Certains sujets particulièrement brillants peuvent être admis dans certaines de nos grandes écoles, comme Saint-Cyr et Polytechnique, ou accéder aux grades supérieurs de l'armée. Encore faut-il savoir distinguer entre les différentes races qui ne sont pas égales. « Il serait insensé d'imposer au jeune Annamite, dont le pays a connu une grandeur historique et intellectuelle véritable, les mêmes méthodes de travail qu'au jeune enfant noir dont l'évolution a été retardée pendant des milliers d'années. » Négrilles de tous les pays d'Afrique, encore un effort pour être considérés comme des indigènes comme les autres !

L'Empire français prêche pour l'ordre établi, espère que l'ère de la colonisation survivra aux bouleversements de la future guerre. Certes une politique qualifiée diplomatiquement « d'association, voire de collaboration » avec quelques colonies peut être envisagée par paliers successifs, mais il faut rester prudent. L'extension de la citoyenneté n'est pas une chose souhaitable. Alors qu'à l'époque certains réformistes évoquent l'hypothèse d'un Parlement d'Empire qui serait réservé aux représentants des colonies, l'idée paraît trop neuve et trop dangereuse aux yeux de Marguerite Donnadieu et de Philippe Roques, car, encore une fois, « la race noire est en enfance ». « C'est par une série de tâtonnements et d'erreurs que l'indigène noir arrivera à saisir le mécanisme administratif, politique, commercial du territoire auquel son village est rattaché. Si on lui octroyait le droit de vote, il en serait embarrassé, ne saurait en user ou se laisserait influencer par des sorciers ou des marabouts. » L'ascension morale de nos indigènes se fera donc progressivement. L'important est de les tenir prêts à fournir de la chair à canon contre l'Allemagne dans le prochain conflit. D'ailleurs M. Mandel, « avec une prodigieuse clairvoyance », comme le rappellent ces auteurs décidément fort zélés, a, cela tombe bien, déjà tout prévu.

Le ton de *L'Empire français* surprend. Il faut donc rappeler succinctement le contexte historique pour permettre d'éclairer la manière de raisonner des auteurs. Marguerite Donnadieu s'est comportée comme une Française moyenne plus que comme une sale colonialiste attardée. Seule l'extrême gauche était opposée à l'œuvre colonisatrice de la France. Mandel, partisan déclaré de l'aide aux républicains espagnols, apparut alors aux États totalitaires comme un adversaire de taille. Preuve que ses propositions gênaient. En Allemagne et en Italie, il était devenu un homme à abattre. Le destin ne permit pas de juger de l'efficacité de son projet d'armée coloniale ; l'outil fut négligé ou mal utilisé, dit un de ses biographes[43]. Mais les troupes coloniales, loin d'être une utopie, apporteront une contribution déterminante aux Forces françaises libres qui combattront en France et en Italie en 1944. Œuvre de circonstance et de propagande, le livre n'a guère ému. Gallimard en a vendu 3 700 exemplaires, c'est-à-dire en fait 700, puisque les 3 000 autres ont été préachetés par le ministère des Colonies. Marguerite devait « oublier » ce livre et l'omettre délibérément de toutes ses bibliographies. Elle n'aimait pas, et j'en suis témoin, qu'on le rappelle à son souvenir. Elle aurait bien voulu l'effacer, faire comme s'il n'avait jamais existé. Mais les faits sont têtus. Alors, comme elle ne pouvait le nier, elle parlait d'oubli, d'erreur de jeunesse. Par ce livre, Marguerite fut lancée dans le milieu de l'édition, même s'il ne trouva pas son public. Elle utilisera cette expérience. Elle fera jouer son statut de co-auteur de la maison Gallimard quand elle tentera, un an plus tard, de faire publier son premier roman. Un vrai livre, jugeait-elle, mais que Gallimard, cette fois-là, refusera. Mandel fut nommé au ministère de l'Intérieur le 18 mai 1940. Il emmena avec lui son collaborateur et ami Philippe Roques dont il fit un membre éminent de son cabinet. Marguerite décida, elle, de rester administrativement au ministère des Colonies, tout en fréquentant assidûment ses amis, Lafue et Roques, avec qui, en sous-main, elle continua à travailler.

Le 6 juin 1940, les Allemands rompent le front de la Somme, le 10 ils traversent la Seine. Le 19 juin, Paris est déclarée ville ouverte par le général Weygand. Le Conseil des ministres, le soir même, décide du transfert des pouvoirs publics hors de Paris. Commence alors l'exode. Sept millions de femmes, d'hommes et d'enfants partent sur les routes de France vers le sud. Le gouvernement gagne Tours. Mandel est le dernier à quitter Paris. Il a encore le titre de ministre de l'Intérieur mais plus le pouvoir. Dans la nuit du 10 au 11 juin, accompagné d'une équipe réduite, il part pour Tours et transforme la préfecture d'Indre-et-Loire en ministère de l'Intérieur. À ses côtés Philippe Roques, Pierre Lafue et... Marguerite. Les ministres sont logés aux environs, dans des châteaux isolés, en pleine campagne sans possibilité de communication. Le 12 juin dans l'après-midi, France Brunel, qui fait partie, en tant que fonctionnaire du ministère de la Défense, d'une délégation qui quitte Paris à pied puis en carriole, jetée sur les routes de l'exode, voit débarquer Marguerite dans le parc du château de Cangey, résidence officiellement attribuée au président de la République Albert Lebrun. Toute fraîche et pomponnée, Marguerite sort d'une superbe auto de la préfecture toujours en compagnie de Roques et de Lafue. Ce 12 juin à dix-huit heures y a lieu un tristement mémorable Conseil des ministres. Mandel et Reynaud s'interrogent : faut-il quitter Tours ? gagner Bordeaux ? À l'issue de ce Conseil, Weygand prononce le mot d'armistice. Ce fut la stupeur, raconta Mandel. Se battre, se battre jusqu'à la mort, plaide-t-il. Partir pour se battre. Le 13 juin, Mandel reçoit Churchill à la préfecture de Tours en présence de Reynaud. À dix-huit heures, Mandel assiste à un nouveau Conseil au château de Cangey. Il constate que l'idée d'armistice gagne encore du terrain. À vingt heures, il envoie un télégramme à tous les préfets leur enjoignant de tenir bon. Il a, dans la nuit, une longue conversation avec le sous-secrétaire d'État à la Guerre, le général de Gaulle, sur la nécessité de poursuivre le combat.

Marguerite participe indirectement à ces journées tragiques où le destin de la France bascule mais, curieusement, elle n'évoquera jamais, ni dans ses entretiens ni dans ses romans, le climat vénéneux dans lequel évoluait la république agonisante. Le 14 juin, Mandel quitte Tours pour Bordeaux. Leurs destins se séparent. Marguerite ne le reverra plus. Elle a décidé de suivre Pierre Lafue en exode à Brive où il débarque chez une cousine, Madeleine, qui deviendra sous son nom de plume, Madeleine Alleins, l'une des analystes littéraires les plus profondes de l'œuvre de Marguerite Duras et l'une de ses amies les plus fidèles. Les hasards de l'exode mènent décidément à Brive : France Brunel y retrouve un peu plus tard Marguerite qui, entre-temps, s'y est installée et s'est même trouvé un poste de rédactrice à la préfecture en tant que fonctionnaire détachée du ministère des Colonies. Elle y restera jusqu'à la fin de l'été. Heureuse et occupée. Certains de ses amis disent qu'elle file alors le parfait amour avec Lafue...

En septembre 1940, Robert Antelme regagne Paris. Marguerite aussi. Le 1er novembre, elle donne sa démission du ministère des Colonies. Robert, dès la fin du mois de septembre, est entré, sans doute par l'entremise de son père, à la préfecture de police de Paris comme rédacteur auxiliaire. Il y reste jusqu'en mai 1941. Certains lui reprocheront d'avoir d'abord collaboré dans un Paris occupé avant d'entrer dans la Résistance. Ceux-là ignoraient qu'en devenant un obscur fonctionnaire il put très vite se livrer à des activités de résistant. Robert Antelme a la chance, en effet, d'être affecté dans le service de Jacqueline Lafleur, qui a le titre de rédacteur à la préfecture de police depuis mars 1938 et qui, dès les débuts de l'Occupation, y fait quotidiennement de la résistance. Elle aide les étrangers en difficulté, subtilise des dossiers compromettants, détruit systématiquement toutes les dénonciations provenant du premier bureau du cabinet. Elle tente d'obtenir les renseignements à leur source pour les communiquer à son groupe de « patriotes » et, chaque fois qu'elle le peut, prévient elle-même ceux qui font l'objet d'enquêtes. Elle réussit à transmettre des plans militaires en Angleterre, fournit du papier à en-tête de la préfecture à Londres et loge chez elle des aviateurs anglais tout en leur donnant des cours de français dans son bureau à la préfecture ! Jacqueline et Robert seront amis jusqu'à la fin de leur vie. Robert aida efficacement sa voisine de bureau et supérieure hiérarchique, prit des risques et participa à ses actions, comme le confirme Georges Beauchamp avec qui il « travaillait » pour faire s'évader par avion des hommes recherchés par la préfecture. Jacqueline Lafleur obtint, à la Libération, la médaille de la Résistance et le mérite franco-britannique pour faits de résistance depuis août 1940 jusqu'à août 1944.

En février 1941, Robert rencontre, par hasard, dans la rue, à Saint-Germain-des-Prés, son ancien camarade de chambrée, Jacques Benet. « J'étais un évadé, rapporte-t-il. Je cherchais à me loger. Je n'ai même pas eu à demander. Tout de suite, Robert me l'a proposé. J'ai donc été hébergé chez Robert et Marguerite, rue Saint-Benoît. J'ai trouvé un petit boulot pour pouvoir survivre. Mais le soir je rentrais chez eux. En 1941, ils vivaient comme j'imaginais que vivaient tous les couples mariés. Pour moi c'était une jolie fille très chaleureuse avec un parfum exotique évident. Elle m'avait longuement raconté l'histoire de sa famille en Dordogne et parlait beaucoup de sa mère qui vivait en Indochine [44]. » Georges Beauchamp, lui, avait retrouvé Robert à la fin de 1940. Le couple venait de s'installer rue Saint-Benoît. « Moi, par l'intermédiaire d'un réseau du musée de l'Homme, j'aidais au ramassage de parachutistes anglais et canadiens et Robert m'aidait », commente Georges Beauchamp [45]. Jacques Benet, Robert et Marguerite Antelme passent des nuits entières à discuter de la situation, des moyens à employer pour lutter contre l'occupant. Chez eux on boit, on refait le monde. Des amis passent à l'improviste. Lafue par exemple, qui vient souvent, France Brunel, des anciens copains de la fac de droit. Le 5 de la rue Saint-Benoît devient un lieu d'échanges, de rencontres ; on peut y parler de Stendhal, de Nietzsche ou de Saint-Just. Marguerite a transformé cet appartement en forum permanent, en radeau de la liberté et de l'amitié au cœur de Saint-Germain-des-Prés. Il sera, pendant la guerre, une cache et un lieu d'hébergement pour des résistants et, après la guerre, le foyer d'une communauté d'esprit regroupant bon nombre d'intellectuels français.

Le 5 de la rue Saint-Benoît sera aussi le territoire d'écriture de Marguerite jusqu'à sa mort. Les lieux seront déterminants dans sa vie comme dans son œuvre. Elle en fera même le titre d'un de ses livres, cosigné par Michelle Porte.

Elle achètera, grâce à la vente des droits de cinéma du *Barrage contre le Pacifique*, la maison de Neauphle, puis l'appartement à Trouville face à la mer dans la résidence les Roches noires. Les maisons, pour elle, sont des contenants. « On peut voir les maisons comme un lieu où on se réfugie, où on vient chercher un rassurement. Mais je crois que c'est un périmètre clos sur autre chose que ça aussi. » Marguerite s'appropriera la maison de Neauphle, retrouvera son histoire, en connaîtra tous les coins et recoins et découvrira son âme. C'était son *Navire Night* à elle, son lieu de solitude où elle pouvait se couper du monde de longs mois, contempler l'agonie d'une mouche ou la blancheur des roses les nuits de lune, s'abîmer dans l'alcool ou forcer des nuits entières les portes de l'écriture.

Rue Saint-Benoît, c'était chez Robert et elle. Elle y a sa chambre. Elle y fera venir ses hommes. Certains resteront bien après la fin des amours. Rue Saint-Benoît, c'est le territoire du partage, le foyer de la communauté, le lieu des échanges, qu'ils soient culinaires, idéologiques ou littéraires. Rue Saint-Benoît, Marguerite vibrionnait sans cesse, passant de la couture au bricolage — ce fut une bricoleuse de talent ! — en n'oubliant pas le bœuf mironton, le riz thaï, les devoirs du petit, les amis qui passaient et, hop, entre deux activités, quelques pages d'écriture. Aujourd'hui les meubles ont dû être déménagés. Il n'y a plus de 5, rue Saint-Benoît. Son fils s'est battu pourtant pour garder ce lieu qui ne lui appartenait pas. Il avait raison. Le 5 de la rue Saint-Benoît, c'était son univers à elle, ses photos de famille, ses bouquets de fleurs fanées, ses meubles si beaux et patinés, sa cuisinière cassée, ses châles sur les fauteuils usés, le parquet disjoint, l'odeur de pétale de roses. Le 5 de la rue Saint-Benoît aurait pu être un musée Duras.

Marguerite a trouvé l'appartement par hasard. C'est une voisine de bistrot qui, un jour, chez Lipp, lui a dit qu'un appartement se libérait dans son immeuble. Cette voisine, c'est Betty Fernandez, la seconde épouse de Ramon Fernandez, écrivain, membre du comité de lecture de Gallimard depuis 1927, ami de Jacques Rivière et de Marcel Proust, et présentement collaborateur. « Et puis on s'était parlé. Il était impossible de résister à l'intelligence de Betty Fernandez. Et puis on s'était revus[46]. » L'appartement qui se libère se trouve au-dessous de chez eux. Appartement petit-bourgeois, assez vaste, pas trop cher et surtout idéalement placé au cœur de Saint-Germain-des-Prés. Entre Marguerite et le couple Fernandez un lien très fort va se nouer. « Je n'ai jamais rencontré de gens qui aient davantage de charme que ces deux êtres-là, les Fernandez. Un charme essentiel. Ils étaient l'intelligence et la bonté », dira Marguerite qui défendra toujours la mémoire de Ramon, comme en témoigne son fils, Dominique Fernandez[47]. On croisait chez lui Gerhardt Heller, officier de la Propagandastaffel, délégué allemand à la censure, Karl Epting, directeur de l'Institut allemand, Chardonne, Céline, Jouhandeau, Drieu la Rochelle. Avant de faire à l'automne 1941 le triste voyage des écrivains français à Weimar, avec Chardonne, Drieu et Brasillach, il collabore à la *NRF* désormais dirigée par Drieu, est membre du bureau politique du PPF de Doriot.

Marguerite et Robert connaissent l'engagement de Ramon. Dans le milieu intellectuel et littéraire où ils évoluent, il est impossible de ne pas le savoir. Comme le fait remarquer Pierre Assouline, dans la biographie qu'il a consacrée à Gaston Gallimard, Ramon Fernandez était à l'époque l'égal et le pendant de Drieu non pas à la *NRF*, mais au comité de lecture épuré de ses juifs : « Plus de Robert Aron ni de Benjamin Crémieux mais Ramon Fernandez[48]. » L'affaire de l'appartement ne tarde pas à se conclure. Robert Antelme signe le bail et devient le locataire. De voisins, ils deviennent vite amis[49]. Entre les deux étages de la rue Saint-Benoît, il n'y a ni réprobation ni crainte. Au contraire. Celle qui, en secret, travaille au manuscrit de son premier roman monte le dimanche assister aux conversations. Cultivé Ramon Fernandez, immensément cultivé. Courageux aussi quelquefois. Ne fut-il pas, rappelle son fils, Dominique, le seul collaborateur à faire l'éloge de Bergson à la mort du philosophe juif en janvier 1941, ce qui lui valut une lettre d'injures de Céline ? Marguerite était sensible à cet homme séduisant, amateur de voitures de course, excellent danseur de tango, cassé à l'époque déjà par l'âge et par l'alcool, mais qui la captivait quand il parlait des auteurs sur lesquels il avait écrit des livres : Balzac, Molière, Gide et bientôt Proust[50]. Il tenait salon une fois par semaine et Marguerite, fascinée, écoutait. Dans *L'amant*, elle écrit : « On ne parlait pas de politique. On parlait de la littérature. Ramon Fernandez parlait de Balzac. On l'aurait écouté jusqu'à la fin des nuits. » Marguerite monte chez Fernandez mais ne l'invite pas chez elle. Avec Betty, qu'elle adore, elle va parler au café. Amitié certes, mais pas mélange.

Dans des notes inédites accompagnant le premier manuscrit de *L'amant*, Marguerite écrit à propos des Fernandez : « On ne sortait pas ensemble. On ne dînait pas les uns chez les autres. On se rencontrait au café le soir. Et puis Betty avait son jour. Elle recevait une fois par semaine. Il y avait là un homme, Drieu la Rochelle. Beau, le teint d'albâtre, le mot me vient : beau comme un romain aryen à un degré repoussant. Il ne regardait pas les femmes. Les femmes le regardaient. Il parlait peu et seulement à un public masculin limité et de parti pris. Il y avait aussi Georgette de C., une femme amie de Betty. Belle... qui habitait aussi rue Saint-Benoît[51]. » Marguerite dira n'y avoir jamais rencontré d'Allemands. Cette amitié dure presque deux ans. Marguerite admire ce qu'elle nomme la politesse exquise de Ramon. Il lui donne l'impression d'improviser, de jouer avec la vie comme un artiste en perpétuel péril. Lorsque, en 1943, Robert et Marguerite s'engageront dans un réseau de résistance, leurs relations cesseront, à la demande de Marguerite : « Ramon descendait l'escalier. Je l'ai abordé. Je lui ai dit : Ramon nous venons d'entrer dans la Résistance. Il ne faut plus nous saluer dans la rue. Ne plus se voir. Ne plus téléphoner. »

« Votre père fut un roi dans le secret et la discrétion », dira-t-elle à Dominique Fernandez qui sera touché par la vivacité de cette amitié et par la force de cette fidélité. Marguerite n'oubliera ni Betty ni Ramon[52]. Deux ans après la publication de *L'amant*, ravie mais aussi agacée par ce formidable succès qu'elle interprétait comme un malentendu, Marguerite se mit à détester le texte, à le dire à quelques amis et à l'écrire dans ses carnets intimes. Relisant attentivement *L'amant*, elle n'en sauvait que quelques îlots et particulièrement ceux où elle parlait des Fernandez, heureuse d'avoir trouvé les mots justes pour dire cette amitié. Au départ de *L'amant*, me confirma-t-elle[53], il y eut Betty. Betty, son personnage, son allure, son charme, son évanescence, sa manière de se couler dans l'existence. *L'amant*, dans sa toute première version, commence par elle : « Betty Fernandez. Aussitôt le mot prononcé, la voici, elle marche dans les rues de Paris, elle est myope. Elle est une plante dont la tige longue et maigre suit le mouvement du vent. Elle est belle, belle de cette évidence. Elle était presque toujours dans le détail poétique de l'existence, d'une amitié attentive, très fidèle et très tendre[54]. »

Est-ce par l'intermédiaire de Ramon que Marguerite trouva, l'année suivante, un nouveau travail au Comité d'organisation du livre ? Vraisemblable mais pas vérifiable. Fernandez fait partie, comme Brice Parain, de la quarantaine de lecteurs accrédités auprès de la Commission de contrôle du papier d'édition. L'organisme, créé le 1er avril 1942 par le maréchal Pétain sur le rapport de Jacques Benoist-Méchin, est chargé de surveiller l'emploi du papier mis à la disposition des éditeurs. Marguerite y dirigera activement le service des notes de lecture. Collaboratrice ? On reviendra en détail un peu plus loin sur ses faits et gestes en 1942. Attentiste en tout cas, elle l'est assurément en 1941 et prête à tout pour pouvoir publier. Peu encombrée par une conscience politique. Publier sous la botte ou pas ? Telle n'est pas pour elle la question. Publier. Après on verra. « Quand on est un écrivain français en 1941, donner un manuscrit en lecture chez Gallimard, c'est d'abord accepter qu'il soit lu et jugé par un comité certes composé d'Arland, Parain et quelques autres personnalités du sérail mais aussi de R. Fernandez », rappelle Assouline dans sa biographie de Gaston Gallimard[55]. Marguerite n'a pas d'état d'âme. Elle n'est pas la seule. C'est tout naturellement qu'elle envoie le manuscrit de son premier roman, *La famille Taneran*, à la maison Gallimard : sous son nom de Donnadieu, avec comme adresse celle de la famille de son mari et sans citer le nom de Fernandez, à l'époque fort puissant. Dans sa lettre d'accompagnement, elle écrit :

Monsieur,

Mon nom n'est peut-être pas tout à fait inconnu de vous car j'ai contresigné le livre sur l'Empire français qui a paru chez vous l'année dernière. Mais le manuscrit que je vous soumets aujourd'hui, *La famille Taneran*, n'a aucun rapport avec ce premier livre qui n'était pour moi qu'un ouvrage de circonstance. Je désire débuter maintenant dans le roman.

Le manuscrit que je vous adresse a été lu par Henri Clouard, André Thérive et Pierre Lafue auxquels il a beaucoup plu et qui m'ont fortement engagée à le faire publier. J'ai confiance en leur jugement. J'espère qu'il correspondra au vôtre.

Marguerite Donnadieu
chez M. Antelme
2 rue Dupin — 6e.

Mais aucune réponse ne vient de chez Gallimard. Marguerite trouve le temps long, bout d'impatience. Pierre Lafue la soutient : rien de plus normal à ses yeux. Il reste aveuglé par l'amour qu'il lui porte. Robert, s'il l'a encouragée à publier ce premier roman, ne lui en a pas caché les défauts, les irrégularités de style, les relâchements dans l'ordonnance du récit. Marguerite craint plus le jugement de Robert que celui de Lafue. Elle le supplie de se rendre chez Gallimard. Robert obéit mais, malgré son insistance, n'obtient pas de réponse. Grâce aux archives de Gallimard, on sait aujourd'hui que Marcel Arland fut chargé de la lecture du manuscrit et qu'il donna un avis défavorable. L'affaire était jugée mais la lettre de refus pas encore envoyée. Robert, le jour de sa visite chez Gallimard, rencontra dans un couloir Queneau. Il lui en parla avec tant de passion que Queneau décida de récupérer le manuscrit. Queneau lit *La famille Taneran* le 6 mars 1941. Lui aussi émet un avis négatif, tout en reconnaissant les qualités qui se cachent sous un récit qu'il juge désordonné, manquant de maîtrise et trop influencé par la littérature américaine et particulièrement par Faulkner. Mais Gallimard n'a toujours pas fait connaître sa réponse à l'intéressée. Alors elle renvoie une lettre. Et ruse de relance ou désir réel de modification, elle prend pour prétexte un changement de titre.

31 mars 1941

Monsieur,

Je vous ai envoyé il y a un mois et demi le manuscrit d'un roman que j'ai intitulé provisoirement *La famille Taneran* ou « Maud ». Je ne sais pas encore quel accueil vous lui avez réservé. Je vous serais reconnaissante de bien vouloir me dire ce que vous avez décidé car je vais quitter Paris pour quelque temps. Je m'excuse de vous presser ainsi.

Avril passe. Toujours aucune nouvelle. Marguerite, qui curieusement ne fait pas appel directement à Fernandez, demande à Pierre Lafue d'intervenir auprès de la maison. L'ancien amant, le compagnon d'exode, l'ancien collègue du ministère des Colonies se trouve être aussi un ami de Ramon Fernandez. Il envoie, le 8 mai 1941, cette lettre à Gaston Gallimard :

> Cher Monsieur,
>
> J'ai su par Ramon Fernandez que vous alliez prendre une décision au sujet de *La famille Taneran*.
>
> Certes ce texte comporte bien des défauts mais il y règne un climat à la Emily Brontë.

L'intervention se révèle efficace. Le 16 mai, Gaston Gallimard répond à Pierre Lafue :

> J'ai lu le roman de Marguerite Donnadieu *La famille Taneran*. En effet c'est une œuvre très intéressante et qui permet d'attendre quelque chose de cet auteur mais tel qu'il est le manuscrit n'est pas publiable, les maladresses et les gaucheries étant vraiment très accusées.
>
> Je verrai Madame Donnadieu. Je regrette vivement de ne pouvoir l'éditer pour le moment. Je vous remercie d'avoir attiré l'attention sur cet auteur.

Le même jour la maison Gallimard envoie une lettre à Marguerite Donnadieu. Elle est signée Raymond Queneau.

> Madame,
>
> Nous avons lu votre manuscrit avec un très vif intérêt. Il ne nous est pas possible d'en entreprendre actuellement la publication, mais je serais très heureux d'en parler avec vous, s'il vous était possible de passer un de ces jours rue Sébastien-Bottin.

Queneau reçoit Marguerite. Il a trente-sept ans et a publié sept romans : « Tout ce que j'ai appris n'est rien, vécu peu de choses[56]. » Entre eux naît très vite une amitié vive, féconde et gaie. Queneau devient aussi l'ami de Robert Antelme et le mentor du futur compagnon de Marguerite, Dionys Mascolo, qui travaillera à ses côtés rue Sébastien-Bottin. Queneau sera un des piliers des dîners de la rue Saint-Benoît après la guerre. Avec son humour féroce et son sens de la dérision il faisait tourner le cœur des filles et emballait les garçons. Cette rencontre fut pour Marguerite d'une importance capitale sur le plan littéraire. Queneau lui suggéra d'abandonner ses modèles américains, d'user d'une langue plus claire, moins contournée, d'aller à l'essentiel. Il était doux, gentil, persuasif avec elle. Marguerite l'écoutait.

Celui qui se nommait l'annaliste de la vie littéraire, le chroniqueur, l'anecdotier a tenu un journal. Hélas, il s'est interrompu de 1941 à 1945. Pendant cette période noire, Queneau ne notait que les lectures qu'il faisait : *La famille Taneran* y figure bien.

Queneau ne dictait pas ses goûts, détestait influencer. Simplement il était à l'écoute. Marguerite apprécia cette qualité et cette manière qu'il avait de se mettre à égalité. Grâce à lui elle surmonta le refus de Gallimard, avant de tenter d'être publiée ailleurs. Queneau sera toujours là. Il l'épaule en cas de coups durs, discute avec elle de littérature et l'aide efficacement : il se battra pour publier son second livre, *La vie tranquille*, dont il sera l'éditeur. Elle qui eut la réputation de refuser tout dialogue avec les éditeurs, et de ne jamais accepter la moindre critique, considéra Queneau comme un maître en qui elle avait une absolue confiance. Il sut lui montrer ses qualités, l'intensité qu'elle mettait à dépeindre certains traits de ses personnages et le style qu'elle adoptait pour décrire certains paysages, et il lui redonna courage. Elle racontera qu'au cours de leur premier entretien, qui fut pour elle décisif, Queneau ne lui donna qu'un seul conseil : écrire, ne faire que cela. Être écrivain, c'est un métier. Il faut s'y tenir. Elle n'oubliera pas la leçon.

Marguerite ira porter son manuscrit à plusieurs éditeurs qui, tous, le refuseront. Dominique Arban raconte dans ses Mémoires qu'elle reçut la visite chez elle, un jour de l'été 1941 à huit heures du matin, de Robert Antelme qui vint lui apporter le manuscrit de Marguerite. Dominique Arban était à l'époque lectrice chez Plon et connaissait par des amis communs le couple Marguerite-Robert qu'elle appréciait. Elle s'étonna cependant de l'heure matinale et de l'urgence de la démarche. Robert lui expliqua : « Je vous préviens. Si vous ne lui dites pas qu'elle est un écrivain, elle se tuera. » Elle eut beau expliquer qu'elle ne lisait pas sous le chantage, Robert disparut en laissant le manuscrit. Dominique Arban sauva le texte qui portait, selon elle, pour titre *Les complices*. Certes l'influence d'Hemingway et de Faulkner était forte, mais c'était fréquent alors. « Je lus sans déplaisir. Et puis avec plaisir. Indubitablement cette jeune femme était un écrivain. Je poursuivis, posais les feuillets un à un. Non je ne me trompais pas[57]. » Dominique Arban plaide pour la publication auprès du directeur-propriétaire de Plon, Bourdel. Marguerite obtient enfin un accord de principe mais doit attendre deux ans avant de voir paraître son premier roman qui sera intitulé *Les impudents*.

À la fin de l'automne 1941, Marguerite apprend qu'elle attend un bébé. Elle s'était ouverte à plusieurs reprises de son désir d'avoir un enfant auprès de Georges Beauchamp et de Jacques Benet. Elle avait réussi à persuader Robert. Il était enfin d'accord. Marguerite a une grossesse difficile. Des notations sur un carnet intime attestent une grande fatigue physique, une angoisse qui monte, des palpitations, une transformation de son corps sans qu'elle en comprenne toutes les déformations. Robert dira à Monique Antelme que Marguerite fut alors si taraudée par ses craintes qu'elle devint difficile à vivre. Elle ne pouvait s'éloigner de lui physiquement et le suivait dans la rue en criant. Marguerite eut-elle l'intuition que Robert commençait une aventure ? Marguerite a toujours revendiqué un côté sorcière, presciente, captant les désirs et les événements avant qu'ils ne se réalisent. Robert commence à aimer une jeune femme, Anne-Marie, et aime encore Marguerite. Il ne la quitte pas. Et la vie commune continue. Apparemment sans faille. Les amis ne sont pas au courant de la liaison de Robert avec Anne-Marie. France Brunel qui voit beaucoup Marguerite la trouve très angoissée et admire la patience d'ange dont fait preuve Robert. France qui attend elle aussi un bébé — elles doivent accoucher le même mois — se souvient des difficultés à trouver de la nourriture saine et équilibrée dans Paris occupé et de leurs promenades complices au Quartier latin leur gros ventre en avant.

Marguerite accouche avant France. Le bébé se présente mal, le couple s'affole. Robert conduit Marguerite à la clinique où elle a été suivie médicalement et où elle a décidé d'accoucher. Une clinique religieuse, mal équipée en cas de complications. Le travail est lent, douloureux. Il dure vingt heures. Les sœurs ne sont pas habituées. Marguerite souffre beaucoup. L'enfant naît au milieu de la nuit. Il ne crie pas. Il est mort au moment de naître. L'épouvante étreint Marguerite. Le monde bascule alors pour elle dans les ténèbres. Elle s'abîme dans la culpabilité de ne pas savoir, de ne pas pouvoir donner la vie. Son enfance de petite fille solitaire, battue par son frère, ignorée par sa mère, remonte en noyant sa volonté et obscurcit sa mémoire. Marguerite subit d'atroces souffrances morales. Elle a su expulser de son corps son enfant, pourquoi ne lui a-t-elle pas permis de respirer ? Où est la vie ? Il était vivant à l'intérieur d'elle-même et elle l'a fait mourir en se séparant d'elle. Et elle, est-elle encore vivante ?

La mort de ce petit garçon va la hanter toute sa vie et sourdre de manière discrète dans son œuvre. Qu'est-ce qu'une femme si ce n'est une mère ? Rien, si ce n'est une dépressive qui soigne son vague à l'âme en attendant sa fin. Duras admire les jeunes filles en fleur et respecte les femmes-mères. L'accomplissement d'une femme passe pour elle par la maternité. Cela ne se discute même pas. C'est de l'ordre de l'évidence. Les femmes qui n'ont pas d'enfant ne sont pas, selon elle, véritablement des femmes. La disparition de cet enfant, l'impossibilité de la penser, cette soustraction à la vie, cet enfant qui n'est né que pour mourir alors qu'elle-même l'a nourri et lui a tout donné poursuivront Marguerite. Souvenez-vous de cette femme, Elizabeth Alione, dans *Détruire dit-elle*. Elle traîne son spleen dans un hôtel à la recherche d'un temps perdu. Quand on la questionne, elle répond : « Je suis là, à cause d'un accouchement qui s'est mal passé... L'enfant est mort à la naissance... Je prends des médicaments pour dormir. Je dors tout le temps. »

Marguerite comme Elizabeth n'a pas pu dormir pendant des mois. Elle a tenté de comprendre. Plus tard, bien plus tard, elle tenta de rationaliser ce qui s'était passé, elle accusa la guerre, les conditions créées par la guerre, puis les bonnes sœurs, la médecine. En fait, pendant longtemps, elle s'est accusée elle-même. Jusqu'à la naissance de son fils Outa. Elle attendra trente-deux ans pour publier, dans la revue féministe *Sorcières*, un texte sur ce drame qu'elle n'oublia jamais. La première partie raconte la venue au monde de l'enfant mort-né, la seconde décrit la symbiose qui existe entre un petit enfant et sa maman pendant une promenade.

Outa vivant — son second fils surnommé ainsi et dont le prénom est Jean —, Marguerite pouvait enfin parler du petit frère disparu. Elle fera une fausse couche deux ans plus tard et dira à son fils qu'il est un miraculé[58]. Marguerite a toujours craint pour la vie de ses amis. Elle considérait la vie comme un miracle et la survie comme naturelle. Elle-même, dans sa vieillesse, défiera les lois médicales et se jouera des frontières entre la vie et la mort. Et Marguerite adorait les bébés. Il fallait la voir les caresser et leur parler.

C'était un spectacle fascinant. Après la mort du petit garçon, les gens et parmi eux les amis, croyant être compatissants, lui disaient : ce n'était pas si terrible, ton enfant est mort à la naissance, il valait mieux ça. Elle répondra : « Était-ce si terrible ? Je le crois. Précisément ça : cette coïncidence entre sa venue au monde et sa mort. Rien. Il ne me restait rien. Ce vide était terrible. Je n'avais pas eu d'enfant, même pendant une heure. Obligée de tout imaginer. Immobile, j'imaginais [59]. »

Suzie Rousset, qu'elle rencontre quelques mois plus tard et qu'elle essaie d'aider à trouver le camp où pouvait être son mari, David Rousset, qui venait d'être arrêté, se souvient qu'elle parlait de cet immense chagrin. Georges Beauchamp confirme qu'elle semblait très affectée. D'après lui, après la mort de ce petit garçon, plus rien n'a jamais été comme avant entre Robert et Marguerite. Même s'ils se sont rapprochés moralement, quelque chose s'est cassé entre eux physiquement. Elle est revenue au monde sans enfant et se sent coupable de ne pas avoir eu la force de le donner à Robert. « Allongée sur le dos, face aux acacias. La peau de mon ventre me collait au dos tellement j'étais vide. L'enfant était sorti. Nous n'étions plus ensemble [60]. » Après la mort du bébé, Robert fut admirable d'attention, de prévenance, de gentillesse. Marguerite se coupe du monde, ne veut plus que Robert : « J'ai dit à R. : " Je ne veux plus de visites, rien que toi [61]. " »

Marguerite resta plusieurs jours dans cette clinique religieuse où elle subit l'agressivité de certaines sœurs. Au lieu d'être protégée, elle est punie. Punie de ne pas avoir donné la vie. Mais pourquoi donc Marguerite avait-elle choisi une clinique religieuse ? Certains de ses amis lui en firent le reproche et elle-même en souffrit beaucoup. Les sœurs ne lui épargnèrent pas les discours de circonstance. Les petits enfants vont au ciel, les petits bébés morts se transforment en anges. Mais surtout les sœurs volèrent à Marguerite son petit enfant. Au nom de Dieu. Elle ne vit jamais cet enfant qu'elle fut obligée d'imaginer des nuits entières. Robert, lui, eut la chance de l'apercevoir ; elles ont bien voulu le lui mettre quelques secondes dans les bras. Marguerite ne cessera de questionner Robert. Et la bouche ? Et les cheveux ? Oui, tout comme toi, il te ressemblait Marguerite, répondait Robert tout doucement.

— C'est vous sœur Marguerite ?
— C'est moi.
— Où est mon enfant ?
— Dans une petite pièce à côté près de la salle d'accouchement.
— Comment est-il ?
— C'est un beau petit garçon. On l'a mis dans du coton. Vous avez de la chance, j'ai eu le temps de le baptiser. Alors c'est un ange, il ira tout droit au ciel et ce sera votre ange gardien.
— Pourquoi l'avez-vous mis dans du coton puisqu'il est mort ?
— C'est une habitude. Ça fait mieux pour les parents qui viennent. Il est deux heures du matin, vous devriez dormir.

Retrouvé dans les papiers, après sa mort, sur des feuilles libres, ce dialogue qui, d'après l'enveloppe, doit dater de la fin de la guerre se poursuit ainsi :

— Vous avez quelque chose à faire ?
— Non je ne demande pas mieux que de rester auprès de vous mais il faut dormir. Tout le monde dort.
— Tout le monde dort ?
— Je vais vous apporter un somnifère.
— Vous êtes plus gentille que votre supérieure. Vous allez me chercher mon enfant. Vous allez me le laisser un moment.
— Vous n'y pensez pas sérieusement ?
— Si, je voudrais l'avoir près de moi une heure. Il est à moi.
— C'est impossible il est mort. Je ne peux pas vous donner votre enfant mort. Qu'est-ce que vous en feriez ?
— Je voudrais le voir et le toucher.

Les enfants morts dans cette clinique, on les brûlait. Marguerite l'écrira en 1976. En 1945-1946, elle écrivait dans son journal[62] son angoisse de savoir son enfant parti en fumée, la souffrance de ne pas avoir été autorisée à le prendre dans les bras, et la violence qu'elle avait endurée de la part des bonnes sœurs qui, devant l'accident, préférèrent se dédouaner et rendre responsable la mère en prétextant qu'elle n'avait pas su POUSSER. C'est votre faute s'il est mort, lui disaient-elles.

Une autre page arrachée du journal témoigne des humiliations qu'elle endura après la naissance de l'enfant :

— Vous ne voulez vraiment pas ni communier, ni le prêtre, ni un bouquet à votre Sainte Vierge ?
— Ce n'est pas la peine de crier, je ne veux pas.

— Et vous osez vous plaindre ? Ça ne veut même pas donner un bouquet à votre Sainte Vierge et ça se plaint. Ça se plaint que votre enfant soit mort.

— Je ne me plains pas, sortez.

— Je suis la mère supérieure, je sortirai quand ça me plaira... Pourquoi pleurer toute la journée ? Et qu'est-ce que je vois sur notre table ? Une orange ? Qui vous a donné cette orange ?

— Sœur Marguerite.

— ... Les oranges, chez nous on les donne aux mamans. Aux mamans qui ont leur bébé. Et qui les nourrissent. Ce n'est pas à tout le monde que nous donnons ces oranges.

Un enfant, c'est un fruit vert qui vous fait monter la salive à la bouche, disait Marguerite. Pour elle, un enfant, c'était un inventeur de mondes, un bricoleur de l'univers, un être qui peut s'égaler à Dieu, un philosophe qui pose les vraies questions, un innocent proche de la vérité qui remet en cause le manège grimaçant des adultes. Les enfants sont légion dans l'œuvre de Marguerite Duras. Génial comme Ernesto qui sait tout avant qu'on lui apprenne ; solitaire et rieur comme le petit garçon de *L'été 80* qui arpente le sable gris ; fraudeur comme le petit musicien de *Moderato* qui n'aime pas l'harmonie des gammes ; tendre et tourmenté comme le garçon aux cheveux ensoleillés des *Petits chevaux de Tarquinia*. Éternels vagabonds, ils incarnent toujours la liberté et la vérité. Il suffit de les écouter parler alors qu'on leur enjoint sans cesse de se taire. C'est l'enfant qui a raison chez Duras[63]. Chez elle, les enfants et les femmes sont des fous, des prophètes de vérité.

CHAPITRE IV

DE LA COLLABORATION À LA RÉSISTANCE

En mai 1941, Robert Antelme quitte la préfecture de police. Il est engagé au cabinet du ministre de la Production industrielle en tant qu'attaché au service d'information et de documentation. Le ministre s'appelle Pierre Pucheu. Ce normalien, administrateur de sociétés, a milité auprès du colonel de La Rocque et de Jacques Doriot. Comment Robert entre-t-il à ce cabinet ? Selon Ramboville-Nicole, cousin des Antelme, c'est son oncle, un certain Piétri, qui l'a engagé. Robert devient vite proche de Pucheu, fait partie de ses collaborateurs de confiance et endosse le rôle délicat de secrétaire particulier. Quand Pucheu occupe le ministère de l'Intérieur, il le suit puis est affecté en tant qu'attaché contractuel au poste de rédacteur au ministère de l'Information jusqu'à la fin de 1943.

En juillet 1942, Marguerite entre comme salariée au Comité d'organisation du livre. Elle est secrétaire de la commission de contrôle de répartition du papier. Alors collabo ou pas collabo ? Sous les ordres du maréchal Pétain, Marguerite ? A-t-elle joué double jeu pendant cette période ? Il est facile aujourd'hui de juger. Pour celles et ceux qui ont vécu ces années dans le même milieu que Marguerite, si travailler dans cette commission signifie avoir collaboré, alors les Français ont tous collaboré ! Dans les chemins sinueux et souvent troubles du milieu littéraire parisien pendant la guerre, les hésitations sont perçues aujourd'hui comme les masques d'une lâcheté insigne [1]. L'ambiguïté sera alors dorénavant la règle de conduite. Continuer à vendre quitte à s'arranger avec les Allemands fut le credo de l'écrasante majorité des éditeurs qui signèrent trois mois après l'armistice, sous l'autorité du président du syndicat des éditeurs français, une convention de censure avec les autorités d'occupation. L'avertissement précisait : « En signant cette convention, les autorités allemandes ont voulu marquer leur confiance à l'Édition. Les éditeurs, eux, ont eu à cœur de donner à la pensée française le pouvoir de continuer sa mission tout en respectant les droits du vainqueur. Ils espèrent y avoir réussi. » Les éditeurs s'engageaient à ne rien publier qui fût anti-allemand ni interdit en Allemagne. Si un éditeur émettait des doutes, le syndicat se chargeait de la censure préalable et devait soumettre le texte aux Allemands avec « indication des passages critiqués ». Une liste fut établie d'ouvrages à retirer de la vente, restée tristement célèbre sous le nom de liste Otto, étrange hommage à l'ambassadeur allemand Otto Abetz. Comme le fait remarquer Hervé Lottman, le syndicat ne perdit pas un instant et s'empressa de plier sous le joug de la Propaganda. Blum, Benda, Freud, Malraux, Nizan, Aragon, Koestler et bien d'autres furent donc interdits, les livres entassés dans un immense garage de l'avenue de la Grande-Armée où ils étaient entreposés avant d'être détruits. Comment ne pas songer aux autodafés organisés à Berlin dès 1933 ?

La commission du contrôle du papier d'édition où Marguerite travaillait a été examinée minutieusement dans ses rouages, son fonctionnement et son pouvoir par Pascal Fouché dans son ouvrage consacré à l'édition française sous l'Occupation[2]. Destinée à répartir le contingent de papier entre les différents éditeurs, la commission ne s'occupait pas seulement de stocks, de quantités, mais aussi de qualité. Six classes de « consommation » étaient affectées à un contingent d'« activité » par les soins du « directeur responsable » et, comme le spécifie la circulaire du Comité d'organisation du livre adressée aux éditeurs, « il sera tenu compte des utilisations inopportunes ayant abouti à un gâchage de matières premières, telles que la publication d'ouvrages contraires aux accords de censure ou aux intérêts français, qui auraient été interdits ou saisis après coup ». Bref, comme le fait remarquer Pascal Fouché, c'est une censure de la qualité qui est en train de se mettre en place. Rappelons que toutes ces décisions sont soumises au maréchal Pétain, puis transmises au secrétariat général à l'Information où commence à travailler alors Robert Antelme.

Devant la pénurie croissante de papier, les éditeurs eux-mêmes publient moins, tentant non plus seulement de vendre mais de « durer ». La Propaganda décide, dès le début

1942, d'agir directement sur le Comité d'organisation du livre et Gerhardt Heller qui fréquente, comme Marguerite, les thés du dimanche après-midi chez les Fernandez, rue Saint-Benoît, demande, par note écrite du 10 avril 1942, que « pour la zone occupée, la réglementation de la répartition du papier ne puisse être discutée que pour les maisons qui soutiennent à 100 % les intérêts allemands ». Voilà qui est clair. Le mois précédent, le président du syndicat des éditeurs avait, sur ordre des Allemands, préparé le terrain en envoyant cette circulaire à l'ensemble de la profession le 7 mars 1942 : « Les éditeurs qui nous seraient signalés par la Propaganda Abteilung comme ne s'étant pas pliés à la discipline se verront rayer de la liste des bénéficiaires des distributions de papier », avant de terminer par cette phrase : « Je regrette d'avoir à sacrifier le principe de liberté que j'avais jusque-là sauvé par les accords de censure ; les circonstances difficiles présentes en sont la cause. »

Marguerite ne pouvait ignorer le degré de collaboration de cet organisme, constamment surveillé par la Propaganda. La commission de contrôle est chargée de faire lire tous les manuscrits pour juger s'ils valent la peine d'être publiés. En fonction de la quantité de papier, elle établit une liste soumise à la Propaganda qui accorde, ou pas, son autorisation. Ce système fonctionnera ainsi jusqu'à la fin de l'Occupation et satisfera les autorités françaises et allemandes puisque « la Propaganda peut modifier comme elle l'entend les attributions de papier et censurer les livres qu'elle ne veut pas voir paraître ». Secrétaire de cette commission, Marguerite « était dans les hauteurs et avait un rôle important », précise Lison Zuber[3], qui était la secrétaire du directeur général du livre, Marcel Rives, au Cercle de la Librairie où siégeait cette commission. « On la considérait très bien. Elle avait une prestance certaine, une facilité d'expression. Elle en jouait et elle régnait dans son petit domaine. » Marguerite en effet décidait, arbitrait. Elle avait, pour l'aider dans ses choix, des lecteurs, une quarantaine, qui lui remettaient des fiches de lecture. Claude Roy se souvient d'avoir vu, pour la première fois, Marguerite Duras dans son bureau du Cercle de la Librairie : « Je voulais publier un livre de poèmes chez Julliard. Là-bas on me dit : “ Sois gentil, va voir cette dame au Cercle de la Librairie ” car le papier est rare. Cette dame Donnadieu m'est apparue comme une toute petite bonne femme ravissante. Ça parle de quoi vos poèmes ? me demande-t-elle. D'amour, lui dis-je timidement. Elle a éclaté de rire et m'a répondu : Vous l'aurez votre papier[4]. »

La pénurie de papier devenant préoccupante dès l'été 1942, les réimpressions sont quasiment suspendues et les rapports de lecture pour les nouveautés de plus en plus détaillés. Marguerite a besoin de nouveaux lecteurs. Et manifestement on lui fait confiance puisqu'elle a la capacité de les engager en son nom, preuve de l'étendue de son autorité, qui sera si longtemps, y compris par elle-même, minimisée. C'est ainsi qu'ayant rencontré une première fois Dionys Mascolo, venu plaider la cause des livres de Gallimard où il travaillait depuis peu, elle lui propose de l'engager comme lecteur au sein de sa commission, ce qu'il accepte. Les rapports de lecture étaient rétribués selon l'épaisseur du manuscrit, le prix moyen étant de 150 francs pour un roman de 300 pages.

Pourtant cette commission, aux yeux de certains collaborateurs zélés, est jugée trop intellectuelle, trop professionnelle, trop lente et trop peu empressée. Des plaintes parviennent aux autorités d'occupation. Un certain M. Baudinière, littérateur pro-allemand, se plaint publiquement du manque de zèle de la commission et accuse ce « clan » d'« attentisme », de « gaullisme dissimulé ». Ces gens, dit-il aux Allemands, étaient tous avant guerre connus pour « leurs relations avec les milieux juifs, maçonniques ou extrémistes ». La lenteur des décisions était-elle délibérée ? Le papier manquant de plus en plus, les refus de la commission deviennent automatiques et ne sont plus, comme avant, justifiés. Un livre de Paul Valéry, *Mauvaises pensées et autres*, et un de Léon-Paul Fargue, *Déjeuners de soleil*, tous deux à paraître chez Gallimard, sont refusés. L'émoi est grand parmi les éditeurs qui vont se plaindre. Les Allemands font semblant de ne pas en être responsables mais continueront, de fait, à surveiller de près les activités de la commission, même s'ils affectent, par un jeu du chat et de la souris, de ne pas l'utiliser comme instrument de censure. En fait, la Propaganda décide de tout et leurs représentants assistent aux réunions, comme le confirmera Georges Duhamel qui a siégé à cette commission en tant que secrétaire perpétuel de l'Académie : « En fait les Allemands exerçaient un contrôle sourcilleux, autorisaient les ouvrages qui pouvaient seconder leur politique, laissaient passer ceux qui ne la gênaient en rien et réduisaient au silence les auteurs qu'ils avaient raison de tenir pour des adversaires[5]. » Le livre qui créera l'événement est, en cette année 1942, *Les décombres* de Lucien Rebatet. Il est très vite épuisé. Et la commission du livre ne s'oppose pas à sa rapide réimpression. Pour la prose de ce collaborateur de *Je suis partout*, les problèmes de contingentement de papier, comme par miracle, n'existent plus.

Marguerite a donc bien participé pendant un an à un organisme de sélection des publications, étroitement surveillé par les Allemands. Elle y a sans doute fait ce qu'elle a pu pour déjouer la censure et encourager le maximum de publications. Mais elle a dû côtoyer des Allemands aux réunions de direction et a été obligée d'obéir à leurs instructions. Sa marge de manœuvre restait faible même si dans son domaine, purement littéraire, elle pouvait donner l'impression de disposer d'un pouvoir de décision. Interrogée à la fin de sa vie sur cet épisode, Marguerite balayait d'un revers de main cette question qui l'irritait. Elle ne savait plus pourquoi ni comment elle était arrivée dans cette commission et affectait de ne pas y accorder d'importance. Au moment de la rédaction de son ouvrage, Pascal Fouché, qui la sollicitait, n'a pas eu plus d'éclaircissement. La mémoire joue des tours... Quand j'ai demandé en 1996 à Dionys Mascolo[6] comment il expliquait l'attitude de Marguerite et quel était son état d'esprit en 1942-1943, il répondit : « J'étais pauvre, j'étais au chômage, j'avais fait un an de philosophie mais je n'ai pas passé l'examen, j'étais garçon de courses, téléphoniste mais je voulais être un intellectuel, je me sentais dans un état de révolte généralisée. Mon héros était Saint-Just, je vivais à l'époque chez ma mère avenue du Maine, elle allait avec des pots à lait à la soupe populaire chercher de quoi nourrir la famille. Grâce à Michel Gallimard, un ami de collège, je suis entré chez Gallimard pour faire des petits boulots. Quand Marguerite m'a proposé de travailler dans cette commission, j'ai accepté de faire ce travail littéraire d'employé de bureau. » Mais il ajouta : « C'était comme un comité de censure. On ne pouvait pas publier ce qu'on voulait. On le savait. »

La rencontre entre Marguerite et Dionys a eu lieu en novembre 1942. Marguerite n'a jamais caché qu'elle éprouva un véritable coup de foudre pour Dionys qu'elle trouva « beau, très beau ». « Beau comme un dieu », disait-elle encore avant de mourir. Elle déploya tous ses charmes pour entreprendre sa conquête. Dionys la trouvait charmante, ravissante mais... insistante. « Elle voulait toujours que je lui dise tout le temps je t'aime et à l'époque je ne prononçais pas ces mots-là[7]. » C'est la période de la découverte, de l'émerveillement, les après-midi passés dans les chambres d'hôtel. « Elle aimait beaucoup l'amour physique et elle me le disait. Il y eut un désir réciproque. » Ils discutent beaucoup de littérature. Dionys se dit « intoxiqué » par Stendhal qu'il lui fait lire. Elle, à l'époque, dévore Balzac. Elle pense déjà à un second roman alors que le premier n'a toujours pas trouvé d'éditeur. Ils vont beaucoup au cinéma, protestent bruyamment lors des actualités quand le Maréchal apparaît sur l'écran. « Des petits gestes, de tout petits gestes. Le sérieux viendra après », confirme Dionys. De Robert, elle lui parle au bout d'une quinzaine de jours. « Elle m'a dit qu'elle avait épousé Robert Antelme à la déclaration de guerre pour sceller une amitié car ils avaient une très forte sympathie l'un pour l'autre. » Elle raconte leur vie libre, la liaison de Robert avec Anne-Marie, et elle ses amants, sa collection d'amants, et surtout le dernier qu'elle appelle l'amant de Neuilly. Mais entre Dionys et elle, ce n'est pas la même chose. Tout de suite, ils éprouvent le désir que l'amour dure. Avec les autres, Marguerite n'a pas eu l'impression de tromper Robert, d'abuser de sa confiance. Avec Dionys si. Dionys résume sobrement : « C'était un adultère. » Six mois se passeront avant que Marguerite lui demande de rencontrer Robert. « Le connaître pouvait me rapprocher d'elle. Elle avait une immense estime pour lui. Elle me disait : si vous connaissez Robert, vous verrez que je suis une femme exigeante avec les hommes. » Dionys lui présente sa mère. L'histoire commence à s'officialiser. Marguerite interrompt ses relations amoureuses avec les autres hommes sans que Dionys lui demande la fidélité. Elle coupe brutalement avec cet amant de Neuilly, cet homme qui surgit au détour du recueil *Les yeux verts* et que ressuscite un fragment de texte trouvé dans ses cahiers. L'amant de Neuilly aimait la Bible et tous les textes religieux qu'il psalmodiait dans les arrière-salles des cafés de Saint-Germain.

Elle, elle aimait faire l'amour. Pendant qu'ils faisaient l'amour, il se taisait. Après qu'il l'eut fait il recommençait à parler de la vie de saint Jérôme qui avait passé sa vie à traduire la Bible.

Il était maigre, un peu voûté, ses cheveux étaients noirs et ondulés, il avait des yeux bleus très beaux bordés d'épais cils noirs, il avait le teint pâle, une bouche très expressive qui roulait sur ses dents à fleur de bouche, des pommettes saillantes. Il n'était pas particulièrement propre, ses cols de chemise laissaient à désirer, ses ongles aussi... il avait la poitrine creuse. Il avait passé sa jeunesse à lire des textes saints [8].

Fou, riche, muré dans une solitude mystique, l'amant de Neuilly restera fixé dans la mémoire de Marguerite. Elle lui sera reconnaissante de l'avoir initiée à la lecture de la Bible que jamais elle n'interrompit et qui resta avec *La princesse de Clèves* le texte où sans cesse elle venait se ressourcer.

Marguerite parle souvent à Dionys de l'Indochine, de l'odeur de la terre après la pluie, de la couleur du ciel après la mousson, de cette étendue marécageuse autour de la maison de la mère près du Pacifique où elle aimait marcher en s'engluant, de ce bleu du ciel dans la pureté des nuits. L'Indochine demeure cette terre maternelle dont elle est coupée. Et puis elle est obsédée par cette mère qui n'a jamais su l'aimer mais qui la nourrit cependant par-delà les océans en lui envoyant de l'argent, des mandats qui mettent des mois à parvenir rue Saint-Benoît, des sacs de riz aussi, que Marguerite ouvre en sautillant de joie. L'Indochine, vue de Paris, ce n'est pas tant Saigon et cette maison que la mère a transformée progressivement en collège pour jeunes élèves doués et de préférence argentés, mais la terre de Prey Nop, le souvenir de ces grandes expéditions dans la montagne, ou les baignades dans les racs avec le petit frère, Paul. Reviennent aussi comme des leitmotive la méchanceté de sa mère, la perversité du grand frère qui la poursuivait encore de sa vindicte après l'avoir battue : « Elle me donnait le sentiment d'avoir été opprimée gravement par deux personnes proches, sa mère et son grand frère. »

Marguerite, Marguerite de la forêt.
Marguerite Duras née à Gia Dinh.

Un soir, à la fin de sa vie, Marguerite, fatiguée, épuisée, voulut écrire un mot à une petite fille qu'elle venait de rencontrer. Elle lui griffonna : « Un conseil à toi, toi la petite fille, à toi seule : le premier. Va au Vietnam pour voir où nous sommes tous un peu nés. Pour jouer ensuite à naître partout. »

D'Indochine lui parvient un jour de décembre 1942 un télégramme de la mère. Laconique. Brutal. Expéditif. *Paul DCD.* Dionys se souvenait très bien du choc que reçut Marguerite. Elle ne pouvait plus bouger, respirer ! Elle resta pliée en deux, cassée pendant des mois. La mort de son frère, Marguerite ne l'a jamais comprise et elle hantera toute une partie de son œuvre. Du frère qu'elle appelait petit frère, elle me parlait sans cesse. De sa bonté, de sa beauté, de sa douceur. La douceur de la peau lavée à l'eau de pluie, c'était lui, pas l'amant. Les siestes alanguies dans la touffeur de l'air, corps contre corps, allongés, immobiles, à l'écoute du cœur de l'autre, c'était lui, pas l'amant, fût-il de la Chine du Nord. Le frère qu'elle initia sexuellement [9], le frère à qui elle donna sa bouche, la bouche, pas le sexe, mais sa bouche pour son sexe. « Regarde la profondeur de son regard, me disait Marguerite en me montrant une photographie de lui épinglée au bord d'un miroir dans l'entrée de la rue Saint-Benoît. Jamais, tu entends, jamais il ne m'a fait de mal. »

Marguerite sera toute sa vie à la recherche de la fraternité perdue. Les amants, les vrais, sont des frères. Des frères d'armes aussi. À la vie, à la mort. Robert demeura le vrai frère après la mort de Paul. Dionys, le frère-amant, celui des éternelles disputes et du désir sans cesse renouvelé. Bien plus tard, il y aura Yann, le vrai frère de l'éternité, le compañero qui fermera les yeux, avec qui elle pourra briser le tabou de l'inceste puisqu'elle arrivera à provoquer le désir d'un homme qui ne pensait qu'aimer les hommes. Inceste douloureux, cruel, pervers. Les rencontres avec les hommes ne sont jamais des hasards dans la vie de Marguerite mais des révélations d'obscurs pressentiments, des échos démultipliés de ce qui lui est arrivé avant, dans une vie qu'elle s'est rêvée ou dans sa vie d'enfant.

Paul DCD. Marguerite eut du mal à le croire. Elle n'avait pas tort. Paul est mort étrangement. Paul n'était pas malade. Il avait un petit poste dans une administration de Cholon, trafiquotait les voitures, faisait courir ses chevaux. Il était amoureux d'une jeune femme, aujourd'hui une vieille dame que j'ai pu retrouver dans le midi de la France mais qui souhaite garder l'anonymat. Ils s'étaient fiancés en 1941. Cette ancienne élève de Mme Donnadieu occupait alors auprès d'elle le poste de secrétaire depuis plus d'un an. À la veille d'un week-end férié, Paul se plaignit auprès d'elle et de sa mère d'une difficulté à respirer. La mère souhaita attendre le retour de son médecin traitant parti pour le week-end hors de Saigon. La fiancée obtempéra. Quand le médecin revint, Paul était déjà à l'hôpital. La fiancée témoigne : « Il est parti très vite. Il assista consciemment à son agonie. J'ai pu lui tenir la main avant qu'il ne ferme les yeux pour toujours. Sa mère était à ses côtés. »

Pleurésie foudroyante ? Bronchite mal décelée infectieuse depuis longtemps ? Le verdict médical fut nuancé. Les médecins ne disposaient pas de la pénicilline pour soigner ce genre d'affection où l'organisme, épuisé par la fièvre, n'arrivait plus à combattre. Une semaine plus tard, l'enterrement de Paul eut lieu à la cathédrale de Saigon. L'église était pleine. La mère était au premier rang. Seule. Habillée de noir. Il n'y eut pas de condoléances. Marguerite n'alla jamais sur la tombe de Paul, dans le cimetière colonial de Saigon à l'ombre des tamariniers. Cette dématérialisation de la mort du frère l'encouragea à l'imaginer mort d'étranges façons : mort à la guerre, mort dans les rizières. Cette mort, qui lui ôta la parole pendant plusieurs jours, la laissa pantelante. Elle s'exclura alors définitivement de la famille Donnadieu, Duras à tout jamais.

Fin 1942. Les membres du Conseil national des écrivains se réunissent chez Gallimard dans le bureau de Paulhan. Aragon, que Marguerite a contribué à faire éditer, côtoie Mauriac, Sartre, Guéhenno, Eluard, Camus, Raymond Queneau désormais voisin de bureau et ami indéfectible de Dionys Mascolo. Simone de Beauvoir décide de ne pas adhérer, même si elle soutient l'entreprise. Ce serait, dit-elle, « une exhibition indiscrète ». Sartre l'en a dissuadée, lui disant que les réunions sont « ennuyeuses ». Lottman s'interroge sur l'efficacité même de cette « résistance intellectuelle ». À quoi pouvaient servir les mots quand l'ennemi occupait le pays ? « Les uns faisaient sauter les trains. D'autres fignolaient des quatrains », dira Jean Galtier-Boissière [10].

Philippe Roques, le coauteur avec Marguerite de *L'Empire français*, lui, avait très tôt délaissé les mots pour s'engager dans la Résistance. Il fit partie de ces soldats de la liberté qui, par leur courage, leur détermination et leur lucidité politique, ont contribué à former les premiers noyaux des combattants. Son itinéraire ne figure pas dans les anthologies comme tant d'autres. Il est mort trop tôt. Pourtant Jean-Louis Crémieux-Brilhac, dans son ouvrage de référence sur la Résistance[11], lui rend hommage en rappelant quelques-unes de ses actions : fidèle à Mandel, qu'il continua d'aller visiter dans sa prison du Portalet, il fut chargé dès novembre 1941 par son ancien directeur de cabinet, Diethelm, d'une mission secrète et personnelle de liaison et de contact avec les parlementaires. Il rend son rapport au printemps 1942. Avant même d'adhérer à la France libre, ce qu'il fera en juillet 1942, il affirme que « chaque jour des Français acceptent la mort ou la prison pour le général de Gaulle. Il n'y a personne d'autre pour qui ils accepteraient de tels sacrifices mis à part les communistes qui savent aussi mourir magnifiquement pour leur idéal ». Il communique à Londres une liste de parlementaires résistants pouvant constituer un comité exécutif clandestin. Cet homme à qui Churchill avait confié un message d'espoir pour Mandel — « Je marche toujours sur la grande route. Comptez sur moi » — est arrêté par les Allemands en février 1943 et abattu en essayant de s'échapper.

Jean Lagrolet, prisonnier en Allemagne, réussit à s'évader, revient à Paris et contacte Georges Beauchamp qui l'hébergera jusqu'à la fin de la guerre. Celui-ci appartient au réseau Polderey, aide des aviateurs britanniques, remplit des missions de contact. Robert Antelme est bien sûr au courant de ses activités. Marguerite présente Dionys à Robert rue Saint-Benoît. « Entre nous, dit Dionys, ce fut le coup de foudre tout de suite. » Dionys, comme tous ceux qui l'ont approché, tombera immédiatement sous le charme, la séduction de Robert. Robert continue sa liaison avec Anne-Marie et Dionys vient de plus en plus souvent rendre visite à Marguerite et à Robert. Il devient si vite un habitué que lui aussi est invité aux thés du dimanche chez Betty et Ramon Fernandez. Queneau, ayant appris ses visites répétées chez son collègue collaborateur, lui conseille de prendre ses distances, au détour d'un couloir chez Gallimard. « On s'est politisé de plus en plus au fur et à mesure de l'Occupation », dira Dionys[12], qui, même s'il refuse de s'inscrire dans un groupuscule, se revendique anarchiste. « Marguerite elle aussi, elle l'était, affirme-t-il[13]. J'avais acheté un revolver grâce à la complicité d'amis et j'avais dit à Marguerite que je le planquais chez moi derrière la cheminée en cas de nécessité. »

Marguerite passe tout son temps libre à écrire et à tenter d'améliorer ce manuscrit qu'elle ne désespère pas de faire éditer. Elle y travaillait toutes les nuits, reformait ses chapitres, affirme Dionys. Elle donne ces nouvelles pages à lire d'abord à Robert qui les trouve formidables, puis à Dionys qui se montre plus critique. « Ça me semblait un peu facile. Elle n'était pas prétentieuse et elle a tenu compte de mes observations. Je venais d'entrer à la direction littéraire de Gallimard et je découvrais le travail avec les jeunes auteurs. » Marguerite lui fait connaître Audiberti avec qui ils se lient amicalement et littérairement, mais Queneau demeure le maître incontesté, son véritable guide en littérature, celui qui a su trouver les mots pour qu'elle ne renonce pas à sa vocation d'écrivain. Dionys confirme : « Queneau fut déterminant. C'est lui qui a aidé Marguerite quand elle doutait. Il avait refusé son premier manuscrit mais il l'a encouragée à continuer [14]. »

Bien plus tard, dans *Les yeux verts*, elle lui rendit hommage et publia un entretien où elle l'interrogeait sur son rôle de lecteur de manuscrits, de détecteur de talents. Comment décider d'un texte qu'il est publiable ? demande Marguerite. Queneau lui répond : « S'agit-il d'un futur écrivain, ou bien de quelqu'un qui est tout à fait en dehors du coup ? On ne juge pas tellement qu'un manuscrit est bon ou mauvais, c'est toujours très subjectif. Mais on peut voir si l'auteur d'un manuscrit appartient à la catégorie des écrivains, des futurs écrivains ou bien si c'est simplement un amateur [15]. » Queneau a fait comprendre à Marguerite qu'elle était un futur écrivain. Marguerite l'a cru. Désormais elle ne serait qu'écrivain.

Le premier roman paraît chez Plon sous le nom de Duras et sous le titre *Les impudents*. Sur la page de garde de l'exemplaire qu'elle donne à Dionys figure cette dédicace : « 21.4.43 À Dionys qui m'a appris à mépriser ce livre. » Le lendemain elle ajoute :

> *22.4.43*
> *Nous y avons mis le nez hier soir*
> *et nous avons vu qu'il aurait pu être pire.*
> *Ce serait peu si tu ne m'avais appris que ça.*

Aussi et surtout de savoir que j'étais bien intelligente
et l'orgueil de le savoir tout à fait.

Ce livre est tombé de moi : l'effroi et le désir
du mauvais d'une enfance sans doute pas facile.

Maintenant on est mieux

C'est bien idiot de te faire une dédicace
mais tu y tiens « voyons un peu si elle saura
me dire ce que j'attends ». Ceci me plaît et aussi
« surtout ne me l'abîme pas ».

Tu vois comment tu es, tout à la fois dupe
et pas dupe, en même temps.

Hier nous avons compté les mois : six
je sais que tu as eu un peu peur et moi aussi
je n'aime pas ça d'être surprise.

À partir d'aujourd'hui, il faudra compter
les semaines et les jours avec calme.

Marguerite, dès la publication, n'est pas sûre de ce livre. Elle le désavouera ensuite, l'oubliant volontairement de son œuvre jusqu'en 1992 où, grâce à l'insistance d'Isabelle Gallimard, qui renégociait les droits en vue d'un gros volume Biblos regroupant ses œuvres de jeunesse, elle consentit à le remettre en circulation. En mars 1963, dans *Réalités*, elle avait confié que c'était sa première tentative d'un roman de bout en bout : « C'était très mauvais mais, enfin, il était là ce roman. Je ne l'ai jamais relu. Ce qui est écrit est fait, je ne relis jamais. Personne n'avait voulu de mon roman. Chez Denoël, on m'a dit : " Vous aurez beau faire, vous ne serez jamais un écrivain. " »

Marguerite a-t-elle eu raison de renier ce livre si longtemps ? Les maladresses de style abondent dès le premier chapitre : les paysages sont sonores (!), les horizons lointains, les journées molles, la méfiance méprisante, les dialogues, pourtant nombreux, expéditifs et brutaux ; les répétitions sont fréquentes et le mot dégoût revient très souvent. Ce mot résume d'ailleurs le climat dans lequel baigne ce roman familial où les armoires regardent les personnages ! Marguerite n'a pas osé transcrire les émois de son adolescence dans son pays natal et de ce pays d'adoption, dont elle va tirer son nom, elle ne sait alors puiser qu'impressions, sensations, lumières dans un style maladroit : « L'après-midi était comme la moelle du jour. » Mais au-delà des clichés et de l'absence de fluidité du style, la description des caractères retient l'attention : la mère est intelligente mais dépressive, le frère joueur et voleur, il pille financièrement sa mère, trahit en permanence son entourage et la jeune fille révoltée n'arrive pas à quitter ce cercle familial étouffant. Le dispositif durassien est déjà en place : la mère amoureuse du fils pervers, l'argent qui gâche tout, le petit frère martyrisé par le grand, la mère qui, par lassitude, laisse l'injustice du frère s'instaurer comme unique loi familiale et l'angoisse tremblante de la petite. La boule d'amour et de haine à la fois gluante et protectrice de cette étrange famille constitue le sujet du livre. Marguerite, en l'écrivant, a exorcisé certaines peurs de la fin de son adolescence : le personnage de la jeune fille, Maud, n'entrevoit que des lendemains sans gloire, abîmée qu'elle est dans cette médiocrité familiale qui la corsète et l'empêche d'exister. « Elle se dévêtait dans le noir, vite et sans bruit afin que son existence oubliée, aussi insignifiante qu'une épave en pleine mer, ne fût rappelée à personne. Une sorte de rage aveugle la jetait sur son petit lit qu'elle saisissait à deux bras. »

Corps convulsé, sanglotant, Maud s'éveille aux désirs de l'amour dans le cadre bucolique du haut Quercy. Certes Uderan n'est pas Duras, le château d'Ostel date du XIIIe siècle et celui de Duras du XVe. Le haut Quercy n'est pas le Lot-et-Garonne, mais il ne s'agit que d'un simple déplacement géographique opéré par une romancière débutante qui ne veut pas — à l'époque ! — qu'on puisse l'accuser de confondre sa vie et le sujet de son roman. La toute jeune Marguerite Duras décrit longuement des sensations, la froideur mordante de l'eau de la rivière sur son corps, la blancheur effrayante de la lune l'été dans une allée, les tiges coupantes des blés après la moisson, des paysages brouillés par les pluies douces de fin d'été qui vont gâter le cœur des prunes, ce halo de vapeur qui s'élève de la vallée dès les débuts de l'automne, des bains de sons, comme le cri des oiseaux au crépuscule au-dessus des étangs. La propriété ressemble à la maison du père et l'épisode se situe manifestement au moment où la mère de Marguerite fut tentée de s'installer définitivement dans la région en confiant la ferme à son fils. Maud comme la petite de *L'amant* se trouve déjà prévendue en quelque sorte par la mère à un fils de paysans voisins mais tombe amoureuse d'un intellectuel gentleman-farmer qu'elle guette, en secret, la nuit, comme les jeunes filles des romans attendent le prince charmant : « Elle respira le parfum de sa solitude retrouvée qui se confondait avec celui, à vie, de la nuit. » Marguerite n'a pas encore oublié Delly, mais la description du désir de l'homme qui tenaille l'héroïne place *Les impudents* dans une catégorie qui n'est pas celle des romans roses : « L'homme arrivait de partout, de tous les points de l'horizon, de tous les chemins emplis de nuit, et elle ne savait duquel au juste il fallait espérer. Quel tourment, cette approche multipliée, qui l'enfermait comme au centre d'un cercle de plus en plus étroit et menaçant. » Maud prend les devants et s'offre à lui. Son réveil après la première nuit d'amour est voluptueux : « Une douleur lui montait des reins en chauds effluves semblables au souvenir de son plaisir. » Mais la virginité de Maud est le tiroir-caisse de la famille et le fils aîné, relayé activement par la mère, entend bien la monnayer. Sont alors décrits les sombres trafics du couple infernal qui seront repris plus tard dans toute leur amplitude et avec une grande pureté de style dans *Un barrage contre le Pacifique*.

Maud s'est donnée sans vouloir se marier, parce qu'elle avait envie d'un homme. Maud, qui fugue de chez sa mère, ne se sent pas pour autant déshonorée. Elle est libre, sauvage, mais traquée comme ces bêtes blessées qu'on trouve dans les bois au petit matin, vidées de leur sang. Le thème obsessionnel de Marguerite est déjà le trio : la fille, le fils, la mère. Ces derniers, unis par cette étrange complicité qui les lie par-delà le bien et le mal, la petite seule étant exclue définitivement de l'amour de sa mère. Où trouver sa place dans le monde quand votre mère ne vous aime pas ? « Maud n'en voulait pas à sa mère ; c'était vers son frère aîné que sa pensée revenait sans cesse, lui qui entourait, qui aurait voulu pouvoir étouffer de loin sa haine. Elle le sentait serré contre elle, destinée contre destinée. » Maud attend un enfant. Maud l'avoue à sa mère qui ne la retient pas. Elle s'aperçoit alors qu'elle ne gagnera jamais contre son frère. Elle décide de lui laisser la place, toute la place. La mère encourage son départ pour vivre tranquillement un amour impudique avec son fils. Elle envoie donc sa fille comme un paquet à l'homme qui l'a déshonorée. Dans la valise de Maud elle ajoute une lettre de recommandation à l'usage de celui qui va enfin hériter de sa fille. La vie mode d'emploi version maternelle : « Je crains que vous vous mépreniez sur mes sentiments. À vos yeux, je ne réponds pas, sans doute, comme je le devrais, à l'amour d'une enfant qui m'adore. Détrompez-vous, je l'aime au contraire d'une tendresse si forte et si poignante que je n'ose aborder ce sujet. Il existe des amours sans issue, même entre une mère et son enfant, des amours que l'on devrait vivre exclusivement. »

Les illusions perdues d'une jeune fille qui croyait à l'amour, tel aurait pu être le sous-titre de ces *Impudents*, livre mal bâti, mais psychologiquement passionnant. Marguerite sait transmettre la lucidité désespérée qu'éprouve une jeune femme découvrant le monde des hommes : un frère méprisable, menteur, cruel et pervers et un amant qui, une fois l'émotion de la conquête retombée, s'enlise chaque nuit dans une somnolence nauséeuse. Impudence de l'amour. Culpabilité pour la haine qu'on éprouve. Peur permanente, saleté des échanges, impureté du monde. Tout est déjà là. La volonté de dire, d'expulser, de cracher le dégoût pour accéder au désir. Mais le style reste contourné, l'écriture scolaire, trop scolaire, soigneuse jusqu'à la caricature. Les phrases lourdes et longues de débutante attestent que la jeune romancière veut montrer qu'elle a du vocabulaire. Les adjectifs sont trop choisis et la construction du récit reste tout au long mal maîtrisée. Ce n'est pas un hasard si Duras trouvera le ton avec *Un barrage contre le Pacifique*. Pour décrire l'enfance et l'adolescence, elle se plongera alors dans ses propres souvenirs, sans s'astreindre au détour maladroit de la fiction ; elle abandonnera ses admirations littéraires américaines qui l'encombraient pour fixer ses sensations en dépouillant ses phrases, allant à l'essentiel, faisant de son expérience personnelle un roman universel.

Marguerite dira n'avoir écrit ce roman que pour se délivrer de son adolescence. « Ce qu'on peut être bête, ajoutait-elle. Lorsqu'on commence à écrire il faudrait mettre son premier roman au tiroir. J'avais vingt-quatre ans et j'étais très très niaise. » Le livre n'eut guère d'échos auprès des lecteurs mais fut salué par un grand article de Ramon Fernandez dans *Panorama* [16], et par une critique élogieuse d'Albert-Marie Schmidt dans *Comœdia*. Elle ne s'en étonna guère. L'important était accompli : être allée jusqu'au bout, avoir su terminer un roman. Elle en vécut la sortie comme une seconde naissance. Non sans encombre, elle a surmonté tous les obstacles et est parvenue jusqu'à l'épreuve ultime de la publication. En chemin elle s'est découvert un parrain en la personne de Queneau. Et s'est trouvé, à défaut d'un style, un nom : Duras.

Duras, c'est ce pays de vin blanc : la côte de Duras, tout près de Pardaillan, de cette région du Lot-et-Garonne. Cette région de vignes, de tabac et de prunes. Le vrai nom, c'est celui qu'on se donne. Pas celui qu'on reçoit. À Duras elle a emmené Dionys, elle passe deux étés inoubliables dans une maison prêtée par un oncle. Le pays est une alternance de bois et de champs. C'est la terre du père, cette terre où il est né et qu'il a regagnée avant de mourir, épuisé, seul, dans la tranquillité harmonieuse de ce paysage qui apaisait ses souffrances. En changeant de nom, Marguerite possède enfin un nom à elle qui signe une coupure familiale, un destin singulier ; elle se sépare des histoires que la mère et le grand frère avaient faites au reste de la famille Donnadieu. Elle a évoqué auprès de Dionys, au moment même où elle le décidait, les raisons qui la conduisirent à prendre ce nom de plume : « Elle m'a dit qu'elle avait pris ce pseudonyme car elle n'était pas fière de son frère, elle voulait fuir son identité non littéraire. Elle disait que cela lui évitait de rendre des comptes à ceux qui l'avaient connue comme Donnadieu. Au même moment, j'ai pris comme pseudonyme Gratien parce que je suis né à Saint-Gratien », dit Dionys Mascolo [17].

Le grand frère rôde à Montparnasse, débarque souvent à l'improviste rue Saint-Benoît, demande de l'argent ou le vole dans les placards. Il a des histoires louches, de drôles de fréquentations. Se vantant de faire de nouveau travailler des filles sur le trottoir devant la Coupole, il vit alors avec une jeune femme pas très regardante sur les moyens de gagner de l'argent, à qui il fait faire le tapin en cas de besoin. Celle-ci émeut Marguerite. Elle la protège et tente de s'occuper d'elle. Une fille perdue, gentille, naïve, adorable qui, bien plus tard, lors de la rédaction des *Journées entières dans les arbres*, fournira les principaux traits de la compagne du fils. Marguerite a honte de son frère et en même temps ne peut lui échapper. Il dépend d'elle et cela la satisfait. Ménage infernal, tourments perpétuels, amour-haine qui ne cessera qu'à la mort de la mère.

En janvier 1943, François Mitterrand, avec d'autres amis cadres du Commissariat général aux prisonniers de la zone sud à Vichy, au moment de la révocation de Pinot, donne sa démission. Le 28 janvier, il écrit à un de ses amis : « Je ne m'inquiète pas pour le lendemain, qui se présente au contraire sous plusieurs formes plutôt souriantes, et je vais un peu au vert, j'ai à traiter pas mal de questions à Paris[18]. » À Paris, il retrouve son ami Jacques Benet, son ancien condisciple de la pension catholique du 104, rue de Vaugirard. Durant les trois premiers mois de l'année, il se livre à une intense activité et ébauche l'organisation d'un mouvement de résistance tout en jouant sur son ancienne appartenance à Vichy. Il rencontre ainsi des membres de la Résistance intérieure, des Compagnons de France, des cadres d'Uriage, des Chantiers de jeunesse. Comme le dit Pierre Péan, il se retrouve alors avec de très belles cartes entre les mains qui l'incitent à dépasser rapidement le rôle de doublure, qui n'est pas celui qu'il préfère. Son évolution est facilitée par le soin jaloux qu'il apporte à vouloir être le seul à connaître l'ensemble des cartes. Jacques Benet est une carte maîtresse. C'est par celui-ci et grâce à lui que Marguerite Duras entre dans la Résistance. Elle, et, avec elle, son mari et son amant.

Jacques Benet a beaucoup vu Mitterrand depuis son évasion d'Allemagne ainsi que Pol Pilven, autre camarade du 104, rue de Vaugirard. Mitterrand et Benet s'apprécient, s'estiment, se vouent une totale confiance. Benet, qui mène une existence de clandestin à Paris, est chargé par Mitterrand de recruter à Lyon. Il trouve une planque d'où il va rayonner. En juin, Jacques Benet remonte à Paris. Tout naturellement, il se rend chez son ami Robert Antelme qu'il avait continué à voir régulièrement depuis son évasion et chez qui il avait toujours trouvé un accueil chaleureux. « J'ai demandé à Robert et à Marguerite de me loger. Ils ont dit oui tout de suite. Mais en échange ils m'ont dit : “ Tu nous fais entrer tous les deux dans la Résistance[19]. ” » Jacques Benet s'est donc installé rue Saint-Benoît. « Ils m'ont dit : “ On veut s'engager à cent pour cent. ” Une amitié très forte nous liait. Nous étions, à l'époque, plongés dans une atmosphère dramatique de défaite. » Jacques Benet discute politique des nuits entières avec Robert et Marguerite. Marguerite lui parle de son enfant mort. « Elle était inconsolable. Pour la première fois elle m'a parlé de la littérature comme d'une consolation. Avant je n'avais pas véritablement compris qu'elle voulait devenir écrivain[20]. »

Robert continue à voir son copain de lycée, Georges Beauchamp. Georges a des ennuis... Engagé de plus en plus dans l'action clandestine, il s'occupe du ramassage de parachutistes anglais qu'il faut ensuite cacher et faire repartir. Il cherche des contacts. Robert lui parle de Benet qu'il lui fait rencontrer. Benet parle à Beauchamp de François Mitterrand. Un rendez-vous est organisé dans un café devant le métro Convention. Georges Beauchamp et François Mitterrand, pourtant tous deux étudiants à la faculté de droit pendant les mêmes années, ne s'étaient jamais rencontrés. La boucle est bouclée. Ils ne se quitteront plus.

Marguerite insiste auprès de Benet. Elle comprend qu'elle peut faire plus. Certes elle l'héberge, mais comme elle l'exprime à Benet lui-même : « On veut travailler avec vous. » Benet lui propose de loger François Mitterrand. « Notre mouvement n'avait pas de nom encore. C'était le tout début. Nous luttions pour sauver l'honneur des prisonniers de guerre. J'ai demandé à Robert qu'il nous donne toutes les informations qu'il pouvait collecter dans le ministère où il travaillait et s'il connaissait des gens dans d'autres ministères[21].» Robert Antelme organise une rencontre entre Jacques Benet et David Rousset qui publiait alors un petit bulletin. Robert prend de plus en plus de risques et amène au groupe plusieurs personnes. « On se rencontrait dans des cafés. On prenait des précautions. On faisait attention aux mouchards », se souvient Beauchamp. Marguerite non seulement héberge des résistants mais sert de boîte aux lettres. Les risques encourus étaient grands. Elle vient de donner sa démission du Comité du livre. Geste de nouvelle résistante ? Vraisemblablement. Elle a proposé pour la remplacer sa voisine du dessus dont la fille malgré ses dix-sept ans est déjà engagée dans la Résistance. Jacques Benet se souvient d'avoir croisé plusieurs fois dans l'escalier de la rue Saint-Benoît Ramon Fernandez qui l'entraînait chez Lipp boire des blancs, parler de littérature. Jacques Benet s'abstenait de le juger et pensait que son épouse Betty ne partageait pas du tout ses idées mais que, par amour, elle restait silencieuse. Tout ce petit monde se côtoie, parle dans les bistrots, refait le monde. Comme me le dira Edgar Morin : « Jamais je n'ai autant été au théâtre, au cinéma, chez les copains. La vie était fusionnelle, excitante. »

Marguerite Duras aide son mari à recruter. Georges Beauchamp est affecté à la lutte contre le STO (Service du travail obligatoire). Il réussit à se faire engager comme grouillot au bureau de la Main-d'œuvre, ce qui lui permet d'avoir accès aux dossiers des jeunes réquisitionnés. Il leur explique qu'il ne faut pas partir. Marguerite, là aussi, aide à transporter des plis et à faire se rencontrer des gens du réseau. « Elle se rendait utile et elle faisait toujours preuve de bonne volonté, continue Jacques Benet. Elle était aussi agent de liaison. Elle faisait ce qu'on lui demandait. À partir du moment où elle m'a hébergé elle a pris tous les risques. » Marguerite transmet et Robert recrute avec l'aide de Marguerite. « Ils ont battu le pavé de Paris pour mobiliser les gens », disent Benet et Beauchamp.

En juillet, François Mitterrand fait son premier acte public de résistance. Un acte dont la réalité même a souvent été contestée mais qu'il a bel et bien accompli, en prenant des risques, comme le confirme Pierre Péan. Salle Wagram, le 10 juillet 1943, au cours de la journée nationale du Mouvement des prisonniers, il perturbe la séance, crie son dégoût aux autorités d'occupation. Interpellé par des policiers, il quitte la séance en compagnie de quelques camarades devant des policiers indécis. Londres appréciera la provocation et lui décernera un brevet de patriotisme par la voix de Maurice Schumann à la BBC. Quelques jours plus tard, a lieu la rencontre de François Mitterrand et de Marguerite Duras. Rencontre magnifiée, plus tard, mythifiée, y compris par les principaux intéressés ! La mémoire joue des tours et les dates se brouillent. Quand François Mitterrand rencontre Marguerite Duras, il ne revenait pas d'Angleterre comme le laisse croire la légende tenace qui enveloppe un Mitterrand-Morland noyé dans la fumée des cigarettes anglaises, mais de Vichy. L'Angleterre, ce sera l'année d'après...

En fait la première rencontre eut lieu à la mi-août 1943. Mitterrand change alors sans cesse d'identité, de profession, de cache. Il a une activité intense autant à Vichy qu'à Paris et entretient des relations aussi bien avec l'entourage du Maréchal qu'avec l'ensemble des branches de la Résistance, tant à Alger qu'à Londres. Comme le résumera le général de Gaulle, « il mangeait à tous les râteliers[22] ». Au cours de l'été 1943, il prend de plus en plus de poids, s'impose progressivement comme un patron à l'intérieur des anciens de la communauté des prisonniers de guerre — si ce n'est comme le patron. « Je ne puis être un chef que par la ruse ou par la terreur ou grâce aux réseaux impitoyables de l'inhumain[23] », écrit-il à l'un de ses proches en juillet 1943. Dans le premier numéro de *L'Autre Journal*[24], Marguerite Duras et François Mitterrand évoqueront leur première rencontre. Marguerite, qui dit tout oublier, affirme se souvenir très précisément de ce moment. « C'était tard dans la soirée, vous étiez deux. Vous vous êtes assis devant la cheminée du salon, de part et d'autre d'un poêle, de ceux qui étaient faits avec de vieux barils à huile et dans lesquels on brûlait du papier journal compressé en boulets. Je ne sais plus si je vous ai donné quelque chose à manger. Il y avait Mascolo. Vous avez parlé ensemble tous les trois mais très peu. Et tout à coup vous avez fumé et la pièce a été envahie par l'odeur de la cigarette anglaise. » Elle dit avoir crié et qu'il a alors rangé son paquet dans sa poche sans rien dire et qu'ils ont parlé d'autre chose. Ah, la cigarette anglaise... Pour Marguerite cela suffit. « Je n'ai jamais eu d'explication sur l'origine de la cigarette anglaise. Mais j'ai compris ce soir-là que nous étions entrés dans la Résistance, que c'était fait. »

Voilà comment d'une histoire réelle on extrait quelques ingrédients pour construire de l'épopée et tenter de faire un mythe. C'est du Duras cela, élever le réel pour le rendre attractif, quitte à le réinventer pour échapper à la banalité. Dans le roman que Marguerite écrit à ce moment-là, et qui deviendra *La vie tranquille*, l'héroïne dit : « Si j'avais su que j'aurais un jour une histoire, je l'aurais choisie ; j'aurais vécu avec plus de soin pour la faire belle et vraie en vue de me plaire. » Vous y étiez déjà dans la Résistance, Marguerite. C'était déjà fait. Peut-être un peu tard mais au moins vous en étiez. Vous ne vous contentiez pas de fumer des cigarettes anglaises ! Tous ceux qui vous entouraient à cette période le confirment. Vous étiez un excellent agent de liaison, courageux et discret. Mascolo d'abord, l'ami-amant du moment qui deviendra le père de votre fils. Lui aussi se souvient de cette première rencontre avec Mitterrand qui l'engage dans le Mouvement National des Prisonniers de Guerre et Déportés (MNPGD), à l'époque encore embryonnaire, pour la section propagande. Mitterrand le charge d'éditer un bulletin clandestin. Mascolo s'organise pour trouver du papier et des machines. Mitterrand aussi se souvient d'une jeune femme vive, déterminée, exaltée qui s'offrait toujours à faire les missions les plus délicates[25].

Mascolo et Marguerite vivent un été brûlant. Dionys m'a retrouvé dans de vieux cartons à chaussures, sous sa bibliothèque, des lettres que Marguerite lui adressait à cette période. Des lettres déchirantes, quotidiennes. « Dis-moi que tu m'aimes. » « Je ne peux supporter d'être heureuse. » « Ce mot m'a rapproché d'elle plus que toute autre chose, dira Dionys. Elle redemandait l'amour physique. Le désir réciproque nous attachait. Elle était dans l'amour de moi et moi, pas encore. Ce n'était jamais suffisant. » Ils se donnent des rendez-vous dans des cafés, montent faire l'amour dans des chambres d'hôtel. Marguerite le supplie de lui déclarer son amour. Dionys ne veut toujours pas. « Cela la rendait folle », dit-il. En fait Dionys poursuit une amourette avec une jeune fille douce et attirante, et son cœur balance. Il désire Marguerite mais pas au point d'abandonner l'autre jeune fille. Marguerite le harcèle. Elle le veut, elle l'enveloppe, elle le cerne. Alors il ne sait plus. Et puis il y a Robert. La légende veut que Robert et Marguerite se soient mariés par amitié, par solidarité à cause de la déclaration de guerre. La légende arrange bien des gens. Robert aime Marguerite qui aime Robert qui aime Anne-Marie qui aime Robert qui aime Dionys qu'aime Marguerite. La réalité est toujours plus compliquée qu'on ne pense. Robert continue sa liaison avec Anne-Marie tout en aimant Marguerite. Anne-Marie vient rue Saint-Benoît mais n'y couche pas. Mascolo aussi vient tous les jours rue Saint-Benoît mais n'y dort pas. La rencontre Antelme-Mascolo fomentée par Marguerite en avril tourne très vite au « coup de foudre », excluant Marguerite et la rendant jalouse. Dionys en riait : « Cela fut immédiat, Robert était d'une simplicité divine. Je n'ai pas connu d'autres hommes plus authentiques que Robert. Il était plus qu'un frère. À partir du moment où je rencontrai Robert, j'aimerai beaucoup plus Robert que mes trois frères. » Les deux hommes parlent des nuits entières, s'estiment et déjà commencent à s'aimer. Mais Marguerite n'a pas dit à Robert quel type de liens l'unissaient à Dionys, comme en témoignent deux lettres d'elle à ce dernier datant de l'été 1943 :

J'arrive à l'instant. Il se doutait de quelque chose car il a téléphoné à la *NRF* pour savoir si j'étais avec toi. Si tu le rencontres tu es prévenu. Pas assez la bouche. Je suis sans toi. Écris-moi poste restante[26].

Robert décide d'emmener Marguerite quelques jours en vacances dans le Doubs. Elle le suit mais souffre de la séparation d'avec Dionys à qui elle écrit :

Je suis très seule. Je suis seule comme après qu'on a écrit et qu'on se sent l'envie de le dire et que tout dort. Je me sens engluée, engloutie de solitude. À côté de moi j'ai mis ma montre pour qu'elle batte. On peut toujours être de plus en plus seule. Cela n'a pas de fond[27].

Marguerite fait de longues promenades l'après-midi avec Robert. Elle n'ose pas le quitter, repartir pour Paris. Alors elle se replonge dans l'écriture et envoie en cachette des lettres à Dionys sans éveiller les soupçons de son mari.

C'est encore mieux de t'aimer que d'écrire. Cela je le sais absolument. Bien sûr, il y a des mots de la nuit où on écoute le rien, jusque dans le corps, sans le désir. On est séparés. Chaque jour je me demande comment faire sans toi... Dis-moi un jour, télégraphie-moi, dis-le-moi je t'aime, je te désire, je ne sais que faire de ces paroles nues. Je vais dormir en toi. Tiens voilà une page que j'ai écrite ce soir. Est-ce dans ce sens-là qu'il faut écrire ? Ne la perds pas, je serai incapable de la retrouver. Ça se rapporte à l'arrivée de la fille à la mer.

Marguerite est en train de rédiger ce qui deviendra *La vie tranquille* : dans l'univers terne d'une jeune femme contrainte de mener à la campagne une existence répétitive surgit, un jour, un garçon. Il s'appelle Tiène. Marguerite Duras le décrit comme un ange, une apparition. Tiène, c'est Dionys. La jeune femme du roman ne pense qu'à Tiène, au corps nu de Tiène, à cette source intarissable de plaisir. Tiène lui a fait découvrir « le puits de fraîcheur ». Avant elle savait bien qu'elle était femme mais n'avait pas compris ce que signifiait cet appel, cette brûlure, ce désir de se faire comme elle dit « endiguer ». Avant, à l'intérieur de son corps, il y avait un creux, quelque chose d'informe : « Il en sortait un cri vide qui n'appelait personne. Depuis une force y a grandi contre laquelle je ne puis rien, une pensée s'est installée là, dans moi, contre moi... » C'est fait. C'est joué. Elle ne l'a pas vraiment souhaité, cet amour physique débordant, nécessaire. Elle l'a dans la peau. « J'aime. J'aime Tiène. Même de loin, je sens très bien que je ne veux plus d'un autre que lui. Ce que je croyais qui me tenait le plus à cœur jusqu'ici est évanoui. »

Marguerite n'a toujours rien dit à Robert. Elle ruse, use de machinations diverses, se ment à elle-même, repart dans son refuge, l'écriture. Mais l'écriture représente pour elle, à ce moment-là, une élucidation d'elle-même, une recherche de la vérité. Comment continuer à écrire en ne vivant pas soi-même dans la vérité ? Marguerite se consume, envisage le pire. Cet été sera le dernier. En ce mois d'août, elle écrit à Dionys :

> 6 heures du matin. Je suis un cadavre. Sans toi désormais un corps cadavre[28].

Elle imagine Dionys en train de papillonner et de faire le beau dans les couloirs de Gallimard. Robert ne comprend guère les raisons des intermittences du cœur de son épouse, qui passe de la séduction à la méchanceté. Elle écrit à Dionys : « Je suis toujours en colère et d'une méchanceté avec Robert qui me convient. » Robert va faire de longues marches en solitaire, Marguerite est torturée par l'incertitude des sentiments que Dionys lui porte. Elle recherche des preuves, fait des calculs d'apothicaire : si je quitte Robert, Dionys voudra-t-il vivre avec moi ? Elle échappe à la mort un soir d'orage. La foudre est tombée dans le champ qu'elle venait de traverser. Marguerite a l'impression de côtoyer les ténèbres. Elle est assaillie de sentiments morbides. Le souvenir du petit enfant mort la taraude. Le désir qui la rattache alors à la vie est le désir d'enfant. Marguerite veut un autre enfant. Très vite elle l'a demandé à Dionys. « Elle m'a dit qu'elle le voulait, se souviendra-t-il. C'était sa manière à elle de faire sa déclaration d'amour. » Dionys est surpris et embarrassé par la violence de cet amour. Il ne se voit pas si vite père et n'a guère envie que sa vie soit bousculée. Il a des projets de livre, son nouveau travail l'occupe et il voit régulièrement sa petite amie. Mais Marguerite le harcèle :

> Tu m'as dit que tu vivrais en maudit. Si jamais tu me gardais en attente... moi la plus lâche à la seule perspective de te gêner pour un enfant de toi. On ne porte pas un enfant sans amour. On s'accroche à l'homme qui vous a fait ça. Il me reste à m'accrocher à Robert. Dans la cendre de l'avenir, je n'ai que l'espoir de te trahir.

Marguerite et Robert rentrent à Paris. Anne-Marie attend Robert. Marguerite retrouve Dionys.

Beaucoup de gens passent rue Saint-Benoît, ils montent boire un verre, parler. Déjà s'amorce l'idée d'une communauté. Jacques Benet y dort plusieurs fois et s'installe dans la chambre du fond avec François Mitterrand. « Il n'y avait qu'un seul lit pour nous deux et il était étroit. »

Marguerite écrit alors ou plutôt tente d'écrire la fin de son second roman. Elle noircit des pages entières qu'elle montre à Mascolo qui les juge inabouties, maladroites et trop empreintes de l'admiration qu'elle éprouve pour la littérature américaine dont elle se nourrit avidement. Trouve ton chemin, lui répète-t-il. Marguerite écoute et se recentre sur la description des états d'âme de son personnage principal. Elle aimerait trouver les mots pour décrire les tumultes de son moi intérieur, les désarrois de son être. Marguerite Duras, en cette année 1943, est furieusement, et comme beaucoup d'autres jeunes intellectuels de la rive gauche, naturellement existentialiste. Pourtant elle ne reconnaîtra jamais cette influence, s'en défendra même avec vigueur, voire avec agressivité. Tant sur le plan philosophique qu'amical, ses sentiments envers Jean-Paul Sartre et Simone de Beauvoir ne furent jamais tendres ni même complices.

À la fin du mois d'août, Robert et Marguerite demandent à Jacques Benet et à François Mitterrand de changer de cachette et d'aller dormir chez la mère de Robert, rue Dupin. Aucune explication n'est donnée ni par Robert ni par Marguerite. Benet, rétrospectivement, pensera que le couple traversait une crise grave, mais rien ne le laissait alors transparaître. Robert s'engage de plus en plus. Il recrute dans les administrations, transmet des documents qu'il dérobe dans son ministère. Dionys, pour imprimer des tracts, fait des cambriolages à Antony et aux Invalides afin de se procurer des machines à ronéoter. Parallèlement, il participe à *Combat* et, grâce à Camus, en devient rédacteur. Mascolo propose à Camus d'entrer dans son groupe franc. Camus hésite puis refuse. Mascolo, lui, transporte des armes, transmet des renseignements militaires ; il se balade avec son revolver, prend des risques. « J'avais mon revolver dans ma sacoche de vélo. Je cachais mon revolver dans la cheminée chez moi dans le salon de ma mère[29]. » Camus rédige des tracts, écrit ses articles. Son bureau et celui de Mascolo servent de boîte aux lettres. Comme le fait remarquer Olivier Todd, en 1943-1944, la rédaction d'un tract pouvait mener à l'arrestation et à la déportation. « J'appartenais à ce groupe franc car je voulais de l'action, je rêvais d'autre chose », commentera Dionys qui ne se prenait pas pour un héros. « Que François Mitterrand ait été à Vichy, je ne le savais pas et je m'en fous encore maintenant. Nous étions en révolte et nous luttions. Le Mouvement national des prisonniers de guerre n'offrait pas à ses militants d'action militaire car ses hommes se trouvaient dans les maquis [30]. »

Marguerite voit de plus en plus Dionys. « Elle ne cessait de me dire : encore dis-moi que tu m'aimes. Je n'y arrivais toujours pas. Il y avait une séduction, une très grande passion. Nous nous entendions très bien comme amants, ce qui n'était pas si fréquent, psychologiquement et politiquement. Nous étions révoltés, contre toutes les règles. » Georges Beauchamp est toujours grouillot dans les bureaux de la direction de la Main-d'œuvre, que surveille la Milice. Pour réussir à dérober les documents de convocation pour le STO, il monte avec une copine comédienne des petits spectacles dans l'établissement. Pendant les répétitions, il s'éclipse. Georges Beauchamp dit un jour à Edgar Morin, sous-marin du PC et membre du groupe propagande du MNPGD : « Tu vas voir, aujourd'hui je vais te faire un beau cadeau. » La rencontre eut lieu avenue Trudaine. Le cadeau c'était Dionys Mascolo. « Il m'a beaucoup plu, dira Morin [31]. Je l'ai trouvé intelligent, beau, courageux. Il se faisait appeler Masse. Il ne s'était pas beaucoup foulé pour trouver son pseudo. » Beauchamp, Morin, Mascolo, Benet, Mitterrand, Munier, chef des corps francs, se rencontrent souvent dans l'appartement familial des Antelme rue Dupin où vit la sœur de Robert, Marie-Louise, dite Minette. Marguerite vient rarement à ses réunions, où d'ailleurs elle n'est pas conviée. Elle accomplit son travail d'agent de liaison et collabore très vite au journal du MNPGD. « Je ne me suis pas engagée, dira Marguerite interrogée par son fils [32]. On a été embarqué. On n'a pas été des héros. La Résistance est venue à moi. On était d'honnêtes gens. » Marguerite trouve naturels tous ces gestes : transmettre des lettres, cacher des documents dans son appartement. Elle n'a pas peur et ne considère pas ses actions comme exceptionnelles. Dans la vie de Marguerite, la Résistance se divisa en deux périodes très différentes : la première lui apparaît banale et tranquille au regard de la seconde où la peur la tenailla en permanence et où l'angoisse l'empêchait de respirer. Il y eut un avant et un après. L'arrestation de Robert fit basculer sa vie et transforma sa vision du monde.

Robert travaille toujours au cabinet de Pucheu où il est attaché contractuel puis rédacteur. Il profite de ses fonctions pour faire disparaître des listes de personnes recherchées, dont de nombreux communistes. En octobre 1943, Mitterrand propose à ses compagnons de résistance de créer un journal clandestin qui s'appellerait *L'Homme libre*. À la Toussaint, il fait comprendre à ses amis les plus proches qu'il se prépare à partir pour Londres : « Je guette l'avenir et je me prépare corps et âme à m'introduire dans le siècle. Des hommes croient en moi et j'ai peur pour eux. Je ne crois en personne et cela me fait peur pour moi, mais la piste est exaltante, les progrès considérables, et par-dessus cette recherche qui est mienne, il y a ce qu'on appelle la politique tactique et la stratégie, jeu des hommes et intelligence des choses qui m'absorbent et m'enchantent [33]. » Les réunions se multiplient chez la sœur de Robert, rue Dupin. Benet et Mitterrand désormais y habitent. Mitterrand se souviendra de cette chaude amitié qui le liait à ce groupe. Il appréciait beaucoup Marie-Louise. Ces jeunes gens étaient généreux, enthousiastes et surtout cultivés. Et cela le fascinait. Car rue Dupin, on parlait autant de Stendhal et de Faulkner que du front russe et des avancées militaires. Dans la nuit du 15 au 16 novembre 1943, Mitterrand se rend à Londres. Quatre jours auparavant il a échappé à la Gestapo venue l'arrêter à son domicile-bureau à Vichy. De Londres, il rejoint Alger, le 3 décembre 1943. Il est reçu par le général de Gaulle. Une fiche, préparée pour la rencontre, le présente comme un personnage douteux. Mitterrand demande à de Gaulle de lui confier la direction du réseau Charrette. De Gaulle refuse et lui propose de se battre soit dans le corps expéditionnaire d'Italie soit comme parachutiste. « Il a refusé les deux propositions. Je l'ai congédié. Nous n'avions plus rien à nous dire [34]. »

Rue Dupin, on parle des nuits entières. Rue Saint-Benoît, on travaille. Marguerite rédige difficilement la fin de son manuscrit. Elle voit Lafue qui l'encourage et aussi Desnos, Queneau. Elle le fait lire à Robert et à Dionys, qui toujours ironise sur la lourdeur de son style et l'influence encore trop prégnante de la littérature américaine. « Elle m'écoutait.

Je lui faisais des observations surtout techniques », dit-il. Robert, lui, protège Marguerite et lui permet de trouver la force de continuer. Depuis 1941, pour Robert, c'est une affaire entendue : Marguerite possède un talent littéraire certain qu'elle ne doit pas gâcher en s'encanaillant dans une littérature trop féminine, version petite-bourgeoise feuilletonesque. Robert lui demande l'exigence, la pureté, la force. Il croit en Marguerite et pense qu'elle deviendra un grand écrivain, si elle ne s'abandonne pas aux démons de la séduction et d'un narcissisme qui rôde déjà. Dionys, lui, adopte plutôt le ton du sarcasme, de la défiance. Certes, il est impressionné par son obstination mais n'est sensible encore ni à son style ni à sa vocation d'écrivain. Entre eux, les choses se passent ailleurs que sur le terrain intellectuel ; c'est le jeu du chat et de la souris. Lui, c'est le chat lové contre lui-même, griffant si nécessaire, n'ayant besoin de personne et pas même de Marguerite qui en souffre. Entre eux, c'est la guerre. La guerre « extérieure » est leur accompagnement. Dans le huis clos de leurs rencontres, se joue l'amour à mort. « Je l'ai prise comme pour la tuer, comme si j'allais la tuer par la hache », note Dionys dans son journal[35].

« Marguerite m'a révélé, me dira Dionys, que l'amour physique était un art, qu'il n'y avait pas d'école de gravité et de tragique plus profonds. » Marguerite a gagné : Dionys est enfin devenu son unique amant. « Nous n'étions plus alors du tout dans la frivolité. Nous n'aurions pas supporté que l'autre ait une aventure à cette période. » Marguerite et Robert continuent à vivre ensemble l'amour-amitié. Marguerite n'a choisi ni de dire à Robert ce qui lui arrivait, ni de le quitter.

De Marguerite à Dionys, 23 octobre 1943 :

J'ai dit à Robert que je dînerai avec vous. Il a dit que ce n'était pas gentil. Cela lui ferait plaisir de dîner avec vous. Si cela ne vous dit rien, je vous verrai demain rue de Seine.

De Marguerite à Dionys :

28.11.43

Le chat gratte à la porte. Je suis assise par terre. Je ne suis pas une menteuse. Bien sûr, je mens mais en vivant loin de toi.

Fin février 1944, à son retour d'Alger via Londres, Mitterrand reprend tout de suite contact avec Jacques Benet et

Robert Antelme. Il loge de nouveau rue Dupin. Il se cache sous d'autres pseudonymes. Le 12 mars, les représentants des trois grands mouvements de prisonniers de la Résistance française se rencontrent et décident de fusionner en une seule organisation qui s'appelle désormais Mouvement National des Prisonniers de Guerre et Déportés. Mitterrand prend la tête de ce mouvement reconnu officiellement. Marguerite évoquera cette période « où nous étions jeunes », en 1986 avec Mitterrand, au cours d'une conversation publiée dans le premier numéro de *L'Autre Journal*[36]. Hantise, peur, angoisse, excitation, sueur au front, battements de cœur aux vérifications d'identité, maîtrise de soi-même aux barrages allemands. « Je ne dis pas que ça prouve qu'on était héroïque, ça prouve qu'on y prenait intérêt, on aimait bien ça », dit-il à Marguerite, qui lui rétorque : « On était bâti comme tout le monde, on était fait comme tout le monde. »

La pression dès avril 1944 se fait de plus en plus forte autour du noyau du mouvement. Délations, trahisons ? Les miliciens et les gestapistes traquent le groupe et semblent avoir des renseignements de plus en plus précis sur les caches et les lieux de rendez-vous. Le 1er juin est une journée noire. Le matin doit se tenir à Paris, avenue Charles-Floquet, une réunion importante du mouvement. On sonne à la porte de l'appartement. Mitterrand ouvre. Un homme demande à parler à Jean Bertin en l'appelant par son pseudonyme de résistance, Berard. Confiant, Mitterrand va chercher Bertin. Celui-ci s'avance jusqu'à la porte ; l'homme braque un revolver et lui intime l'ordre de le suivre. Par la fenêtre, ses amis impuissants l'aperçoivent dans la rue, blême, escorté de l'homme qui voulait lui parler. D'abord incarcéré à la prison de Fresnes où il est maltraité, Bertin, en août, est déporté en Allemagne. Mitterrand et les autres arrivent à s'enfuir. « Il y avait indubitablement de la trahison dans l'air, me dira Mitterrand en 1995, j'avais bien des soupçons mais il était impossible d'accuser car je n'avais aucune preuve. Simplement, je me méfiais de plus en plus, y compris de certains membres du groupe[37]. »

Une autre réunion devait avoir lieu le même jour rue Dupin à dix-huit heures. Marie-Louise, Robert, Paul Philippe et son épouse, Jean Munier alias Rodin sont déjà dans l'appartement et attendent leurs compagnons. Beauchamp a rendez-vous avec Mitterrand devant la brasserie Lipp. Ils doivent se rendre ensemble à pied rue Dupin. Mitterrand, qui, à l'époque, n'était pas encore coutumier de ses retards légendaires, n'arrive pas. Beauchamp piétine, s'impatiente, fait les cent pas. Marguerite est chez elle à quelques centaines de mètres. Elle n'a pas été conviée à cette réunion. Mascolo part à pied de chez sa mère, avenue du Maine, pour rejoindre ses amis. Jean Munier ne se sent pas bien. Il tourne en rond dans l'appartement. « J'ai toujours eu un pressentiment », me dira-t-il en 1996. Mitterrand arrive essoufflé devant le Flore et glisse à Beauchamp : « N'y va pas. Je viens de téléphoner. Une femme m'a répondu d'une voix cérémonieuse : Monsieur, vous faites une erreur. J'ai reconnu la voix de Marie-Louise. Attends-moi. Je téléphone encore. » Dans l'appartement des Antelme, règne un silence de mort quand, pour la seconde fois, la sonnerie du téléphone retentit. Quelques minutes auparavant Munier a vu par la fenêtre sur le trottoir d'en face un grand homme en civil accompagné de deux policiers. Il sent le danger, dévale les escaliers. Au pied de l'immeuble des policiers l'arrêtent et lui demandent ses papiers. Il leur répond par un coup de poing, prend la fuite et court à perdre haleine avant de se poster au début de la rue et de prévenir ses camarades du piège qui leur était tendu. Il aperçoit deux voitures de la Gestapo quelques instants plus tard. Robert Antelme et Paul Philippe sortent encadrés par les policiers. Mme Philippe est consignée dans l'appartement avec Minette. Mitterrand rappelle d'une cabine publique, boulevard Saint-Germain. Beauchamp fait le guet. La voix de Marie-Louise cette fois est sèche, coupante : « Mais, monsieur, je vous ai déjà dit que vous faisiez une erreur. » Alors Mitterrand comprend. On apprendra plus tard que l'homme de la Gestapo demandait à Marie-Louise d'encourager son interlocuteur à venir le plus vite possible les rejoindre. Munier évite à plusieurs camarades, dont Bettencourt, de tomber dans le piège. Mascolo est prévenu devant le Bon Marché. Il court rue Saint-Benoît pour chercher des listes de noms et des plans qu'il avait cachés dans la cheminée. Il prend aussi au passage son revolver qu'il planquait sous un fauteuil et qu'il jette discrètement dans un égout. Le matin même, Georges Beauchamp avait remis à Robert Antelme les plans d'une usine d'armement allemande. Robert a réussi à avaler le plan avant l'interrogatoire.

Paul Philippe et Marie-Louise sont déportés. La femme de Philippe est emprisonnée puis libérée quelques mois plus tard. Elle n'était pas juive... Philippe survécut à la déportation. Marie-Louise ne reviendra pas. Déportée à Ravensbrück, elle mourra, après la libération du camp, épuisée, sans avoir la force physique de rentrer en France. Robert est interné à Fresnes puis, le 17 ou le 18 août, transféré à Compiègne d'où l'un des derniers convois l'enverra à Buchenwald. Par le miracle de l'amitié, du hasard et du destin il reviendra. Vivant parmi les vivants, libre, ayant vécu l'expérience des limites, et redéfinissant grâce à son livre, *L'espèce humaine*, l'indestructible noyau de ce qui nous fonde face au monde. Un mois auparavant, la revue *Littérature* avait publié de lui quatre poèmes extraits d'un projet de recueil ayant pour titre : *Les mains aux grilles*. On ne peut les lire sans y déceler un obscur pressentiment. Dans l'un deux, intitulé « Monologue du sang », Robert Antelme écrit :

Je suis la moitié de la terre
Je ne sais ce qu'est le néant,
Car j'appartiens,
Et on me garde :
Peut-être je suis un vivant.
J'étais tranquille en ma prison,
Ce fut un jour un homme
Qui se trempa dans tout mon nom
Pour montrer aux autres un autre homme.
À peine je me souviens de lui ;
Sorti de la prison, j'avais gagné, dit-on, la liberté :
Alors je coulais.
Je ne sus que couler,
Ce fut ma plus dure épreuve [38].

Mitterrand appelle, le soir du 1er juin, Marguerite rue Saint-Benoît. Il lui dit qu'il y a le feu là où elle se trouve, que ce feu se propage très vite et qu'il faut qu'elle parte dans les dix minutes. Elle descend et le retrouve rue de l'Abbaye. « Je vous ai regardé et je suis partie par la rue de l'Université. C'est seulement aujourd'hui, dira Duras à Mitterrand quarante ans plus tard, que je comprends que vous m'indiquiez où il fallait éviter d'aller et où il fallait aller. Vous barriez la direction de la rue Saint-Benoît. C'est aujourd'hui que je lis clairement ce que signifiait votre corps arrêté au milieu de la rue, quarante ans après. J'ai obéi sans avoir conscience [39]. » Tard dans la soirée, Mitterrand retrouve Rodin qui lui raconte par le détail ce qui s'est passé rue

Dupin. Mitterrand fait le rapprochement entre l'homme venu le matin sonner à la porte, avenue Charles-Floquet, et celui qui a procédé à l'arrestation rue Dupin. C'est le même. L'homme a bénéficié de trahisons au sein du groupe. C'est lui qui connaît le mieux la filière et qui peut donc continuer à abattre les membres du réseau.

Marguerite tente auparavant de savoir où est enfermé son mari et se rend dans les bureaux de la Gestapo pour obtenir des renseignements. Quand elle arrive rue des Saussaies, une centaine de femmes piétinent depuis des heures, en proie à l'attente. Dans la queue, Marguerite voit une jeune femme enceinte tout habillée de noir. Les Allemands lui ont annoncé par courrier que son mari venait d'être fusillé et lui ont demandé de venir chercher ses affaires. Cela fait vingt heures que la jeune femme fait la queue. Dans quinze jours, elle doit accoucher. Marguerite, elle aussi, attend, un jour et une nuit, devant les bureaux de la Gestapo. En vain. On lui demande de revenir. Marguerite fait alors le guet dans les gares pour tenter d'apercevoir son mari dans un convoi. Elle écoute les rumeurs. Elle pense qu'il peut être à Fresnes. Elle prépare des colis et se rend à la prison, le 6 juin à l'aube. En compagnie d'une dizaine de personnes, elle patiente dans la salle d'attente de la prison. Au bout de quelques heures, les Allemands ferment les portes. On entend un bruit d'escadrilles au-dessus de Paris. Une alerte est déclenchée. « Ils ont débarqué ce matin à six heures », chuchote un jeune homme à Marguerite. Marguerite ne le croit pas. Elle lui dit : « Ce n'est pas vrai. Ne répandez pas de fausses nouvelles[40]. » Les Allemands font évacuer la salle d'attente. Il n'y aura pas de colis aujourd'hui. Marguerite rentre rue Saint-Benoît. Dionys Mascolo la rejoint. La voisine du dessus — Nicole, dix-sept ans, déjà résistante, ayant servi de boîte aux lettres pour leur groupe de résistants — les voit partir à vélo. Ils foncent de nouveau vers Fresnes, mais les colis de vivres sont suspendus. Elle ira à Fresnes plusieurs fois pour rien. Marguerite intervient alors auprès d'une de ses amies, secrétaire à l'Information et ancienne collègue de Robert Antelme, pour obtenir un permis de colis. Son amie lui dit d'aller rue des Saussaies. Elle attend trois, quatre jours avant de pouvoir pénétrer dans les bureaux de la police allemande. Arrivée enfin dans le bureau de l'homme dont le secrétaire du bureau des permis de colis lui a donné le nom et qui peut peut-être l'aider — un certain M. Hermann —, elle apprend qu'il est absent. Sa secrétaire l'autorise à revenir le lendemain matin. Il est encore absent. Son laissez-passer expire en fin de matinée :

Je vais perdre le bénéfice de quelque vingt heures d'attente. J'aborde un grand homme qui passe dans les couloirs et je lui demande de bien vouloir me faire prolonger mon laissez-passer jusqu'au soir. Il me dit de lui montrer ma fiche. Je la lui tends. Il dit : « Mais c'est l'affaire de la rue Dupin. »

Il prononce le nom de mon mari. Il me dit que c'est lui qui a arrêté mon mari. Et qui a procédé à son premier interrogatoire. Ce monsieur est X., appelé ici Pierre Rabier, agent de la Gestapo.

— Vous êtes une parente ?

— Je suis sa femme.

— Ah !... c'est une affaire embêtante, vous savez [41]...

La suite, Marguerite l'écrira dans un texte de *La douleur* intitulé *Monsieur X. dit ici Pierre Rabier*, quarante ans après, en prenant soin de préciser dans son avant-propos que tout ce qu'elle raconte est vrai jusque dans le détail, en précisant que, si elle n'a pas publié plus tôt ce texte, c'est par égard pour la femme et l'enfant de cet homme fusillé à la Libération.

Cet homme s'appelait Charles Delval. Le temps n'efface pas les blessures. Mme Delval a lu *La douleur* et a été choquée. Aujourd'hui, elle pense que Marguerite Duras a menti et qu'elle avait tout intérêt à le faire. Car l'affaire Delval est encore plus compliquée qu'elle n'y paraît. Ce n'est pas seulement une histoire de séduction, de piège, de trahison. C'est aussi une histoire de sexe, de mensonges, de filiation. Qui était dupe de qui ? Qui voulait séduire l'autre ? Il n'y eut pas qu'une malsaine attirance entre Marguerite Duras et Charles Delval, mais aussi un chassé-croisé amoureux Dionys Mascolo-Paulette Delval dès les premiers jours de la Libération. Cette histoire ressemble à un mauvais roman où les rebondissements semblent invraisemblables, les ficelles trop grosses, le mélodrame trop appuyé. Et pourtant, il s'agit d'une histoire vraie.

Lorsque Marguerite publia *La douleur* en 1985, elle expliqua qu'elle avait trouvé, au hasard d'une commande par la revue *Sorcières* d'un texte de jeunesse quelques mois auparavant, dans deux armoires de sa maison de campagne, des carnets rédigés pendant et juste après la guerre et dont elle avait oublié l'existence. Étonnée, elle les avait ouverts, découverts, lus plutôt que relus, tant la volonté d'oubli avait fait son travail. Elle avait été si émue par leur lecture qu'elle en avait pleuré. Fallait-il pour autant les rendre publics ? Elle avait hésité. Elle avait demandé conseil à son ami éditeur, Paul Otchakovsky-Laurens, qui lui conseilla de les publier, augmentés de textes postérieurs [42]. Certains critiques contestèrent la véracité de cette histoire. Marguerite aurait inventé ces carnets pour se dédouaner et les aurait entièrement écrits au début des années 80. Marguerite a tant raconté d'histoires que maintenant on ne la croit plus. Pourtant, les carnets existent.

Aujourd'hui abîmés par le temps, écornés, ces carnets à l'écriture serrée sont conservés à l'IMEC. Ils ruinent les hypothèses de certains qui, lors de la publication de *La douleur*, ont cru à une mise en scène de l'auteur. Pour autant, ce texte n'est pas la transcription de ces carnets de guerre. Une première version a bien été écrite en 1945. Une autre, retravaillée, fut rédigée en 1975. Une dernière version fut « recouturée ». Ajouts, reprises, surfilages abondent comme en couture. Paul Otchakovsky-Laurens confirme que Duras a travaillé et repris le texte jusqu'au moment de sa mise en fabrication. L'état des épreuves avec leur multitude de corrections en témoigne. Duras ne voulait pas qu'on appelle *La douleur* « écrit ». Ce texte, qu'elle considérait comme une des choses les plus importantes de sa vie, connut une lente maturation. *La douleur* n'est pas son journal transcrit tel quel, comme elle l'a affirmé dans sa préface. Ce n'est pas la reproduction pure et simple de ces pages qui témoignent « d'un désordre phénoménal de la pensée et du sentiment » et dont elle affirme qu'elle n'a pas osé les toucher [43]. C'est une recomposition littéraire, une traversée dans le temps, une mise à l'épreuve d'elle-même.

Le premier carnet de *La douleur* est beige. C'est un cahier d'écolier entièrement écrit à la main, très peu raturé, mais souvent barré. Le second cahier, gris, mélange des fragments érotiques de *Théodora* avec le tout début de *La douleur*. En tout, quatre carnets le plus souvent manuscrits, certains fragments d'abord écrits à la main sont retapés à la machine. Deux encres sont utilisées. On y trouve des fragments de journal intime, des ébauches de texte — amorces des *Petits chevaux de Tarquinia* ou embryon de ce qui deviendra *Madame Dodin*, des pages entières du *Barrage contre le Pacifique*. L'histoire de X. dit Rabier ne figure pas dans ces carnets de *La douleur*. Marguerite l'a ajoutée au moment où elle décida de publier le livre. Dans la composition du volume, ce chapitre lui est apparu comme nécessaire.

Marguerite a donc attendu quarante ans pour consigner ce qui s'était passé. Le temps a brouillé sa mémoire. Elle raconte ce dont elle se souvient et sélectionne ce qu'elle veut bien transmettre. D'autres témoins ont pu donner leur version des faits qui n'est pas forcément celle que Marguerite a retenue de ce drame, qui se soldera par la mort d'un homme. L'histoire de Rabier-Delval éclaire aussi, sous un jour cruel, la complication de sa relation amoureuse avec Dionys. Marguerite a hésité avant de publier ce texte de *La douleur*, qu'elle rédigea en 1984, après la découverte des cahiers de la guerre. Retrouver ces écrits lui a donné le désir d'écrire encore sur la période. Dans le doute, elle a publié. « Reste ceci que l'on peut se demander : pourquoi publier ici ce qui est en quelque sorte anecdotique ? C'était terrible, certes, terrifiant à vivre, au point de pouvoir en mourir d'horreur, mais c'était tout, ça ne s'agrandissait jamais, ça n'allait jamais vers le large de la littérature. Alors ? » Alors, elle a cru que le temps la dédouanerait — que le fait de ne pas avoir donné à Monsieur X. sa véritable identité l'exonérerait. Et puis, comme elle dit, « on est vieux déjà, même si on les apprend, ces faits, ils ne blesseront plus comme ils auraient fait avant, quand on était jeunes[44] ». Alors Marguerite a conçu, construit, imaginé un Monsieur X. qui n'était pas forcément le reflet de ce qu'était Delval. Mais Marguerite s'est trompée sur le temps qui soi-disant efface les souffrances. Mme Delval est aujourd'hui une vieille dame qui a été blessée par la publication de *La douleur*. Marguerite dira avoir eu des égards pour elle. Là-dessus aussi, elle s'est trompée. Elle a bafoué son honneur et sa dignité.

Revenons à l'histoire pour tenter de démêler l'écheveau. 6 juin 1944 : première rencontre Delval-Marguerite rue des Saussaies. 7 juin 1944 : deuxième rencontre dans un couloir de la rue des Saussaies. Marguerite n'a pas rendez-vous avec lui. Elle tombe sur lui. « Il tient dans ses bras une femme à moitié évanouie et d'une grande pâleur, ses vêtements sont trempés[45]. » Delval donc s'avance vers elle dans ce couloir des bureaux de la Gestapo et commente l'arrestation de la veille. Il parle de réseaux de résistance, de plans qu'il aurait trouvés sur la table dans l'appartement, lui demande si elle savait, si elle connaissait les amis de son mari : « Je dis que je les connaissais mal ou pas du tout, que j'écrivais des livres, que rien d'autre ne m'intéressait[46]. » Delval dit qu'il le sait, « qu'il a même trouvé deux romans de moi sur la table lorsqu'il l'a arrêté, il rit, il les a même emportés ». Delval ment-il pour la flatter ? Marguerite en rajoute... Pourquoi va-t-elle chercher cette histoire de ses deux romans publiés ? Le livre *Les impudents* était peut-être rue Dupin, mais *La vie tranquille* était encore à l'état de gestation ! Delval-Rabier se veut cultivé et lui parle en connivence. Il se sent honoré d'avoir trouvé une interlocutrice du milieu intellectuel auquel il rêve d'appartenir. Marguerite espère, par lui, toucher son mari, le protéger, et peut-être le faire sortir.

Comme François Mitterrand me le confirmera[47], Marguerite se trouve alors dans un état d'abattement, de nervosité et d'angoisse profonds. Nicole Courant, la petite voisine, la trouvait, elle, à l'époque, « très fébrile ». Mitterrand se sent responsable de l'arrestation d'Antelme. Jacques Benet aussi, qui l'a fait entrer dans le réseau. Mascolo, qui habite chez sa mère et rend visite tous les jours à Marguerite, se souvient lui aussi de l'état second dans lequel survivait Marguerite. Elle ne s'alimente plus et perd le sommeil. Toutes les nuits, ils arpentent les quais de gare afin d'apercevoir des convois. Pour des raisons évidentes de sécurité, Mitterrand lui demande de couper les liens avec les membres du réseau. Elle ne voit que Dionys qui, quand il ne se trouve pas à ses côtés, lui téléphone souvent. Trois semaines se passent. La Gestapo n'étant pas venue perquisitionner rue Saint-Benoît, Marguerite contacte Mitterrand et lui demande de retravailler. Mitterrand accepte et lui propose de faire l'agent de liaison. C'est au cours d'un rendez-vous où elle doit mettre en contact deux membres du MNPGD — Godard et Duponceau — devant la Chambre des députés qu'elle tombe de nouveau, et par hasard, sur Delval-Rabier. « Je souris à Rabier, je lui dis : " Je suis bien contente de vous rencontrer, j'ai cherché plusieurs fois à vous voir à la sortie de la rue des Saussaies. Je suis sans nouvelles de mon mari. " » Marguerite donnera trois versions de cette rencontre[48]. Le sentiment qui la domine est la peur. Delval est-il au courant de ses activités de résistante ? La Gestapo va-t-elle tous les trois les arrêter ? Marguerite doit présenter Godard à Duponceau. Elle s'approche de Godard au moment où surgit Delval. Les deux hommes s'immobilisent pendant le temps — interminable — de la conversation badine que noue Delval avec Marguerite. « Je dois être verte. Je serre les mâchoires pour m'empêcher de claquer des dents. On dirait que Rabier ne le voit pas. Pendant dix minutes, il parle. Des gens passent et s'arrêtent[49]. » Dans *La douleur*, Marguerite se souvient de sa voisine, Mme Bigorrie, et de son fils qui passaient par là. Dans *L'Autre Journal*, elle dira aussi avoir rencontré Mitterrand ce jour-là, par hasard, alors qu'elle était en conversation avec Delval-Rabier. Mitterrand était à vélo. Il raconte : « Vous parliez avec lui, vous étiez debout sur le trottoir. Moi j'arrive à bicyclette, je ne savais pas que vous étiez là. Je vous vois parlant à quelqu'un, je descends de vélo (à l'époque je faisais ça en acrobate) et je dis : " Bonjour, Marguerite, comment ça va ? " Je vous vois un peu... embarrassée. C'était Rabier... » Mitterrand dit qu'il se souvient très précisément de ce moment-là. Mais Mitterrand vient alors de lire *La douleur* et sa mémoire est brouillée par le récit. Car ce jour-là, il n'est pas passé devant la Chambre des députés. Heureusement pour lui, car Delval-Rabier, qui détenait sur le chef du réseau un dossier assorti de photographies, l'aurait peut-être reconnu et arrêté. Marguerite sait que Mitterrand se trompe, mais n'ose le contredire : « Dans *La douleur*, je ne parle pas de vous mais de ces deux hommes que j'étais chargée de mettre en liaison. »

Ces événements lointains, si chargés d'intensité dramatique, ont été magnifiés, reconstruits par les intéressés. Mitterrand comme Marguerite auront la tentation de forcer le trait, de prendre un peu la pose et de reconstituer le puzzle compliqué de la réalité en grossissant l'importance de certains faits, voire en les réinventant quarante ans après. Dans les *Mémoires interrompus*, Mitterrand dit, à propos de Marguerite, qu'un certain jeu du chat et de la souris s'était instauré entre Delval et elle. Qui a commencé cet étrange jeu pervers ? Delval ou Marguerite ? Mitterrand a-t-il insisté auprès d'elle, comme elle l'a déclaré, pour qu'elle voie régulièrement Delval ? Dans l'entretien que j'ai pu avoir avec lui, en juin 1995, il n'était pas aussi affirmatif que dans *L'Autre Journal* sur la décision qu'il aurait prise, en tant que chef de réseau, pour que Marguerite continuât à voir Delval. Il lui semblait que c'était elle qui l'avait demandé et qu'il avait accepté. « C'était normal, elle voulait tant par Delval pouvoir obtenir des nouvelles de son mari. »

Que s'est-il passé entre Marguerite et Delval ? Une liaison ? Certains de ses amis de la Résistance en sont aujourd'hui persuadés. Pour Mitterrand, cela paraissait plausible. Mais rien ne lui permettait de l'affirmer. Et puis, là n'était pas l'important : « Marguerite était une amie loyale. » Nul ne le saura jamais. Pour Mme Delval, il ne s'est rien passé. Son mari lui a rapidement parlé de ces rendez-vous au restaurant avec une jeune intellectuelle exaltée qui demandait à le voir. Il l'avait prise en pitié, affirme Paulette Delval : « Il me disait qu'elle était très maigre et qu'il lui offrait des repas dans des restaurants où la nourriture était abondante[50]. » Paulette savait que son mari était pro-allemand. Il ne s'en cachait pas, mais elle ignorait qu'il travaillait avec la Gestapo et qu'il arrêtait des résistants. Pour Georges Beauchamp, compagnon d'armes de Mitterrand, Marguerite a joué avec le feu et elle a aimé cela. Pour Jean Munier, chef des corps francs, chargé par Mitterrand de protéger ces rendez-vous, Marguerite a tenté le diable.

D'après les témoignages recueillis, il semble aujourd'hui établi que Marguerite créa, de sa propre initiative, ce lien avec Delval. Dans *La douleur*, elle écrit : « Je l'ai souvent fait par la suite, j'insiste pour le revoir, avoir un rendez-vous avec lui. » Pour Marguerite, Delval représente à la fois le geôlier et l'hypothétique sauveur. Elle sait que les jours de Robert sur le territoire français sont comptés et qu'il va être déporté en Allemagne. Delval lui donne quelques informations capitales : Robert est à Fresnes mais risque d'être emmené ailleurs. Marguerite se rend souvent à Fresnes pour apercevoir son mari. Elle tente de soudoyer Delval afin qu'il lui transmette un paquet. Delval lui fait croire qu'il le peut. Delval ment ; il se ment à lui-même. Il exagère son importance. Il ne détient pas d'informations. Il fait croire. C'est un faiseur. Marguerite ne le sait pas et ne veut pas le savoir. On la comprend. Elle s'accroche à lui. Elle veut croire que Delval peut agir sur la situation. Elle prend donc les devants. Mais elle en avertit auparavant Mitterrand à qui elle demande : dois-je continuer à le voir ou dois-je décider de ne plus le revoir ? Et Mitterrand se rend compte que Marguerite est perdue, qu'elle hésite, qu'elle ne sait plus. Elle s'en remet au groupe. Mitterrand confirme : « Vous étiez disciplinée, vous avez demandé : " Dites-moi ce que je dois faire. " À l'époque ça m'avait même un peu surpris. Ce n'était pas votre genre. Vous m'aviez posé la question non par rapport à votre sécurité mais parce qu'à travers vous on tenait un fil qui pouvait en relier d'autres[51]. » Mitterrand organise une délibération au terme de laquelle il est décidé que Marguerite peut continuer à voir Delval, mais qu'elle doit bénéficier d'une protection militaire du réseau. Marguerite appât. « On vous a fait un devoir de continuer à le voir », affirme en 1986 Mitterrand dans *L'Autre Journal*[52]. Ce que conteste Georges Beauchamp. « François Mitterrand n'a jamais intimé l'ordre à Marguerite Duras de voir régulièrement Delval. François trouvait même cela inquiétant. Munier assurait la protection avec ses gars. Ils auraient pu tirer dans le tas et Munier n'aurait pas pu l'empêcher. Mais Mitterrand acceptait car il pensait à la vie de Marie-Louise et de Robert Antelme. Delval n'a jamais vu en Marguerite un membre de notre mouvement. Il voyait en elle une jolie fille à qui il pouvait donner des rendez-vous galants[53]. »

Ces rendez-vous furent nombreux. Pas tous les jours, comme elle dit dans *La douleur*, mais une, deux fois par semaine. Delval appelle en fin de matinée, toujours pour le jour même. Donc Marguerite attend les coups de téléphone de Delval, devient sa captive. Il me tient, écrit Duras dans *La douleur*. Dionys se souviendra de cette période ; la jeune voisine, Nicole, aussi. Delval lui distille quelques informations. Des nouvelles directes de Robert, Marguerite n'en aura jamais. De vagues rumeurs oui, auxquelles elle s'accroche. Elle entend dire par lui que, de Fresnes, certains prisonniers seront transférés à Drancy. Un soir, elle téléphone de Fresnes à Dionys qui se trouve rue Saint-Benoît. Elle lui demande de se rendre de toute urgence à la gare de l'Est avec des cigarettes, du sucre. Elle vient d'apprendre par des femmes de prisonniers que Robert risque de faire partie d'un convoi. Dionys fait appel à Nicole. Ils partent comme des fous en vélo à la gare. Et n'apercevront pas Robert. Mais celui-ci sera bien transféré à Compiègne. Delval finit par lui lâcher l'information. Quand ? On l'ignore. Elle aperçoit le 17 ou le 18 août au matin Robert dans un autobus qui sort de Fresnes. Elle le voit sur la plate-forme. Marguerite court avec les autres femmes de prisonniers en agitant les mains. Il est avec d'autres, encadrés par des soldats en armes. « Je cours, je demande où ils vont. Robert crie. Je crois entendre le mot " Compiègne "[54]. » Marguerite supplie Delval. À l'époque ils se voient tous les jours. Delval finit par murmurer le nom d'une secrétaire de l'administration pénitentiaire de

Compiègne qui accepterait des cadeaux. Marguerite, le lendemain, donne une bague en or avec une topaze à Delval. Elle ne rencontrera jamais la femme et ne reverra jamais la bague. Robert ne recevra jamais ni à Fresnes ni à Compiègne les colis qu'elle lui préparait.

Georges Beauchamp la met de plus en plus en garde contre ce Delval. Jean Munier se souviendra des rendez-vous de Delval et de Marguerite. Mitterrand lui indiquait le lieu oralement. « Le premier rendez-vous eut lieu boulevard Saint-Germain. J'ai vu arriver une femme petite avec un visage agréable. Un jour à la fin d'un de ses rendez-vous, elle m'a dit : " Delval m'a questionnée aujourd'hui à votre sujet. Il m'a demandé : qui a donné un grand coup et s'est enfui lors de l'arrestation rue Dupin [55] ? " » Pour Jean Munier, qui observe patiemment le manège de Delval pour protéger Marguerite pendant le temps des rendez-vous, c'est l'évidence même : « Delval était amoureux d'elle. Dans ces restaurants où ils déjeunaient et buvaient abondamment, ils donnaient tous deux l'impression d'être un couple qui s'entendait très bien. Lui, élégant, classique, bien habillé, avec des lunettes cerclées d'or, était le type même du bourgeois cossu [56]. » Munier se demandait qui allait manger l'autre. Avec le recul du temps, il pense qu'ils se sont pris au jeu tous les deux. « Mitterrand m'avait dit : " Je lui fais confiance mais il est nécessaire de la protéger. " Un jour à la fin d'un rendez-vous, Marguerite, défaite, vient vers moi et me dit tout bas : " J'ai bien failli franchir le Rubicon. Je n'y retournerai pas. " » Dans *La douleur*, Marguerite Duras dira avoir tenté plusieurs fois de rompre avec lui. En vain. « Toujours cette peur insurmontable d'être définitivement coupée de Robert, mon mari. »

Les nouvelles n'arrivent toujours pas. Delval ne dit rien du sort de Robert ni de celui de Marie-Louise, ni des autres camarades qu'il a lui-même arrêtés rue Dupin ! Sait-il d'ailleurs quelque chose ? Delval est-il vraiment l'homme dont nous parle Marguerite ? N'exagère-t-elle pas son rôle ? C'est l'hypothèse qu'avancera Beauchamp, qui continuera à désapprouver ces rendez-vous et en fera part à Mitterrand. Benet se rallie à Beauchamp : en tout état de cause, l'histoire Delval mobilise trop d'hommes du réseau et, si Delval est bien un homme important rue des Saussaies, alors Marguerite n'est pas assez sûre, discrète, bien trop exaltée pour savoir mener à bien ce double jeu. François Mitterrand se pose des questions. Il reste très prudent, témoigneront Beauchamp et Munier ; il prend d'infinies précautions. La suspicion devient en effet une nécessité vitale. Le MNPGD a reçu un coup sévère. La plupart des réseaux épuisés, démantelés, sont à bout de souffle. À chaque rendez-vous, il envoie d'abord à sa place un agent de liaison qui déplace systématiquement l'heure et le lieu. Il arrive même qu'un second agent redéplace ce rendez-vous déjà décalé. Mitterrand sait qu'il y a un mouton dans le réseau, soupçonne un membre du groupe. Certains des rendez-vous auxquels celui-ci assiste sont suivis d'arrestations. Mais lui reste libre... Jusqu'où la délation a-t-elle gangrené le groupe ? Mitterrand l'ignore et se méfie. L'histoire Delval-Marguerite lui pèse et lui impose de nombreux déplacements, donc des risques supplémentaires. Les insinuations d'une liaison entre Delval et Marguerite se font insistantes.

Mitterrand défend Marguerite qui, de son côté, commence à comprendre que Delval lui ment sur l'importance de ses activités. « Je crois qu'il est allé jusqu'à croire qu'il pouvait faire que mon mari revienne, cela pour me garder moi », avouera-t-elle[57]. Pour Marguerite, il y eut deux périodes dans l'histoire Delval : la première s'étend de l'arrestation de Robert jusqu'à la réunion où le groupe lui demande de rédiger une lettre à François Mitterrand dans laquelle elle promet sur l'honneur de « tout faire pour permettre au mouvement d'abattre Rabier avant que la police de la France libérée ne s'en empare, cela dès qu'elle saura son mari et sa belle-sœur hors de la portée de celui-ci ». Cette première période est dominée par la peur. Atroce, écrasante. La seconde s'étend de la rédaction de cette lettre que Dionys fit parvenir à Mitterrand, jusqu'à l'arrestation de Delval à la Libération. « C'est celle de cette même peur, certes, mais qui parfois verse dans la délectation d'avoir décidé de sa mort. De l'avoir eu sur son propre terrain, la mort[58]. »

Marguerite rédige donc cette lettre — signe ostensible de la méfiance qu'éprouve le groupe vis-à-vis d'elle — et continue à aller aux rendez-vous de Delval le cœur battant. Quand Marguerite arrive, Delval est toujours là. Il l'attend. Sur le trottoir d'en face, ou dans la rue d'à côté. Il la voit arriver. Jamais elle ne le trouvera à l'intérieur. Un jour, c'est au Flore qu'il lui donne rendez-vous. Elle a eu le temps de prévenir le réseau. Deux membres du groupe surveillent. Il sort de son cartable un revolver, des menottes, au vu et au su de tout le monde. Il place ces objets sur la table, rouvre le cartable, en extrait un paquet de photographies, en choisit une qu'il pose devant Marguerite. « Je regarde la photo. C'est Morland. La photo est très grande, elle est presque grandeur nature. François Morland me regarde lui aussi, les yeux dans les yeux, en souriant. Je dis : " Je ne vois pas. Qui c'est ? " Je ne m'y attendais pas du tout. À côté de la photo, les mains de Rabier. Elles tremblent. Rabier tremble d'espoir parce qu'il croit que je vais reconnaître François Morland. » Delval lui met le marché en main : la liberté dans la nuit pour Robert Antelme si elle lui donne Morland-Mitterrand. « Je dis : " Même si je le connaissais, ce serait dégoûtant de ma part de vous donner des renseignements pareils. Je ne comprends pas comment vous osez me demander ça[59] ". »

Marguerite prévient tout de suite Dionys qui prévient Mitterrand qui prévient Beauchamp, Munier et les autres. La possibilité de liquider Delval est évoquée au cours d'une réunion. Mitterrand demande à Marguerite de lui décrire les photographies. Il établit qu'elles ont été volées lors de l'arrestation de la rue Dupin. Il y a des portraits de lui réalisés au studio Harcourt et une série prise lors du mariage de Bernard Finifter à Toulouse. Sur ces photographies il y a non seulement Mitterrand, mais aussi Danièle Gouze, sa future femme, et plusieurs amis, presque tous des clandestins. Delval a donné la série à la Gestapo. Il faut abattre Delval. Plusieurs plans sont élaborés. Marguerite ne les connaîtra pas tous. Dionys se propose. Avec des membres du réseau, il met au point un système permettant de le tuer en toute impunité. Il lui faut des possibilités de fuite, une place dégagée. Pas de chance, les lieux de rendez-vous que Delval fixe à Marguerite sont des encoignures de rues sans dégagement. Dionys alors imagine de tuer Delval rue Saint-Benoît. Mais Delval ne tombe pas dans le piège de Marguerite qui l'invite plusieurs fois à monter. L'étau se resserre autour du groupe du MNPGD. Le 20 juin à Vichy, un membre du réseau, Pierre Coursal, est arrêté et violemment passé à tabac. Mitterrand demande à Danièle de quitter Paris et de rejoindre Cluny où elle doit se cacher. Les photographies que possède Delval la mettent, elle aussi, en danger.

Depuis le débarquement, les Allemands se montrent de plus en plus nerveux, et les résistants s'interrogent sur le sort qu'ils vont faire subir aux prisonniers. Vont-ils hâter leur déportation vers l'Allemagne ou les exécuter ? Marguerite note dans son journal : « ... Je ne peux plus porter ma tête... Ce n'est plus une tête mais un abcès... S'il revient nous irons à la mer c'est ce qui lui ferait le plus plaisir. Je crois que de toute façon, je vais mourir. S'il revient, je mourrai aussi[60]. » Depuis que Marguerite a appris que son mari avait été transféré de Fresnes à Compiègne, gare de triage qui fournissait les camps, elle n'éprouve plus d'états d'âme pour Delval. « Le temps presse tout à coup. J'ai peur de mourir. Tout le monde a peur de mourir[61]. » Elle dit à Dionys qu'il faut livrer Delval au réseau pour qu'ils puissent le tuer avant qu'il n'ait le temps de s'enfuir. Dionys a retrouvé en 1995 une carte de Marguerite rédigée ainsi : « Vous devez vous occuper de ce monsieur, il le faut. » La pression de Marguerite pour « s'occuper » de Delval devient forte. Elle en parle de manière insistante aux amis du groupe et donne tous ses lieux de rendez-vous avec Delval. Mitterrand a des choses plus urgentes à régler. « C'était la débandade générale à l'époque dans la plupart des mouvements de résistance, les chefs avaient été arrêtés ; les organisations étaient décimées », confirmera Mitterrand[62]. Le 7 juillet, Henri Guérin, proche de Mitterrand, est à son tour arrêté et interrogé au quatrième étage de la rue des Saussaies. La Gestapo lui montre des photos de Mitterrand, toujours la même série volée lors de l'arrestation de la rue Dupin. Guérin subit les tortures de la Gestapo, battu on le plonge dans une baignoire remplie d'excréments. Toutes les questions tournent autour de Mitterrand et de son réseau. Marguerite continue à voir Delval dans les restaurants du marché noir. Elle tente de le faire parler. Elle a moins peur de lui : « Déjà, il a moins d'importance. Il n'est plus rien. Il n'est qu'un agent de la police allemande. » Elle s'impatiente cependant que son groupe ne l'exécute pas. Dionys lui dit qu'ils essaieraient de l'abattre dans les jours qui viennent. « L'endroit était même prévu, boulevard Saint-Germain, je ne sais plus où précisément[63]. »

Dionys Mascolo n'arrivera pas à tuer Delval. D'ailleurs, l'a-t-il véritablement souhaité ? Il n'a pas cédé au désir de Marguerite et, lors de son arrestation, puis de son procès, il essaiera de ne pas trop l'accabler. Plusieurs tentatives élaborées par le groupe militaire du MNPGD échouèrent. L'une devant les Deux Magots, une autre dans une rue adjacente. « Nous, on n'était pas des tueurs », dira plus tard Mitterrand à Marguerite[64]. Il avait délégué trois hommes pour cette tâche. « Mais pour nous c'était grave. Delval était l'homme qui connaissait le mieux toute notre filière, c'était lui qui avait déjà arrêté quatorze de nos amis. On a donc décidé de l'abattre. » Comme le confiera à Mitterrand un spécialiste de ce genre de besogne qui veut garder l'anonymat, « Delval, c'était facile de le tuer mais il fallait aussi tuer la petite dame avec » : Marguerite l'a donc échappé belle.

Marguerite affirmera que l'histoire avec Delval dura trois mois. L'un des derniers rendez-vous eut lieu dans un restaurant du marché noir au carrefour de la rue Saint-Georges et de la rue Notre-Dame-de-Lorette, le 16 août 1944. Elle le raconte dans *La douleur* : le brouhaha de l'heure de pointe, les banquettes de moleskine, les clients, tous agents de la Gestapo. Delval-Rabier est un habitué. Il connaît tout le monde, il est sur son terrain, celui des collabos. Marguerite a honte et peur à la fois. « J'ai honte de me tenir auprès de Pierre Rabier Gestapo, mais j'ai honte aussi d'avoir à mentir à ce Gestapo, ce chasseur de juifs. La honte va jusqu'à celle d'avoir peut-être à mourir par lui. » Ce jour-là, un guet-apens a été organisé par Marguerite et Dionys. Marguerite a donné à son amant le lieu du rendez-vous. Il doit venir avec une amie, en mission de reconnaissance pour identifier Rabier. Dans *La douleur,* elle écrira : « Je les vois dans la rue poser leur vélo. C'est D. Pour le deuxième ils ont choisi une jeune fille. Je baisse les yeux. Rabier les regarde, puis il les quitte des yeux, il ne s'aperçoit de rien. Elle doit avoir dix-huit ans. C'est une amie. Je les verrais traverser un brasier avec moins d'émotion. »

L'amie a dix-huit ans. Elle s'appelle Nicole, c'est la fille de la voisine, Suzanne Courant. Elle se souvient très bien de ce jour-là. Dionys est monté la chercher et lui a demandé de l'accompagner à vélo pour aller protéger Marguerite. Ils ont traversé Paris. Nicole trouvait tout cela normal : elle était depuis le début de la guerre membre d'un réseau de résistance. Ce jour-là il faisait beau. Nicole n'avait qu'un problème : elle était pressée. Elle devait être le témoin de mariage d'une amie à trois heures de l'après-midi à l'autre bout de Paris. Dionys, lui aussi, était pour d'autres raisons dans un état de fébrilité. « Tout s'est fait très vite. Il me dit : Marguerite est dans tel restaurant. Il faut y aller tout de suite pour repérer un type pour pouvoir le descendre. » Marguerite voit donc Dionys s'installer à la table d'en face avec, juste à côté de lui, Nicole. « J'étais gonflée, dit Nicole. J'ai dit à

Dionys qu'il fallait s'asseoir à côté d'eux. On s'est installé à contre-jour à deux banquettes[65]. » Marguerite dans *La douleur* raconte que Dionys a demandé au violoniste du restaurant de jouer un air qu'elle adorait. Marguerite riait, riait devant Rabier. Elle fixe le regard de Dionys qui la regarde, elle, avec Delval. Attente. Excitation de l'attente. Jeux de l'amour et de la mort. Romance du violoniste comme code. Marguerite est une midinette en amour. Jamais, toujours. Elle pense que l'histoire Delval augmente le désir de Dionys. « Aujourd'hui ça fait très mélo. Delval était un appât. Tout était mêlé, les désirs érotiques coïncidaient avec la violence[66]. » Elle savait que les jours de Delval étaient comptés. Elle aimait l'idée que Dionys puisse exécuter Delval-Rabier. Marguerite sort du restaurant avec Delval sous le regard de Dionys et de Nicole. Elle a trop bu. « Il s'en faut de très peu pour qu'elle lui dise qu'on va l'abattre. » A-t-elle pitié de lui ? A-t-elle envie de lui ? Elle ne sait plus, elle est ivre ; elle ne sait pas quand Dionys va le tuer. Peut-être dans quelques minutes. Ils enfourchent leurs bicyclettes. Delval est devant. Marguerite voit autour des chevilles de Delval des menottes en fer. Elle rit. « Je lève la main droite une seconde et je fais mine de viser, bing ! Il pédale toujours dans l'éternité. Il ne se retourne pas. Je ris. Je le vise derrière la nuque. On va très vite. Son dos s'étale, très grand, à trois mètres de moi[67]. » Avant de la quitter, il lui a proposé de monter dans un studio. Elle a dit non. Il n'insista pas et abandonna vite la partie. Elle ne le reverra plus que dans le box des accusés.

Dionys, le lendemain, se trouve mêlé à un très violent accrochage au carrefour des boulevards Saint-Michel et Saint-Germain. Sous la direction de Rodin-Munier, les groupes francs du mouvement prennent les mairies de Colombes, de Bois-Colombes, d'Asnières. Avec Patrice Pelat et Jean Munier, responsables action du mouvement, ils s'emparent de points stratégiques les armes à la main. Ils viennent de rejoindre les FFI. Munier s'installe dans un immeuble de la Chaussée-d'Antin et occupe le sous-sol du bâtiment au *Petit Journal*, rue de Richelieu. Le lendemain, Pelat réquisitionne l'immeuble entier ainsi qu'une imprimerie, rue du Croissant. Il nomme Dionys Mascolo gérant du journal du mouvement, *Libres*. Les quatre premiers numéros seront vendus clandestinement. François Mitterrand signera les premiers éditoriaux[68]. « Depuis trois jours, Paris se bat ; depuis trois jours, une armée levée dans chaque quartier, dans chaque rue, chasse l'envahisseur et reconquiert le droit de vivre... Au moment où nous pouvons enfin crier publiquement notre joie et notre espoir, je crois cependant nécessaire de rappeler tant de combats obscurs, tant de fraternités nouées et dénouées tragiquement, tant d'échanges humains liés aux plus douloureux souvenirs[69]. »

Marguerite vit ces journées en compagnie de Dionys, de Georges Beauchamp, d'Edgar Morin. Avec Dionys, elle fait partie de l'expédition au terme de laquelle l'ancien *Petit Journal* est occupé, rue de Richelieu. Elle collabore immédiatement à *Libres*, d'abord anonymement avant de signer quelques mois plus tard des éditoriaux sous le nom de Marguerite Duras. Elle part dans la même voiture qu'Edgar Morin et sa compagne Violette pour aller occuper la Maison des prisonniers, place de Clichy, où s'installe la section parisienne du mouvement. Elle repart ensuite pour le 100 de la rue de Richelieu où Beauchamp lui demande de s'occuper de l'arrivée des vivres, de la préparation de la nourriture. Elle se transforme en chef cuisinier et dirige la cantine. Il faut nourrir des jeunes gens exaltés mais aussi affamés. Une compagnie de cent vingt jeunes garçons vient en effet de s'installer dans leurs locaux. Avec Lisette, Marguerite fait jour et nuit la popote, pour tous ces FFI qui viennent de se rallier au MNPGD. Entre deux repas, elle sort dans les rues de Paris et rejoint ses amis de l'équipe des *Lettres françaises* clandestines dans l'immeuble de *Paris-Soir* gardé par des FFI en armes. Le drapeau français est hissé sur la Sorbonne. Un étudiant embrasse son amoureuse. « Le plus beau jour de notre vie », note Claude Roy, correspondant de guerre du journal *Front national*. Marguerite possède son laissez-passer FFI et ne craint pas les balles perdues. Guerrière ? non ; elle n'a pas d'armes, mais, ivre de liberté, elle se sent prête à affronter le danger. Dans ce Paris qui se libère, Marguerite marche pendant des heures. À l'angle de la rue Jacob et de la rue Bonaparte, elle tombe au milieu de tirs croisés : « On s'était retrouvés avec Claude Roy et on allait tous les deux vers la Seine. On ne peut pas s'imaginer à quel point elle est droite, la rue Bonaparte. On tirait dans cette rue-couloir à partir du quai : des Allemands ou des Français on ne savait pas. Et nous on avançait de porte cochère en porte cochère. C'était de la folie, on aurait dû attendre. » La foule crie, jette des fleurs. Les défilés alternent avec de violents combats.

Claude Roy note la présence de nombreuses flaques de sang rue des Écoles. Marguerite participe à la distribution du tabac et du pain récupérés dans les camions allemands. Pendant plusieurs jours et plusieurs nuits, les FFI arrêtent des collabos. Certains veulent les battre, les interroger ; ils réclament du sang, des règlements de comptes. Les demandes émanent surtout d'un groupe constitué d'Espagnols. Marguerite, en dépit de l'interdiction de ses camarades, circule dans l'immeuble de la rue de Richelieu entre les repas. Elle voit les collaborateurs arrêtés, parle aux FFI, se mêle de tout. Dionys désapprouve. Beauchamp aussi. Mais Dionys repart avec Beauchamp dans les rues de Paris faire ses expéditions militaires. « Nous avons fait des opérations militaires difficiles, confirme Beauchamp [70], nous avons bloqué des convois allemands. On a fait beaucoup de prisonniers. On les a amenés à la mairie du IXe arrondissement ou rue de Richelieu. On n'a exécuté personne. » Leur exaltation s'alimente à la peur qu'ils éprouvent et aux risques encourus. « On a fait des coups terribles pendant ces journées de l'insurrection. Quand il y avait des tireurs sur les toits, personne ne voulait sortir sauf Dionys et moi, dit Beauchamp [71]. Dionys était très romanesque. Aujourd'hui je me dis qu'on a eu beaucoup de chance et qu'on a pris des risques inutiles. » Le mouvement réquisitionne un nouveau lieu : un hôtel miteux rue Beaubourg où s'entasseront les prisonniers et où seront menés des interrogatoires. Mais Dionys Mascolo, Georges Beauchamp, Edgar Morin et François Mitterrand seront formels : chacun d'entre eux me déclarera solennellement n'avoir alors commis la moindre violence envers les prisonniers qu'ils s'empressent de livrer à la préfecture de police pour les protéger de l'ardeur de certains camarades qui, sous prétexte de les faire parler, se livraient à des actes de torture. Selon Pierre Péan, le MNPGD ne peut être tenu pour responsable à Paris que d'une exécution sommaire. Dionys, Beauchamp, Morin interdisent les tabassages. Mais le désir de vengeance rôde pourtant au sein même du MNPGD. Marguerite, elle, observe avec sympathie ces jeunes gens avides de prendre leur revanche et désireux de faire régner rapidement la justice.

Dans un carnet trouvé après sa mort, et daté du 24 août 1944 [72], elle a noté :

Les hommes crient. Ils se pourlèchent les lèvres du sang versé. C'est sucré. C'est du lait. Dans cette nuit du 23 août, les hommes fouinaient la nuit comme des nouveau nés. Cherchaient le sein. Le sang. C'est bon...

Plus loin, dans ce même texte resté inédit, un pas de plus est franchi :

Fête du sang. Fleurs offertes. Ouvertes. À l'instant. Condamnés remplis du sang pas encore giclé. Mais déjà les adorables lèvres s'entrouvrent sur leur passage. Lèvres amoureuses... Désordre. Plénitude des plénitudes.

Parallèlement à ses fonctions de cantinière, Marguerite travaille aux côtés du capitaine Champion. « C'était un type buté, violent, dira Beauchamp, il allait avec elle dans des hôtels mener des interrogatoires. Marguerite Duras passe encore aujourd'hui parmi nos amis pour avoir eu à cette période des attitudes très dures. » Bernard Guillochon, compagnon de résistance, autre témoin de cette période, confirma sa violence et son désir d'en découdre avec des ennemis à qui, disait-elle, « il fallait faire du mal [73] ».

L'insurrection de Paris avait suspendu le projet de liquider Delval. Dionys, sur l'insistance de Marguerite, tente d'aller l'arrêter à son domicile rue des Renaudes. Mais Delval s'est volatilisé. C'est par hasard que le groupe va le retrouver. Car Delval est déjà arrêté sur dénonciation d'un voisin pour opinions pro-allemandes, mais le MNPGD l'ignore. Prisonnier à Drancy, il explique aux policiers qu'il a égaré ses papiers. Il s'apprête à être libéré, car au terme d'une enquête hâtive la police ne retient aucune charge contre lui. Par un membre du MNPGD, Mascolo apprend la sortie imminente de Delval. Il se rend lui-même à Drancy pour l'arrêter à ce moment-là. Nous sommes le 1er septembre 1944. Dionys prend Delval et l'emmène à l'hôtel de la rue Beaubourg. L'interrogatoire peut commencer. Il sera dirigé par Mascolo et Mitterrand. « Chacun avait alors ses prisonniers, confirme Morin [74]. C'était notre prisonnier. On l'a fait mettre dans notre prison. Avec Dionys on était obligé d'aller de temps en temps dans cet hôtel pour avoir des renseignements. On n'aimait pas du tout cela. On y voyait des hommes enchaînés, fortement battus, la gueule en sang. De plus, il y avait, parmi les prisonniers, beaucoup de Nord-Africains. On nous prétendait qu'ils étaient des néofascistes. On n'en avait aucune preuve. Cela nous soulevait le cœur. » Aucun des deux hommes ne se livre à la violence. Mitterrand veut savoir qui a trahi dans son mouvement et il sait que seul Delval détient la vérité. « Nous avons parlé assez en profondeur, avec une certaine liberté d'esprit [75] », dira-t-il et, pendant qu'il s'efforce d'obtenir des preuves de la culpabilité de Delval, Mascolo part rue des Renaudes à la recherche de documents. Il tombe sur la femme de Delval. La suite, Paulette Delval la racontera : « Il a été très poli avec moi. Il m'a demandé de le suivre. J'étais avec ma mère et mon petit garçon. Il les a laissés repartir. J'avais pu voir mon mari quelques jours auparavant au parloir de la prison. Par Mascolo, j'ai appris qu'il était rue Beaubourg. Il m'a emmenée rue de Richelieu. À mon arrivée, une femme m'a dit — j'ai appris le lendemain qu'il s'agissait de Marguerite Duras : “ Toi, tu n'as pas droit à un lit, tu dormiras par terre. ” Au petit matin, ils m'ont transportée dans l'hôtel où se trouvait mon époux pour une confrontation. Ils n'ont rien trouvé contre lui [76]. »

Mitterrand a interrogé en effet Delval toute la nuit dans cette chambre de la rue Beaubourg, mais n'a obtenu ni information sur les donneurs du groupe ni preuve de sa culpabilité. En 1995, il n'était toujours pas sûr de l'importance de Delval et se demandait s'il n'avait pas menti sur son rôle à la Gestapo [77]. À Marcel Haedrich, Mitterrand dira, le lendemain de cet interrogatoire, qu'à son avis ce Delval était un pauvre type qui avait trahi par vice [78]. Paulette assure que Marguerite a participé aux interrogatoires de Delval. Elle affirme qu'elle l'a vue entrer dans la chambre-cellule de Delval, rue Beaubourg. Mascolo, lui, ne s'en souvenait pas. Mitterrand non plus. Edgar Morin n'a pas de souvenirs précis de la présence de Marguerite. Il n'en est pas certain. Paulette poursuit : « Quand je suis arrivée la veille au soir rue de Richelieu, une femme a dit à Mascolo : “ Elle a l'air gentille mais tu vas être forcé d'être vache avec elle. Elle est jolie. C'est dommage car, celle-là, on va être obligé de l'abîmer. ” » Paulette affirme avoir immédiatement compris qu'il s'agissait de Marguerite. Mascolo s'est opposé au désir de Marguerite devant ses compagnons d'armes. Dépitée, celle-ci est sortie dans la rue avec les combattants espagnols. Le lendemain, Mascolo a commencé à interroger Paulette sur son mari : « Il a été très gentil », commente-t-elle sobrement. Ce fut ensuite le tour de Mitterrand : « Lui aussi a été très courtois, très poli [79]. » Les deux hommes ne s'acharnent pas. Ils comprennent que Paulette est amoureuse de son mari qu'elle a épousé en 1939. Elle leur dit ce qu'elle sait : Delval travaillait dans une compagnie pétrolière, mais il était devenu récemment expert en objets d'art. Paulette en 1996 reste amoureuse de son mari. « C'était un cœur d'or, un bel homme, un grand blond aux yeux bleus, il prêtait de l'argent à tout le monde. Bien sûr il était pour l'Allemagne. Car avant la guerre, il avait fait la connaissance d'un Allemand qu'il a trop fréquenté. Et puis sa famille était d'Alsace. » Pour Paulette, Delval était un collaborateur, mais pas un agent de la Gestapo. Paulette a toujours nié que son mari eût disposé d'un bureau rue des Saussaies. On la montrera du doigt très longtemps dans la banlieue où elle habite, on a interdit que son fils puisse bénéficier des colonies de vacances parce que son père avait été collabo. La mairie lui a aussi refusé le permis d'inhumer. Paulette Delval est une femme doublement blessée, doublement trahie, comme le montrera la suite de l'histoire. « Elle m'est apparue alors comme naïve et innocente, belle et généreuse, follement amoureuse de son mari », dira François Mitterrand [80].

Après l'interrogatoire, en présence de son mari, Paulette a été enfermée dans une chambre de l'hôtel de la rue Beaubourg. Marguerite est venue la chercher un matin pour l'emmener rue de Richelieu. Là, après lui avoir bandé les yeux, elle l'a interrogée longuement, très longuement. Munier soutient que cela lui paraît peu vraisemblable. Munier comme Paulette sont catégoriques. Alors qui croire ? Et comment lire le texte de *La douleur*, intitulé *Albert des Capitales* ? Marguerite évoque une femme, Thérèse, qui prend du plaisir à torturer. Qui est Thérèse ? « Thérèse, c'est moi », dit Duras dans l'avant-propos ; elle écrit : « Celle qui torture le donneur, c'est moi. » Dans *Albert des Capitales*, il y a D. et Thérèse. D. c'est Dionys : « D. sort de la pièce pour aller manger. Thérèse se trouve en compagnie de deux hommes qui veulent se venger. La porte est fermée, la lampe est fixée sur les yeux du collabo. Thérèse a un air méchant. Elle est seule. » Thérèse en effet se sent seule sans D., mais elle est la seule aussi, parmi ses camarades, à penser qu'il faut maltraiter les prisonniers. Thérèse est déjà mal jugée par ses camarades. Elle est trop dure. Elle crie trop, à tout propos. Personne ne l'aime, sauf D., qui ne l'approuve pas mais ne souhaite pas la juger. D. sait pourquoi Thérèse est si dure : « Pendant l'insurrection elle s'est dépensée sans compter non sans gentillesse mais sans tendresse. Elle était distraite, seule. Elle attend un homme qui a peut-être été fusillé. Ce soir, ça se voit particulièrement. »

Le texte *Albert des Capitales* est insoutenable. Un homme soupçonné d'être un donneur est déshabillé, humilié par des hommes qui veulent le faire avouer. Les séances sont dirigées par cette femme, Thérèse. Duras écrit sur la jouissance que peut procurer la torture. Elle ne cache rien. Elle exorcise par l'écriture un moment d'exaltation perverse. Rien n'est épargné au lecteur. Le corps du donneur. Ce corps mou, pas fait pour l'amour, les testicules flétris, l'odeur de chair mal lavée. Thérèse a un peu honte. Mais Thérèse a une mission, croit-elle : sauver l'honneur de la Résistance, venger les morts. Pour elle, la guerre n'est pas terminée. D. n'est pas de cet avis : les prisonniers sont des soldats qui ont été pris en combattant. Thérèse veut tous les tuer. D. les livre à la police. Thérèse veut « s'en occuper ».

Marguerite, à cette période, se sent complètement déboussolée. Elle ne connaît pas les intentions de Dionys à son égard. Elle ne sait pas le sort de son mari. Entre Dionys et Marguerite, il ne se passe plus rien depuis l'arrestation de Robert. Dionys est là, présent, fidèle, compagnon attentionné. Marguerite est redevenue la femme de Robert. Dionys s'apprête à commencer une autre histoire avec une autre femme. Il y pense, il la fomente. Cette femme est là, emprisonnée juste à côté d'eux. Elle s'appelle Paulette Delval. Marguerite le sent-elle ? Thérèse ne frappe pas. Elle ordonne à ses hommes de frapper. Marguerite n'a jamais frappé quiconque. Les mots peuvent faire plus mal que les coups. Thérèse dit aux camarades : « Allez-y. » Elle les encourage à frapper plus fort, plus vite. Oui, « tout était mêlé, les désirs érotiques coïncidaient avec la violence ». J'ai demandé à Dionys de relire *Albert des Capitales*. Son commentaire fut : « Marguerite a appelé torture ce que furent des interrogatoires un peu brutaux [81]. » Le texte, pourtant, est sans ambiguïté : « " Allez-y. " Ils frappent de plus en plus fort. Aucune importance. Ils sont infatigables... Plus ils frappent, plus il saigne, plus c'est clair qu'il faut frapper, que c'est vrai, que c'est juste. » Thérèse est la justice à elle toute seule. La porte s'ouvre pendant la séance et des camarades désapprouvent ce qui est en train de se passer. D. n'est toujours pas rentré. « Allez-y », répète Thérèse à ceux qu'elle dirige. Continuez. Elle est la vérité. Elle ne veut plus de cette caricature qu'est devenue à ses yeux la justice, de ces faux procès, de ces cours lambrissées, de ces discours mensongers. « C'est pas encore assez. » Le donneur est à terre, nu, roué de coups. Les types s'acharnent, les poings ensanglantés. Thérèse rugit de plaisir. Il faut lire et relire le texte : « Thérèse se lève et elle crie : " Faut plus s'arrêter. Il le dira. " Avalanche de coups. C'est la fin. » C'est D. qui va arrêter le massacre. C'est D. qui va dire à Thérèse d'aller dormir. « Thérèse prend un verre de vin. Elle boit une gorgée. Elle sent le regard de D. sur elle. Le vin est amer. Elle repose le verre. » Il faut frapper, redit Thérèse. « Il n'y aura plus de justice dans le monde si on n'est pas soi-même la justice en ce moment-ci. »

Marguerite a toujours pensé cela jusqu'à la fin de sa vie. Elle n'a jamais regretté d'avoir dit qu'elle avait torturé. Quand je l'interrogeai en 1994, elle ne voulut pas répondre et esquissa un geste de la main, signifiant qu'il fallait passer à autre chose. Mais, en juillet 1985, interrogée par *Les Cahiers du Cinéma*, à l'occasion de la publication de *La douleur*, elle revendiqua le fait d'avoir torturé un homme et affirma alors qu'elle ne regrettait rien. À Luce Perrot en 1991, elle expliquait : « Ça vous arrive vraiment comme ça de torturer quelqu'un, de devenir un flic. Mais je ne pouvais pas l'éviter. Je n'en parle pas du tout en termes de regrets. Je ne suis pas du tout heureuse d'avoir fait ça, ni malheureuse. Je dis que ça peut vous arriver... J'ai un souvenir horrible, ajoutait-elle. Horrible. Cet homme qui saignait parce qu'on l'avait tapé et qui était gros... Enfin je vois que la torture du type, je n'aurai jamais pu l'éviter, voilà jamais. Il fallait que j'en passe par là. Je crois que la haine était telle que j'en serais morte. Je voulais pas le tuer. Il est pas mort. Mais de ne pas le torturer. Ça non. Ça s'appelle comme ça[82]. » J'ai retrouvé la sténographie de cet entretien dans les cartons de Marguerite après sa mort, classé avec les cahiers de *La douleur*. Marguerite en marge avait écrit : « Ça ne peut plus m'arriver, plus jamais. » À l'encre bleue, en gros caractères, elle avait ajouté : « C'est des histoires qui sont arrivées. »

Le texte *Ter le Milicien* suit *Albert des Capitales* dans *La douleur*. L'action se passe à la même période — les premiers jours qui suivent la Libération au centre du MNPGD, rue de la Chaussée-d'Antin, annexe de la rue de Richelieu. Marguerite Duras y décrit avec complaisance le transport d'un cadavre par des combattants espagnols. Un homme vient d'être exécuté, ce n'est plus un homme ou un corps mais une chose. « La chose apparaît. Blanche. Blanche et allongée par terre. » Un peu plus loin : « La chose est molle et frissonne à chacun des pas des porteurs, comme de la bouillie. » C'est le premier homme à avoir été exécuté. Marguerite Duras note le sang sur une pierre dans la cour. Comme dans *Albert des Capitales*, D. est le personnage principal ; il se trouve toujours physiquement aux côtés de Thérèse. D. dirige, édicte sa loi, se fait obéir. Y compris des Espagnols excités. Thérèse le suit partout, se colle à lui comme un animal blessé. Elle coordonne, organise, nourrit les troupes. Elle interroge aussi. Elle interroge ce Ter qu'on vient de lui amener et que Marguerite dans *La douleur* décrit comme un beau type. Marguerite a toujours été fascinée par les beaux types. D. et elle l'interrogent longuement. Ter comme Albert est un salaud. Milicien. Ami de la bande Bony-Lafont. Le problème c'est qu'il est beau. « Il a un corps fait pour le plaisir, la bringue, la bagarre, les filles. » Thérèse reconduit Ter en voiture au centre Richelieu. D. est à l'arrière. Il tient dans sa main un revolver enrayé. Thérèse le sait. Thérèse et D. savent que Ter peut s'enfuir, leur échapper. Mais Ter n'y pense même pas, il jouit de cette petite promenade dans Paris avec une jolie femme au volant. Il trouve qu'elle conduit bien. D. et Thérèse se sourient. Toujours cette excitation érotique qui s'enflamme dans l'ambiguïté des situations. Entre D. et Thérèse, il y a le désir de Ter. Complices D. et Thérèse dans cette perversité amoureuse. Ter a regardé Thérèse avec une certaine insistance. « Ter a une gueule de noceur et de baiseur et les femmes doivent lui manquer. » Comment avez-vous pu désirer un milicien pendant la guerre ? lui demanderont Pascal Bonitzer et Serge Toubiana. « On peut tout. Le désir peut tout. C'était un désir comme un autre, passager, de la rue, mais qui allait chercher loin, là où c'était défendu », répondra Marguerite[83].

Dans les cahiers manuscrits de *La douleur*, figure une ébauche de *Ter le Milicien*. Des phrases entières seront reprises dans *La douleur*, d'autres modifiées. Thérèse s'appelle encore Théodora. Thérèse, c'est moi, répétera Marguerite. Mais elle décidera de ne pas publier plusieurs passages où elle décrivait longuement son attrait pour la mort, craignant sans doute que le récit n'altérât la vérité d'une situation qui, à ses propres yeux, restait ambiguë. Sur la torture aussi, elle a renoncé à conserver plusieurs passages où elle s'identifiait à son héroïne.

Le 14 septembre 1944, Charles Delval est remis à la police judiciaire. Mascolo le confie aux commissaires Clot et Levitre. Le même jour, il libère Paulette Delval. « Ils m'ont ramenée chez ma mère, dans son pavillon. Le lendemain, je suis rentrée chez moi, tout était volé [84]. »

L'instruction se met en place sous l'autorité de M. Gerbinis, juge au tribunal de première instance de la Seine. Charles Delval se présente comme un agent de la rue des Saussaies aux ordres des Allemands, profession : expert d'art [85]. Il reconnaît éprouver une grande admiration pour le peuple allemand : « J'admirais ce peuple discipliné, ses institutions, sa foi et son courage. » Il est entré en relation avec les Allemands après avoir été arrêté par leurs services de la rue de la Pompe, qui le soupçonnaient de gaullisme. Il a réussi à convaincre de sa bonne foi et s'est fait relaxer. Au bout de quelques jours, il est parvenu à se faire engager rue des Saussaies. Il « accompagnait les Allemands et était chargé de la perquisition et de la vérification des papiers trouvés chez les personnes arrêtées [86] ». Il reconnaît avoir participé à l'arrestation de Berard, avenue Charles-Floquet, Robert Antelme, Marie-Louise Antelme, Philippe, Thibault, Mère, Bosquet, Arancio du MNPGD, rue Dupin. Lors des opérations, il portait sur lui un revolver et des menottes ainsi que l'*Ausweis* sur lequel était mentionné : « Au cas où le porteur serait arrêté par la police française ou allemande, avant toute poursuite, il faut téléphoner à Anjou 14 04, zimmer 422. » Delval dit qu'il s'est occupé également de faire libérer par l'intermédiaire d'Allemands de la rue des Saussaies et contre la remise de fortes sommes (300 000 à 400 000 francs) des juifs internés à Drancy et à Compiègne.

Le juge procède ensuite à l'audition de Dionys Mascolo, dit lieutenant Masse FFI. Georges Clot, commissaire de police, enregistre sa déclaration. Dionys confirme les faits énoncés et termine en disant : « C'est par Mme Antelme, ainsi qu'elle va vous l'expliquer, que nous avons vu qu'il s'agissait du nommé Delval [87]. »

14 septembre 1944. À Georges Clot.

Je me nomme Antelme, née Donnadieu dite Leroy. Née le 4 avril 1914. Femme de lettres. 5 rue Saint-Benoît.

Mon mari et moi avons tout d'abord caché dans notre appartement deux chefs du mouvement des prisonniers : François Mitterrand, dit Morland et Jacques Benet, dit Turgis. Ils restaient tantôt chez moi, tantôt chez ma belle-sœur rue Dupin.

Sachant que mon mari se trouvait à Fresnes, je résolus de demander un permis de colis rue des Saussaies. Après avoir attendu très longtemps, j'abordai un monsieur dans un couloir. Je lui présentai ma fiche. Sur le vu de mon nom, il me dit qu'il connaissait cette affaire, que c'était lui qui avait arrêté mon mari et procédé à son premier interrogatoire. L'instructeur de cette affaire se trouvait dans le bureau 415 EC 4 rue des Saussaies.

Delval m'a demandé si mon mari faisait partie de la Résistance. J'ai tout nié. Il n'a pu me donner le permis.

Marguerite rapporte ensuite qu'elle l'a rencontré par hasard au cours d'une mission de liaison devant la Chambre des députés. Elle n'évoque pas la présence de Mitterrand, mais se souvient de sa peur à la vue de Delval.

Je dis à Duponceau c'est la Gestapo, nous sommes foutus. J'allai vers Delval. Duponceau derrière moi. Après quelques paroles dites d'un ton sévère, il s'adoucit lorsque je lui dis que j'étais bien contente de le voir afin qu'il me donne des nouvelles de mon mari. Il me parla pendant vingt minutes puis me donna rendez-vous pour le voir sur ma demande à 17 heures 30 au café Marigny, place Beauvau. Je partis ensuite après avoir désigné Godard à Duponceau.

Marguerite évoque les appels téléphoniques, les nombreux rendez-vous, les invitations à déjeuner.

Je ne demandais jamais aucun renseignement à Delval sauf sur mon mari et c'est lui-même qui racontait toutes ses affaires spontanément. C'est lors d'un déjeuner que nous fîmes ensemble que je l'entendis, lors de l'appel téléphonique, s'appeler Delval. Ceci se passait au restaurant Henri IV, rue Saint-Georges, fin juillet. Il me disait qu'il était très peu de choses rue des Saussaies. J'en déduis qu'il n'était chargé que des arrestations. Il me dit un jour qu'il gagnait 15 000 francs de fixe rue des Saussaies plus 5 000 francs d'indemnités plus 100 000 francs avec ses affaires. Je sus qu'il s'occupait de livres et de tableaux[88].

Marguerite enfin signale qu'elle a parlé avec la femme de Delval lors de son arrestation. Elle lui a demandé si elle connaissait les responsabilités de son mari à la Gestapo et les sommes qu'il gagnait : « Elle me dit qu'elle ne croyait jamais que son mari ait pu gagner des sommes pareilles. » Paulette Delval ne pourra plus voir son mari et ne communiquera avec lui que par l'avocat de celui-ci, Me Floriot, qui avait eu, avant la guerre, à plaider une affaire de commerce pour lui. Un après-midi, on sonne à sa porte, rue des Renaudes. Paulette va ouvrir. C'est Dionys Mascolo. « Il semble qu'on vous ait volé au moment de votre arrestation. Je viens m'excuser et vous rendre les objets. J'ai aussi retrouvé des photographies de vous. Je vous les rends[89]. » Paulette remercie. Au moment où elle ferme la porte, Dionys lui arrache un rendez-vous. Paulette accepte d'aller dîner avec Mascolo au restaurant le surlendemain.

Pendant ce temps, l'instruction continue. Lors de sa seconde audition, Delval déclare : « J'affirme n'avoir jamais dénoncé personne aux services allemands de la rue des Saussaies mais au contraire en avoir sauvé dont je ne veux donner les noms que plus tard pour des raisons personnelles. » Il affirme aussi n'avoir jamais procédé à d'autres arrestations que celles du MNPGD. Une confrontation est organisée entre Delval et Marguerite. Marguerite charge Delval. Delval revendique le fait d'avoir évité à Marguerite Antelme de passer en jugement après l'arrestation de son mari et de ses amis, rue Dupin, où il avait trouvé sur la table un plan d'ouvrages militaires. Marguerite ayant confié aux policiers qu'elle avait des doutes sur son identité et qu'elle le croyait chargé d'une mission secrète par les Allemands, Delval dément avec vigueur toutes les accusations qui font de lui un espion : « Quant à une mission en France après le départ des Allemands, c'est une chose de pure imagination. J'ai peut-être dit cela à Mme Antelme pour me faire valoir auprès d'elle. » Convoquée à son tour, Paulette répète ce qu'elle a déjà dit après son arrestation à Dionys et à Marguerite : « Mon mari me donnait 3 000 francs par mois. Il ne me parlait jamais de politique. Il ne m'a jamais dit qu'il travaillait rue des Saussaies. »

Entre la fin de l'instruction et le début du procès, Dionys multiplie les rendez-vous avec Paulette. « Il n'était pas grand mais il n'était pas mal, on s'est beaucoup revus à cause de l'histoire de mon mari. Mascolo me promettait qu'il ferait l'impossible pour le sauver », me dira-t-elle[90]. Paulette devient l'otage de Dionys. Une otage consentante. Dionys et Paulette auront un enfant. Dionys affirmait que Marguerite n'avait jamais rien su ni de l'histoire avec Paulette ni de l'enfant. Paulette n'a jamais revu Marguerite. Dans les cartons de Marguerite, après sa mort, j'ai trouvé, entre deux manuscrits, une enveloppe de papier kraft cachetée. En biais, l'écriture de Marguerite : « Affaire Delval. À ne pas ouvrir. » La bibliothécaire de l'Institut de la Mémoire de l'Édition contemporaine a ouvert la longue enveloppe : quatre photographies du mariage de Paulette et de Charles Delval étaient agrafées. Paulette était en robe de mariée mousseuse, souriante, séduisante ; Charles en costume croisé sérieux, l'air bourgeois, fixe l'objectif. Tout autour d'eux des fleurs, en bouquets ou en pot. Les photos ont été faites au studio du photographe, après la cérémonie à l'église, le 29 janvier 1939, m'a confirmé Paulette, qui les a reconnues, mais ne comprenait pas pourquoi Marguerite les avait conservées. Marguerite savait-elle qu'elles avaient été volées ?

Dans le journal du MNPGD, *Libres*, dirigé par François Mitterrand et dont le gérant est Dionys Mascolo, le procès Delval qui a commencé le 4 décembre 1944 fait la une sous le titre « Visages devant la justice » : « Douze bandits. Deux monstres. » Pour des raisons qui paraissent encore obscures aujourd'hui, Delval est en effet jugé avec Bony et Lafont, les sinistres gestapistes de la rue Lauriston. Delval pourtant n'a jamais été mêlé, ni de près ni de loin, aux activités de la bande, et son dossier pèse peu au regard de ceux des onze autres accusés. Delval paiera cette confusion de sa vie et Me Floriot, malgré la qualité de sa plaidoirie et la force de conviction dont il fit preuve pour tenter de disjoindre le cas Delval de celui de la bande Bony-Lafont, n'arrivera pas à le faire comprendre aux jurés. Pour le journaliste de *Libres*, André Marianne, c'est pourtant une évidence : dès le premier jour du procès, Delval n'apparaît que comme un comparse : « De tous les inculpés, c'est encore lui le moins sinistre, malgré son regard d'enfance, fuyant et cruel de bête fauve. » Toute l'attention se porte sur Lafont, Bony et Clavié.

Dix jours d'audience sont prévus. Le premier permet d'entendre pendant cinq heures l'acte d'accusation de la bande Bony-Lafont : viols, meurtres, chantages, trahisons, sadisme, enlèvements, attaques à main armée. Comme l'écrit André Marianne : « Moi qui suis ennemi de la peine de mort et qui pense qu'il faut être bien sûr de soi pour oser juger un être, je sens maintenant la justesse terrible de ce lieu commun redoutable qui dit d'un homme qu'il a mérité cent fois la peine de mort. » Le 7 décembre, après le discours musclé de l'avocat général Reboul, on passe aux aveux. « Delval, lui, avoua tout ou presque. Grand, blond, lunettes d'écaille, la voix posée, il fut remarquable de cynisme et de maîtrise de soi », commente le journaliste. Il explique que deux traîtres se trouvaient dans le mouvement du MNPGD. Mascolo vient le confirmer à la barre.

Le 10 décembre le juge procède à l'audition de Marguerite Antelme. Le reporter de *Libres* titre son article, en première page, « La journée des mouchards » : « Calmement, posément, notre amie dit ce que furent ces mortelles journées de juin et juillet 1944 où l'étau se resserrait autour de notre mouvement. Elle dit ses relations forcées avec Delval, les subterfuges qu'il employait pour tenter d'identifier Morland, les prisonniers qu'il se vantait d'avoir envoyés en Allemagne. » Sa déposition est écoutée dans un silence de mort. Marguerite dit qu'elle éprouvait haine et mépris pour Delval et décrit son ignominie. Les jurés se montrent très sensibles à son discours. Personne ne s'y trompe. Ni l'avocat de Delval, ni la salle, ni le journaliste Marianne qui note : « Aujourd'hui grâce à Mme A. c'est fini, le sort de Delval est réglé. »

Me Floriot s'affole. Connaissant bien son client, il le savait vantard, maladroit, et regrette de ne pas l'avoir fait examiner par un psychiatre pour tenter de le disculper. L'avocat comprend alors que Delval subira le même sort que la bande Bony-Lafont. Et, en effet, au terme de son terrible réquisitoire, avec « son ironie douloureuse comme un glas », Reboul demande la mort pour tous les accusés. Floriot les défendra tous. Lafont, Bony, Clavié et tous les autres. Et Delval dans le tas. Avec tout son talent et l'énergie du désespoir. Comme le dit Marianne, le 12 décembre : « Si quelqu'un avait pu sauver Lafont, Me Floriot eût été celui-là. Mais rien ne peut plus sauver Lafont. Rien ni personne. »

Tout au long du procès, Mascolo rassure Paulette Delval, qui n'y assiste pas, en lui répétant que son mari s'en sortira et qu'en aucun cas il ne sera confondu avec la sinistre bande d'assassins. Mais, après le récit que Floriot lui fait de la déposition de Marguerite, elle perd tout espoir et supplie Mascolo de trouver un moyen pour le sauver. Paulette Delval affirmera que Mascolo a obligé Marguerite à aller au domicile de Floriot, dans la nuit du 11 au 12 décembre 1944. Marguerite propose alors de revenir sur sa première déclaration. Floriot n'est pas convaincu, les jurés, pense-t-il, vont croire à une machination. Mais tout étant perdu, il accepte la proposition de Marguerite. Floriot avait raison. Personne ne comprendra le sens de la démarche de Marguerite. Les réactions de la salle sont houleuses, lors de cette seconde audition, où Marguerite se montre hésitante, maladroite et contredit les propos qu'elle tenait la veille. Elle reconnaît à Delval des qualités : « Delval se tint toujours correctement avec moi et refusa toujours l'argent que je lui proposais pour sauver mon mari. Il me dit cependant qu'il était intervenu pour lui. » Elle ajoute :

> Il m'a dit un jour qu'il allait arrêter un juif. Ce juif était absent. Il a enfoncé la porte avec d'autres policiers. Effectivement, les gens n'étaient pas là, ils ne se cachaient pas, il n'y avait personne dans l'appartement. Il a trouvé sur la table de la salle à manger un dessin d'enfant, et en légende, sous ce dessin, il y avait « À mon papa chéri », ou quelque chose comme cela. Et Delval m'a dit : « Je suis parti. Je n'ai pas eu le courage d'arrêter son père. »
>
> *Le président* : Mais malheureusement, il en a arrêté bien d'autres !
>
> *Marguerite Antelme* : Peut-être... mais enfin, monsieur le président, je ne décharge pas Delval. Je décharge ma conscience. Vous savez que mon mari est en Allemagne, je ne sais pas s'il est encore vivant. Malgré cela, j'ai estimé que je vous devais toute la vérité.
>
> *Le président* : Ce scrupule vous honore.

Mais, à la fin du procès, une femme vient affirmer que Delval lui avait demandé 400 000 francs pour faire sortir son mari d'un camp en Alsace. Il les avait touchés ; son mari avait été libéré. Ce témoignage va-t-il emporter la conviction des jurés ? La justice des hommes tranche : ce sera la peine de mort pour tous les accusés. L'un d'eux, malade du cœur, meurt avant d'entendre la sentence. Delval, lui, reste impassible. Sa femme dira qu'il attendit la mort calmement, dans sa cellule, en lisant et en écrivant.

J'ai pu avoir accès au dossier d'instruction et je ressens la même impression que Pierre Péan [91] : la peine de mort était disproportionnée avec les faits reprochés à Delval. François Mitterrand racontera à Marguerite [92] qu'au cours d'un dîner, quelques années après la guerre, réunissant notamment François Mauriac et Me Floriot, celui-ci aborda le problème de l'erreur judiciaire. Soutenant que l'erreur judiciaire existait, il évoqua le cas de Delval. Il n'y avait rien dans son dossier, confirma-t-il. « On ne savait pas trop qui c'était, visiblement il n'était pas dans le coup. » Delval fut condamné à mort à cause d'une femme qui vint témoigner à charge contre lui — « je ne sais même pas s'il n'a pas dit " une folle " », se souvenait Mitterrand. Oui, une folle. Un jour elle est venue dire qu'il avait fait ceci et le lendemain elle a dit : il a quand même aussi fait ceci et cela. « Je n'en suis jamais revenu », confiait Floriot à Mitterrand. Charles Delval a été fusillé au début de l'année 1945. Son avocat était à ses côtés. Il lui confia une lettre pour Paulette dans laquelle, avant de mourir, il l'assurait de son amour. Le fils de Paulette et de Dionys est né six mois plus tard.

Quinze jours après la fin du procès, le 28 décembre 1944, sortait enfin le deuxième roman de Marguerite Duras : *La vie tranquille* [93]. Pourtant, Marcel Arland s'était de nouveau opposé fermement à la publication d'un roman de Marguerite et le rapport de lecture signé Raymond Queneau lui non plus n'est pas tendre : récit inorganisé, absence de maîtrise et trop grande influence américaine — notamment celle de Faulkner. Mais il souligne qu'en dépit de tous ces défauts le livre peut être publié. Le contrat, envoyé par Raymond Queneau le 28 mars 1944, est signé par Marguerite Antelme qui précise qu'elle souhaite être publiée sous le nom de Duras [94]. Queneau est toujours le voisin de bureau de Dionys Mascolo. Marguerite fréquente alors la maison Gallimard. Elle y fait même, de temps à autre, quelques petits travaux. Ainsi, est-elle rétribuée, en novembre 1944, par la maison pour corriger les épreuves du livre de son ancien compagnon de débâcle, Pierre Lafue, *Patrice ou l'été du siècle*. La commande lui est passée par Raymond Queneau lui-même. Elle continue à voir assidûment un auteur de la maison, André Thérive dont elle s'était réclamée pour la publication des *Impudents* et dont le nom figure sur la liste d'écrivains barrés que vient d'établir le Comité national des écrivains, en compagnie notamment de Céline, Drieu, Maurras, Montherlant.

Parallèlement, elle collabore activement au journal *Libres* et signe des éditoriaux politiques. Elle y encourage l'épuration et réclame que de lourdes sanctions soient prises contre les collaborateurs. Elle vient de prouver sa détermination en accablant Delval lors de sa première déposition au tribunal. Certains de ses amis de la Résistance lui reprochent son intransigeance. Ils sont choqués par la condamnation à mort de Delval et auraient préféré le garder emprisonné pour pouvoir enfin élucider le mystère de la trahison dans le groupe. Marguerite pourtant ne se pose pas de questions pour publier chez Gallimard alors que Vercors demande, dans le cadre du comité d'épuration, que des sanctions soient prises contre Gaston Gallimard[95]. *La vie tranquille* paraît au même moment que les *Lettres à un ami allemand* de Camus, *De l'armistice à l'insurrection nationale* de Raymond Aron, deux auteurs qui permettent de blanchir opportunément l'image d'une maison entachée par la *NRF* de Drieu la Rochelle. Marguerite se plaint de l'absence de soutien de la maison lors du lancement de son livre. Et pourtant ce second roman, édité dans un océan de livres qui feront date, est remarqué par trois journalistes : Blanzat, Plisnier et Laprade qui annoncent sa publication[96]. Le tirage de 5 500 exemplaires sera épuisé au début de l'été 1945[97].

La vie tranquille est un court roman divisé en trois parties. Le cadre — la ferme du père — demeure le même que celui des *Impudents*, la terre du père, le sujet très proche aussi : une sombre histoire de famille où prédomine — encore — la relation perverse d'un frère et d'une sœur[98]. Le livre a été en grande partie rédigé lors des vacances que Marguerite passa avec Robert pendant l'été 1943 dans le Doubs. Marguerite marchait beaucoup, partait à l'aventure des journées entières, se laissait envahir par la peur que peut causer la nature, et la nuit elle écrivait. Marguerite envoyait à Dionys au fur et à mesure des pages qu'elle avait fait corriger par Robert. Le mari encourage, l'amant critique. L'héroïne a vingt-six ans. Elle s'appelle Françoise. Elle vit, depuis son enfance, dans une ferme. Françoise aime se baigner et sentir les frissons de l'eau fraîche lui parcourir le corps et, quand elle monte une jument, elle relève sa jupe pour sentir contre ses cuisses nues les flancs moites et musclés de la bête qui halètent contre son corps. Des choses de l'amour elle ne sait rien. Ou si peu. Un seul garçon s'est approché d'elle. Il s'appelle Tiène, il est l'ami de son frère et un jour s'est installé dans la ferme. Tiène monte quelquefois la nuit dans la chambre de Françoise. S'il part comme il est arrivé, sans prévenir, elle pourrait en mourir. Tiène est beau : « Il était éblouissant. Son corps était étonnant de beauté. Il ne se séparait plus de son corps blond, agile qu'on aurait dit lissé par l'eau des rivières, le vent. Il ne réclamait aucun vêtement. Il était habillé de soleil. » Tiène ne veut pas lui dire je t'aime, Tiène joue du piano. On l'a vu : Tiène est le double de Dionys et Françoise ressemble beaucoup à Marguerite : elle aime séduire les hommes, est dotée d'une méchanceté naturelle et éprouve un amour incestueux pour son frère. Trois morts jalonnent ce roman. Françoise en sera directement ou indirectement responsable. Françoise n'a pas peur de la mort. Elle assiste à la fermeture des cercueils, veille les agonisants sans crainte et laisse un homme se noyer devant elle, par indifférence. Françoise est la petite fiancée de la mort. Françoise conduit son frère à assassiner son oncle avant de se suicider.

Marguerite apprit la mort de son frère pendant la rédaction du roman. La douleur qu'elle éprouva alors y est transcrite. Son frère, son amour, son protecteur n'est plus là et l'amour physique, sensuel, spirituel qu'elle éprouvait pour lui est abondamment évoqué dans *La vie tranquille*. Françoise part au cimetière le retrouver : « Je voudrais embrasser la place vide de ses yeux. Les humer, ses yeux crevés, jusqu'à reconnaître l'odeur de mon frère. » Marguerite, elle, n'ira jamais se recueillir sur la tombe de son frère à Saigon et passa plus d'un mois à se taper — littéralement — la tête contre les murs et à hurler jour et nuit. Marguerite dira que ce livre est tombé d'elle-même. Elle l'oublia rapidement, ne souhaitant même plus en parler. Elle aura tort car, par sa profondeur psychologique et par son analyse détaillée des états d'âme d'une jeune femme, le livre encore aujourd'hui captive et s'imprègne dans la mémoire. Le relisant en 1993, elle sera étonnée par sa profondeur. « C'est un livre fait d'une traite, dans la logique banale et très sombre d'un meurtre. Dans ce livre-là, on peut aller plus loin que le livre lui-même, que le meurtre du livre[99]. »

La vie tranquille sort au moment où Marguerite attend Robert dans une angoisse insoutenable. Pendant toute cette période, elle tente de collecter dans les centres de transit des informations sur les déportés qu'elle fait paraître dans *Libres*, dans une rubrique qu'elle a créée dès septembre 1944 : « Chronique du mouvement, classement des informations officielles sur les oflags-stalags et camps de déportation. » Elle voit, à cette période, Suzie Rousset qui, comme elle, est toujours sans nouvelles de son mari déporté. Elles font ensemble des conserves de viande, aident les prisonniers de guerre qui reviennent et tentent d'identifier où pourraient se trouver leurs époux. Elles parlent aussi beaucoup de politique. Marguerite se dit farouchement communiste. Dans l'un de ses éditoriaux intitulé « La peur des Russes [100] », elle critique la majorité silencieuse, tous ces Français qui ont accepté le paternalisme de Pétain sans prendre ouvertement parti pendant l'Occupation. Tous ceux-là qui composent la France d'aujourd'hui « ignorent et ignoreront toujours qu'on peut souffrir d'honneur ». À présent, ils ont peur des Russes. Comment leur reprocher ? On ne change pas un peuple. Il va falloir vivre ensemble. Marguerite appelle de ses vœux l'Union patriotique réclamée par la Résistance et craint qu'elle ne puisse se concrétiser car nombreux sont ceux qui veulent déjà enterrer les idéaux révolutionnaires et briser l'élan de solidarité.

Marguerite tient physiquement le jour mais craque la nuit. Elle ne dort plus, pleure et s'enfonce progressivement dans un état d'hébétude. Elle fait comme si. Comme si elle marchait, comme si elle parlait. Dionys est à ses côtés. Elle n'arrive plus à s'alimenter. En témoigne, arraché d'un cahier de cette période, ce texte :

> Deux assiettes sur la table de la cuisine. D. et elle. Même le pain paraît mort. Ils sont morts le ventre vide. Il en meurt chaque jour par manque de pain. Et le calcul recommence : un doigt pour un morceau de pain. À ras de terre des cadavres, à la place du blé des cadavres mais pas de pain.
>
> Comment un tel être celui qui a faim pourrait-il encore se respecter, se développer avec harmonie, songer à son âme, prier Dieu. Comment pourrait-il se maintenir dans l'ordre humain qui consiste à vivre avec plénitude.
>
> À Buchenwald, un professeur belge est mort. Neuf de ses élèves assistaient à sa mort et lorsque ça a été fini, ils lui ont pris son pain. Ils en ont fait neuf parts [101].

Plusieurs témoins [102] diront sa maigreur, son état de torpeur. Dionys veille sur elle, la nuit, le jour. Dionys lui dit qu'elle est folle. Dionys a raison. Marguerite vit une situation d'attente insupportable et son imagination s'enflamme. « Oui, je suis folle, c'est écrit sur mon front », revendique-t-elle[103]. Marguerite ne fait plus confiance qu'à elle-même. Elle « sent » la mort de Robert. Elle en est certaine, elle l'écrit dans son journal : « Il est mort depuis quinze jours, à l'abandon dans un fossé. La plante des pieds à l'air. Sur lui la pluie, le soleil, la poussière des armées victorieuses. Les mains sont ouvertes. » Elle décide de se suicider quand on lui apprendra officiellement le décès de son mari : « Je mourrai vivante pour lui. » Marguerite se sent abandonnée. Dionys n'est plus un recours. L'enfant qu'elle veut de lui elle en a oublié même le goût. Elle ne pense plus qu'à son petit garçon mort.

Journaliste à *Libres*, Marguerite se trouve aux avant-postes des informations militaires. L'annonce de la libération d'un camp lui procure plus d'angoisse que de joie. Elle note :

Je n'en peux plus. Je me dis il va arriver quelque chose. Ce n'est pas possible, je devrai raconter cette attente à la troisième personne. Je n'existe plus à côté de cette attente[104].

Puis, le 23 avril 1945 :

Le silence. Le silence. Le silence. De nouveau. Il y a du nouveau. Je me suis levée et je suis allée au milieu de la chambre. C'est arrivé en une seconde. Qu'est-ce qui m'arrive ? La nuit noire est aux fenêtres qui me guette, je tire les rideaux. Elle me guette toujours. Qu'est-ce qui m'arrive ?..., la chambre et plein de signes noirs et blancs. Plus de battements aux tempes, je sens que ma figure change, se défait lentement. Il n'y a personne, je me défais, je me déplie, je change, j'ai peur. Des frissons sur la nuque. Où suis-je ? Où ? Où est-elle ? Que lui arrive-t-il ? Plein de battements aux tempes. Je ne sens plus mon cœur. L'horreur monte lentement comme la mer. Je me noie. Qu'est-ce que cet endroit ? Au fait qu'est-ce que c'est toute cette histoire ? Quelle histoire ? De quoi s'agit-il ? Qui c'est ça Robert Antelme ? Tu attends un mort ben voyons un mort, mais oui, voyons quoi.

Plus de douleur, je suis sur le point de comprendre. Il n'y a rien de commun entre cet homme et toi. Qui est ce R.A. ? A-t-il jamais existé. Qu'est-ce qui fait qu'il est Robert et pas un autre ? Qu'est-ce que tu fais depuis quinze jours à te monter le ciboulot ? Qui es-tu ? Que se passe-t-il dans cette chambre. Qui je suis ? D. sait qui je suis. Où est D. ?

Le lendemain, 24 avril, Marguerite apprend que Robert est vivant ou plutôt qu'il était vivant deux jours auparavant. « Ça sort en eau de partout. Vivant. Vivant [105]. » Des témoins l'ont vu dans une colonne lors de l'évacuation du camp de Buchenwald. Mitterrand et ses amis multiplient les enquêtes et les témoignages mais personne ne peut savoir s'il est toujours en vie. Marguerite se sent alors coupée du reste du monde. Elle n'entend plus rien ni personne. Pas même D. qui la veille, la protège [106].

Robert racontera à son retour à Marguerite et à Dionys qu'il marcha pendant dix jours. Sa colonne fut dissoute à Bitterfeld. Les survivants furent embarqués dans un train à destination de Dachau où ils arrivèrent dans un état d'épuisement effrayant. Ensuite les versions du retour de Robert Antelme diffèrent. Mitterrand et Marguerite ont la même : appelé par de Gaulle, Mitterrand partit en avion, dans le cadre d'une mission militaire à commandement américain, le 1er mai 1945 pour Dachau. Traversant le carré des morts, il entendit qu'on murmurait son nom, s'approcha d'un homme qui respirait à peine, le prit dans ses bras, ayant du mal à l'identifier. Robert le reconnut à sa voix, demanda à repartir avec lui. Les Américains refusèrent de le laisser embarquer, Mitterrand appela Marguerite d'Allemagne : « Écoutez-moi bien. Robert est vivant. Calmez-vous. Oui. Il est à Dachau. Écoutez encore de toutes vos forces. Robert est très faible, à un point que vous ne pouvez imaginer. Je dois vous le dire : c'est une question d'heures. Il peut encore vivre trois jours, mais pas plus. Il faut que Dionys et Beauchamp partent aujourd'hui même, ce matin même pour Dachau [107]. » L'histoire est devenue légende. Mitterrand l'a amplifiée au cours du temps. La providence était vraiment au rendez-vous ! L'important est que Robert ait pu s'en sortir vivant. Vraisemblablement grâce à Mitterrand. Mais les événements ne se sont pas enchaînés comme l'ont raconté Marguerite et Mitterrand dans leurs témoignages respectifs.

Le 30 avril, à la demande des militaires américains et notamment du général Lewis, une délégation de membres de l'Assemblée consultative provisoire a été constituée. Elle doit constater la libération de certains camps en Allemagne. Dachau est libéré depuis la veille. Quatre personnes du MNPGD doivent faire partie de cette mission : Bugeaud,

Gagnaire, Dechartre et Benet. Mais pas Mitterrand qui n'avait pas souhaité participer à cette Assemblée consultative car il préférait attendre un poste de ministre. Benet le rattrape et l'embarque en tant que président du MNPGD dans l'avion des Américains. L'avion atterrit près de Schwäbisch Gmünd. Plusieurs command-cars les attendent. Premier arrêt à Landsberg, un camp dit de convalescents. En fait un mouroir atroce, les fosses sont remplies de cadavres que la neige recouvre. Pas un seul survivant. Ceux qui ont vu n'oublieront jamais[108]. En fin de matinée, la délégation part pour Dachau. Benet, Mitterrand, Gagnaire se trouvent en compagnie du père Riquet dans la baraque de l'état-major des Américains quand Bugeaud, parti inspecter les alentours, revient en courant, criant aux membres de la délégation : « J'ai retrouvé Leroy [nom de résistance de Robert Antelme]. » « Nous avons tous couru vers le baraquement sanitaire et nous avons trouvé Robert sous la douche, dit Jacques Benet. Il pesait trente-cinq kilos. Il était grelottant et faible. Il s'exprimait d'une voix mourante. » Jacques Benet s'en veut encore aujourd'hui de ne pas avoir assez insisté auprès de l'état-major américain pour reprendre Robert avec eux. Mitterrand les supplia. Les ordres étaient les ordres. On invoquait des problèmes de typhus et de contingentement sanitaire. Les hommes sont repartis sans lui pour Paris. Robert, la veille, venait d'écrire à Marguerite une lettre bouleversante. Au crayon bleu, pliée en quatre, sans enveloppe, son fils la retrouvera après sa mort cachée dans un cahier. Robert — Matricule 8174 — Bloc 29 — Chambre 3 — Dachau — écrit à Marguerite : « Mon petit, une lettre volée. Au temps, à la misère du monde, à la souffrance. Une lettre d'amour. » Il pense rentrer vite. Il sait qu'il aura le courage de continuer à vivre. Il pense à elle. « Au revoir Marguerite, tu ne peux savoir comment ton nom est douloureux. »

Mitterrand le soir même de son retour à Paris fixe un rendez-vous à Beauchamp qui s'en souvient comme si c'était hier. Mitterrand raconte que le camp est en quarantaine et qu'on continue à mourir massivement. « Trouve quelqu'un pour t'aider, lui dit-il. Prends les papiers, mes bons d'essence, mes cartes d'état-major. » Beauchamp passe au domicile de Mitterrand pour lui emprunter sa tenue de colonel et pense naturellement à Dionys, son adjoint pendant la Libération, qui se fait prêter une tenue de lieutenant. Le lendemain matin, Mitterrand leur fournit des ordres de mission délivrés par la DGER. Ils partent immédiatement avec la vieille voiture de Georges qu'il a fait remettre en état. Ils roulent sans s'arrêter. Beauchamp raconte : « On se bagarrait encore près de Dachau. Le camp était gardé par des hommes qui portaient tous des masques à gaz. Nous avons dû accepter les masques pour entrer. Dans le camp, les Américains exécutaient des SS. Nous avons cherché longtemps Robert. Nous l'avons cherché dans les baraques, entre les baraques. Les morts et les vivants étaient emmêlés. Nous l'avons trouvé dans un groupe de personnes qui se tenaient debout. Il faisait beau ce jour-là. C'est lui qui nous a appelés. Il se tenait dans une allée, entre les blocs. Il pesait trente-cinq kilos. Nous ne l'avons pas reconnu [109]. »

Avec l'aide d'un détenu communiste, Basseville, ils repèrent un poste de garde un peu moins surveillé que les autres. « Nous avons expliqué à Robert qu'il devait s'évader. Pour cela, nous l'avons habillé avec la tenue d'officier, nous lui avons mis le calot sur la tête. » Robert est sorti, soutenu par Dionys et Georges qui le faisaient marcher. « Quand on est passé devant le baraquement du camp SS, Robert a voulu soulever son calot et saluer comme quand il était détenu. Nous avons attendu la fin d'un tour de ronde pour courir vers la voiture en portant Robert dans nos bras. » Une fois dans la voiture, Robert leur fait promettre de ne pas s'arrêter avant la frontière, tant il a peur encore de pouvoir être repris. Georges conduit. Dionys, à l'arrière, soutient Robert. Robert parle, parle, il ne peut s'arrêter de parler. Georges et Dionys craignent qu'il ne s'épuise. C'est à ce moment-là qu'il dit à Dyonis : « À chaque fois qu'on me parlera de charité chrétienne, je répondrai Dachau. » Dans son délabrement physique, il n'est plus que parole, se souviendra Dionys [110]. Il dit tout, tout ce qu'il a vécu depuis un an sans ordre. « Garder le silence plus de quelques instants lui serait impossible. Il parle continûment. Sans heurt, sans éclat, comme sous la pression d'une source constante, possédé du besoin véritablement inépuisable de parler le plus possible avant de peut-être mourir, et la mort même n'avait manifestement plus d'importance pour lui qu'en raison de cette urgence de tout dire qu'elle imposait. » Georges Beauchamp se souvient qu'il a beaucoup parlé des communistes dans le camp, de leur solidarité, de leur manière de protéger les plus faibles. Dionys, lui, garde en mémoire le récit qu'il fait de son évasion, la sortie de la colonne et ces enfants qui le rattrapent et lui envoient des pierres. Georges et Dionys gravent en eux ce que dit Robert pour en restituer l'essentiel s'il vient à mourir. Ils s'arrêtent pour se restaurer à Pfarzheim dans un mess d'officiers français. Robert, soutenu par ses deux amis, traverse la salle du restaurant à petits pas. Les hommes baissent la tête. Quand ils reprennent la route, ils s'aperçoivent qu'on leur a volé la roue de secours. Ils passent la frontière à Wissembourg. Robert consent enfin à essayer de dormir. « Il n'était pas désespéré, dit Beauchamp. Et pourtant il pensait qu'il allait mourir. Mais il était heureux parce qu'il avait eu, avant de mourir, ce moment de liberté. » Il accepte de se reposer quelques heures dans un hôtel. Avant d'aller se coucher, il aperçoit à côté de l'hôtel un vivier à truites, il dit tout d'un coup qu'il veut manger une truite. « Nous sommes partis dans la nuit, avons réveillé le monsieur de la pisciculture. La dame de l'hôtel de Wissembourg a fait cuire la truite. Robert a pris une bouchée et puis il est tombé. » De fatigue. Il dort dans le même lit que Dionys. Ou plutôt il somnole brièvement entre deux flux de paroles. La source ne se tarit pas. Encore une fois il pense qu'il va mourir. Il parle pour ne pas mourir. Il parle pour que, lui mort, Dionys et Georges racontent. Il dit sa crainte, après avoir voulu survivre, de pouvoir revivre. Dionys écrira : « Cette mort à soi-même, avec l'itinéraire initiatique qu'elle suppose, n'initiant peut-être à nul autre mystère, ici, qu'à celui, sans mystère, de l'unité de l'espèce, toujours évidente et autre toujours aveuglée, Robert en cette nuit m'en communique la nouvelle [111]. »

Le lendemain matin, Robert respire encore. Quelques heures plus tard, ils s'arrêtent à Verdun devant une brasserie. Dionys et Georges portent Robert par les épaules jusqu'à une table. Au fur et à mesure qu'ils avancent dans l'allée centrale de cette brasserie de Verdun — il est une heure de l'après-midi le lendemain de la fin de la guerre — les gens se lèvent et s'inclinent. On pense aux dessins que fit Zoran Music au risque de sa propre vie dans le camp : visages émaciés, intensité du regard, corps cassés, mais sentiment de pureté, de force, d'invincibilité. La majesté simple et non la défaite. « L'image que pouvait alors donner Robert aux premiers autres, écrira Dionys, évoquait moins d'héroïques combats contre une adversité définie qu'une sorte d'accomplissement supérieur dans la persévérance d'un refus opposé à ce qui pourrait n'être qu'une neutralité insaisissable du mal[112]. » Appartenait-il déjà à ce monde ? Qu'est-ce qui le retenait encore à la vie ? La passion de la pensée certainement. Un ancien détenu racontera plus tard à Marguerite que Robert dans le camp leur parlait chaque jour de philosophie, de littérature, de poésie. À Verdun, ils consultent un médecin qui leur dit de rouler doucement. Au moindre cahot, le cœur qui bat dans le vide peut se rompre. Il leur conseille d'empêcher Robert de manger. Lenteur, épuisement. Robert ne parle plus. Dionys, toujours à l'arrière de la voiture, le couvre de ses bras. Ils passent la nuit à Bar-sur-Aube. Robert recommence à parler.

Le lendemain matin, Dionys appelle Marguerite pour la prévenir de leur arrivée en début d'après-midi. « Je vous téléphone pour vous prévenir que c'est plus terrible que tout ce qu'on a imaginé[113]. » Les voisins, la concierge étaient dans l'escalier de la rue Saint-Benoît quand ils sont arrivés. Marguerite attendait sur le palier du premier étage. Quand elle a vu Robert, elle s'est mise à courir. Elle a franchi la porte de l'appartement en hurlant puis s'est roulée en boule dans un placard, enfermée sous des vêtements. Elle en sortira plusieurs heures plus tard et mettra encore quelques heures pour oser s'approcher.

Alice, l'autre sœur de Robert — Marie-Louise agonise à Ravensbrück —, Mitterrand sont présents. Robert les embrasse, inspecte les pièces, fait lentement le tour de l'appartement. Deux médecins sont là qui l'examinent et disent à Marguerite qu'il ne va pas passer la nuit. Marguerite les révoque sur-le-champ et trouve un troisième médecin qui lui sauve la vie : il s'appelle Deuil. Patron d'un grand service de diabétologie, il avait vécu longtemps aux Indes et connaissait les carences de la famine jusqu'alors inconnues en Occident, il donne du sérum à Robert au lieu des aliments et lentement, très lentement, lui réapprend à manger.

La remontée du néant durera trois semaines. De son corps, il restait une forme qui flottait entre la vie et la mort. Comme le scaphandrier qui doit remonter à la surface par paliers, Robert Antelme doit économiser ce qu'il ingère. Marguerite racontera qu'elle était obligée de cacher les aliments. Robert veut manger. Au camp on lui interdisait de manger.

Son corps refuse les perfusions. « Non il ne pouvait pas manger sans mourir. Or il ne pouvait plus rester encore sans manger sans en mourir. C'était là la difficulté [114]. » Le professeur Deuil veille jour et nuit. Il sauve Robert. Marguerite aussi le sauve. Elle est admirable : de dévotion, de sacrifice, d'abnégation. Anne-Marie vient souvent voir Robert rue Saint-Benoît. Mais c'est Marguerite qui s'occupe de lui. À la vie, à la mort. Entre Marguerite et Robert, c'est pour la vie. Marguerite me dira qu'elle ne se souvenait plus des premiers jours du retour de la déportation. Débandade totale de la mémoire. Georges Beauchamp lui se souvient de Marguerite et de Robert. « C'était de l'adoration. Robert revenait vers Marguerite. Pendant qu'il était au camp, il n'avait cessé de penser à elle et il avait oublié qu'il l'avait quittée. » Georges Beauchamp pardonne tout à Marguerite, ses tromperies, ses trahisons, ses exagérations, son narcissisme tant elle se montra alors généreuse et courageuse.

« Au bout de dix-sept jours la mort se fatigue [115] », mais le professeur Deuil attend quatre semaines pour dire à Marguerite que Robert est sauvé. Pendant toute cette période ses amis Beauchamp et Mitterrand viennent régulièrement lui rendre visite. Dionys est là quasiment en permanence. Robert se confie beaucoup à lui. Quand il en a la force, il sort se promener avec David Rousset qui pesait, à son retour du camp, trente-huit kilos. Suzie et Marguerite les accompagnent dans ces marches lentes. À la mi-juin, Benet propose à Robert d'aller se reposer dans une maison de convalescence que le MNPGD vient d'ouvrir pour le retour des déportés près de Verrières-le-Buisson. Robert et Marguerite partent s'y installer. Marguerite fait toujours preuve d'un dévouement admirable. « Il nous était simplement impossible après ce qui s'était dit, ce qui s'était su là, de recommencer à vivre de la vie d'avant », écrira Dionys Mascolo [116].

Robert reconquiert la dignité. Mais après ? Robert vivra, comme la plupart des déportés, un intense sentiment de culpabilité : Pourquoi moi et pas les autres ? Le 21 juin 1945, il envoie à Dionys sa première lettre de « vivant solidifié ». Ainsi se nomme-t-il alors. Vivant il est puisqu'il a su pleurer. Mais vivant solidifié, il l'apprend. « C'est à toi que j'écris le premier car je veux que tu puisses entretenir en toi, peut-être quelque temps de plus, le merveilleux sentiment d'avoir sauvé un homme. » Dans cette longue lettre, écrite sur le papier à en-tête de la Commission de contrôle du papier d'édition, Robert Antelme met pour la première fois noir sur blanc ses réflexions sur les conséquences de son retour et les modifications de son moi. Dionys est son sauveur, son sauveteur. À lui il peut dire ses craintes : il ne sait plus « choisir », ne fait plus la différence entre ce qu'on dit et ce qu'on ne dit pas. Demande à être pardonné. Car « dans l'enfer on dit tout ». Après avoir lutté pour redevenir physiquement un homme, un homme qui se tient, qui peut manger, parler et même un peu dormir, Robert ne sait plus comment renaître moralement au monde. De cette angoisse métaphysique, il rend Dionys confident. « J'ai le sentiment, que n'ont peut-être pas tous mes camarades, d'être un nouveau vivant, pas au sens Wells du mot, pas au sens fantastique, mais au contraire au sens le plus caché. » Son esprit bat la campagne et il le sait. Dans une démarche de phénoménologue, il s'observe lui-même pour mieux comprendre. Il tire sa force de ses connaissances philosophiques qui lui servent de boussole dans ce voyage de reconquête de lui-même à la fois excitant et morbide. Il examine cette lente émergence de son nouvel être comme un entomologiste le ferait d'un insecte qu'il vient de chloroformer, avec rigueur et curiosité. « Tout n'aura pas été inutile et j'avance péniblement dans une bonne solitude. Il me reste encore parfois un sentiment trop vif de l'honneur, mais sans doute bientôt tout cela sera-t-il aplani, neutralisé. Alors peut-être j'accepterai la ressemblance avec moi-même parce que je saurai qu'elle n'est pas ; j'accepterai le portrait : il n'y aura plus de portrait. » De cette renaissance, Marguerite et Dionys sont les témoins engagés. Robert les emmène avec eux par la parole dans ce lieu d'où il est revenu et dont il veut non seulement porter témoignage mais analyser philosophiquement toutes les conséquences. Comme le comprendront Dionys et Marguerite, ce lieu d'où il parle, il les y a précipités à tout jamais.

Marguerite n'en demeure pas moins à la même période un écrivain qui défend avec ardeur et âpreté sa situation. Si elle sait s'oublier pour se dévouer entièrement à Robert, elle suit aussi attentivement la carrière de son livre. En témoigne cette lettre courroucée qu'elle envoie de la maison de repos, le jour même où Robert confie ses désarrois existentiels à Dionys, à son éditeur Gaston Gallimard :

J'ai été jusqu'ici pour la raison que vous connaissez peut-être moralement incapable de m'occuper de mon livre *La vie tranquille.* Depuis qu'il est sorti c'est-à-dire en janvier 1945, je n'ai eu ni le temps, ni le goût dirai-je de m'occuper de mes intérêts. Et je m'en sens aujourd'hui capable d'autant que — ceci dit sans acrimonie — personne ne s'en est occupé à ma place et mon livre est en plan.

Après s'être plainte du manque de soutien de la maison, après avoir constaté que son livre était épuisé chez les libraires, Marguerite lance un cri d'alarme sur le sort et la condition faite aux jeunes auteurs à la fin de la guerre. Dans cette manière exacerbée de se faire connaître et reconnaître, qu'elle réutilisera de très nombreuses fois, on peut déchiffrer la certitude qu'elle a déjà d'être un écrivain à part entière et la crainte qu'elle ressent de rester à jamais inconnue :

Michel Gallimard, que j'ai vu cinq minutes il y a de cela trois mois, m'a dit que la réimpression de mon livre n'était pas à envisager pour le moment, que des auteurs comme Aragon et Eluard attendaient eux aussi. *Je ne suis pas d'accord* [117]. Aragon et Eluard peuvent *attendre*. D'abord ils ont de l'argent. Ensuite on ne les oubliera pas. Moi *j'ai besoin d'argent et on m'oubliera*. Tant pis si mon point de vue vous déplaît. Certaines épreuves récentes m'ont appris un cynisme élémentaire dans lequel on a tiré le diable par la queue jusqu'à cinquante ans et encore.

Et puis il y a que je suis jeune et que je ne veux pas mourir. Or je vois que chez Gallimard on meurt de mort lente et certaine. J'ai peut-être eu le tort de naître vingt ou trente ans trop tard. Comme il me plairait que vous tiriez Queneau à 20 000 et Aragon à un mauvais tirage même si ce rajeunissement de votre maison comportait quelque sacrifice financier. Monsieur retirez-vous mon livre ? Mon livre n'aurait pas eu le moindre succès que vous l'auriez traité avec un égal mépris. Que faire devant tant d'indifférence ? Je ne vais jamais vous voir, je ne connais personne et ne fais partie d'aucun cénacle. Est-ce là la raison ?

Quelle lassitude au fond !

Dites-moi ce que feront les jeunes après ces quatre années si encore une fois personne ne les aide, avec bonne volonté et s'ils sont comme autrefois traités comme les emmerdeurs de l'époque ?

Marguerite a eu raison de se battre. Le 11 juillet, Gaston Gallimard lui envoie une lettre de trois pages de justification. Il explique les difficultés d'approvisionnement en papier, le montant des frais de fabrication, l'amortissement difficile des romans des jeunes auteurs. Courtois et avisé, il la rassure sur son talent : « J'ai beaucoup aimé votre livre. Je sais quelle place vous devez occuper et je ne doute pas que vous ne l'occupiez. » Rusé et pragmatique, il lui fait des propositions pour la réimpression : « Nombreux sont les auteurs de la *NRF* qui, avertis de cet état de choses [les problèmes de papier], nous ont fait remettre eux-mêmes le papier que leur livre devait consommer. N'avez-vous aucun moyen, quant à vous, de nous aider ainsi ? Cela faciliterait bien des choses. » Séducteur et pratiquant habilement l'art de l'éloge, il affirme croire en son avenir. Il ne veut pas — c'est manifeste — la laisser échapper. Le livre est réimprimé au mois d'août à 6 500 exemplaires. Marguerite a contacté sa voisine du dessus, Mme Courant, qui lui avait succédé à la Commission du papier. Celle-ci a arrangé l'affaire et fait livrer chez Gallimard huit cents kilos de papier.

Marguerite vit de nouveau avec Robert. Anne-Marie, que Marguerite avait prévenue de sa déportation, vient souvent le voir dans la maison de repos. Dionys vit une amitié avec Robert d'une intensité si forte qu'elle l'accapare tout entier. Marguerite ne sait plus vers où son cœur se porte. Elle aime Dionys avec qui elle a repris des rapports amoureux mais vit avec Robert une expérience fusionnelle. Et puis Dionys la fuit. L'histoire d'amour se passe maintenant entre les deux hommes et Marguerite en est, pour le moment, écartée. Elle le sent, elle le devine. Elle écrit à Dionys de la maison de repos :

> Je viens mardi à Paris. Robert dort. Il t'aime beaucoup. Il m'a dit qu'il a eu l'impression de te lasser.
>
> Sans doute nous ne serons jamais ensemble.
>
> Tout est foutu. Jamais d'enfant de toi...
>
> Nous ne souhaitons vivre avec personne. Nous n'aurons pas cet enfant.
>
> En attendant d'être femme vieille et bonne. Mourir. Qui nous arrachera à la calamité du cœur [118] ?

Fin juin le docteur Deuil donne l'autorisation à Robert de partir se reposer sous surveillance médicale. Marguerite et Robert vont s'installer à Saint-Jorioz dans un hôtel proche du lac d'Annecy. Robert réapprend à marcher, à manger, à respirer. Marguerite vit dans l'angoisse de l'avenir. Déchirée entre l'amour-douleur qu'elle porte à Robert et la passion inquiète qu'elle voue à Dionys. Dionys lui échappe. Elle lui écrit, en cachette de Robert, des lettres désespérées. Comme celle-ci, début juillet 1945 : « Je pense à toi. Je finirai par croire que c'est définitivement impossible. » Ou celle-ci un peu plus tard dans le mois : « Essaie de m'écrire chaque jour. Évidemment c'est imprudent mais que faire ? La poste est en face de l'hôtel. Le mieux est de m'écrire officiellement, je ne sais pas encore. Mon Dieu comment faire pour être essentiel ? Quelle solitude tu as faite autour de moi. »

Marguerite marche dans la montagne jusqu'à s'étourdir. Elle observe physiquement la vie revenir dans le corps de Robert. Elle parle d'innocence, d'abandon. Ils ont loué une seule chambre avec deux lits. Marguerite écrit à Dionys : « Dans mon calme, j'ai une petite pointe de glace. » Robert parle peu depuis qu'il a appris à Verrières-le-Buisson la mort de sa sœur Marie-Louise. « C'était la nuit. Il y avait là sa plus jeune sœur et moi. On lui a dit : " Il faut qu'on te dise quelque chose qu'on t'a caché. " Il a dit : " Vous me cachez la mort de Marie-Louise. " Jusqu'au jour on est restés ensemble dans la chambre, sans parler d'elle, sans parler. J'ai vomi. Je crois qu'on a tous vomi. Lui répétait les mots : " Vingt-quatre ans ", assis sur le lit, les mains sur sa canne, ne pleurait pas [119]. » Marguerite respecte son silence.

Les amis écrivent — Mitterrand, Beauchamp — mais ne viennent pas. À Saint-Jorioz, sapinières, chants d'oiseaux, vols de vautours. Silence. À Paris l'après-Libération a des airs de fins de fête, mornes et tristes. Mitterrand écrit à Marguerite et Robert :

> Tout le monde danse et tout le temps. Le peuple-roi rigole tout ce qu'il peut et ripaille. Anniversaire sur anniversaire. Libération sur libération. On décore machinalement. On pétarade de feux d'artifice. Les flics sont à l'honneur. Tout homme honnête sait bien qu'ils furent des héros.
>
> Tout cela n'est guère sérieux et le plaisir finit par s'épuiser. Thorez peut bien discourir sur la production, la Révolution se fera en chantant et non par le travail.

Robert est sombre. Dans l'hôtel un adolescent déporté au crâne rasé reprend des forces et joue de l'harmonica. Marguerite s'éloigne dans la forêt et laisse Robert à ses méditations. Pendant des heures, il regarde les vaguelettes que fait la brise sur le lac. La surface des choses peut-elle être crevée ? demande-t-il à Marguerite. Dans le champ à côté de l'hôtel, où l'on étend le linge, un ancien soldat allemand fauche les herbes. Robert attend que Marguerite parle mais

Marguerite ne dit rien. Espère-t-il que la vie avec elle va recommencer ? Il n'a cessé de penser à elle pendant l'épreuve du camp. Elle lui apparaît alors comme son point fixe, sa terre maternelle, son ancrage dans la réalité. Le 7 août à 3h12 du matin, elle écrit à Dionys : « Non je ne joue pas double jeu. Personne ne me touche ici. Je hurlerais. »

Alors Marguerite fuit Robert ; elle retrouve deux camarades du Parti section savoyarde, l'un cuisinier, l'autre mécanicien, et, en leur compagnie, part faire des reportages pour *Le travailleur alpin*. Elle vient d'achever une nouvelle qu'elle a envoyée à la revue *Confluences* et s'impatiente de ne pas avoir de réponses. Tous les jours, elle écrit à Dionys. Elle lui dit qu'il lui manque, physiquement, sexuellement, sentimentalement, elle lui parle d'un trou en elle quand il est absent, elle pense à l'enfant. « Aura-t-on un enfant, je suis sans enfant... sans mon enfant. » Elle répète aussi qu'elle ne supporte plus l'ambiguïté de la situation. « Je ne suis pas heureuse... Robert a deviné que je ne suis pas pour lui. Il éprouve pour moi une pitié à mourir. »

Anne-Marie vient voir Robert et s'installe quelques jours à l'hôtel. Dionys, finalement, fait aussi le voyage. Il arrive juste après l'explosion d'Hiroshima. Dans *La douleur*, Marguerite écrit : « On dirait qu'il [Robert] veut frapper, qu'il est aveuglé par une colère par laquelle il doit passer avant de pouvoir revivre. Après Hiroshima je crois qu'il parle avec D., D. est son meilleur ami, Hiroshima est peut-être la première chose extérieure à sa vie qu'il voit, qu'il lit au-dehors. » Robert comprend alors que Marguerite va repartir sans lui. Elle est là, à ses côtés, comme une mère attentionnée, une amie aimante, admirable de présence, de compassion, une infirmière qui s'émerveille chaque jour de constater biologiquement les progrès de la vie. Mais l'enfant. Il y a l'enfant, le désir d'enfant avec Dionys. L'enfant mort avec Robert. Marguerite ne veut pas lui dire tout de suite. Elle attendra un moment où elle pense que ses forces sont revenues. « Un autre jour je lui ai dit qu'il nous fallait divorcer, que je voulais un enfant de D., que c'était à cause du nom que cet enfant porterait. Il m'a demandé s'il était possible qu'un jour on se retrouve. J'ai dit que non, que je n'avais pas changé d'avis depuis deux ans, depuis que j'avais rencontré D. [120]. »

Dionys, à Saint-Jorioz, parle à Robert. À la vie, à la mort. Pas de jeu entre eux. On a trouvé ce poème de Robert griffonné sur une page d'écolier :

C'est mon ami
Il m'a tout dit
Il était à peine un peu rouge
Ses mains s'agitaient
Et moi, à pas d'étranger
Je suis entré
Dans son histoire
Et je l'ai pris entre mes bras
Tiens pleurons, pleurons
Il m'a regardé mon ami, là il s'est levé
Sur le piano il a joué
Quatre ou cinq notes
Il est parti
Moi je suis resté là tout sali
Recroquevillé sur le lit
Avec l'histoire
C'est mon ami
Il m'a tout dit[121].

CHAPITRE V

LE DÉSENCHANTEMENT

« Nous les clandestins, fantômes qui renaissons à la vie, nous ne savions pas alors que beaucoup d'entre nous abandonnaient la vraie vie pour devenir lentement fantômes. » Edgar Morin, dans *Autocritique,* restitue l'atmosphère d'ivresse inquiète dans laquelle baigne leur petit groupe de libérés libérateurs. L'avenir ne leur appartient plus et les lendemains qui se construisent sans eux déchantent déjà. Marguerite assiste, impuissante et rageuse, à la confiscation de la Libération. Elle a l'impression d'être flouée, dépossédée. Dans son journal, elle note que le retour à l'ordre s'est effectué dans une indifférence générale, s'indigne de la capacité d'amnésie du peuple français et se révolte contre le peu de place accordé aux mouvements de Résistance qui s'essoufflent, court-circuités par une vie politique réorganisée autour de l'Assemblée, du gouvernement. La Révolution n'aura pas lieu [1]. La vie politique a repris selon les règles d'antan. Marguerite pensait, comme son camarade Mitterrand qui rejoint alors le parti directement issu de la Résistance mais minuscule — l'Union démocratique et socialiste de la Résistance (UDSR) — que rien ne serait plus comme avant. La Résistance elle-même semble oubliée. Marguerite désigne l'Église comme principale responsable. Elle écrit dans son journal : « En ce moment, la faim de ceux qui ne partagent pas notre haine nous donne envie de vomir. L'Église tremble de toutes ses soutanes parce qu'elle a peur des ravages que ça va faire, cette faim de la bestiale réaction du peuple... L'Église fera encore une fois avaler le crime nazi, l'hostie noire du crime nazi. Elle assimile le crime nazi aux coups de Dieu. Hitler, c'est sa plus chère brebis perdue. Saloperie, saloperie [2]. » Elle et ses amis ont vécu dans l'ivresse révolutionnaire les jours de la Libération, puis, dans l'exaltation, le retour à la vie de

Robert. Mais l'esprit de résistance lasse déjà [3]. Impossible d'imaginer revivre la vie d'avant et replonger dans la répétition de la quotidienneté. La chute sera dure. Dans un pays affaibli et grelottant, l'heure n'est pas aux avant-gardes et aux utopistes qui rêvent de reconstruire un monde nouveau.

Rue Saint-Benoît, à leur arrivée, à la fin de l'été, Marguerite et Robert apprennent l'histoire de Betty Fernandez. Après la mort de son mari d'une embolie cardiaque, quelques mois avant la Libération, et après des obsèques où s'est rendu tout l'état-major de Doriot, Betty s'est terrée dans son appartement. La mort de Ramon l'avait, pensait-elle, exempté à tout jamais du jugement des hommes. Mais, au cœur de l'été, Betty Fernandez-Van Bowens, d'origine hongroise, fut arrêtée, tondue et promenée dans les rues du Quartier latin. Duras la fera revivre dans *Hiroshima mon amour*. Cette femme de vingt ans à qui on tond les cheveux dans les rues de Nevers pendant que *La Marseillaise* s'élève tonitruante, c'est aussi elle. « Quelle douleur. Quelle douleur au cœur. C'est fou ! » Cette femme qui marche dans les rues de Paris, souveraine, d'une beauté excentrique, maigre, flottante, une silhouette sur laquelle on se retourne tant elle émerveille, c'est encore elle dix ans après sa disparition, Betty Fernandez, que Duras mettra en scène dans *L'amant* et à qui elle adressera un ultime salut : « Je me souviens de la grâce, c'est trop tard maintenant pour que je l'oublie, rien n'en atteint encore la perfection, rien n'en atteindra jamais la perfection, ni les circonstances, ni l'époque, ni le froid, ni la faim, ni la défaite allemande, ni la mise en pleine lumière du crime. »

Marguerite reste longtemps tiraillée entre un désir de vengeance qu'elle manifeste avec violence dès les premiers jours de la Libération et sa soif d'un avenir pacifié qu'elle voit alors sous la bannière d'un communisme qui libérera le monde. Elle n'est pas la seule à être tourmentée par ce passé vénéneux que certains voudraient effacer. Des intellectuels se déchirent à propos de l'épuration. Faut-il oublier ? La réconciliation de la nation ne peut-elle se faire qu'au prix de l'oubli volontaire de l'horreur ? François Mauriac reproche à Camus son mépris de la charité. Camus récuse et la haine et le pardon. Marguerite aussi. Les communistes accepteraient volontiers des tribunaux expéditifs. Marguerite regrette-t-elle d'avoir fortement contribué à envoyer Charles Delval à la mort ? Subit-elle l'influence bienfaisante de Robert Antelme qui refuse de se complaire dans cette atmosphère d'épuration ?

Car Robert prend clairement position dès novembre 1945 sur le sujet de la vengeance dans la revue *Vivants*. Certains prisonniers de guerre allemands demeurent encore sur le territoire français et des voix s'élèvent pour protester parce qu'ils sont bien traités. Mais la mort d'un ancien ennemi n'effacera jamais des millions de morts. « Seule une victoire des idées et des comportements pour lesquels ils sont morts peut avoir le sens d'une vengeance », dit Antelme. Ni la haine ni le pardon ne feront oublier ce que les victimes n'auraient jamais dû voir, ce qu'elles n'auraient jamais dû vivre. « Seul le respect de l'homme permettra à nouveau de vivre ensemble. Garder la haine, jouer les barbares nous renfermerait dans la prison de la guerre. Aussi, aux folies de la vengeance, aux abstentions secrètes, aux lâchetés des indemnes, nous disons : non. »

Marguerite appartient alors au premier Parti de France : le Parti communiste. Communiste, elle l'est depuis 1944. Seule. Sans en référer à personne, pas même à Dionys. Elle dira avoir adhéré au PC clandestin, alors basé dans les Catacombes, dans un état de grande exaltation[4]. De retour à Paris, elle découvre le travail militant. Elle adhère à la cellule 722. Elle emploie alors comme tout bon militant qui se respecte les mots utilisés par le Parti ; elle assure donc lutter pour un monde nouveau où l'égalité et la justice régneront. Communiste, certes elle l'est : plusieurs témoins, notamment Jacques-Francis Rolland, Edgar Morin, Claude Roy, Dionys Mascolo, évoqueront le dévouement avec lequel elle allait vendre *L'Huma* le dimanche matin dans son quartier par tous les temps — elle note d'ailleurs sur son carnet consciencieusement le nombre d'exemplaires vendus, entre quarante et cinquante, chaque semaine — et de son assiduité aux réunions de cellule. Elle est fière d'appartenir à ce parti qui se présente comme le « parti des fusillés » et peut se parer de son patriotisme résistant et du prestige dont jouit l'Armée rouge[5]. Marguerite est communiste parce que c'est le parti de la classe ouvrière, qu'il défend les pauvres et les purs. Mais communiste d'un genre particulier. Communiste exaltée, utopiste, idéaliste. Au Parti pourtant, elle se donne tout entière : elle donne son temps, son énergie. Non comme un valeureux petit soldat passif, non comme une militante obéissante d'un parti qui demande l'obéissance et la servilité idéologique, mais comme une héroïne de tragédie grecque qui lutte contre le destin et se sacrifie pour la beauté du monde. De la même façon qu'elle avait choisi de disparaître momentanément du confortable monde étudiant pour travailler jour et nuit à l'Armée du Salut, Marguerite a choisi d'être corps et âme dans le Parti. Elle laisse Robert et Dionys des soirées entières à discuter du sort du monde pour aller faire son travail de militante qu'elle exécute avec dévouement et obstination. Elle ne supporte pas qu'on mette en cause le Parti. Dionys note, à l'époque, dans son carnet : « Marguerite, son authenticité, sa détresse, son incapacité au mensonge, mais aussi sa mauvaise foi terrible. » Elle endosse sa tenue dite de « communiste » — vareuse de l'armée, bottes fourrées — pour aller sonner aux portes, arpenter les rues et entrer dans les cafés alpaguer les gens et colporter la bonne parole. Une photographie la montre le visage grave en opération commandée. Elle ne voit rien ni personne. Audiberti qui l'aimait tant, et l'appelait « ma petite sœur », se moque d'elle quand il la croise au Flore et aux Deux Magots : « Oh, comment va ma petite tchékiste adorée ? » lui demande-t-il. La tchékiste repart sans rien dire avec son lot d'*Humanité*. De temps en temps, elle emmène dans ses virées sa concierge, Mme Fossez, qu'elle a réussi à faire adhérer. Mme Fossez était « la » prolétaire de Marguerite. Ils n'étaient pas nombreux en effet, au Quartier latin, les glorieux représentants du prolétariat à avoir adhéré au Parti. On se les arrachait. Marguerite courtisait donc Mme Fossez et l'emmenait avec elle dans ses tournées.

L'hiver arrive, Marguerite bat le pavé pendant que Robert et Dionys se demandent s'ils doivent s'engager. Tous deux préfèrent les livres aux mots d'ordre. Dionys relit Kant, Hegel, Saint-Just. Robert se ressource dans la lecture de Kleist. Après avoir beaucoup parlé, d'abord à Dionys, puis à Marguerite et Dionys, il comprend que parler ne suffit plus, que cette parole le suffoque au lieu de lui donner des forces. « À nous-mêmes, écrira-t-il dans l'avant-propos de *L'espèce humaine*, ce que nous avions à dire commençait alors à nous paraître *inimaginable*. » Marguerite et Dionys ont écouté Robert des nuits entières. Ils en ont été définitivement transformés. On peut parler de révélation. Ils deviendront autres. Judaïsés. Juifs s'ils avaient pu. Broyés au plus intime de leur être dans ce que le nazisme a réussi à inventer : contester les

Juifs comme hommes, comme appartenant à l'humanité. Outa, leur fils, raconte qu'il a découvert tardivement qu'il n'était pas juif tant les propos que tenaient ses parents au sujet de leur origine lui semblaient évidents[6]. Edgar Morin se souvient, amusé, du statut particulier qu'il avait dans le groupe de la rue Saint-Benoît parce qu'il était juif. « Il y en avait un, un vrai, dit Morin en riant. Donc je possédais quelque chose de plus. J'étais, à leurs yeux, auréolé d'une appartenance philosophique et existentielle qui conférait à mes propos une profondeur supplémentaire[7]. » On peut sourire aujourd'hui de cette exaltation qui faisait de la judéité une essence supérieure, une valeur cardinale et liait cette judéité rêvée avec l'adhésion à un communisme fortement idéalisé lui aussi. « C'est de là que nous nous sommes retrouvés avant d'y avoir rien compris, judaïsés et communisés à jamais », écrit Dionys Mascolo dans *À la recherche d'un communisme de pensée*[8].

Ces nouveaux croyants durent déchanter amèrement sur le plan politique. Du communisme, ils seront exclus, de manière ignominieuse, comme on le verra plus tard. Mais cette judaïsation de leur être ne les quittera jamais. Cette marque imprègne de nombreux livres de Marguerite. Et même quand elle n'est pas explicitement donnée, elle demeure une clef d'accès pour la compréhension de certains thèmes — obscurs, très obscurs — qui parcourent l'œuvre entière. Comme un pardon qu'elle n'aurait cessé de réclamer, comme un tourment, une culpabilité qui l'aurait harcelée. Force est de constater qu'à l'époque la « question juive » — et ses conséquences — n'était guère à l'ordre du jour. Les Juifs gênaient l'opinion publique. Dans son livre de souvenirs, Annie Kriegel note le manque de chaleur qui caractérisa l'accueil des déportés et l'indifférence qu'on manifesta à leur égard : « Sous le couvert d'une prétendue nécessité de respect et de décence fut imposée une manière de silence sous lequel devait demeurer enfouie pendant plus de vingt ans cette version moderne et paroxystique des horreurs de la guerre[9]. » Les rares survivants des camps qui osaient témoigner le faisaient dans une indifférence quasi générale. Ils furent en effet peu nombreux, les intellectuels, les politiques, à cette période, à dénoncer l'antisémitisme de Vichy et à se préoccuper moralement et intellectuellement des conséquences de l'Holocauste. Tout juste évoque-t-on dans les journaux de l'époque, pudiquement, la « persécution des non-aryens ». Le mot même d'antisémitisme n'est jamais prononcé tout au long de l'interminable procès du maréchal Pétain. Mitterrand, dans son journal *Libres*, ne l'évoque pas une seule fois. Pierre Péan a raison de faire remarquer que tous les procès d'après-guerre escamotent le sujet. Il faudra attendre 1948 pour qu'Albert Camus l'aborde dans sa préface au livre de Jacques Mery, *Laissez passer mon peuple*.

Avant même le retour de Robert du camp, Marguerite avait eu l'occasion de constater les difficultés qu'avaient les autorités officielles pour évoquer la déportation. Dès l'automne 1944, Edgar Morin, au sein du MNPGD, avait proposé à Marguerite et à Dionys de préparer une exposition sur les crimes hitlériens. Le ministère de la Justice avait délégué des bureaucrates qui ne tardèrent pas à rendre l'atmosphère de travail irrespirable. Marguerite, dégoûtée, abandonna la première. Certains politiques prétendaient, à l'époque, qu'il ne fallait pas en parler parce que cela pouvait avoir des conséquences pour celles et ceux qui étaient encore dans les camps. Les communistes eux-mêmes, qui, dans *L'Humanité*, avaient multiplié les reportages sur les atrocités allemandes, n'avaient jamais bien marqué les différences entre les survivants : prisonniers de guerre, déportés politiques, déportés raciaux, résistants... Certains d'entre eux avaient très tôt opposé la « passivité » des déportés raciaux à l'actif courage des déportés politiques [10]. Après des bagarres homériques, Marguerite se retira. Mais les documents sur les camps de concentration que les Américains lui prêtèrent pour la préparation de cette exposition se gravèrent dans sa mémoire.

À part, ils se veulent donc, comme en exil, tous les trois, Robert, Marguerite, Dionys. Étrangers à ce qu'ils furent avant la guerre. À la recherche d'une nouvelle identité. Mais désireux de rester dans l'indétermination. Nomades. Lisant furieusement Marx et Hölderlin, revendiquant comme seule patrie cette terre de l'amitié. « La vie de l'esprit entre amis, la pensée qui se forme dans l'échange de paroles par écrit ou de vive voix, sont nécessaires à ceux qui cherchent. Hors cela, nous sommes pour nous-mêmes sans pensée », écrit Hölderlin. Ils tentent de mettre en pratique ses méditations et se livrent à une intense réflexion morale. Ensemble, ils comprennent et analysent l'ampleur et le caractère incommensurable du génocide juif. Aucune comparaison n'est possible. Le monde n'est plus comme avant. Bouleversée par la connaissance de l'ampleur de l'Holocauste, Marguerite Duras, créera le personnage d'Aurélia Steiner. Aurélia est née à Auschwitz. Le rectangle blanc de la mort est son espace de naissance. Lol V. Stein aussi est juive. « Oui, juive, je crois. » La mère d'Aurélia Steiner est morte en couches dans le camp de concentration. Elle s'appelle aussi Aurélia Steiner. Quand elle meurt, à ses pieds, sa fille est encore vivante. Juden Lol, Juden Aurélia. Juif aussi le vice-consul de Bombay. Marguerite n'a pas inventé Aurélia Steiner. Marguerite venait d'apprendre par les Américains qu'une cinquantaine d'enfants étaient nés et avaient grandi à Auschwitz. Certains avaient survécu. Aucun d'entre eux ne savait dire je. Ils ne connaissaient que des numéros pour se désigner. Duras dira, dans *Les yeux verts*, qu'elle s'est enfermée pendant un mois et demi avec Aurélia. Alors elle lui a parlé. Cette communication avec l'au-delà, cette faculté d'entretenir un dialogue avec une morte, cette manière d'identification avec le peuple juif, Marguerite la gardera toute sa vie. Comment comprendre autrement la douloureuse errance de l'homme torturé dans *L'amour* et la longue plainte de celui qu'on appelle le Juif et que les autres comparent à un chien dans son livre *Abahn Sabana David* ? Beaucoup de ses personnages de romans seront juifs, porteront des noms juifs ou seront désignés comme juifs. La foudre — les juifs. Le réveil, ce fut la connaissance d'Auschwitz. Elle ne voudra — ne pourra pas s'en expliquer : « Je peux écrire sur les juifs dans les fictions, dans les romans, les films. Mais les juifs de mes romans, de mes films, ils se taisent comme moi [11]. » « Elle, elle est pour les Juifs, alors voyez, il ne faut pas croire à ce qu'elle écrit, elle cache son jeu [12]. » Marguerite rêva longtemps de l'extermination de l'Allemagne : « Je punissais les hommes allemands et la terre allemande d'avoir tué les Juifs. Ce rêve était très violent, terrifiant et enivrant [13]. »

Marguerite Duras confiait en 1990 que son livre de chevet était toujours la Bible [14]. Plus elle vieillissait, plus elle avait besoin de relire la Bible. Elle en connaissait par cœur des passages qu'elle aimait réciter à voix haute. Jacques-Francis Rolland, lors d'un voyage en Inde en 1946, a rencontré, à la demande de Marguerite, le vice-consul de Bombay. Il était juif pratiquant, exégète des Écritures. Marguerite m'avoua que ce fut lui qui l'initia à la lecture du texte sacré.

Regret d'avoir été privée d'être juive : Duras le disait haut et fort : « Dommage que je ne sois pas juive. Même l'écriture ne me rendra pas juive. » N'être pas juif voulait dire avoir plus d'occasions de végéter dans la bêtise, m'expliquait, en février 1996, Dionys Mascolo. Cela signifiait aussi remettre en cause la culture occidentale, rejeter définitivement le catholicisme, tenter de comprendre la religion juive, refuser le salut personnel, rechercher une conscience nouvelle, espérer une culture métisse.

À l'automne 1945, Robert et Marguerite vivent encore ensemble rue Saint-Benoît. Dionys habite toujours chez sa maman et vient souvent leur rendre visite. Robert et Marguerite ont chacun leur chambre. Dionys, lui, ne dort jamais rue Saint-Benoît. Quelquefois il lui arrive de s'assoupir sur le canapé de l'entrée. Fadaises que cette histoire de trio colportée par les spécialistes des clichés. Drôle de vie quand même. Excitante pour Marguerite, qui habite avec Robert et qui entretient avec lui des rapports tissés d'une profonde amitié, d'un immense respect et d'échanges intellectuels, et qui mène parallèlement son histoire d'amour avec Dionys souvent en présence de Robert. Aux yeux de ceux qui ne sont pas leurs amis intimes, Robert et Marguerite forment un couple, Dionys est un ami du couple. Comme le dit en riant Mascolo : « On était obligé d'aller à l'hôtel pour faire l'amour. Personne ne faisait l'amour rue Saint-Benoît. » Plutôt un couvent, donc, en apparence, cet appartement. Mais en apparence seulement, car une à deux fois par semaine, il se transforme en lieu de fête endiablée, de nouba improvisée où l'on danse, boit, jusqu'à l'aube. Des couples mariés se défont, d'autres se reforment. On s'enlace, on s'embrasse, mais, au petit matin, chacun rentre sagement chez soi avec sa chacune.

À la fin de 1945, Marguerite et Robert s'improvisent éditeurs. Il fallait trouver un travail à Robert, explique Dionys. M. Benoit, imprimeur, accepte de les aider, et Robert Marin assure le financement de cette maison. Ils fondent la Cité universelle qui sera domiciliée rue Dupin, chez les parents Antelme. « Cela concrétisait notre immense désir d'indépendance, cette petite maison d'éditions », ajoute Dionys. Elle ne publia que trois livres aux couvertures blanches et rouges avant de s'arrêter pour raisons financières. Le premier livre édité par Marguerite et Robert est *L'an zéro de l'Allemagne* d'Edgar Morin, en 1946. Puis peu après les œuvres de Saint-Just : *Discours, rapports, institutions républicaines*, préfacés par Gratien, pseudonyme de Dionys Mascolo. Robert voulait aussi publier le *Stalingrad* de Theodor Plievier, paru en 1945 en allemand, et il en avait confié la traduction à Jorge Semprun. Mais le livre ne sera jamais terminé. L'aventure éditoriale dura moins de deux ans. En 1947, sortira à la Cité universelle *L'espèce humaine*, l'un des livres les plus importants sur le génocide avec ceux de Primo Levi. Et, comme le livre de Primo Levi *Si c'est un homme*, *L'espèce humaine* paraît dans une indifférence quasi générale.

Rue Saint-Benoît, Marguerite continue à s'occuper admirablement, maternellement, de Robert. La mort est désormais derrière lui. Il est parvenu à s'en désenliser et, dans ce combat, Marguerite a été en première ligne jour et nuit. Elle ne peut se passer de sa présence. Les amis qui fréquentent alors la rue Saint-Benoît s'en souviennent. « Elle n'était pas redevenue l'épouse de Robert », assure Dionys. Ils s'aimaient mais ils n'étaient pas amoureux. Marguerite veut avoir inconsciemment ou consciemment deux hommes à elle, dit le cercle d'amis. Marguerite éclate de rire. Dans un de ses cahiers, elle nota : « Je tenais à lui fondamentalement non pas que je l'aimais car cela n'était pas pourtant de l'amour... mais je tenais à lui et c'était important... Robert était atteint de la même éternité que Dionys. »

Marguerite est devenue la mère, celle qui protège, qui nourrit, qui calme les angoisses de Robert et celle qui veille au bonheur quotidien de Dionys. Elle si apaisante, toujours présente, jamais jalouse de leur amitié à eux deux. Elle est la messagère de l'amour-amitié, de l'amour-cocon, de l'amour-sagesse. Eux deux sont ses lecteurs assidus, ses confidents. Elle leur avoue ses difficultés à écrire, leur fait partager ses espoirs de terminer une nouvelle que la revue *Confluences* dit vouloir publier. Cette nouvelle restera inédite. Démonstration trop lourde ? Construction inaboutie ? Influence existentialiste trop marquée ? Pour toutes ces raisons sans doute. Dans cette nouvelle intitulée *Eda ou les feuilles*, Marguerite expérimente un nouveau procédé d'écriture fondé sur le regard. Le héros de la nouvelle observe la femme qu'il aime mourir à ses côtés. Cette longue méditation philosophique se lit aujourd'hui comme un exercice de style où abondent maladresses et répétitions. Marguerite Duras cherche l'inspiration dans l'observation d'une réalité en apparence banale, mais qu'elle déforme progressivement. Le héros, Jean, ouvre la fenêtre de cette chambre où agonise sa sœur aimée et laisse venir à lui les effluves et l'énergie du printemps. Duras décrit pendant des pages le lent dépliement des feuilles, la sève qui circule, la biologie du désir végétal. Ces choses-là ne se voient pas d'habitude. Duras, elle, se fait la minutieuse sténographe de cette renaissance de la nature.

> Les feuilles étaient chaque jour plus distinctes. Bientôt elles seraient ouvertes, se dit Jean, étalées et droites au bout de leurs tiges. Pour le moment, elles étaient accrochées de très près à l'arbre. Elles faisaient penser à des choses, des choses qui faisaient mal. Leur chair était si vive.

Dehors, la vie recommence, dedans, une jeune femme se meurt, sans volonté de se battre. Jean a l'esprit qui divague, des images qui l'encombrent, des fantasmes qui l'assaillent pour le moins morbides :

> Une femme s'écrase sous vous, vous l'agrandissez, agrandie, ensanglantée, meilleure. Des poings frappent à la porte. Porte de quoi ? C'est la porte fermée, on la connaît bien. Nom de Dieu, nom de Dieu. Frappe. Frappe. Les coups de poings usent les poings — qui font mal. Mais dehors des volets claquent dans du vent. Et c'est l'Appel. On va vers ce qui est ouvert. Dehors. Des murs enferment des jardins ouverts de tomates mûries et chaudes qu'on peut mettre en sang avec les dents facilement.

Cette nouvelle, plusieurs fois refusée, fut retravaillée par Robert, Dionys et Marguerite. À l'époque, Marguerite acceptait les corrections, beaucoup de corrections. Dionys se montrait toujours plus intraitable que Robert. Dès qu'elle termine un manuscrit, elle le soumet d'abord à Robert qui trouve que « cela va » et ensuite à Dionys avec une certaine anxiété. Elle lui a remis la première ébauche qui s'intitulait alors *Les feuilles ou Leda*, qu'elle jugeait terminée et bien construite, avec ce mot d'accompagnement : « Ne reste plus que ce qui, je l'espère, compte. Parfaitement et quoique vous en disiez. Non mon petit Dionys si tu me dis que ce n'est pas bien j'en serai malade car ce que tu me dis personne ne peut le défaire. » Dionys corrigea. Marguerite retravailla. Quelques mois plus tard, elle lui confiait la nouvelle version en le suppliant de ne pas être trop sévère : « J'écris à Berthelet de *Confluences* pour lui dire que ma nouvelle est finie. Ne l'esquinte pas trop à la corriger... elle va ma nouvelle, à la fin elle peut aller. » En avril 1996, Dionys se souvenait de cet épisode : « Oui, j'étais sévère pour son écriture. À cette époque, elle m'en était très reconnaissante. »

Marguerite Duras doute alors beaucoup d'elle-même. Elle commence des textes qu'elle abandonne. Elle écrit des débuts de nouvelles au dos de tracts du PCF, comme ce fragment intitulé *Nuit de massacre*, l'histoire embrouillée d'un jeune homme riche de Neuilly, dont le père détient des brevets de vulcanisation de pneus et qui passe son temps à lire la Bible. On en retrouvera, bien plus tard, des traces dans *Le marin de Gibraltar* puis dans *Le vice-consul*. Marguerite Duras ne jette rien. De la même manière qu'avec les restes de la veille, elle confectionne d'excellents ragoûts, elle conserve ces pages dispersées qu'elle recycle plus tard.

Rue Saint-Benoît, la porte est ouverte en permanence et sa réputation de cuisinière commence à grandir chez les intellectuels du Quartier latin. Elle aime recevoir. Queneau, Merleau-Ponty, Audiberti viennent de temps en temps. Les repas sont informels. On boit beaucoup. On danse quelquefois. Edgar est toujours là, Robert et Dionys aussi. La garde de Marguerite. Mais tous le disent : Marguerite était rieuse, affable, drôle, si drôle, séduisante, excitante. Elle aime qu'on rôde autour d'elle, elle aime sentir le désir qu'elle appelle. Elle s'assoit sur les genoux des hommes juste pour voir si elle les excite [15]. Les hommes aiment ces jeux un peu pervers qui ne débouchent jamais sur une aventure. Juste sur l'idée d'un désir non exaucé. En suspens. « Avec elle on sentait toujours que c'était possible, qu'on pouvait partir avec elle et commencer une aventure », m'a confié une personnalité qui tient à rester anonyme. La rue Saint-Benoît n'est ni une maison de verre comme Breton en rêve, ni un phalanstère à la manière des utopistes du XIXe siècle où tout s'échangeait et se partageait : sexe, territoire et idéologie, ni une secte révolutionnaire à la manière des jeunes nihilistes russes du

XIXe siècle, mais quelque chose de plus modeste et d'intense en même temps : un lieu où l'on pratique la religion de l'amitié, le désir généreux d'ouverture aux autres, la liberté de vivre dans un état d'indétermination. Rue Saint-Benoît, on peut vivre une seconde adolescence, plus lucide, plus grave, plus libre. Chacun peut venir dormir au gré de ses humeurs ou de ses amours. À cette époque de clef toujours sous le paillasson, de draps en attente sur les lits d'amis, de sacs de couchage, Marguerite accueille et pratique une hospitalité semblable à celle qui existait autrefois dans les villages en Corse.

Aux yeux du monde, Marguerite est la femme de Robert et Dionys le meilleur ami de Robert. Les amis qui connaissent la relation qui unit Dionys à Marguerite s'inquiètent des faux-semblants qu'elle entretient en voulant maintenir publiquement la vie de couple avec Robert. Dans la rue, Marguerite tient le bras de Robert, Dionys marche à côté. Robert se plie à ces rites tout en continuant son histoire avec Anne-Marie qui attend un enfant dont il ne voudra pas. Bientôt il commence une liaison avec une jeune femme qui fut autrefois une amoureuse de Dionys. L'esprit de communauté règne.

Au début de l'été 1946, Marguerite se rend en Dordogne. Seule pour une fois. Elle habite dans un petit hôtel d'Hautefort. Elle veut se reposer et réfléchir, trouver les moyens de vivre plus harmonieusement, car elle dit ne plus pouvoir vivre dans cette déchirure entre les deux hommes. Mais comment choisir ? À Dionys elle écrit : « Cette adoration mutuelle que nous nous portons tous les trois est extraordinaire et monstrueuse. Nom de Dieu quand aurai-je la paix ? Ne plus m'en faire pour vous... je ne suis que l'amour que je vous porte. Je serai toujours à la traîne à souffrir. C'est sans solution. On est tout de même bien esquinté par cette histoire [16]. » Marguerite hésite à briser la vie commune avec Robert tout en espérant que Dionys lui proposera de vivre avec lui. Mais Dionys reste silencieux. Dionys reste chez sa mère ! À cette période il voit beaucoup Paulette Delval et s'épanouit dans une double vie bien organisée. Marguerite ne sait rien. Au dire de Paulette aujourd'hui, il voulait quitter Marguerite pour vivre entièrement avec elle. Il le lui promettra longtemps mais ne le fera jamais. Paulette attend un enfant. Dionys est heureux ; il ne dit rien à

Robert. Ce n'est que trente ans plus tard qu'il lui avouera cette paternité. Si proches apparemment, Robert et Dionys. Si lointains aussi. Dionys garde son secret. Robert souhaite une situation plus claire et s'interroge sur les effets pervers de la cohabitation. Il a l'impression de gêner. Il cherche donc un appartement. Mais Marguerite le dissuade de partir. Ce n'est pas Marguerite qui s'en ira, mais Robert quand elle attendra cet enfant tant désiré. Quand Marguerite apprit qu'elle était enceinte, le premier enfant de Dionys venait de naître. Elle ignorera jusqu'à sa mort l'existence de ce demi-frère de son enfant.

En mars 1946, un mauvais jour de printemps, Dionys et Robert décident d'adhérer au PCF. « ... Nous résignant à ne pas nous préserver plus longtemps, Robert et moi, toute misère bien en vue, dans l'une de ces tristesses qui conviennent aux noces aussi bien qu'aux obsèques, marchons vers la place Saint-Sulpice..., nous tenant par le bras — toujours ce rapport où chacun reprend force de l'appui qu'il offre à la faiblesse de l'autre — et franchissons le pas [17]. » Dionys et Robert rejoignent ainsi sans enthousiasme Marguerite aux réunions de la cellule 722 du Quartier latin. Cela fait maintenant deux ans que Marguerite milite ardemment. Dionys, dans son journal intime, note la volonté de dévouement obscur qu'elle manifestait, sa passion du sacrifice et la croyance absolue qu'elle avait alors de faire naître ce communisme libertaire bricolé entre copains, seul capable d'opérer une rupture avec le monde ancien.

La cellule manque de bases ouvrières. Seule l'imprimerie de la rue Saint-Benoît fournit quelques ouvriers. Certes il y a aussi la concierge du 5 rue Saint-Benoît, Mme Fossez. Mais, pour incarner la dictature du prolétariat, malgré l'énergie qu'elle déploie, elle ne suffit pas ! La séance commence toujours par le quart d'heure politique, on se répartit ensuite les tâches : Marguerite adore coller les affiches, diffuser les tracts et visiter les pauvres. Marguerite se vit comme une privilégiée et elle est la première à réclamer le travail de base. Toujours prête pour toutes les corvées. Dans l'un de ses carnets, j'ai retrouvé un tract de cette période, plié : « Le PCF organise pour vous le lundi 27 mai à la salle de société d'encouragement une grande assemblée d'information. » Au verso, elle a noté :

— Politique : calme — nous allons batailler sur amélioration des salaires et du ravitaillement. Points essentiels : pas d'action extrémiste. Obtenir marché libre de certaines denrées.

— Constitution : nous ne désarmerons pas. L'unité avec les socialistes est la réussite de notre politique. Obtention d'une loi électorale. Proportionnelle intégrale.

— Local : sommes satisfaits de nos nouvelles méthodes. Efficacité de nos tracts. Ne pas forcer l'opinion. Diffuser le plus possible notre littérature à domicile — prise de contact avec des sympathisants. Base de travail.

Elle se montre si bonne communiste qu'elle devient secrétaire de cellule et le reste un an, avant d'être proposée comme déléguée à la conférence fédérale de la Seine, poste qu'elle refuse pour rester à la base. Elle récuse ensuite publiquement toute idée de promotion dans le Parti. Elle trouve sa cellule un peu trop chic, trop intello. D'ailleurs, avant d'appartenir à la cellule 722, elle militait à la 742 où il y avait plus d'ouvriers. La cellule ressemblait aux premières communautés chrétiennes. Dionys note : « Des mois durant, avec une générosité insouciante, en silence, le plus à son aise dans les tâches qu'elle s'imposait d'achever sans témoin, sans reconnaissance possible, elle vécut un oubli de soi si parfait qu'elle semblait n'être plus capable de connaître le désarroi qu'aux moments où elle ne trouvait pas à s'absorber suffisamment dans un travail de dévouement amoureux [18]. »

Toujours cet appel vers l'Autre, ce désir de renoncement à soi qu'elle tente alors par l'expérience politique et qu'elle renouvellera un peu plus tard en choisissant, dès *Moderato*, la littérature comme voie d'accès à l'indicible. Pour le moment bonne communiste — dans la ligne, camarade —, elle s'arrange pour ne pas se poser trop de questions. Pas encore...Comme certains de ses camarades, elle croit au Parti. Marguerite et Robert communient encore dans la foi. Dionys, lui, a plus de distance. Il ressent vis-à-vis du Parti une certaine méfiance, fait preuve d'ironie parfois jusqu'au sarcasme. Dionys est un homme qui répugne aux engagements de parti, avoir la carte du PC l'ennuie ; il déteste l'idée qu'on puisse attenter à sa liberté. Dans sa vie politique comme dans sa vie amoureuse : « C'était pareil pour le mariage. Nous n'avons jamais été mariés. Nous étions contre ces cérémonies [19]. »

Communiste, Robert, lui, l'était avant même d'adhérer. Le communisme fut pour lui l'unique recours possible, le seul cadre de pensée pour survivre après l'agonie de l'espèce humaine. Communiste, Robert le restera même après sa douloureuse exclusion en mars 1950. Marguerite, aussi, se proclamera communiste jusqu'à la fin de sa vie. Communisme : utopie messianique, idéal de partage des richesses, abolition des classes sociales. Communisme : la famille, une manière alors de vivre, d'aimer, de lire, de discuter. Élan, ténacité, espoir. Communistes. Bons communistes. Malgré les procès. Malgré le pacte germano-soviétique. Malgré tous les malgrés, comme dit Claude Roy. Rue Saint-Benoît, la révolution était à l'ordre du jour. Au troisième whisky, Robert avouait cependant préférer Michelet à Marx. Merleau-Ponty disséquait les interprétations abusives faites de la pensée de Marx au nom du Parti, Morin dissertait sur le devenir de la dictature du prolétariat. Mais tous s'aveuglaient ou plutôt préféraient encore ne pas savoir. Marguerite s'est procuré les comptes rendus sténographiques des procès de Moscou et a fait circuler le texte parmi ses camarades. Moscou, c'est loin, mais sa confiance dans le Parti s'émousse. Elle va de moins en moins aux meetings. Elle préfère rire des recommandations alors distribuées aux membres du Parti, et qui étaient intitulées : *Tout savoir pour être un bon stalinien*. Marguerite demeure, en apparence, une parfaite communiste. Elle organise des collectes dans le quartier pour récolter de l'argent au bénéfice de la cellule. L'appartement est réquisitionné avant et après. S'y entassent avant la fête, les canettes de bière ; après, les paquets d'invendus de *L'Humanité*. N'importe qui entre, sort, s'installe pour une heure ou une nuit. « On croyait au devenir, dit Jacques-Francis Rolland, on voulait vivre avec le peuple, lui donner la parole[20]. »

En fait, dès le moment où Robert et Dionys sont entrés officiellement au Parti, Marguerite se pose des questions et commence déjà à prendre un certain recul. Elle fait connaître ses doutes à l'intérieur du Parti. Elle va voir ses supérieurs hiérarchiques pour demander des explications sur Jdanov, tempête contre la stalinisation des esprits, menace de ne plus aller vendre *L'Huma*. On la calme, on l'endort. Temporairement. Le mois suivant, dans cette ruche qu'est la rue Saint-Benoît, et que fréquentent aussi Jean Toussaint et Dominique Desanti, Jorge Semprun, et quelquefois Francis Ponge, Claude Roy débarque un soir avec un ami italien, Elio Vittorini. Ce fut pour Marguerite une rencontre décisive tant par l'intensité de l'amitié qui, dès le premier soir, se noua entre eux, que pour l'influence littéraire qu'il eut sur son œuvre et sur sa vision de la politique.

Elio Vittorini est écrivain, intellectuel, italien, communiste. Beau, secret, charmeur. De lui, irradie une sensualité empreinte d'une gaieté ironique. Elio est, de plus, considéré en Italie comme un penseur politique important. Il propose à ces intellectuels français un peu perdus idéologiquement l'échappée belle : aux carcans du stalinisme français, il offre la refondation théorique d'un marxisme libérateur. Invité en France dans le cadre du Comité national des écrivains, Elio Vittorini dresse immédiatement un verdict sévère sur le stalinisme qui règne chez les intellectuels communistes français et sur leur esprit de servilité. « Nous étions éblouis, se souviendra Dionys. Entre nous, ce fut immédiat. À la vie, à la mort. Avec le désir de ne pas se quitter[21]. »

Dès la fin 1943, des intellectuels et des écrivains européens l'avaient revendiqué comme l'un des leurs. Vittorini est devenu une figure emblématique. Il est à la fois poète, résistant, penseur de la modernité, acteur engagé. Il a publié en 1945 un roman, *Uomini e no*, qui est traduit fin 1947 en français sous le titre *Les hommes et les autres*. Elio Vittorini était aussi l'auteur de *Conversation en Sicile*, écrit en 1942, publié puis immédiatement censuré par le régime mussolinien, mais traduit à Bruxelles et ayant circulé sous le manteau en France pendant l'Occupation. *Les hommes et les autres*, que Vittorini aurait voulu voir traduire par *Les hommes et les non-hommes*, révèle des affinités secrètes avec les réflexions de Robert Antelme qui, à l'époque, écrit ce qui deviendra *L'espèce humaine*. Son héros, résistant milanais, possède lui aussi, comme tout homme, sa part d'ombre. Que reste-t-il d'humain dans l'humanité même ? L'espèce humaine demeure-t-elle unie et indivisible après le génocide ? Après la guerre, les résistants sont devenus des surhommes, les nazis et les fascistes des non-hommes. Vittorini refuse ce manichéisme et affirme haut et fort que les choses furent plus complexes. « Les hommes, ces merveilleuses créatures, vivent la plupart du temps avec une conscience puante », écrit-il dans le journal *Publico*. Son héros lutte contre lui-même pour redécouvrir la saveur des choses, tente de se frayer une voie vers sa propre vérité en se débarrassant du fascisme qui, pendant vingt ans, l'a corrompu jusqu'à la moelle.

Pour Marguerite, Elio Vittorini est un grand écrivain mais aussi un vrai résistant qui, entré au PCI en 1943, croit à un communisme moral et libertaire. Comme Antelme, il ne cesse de vouloir laver l'« offense » que le fascisme et le nazisme ont commise. Cette expression « offense du monde », qui se retrouve dans tous ses livres, exprime bien le sentiment profond de certains artistes et intellectuels communistes de l'après-guerre en Italie. Désarroi, désespoir moral et spirituel, méfiance envers toute adhésion à des dogmes : « Ô hommes, ô hommes ! À peine y a-t-il offense aussitôt nous sommes du côté de qui est offensé et nous disons que c'est l'homme. Voici l'homme. Des larmes ? Voici l'homme[22]. » Artiste, philosophe, esthète, cuisinier, marcheur, nageur, formidable compagnon de soirées très gaies et très arrosées, Elio Vittorini entre définitivement dans le cercle de Marguerite. Adoption. Adoubement. Extraordinaire histoire d'amitié entre Ginetta, Marguerite, Elio. Quand Marguerite aime, elle aime à la folie et veut tout tout de suite. Deux mois après la première rencontre, elle propose à Dionys et à Robert d'aller rejoindre le couple Vittorini en Italie pendant l'été. On s'est retrouvé. On s'est rencontré. On ne s'est plus quitté. Dans les tourbillons de la vie, Marguerite serre contre son cœur ce cadeau du ciel. La chaleur, la mer, le corps de Robert face à la mer, face au monde, vivant, définitivement vivant ; elle et Ginetta allongées au soleil, nues derrière la barrière des roseaux, buvant le soleil. Dionys enfin, toujours aussi beau, le corps façonné par la nage ; Dionys avec qui elle aime tant faire l'amour. Marguerite dira qu'elle n'a jamais vécu un été aussi inoubliable de bonheur.

De Vittorini, elle s'est beaucoup inspirée. Lentement et inconsciemment. Cette influence deviendra lumineuse dans *Les petits chevaux de Tarquinia*, publié bien plus tard, en 1953. Elle ne se manifeste pas tant par le jeu de cache-cache des personnages, où il est aisé de reconnaître Elio lui-même et sa femme Ginetta, que par la manière même de redéfinir la littérature, qu'elle adopte alors : les personnages, dans ses livres précédents, exprimaient, en leur nom, des sentiments ; l'auteur se mettait à leur place et décrivait du dedans ce qui leur arrivait. À partir des *Petits chevaux de Tarquinia*, Duras choisit de n'évoquer les sentiments des personnages qu'à travers leurs manifestations extérieures. Hommage à Faulkner certes qu'elle admirait, empreinte peut-être des théories de Sartre sur la fonction des personnages, même si elle ne l'avoue pas. Mais surtout forte influence de Vittorini qui lui fait abandonner une esthétique classique au profit d'une conception nouvelle de l'écriture : elle fera désormais avec les mots du roman ce que fait le musicien avec les mots du livret. Elle double la signification mécanique et extérieure du langage d'une signification poétique. Comme chez Vittorini [23], il existe au-dessus de la réalité des choses et des gestes une réalité mythique que seule l'écriture peut atteindre. L'art de Duras emprunte beaucoup à la technique vittorinienne de la répétition, au retour incantatoire des mots, à leur place dans la phrase, qui télescope le sens habituel, à un certain halo indéfinissable, définitivement irréductible à l'analyse.

La rencontre de Vittorini est également décisive sur le plan de la pensée politique pour le groupe de la rue Saint-Benoît. Homme d'ouverture, Vittorini avait travaillé dans la presse clandestine de la Résistance italienne. À la libération, il était devenu le rédacteur en chef du quotidien du PCI, *L'Unita*. Et surtout, il dirigeait sa propre revue, *Il Politecnico*, où il éditait les écrivains qu'il aimait, communistes ou non. Or, Marguerite rechigne de plus en plus à accepter le cadre étroit du Parti. Marguerite, l'impétueuse, trop impétueuse, comme le note Dionys dans ses carnets à l'automne 1946. Révoltée par le comportement des staliniens de stricte obédience, elle ne cesse d'écrire des brouillons de lettres d'injures aux cadres intellectuels du Parti, qu'elle jette finalement à la poubelle. Elle les soupçonne de trahison, de mensonge. Vittorini lui donne amplement raison et confirme ses pires prédictions. Ayant été reçu officiellement par une délégation du Parti communiste français, il a pu juger de l'état d'esprit de ceux qui ont pour mission d'incarner le devenir de la Révolution. Il est effrayé de constater qu'en France le stalinisme intellectuel règne comme une psychose militaire et que les problèmes idéologiques et culturels sont posés en termes d'obéissance et non de vérité. Marguerite écoute Vittorini. Marguerite sait qu'il dit la vérité. Mais elle est déchirée. Comment alors se situer ? À quel camp adhérer ? Où sont les véritables ennemis ? Comment continuer à combattre ? Et avec qui ? Marguerite récusera Sartre toute sa vie. Elle détestait Simone de Beauvoir à la fois pour des raisons personnelles — elles avaient aimé le même homme — et des raisons littéraires — elle détestait ce qu'elle écrivait — et ne se privait pas de le dire. Sartre, qui subissait alors la fascination du stalinisme tout en s'interrogeant sur ses ambiguïtés, proposait la notion d'engagement. La fortune de ce terme, dit Edgar Morin dans son *Autocritique*, vint de son adéquation parfaite à la nouvelle psychologie des intellectuels aux prises avec le problème communiste. Marguerite ne souscrira jamais à cette notion d'engagement. Elle choisit de suivre le modèle que proposait Vittorini : l'intellectuel libre, communiste, pas forcément marxiste, communiste affectif, protestant. La transformation du monde produit une morale. C'est dans l'action révolutionnaire seule que la moralité commence à exister véritablement. En prétendant créer un intellectuel de type nouveau, le Parti communiste français risque de ne produire qu'un nouveau type de con, explique Vittorini devant une Marguerite ravie, avant de repartir pour l'Italie.

Rue Saint-Benoît, Robert commence à rédiger *L'espèce humaine*. Edgar Morin, de retour d'Allemagne, s'installe avec sa femme Violette. Les journées se passent à discuter, les soirées à boire de mauvais alcools, à chanter. Surtout les chansons de Piaf, que Marguerite connaît par cœur et qu'elle entonne en duo avec Dionys. « De cette ruche exaltée, dit Claude Roy, janséniste et fantasque, bouillonnante et inquiète, Marguerite était la reine. Brutalité de chèvre, innocence de fleur, douceur de chat. Préciosité baroque et simplicité d'une paysanne[24]. » La mère de Dionys, malade, vient s'installer quelques mois rue Saint-Benoît. Marguerite l'aime beaucoup. Elle était douce, délicate, très tendre. Une mère peut donc être ainsi ! Marguerite n'arrêtait pas de dire qu'elle était l'opposée de la sienne et recherchait sa présence. Marguerite, en lutte au sein du PC, continue à brûler cependant son énergie dans des travaux militants. Histoire de se déculpabiliser sans doute, mais leur inanité ne peut longtemps lui échapper. Manière de fuir aussi et d'oublier ses états d'âme, d'oublier la stalinisation intellectuelle et son cortège de trahisons. Marguerite et avec elle Edgar Morin, Dionys Mascolo, Robert Antelme continuent à penser qu'ils vont imposer au Parti une autre conception de la morale, de la politique, de l'amour. Dans ce but, est fondé le Groupe d'études marxistes, rue Saint-Benoît. Être à la fois critique de certains agissements du Parti tout en restant à l'intérieur. Revenir philosophiquement à Marx et à Engels. Dionys Mascolo jugeait que, dans ce groupe, s'étaient joués les débuts d'une véritable contestation théorique et politique. Morin sera plus sévère, ne se souvenant que de bavardages, de discussions interminables sur la praxis et des tentatives du Parti pour récupérer ces intellectuels bohèmes qu'on n'arrivait décidément pas à enrégimenter. D'ailleurs, pour se rendre utile à la classe ouvrière, le groupe décida de classer la documentation de *L'Humanité*. Quelques-uns allèrent donc se noyer dans les coupures de journaux et le groupe idéologiquement incorrect mourut sans que personne s'en aperçût.

Soutien ou pas soutien ? Le Parti communiste qui se durcit encercle les intellectuels ratiocineurs pour créer « une critique de soutien », prélude habile à l'enrégimentement. Morin s'oppose violemment à ceux qu'il appelle les « souteneurs ». Marguerite, Mascolo et Antelme également. Ce groupe que fréquentent aussi Maurice Merleau-Ponty et David Rousset manifeste une certaine élasticité, une ironie, une distance, une méfiance. La double appartenance au PC et à l'intelligentsia de gauche fait naturellement de ces individus frondeurs des espions inquiétants. Où sont-ils ? Qui sont-ils ? Comment affirmer une chose et son contraire tout en restant de bonne foi ? C'est un véritable tour de force intellectuel et moral que de ne pas sombrer dans la schizophrénie et cela exige bien des contorsions verbales sinon mentales : au nom de l'efficacité révolutionnaire, on justifie la dictature du prolétariat et la démocratie véritable incarnée par l'URSS. On ne veut pas savoir. C'est ainsi qu'on oublie le problème colonial. Marguerite, comme les autres, est alors indifférente à ce qui se passe dans son pays d'enfance. La flotte française a bombardé Haiphong et lorsque la guerre débute, Marguerite ignore les combats de ses frères dans l'Indochine en flammes mais se passionne pour ce qui se passe en Tchécoslovaquie et en Pologne. « Notre anticolonialisme se suffisait à lui-même », note Morin dans *Autocritique*. Marguerite se venge des dérives du PC par son humour féroce : elle stigmatise les évangélistes zélés du marxisme, elle se moque de leurs excès de langage, elle fait plier de rire ses compagnons de la rue Saint-Benoît en imitant le couple Aragon-Elsa. Elle trouve grotesque le jumelage de Jeanne d'Arc et de Danièle Casanova et le dit haut et fort aux réunions de cellule. Elle est la première, en sortant de la salle de géographie, place Saint-Germain-des-Prés, devant une bière au bistrot le Bonaparte, à critiquer ouvertement certains staliniens de stricte obédience ; elle relève leurs contradictions, souligne leurs mensonges. Marty est sa bête noire, puis ce sera le tour de Kanapa. Mais au-dessus de tous ces soldats médiocres, il y a Thorez. « Et Thorez c'est un type bien », dit Marguerite, on peut lui faire confiance.

Se poser des questions n'est pas encore un péché, mais avouer les faiblesses du Parti en rigolant entre copains devient déjà compromettant. « Ce n'était pas Staline qui nous plaisait mais l'engagement pour tous nous semblait une nécessité vitale », dira Dionys. Chez Marguerite, ce désir tenace et tourmenté de perpétuer l'engagement communiste s'apparente à une recherche de l'absolu. Elle demeure à l'intérieur du Parti pour poursuivre sa quête spirituelle. Comment redéfinir l'homme ? Comment changer la condition humaine ? Que fait la culture pour l'homme souffrant ? Grâce à Elio Vittorini, elle lit des philosophes et des économistes, écrit des notes sur l'exploitation, l'esclavage, le besoin. Elle crache de plus en plus ouvertement sur l'appareil stalinien mais continue à sanctifier le prolétariat. Marguerite appartient au genre mystico-communiste. Elle se gausse d'Aragon certes, mais elle méprise Camus. Elle se prend pour une vraie militante car elle se frotte, elle, à la classe ouvrière. Trois ouvriers typographes et sa concierge dans la cellule de Saint-Germain lui suffisent comme caution. Hemingway vient d'être rayé de la littérature par le PC parce qu'il a osé mettre en cause André Marty dans *Pour qui sonne le glas*. En Italie, Vittorini le publie en feuilleton dans sa revue *Politecnico*, apparemment sans problème. La différence entre le PCF et le PCI s'accentue. Pendant qu'en France on traite Henry Miller de pornographe et Sartre de rat visqueux, le PCI, par la plume d'un de ses plus grands représentants intellectuels, examine sereinement le moralisme de Camus, les thèses de l'existentialisme et la force du désir dans la nouvelle littérature américaine. Être marxiste ne veut donc pas dire forcément être borné, se disent Marguerite, Dionys et Robert qui se raccrochent au modèle italien. L'Italie, qui possède alors le Parti communiste le plus important d'Europe, apparaît aux yeux de ce groupe d'amis, qui se veulent des intellectuels révolutionnaires, comme une terre promise. Là-bas, le communisme puise dans des forces spirituelles authentiques, même si l'espoir se nourrit de la culture catholique dominante. Là-bas les communistes vont communier le dimanche. Ce côté christique du communisme convient très bien à Marguerite : « J'ai cessé de croire à la divinité du Christ, disait Vittorini, mais c'est pour croire de plus en plus à son humanité. » Elio et Marguerite appellent de leurs vœux un nouvel ordre humain où l'amour redéfinirait le système entier des relations sociales.

Marguerite était en avance d'une révolution et se réfugiait dans l'utopie. Le Parti communiste incarna bientôt pour elle et à tout jamais la trahison. Mais Marguerite ne se complaira jamais comme certains — on sait que l'exercice sera abondamment pratiqué plus tard — à regretter cette période où elle fut une parfaite militante communiste. Certains n'en garderont qu'amertume, mauvaise conscience, esprit de vengeance ou dépit amoureux. Ayant fait à l'intérieur du PC son éducation politique, quand le Parti la quittera, Marguerite ne fera pas son deuil de la politique. On la verra engagée dès le début de la guerre d'Algérie, puis en mai 1968.

La cellule où milite Marguerite fin 1946 a les allures d'un chantier de jeunesse chrétienne. On cherche à s'entraider, on repère les personnes âgées en difficulté. Le nombre des participants varie de six à douze, selon les séances. Y viennent régulièrement Vauvers, un dur et pur, Rolande Perlican, vieille militante, conseillère de Paris, l'excellente Mme Fossez, qui n'a plus qu'une dent, ce qui ne l'empêche pas d'intervenir haut et fort au cours du quart d'heure politique, Jacques Martinet, secrétaire de la cellule, ardent, et sûr de détenir la vérité, Jacques-Francis Rolland, représentant en mission aux armées de la République, Jorge Semprun et puis bien sûr l'éternel trio Marguerite, Robert, Dionys. Marguerite arrive toujours en avance bras dessus bras dessous avec Robert. Dionys, toujours en retard, vient d'abandonner à contrecœur son piano pour écouter patiemment et d'une oreille distraite la leçon de dialectique marxiste proférée par le secrétaire de cellule, avec la distance affichée du dandy esthète qui connaît les véritables plaisirs de la vie — la musique, l'amour, la littérature — et la certitude de connaître le marxisme, le vrai, celui qu'il a revisité à la lumière des philosophes grecs et de Saint-Just. Semprun et Mascolo s'affrontent souvent en joutes oratoires à la fin des réunions. Marguerite donne toujours raison à Dionys. Il ne suffit pas d'écrire sur le communisme et de disserter sur ses principes interminablement, il faut le réaliser, lance Semprun à Mascolo. Ces disputes d'amoureux de la révolution ne les empêchent pas de tous se retrouver, d'abord au bistrot et, pour finir la soirée, dans l'appartement de la rue Saint-Benoît.

Les militants, tout le monde le sait, ont le porte-monnaie percé. Alors Marguerite invite quand les sacs de riz de sa mère arrivent d'Indochine. Elle fait la cuisine aux copains : Queneau, Leiris, le philosophe Georges Sichères qui avait un faible pour Marguerite et disait d'elle : « Cette femme, c'est la magie des mots incarnée, bien incarnée[25] », Bataille, Ponge, Atlan, Clara Malraux, Jean Duvignaud, Romain Gary vient un soir, Lacan plusieurs fois, Dominique et Jean Toussaint Desanti, dit Touki, souvent avant une brouille définitive. Pour Dominique Desanti, la rue Saint-Benoît servait d'antidote, de contrepoison. Elle agira sur ordre du Parti et trahira son amitié envers Marguerite qu'elle surnommait alors « Marmonne », et les amis de la rue Saint-Benoît, en écrivant en 1949 une brochure stalinienne sur le procès Stephanov. « C'est ainsi que vient la stalinisation. Nous étions banalement mais indubitablement ignobles », dit-elle. Elle le regrettera plus tard et s'en expliquera dans son autobiographie. Marguerite ne lui pardonnera jamais et refusa de la revoir. Elle, ne sera jamais aux ordres du Parti, soldate du Parti, traîtresse pour le Parti même si elle se jugea elle-même trop longtemps aveugle et complaisante vis-à-vis d'un Parti qui, pour elle, devint l'incarnation du mensonge et de la veulerie.

On ne se quitte jamais entre camarades et la vie se déroule comme une longue conversation ininterrompue. La séance n'était jamais levée. On boit beaucoup. On rit énormément. Marguerite surtout, qui pique des fous rires formidables. Au cœur de cette cellule, elle possède une aura très forte. La plupart de ces hommes, ils le confesseront au crépuscule de leur vie, en pinçaient pour elle : Jacques-Francis Rolland, Claude Roy, Edgar Morin. Elle le savait, elle en usait quelquefois dans le dessein d'exciter le désir de Dionys, dont elle était encore follement éprise. « J'étais sous son charme, avoue Edgar, elle était bandante. » « Elle était l'étincelle, elle aimait prendre, une véritable collectionneuse », confirme Claude Roy. Amitiés politiques, amitiés sentimentales, amitiés amoureuses, tout s'entremêle sous la houlette de Marguerite qui, les jours gras, fait griller du lapin pour accompagner le riz indochinois. Peu de femmes dans cet univers. Clara Malraux, Marguerite l'admire et la laisse parler, Violette Morin est à peine tolérée, qui observe sans piper mot. Chez Marguerite, les femmes préfèrent se taire. Quand elles n'y sont pas contraintes par l'autorité jalouse de la maîtresse de maison, qui ne supporte guère qu'une autre puisse capter l'attention, éclipser, ne serait-ce que quelques instants, l'éclat de sa présence. Elle seule, donc, peut professer ses opinions. Robert reste en retrait, patient, toujours patient, Edgar dialectise avec humour, Dionys désarme par son intransigeance idéologique et sa violence théorique. Les débats, se souvient Edgar Morin [26], étaient ébouriffants de virtuosité intellectuelle. Il existait alors une chaleur communicative de l'intelligence. Un phénomène de satellisation, d'attraction, se reproduisait chaque soir grâce aux talents d'hôtesse de Marguerite. Pourtant elle se tient systématiquement à l'écart des joutes politiques. Elle observe les ténors rejouer la grande scène du II sur le communisme libéral, écoute mais ne juge pas.

La rue Saint-Benoît où se croisent beaucoup de communistes, de crypto-communistes, de futurs ex-communistes reste un territoire d'échanges, de confrontations. Apparemment la liberté de penser règne dans cette loge libertaire du communisme frondeur de Saint-Germain-des-Prés. Mais l'atmosphère de suspicion et de délation plane déjà dans l'appartement. On suspecte les propos de certains camarades. Certains se taisent, de peur d'être dénoncés. La crainte d'être accusés d'activité fractionnelle saisit quelques-uns qui désertent à tout jamais la rue Saint-Benoît.

Marguerite, qui n'y croyait plus, attend un enfant. Cette grossesse, à l'inverse de la première pendant la guerre, est plutôt joyeuse. Elle retrouve du même coup l'inspiration. Les amis en témoignent : Marguerite, avec son gros ventre, fait de nouveau cliqueter sa machine à écrire rue Saint-Benoît, tout en surveillant ses fourneaux. Elle éclate de joie et se sent, enfin, un peu à la hauteur de ses propres ambitions : fabriquer un enfant dans son ventre, l'aider à naître et l'élever le plus librement possible a toujours été plus important que d'exister dans le cénacle littéraire. Cet enfant, elle l'attend donc impatiemment. Elle observe les métamorphoses de son corps et note ses sentiments :

Il s'est mis à grouiller juste au-dessus du pubis et alors j'ai posé mes mains à plat sur cette partie de mon ventre pour le sentir.

Il soulevait mes mains et furetait là-dedans de manière si malicieuse que j'en ai souri. Je me demandais s'il dormait... Avec mes mains, j'essayais de sentir ses formes mais je ne sentais que son contour, surtout en hauteur ! Il était profond en moi presque contre mon dos et dans le chaud bassin il s'étalait à l'aise, m'habitant sans vergogne et chahutant à son aise, grandissant et se fortifiant chaque jour, en suçant un peu de mon sang, chaque jour, ses forces plus grandes jusqu'au jour où, fait accompli, il s'immobiliserait d'une solennelle gravité pour franchir le passage de ma chair qui le sépare du jour[27].

Marguerite vit toujours en compagnie de Robert. Dionys vient maintenant tous les soirs mais repart coucher chez sa mère. Edgar, qui vit encore rue Saint-Benoît, confirme qu'elle insiste de nouveau auprès de Robert pour qu'il ne parte pas faire sa vie ailleurs. Elle manifeste un attachement très animal à Robert et, on l'a vu, ne peut se passer de sa présence. Dionys, lui non plus, ne peut se passer de Robert. Mais à l'annonce de la grossesse de Marguerite, Robert décide de lui laisser la place. Marguerite et Dionys refusent. Marguerite est aux anges. Elle aime être ENTRE ces deux hommes. Porter un enfant lui donne des forces considérables. Elle se sent supérieure à ses deux hommes et le leur dit. Ils acceptent de bon cœur cette supériorité de la magnificence féminine. Sous la haute direction affectueuse de Marguerite, ils entrent alors « en féminie ». Dans le quartier, tout le monde pense que Marguerite attend un enfant de Robert. Marguerite ne dément pas, ne dit rien. Même Mme Fossez pense que Robert est l'heureux papa. À la réunion de cellule, après la naissance d'Outa, la nouvelle petite amie de Robert glisse à celle qui deviendra deux ans plus tard la seconde Mme Antelme : « Ne fais pas de gaffe. Ne félicite pas Robert. C'est Dionys le père[28]. » Mais Marguerite, si elle cultive l'ambiguïté avec ses amis et ses voisins, a pris soin de mettre au net juridiquement ses relations avec Robert. Dionys a eu beau se moquer de ce divorce qu'a voulu Marguerite et qu'il juge comme une formalité burlesque et désagréable où il faut avouer des torts, le couple, à l'initiative de Marguerite, se sépare *de facto* avant la naissance de l'enfant et le divorce est prononcé le 24 avril 1947 par le tribunal civil de la Seine.

Outa naît le 30 juin. Cette naissance ne fit que sceller plus profondément l'amitié entre les deux hommes. Dionys était le sauveur de Robert. Robert était le mentor de Dionys. Entre eux l'amitié ne fut jamais virile, démonstrative, bruyante. Elle fut souterraine, réflexive, intellectuelle, poétique, sensuelle aussi. Marguerite en fut l'artificière. Elle alluma la mèche puis veilla à ce que le feu ne s'éteignît jamais. Robert était le père du premier enfant de Marguerite. Il saura de manière admirable, en compagnie de son épouse Monique, être présent dans la vie d'Outa.

Cette naissance bouleversa physiquement et intellectuellement Marguerite. Enfin elle pouvait donner la vie. Mettre à nu ses capacités. Engendrer en laissant la vie sourdre d'elle. Elle réhabitait le monde. Que son premier enfant fût mort en naissant l'avait enfermée dans la crainte qu'elle n'arriverait pas au bout de cette seconde grossesse. Elle vécut dans l'exultation l'expérience de la séparation physique de l'enfant hors de son ventre et de cette vie qui continuait.

> Je me frottais à lui. Dans ma chair, baignait la sienne naissante mais distincte. Son indépendance était au fond de moi tellement criante et crue que je me tenais comme écartelée par la vérité, une Femme luisante de vérité... Maintenant que je relis ces lignes, il est là, hors de moi, à quelques mètres, il dort. Sa liberté n'est pas moins totale que la mienne. Ma vie est liée à la sienne, elle en est dépendante jusque dans ses moindres détails [29].

La vie avec Outa commence. Ce sera une nouvelle vie. Marguerite se révéla mère dévorante, possessive, anxieuse, mais aussi gaie, facétieuse, enjouée et surtout respectueuse de la liberté de son enfant. Marguerite mit Outa à égalité avec elle-même. Cet enfant lui apportait tant qu'elle s'en sentait redevable. Amoureuse de son enfant, éperdument, créant avec lui des codes, des rites, des secrets, des langues. Elle et lui. Au corps à corps. Entre eux deux, il se créa une bulle de protection, une forteresse invisible où nul ne pouvait pénétrer. Son fils importait plus que son moi d'écrivain. Dans *Outside*, elle raconte elle et lui tout petit dans la rue. Les gens, la rue, le bruit : « Il a ri et ça a fait un bruit de rire. Il y avait du vent et une petite partie du bruit de ce rire m'est parvenue. Alors j'ai relevé un peu la capote de sa voiture, je lui ai redonné sa girafe pour qu'il rie de nouveau et j'ai engouffré ma tête dans la capote pour capter tout le bruit de rire. Du rire de mon enfant. J'ai mis l'oreille contre le coquillage et j'ai entendu le bruit de la mer. »

La naissance de l'enfant ne modifia guère le mode de vie

de la rue Saint-Benoît et ne freina pas l'activisme de Marguerite qui, en plus de donner les biberons, continuait à militer, à faire la cuisine, et à écrire.

À l'automne 1947, elle abandonne — semble-t-il définitivement — un texte qui figure dans ses cahiers-manuscrits, et principalement dans le cahier gris, et qu'elle a intitulé *Théodora*. Un roman qu'elle croira avoir brûlé. Inachevé. Inachevable, même, dira-t-elle. Un roman en fait qu'elle conserva. Une quarantaine de pages en tout qui figurent dans les archives de l'IMEC et dont elle publia un extrait dans *Les Nouvelles littéraires,* en 1979, quand elle le redécouvrit dans une armoire de Neauphle. Voici comment commence ce texte :

Un Cinzano c'est rare, c'est ce qu'il y a de plus rare en ce moment. Dans quelque temps, il y en aura davantage puis plus tard encore. Je ne sais pas si Pascal voudra m'en donner un. C'est sans règle aucune qu'il donne du Cinzano à ses clients. Discrètement il sert, essuie les tables, dit trois mots [30]...

Marguerite cherche et écrit ce qu'elle cherche. Elle cherche à écrire sur l'insignifiance, la banalité. Elle hésite sur le titre, abandonne temporairement celui de *Théodora* pour *Le cachet d'aspirine*. « En toute modestie, note-t-elle, je trouve ce titre énorme. Son insignifiance me donne le vertige bien particulier que l'on éprouve devant l'insignifiance. » L'ennui devient petit à petit le thème principal du texte. Elle trouve le cadre, un hôtel : « L'ennui y est aussi pesant, aussi apparent qu'un cachet d'aspirine est léger, discret. » Heureusement, un événement se produit qui transformera la vie. « Les cœurs battent d'espoir. Enfin l'occasion se présente de lier connaissance. » Marguerite n'a rien trouvé de mieux pour bouleverser le cours des existences des clients de l'hôtel que la maladie d'un petit garçon ! « Quand un soir une vague lueur d'espoir soulève l'hôtel : une maman s'inquiète. Son petit garçon est malade. Très malade. » Hélas, écrit-elle, le petit garçon n'a qu'un vulgaire mal de tête. « Il ne mourra pas demain. Il ne sera pas à l'agonie ce soir. » Marguerite Duras décrit le comportement de chacun « depuis le baisage des filles médiocres, le bridge, le bain de soleil jusqu'à l'assassinat impur de son voisin de palier ». Mais son récit ne progresse pas. Alors elle note ses difficultés : « Comment s'en sortira-t-on ? Je resterai sur cette question. Je voudrais que chacun sente aussi violemment que moi cet angoissant problème et regrette aussi fortement que moi que le petit garçon n'ait pas été aussi malade qu'on aurait pu l'espérer ! » Marguerite, à l'époque, vit dans l'angoisse de perdre Outa et passe son temps à voir si Outa, le jour, la nuit, respire bien. Marguerite n'arrive pas à réaliser que son bébé est là, hors d'elle, bien vivant. Elle envisage, dans le roman, d'inclure un dialogue avec Dieu — « j'entends son ricanement », écrit-elle —, sur la mort de l'enfant. Les pages sont désordonnées, écrites recto verso. Elle noircit des pages pour oublier son angoisse. Elle veut exorciser par l'écriture ses obsessions morbides mais sent qu'elle n'y parvient pas. Alors, elle se parle à elle-même puis invente un interlocuteur imaginaire à qui elle confie ses doutes. « Il est peut-être temps que je m'y mette. Je dois vous agacer. Ça ne me déplaît pas. Ceux qui écrivent ont de ces masochismes curieux. Oui je vous agace. Mais attendez. Je vais vous servir le vin de l'oubli. Je m'apprête à me donner à vous. » Elle trouve un nom à l'hôtel — Beau Séjour —, place un couple d'amoureux dans un coin, invente deux sœurs siamoises marchant sur un chemin, une île avec des cygnes. Ce récit inachevé procède par visions successives qui demeurent isolées : cent femmes mastiquent en silence à l'unisson dans une salle à manger, une jeune fille de quatorze ans, pâleur châtaigne, regard glacé, svelte, fait son apparition. Nommer les personnages la fait progresser : la gérante de l'hôtel s'appellera Mlle Koppel, il y a aussi Mme Mort et M. Theo, la famille Bronn. Des fragments d'autobiographie viennent s'intégrer dans le récit : elle abandonne l'idée de la mort de l'enfant pour évoquer une partie de sa propre vie : l'été 1945 passé avec Robert en convalescence dans cet hôtel des Alpes dans une vallée fermée. Théodora, c'est elle. T., Robert Antelme. T. ne sait pas s'il va vivre, Théodora ne veut pas savoir si elle va vivre avec T. T. le désire, Théodora sombre dans l'ensommeillement du corps. T. sait qu'elle attend un homme. « Il faut qu'on change. Qu'on se quitte. Qu'on aille vers une autre amour », lui dit-il. « Ne commence pas », répond Théodora. Puis le récit s'interrompt. Theodora restera à jamais ensevelie dans son sommeil.

Pourquoi Marguerite Duras abandonna-t-elle ce texte ? On sait à quel point elle s'acharna à terminer ses deux romans précédents, puis à les reprendre, puis à les publier. Ce texte-là, elle le laissera pour toujours en chantier. *Théodora* demeure un des rares qu'elle ne retoucha pas et dont elle ne fit rien. Un météore. La raison de l'interruption se trouve sans doute dans le désir pressant de renouer avec l'enfance, dans la nécessité profonde de mettre en scène la mère et d'élucider, alors qu'elle devient mère, sa propre histoire familiale. La naissance de son fils provoqua chez Duras une volonté de mise au net. En photographie, on dit faire le point. L'écriture devient épreuve de vérité, vis-à-vis du monde, vis-à-vis de soi-même. En avril 1947, Marguerite commence la rédaction d'*Un barrage contre le Pacifique* d'un seul jet. Le même texte quasiment, écrit plusieurs fois. Les manuscrits témoignent de la clarté du projet. Est-ce la pression du désir de réconciliation avec sa propre mère ? Les différentes versions ne comportent que très peu de ratures. Mère d'un enfant vivant, Marguerite amorce le premier dialogue avec sa mère.

Dans un entretien publié par le *France Observateur* en juin 1958, à l'occasion de la sortie du film de René Clément adapté du roman, elle s'expliquera sur ce corps à corps avec la mère : « Lorsque je me suis trouvée devant ma mère, devant le problème qui consistait à faire entrer ma mère dans un livre, je m'y suis reprise à plusieurs fois et, oui, j'ai cru que j'allais abandonner le livre et, souvent, la littérature même. Et puis, oui, c'est à cause d'elle que je me suis mis dans la tête de faire de la littérature qu'il m'aurait été pénible de faire autrement, je ne pouvais la résoudre qu'ainsi. C'est à partir de la passion que j'ai éprouvée à tenter de la résoudre que je me suis rabattue sur la littérature. C'est sans doute là ce que j'ai dit de plus vrai sur le goût que j'ai d'en passer par les romans pour m'éclaircir les idées [31]. »

Le livre de Robert Antelme, *L'espèce humaine*, a paru un mois avant la naissance d'Outa, publié par la maison d'édition dont s'occupent toujours Marguerite, Dionys et Robert, la Cité universelle. Le service de presse s'est fait rue Saint-Benoît. Comment exprimer par des mots ce que fut son combat pour continuer à être un homme pour des hommes — les nazis — qui lui contestaient le droit même d'appartenir à l'humanité ? Antelme dans son avant-propos dit qu'il a voulu retracer la vie d'un kommando (Gandersheim) d'un camp de concentration allemand (Buchenwald). Le texte est une traversée méditative, philosophique, matérialiste d'un univers encore innommé. C'est aussi un grand texte de littérature, aujourd'hui réédité, qui trouve enfin, après un trop long silence, de nouveaux lecteurs et des lecteurs jeunes. Il ne s'agit pas tant d'un retour des camps que d'un retour vers soi, sur soi, sur ce noyau indestructible que constitue être soi. Nommer les choses pour qu'elles existent, dire le monde pour pouvoir survivre. Ce livre est le recommencement du monde. Il a été écrit par un homme qui redistribue les cartes — les mots — pour empêcher ce vide, pour arrêter cette suffocation. « Nous avions donc bien affaire à l'une de ces réalités qui font dire qu'elles dépassent l'imagination. Il était clair désormais que c'était seulement par le choix, c'est-à-dire encore par l'imagination que nous pouvions essayer d'en dire quelque chose. » Quelque chose. Quelque chose qui s'appelle littérature. Robert Antelme est devenu écrivain le temps d'un livre. Il a fait dans *L'espèce humaine* l'expérience même des limites de la littérature. Lui a réussi à forcer la porte dont Marguerite parlera toute sa vie. D'ailleurs, Marguerite lui sera grandement redevable. Prenant le relais de Robert, elle puisera dans sa langue et se débarrassera définitivement des afféteries de langage, des coquetteries grammaticales, des jeux de cache-cache avec le réel. *Un barrage contre le Pacifique* n'aurait pu être écrit sans la publication de *L'espèce humaine*. La révolution dans l'écriture de Marguerite — la manière même d'envisager la littérature comme un dénudement de soi-même — date de cette période. L'écriture sera désormais pour elle l'expérience de la limite, l'apprentissage du vide. « Lutter contre une force qui s'engouffre et qu'on est obligé d'attraper sous peine qu'elle passe outre à soi et se perde », dit-elle dans *Les yeux verts*.

Robert Antelme a montré à quel point la langue nous constitue comme être au monde. Il a senti en lui, dans son cerveau et dans son corps, le surgissement de la parole neuve. Le frémissement de la langue, ce vertige du sens, cette poétique de l'être, cette définition de l'être vivant comme résistant, c'est peut-être tout cela qui fait que de ce livre unique on se croit le destinataire. « D'avoir pu libérer des mots qui étaient à peine formés et en tout cas n'avaient pas de vieillesse, mais se modelaient seulement sur mon souffle, cela vois-tu, ce bonheur m'a définitivement blessé », écrivait Robert à Dionys en juin 1945. Robert, avant l'expérience des camps, écrivait des poèmes. En 1948, il revenait, dans un texte publié par *Le Patriote résistant,* sur l'importance de la poésie pour dire ce que fut cette résistance inlassable de la conscience : « C'est l'essence de la poésie d'exprimer l'expérience, réalité constamment vécue, contestée des camps. Témoignage ou prophétie, la poésie des camps est celle qui a le plus de chances d'être la poésie de la vérité [32]. » Nommer le réel, c'est pouvoir envisager le lendemain.

La publication du livre est accompagnée par quelques articles extrêmement élogieux.

« Robert Antelme non seulement exorcise le cauchemar concentrationnaire mais renverse la dialectique classique du maître et de l'esclave » écrit Claude-Edmonde Magny. « Il nous fait rejoindre, commente Albert Béguin dans *Esprit*, en novembre 1947, par l'expérience et en dehors de toute conception religieuse, le sens le plus profond du mystère de la communion des saints et des pécheurs. » Mais l'article le plus emporté, le plus ardent est publié par *Action* et signé de Georges Folco, pseudonyme de Jorge Semprun. Semprun s'exprime au nom d'une expérience partagée. Pour la première fois la vie de ceux qui sont morts, la voix de nos morts s'exprime. Antelme a su dépasser le simple récit pour inscrire sa réflexion dans l'aujourd'hui car « les camps ne sont pas une abomination du passé, une suspension dans le temps du XXe siècle. Il n'y a pas d'hétérogénéité radicale entre la vie des camps et la vie d'ici, quotidiennement ». Malgré la qualité des articles qu'il suscite le livre ne rencontre pourtant qu'une totale indifférence. Il est resté coincé, étouffé, entre d'autres témoignages. Certains poussaient le livre de David Rousset, d'autres celui de Geneviève de Gaulle et des fascistes affirmaient déjà que les camps de concentration n'avaient pas existé. Cela n'étonna guère Robert Antelme qui comprit très vite qu'allait tomber le rideau du pharisaïsme de l'oubli et du silence. Mais oubliez donc, oubliez vite, n'a-t-on cessé de dire aux déportés. Certes on les laisse dire, on les laisse aller, mais on aimerait bien qu'ils se taisent, on aimerait tant passer à autre chose. La société assimile, digère tout. Dès 1948, Antelme écrit au sujet des camps : « Le témoignage, on ne veut plus qu'il serve, même comme alibi, on crache dessus, on le refuse. La digestion est faite [33]. »

L'espèce humaine est aussi un livre de combat, un livre engagé, un livre qui appelle à la prise de conscience de tous les prolétaires, qu'ils soient juifs, noirs, jaunes, chrétiens, communistes. « On aura découvert ou reconnu qu'il n'y a pas de différence de nature entre le régime " normal " d'exploitation de l'homme et celui des camps. Que le camp est simplement l'image nette de l'enfer plus ou moins voilé dans lequel vivent encore tant de peuples », écrit Antelme en 1948[34].

Prolétaires de tous les pays, unissez-vous. L'expérience de la déportation doit alimenter la révolte des pauvres et la lutte contre le capitalisme reste, plus que jamais, une nécessité. Vittorini, présent à Paris au moment de la sortie de *L'espèce humaine*, comprit l'importance politique et philosophique du livre. Il s'empressa d'en acheter les droits pour la prestigieuse collection dont il s'occupait chez Einaudi. Aux yeux de Vittorini, Robert Antelme est un véritable écrivain engagé, car il réussit à exprimer des exigences révolutionnaires en termes d'éthique et non de politique. Robert Antelme, écrivain communiste ? Écrivain d'un seul livre, écrivain anonyme au sens où il ne se veut pas auteur, mais messager d'un autre monde, prophète d'un nouveau monde que propose le communisme.

Que veut donc dire être communiste au cours de l'été 1947 ? Cela signifie pour Marguerite, Robert, Dionys, Elio Vittorini, Edgar Morin, non pas l'obéissance servile aux diktats du Parti mais l'aspiration à une morale et à un comportement nouveaux face aux événements. La bande de la rue Saint-Benoît reste à l'intérieur du Parti. Le Parti réprouve leur comportement mais ne dit rien. Un entretien d'Elio Vittorini mené par Dionys Mascolo et Edgar Morin, publié à la une des *Lettres françaises*, le 27 juin 1947, met le feu aux poudres. Elio Vittorini y affirme que, par essence, un communiste est un non-violent, que la notion même de crime révolutionnaire est un scandale et qu'en aucun cas la fin ne justifie les moyens : « On va au communisme par amour de la liberté complète de l'homme, par désir de réaliser l'idéal de l'homme complet. » Six mois plus tard, en représailles, sa revue *Politecnico* disparaît. Financée par le PCI, pendant deux ans elle avait réussi à publier Sartre, Camus, Faulkner, Hemingway, Pasternak, mais jamais les écrivains soviétiques officiels. Togliatti reproche amèrement à Vittorini d'avoir informé ses lecteurs alors que son rôle est de les « former »... Le réalisme soviétique gagne du terrain et gangrène l'ensemble des partis communistes européens. Vittorini est taxé par ses camarades italiens de déviationniste lyrique. En France, l'article provoque la fureur des autorités culturelles du Parti. Laurent Casanova s'étrangle de rage et

Jean Kanapa ne comprend pas pourquoi ni comment cet article n'a pas été censuré par ses camarades. Vittorini est couvert d'injures. « Nous eûmes honte pour ceux qui les proféraient », commentera Claude Roy dans *Nous*, son autobiographie. Marguerite se jette dans la bagarre et défend ardemment son ami Elio. Depuis longtemps, elle sent le vent mauvais de la délation souffler et trouve pleinement justifiées les attaques publiques qu'elle formule, y compris dans sa propre cellule, contre les agissements et jugements des Kanapa, Casanova et autres fonctionnaires — inspecteurs corrompus et serviles. L'été vient calmer les ardeurs injurieuses des uns et des autres.

Marguerite quitte Paris début août avec Dionys et le bébé. Direction Château-Chinon où leur copain Mitterrand leur prête au milieu des prés une petite maison. Certes le confort est minimum mais la rivière pas loin. Las ! Mitterrand a oublié de leur dire que ce charmant coin de nature était infesté d'insectes. De la chair tendre du bébé les aoûtats se repaîtront : d'où son nom, Outa, qu'il conserve encore aujourd'hui. Marguerite rejoint Paris à la fin de l'été pour apprendre qu'Elio, dans une longue lettre ouverte qu'il adresse au secrétaire du PCI, et rendue publique dans un des derniers numéros de sa revue, rompt avec le Parti au nom de la liberté pour la culture. Être communiste, écrit-il, signifie être à la recherche de la vérité et non en possession de cette vérité. La culture ne doit jamais être inféodée à la politique. Et d'ailleurs qu'est-ce qu'un homme politique ? « C'est l'homme de culture qui abandonne la recherche pour l'action. » Qu'est-ce qu'un homme de culture ? « Un homme qui se tient plongé dans la recherche. » Dans ce texte lumineux, courageux, argumenté et qui mériterait[35] d'être connu autant que les textes importants de Lukács sur le même sujet, Vittorini dénonce l'utilisation du mensonge politique comme arme meurtrière du Parti communiste. « Impossible de comprendre les critiques contre Kafka et Hemingway par les communistes italiens, contre Dostoïevski par les Soviétiques, contre Proust par les Français. Le vice du mensonge jette l'opprobre sur une catégorie de petits intellectuels incapables de vivre sur leurs propres fonds qui deviennent hargneux cerbères. »

Togliatti répondra deux fois à cette longue lettre de Vittorini qui sera publiée en France par la revue *Esprit* en janvier 1948 : il réfute courtoisement les arguments dans un premier temps, pour lui donner finalement raison dans son *Testament*. Elio quittera bientôt le PCI sans toutefois s'en éloigner.

Marguerite, Robert, Dionys resteront dans le Parti encore deux ans tout en le critiquant. Robert fut indéniablement celui des trois qui y « adhéra » de la manière la plus profonde. Dionys, lui, délaisse de plus en plus les réunions au profit du piano. Résistante culturelle, Marguerite le demeure à l'intérieur du Parti. Si elle va toujours vendre *L'Huma*, elle critique ouvertement Jdanov qui, depuis septembre 1947, prône la résistance aux États-Unis et la guerre aux socialistes de droite. Elle se moque ouvertement en rigolant dans les réunions au bistrot de Casanova et d'Elsa, ses deux cibles préférées. Elle s'indigne — et elle le dit haut et fort — des articles de Kanapa et de ceux de Dominique Desanti qu'elle a traitée publiquement de salope, mais continue à aller régulièrement aux réunions de cellule. Le Parti baisse le rideau de fer. Plus question d'écrire ce qu'on pense dans *Action*. Il devient dangereux de dire à ses propres camarades ses états d'âme et la délation comme système s'institue comme moyen de surveillance. Des marionnettes, raconte Morin dans *Autocritique*, installaient dans le secteur culturel le grand dispositif de la seconde glaciation stalinienne. Plus question de conserver sa carte et de dire ce qu'on pense, à l'exception de la rue Saint-Benoît où on possède encore l'illusion de transformer le Parti de l'intérieur. Laurent Casanova vient de créer, pour neutraliser les plus réfractaires, une commission des intellectuels. « Il s'agissait d'encercler les turbulents pour les amadouer mais non pour les exclure », dit aujourd'hui Pierre Daix quand il évoque cette période de reprise en main [36]. « Il s'agissait en fait, dit-il, de faire semblant de les laisser s'exprimer sans que les autres camarades puissent les entendre [37]. » Pourtant, ce cercle d'écrivains qu'il est chargé de fonder et de faire fonctionner est directement relié au Comité central... Mascolo, Morin, Duras, Antelme mordent à l'hameçon et y adhèrent immédiatement.

Entre soi, on peut tout dire mais pas à l'extérieur : c'est du moins ce que répète à l'envi Casanova aux quelques camarades qui veulent bien encore le croire. « En fait la retraite avait sonné et nous voulions sauvegarder ce qui nous liait au

Parti communiste, mais qui, précisément, nous distinguait du stalinisme réel », dira Morin. Kanapa, au cours d'une de ces séances, fut critiqué par Robert et Dionys. La réponse du Parti ne se fit pas attendre : il exigea des explications. La séance qui eut lieu au printemps 1948 au 120, rue Lafayette fut mémorable. L'attaque contre les staliniens du Parti fut conjointement menée par le trio infernal : Marguerite, Robert, Dionys. Dionys se souviendra de l'aide efficace de Marguerite des nuits entières, de son état d'exaltation, de révolte, de son impétuosité et de sa violence. « Il fallait en finir une bonne fois pour toutes », disait-elle. Dionys m'a montré le brouillon de la lettre qu'elle avait rédigée contre Kanapa et ses sbires. En marge, ces mots : « Certitude de la lutte à mort ». Robert, au nom de la vérité et de l'honnêteté, prit d'abord la défense de deux écrivains insultés par le Parti, Malraux et Faulkner. « Ces accusations sont mutilantes sur le plan intellectuel et nous ridiculisent », martelait-il devant une salle comble où siégeait toute la vieille garde du Parti communiste. Le combat était perdu d'avance. Il n'y avait plus que Marguerite, Robert et Dionys pour pouvoir penser que ces mots allaient pouvoir ébranler la conscience de militants si bien embrigadés. Mais le ton d'Antelme était si sincère, ses critiques si argumentées, son ardeur si vive qu'à la fin certains se levèrent et applaudirent. « Enfin, on parle », s'écria Hélène Parmelin. Marguerite, Edgar, Dionys crièrent victoire. Robert restait inquiet. Robert avait raison. Le groupe fut vaincu. En septembre 1948, Kanapa leur répondit dans *Les Cahiers du communisme* : « Les camarades qui se trompent, les prétentieux qui se prennent pour les conseillers du Prince et mènent cette entreprise de démoralisation dans la classe ouvrière ne peuvent être tolérés plus longtemps. » Kanapa veut la peau de Marguerite, Robert et Dionys. Considérés comme gêneurs et incontrôlables, le Parti les isole progressivement et méthodiquement. Les réunions générales du Cercle de la commission des intellectuels cessent comme par enchantement. Le Parti affecte de créer un nouveau groupe plus littéraire. De fait, ils sont déjà interdits. Mais pas encore exclus. Ils n'envisagent d'aucune façon de démissionner. Cette volonté d'être dedans tout en restant contestataire paraît aujourd'hui difficile à comprendre. Mais être au Parti était une manière de vivre, d'espérer, de construire l'avenir, radieux ou pas, d'être entouré d'une « famille ». Être au Parti signifiait ne jamais être seul. Mieux donc valait tout tenter pour y rester. Quitte à ne pas céder. Ce jeu de contorsions idéologiques et sentimentales n'a jamais été mieux décrit que dans *Autocritique* d'Edgar Morin, confession sincère d'un militant qui perd progressivement ses repères, aveu passionné d'une schizophrénie assumée.

Marguerite reste au Parti, Edgar aussi. Avec Dionys et Robert, ils projettent de fonder une revue critique interne au PC. Naïfs encore donc... Ils essuient des refus polis. Dedans ils sont, dedans ils restent avec leurs illusions, mais de plus en plus marginalisés. L'été vient à point. Chacun se disperse. Marguerite part seule avec son bébé à Quiberon. À Bocca di Magra, la chaleur est trop étouffante, dit-elle à Ginetta et à Elio qui l'invitent. Marguerite n'y emmènera Outa qu'à l'âge de quatre ans et en fera le personnage principal des *Petits chevaux de Tarquinia*. Marguerite découvre la beauté de la Bretagne. À Dionys resté à Paris pour travailler chez Gallimard, elle écrit : « Les forêts en fait m'ont toujours emmerdée. Ici la mer, le ciel, la lourde rosée, la mer encore, les roches. Moi je crois que c'est ce que j'ai toujours aimé. » Elle s'occupe de son fils avec passion, le promène des heures entières, l'observe quand il apprend à marcher et veut tout retenir de lui. Ce tête-à-tête avec l'enfant à la fois la ravit et l'angoisse. Elle s'inquiète du silence de Dionys, interprète son absence, le rend responsable de ses souffrances d'amour. Dis-moi que tu m'aimes. Marguerite réclame sans cesse la confirmation de l'amour qu'elle provoque. « Tu me reproches ton silence... toi tu crois à l'explication... je te soupçonne d'avoir une passion pour l'explication... ce trait de ton tempérament, je le trouve exorbité dans notre couple. Cent fois, j'ai cru que c'était fini entre nous. Cent fois c'est reparti. »

Dionys ne vient pas en Bretagne mais Robert et sa nouvelle amie, Monique, lui rendent visite. Ils fêtent ensemble le premier anniversaire d'Outa. Marguerite se demande si elle rentrera à Paris. Elle écrit à Dionys qu'elle déteste le genre de vie qu'elle mène rue Saint-Benoît et — puis « ton ennui avec moi si visible, tes interminables séances de piano qui me mettent au bord de la crise de nerfs et surtout un mépris de moi... je te vois essayant de m'écraser, de me niveler[38] ». Disputes d'amoureux. Désespoir de ne pas trouver la quiétude. Je t'aime, je te quitte. Mais dis-moi que tu m'aimes. Une fois. Une seule fois.

Je suis une femme ordinaire d'une intelligence moyenne et qui, dans son existence, n'a joué qu'un rôle près de toi. Tes secrets méprisés ont une valeur adorable, je t'attends, je n'attends que toi. On peut s'entendre et ne pas s'aimer. On peut s'aimer en ne s'entendant jamais. Nous on ne s'entend absolument que dans la bagarre.

Dionys viendra de guerre lasse chercher Marguerite à Quiberon.

Et rue Saint-Benoît, la vie recommence : les soirées arrosées, les fêtes improvisées, les discussions littéraires, les amitiés à la vie, à la mort, Mascolo invite les écrivains étrangers de passage, Marguerite fait la tambouille à Italo Calvino et à Dos Pasos. Elle s'occupe passionnément de son enfant. Un enfant drôle, merveilleux, malicieux. Sur le plan financier, Marguerite et Robert tirent le diable par la queue, mais Marguerite se débrouille toujours pour avoir table ouverte. Elle connaît les adresses, les combines, les plats pas chers. Certains soirs, les discussions sont orageuses. Y compris dans le premier cercle des amis, des déchirures se font jour.

Sur le front idéologique, la bataille fait rage. L'excommunication de Tito les surprend mais ne les choque pas, contrairement à leur amie Clara Malraux qui choisit le camp yougoslave. Marguerite, Robert et Dionys ont accepté Prague en février, ils tolèrent les insultes contre Tito, en prétextant que le vrai combat à mener est contre le jdanovisme français. Ils ne se résignent pas tout à fait. Ils se confient à Maurice Nadeau et publient un texte dans *Combat*, le 28 octobre 1948, sous le titre « *Discussion entre intellectuels communistes* ». Après le temps de la confession, de l'introspection, de la schizophrénie, vient celui de l'immobilisation. Ils sont écartelés et survivent dans un étouffant non-dit. Dionys date de cette période ce qu'il nomme leur démission intérieure. Marguerite commence cependant à fermer la porte de la rue Saint-Benoît à des amis qui, par servilité stalinienne, hurlent avec Aragon, Kanapa, Casanova, que Sartre est une hyène dactylographe et Picasso un formaliste bourgeois.

Morin perd son travail de rédacteur en chef au *Patriote résistant*, journal de la Fédération nationale des déportés, pour raison de désaccord sur la ligne culturelle du Parti. Antelme continue à y écrire, aidé de sa nouvelle petite amie Monique — la liaison est encore secrète — qu'il a rencontrée à la réunion de cellule du quartier Saint-Germain-des-Prés.

Il dirige toujours avec passion la cellule des déportés. « Le Parti, pour lui, c'était les copains », résume Monique. Des amitiés fortes, une solidarité vive, un milieu chaleureux. Certes, il avait fait un voyage en Tchécoslovaquie et des écrivains communistes lui avaient confié leur désarroi. Mais les écrivains font partie de l'intelligentsia, avait-il dit à Marguerite et à Dionys. Le peuple et son avenir seuls importent.

En avril, Marguerite part rejoindre Ginetta et Elio à Milan. Ils font un voyage dans le Piémont puis séjournent à Varèse. « Beauté extraordinaire. Sentiment de spiritualité. C'est à rendre fou, note Marguerite. Une nature pascalienne. »

De retour à Paris, Marguerite se retrouve happée dans les querelles politico-idéologiques de la cellule 722. Amis et futurs ex-amis s'affrontent dans les bistrots de Saint-Germain-des-Prés. À l'intérieur de la cellule, Marguerite et ses amis arrivent encore à faire semblant d'être de vrais bons communistes obéissant au doigt et à l'œil aux ordres du Parti. Mais le soir, rue Saint-Benoît, on rigole ou on s'indigne de l'attitude de certains camarades qui répondent aux convocations de Casanova qui leur explique comment ils doivent penser. Être communiste, dira plus tard Marguerite[39], c'était être du côté de la vie ; on ne rompt pas impunément avec ce qui vous tient en vie et vous donne des raisons d'espérer. Être une intellectuelle communiste, pour elle, signifie ne pas être sectaire, ne pas imposer orgueilleusement une vérité qui paraît inaccessible. Mais le camarade Thorez, que cite le camarade Casanova, cité lui-même par le camarade Kanapa, ne l'entend pas de cette oreille. L'intellectuel, par définition, est suspect car naturellement lié à la bourgeoisie. Il répand des rumeurs de défaite au lieu de se rallier corps et âme au prolétariat.

Le drame, en fait, a déjà eu lieu, mais Marguerite, Robert, Dionys l'ignorent. Le Parti a décidé de se séparer d'eux mais la décision ne leur a pas été encore notifiée. Ils viennent d'être dénoncés pour inconvenances envers certains membres du Parti et ironie trop appuyée. Aujourd'hui on aurait plutôt envie de rire quand on lit, dans le dossier des archives du PCF, l'exposé des motifs de cette exclusion, mais Robert Antelme en fut vivement affecté et Marguerite humiliée en tant que femme, militante et écrivain. Les lettres de

Marguerite et les réponses du Parti y sont consignées ainsi que celles de Dionys Mascolo, de Robert Antelme, de Bernard Guillochon, de Monique Régnier.

À l'origine de l'affaire, il y aurait eu cette fameuse soirée de mai 1949, bien arrosée, au café le Bonaparte après une ennuyeuse réunion de cellule. Au comptoir, Marguerite, Eugène Mannoni, Robert, Dionys, Monique Régnier, Bernard Guillochon, son compagnon, et Jorge Semprun. On boit, on se moque, on s'esclaffe de tout et de rien, on rigole. Les avis divergent sur le sujet de la conversation : selon plusieurs témoins, Mannoni aurait lancé, maniant l'humour corse à la perfection, que le camarade Casanova était un maquereau — Casa est un grand mac — et qu'en Corse nul ne l'ignorait. Éclat de rire de l'assemblée. Mais, dans le dossier des archives du Parti, le nom de Casanova n'apparaît pas, seul est cité celui d'Aragon. « Et tout le monde prit part à cette conversation. Beaucoup de critiques furent faites sur le camarade Aragon. »

Quelques jours plus tard, Bernard Guillochon apprend que l'un de leurs camarades a rapporté la conversation aux instances supérieures du Parti. Robert Antelme et Bernard Guillochon pensent à Semprun et décident de lui parler de leur soupçon. Bernard Guillochon, aujourd'hui disparu, se souvenait avec précision des circonstances et du climat politique et psychologique qui régnait à cette période-là. « J'ai tout de suite pensé que " l'informateur " des autorités officielles du Parti devait être Jorge Semprun, je le lui ai dit. Au début il s'en est défendu puis l'idée d'une réunion rue Saint-Benoît entre amis fut alors décidée par Semprun et par moi. Marguerite, Robert, Jacques-Francis Rolland, Monique, nous y étions tous[40]. » « Le ton de cette réunion fut très vif, violent », indique le dossier conservé aux archives du PCF. Robert Antelme (dans la lettre qu'il adressera fin mars 1950 au PCF) la jugea tragique. « Elle a atteint des moments de violence inouïe. La violence, l'exaspération de cette soirée exprimait avant tout notre volonté de connaître la vérité. Le camarade Semprun ne parvint pas à nous faire admettre sa thèse de l'imprudence, bien au contraire[41]. » Suivit une réunion de la cellule 722, à laquelle Marguerite, Robert et Dionys n'assistaient pas et où Jacques Martinet réclama des explications sur leur conduite et une autocritique.

Jorge Semprun aujourd'hui nie les faits et affirme qu'il n'était pour rien dans ces histoires de dénonciation. « Je n'accepte pas cette version de ma responsabilité dans leur exclusion. Il y a là une grande part de légende, une sorte de roman familial. Comme s'ils s'acharnaient sur moi, sur le mode du fantasme, parce que je leur étais bien plus proche que la plupart des autres. J'ai pu en parler avec Robert Antelme, à l'époque. C'est une conversation que j'ai déjà rapportée dans *Quel beau dimanche !* Robert me disait : " Je te vois à la réunion qui m'a exclu, mais tu es muet. — Je suis muet, Robert, lui ai-je dit, parce que je n'y étais pas, à cette fameuse réunion ! " Je crois l'avoir convaincu. En réalité, dès que la procédure d'exclusion a été officiellement entamée, je me suis fait muter dans le quartier où je vivais à l'époque, à Montmartre, pour rester en dehors de cette salade. Et j'ai profité de l'occasion pour ne pas reprendre ma carte du PCF. J'étais déjà au parti espagnol, ça suffisait [42] ! »

L'été suspend la polémique. Robert, Monique, Marguerite et Dionys louent une grande maison dans la région parisienne. Marguerite rêve d'une nouvelle vie à la campagne dans une maison pas trop éloignée de Paris. Elle écrit à sa mère pour lui demander de l'argent. Elle n'aura jamais de réponse. Cet été-là, Marguerite lit Diderot qu'elle trouve long et ennuyeux, se replonge avec délices dans Racine, tricote, travaillote et surtout s'émerveille de son fils qui commence à parler : « Il m'appelle maman et je lui dis voyou, écrit-elle à Dionys. Il est lumineux. Décidément il me plaît beaucoup ce petit. Ce matin, devant l'église un corbillard est passé, le curé a psalmodié et le petit a dansé tant et si bien qu'on a dû le calmer. N'est-ce pas digne de ton garçon. »

Les discussions politiques n'ont cependant pas cessé de tout l'été. Dionys n'a pas l'intention de faire son autocritique mais ne souhaite pas pour autant rompre totalement avec le Parti. Robert campe sur des positions analogues même si son engagement vis-à-vis du Parti est à la fois plus profond et plus affectif que celui de Dionys. Il se sent blessé et humilié profondément par les propos de Semprun dont il se croyait l'ami à jamais et avec qui il partageait l'expérience des camps. Marguerite, elle, tranche dans le vif. Du trio, c'est elle qui adoptera la position la plus franche : le 27 septembre 1949, elle signifie à sa secrétaire de cellule, Lucienne Savarin, qu'elle ne souhaite pas reprendre sa carte du Parti et, fin décembre, elle la rend. Mais on ne quitte pas le Parti communiste. C'est le Parti qui vous quitte et qui exige de vous des explications. Marguerite refuse d'en donner. Des lettres de dénonciation la concernant arrivent au Parti. L'une d'elles, particulièrement ignominieuse, rappelle que, pendant l'Occupation, elle était employée par la censure allemande. Les rumeurs se multiplient : esprit politique pervers, Marguerite serait aussi une traînée qui fréquente assidûment les boîtes de nuit de Saint-Germain-des-Prés. L'entreprise de démolition a commencé. Traîtresse au Parti, décadente petite-bourgeoise, chienne de garde du capitalisme. Le Parti essaie de la salir en s'attaquant à sa « réputation ». Marguerite a vent de ce procès. Le 16 janvier 1950, elle répond aux insinuations du Parti en adressant cette lettre aux membres de sa cellule :

Chers Camarades,

Je vous confirme ce que j'ai dit le 27 septembre à Lucienne Savarin lorsqu'elle est venue m'apporter mes timbres 1949 : je ne reprends pas ma carte du Parti.

C'est parce que je me considérais plus encore membre du Parti que je ne suis pas venue à la réunion de mercredi dernier. Si j'y étais allée, ç'aurait été en tant qu'ancien membre du Parti et pour tenter de faire respecter la vérité sur la réunion de juin dont il a été question. Mais je vous avoue que je n'ai pas pu surmonter le sentiment de dégoût et, je dois le dire, de ridicule, que j'éprouvais à l'idée d'avoir à affronter une fois de plus les sordides et risibles machinations des pauvres petits excités de ce qu'on pourrait aussi bien appeler la « faction Martinet » puisqu'on abuse du mot faction.

Mes raisons de quitter le Parti ne sont pas celles de Dionys Mascolo. Je ne suis sous l'influence de personne. J'ai pris cette décision seule et bien avant Mascolo. Je reste communiste profondément, organiquement. Il y a six ans que je suis inscrite et je sais que je ne pourrai jamais être autrement que communiste. Les raisons que j'ai de quitter le Parti, je les aurais volontiers exprimées si je ne savais pas certains camarades décidés à déformer la vérité la plus élémentaire par tous les moyens. Soyez tranquille : ces raisons, faute de pouvoir les dire devant vous, je ne les dirai devant personne d'autre au monde.

Ma confiance dans le Parti reste entière. Je suis même sûre que, le temps aidant, le Parti arrivera à rejeter loin de lui les Martinet, je veux dire ceux qui, par le biais d'une soi-disant vigilance en réalité vicieuse, ne pensent qu'à satisfaire et faire fructifier leurs petites aigreurs et leurs petites haines personnelles. Je crois que les Martinet se sont en réalité trompés sur leur vocation. Ce n'est pas au Parti communiste qu'ils auraient dû rentrer ; c'est, ou bien chez les sapeurs-pompiers (où en plus du prestige de l'uniforme, ils auraient eu des chances de recevoir quelques douches salutaires), ou chez les curés où ils se seraient régalés des délices du confessionnal. Mais le Parti, j'en suis sûre, saura les remettre dans le droit chemin. Vous voyez jusqu'où va ma confiance et combien est grand mon optimisme.

Bien fraternellement à vous.

PS : Je ne confonds pas le PC avec Martinet. Mais il se trouve que c'est à Martinet que j'ai eu affaire depuis trois ans.

Tout en rompant avec le PC, nous ne rompions pas avec l'idée du communisme, dira Dionys. Ce n'est pas tant le Parti qu'ils accusent tous deux que le comportement sectaire de certains de ses membres, en particulier, celui de Martinet, d'obédience alors strictement « kanapienne », la bête noire de Marguerite, la personne sur qui elle va concentrer son hostilité, préférant ne pas voir que le comportement de Martinet est alors le seul autorisé par l'ensemble du Parti. En même temps, ils éprouvent une culpabilité profonde à s'éloigner du peuple et à trahir la révolution. En témoigne la lettre qu'envoie Dionys le 11 janvier 1950 à Lucienne Savarin :

Pour des raisons tout à fait personnelles que j'espère provisoires mais qui sont malheureusement très impératives, je ne peux pas reprendre ma carte du Parti. Je tiens à te dire, en te demandant de le communiquer aux camarades, que je suis entièrement d'accord avec la ligne du Parti. Je sais que certains ont prétendu le contraire. C'est faux... Je suis entièrement d'accord avec la ligne du Parti.

Je tiens à affirmer que ma fidélité au Parti reste la même et que j'ai les mêmes raisons d'être communiste aujourd'hui que lorsque je me suis inscrit au Parti.

Ceux qui me connaissent bien savent que mes raisons sont sérieuses.

Relisant ces documents qu'il a soigneusement conservés, Dionys, en 1996, commentera : « Ces lettres sont fausses, le désaccord était plus profond. » En fait, ni Dionys, ni Marguerite, ni Robert qui a pris leur défense, ne souhaitent être exclus. L'exclusion, c'est la honte, l'ignominie, la salissure. Edgar Morin raconte qu'à cette période-là, lui aussi, songeait à se « retirer » du Parti. Il s'en ouvrit un jour à Claude Roy qui lui répondit effaré : « Mais le Parti est notre garde-fou [43]. » Comment rester en vie en étant exclu du Parti ? Peur de l'humiliation et de la solitude. Les communistes de la rive gauche, dans leur écrasante majorité, attendirent d'être expulsés. Édith Thomas fut une des rares à se séparer du Parti après l'excommunication de Tito.

La réponse des instances du Parti ne se fait guère attendre. Le 8 mars 1950, la section du 6e envoie la lettre suivante à Marguerite :

La cellule de Saint-Germain-des-Prés vous informe :

1) qu'après avoir examiné votre attitude politique en général, qui montre un désaccord profond avec la ligne politique du Parti en particulier en ce qui concerne la littérature et les arts ;

2) qu'après de longues discussions dans la cellule au cours des réunions du mercredi et du lundi, vous avez refusé de venir vous expliquer ;

3) qu'après la lecture et une large discussion sur votre lettre insolente vis-à-vis du Parti et des directions élues démocratiquement, et n'apportant aucun argument politique.

La majorité des membres présents (11 voix sur 19) a décidé de vous exclure immédiatement des rangs du Parti. Sept camarades, tout en condamnant énergiquement les termes de votre lettre, désirent vous entendre malgré votre refus systématique avant de se prononcer.

Motifs

1) Tentative de sabotage du Parti par la désorganisation de la cellule et l'attaque permanente contre le comité de section en usant en particulier de l'insulte et de la calomnie, et en utilisant des prétextes qui cachent un désaccord profond avec la ligne politique du Parti.

2) Fréquentation de trotskistes, tels que David Rousset, et autres ennemis de la classe ouvrière et de l'Union soviétique (en particulier un ex-attaché d'ambassade yougoslave, actuellement rédacteur en chef de *Borba*).

3) Fréquentation des boîtes de nuit du quartier Saint-Germain-des-Prés où règne la corruption politique, intellectuelle et morale, que condamnent vigoureusement et à juste titre la population laborieuse et les intellectuels honnêtes de l'arrondissement.

La proposition d'exclusion a été ratifiée à l'unanimité par le comité de section du 16 février 1950.

Suivant l'article 35 des statuts du Parti, vous êtes suspendus du Parti en attendant que le comité fédéral se soit prononcé sur la proposition de la cellule et du comité de section. Cet article vous donne le droit de faire appel de la décision.

Pour la cellule, le Secrétaire

Dionys décide de riposter par un rapport argumenté sur le mot même de communisme. Il prône un retour à Marx, évoque Saint-Just, invoque le peuple et réaffirme qu'en tant qu'intellectuel il n'abandonnera pas le combat pour la vérité. Marguerite ne se contente pas d'argumenter. Apprenant qu'elle est traînée dans la boue par certains de ses camarades — on la traite de plus en plus ouvertement de putain —, elle vit cette affaire comme un procès et fait par écrit sa propre déposition, afin de rétablir la vérité. Peut-être caresse-t-elle encore l'idée de se faire réintégrer ?

Paris, le 26 mai 1950

Camarade,

J'ai été conviée par vous à faire un rapport sur les conditions de mon exclusion prononcée le même jour et pour les mêmes motifs que D. Mascolo. Mais sur tous les points qui me sont reprochés en commun avec lui son rapport répond pour moi. Je n'ai d'ailleurs pas l'intention de demander ma réintégration au Parti. J'habite le 6ème et si j'étais réintégrée je devrais militer parmi ces camarades qui ont été avec nous d'une telle ignominie, d'une méchanceté tellement désespérante que je ne m'en sens pas le courage.

Je vous écris cette lettre pour essayer de me justifier à vos yeux, et seulement dans la mesure où le rapport de Mascolo n'aborde pas mon cas.

Je suis inscrite au Parti depuis 1944. Pendant les années 46, 47, j'ai beaucoup milité, jusqu'au moment où une grossesse pénible m'a empêchée de le faire (j'ajoute que je vendais quand même *L'Huma* jusque un mois avant mon accouchement). J'ai été secrétaire de cellule pendant un an et j'ai milité à la section dans diverses commissions (sociale, Paris VI, Fêtes, etc.). J'ai été déléguée en 1949 à la Conférence fédérale de la Seine. Proposée deux fois (et même peut-être trois au comité de section), j'ai toujours refusé pour rester à la base. C'est ainsi que je crois être devenue une communiste. J'ai eu la chance d'être secrétaire de la 724, Visconti-Beaux-Arts, où il y avait des ouvriers, et c'est là que j'ai le plus milité. Voyez-vous, ma méfiance des intellectuels est telle que ce n'est qu'au bout de deux ans, et même plus, que j'ai avoué à un camarade que j'étais un auteur de chez Gallimard. La chose s'est sue à la cellule et on m'en a fait le reproche, parce que j'aurais pu sans doute « faire autre chose que ce que je faisais ». À ce moment-là d'ailleurs, les reproches que l'on me faisait étaient bien différents de ceux que l'on me fait aujourd'hui. « Tu en fais trop, tu vas tomber malade », me disait-on alors. Maintenant, mes camarades, que je ne vois plus depuis ma mutation à la 722, envoient des rapports à la section dans lesquels ils me traitent de « putain ». Peut-être me traitent-ils de putain parce qu'ils ne trouvent aucune autre insulte. C'est facile de traiter une femme de putain, c'est vague et facile. Est-ce parce que j'ai divorcé ? Que je vis avec un homme sans être mariée ? Je ne peux pas le croire : mes accusateurs eux-mêmes, Semprun et Martinet, sont divorcés et la plupart des camarades de la cellule vivent, comme nous, en union libre.

Je trouve cette méchanceté proprement extraordinaire et incompréhensible. Je voudrais bien que vous demandiez au camarade qui a fait ce rapport de préciser dans le détail ce qu'il avance, à supposer que vous jugiez que cela regarde le Parti.

Le rapport de Mascolo, je le répète, répond pour moi sur les autres points. Nos relations sont communes et, de même, nos sorties. Je n'ai pas plus de souvenirs de Yougoslave que de Truman ou du Négus ; et encore, de ceux-là, je peux citer les noms, mais du Yougoslave en question je ne le peux même pas. Les boîtes de nuit ? Je suis allée deux fois en deux ans au Club Saint-Germain et pour éviter de tomber sur des intellectuels communistes ou autres (ma manie), j'évitais précisément d'y aller. Je regrette bien qu'un camarade de la Fédé n'habite pas le quartier, afin qu'il puisse voir à travers les vitres des cafés de Saint-Germain lesquels d'entre nous militent le plus auprès des jeunesses sartriennes. « C'est l'insomnie, je ne peux pas me supporter au lit... », me disait l'un des plus assidus, pour m'expliquer sa présence chaque nuit dans les boîtes du quartier. Il s'agit du camarade qui a été le premier à proposer notre exclusion. Nous, nous dormons bien et n'avons pas besoin de cet alibi.

Un dernier point. On prétend que je ne suis pas d'accord avec la politique du Parti en ce qui concerne la politique et les arts. Soit, je l'avoue mais il faut s'entendre. Le Parti a dit qu'il fallait faire du porte-à-porte. J'ai fait du porte-à-porte. Le Parti a dit qu'il fallait faire des collectes. J'ai fait des collectes aux terrasses des cafés et ailleurs. Le Parti a demandé, comme il était indispensable, qu'on accueille des enfants de gréviste. J'ai recueilli pendant deux mois la fille d'un mineur. J'ai fait signer les ménagères sur les marchés, j'ai vendu *L'Huma*, j'ai collé des affiches, j'ai contribué à faire inscrire Antelme, Mascolo, d'autres camarades encore, etc. Tout ce que j'ai pu faire, je l'ai fait. Ce que je ne peux pas faire c'est de modifier des goûts, par exemple littéraires, qui sont ce qu'ils sont mais auxquels il m'est physiquement impossible de renoncer. Mais si je ne vais pas crier ces goûts sur les toits, pourquoi va-t-on les chercher en dernière heure pour en faire le crime principal ? Depuis six ans que je suis au Parti, jamais une fois, jamais une seule fois, en cellule, je n'ai tenu compte ou dit ces réticences. Je les ai dites à un camarade de la cellule confidentiellement, et pour la bonne raison qu'il m'y encourageait, étant strictement du même avis que moi.

Voyez-vous, le seul reproche que l'on peut me faire, et là-dessus je suis à peu près d'accord, c'est ma lettre de démission. Je vous la joins afin que vous puissiez juger jusqu'à quelle extrémité mon indignation m'a conduite. Et encore, je n'arrive pas, même en me creusant la tête, à trouver cette lettre criminelle, ni injurieuse, ni calomnieuse pour le Parti, comme on le prétend. J'attaque Jacques Martinet et ses amis. Vous ne connaissez pas Jacques Martinet. Moi, je le connais très bien. Et mon dévouement au Parti, mon entière fidélité ne pourront jamais me faire modifier ce que je pense du camarade Martinet.

Les mots d'ordre de vigilance sont des mots d'ordre impérieux, le nier serait tout simplement idiot. Mais la véritable vigilance est froide et lucide. Et Martinet qui se croit messianique dans la vigilance est la caricature de la vraie vigilance. Il y a d'ailleurs dans cette cellule deux ou trois camarades qui se sont découvert pour la vigilance une étrange passion : deux puis trois puis quatre puis cinq camarades ont été exclus et (en ce qui concerne Monique Régnier et Bernard Guillochon) pour des motifs absolument dérisoires, incroyables, des chiottes bouchées ou des histoires de sexualité trouble *(sic)*. Il est à remarquer que des nouveaux adhérents ont refusé de voter ces exclusions.

Voilà ce que j'avais à vous dire. Je tiens à vous redire ce que je dis dans ma lettre de démission, je reste profondément communiste, je ne vois pas comment je pourrais être autrement désormais. Ai-je besoin de dire dans ces conditions que je ne m'associerai jamais à rien qui puisse nuire au Parti mais que je continuerai à l'aider dans la mesure de mes moyens.

Fraternellement.
Marguerite Duras.

Quelques semaines plus tôt, Robert Antelme adressa sa longue lettre-réquisitoire au secrétariat de la fédération de la Seine du PCF. Témoignant d'un profond désarroi, d'une grande honnêteté morale, ce texte met à nu les mécanismes profonds qui animaient à l'époque ces intellectuels révolutionnaires.

L'amitié est à jamais brisée entre Jorge Semprun et Robert Antelme[44]. Que des conversations ironiques, des propos de bistrot aient à ce point fait mal et terni à tout jamais une confiance pourtant si profondément établie fait aujourd'hui froid dans le dos. Toutes celles et tous ceux qui ont vécu cette période noire du militantisme stalinien le confirment : pour rester dans la ligne on pouvait se laisser aller à trahir son meilleur ami. « Je n'oublierai jamais le visage bouleversé d'Antelme le jour où il vint m'annoncer que sa cellule l'avait exclu. Je lui ai tendu la main pour lui signifier que cela ne changeait rien entre nous. Il hésita avant de la prendre. " À quoi bon, c'est fini ", me dit-il les larmes aux yeux [45]. » Pierre Daix témoigne de l'état de mélancolie profonde et d'affolement psychique dans lequel se trouva Robert après l'exclusion. « Il n'y comprenait rien. Il est venu me trouver dans mon bureau des *Lettres françaises*. Il vivait cela comme une sanction aveugle, une injustice, un coup du destin. Il est arrivé blême, tremblant. Ils ont définitivement cassé quelque chose en lui. » Pierre Daix confirme qu'après l'exclusion de Robert il est intervenu personnellement « tout en haut » de la fédération de la Seine pour qu'il soit réintégré. Rien n'y a fait, on lui a opposé « les coucheries de Marguerite et son obscénité [46] ». La gangrène s'est installée à tout jamais dans ce groupe d'amis. C'en est fini désormais de la belle harmonie, de la défense de la vérité, de l'importance de la littérature. On sait à quel point Robert fut à la fois le philosophe et le praticien le plus subtil et le plus élégant de l'amitié. Monique, son épouse, confirme que cette rupture retentit longtemps et douloureusement dans sa vie. Marguerite, qui le soutint de manière vibrante dans cette histoire, eut la mémoire plus courte. L'anecdote est racontée par Jorge Semprun lui-même. « Un jour, Marguerite m'a téléphoné. J'habitais alors boulevard Saint-Germain. C'était urgent, disait-elle. Elle m'a donné rendez-vous, une demi-heure plus tard, en bas de chez moi, dans un café qui s'appelait " Le Reinitas ". Marguerite s'est présentée avec une jeune femme qui m'était inconnue, Florence Malraux. Qui est devenue ma meilleure amie. J'étais comme un idiot en face d'elles deux, qui se répétaient, l'air convaincu : " C'est lui, c'est lui ! " Bref, Marguerite voulait que je joue le personnage de Chauvin dans une adaptation cinématographique de *Moderato Cantabile*, que Peter Brook allait tourner. Et voilà qu'il se pointe, lui aussi. Et qui déclare la même chose : " C'est lui, c'est lui ! " Je ne pouvais pas leur dire qu'il m'était impossible d'accepter le rôle, puisque j'étais alors dirigeant du parti communiste espagnol et que je faisais souvent des séjours clandestins en Espagne. Marguerite et Peter ont fini par se résigner devant mon refus, dont je ne pouvais dire les vrais motifs. La fin de l'histoire est plaisante. Peter Brook a dit : " Tant pis, j'ai rendez-vous avec Raoul Lévy chez Maxim's : je vais signer avec Belmondo [47]. »

Des amis peuvent, du jour au lendemain, devenir des traîtres. Mais comment vivre quand on est exclu du Parti ? Être hors du Parti, c'est être hors du monde, racontera Edgar Morin : « Tous étaient au chaud, dans les foyers, dans les meetings. J'étais seul comme un fantôme pendant que partout dans le monde les ouvriers marchaient. À jamais, j'avais perdu la communion, la fraternité. Exclu de tout, de tous, de la vie, de la chaleur, du Parti. Je me suis mis à sangloter [48]. » Marguerite connut, elle aussi, ce tourment. Dans des pages de son journal [49], évoquant les sentiments qui l'assaillaient au moment de l'exclusion, elle se sent coupable et orpheline, parle de « traumatisme », de « problèmes douloureux ». Voir des gens se détourner d'elle et changer de trottoir la rend malade. Avoir été exclue sera une « malédiction » pendant des années. Elle craint de ne pas s'en sortir psychologiquement. Le paria devient un non-être, un clochard loqueteux à qui on fait la charité : « Je ne pensais qu'à dire bonsoir ou ne pas dire bonsoir ; si je disais bonsoir, ils ne me rendraient peut-être pas mon bonsoir, si je ne disais pas bonsoir, ils penseraient que je ne veux pas dire bonsoir », dira Morin qui verra s'éloigner tous les siens. Marguerite, Robert, Dionys, Edgar sont les premiers frappés. Certains déchirent leur carte de Parti par amitié comme Monique Régnier et Bernard Guillochon, d'autres restent à l'intérieur tout en n'abjurant pas leurs amis. Gênés, ils continuent à se rendre rue Saint-Benoît comme on franchit les portes de l'enfer et écoutent Marguerite, Edgar, Robert analyser les dérives du totalitarisme stalinien en ayant l'impression de commettre un péché mortel. Jacques-Francis Rolland, Claude Roy laissent exclure leurs camarades avant d'être, à leur tour, exclus. Puis Jorge Semprun lui-même est exclu. Et petit à petit tous ceux qui osaient encore continuer à penser le seront, à leur tour : les philosophes, les poètes, les savants.

Marguerite, après son exclusion, continuera à se proclamer communiste mais libre de le redevenir chaque matin, libre de le redéfinir chaque nuit. À la fin de sa vie, elle confiait qu'elle était toujours communiste. « L'espoir communiste ne m'a jamais quittée. Je suis comme une malade de l'espoir, de l'espoir que je mets dans le prolétariat [50]. » C'était en 1993. « Je voudrais me réinscrire au Parti communiste. Je le ferai », affirmait-elle en 1994 [51]. Elle ne l'a pas fait avant de mourir.

Marguerite a remis le manuscrit d'*Un barrage contre le Pacifique* avant les fêtes de Noël 1949 à Raymond Queneau. Le contrat avec Gaston Gallimard est signé le 15 janvier 1950. Le nom de Mme Antelme a été barré... pour être remplacé par celui de Donnadieu ! Les pourcentages prévus sont de 10 % jusqu'à 1 000 exemplaires, de 12 % de 1 000 à 2 000, de 15 % au-delà. Ce sera un gros livre. Marguerite dit à son éditeur qu'elle l'a écrit dans un bonheur continu. Comme tout auteur qui vient de rendre son manuscrit, elle se sent vide, épuisée. Comme les livres précédents, elle l'a fait lire à Dionys et à Robert. Ceux-ci lui ont suggéré quelques petites modifications. « De toutes petites choses, dira Dionys. Des lourdeurs grammaticales sans importance car au moment où Marguerite l'a donné à Gaston Gallimard, le livre était achevé [52]. »

Achevé, en effet, il l'était. Construit à la manière d'un drame antique, dépouillé d'un psychologisme qui nuirait à l'épure du récit, mais aussi moderne dans le style et dans le déroulement, *Un barrage contre le Pacifique* demeure aujourd'hui l'un des grands livres du XXe siècle sur la maternité, une maternité tourmentée, violente, vénéneuse. Le personnage principal — une femme vieillissante — perd, au fil du récit, l'élan vital qui lui permettait d'affronter le monde. Héroïne tragique sacrifiée sur l'autel du vampirisme colonial, cette femme, au nom de ses enfants, se bat contre l'administration, contre la corruption, contre son destin, et même contre les vagues du Pacifique. Son territoire — un misérable bungalow au milieu de terres salines qui lui ont été vendues au prix fort par des agents coloniaux pour devenir terres à rizière — s'écroule, balayé par les marées. Mais elle lutte pour que les enfants de la plaine ne meurent pas comme tombent les mangues avant la saison des pluies, pour que les paysans puissent enfin manger à leur faim, pour que les anciens bagnards asservis par un siècle de colonisation ne soient plus humiliés.

Rendre le son de l'âme : ainsi Marguerite a-t-elle défini sa tâche d'écrivain. Faire entendre ce cri venu du fond des âges, celui de l'injustice et de la révolte mêlées. Celui de la colère aussi, ce sursaut de dignité que possède en soi chaque être humain devant la catastrophe. Humaine, trop humaine, la mère du *Barrage*, égocentrique, hypocondriaque, geignarde, mère abusive, elle vit dans un no man's land où le réel n'est plus qu'un entrelacs d'illusions, le temps un gouvernail définitivement déréglé. La folie rôde, mais la sainteté aussi. La mère frôle même l'extase dans son corps à corps avec les éléments, en communiquant avec l'au-delà car seul existe le royaume des morts d'où son mari défunt lui envoie quelques signes. La mort rôde aussi sans cesse dans *Un barrage contre le Pacifique*. Le livre s'ouvre sur la mort du cheval, s'achève sur la mort de la mère. Joseph ne cesse de se demander s'il ne va pas se suicider. La mort apparaît souvent comme une solution dans le roman. Mort désirée, assassinat revendiqué aussi comme moyen légitime de défense : quand l'agent du cadastre ose venir encore une fois inspecter le désastre de la mère, Joseph sort son arme, un Mauser. Il épaule, il vise lentement, ajuste. Dans le dos. L'agent cadastral est devant. La mère et Suzanne regardent la scène et elles attendent, ne font rien pour tenter de le désarmer. Le frère vise l'agent comme Marguerite Duras fera le geste de tirer sur Monsieur X., dit Pierre Rabier dans *La douleur*. Ils accomplissent le même geste, jouissant de cette idée : l'assouvissement de la vengeance par le crime. Juste pour rire. Juste pour se faire croire que c'est possible. Car ni lui ni elle ne tirent. Ils font comme si c'était possible. Tous les autres sont pour eux rangés dans la même catégorie : celle des ennemis. La mère, le frère et la petite ne sont pas du même monde. Violents, à la limite de la sauvagerie, ils sont tous trois hors la loi et l'assument avec une belle fierté. Depuis longtemps, la mère aurait choisi la mort s'il n'y avait ses enfants, Suzanne et Joseph, « Nous, ses enfants. » Marguerite Duras n'a jamais fait mystère de la dimension autobiographique du roman. Suzanne n'est pas Marguerite, Joseph pas le petit frère adoré et pourtant « ce sont nous, ses enfants ». Ode et règlements de comptes à la fois, le livre dépasse l'histoire de Mme Donnadieu pour atteindre à l'universalité.

Cette réussite, Marguerite la doit à son style. Que s'est-il passé pour qu'elle puisse, avec virtuosité, maîtriser à ce point les dialogues — nombreux dans ce livre — et décrire avec tant de précision, physiquement et sensuellement ses personnages ? Car le lecteur est transporté dans le lieu qu'elle décrit. La moiteur de l'air, la poussière que soulève le passage des Léon Bollée sur l'unique route de la plaine aride et sèche, l'odeur répugnante du ragoût d'échassier que prépare la mère pour ses enfants à tous les repas, les planches disjointes de la véranda devant la jungle frémissante : ce monde brinquebalant et qui tient encore par miracle, Marguerite Duras par la précision des mots qu'elle emploie, par le rythme qu'elle utilise, par la concision de ses phrases et son art de l'ellipse réussit indéniablement à nous le faire vivre. Dans ce roman visuel par excellence, l'écrivain balaye grâce à son stylo-caméra les territoires qu'elle arpente et qu'elle connaît parfaitement : cette terre au bord du Pacifique où elle allait enfant, Saigon où elle vécut toute son adolescence, ces bourgades ensommeillées qui vivent la nuit du trafic des filles, de l'opium et du pernod, ces forêts épaisses où les poissons s'ébattent au faîte des arbres, ces champs brûlés à moitié abandonnés où rôdent les tigres à la nuit tombée. Marguerite n'invente rien mais fait appel à sa mémoire sensorielle pour se laisser guider.

Un barrage contre le Pacifique est aussi le roman de la vie rêvée. Les personnages, tels des fantômes hallucinés, passent leur vie éveillée à rêver d'une autre vie. Entre songe et sortilèges, la « vraie vie » n'est-elle pas d'ailleurs dans la grotte obscure que représente la salle de cinéma où viennent se réfugier tantôt la fille pour continuer à respirer, tantôt le fils et l'amante du fils pour se toucher ? Le cinéma est le refuge absolu, trou noir où s'effacent les aspérités de la vie et où l'on peut enfin jouir du spectacle du monde sans s'y cogner. « C'était là, seulement, devant l'écran que ça devenait simple. D'être ensemble avec un inconnu devant une même image vous donnait l'envie de l'inconnu. L'impossible devenait à portée de la main, les empêchements s'aplanissaient et devenaient imaginaires. » C'est dans la salle de cinéma que Joseph rencontre la femme qu'il aime, c'est au cours d'une séance de cinéma que, devant l'écran, Suzanne se laisse, de guerre lasse, embrasser par l'immonde M. Jo. « Et là dans la nuit du cinéma c'était acceptable. »

Près de six ans ont passé entre la remise du manuscrit de *La vie tranquille* et *Un barrage contre le Pacifique*. Louable et efficace patience, commente Queneau. Il n'y avait plus de doute — pour lui, il n'y en avait jamais eu : Marguerite Duras s'affirmait désormais comme « une des meilleures romancières de sa génération[53] ». Le livre, s'il fut remarqué par un petit cénacle, n'obtint pas un vif succès critique lors de sa sortie. Maurice Nadeau, dans *Combat*, le 22 juin 1950, attire cependant l'attention de ses lecteurs sur ce qu'il considère comme une révélation. « Il est permis de penser, annonce Nadeau, que ce livre donnera à l'auteur succès et renommée et placera Marguerite Duras au rang — qu'elle devrait occuper depuis longtemps — de nos meilleurs jeunes auteurs. » Maurice Nadeau relève la dénonciation de la misère coloniale à laquelle l'exotisme prête des couleurs de pouillerie pittoresque, la qualité psychologique des personnages — la mère, le fils, la fille qui, dit-il, « occupent tout le champ de l'objectif ». Roman cinématographique donc où les personnages n'ont pour alternative que l'évasion ou la mort. Roman haletant. « Le récit, sans bavure ni temps mort est animé d'un bout à l'autre par une verve qui en impose et boucle une succession de scènes tragiques ou cocasses parfaitement montées. » Nadeau y voit indéniablement l'influence de Caldwell. La comparaison est reprise par Robert Salève, dans *France-Observateur*.

Claude Roy, qui se montre ami attentionné, fidèle en toute circonstance ainsi que fervent et sincère admirateur de l'écrivain, publie un article dithyrambique dans *Les Lettres françaises* du 29 juin 1950. On n'écrit pas impunément dans un journal communiste quand on est membre du Parti et qu'on s'adresse à des camarades lecteurs. C'est donc le côté engagé, directement politique du roman, que Claude Roy entend souligner : la description « d'un immense camp de concentration que la colonisation a fait de l'Indochine dans son décor visqueux, moite et atroce ». Duras évoque une « Indochine qui appelle, qui explique, qui nécessite le soulèvement. » Claude Roy évoque lui aussi l'atmosphère à la Caldwell : « Mais j'avoue avoir préféré à l'art un peu sec et court du souffle de Caldwell, à ce sarcasme un peu mécanique qui suinte de ses romans, le lyrisme anxieux de Marguerite Duras, le grand souffle d'indignation qui soudain l'arrache à ses tristes héros, élargit leur pitoyable horizon, les montre enfin dans le cadre immense de l'immense injustice dont l'Homme blanc accable les terres qu'il asservit. Roman d'une atroce beauté, roman du blanc pur de la bonté et d'une profonde pitié pour les hommes, roman d'espoir têtu », conclut-il pour saluer ce « barrage qui enfin arrêtera les vagues de la mer, les vagues de la guerre, les vagues de la mort ».

Le livre bénéficie d'un regain d'attention à la rentrée de septembre. « C'est à coup sûr un des meilleurs romans français de cette année, écrit le 23 septembre Jean Blanzat dans les colonnes du *Figaro*. Il n'est pas possible, lance-t-il aux jurés des prix littéraires au moment où commence l'appel des prix, que *Barrage contre le Pacifique* ne paraisse ou ne réapparaisse à la lumière des premières discussions ». *Un barrage contre le Pacifique* est sélectionné pour le Goncourt[54]. Malgré le soutien de certains journalistes qui firent campagne pour la jeune romancière de l'année et celui de Gallimard, Marguerite n'eut qu'une voix et ce fut Paul Colin avec *Les jeux sauvages* qui obtint le prix. Elle ne fut pas bonne perdante et sera persuadée que les jurés avaient censuré une communiste révolutionnaire.

Dès le livre publié, elle part en vacances avec Outa. Avant de se rendre au Cap Ferret où elle a loué une maison, elle s'arrête chez sa mère à Onzain, dans le Loir-et-Cher, où celle-ci a acheté un manoir, une sorte de faux château Louis XV. Dans son sac, le livre. Marguerite racontera son attente anxieuse[55]. La mère, en haut dans la chambre, lisant toute une nuit *Un barrage contre le Pacifique*, la fille, en bas, attendant le verdict. Ce sont des insultes qui pleuvent. Marguerite est accusée par sa mère d'avoir menti, d'avoir trahi et, obscénité suprême, d'avoir jeté en pâture au monde quelques fragments de sa vie, à elle, la mère. « Je me suis dit qu'on écrivait toujours sur le corps mort du monde et, de même, sur le corps de l'amour[56]. » La fille avait cru faire le livre de la colère et de la dignité de la mère. Son texte sonnait pour elle comme un hommage. La mère n'y a vu que la dénonciation de ses côtés malfaisants et une mise en cause de son rôle de mère. L'entretien fut bref. La mère rendit le livre à la fille. « Pour elle, dans le livre, j'accusais sa défaite. Je la dénonçais ! Qu'elle n'ait pas compris cela reste une des tristesses de ma vie[57] », rapportera Marguerite. Quand la mère de Sartre lut *Les mots*, elle eut pour commentaire : « Poulou n'a rien compris à son enfance. » Une mère peut-elle comprendre l'écriture de son enfant ? Une mère qui pense posséder l'enfance de son enfant n'est-elle pas naturellement disqualifiée pour lire ce que son enfant en écrit ? De toute façon, c'était trop tard ; trop tard également pour le petit-fils. L'histoire était déjà jouée : Mme Donnadieu ne sera jusqu'à sa mort que la veuve de son mari et la mère de son fils aîné. Entre la mère et la fille, plus rien ne pouvait se passer. Marguerite l'avait ressenti très fort six mois auparavant, quand la mère était rentrée d'Indochine avec sa servante.

La mère était rentrée riche. Riche de ses dividendes de propriétaire d'une pension huppée de Saigon ; riche des maisons — cinq — qu'elle avait su acheter et qui avaient pris de la valeur ; riche du trafic des piastres que tous les Blancs de la colonie pratiquaient. Elle s'était installée dans un hôtel à Paris et ne coucha jamais rue Saint-Benoît. Marguerite manigança une soirée d'explications avec l'appui de « ses hommes ». Elle voulait en avoir le cœur net et obtenir de sa mère des excuses pour tout le mal qu'elle lui avait fait endurer pendant l'enfance et l'adolescence. Marguerite invita donc sa mère un soir à dîner rue Saint-Benoît. Dionys, Robert, Edgar étaient là. La mère de Marguerite, dira Edgar, faisait l'effet d'une femme très réservée, à l'air un peu sec, digne [58]. Après le dîner, Marguerite s'absenta. Dionys commença à la questionner sur sa violence envers sa fille et à exiger des explications. La conversation tourna à l'interrogatoire et dura une bonne partie de la nuit. La mère donnait l'impression de n'y rien comprendre. Sa fille ne reparut que lorsque la mère se décida à partir.

Au Cap Ferret, Marguerite passe le mois de juillet en tête à tête avec Outa. Elle le regarde vivre, a déjà établi avec lui une relation passionnelle, veut tout retenir de lui comme un coquillage retient le bruit de la mer. Dans son journal, elle note : « Je ne suis pas une mère cinglée... Non. Je sais le prix d'un enfant. C'est parce que j'en ai perdu un et c'est parce que je sais que ça peut mourir que je suis ainsi. Je mesure toute l'horreur de la possibilité d'un tel amour. La maternité rend bon, dit-on. Foutaises. Depuis que je l'ai, je suis devenue méchante. Enfin je suis sûre de cette horreur. » Même son rire, elle voudrait le capter. « L'idée que ce rire était dispersé dans le vent, c'était insupportable. Je l'ai pris. C'est moi qui l'ai eu. » Dans un texte qu'elle intitulera « L'horreur d'un pareil amour [59] », elle clôt le récit de la mort de son premier enfant par la description de cette joie possessive de mère. Outa est un enfant merveilleux. Plein de grâce et de drôlerie, il enchante les adultes au milieu desquels il vit en permanence. Marguerite ne lui fait pas une vie séparée. Certains s'en étonnent comme Queneau, d'autres s'en plaignent comme son papa, Dionys Mascolo. Heureusement, il y a le fils de Monique qui a le même âge et avec qui il peut partager... une vie d'enfant. Marguerite faisait tout, confirme Monique. Elle était organisée et très active. Le jour, elle travaillait, faisait la cuisine, bricolait beaucoup et s'occupait de son fils. La nuit, on discutait, on buvait. Son activité d'écrivain se fondait dans sa vie quotidienne. Elle était très manuelle et l'écriture faisait partie de ses multiples activités. Elle n'en parlait jamais mais n'en faisait pas une chose à part.

C'est cet été-là qu'elle conçoit le projet d'un nouveau livre, *Le marin de Gibraltar*, qui sortira moins de deux ans plus tard. Après le long silence qui précéda *Un barrage contre le Pacifique*, elle publiera un livre presque chaque année. Au *Marin de Gibraltar*, succéderont *Les petits chevaux de Tarquinia*, *Des journées entières dans les arbres*, *Le square*.

Marguerite vit toujours une relation tourmentée avec Dionys qui la laisse pantelante, toujours en admiration. Je t'aime. Dis-moi que tu m'aimes. Dionys ne lui dit pas assez. Ne lui dit pas comme elle voudrait. Il la laisse seule des journées entières. Dionys et Marguerite restent d'éternels fiancés, divisés. Dionys récuse, selon Marguerite, « la douceur de l'amour » et ne revendique que « la façon tauromachique de vivre l'amour ». Elle souffre de cette violence et envisage de vivre seule pour mieux continuer à écrire. Le 23 août 1950, elle écrit à Dionys :

Je vous aimais mais comme vous ne l'avouez pas, j'ai été trop loin dans le désir de vous quitter.

Je suis dans un drôle d'état sans tristesse et sans joie. Évidemment, il y a le désir d'être baisée par vous et qui ne pourrait être satisfait que par vous. Je n'ai plus peur de la solitude. Peut-être je suis devenue forte...

Je suis fatiguée par la vie que je mène depuis cinq ans.

Je sais que le droit est communément réservé aux hommes. Mais si j'écris des choses valables aussi bien pour les hommes et qui sortent de la littérature ordinaire primesautière et distrayante [60]...

Dionys refuse l'idée de séparation. Elle pose alors ses conditions :

Je veux que vous m'aidiez... Pour moi c'est la dernière tentative. De savoir qu'on s'aime c'est grave. S'aimer sans le dire est peut-être plus de l'amour que de se l'avouer. Se l'avouer c'est peut-être un déclin. Pensez à ça [61].

Pendant l'automne le couple continue à se déchirer. Marguerite soupçonne Dionys de la tromper. Elle n'a peut-être pas tort si l'on en croit le journal de Raymond Queneau qui fait souvent allusion à des rendez-vous galants que Dionys donne à des jolies femmes qui travaillent chez Gallimard ou à des femmes écrivains avec qui il aime passer des heures après le bureau. Alors Marguerite tente pour le rendre jaloux de séduire ceux qui fréquentent la rue Saint-Benoît. Marguerite joue avec le feu, Dionys ne marche guère. Marguerite développe ses talents de don juane. La nuit du 31 décembre 1951, les jeux de l'amour et du hasard prennent une autre tournure. Au cours de ce réveillon très arrosé, Marguerite embrasse longuement sur la bouche un nouvel invité : Jacques-Laurent Bost, l'écrivain, le journaliste, l'ami de Simone de Beauvoir, le compagnon de Sartre, de Queneau, de Merleau-Ponty, est tombé dans ses rets et s'en félicite. Marguerite réalise enfin ses menaces. Elle gère au début sa liaison avec Bost comme un vulgaire adultère ménager : elle lui propose de le rencontrer à heures fixes pour « monter » à l'hôtel mais sans rien partager d'autre et sans mettre en péril sa vie quotidienne avec Dionys. Elle soumet les termes de cet étrange marché à son nouvel amant, dans une soirée de la mi-janvier, sous les yeux de Robert et de Dionys ! Simone de Beauvoir dans ses *Lettres à Nelson Algren*[62] raconte, de manière fort drôle, le début de cette liaison brève mais tumultueuse. Marguerite, c'est Meg, « 36 ans mi-blanche mi-indochinoise, pas belle mais pas désagréable, communiste, expulsée du Parti l'an dernier ainsi que son mari, fréquentant la gauche non communiste ». Comment peut-elle envisager de coucher avec un type qui n'a jamais été au Parti ? lui demandent son ancien mari et son actuel compagnon : « Elle se tait. Elle feint de tricoter et d'écouter, absolument déterminée à coucher avec Bost quand bien même il n'a jamais été communiste ». Meg retrouve Bost dans un café deux jours plus tard et, d'un ton tout ce qu'il y a affaires affaires, lui dit : « Bon on va à l'hôtel et on baise ; j'ai juste une heure ». Bost ne voulait plus, la discussion s'éternisa et ils n'eurent plus le temps de coucher ensemble. L'affaire se fit tout de même plus tard et en cachette. Marguerite eut une liaison avec Jacques-Laurent Bost pendant plusieurs mois, une liaison à laquelle elle tenait et qui se termina très mal. Dionys exigea la rupture, Robert intervint lui aussi, Simone de Beauvoir raconte que « Meg » dit à Bost, « c'est plutôt mon ex-mari plus que mon compagnon qui voudrait te tuer ». Elio et Ginetta vinrent d'Italie en mars et déclenchèrent un conseil de famille. Tous demandèrent solennellement à Marguerite d'interrompre sa liaison. Marguerite accepta de Dionys, en guise de réconciliation, un voyage à Venise où elle partit contrainte et forcée, exténuée. Dans *Les Yeux Verts*, elle évoque cet épisode : « Je me demande comment j'ai supporté tant de gentillesse, tant de sollicitude, d'affection profonde, de protection, tant d'apitoiement, tant d'endormissement, tant et tant de conseils, comment je suis restée là, avec eux sans jamais fuir. Comment je ne suis pas morte [63]. » Marguerite n'arrivait pas à quitter Dionys mais ne voulait pas arrêter l'histoire avec Bost. Mais Dionys et Robert en ont décidé autrement. Elle a obéi. Pourquoi ? « Vie gâchée, avortée. Cette ligne droite de la vie de toutes les femmes, ce silence de l'histoire des femmes. Cet échec qui ferait croire à la réussite, cette réussite qui n'existe pas, qui est un désert. »

L'écriture du *Marin de Gibraltar* porte la trace de ces récents déchirements amoureux ; mais Marguerite a pris soin d'inverser les sexes : c'est l'homme qui veut quitter la femme. L'état des manuscrits du *Marin de Gibraltar* atteste de la difficulté qu'eut l'auteur à trouver une unité. S'il existe deux versions complètes manuscrites de ce roman, il y en eut plusieurs départs et plusieurs thèmes principaux furent envisagés. Les archives permettent d'en reconstituer la genèse : initialement la guerre, et particulièrement la période de l'Occupation qui subsiste par de très courts fragments dans la version définitive, devait constituer le cadre du récit. Le marin était un résistant blessé par un milicien et sauvé par Anna qui, pour obtenir des médicaments, s'offrait à un médecin. Une fois remis sur pied, l'homme disparaissait. « Alors elle s'est dit s'il était fusillé, elle se tuerait. Elle n'oubliait pas qu'elle attendait un enfant. Elle pesa le pour et le contre. Elle essaya d'envisager la vie s'il mourait. Même avec un enfant de lui, mais elle n'y arriva pas. » L'enfant mourait et Anna traversait la France libérée brisée de chagrin. Dans une autre version, la critique de l'administration coloniale devenait le cœur du roman, Marguerite Duras semble avoir voulu régler des comptes avec son ancien patron, ex-ministre des Colonies, Georges Mandel, dont elle tire un portrait au vitriol : « Il nous tenait dans un grand mépris. Dans sa jeunesse, il avait été tenu dans un égal mépris par un très grand homme politique. Il croyait, de ce fait, avoir pigé le secret de l'autorité. Le secret c'était précisément ce mépris dont il avait souffert et dont il faisait souffrir ses collaborateurs. Il ne serrait jamais la main à personne. Il vous rendait les dossiers en les jetant à terre. Il disait " ramassez mon ami ". On l'aurait dit pressé par mille choses à faire. Chacun tremblait devant ce grand caractère. Sauf moi. Moi fils d'administrateur civil, élevé au lait Nestlé, à l'eau alumisée, à la salade javellisée et pratiquant en secret quotidiennement la masturbation. La masturbation, dit-on, abrutit les enfants. Ce ne fut pas mon cas. Elle m'initia au contraire à la raison, à la révolte, à la joie[64]. »

Le marin de Gibraltar s'appela longtemps *Le mousquetaire*. L'action se passait à terre jusqu'au moment où Marguerite alla au cinéma par hasard et eut le coup de foudre pour *La Dame de Shangai* et pour Rita Hayworth, femme sublime, dévoreuse de monde, monstre mondain obsédé par l'argent. Marguerite Duras fait feu de tout bois quand elle écrit. Elle transforma le récit d'Orson Welles, délaissant le goût du lucre de la sirène pour mieux l'enfermer dans la passion et l'obscénité de l'amour. Cependant, faire du roman une simple transcription de la vie et des amours de l'auteur serait trahir son esprit. Tout est décalé, recomposé. La littérature ne doit répondre que d'elle-même. Mais, du point de vue littéraire, l'œuvre est curieuse, déséquilibrée, inaboutie. La première partie se perd dans la description d'un personnage falot, veule, impuissant — un homme qui ne supporte plus sa femme et au fond ne se supporte plus lui-même — et englue le lecteur dans une prose répétitive, ponctuée de dialogues assez vides où se fait trop sentir l'influence de Faulkner et de Sartre. Et puis, soudain, c'est l'illumination. Au sens propre. La vision : un bateau blanc surgit, et tout change ; la lumière devient aveuglante, l'amour évident ; le récit bascule dans l'ailleurs. Sur la plage où gît le corps abandonné de l'homme, apparaît la femme du bateau blanc. Est-ce la vierge qui apaise les tempêtes, la maîtresse de la mer et des marins, la putain des océans ? D'où vient-elle cette femme qui empoisonne l'air de sa présence, qui aveugle le regard de cet homme qui semble l'attendre depuis longtemps ? Que veut-elle ? Elle veut le séduire certes, le capturer pour en faire son otage, son domestique sexuel, mais cet homme ne sait plus désirer, il est aussi lourd qu'un mort. Alors pourquoi acceptera-t-il de monter à bord du bateau ? Sans doute parce qu'il n'a plus rien à perdre et qu'il souhaite se réconcilier avec lui-même. Comment s'accommoder de soi-même ? Telle est la question lancinante du *Marin de Gibraltar*. Cette femme a pendant longtemps essayé de ne rien faire d'elle-même mais elle s'est rendue à l'évidence : « On ne peut pas. Il faut toujours finir par faire quelque chose de soi. » Alors elle cherche son amant à travers les océans.

Duras s'inspire de Maurice Blanchot qu'elle fréquente beaucoup à cette période et qu'elle admire. Lui prône une littérature cherchant la force retranchée de la parole, une littérature qui n'existe que par et dans la littérature, où l'acte même d'écrire fore le centre d'illisibilité. « Nous savons que nous n'écrivons que lorsque le saut est accompli, mais pour l'accomplir, il faut d'abord écrire, écrire sans fin, écrire à partir de l'infini [65]. » *Le marin de Gibraltar* est le roman d'une quête inassouvie, la métaphore d'une attente par définition toujours déçue, un grand roman métaphysique. Un ange passe ; visitant un musée, le narrateur le rencontre et le reconnaît. Cet ange a veillé sur son enfance, un tableau le représentant était accroché au-dessus de son lit. Le narrateur le fixe droit dans les yeux jusqu'au moment où il a l'impression que l'ange quitte le tableau, s'anime et lui fait un clin d'œil. Il y a beaucoup d'anges dans *Le marin de Gibraltar*. Un ange, chauffeur de camionnette, qui détient la vérité sur les femmes, des angelots qui veillent sur l'éternité dans des musées déserts et décrépits et l'ange de la mer, la commandante de bord, la sirène dangereuse qui dévore tous les hommes dans les ports.

Marguerite écrit sans préméditation, sans plan préétabli : « Je vais à l'aventure quand j'écris un livre. Mais par la suite, tout se regroupe et forme un ensemble. En général, le prétexte, le sujet est minuscule au départ [66]. » Marguerite décrit ce qu'elle connaît : Bocca di Magra et le sud de la France. Peu importe le parcours pourvu qu'on ait l'errance perpétuelle des personnages, la multiplication des rencontres, la diversité des langues. Marguerite Duras ignore les règles de la vraisemblance. Elle s'en moque même. Elle joue du comique de situation. Les facéties abondent. On rit beaucoup dans *Le marin de Gibraltar*. On boit beaucoup aussi. On rit de tout et de rien grâce à l'alcool qui efface les inhibitions et permet de faire oublier les convenances. Anna est la grande sœur de Lol V. Stein. Perdues toutes deux dans l'innocence de leur désir, abandonnées aux forces de l'amour. Semblables à des saintes de l'âge baroque, elles vivent dans l'attente de l'extase. Dans les ports, attendent les putains. Les putains sont des héroïnes chez Marguerite, les véritables égéries de l'amour. Payées par tous, parfaites exécutantes d'une mécanique répétitive de l'amour, elles se livrent à tous en attendant de ne se donner qu'à un seul. Lol, Théodora, Anna, Anne-Marie Stretter sont toutes la proie de l'amour-dévoration, de la passion-perdition.

La sortie du livre avait été initialement prévue à l'automne 1952. Gaston Gallimard souhaitait qu'il sorte dans la collection Week-end mais une note de Claude Gallimard adressée à Robert Gallimard précise que l'intéressée a refusé et qu'elle voulait n'être publiée que dans la collection Blanche. Marguerite obtint gain de cause. La sortie du livre en fut légèrement différée. Elle reçut, à la signature, 120 000 francs, soit des droits d'auteur correspondant à 2 000 exemplaires. Dès la publication, elle demande une avance de 80 000 francs. Gaston Gallimard écrira sur sa lettre, à l'usage des services comptables : « D'accord. » Mais Marguerite veut plus encore. En 1952, le *Barrage* s'est vendu à 3 200 exemplaires et Marguerite a touché en totalité une avance de 175 000 francs. Elle reste, au moment de la signature du *Marin de Gibraltar*, débitrice d'un solde de 97 000 francs. Il faut rappeler qu'à l'époque, Marguerite vit chichement, qu'elle a décidé que son métier était écrivain et qu'elle n'a pas encore choisi d'arrondir ses fins de mois en faisant du journalisme. Le seul argent qu'elle touche provient de la maison d'édition.

« Avec *Le marin de Gibraltar*, nous nous ébouriffons devant l'effort d'imagination de Marguerite Duras, ce récit est mené avec tant de pittoresque et beaucoup de psychologie », lit-on, à la sortie du livre, dans la revue *Le Travailleur du Maroc*[67]. En France, l'accueil est plus réservé. Dominique Anton dans *Combat* défend cependant « une œuvre ferme et loyale, riche de vérité humaine, dense, généreuse et cruelle ». Gallimard lui accorde un encart publicitaire dans *Le Figaro*, *Arts*, *La Revue de Paris*, *La Gazette des lettres*, *Les Nouvelles littéraires*. À la fin de l'année 1952, le *Marin* se sera vendu à 2 800 exemplaires. Le 15 septembre 1953, Marguerite demandera une nouvelle avance de 250 000 francs. Elle vient d'apporter son nouveau roman, *Les petits chevaux de Tarquinia* — « deux romans en deux ans il fallait le faire », disait-elle à la fin de sa vie, admirative[68].

Marguerite, dès la fin de l'été 1952, en effet a commencé un autre texte. Des fils secrets ou apparents relient toujours ses livres entre eux malgré le temps, la distance et les thèmes. Ainsi dans *Emily L.*, on retrouve des fragments du *Marin de Gibraltar* et le début d'*Ernesto*. Dans *Les petits chevaux de Tarquinia*, le lien avec le précédent roman est évident : on retrouve l'Italie, la chaleur de l'été, la présence de la mer. *Les petits chevaux de Tarquinia* ne sont pas pour autant une suite du *Marin de Gibraltar*. L'atmosphère que sait si bien créer Duras se met progressivement en place : désarroi psychologique, somnolence des corps accentuée par la chaleur torride, vacance des sentiments, interrogations sur l'inanité de l'existence, conflits larvés homme-femme — tu m'aimes alors je ne te désire pas. Le roman a pour héroïne Sara. Mère d'un petit enfant (du même âge qu'Outa), vivant dans la folie et l'angoisse permanentes, elle est la compagne de Jacques, beau comme Dionys, comme lui excellent nageur, philosophe, idéologue, ironique et mordant. Entre Jacques et Sara règne la menace d'une séparation imminente. On passe les vacances ensemble, mais après ? Vont-ils enfin avoir la force de se quitter ? « Car Sara ne désirait plus les maisons à elle, les appartements, la vie commune, avec un homme. Jeune elle les avait désirés. » Marguerite va avoir quarante ans, Sara aussi. Elle a toujours autant envie de faire l'amour, mais pas toujours avec le même homme. Sara aussi. « Si tu n'aimes faire l'amour qu'avec un seul homme, alors c'est que tu n'aimes pas faire l'amour », dit-elle à son amie Gina qui, elle, attend avec impatience le moment où elle n'en aura plus envie. « Il me semble que je pourrais faire l'amour avec cinquante hommes », dit Sara. Sara voudrait vivre à l'hôtel, loin de Jacques. « Tu en as marre de moi. Il se mit à rire. Elle rit avec lui. Comme moi de toi, ajouta-t-il. On n'y peut rien. » Duras décrit admirablement le vieillissement programmé de l'amour, l'écœurement et la morosité de la vie conjugale. Vacances — famille — soleil. Alors pour oublier on boit du Campari, on s'allonge dans la mer, on danse dans les guinguettes sous le ciel étoilé. Et encore un petit Campari. Je connais des lecteurs qui sont devenus des « accros » de cette boisson sanguine et traîtresse après avoir lu *Les petits chevaux de Tarquinia*. Dix Campari, elle peut boire d'affilée Sara ! Jacques aussi, mais pas Gina qui n'en boit qu'avec parcimonie et en faisant la grimace. Gina est belle comme Ginetta Vittorini, douée et fonceuse, excellente cuisinière spécialiste des pâtes, tendre avec ses amies, féroce avec son homme. Elio Vittorini, philosophe désabusé du marxisme, amoureux de sa femme et de sa bonne cuisine, autrefois si fervent révolutionnaire, aujourd'hui un peu fatigué — est-ce la chaleur de l'été ou l'engourdissement dû au Campari ? — n'a plus tellement envie de changer le monde à tout prix. Autour de ces deux couples, qui s'aiment et se détestent sans pouvoir se quitter, gravitent une femme, Diana, et un homme qui ne fait pas partie de la petite bande. Le seul compagnon de Diana est le Campari. L'homme, lui, n'est pas digne d'elle. Aucun homme n'est digne de Diana parce qu'elle a une trop haute idée de l'amour. L'homme — appelons-le l'homme — tout juste a-t-il pendant quelques pages un prénom que tout ce joli monde s'empresse d'oublier — est plutôt bien bâti, musclé, il a les pectoraux avantageux, la conversation peu brillante mais peu importe la tête, pourvu qu'on ait l'ivresse du corps, dit Sara qui, moins regardante que Diana, tombe dans ses bras au son de *Blue Moon* et se laisse faire l'amour sur les dalles de la véranda après une soirée bien arrosée. « Elle s'émerveilla d'être l'objet de son désir. Elle s'était d'ailleurs toujours émerveillée du désir des hommes à son égard. » Sara ne croit pas en elle. Sara ne trouve pas les mots pour dire ce qu'elle pense. Elle a besoin de son mari pour lui mettre les idées en place et savoir ce qu'elle doit faire.

Marguerite s'interroge alors sur son désir véritable de vivre seule, loin de ce censeur de Dionys avec qui la vie conjugale d'avant n'est plus envisageable. Mais elle ne sait pas si elle en est capable. Nous ne vieillirons pas ensemble. Autant le décider avant de franchir ce cap de la quarantaine qui la taraude. *Les petits chevaux de Tarquinia* est le constat existentiel de l'échec de la vie à deux. La lassitude envahit leur relation, le mépris n'est pas loin. Elle ne veut plus de cette vie-là, terne, conventionnelle. « Le seul d'entre nous qui vive dans le chaos poétique le plus infernal c'est encore Robert », écrit-elle à l'époque dans un de ses carnets[69]. Robert qu'elle appelle son rhinocéros très doux, avec qui elle se sent coupable de méchanceté et qui lui a — elle le sait — définitivement échappé. Elle regrette Robert. Sara comme Marguerite a hérité d'un caractère difficile et voudrait vivre seule pour ne plus importuner ses proches. Les personnages des *Petits chevaux de Tarquinia* sont emprisonnés. Le lieu où ils se trouvent est un cul-de-sac. La seule échappée est la mer. La patience est la seule arme pour venir à bout de ce malaise qui tournoie, de ce soleil si fort qu'il embrume le paysage. Le drame couve là-haut dans les montagnes. Le roman s'ouvre sur la mort d'un jeune homme qui a sauté sur une mine, dans la garrigue. Le feu prend un peu plus tard. Isolés entre la mer, le fleuve et la montagne, les personnages des *Petits chevaux* sont destinés à être immolés dans le brasier de leur vérité.

Marguerite a vraiment rencontré cet été-là un homme qui lui plaisait. Un amour d'été. Elle a sans doute dansé avec lui sous les étoiles en écoutant sur un phonographe usé la voix rauque d'un chanteur italien. Dans les cahiers de *La douleur*, figure en effet au verso la relation d'une rencontre lors de vacances passées avec Dionys en compagnie d'Elio et de Ginetta Vittorini. En la rassurant, cette histoire a éloigné d'elle, temporairement, ses obsessions morbides :

> Dans le poudroiement lumineux de la plage, devant la mer, en plein mois d'août, le sentiment de la mort s'est en moi alors volatilisé... Cette lente vaporisation de l'idée de mort qui toujours encombre ma vie s'était soudain arrêtée et me laissait libre. Alors j'ai senti sous ma peau brûlante le frais foisonnement de mon sang et de mes organes. J'ai senti réellement car je sortais de l'eau... je sentais ma chair fraîche bien protégée par ma peau (en regardant je croyais voir battre mon cœur sur la peau de mon ventre). C'est alors que ma vie était si précise, si bien délimitée, là écrasée par le soleil et cependant combattante et si continuante que l'idée de la mort est devenue acceptable... tant que je pourrai vivre de tels moments et me sentir si forte sous une telle lumière, je pourrai vieillir joyeusement...

Marguerite a écrit *Les petits chevaux de Tarquinia* en neuf mois. Avant de porter le livre chez l'éditeur, elle a, selon son habitude, fait lire le manuscrit à Dionys et à Robert. Mal lui en a pris. Tous deux s'accordèrent à dire que le livre était impubliable, trop proche de la réalité et obscène vis-à-vis du couple Vittorini montré sous la lumière la plus crue. Marguerite tint bon et ne voulut pas changer une ligne. Un conseil de famille se réunit alors au domicile de Robert auquel participèrent, notamment, Jacques-Francis Rolland, Edgar Morin, Monique, future Mme Antelme, et bien sûr Dionys et Marguerite. Les critiques les plus vives et les plus acerbes furent émises par Dionys. La discussion s'enflamma. Il fut question à un moment d'aller jeter le manuscrit sacrilège dans la Seine pour ne plus en parler. Marguerite défendit son texte bec et ongles, et le cacha sous un canapé où elle était assise. Puis, une fois les passions retombées, après l'absorption de plusieurs whiskys, elle repartit, son manuscrit sous le bras. Le livre parut en décembre 1953 tel quel. Marguerite avait trouvé la parade : il était dédié à Ginetta et Elio ! Ligotés par cette démonstration d'amitié, ils ne purent qu'affecter une attitude ironique en lisant sous la plume de Marguerite la montée dramatique de leurs démêlés conjugaux. De toute façon, Marguerite se fichait des réactions d'Elio dont elle était en train de s'éloigner. Trop démonstratif, trop allégorique, trop emphatique, Elio. Car *Les petits chevaux de Tarquinia*, roman admirable sur l'amertume de l'amour, est aussi un traité magnifique sur le déclin de l'amitié.

La critique fut sévère. Avant même la sortie du livre, le nom de Marguerite Duras avait circulé pour les prix. Las. « Il ne se passe rien dans ce roman qui installe le lecteur dans un état de malaise », écrit, dans *Le Figaro littéraire*, Jean Blanzat, qui fut pourtant l'un de ses premiers et de ses plus ardents défenseurs. « Soumission des êtres à leur destin, impuissance à en changer. » Marguerite Duras se répète sans innover. Pis. Elle copie ! « D'ailleurs, comme ses autres romans, poursuit Blanzat, celui-ci s'inspire dans son ensemble de techniques américaines. » Duras écrit du roman psychologique féminin à la Hemingway. « Elle pousse le procédé trop loin. Les contours des personnages ont tendance à se brouiller et à se confondre. Il faut prêter une oreille attentive à chaque réplique pour séparer la paille du grain[70]. » Luc Estang, dans *La Croix*, porte l'estocade. « Après quatre romans il faut en prendre son parti, Marguerite Duras ne veut écrire le français qu'en américain. Pourquoi c'est — dirait Mme Marguerite Duras — que le critique il a choisi ce fragment de dialogue[71]. » *Le Canard enchaîné* n'est pas en reste qui, avec sa causticité habituelle, démolit l'auteur et le livre : « Cette dame, Marguerite Duras, joue les dupes et possède un vocabulaire concis... Exemple : ... on est tous des cons. Bougre quelle virilité. Mais elle n'est que de façade car, dans le bavardage, Marguerite Duras retrouve toute sa féminité. Ça jacasse. Ça blablate ! Pérore ! Roucoule ! Et patati et patata ! On mentionne parfois la langue d'un écrivain. Celle de Marguerite Duras est, pour le moins, taillée dans la bavette. » Le critique des *Nouvelles littéraires* a lu jusqu'au bout « par devoir de pénitence et en grinçant des dents » ce livre jargonnant, « vulgaire ou précieux, semé de mots ignobles qui ne sont ni celui du peuple ni celui de la pègre ni celui des snobs [72] ».

Les lions sont lâchés. Duras désormais vivra toute sa vie d'écrivain avec la réputation de violeuse des règles grammaticales, d'experte du néant, de maîtresse du nombrilisme de l'intelligentsia parisienne. Elle en souffrira d'autant plus que Dionys lui reproche alors violemment de ne pas avoir encore trouvé son écriture et de rester sous l'influence et dans l'imitation des grands romanciers américains. Pourtant, *La Gazette de Lausanne* salue l'originalité du ton et l'amoralisme du propos, tandis que *L'Observateur littéraire* conclut : « Le lecteur superficiel est peut-être irrité. Par contre, les connaisseurs seront ravis [73]. » Même raté ce livre est à lire, commente sobrement *L'Express*. On parle de Duras partout : au Maroc, en Égypte, en Belgique, et jusqu'en Amérique. Elle a même droit à une grande photo dans *France-Dimanche* avec la légende suivante : « Duras, femme de D. Mascolo » et en sous-titre : « Disciple d'Hemingway, cette femme est sans doute la plus grande romancière du moment. » On en parle mais on n'achète pas ses livres...

Six ans plus tard, Marguerite n'aura vendu que 2 023 exemplaires des *Petits chevaux de Tarquinia*. Le livre est un échec. Marguerite le sait. Mais rien ne l'arrête, rien ne la décourage. Elle continue à écrire comme une forcenée tout en élevant son fils et en recevant ses amis. À peine s'accorde-t-elle le temps de coudre des pyjamas pour Robert et Dionys entre deux livres. Elle a beau tirer le diable par la queue, rue Saint-Benoît, sa porte reste toujours ouverte et la table bien garnie. Le carré de vieux fidèles débat interminablement du déclin inéluctable du marxisme pendant que Marguerite arrose, à mi-cuisson, son râble de lapin à la moutarde ou ajoute de la coriandre à la spécialité préférée de ses invités : le porc gras à la vietnamienne. Dionys et Marguerite s'engueulent en public, se lancent des piques avant de se réconcilier en chantant en duo les ritournelles de Piaf. Marguerite a beau rire et recevoir, Marguerite a beau soutenir la conversation avec ces messieurs cultivés, intellos et politisés, elle n'est, après tout, qu'une femme. Charmante, séduisante, captivante, intelligente, mais une femme. Une femme écrivain ? Peut-être. Mais cela reste à prouver pour Dionys qui craint par-dessus tout qu'elle ne se transforme en femme de lettres caricaturale, en spécialiste du feuilleton pour dames ménopausées de *Lectures du foyer*. L'absence de succès la protège. Écrire reste une activité matérielle comme une autre. Elle aime et sait écrire comme elle aime et sait faire la cuisine, coudre une nappe, aider Outa à faire ses devoirs. Dans sa chambre, une table et des cahiers, des cahiers d'écolier achetés en même temps que les fournitures scolaires de son fils. Patiente et douée du sens de l'observation, Marguerite capte ce qu'elle voit puis elle laisse s'accumuler en elle un matériau de sensations et d'impressions qu'elle fera passer par le tamis des mots. Marguerite écrit encore et toujours pour exorciser une enfance, une adolescence brouillée, et revient sans cesse sur le territoire brûlé de l'absence de l'amour.

Avec *Des journées entières dans les arbres*, recueil de nouvelles qui emprunte son titre à la principale d'entre elles, Duras met en scène sa mère une fois encore, non la mère défaite, désespérée, aux seins tombants et à la robe de cotonnade usée, qui se bat pour la survie de ses enfants au bord du Pacifique, mais la mère riche, ostensiblement riche ; riche, donc mais seule, si seule et voulant — une dernière fois avant de mourir — revoir son fils adoré. Pour la première fois, Marguerite Duras se met du côté du frère, à la place même du frère abhorré. Alors que dans *La vie tranquille*, *Les impudents*, elle avait dénoncé la malfaisance du grand frère et stigmatisé le couple qu'il formait avec sa mère, elle met en scène la lourdeur de cet amour envahissant et obscène. Comment va faire le fils pour supporter sa mère chez lui pendant quelques jours ? À partir de quel moment osera-t-il lui demander ou lui voler de l'argent ? « Dehors il faisait un grand soleil bleu de printemps et de légères et fraîches rafales de vent balayaient les rues. Des hommes libres, aux mères lointaines ou décédées marchaient sur les trottoirs. » La mère a tout dévoré : l'amour de ses enfants, la considération qu'on pouvait avoir pour elle. Pourtant elle reste en manque. Rien ne peut la rassasier : ni le jambon offert par le fils, ni la choucroute qu'elle réclame. Rien ne lui tient au corps. À quoi sert d'alimenter un corps qui ne « sert » plus à rien ? La mère est venue voir son fils pour acheter le lit où elle veut mourir. Aucun des deux n'a plus rien à perdre. Qu'elle crève, songe le fils. Que fait-il donc dans cette boîte de nuit minable à inviter à danser des femmes sur le retour d'âge ? se demande la mère. « Je ne veux jamais de bien à personne, jamais. Je suis méchant », dit le fils. « Je suis à l'article de la mort, seule comme un chien », lui rétorque la mère. Champagne, gâteries, soûleries, rien ne changera la mère, vieille sorcière accrochée à ses sous : « Je ne peux plus rien pour ma mère, pensa-t-il, que de l'inviter à manger avant de mourir. » Qu'elle parte au plus vite, souhaite-t-il secrètement. Le fils ne peut plus respirer. Enfin la mère s'endort. Le fils va pouvoir lui dérober ses bracelets en or. Comment oublier l'irrépressible chagrin qui étreint ce vieux fils, avant d'accomplir son forfait, ce corps secoué de sanglots, ces cris du malheur qui s'en échappent ? « Les oiseaux vous menaient loin, jusqu'aux nuits désertiques de la vie qu'il avait choisie. Il ne pleurait plus, mais à la place de son cœur, une pierre dure et noire battait. »

Marguerite a toujours dit qu'elle était une lève-tôt, qu'elle aimait l'aube qui lui donnait envie de marcher, d'écrire, de respirer. Dans son enfance et son adolescence, sa mère lui avait intimé l'ordre de ne pas faire de bruit le matin : il ne fallait pas réveiller le grand frère qui revenait en titubant à l'aube des fumeries d'opium. De la nuit, Marguerite a toujours eu peur. La nuit tombe très vite en Indochine. C'est au début de la nuit, à Vinh Long, que la mendiante criait et courait à ses trousses ; c'est au cœur de la nuit, en 1940, qu'au retour d'une coucherie avec un homme, elle est tombée sur son mari revenu à l'improviste et qui l'attendait devant la porte ; sans oublier toutes les nuits d'attente et d'angoisse ensuite, à espérer des nouvelles de lui quand il fut déporté puis, après la Libération, ces nuits d'ivresse et d'engueulade où quelquefois les paroles dépassent la pensée, et la nuit noire de l'insomnie jusqu'à la fin de sa vie. La nuit est longue pour ceux qui l'occupent autrement qu'à dormir. Ce n'est pas un hasard si c'est au cœur de la nuit que le fils vole la mère dans *Des journées entières dans les arbres*. La pire chose qu'il ait faite depuis sa naissance. Sans doute. Il ne sait plus. Mais d'une mère on peut tout extorquer. L'argent volé est tout de suite dépensé dans une salle de jeu. « Il rentra à l'aube, léger et libre, nu comme un ver, adulte, enfin rendu — cette nuit-là — à la fatigue des hommes. » La mère repart chez elle ne s'étant aperçue de rien, fière, si fière de son fils qui déjà tout petit passait ses journées dans les arbres.

Au moment où Marguerite Duras écrit ce texte, Mme Donnadieu vit dans sa propriété, au bord de la Loire, au milieu des poussins et des moutons qui lui tiennent chaud lors des rigueurs de l'hiver. Dô, sa fidèle domestique de Saigon, celle qui fut violée par le grand frère, l'humble et admirable Dô, la femme qui sait tout faire, le ménage, la cuisine, la couture, la lecture... vit en permanence à ses côtés. Au début de son installation, Mme Donnadieu avait cru pouvoir continuer d'enseigner et de diriger une institution. Elle avait donc transformé sa propriété en un petit collège privé où elle hébergeait quelques enfants chinois et vietnamiens issus de riches familles en exil. Mais la charge était trop lourde, Mme Donnadieu trop âgée, Dô trop fatiguée. L'aventure tourna court. C'est alors qu'elle choisit étrangement l'élevage des poussins. Munie d'un système de chauffage sophistiqué qu'un habile commerçant lui avait vendu à prix d'or, Mme Donnadieu se lança dans l'élevage intensif en batterie. Moins bricoleuse que Marguerite, elle maîtrisa mal le système électrique. Ce fut une hécatombe. Les survivants avaient le bec tordu et la démarche chancelante. Elle investit alors dans les moutons qu'elle pensa — pensa seulement — faire tondre... Tout ce petit monde cohabite gentiment dans les étages de cette grande maison bourgeoise. Les voisins jasent... Le fils, encore une fois, devant les difficultés, n'a été d'aucune utilité. Pourtant il vit à quelques kilomètres, sa mère lui ayant acheté une champignonnière dont il fait semblant de s'occuper. Il vient visiter sa mère tous les jours. Quelquefois, il disparaît sans crier gare : dans les arbres des îles de la Loire ou dans les salles de jeux de la capitale. Marguerite, elle aussi, se rend souvent chez sa mère. Plus souvent qu'elle ne le dit à ses amis. Elle ne lui réclame plus rien : ni argent ni sentiment. Elle cherche sa présence, guette un geste, fait des aller et retour Paris-Onzain dans la journée pour lui cuire un steak, parce que sa mère lui a dit un jour qu'elle seule trouvait la bonne cuisson. Pour plaire à sa mère que n'est-elle capable de faire ! Elle vient avec son fils quelquefois, avec son amie Monique Antelme et ses enfants passer quelques jours. « Une horreur ! se souvient Monique. Elle nous obligeait à manger du poussin à tous les repas et vérifiait si on en laissait dans nos assiettes. » Autoritaire, sèche, elle éloignait naturellement les enfants. « Elle parlait peu. Elle agissait. Elle nous suivait Marguerite et moi. Elle était toujours péremptoire. Modeste de mise pourtant : chignon serré, robe noire. Radine. Elle ne mettait qu'un morceau de beurre dans la soupe et, quand on allait dans un café, prenait les sucres. Je voyais bien que Marguerite en avait encore peur. »

Ce n'est qu'après la mort de sa mère que Marguerite dira : « Aujourd'hui, ma mère, je ne l'aime plus[74]. » Si elle commença de s'en détacher à la naissance de son fils, *Des journées entières dans les arbres* marqua une étape décisive dans la distance qu'elle prit progressivement avec elle : la mère se transforma en matière littéraire avant de devenir plus tard, avec *L'amant*, « écriture courante », selon l'expression que Duras répétera à l'envi. Elle l'avait enfin absorbée, cette mère tentatrice, cette mère martyre, cette mère qui n'a jamais connu la jouissance mais qui a enfanté un enfant du sexe féminin qui sait si bien d'instinct ce qu'est le désir. « Quand j'ai écrit ce texte, je pensais, j'étais même convaincue que le sujet serait seulement l'amour d'une mère pour son fils. Un amour passionné, un courant océanique qui engouffre tout sur son passage », déclarera-t-elle au *New York Times* le 17 octobre 1976. Et puis le temps passa, altérant les souvenirs et l'adaptation théâtrale, faite en 1965, pour Jean-Louis Barrault, transforma la nature même du texte. Ce garçon qui ne travaille pas ne la choque plus. Le fait qu'il vole sa mère ne lui paraît plus alors particulièrement scandaleux. « J'ai plus de sympathie pour lui qu'avant. Il est terriblement seul. Il n'est plus très jeune. Même si la mère a les mêmes relations avec lui que quand il avait vingt ans — et le place au-dessus de tout[75]. » Marguerite disculpe son frère de la fascination que sa mère éprouve vis-à-vis de lui et dont il est peut-être innocent. La mère reprocha jusqu'à sa mort à Marguerite de ne pas être devenue commerçante ou agricultrice : écrivain c'est pas un métier ! Mais elle ne reprocha jamais à son fils aîné de n'en avoir exercé aucun. Dans la pièce *Des journées entières dans les arbres*, la mère avoue l'excitation quasi sexuelle qu'elle ressent à gagner de l'argent. « Ces propos, dira Marguerite Duras, je les ai repris tels quels de la bouche de ma mère. » Ce n'est plus de la littérature, c'est du verbatim :

— Quand tu sens que l'argent rentre, rentre... qu'il remplit les armoires, que les bénéfices augmentent chaque jour, tu entends ? de l'eau au moulin... Tu ne t'ennuies plus de rien.

— Comme tu es devenue.

— J'étais ainsi, mais on ne le savait pas, ni moi, ni personne, puisque j'étais pauvre. On est tous pareils, tous des gens d'argent, il suffit de commencer à en gagner[76].

La mère n'est pas la seule héroïne du recueil *Des journées entières dans les arbres*. Il y a aussi Mme Dodin, alias Mme Fossez, concierge de son métier, Mme Dodin, une dent, une pêche d'enfer et un bagoût terrible, se plaint tout le temps : de la lourdeur des poubelles, de la saleté de ses locataires, de la hauteur des escaliers. Haute en couleur, ne mâchant pas ses mots, prolétaire parmi les prolétaires, exploitée parmi les exploitées, elle fut — on s'en souvient — la première « de la classe ouvrière » à prendre la carte du PC que lui proposait Marguerite du temps de son militantisme et à venir bras dessus, bras dessous avec sa locataire aux réunions de la cellule 722. « C'est bouché à l'émeri, et pas que d'un côté seulement, je me comprends, va faire beau pour les honnêtes gens. Mme Dodin sait parler. » Duras, à la manière d'une ethnologue, avait su dans *Les petits chevaux de Tarquinia*, transcrire la langue, les codes, les émois de la tribu des intellectuels. Dans la nouvelle, *Madame Dodin*, elle met en scène les mots de passe du langage courant de ceux que les intellectuels appellent les petites gens. *Madame Dodin*[77] est un chef-d'œuvre d'humour, un petit traité des banalités de la vie quotidienne. Qui parle importe moins à Duras que comment on parle. Elle ne fait pas de différence entre un ministre et une concierge. D'ailleurs, son copain Mitterrand est alors ministre et elle est plus familière avec lui qu'avec sa concierge. Elle lui demande si elle peut acheter une de ses voitures de fonction avec réduction[78] ! « Madame Fossez parle mieux que Mitterrand », dit Marguerite qui savait se taire. Cela lui permettait d'écouter les autres. Duras écrit ce qu'elle entend. Elle écoute passionnément la multiplicité des langues que nous utilisons ; elle s'en veut la messagère, non le juge ou le censeur. Elle se laisse imprégner par tous ces mots puis les place dans la bouche de ses personnages. La littérature, c'est aussi cela pour elle : cette volonté de témoigner, ce côté cru, non apprêté, pas fardé de la langue. On le lui reprochera assez. C'est sans doute dans la dernière nouvelle du volume *Des journées entières dans les arbres*, intitulée symboliquement *Les chantiers*, qu'elle prend le plus de risques. S'aventurant dans le territoire des amours naissantes et indicibles, elle invente alors cette forme d'écriture qui s'interroge elle-même sur sa fonction et sa destination. Texte initiatique, cette nouvelle sera reprise, déconstruite puis reconstruite en 1966 pour donner *Détruire dit-elle.*

Après l'échec — relatif — des *Petits chevaux de Tarquinia*, les éditions Gallimard décident de publier *Des journées entières dans les arbres* à 3 000 exemplaires en tirage initial au lieu des 5 000 prévus et promis. L'accueil de la critique, s'il fut discret, fut plus chaleureux que pour les deux livres précédents. *La Gazette de Lausanne* donne le ton : « C'est très beau, très fort, très étonnant car le talent de Marguerite Duras apparaît essentiellement comme viril (!) et l'on comprend mal qu'une femme ait pu concevoir et agencer dans une forme aussi abrupte, aussi intensément cynique et péremptoire les nouvelles de ce recueil. » Marguerite Duras n'est pas un écrivain féminin. Elle est écrivain. Certains journalistes littéraires grincent des dents, certains hommes aussi dans l'entourage le plus proche de Marguerite. Robert Gallimard, alors hôte assidu de la rue Saint-Benoît, confirme : « Dans le milieu où elle vivait, ses intimes se méfiaient du côté écrivain qui va réussir, femme de lettres, du déshonneur que ce serait de lire ces articles dans les journaux féminins. Tous admiraient et en même temps brimaient Marguerite. " Tu ne vas pas devenir notre Louise de Vilmorin ", lui répétait-on[79]. » Certains se moquaient gentiment, d'autres plus amèrement. Jalousie ? Penchant naturel d'intellos phallocrates ? Marguerite se demandera plus tard pourquoi elle a accepté pendant si longtemps, et de manière aussi obéissante, autant de conseils, autant de critiques, autant de jugements. Dans un texte resté inédit, elle évoque cette période : « Je dis du bien de moi. Il faut bien que quelqu'un en dise. C'était extraordinaire, on ne me croyait pas. Je faisais quand même la cuisine, les courses. Il y avait beaucoup de monde qui passait. Je faisais tout ce qu'il fallait pour qu'il y ait à boire et à manger. De temps en temps, je disais : je suis bien contente, j'ai bien travaillé. Je me souviens qu'on me disait : tu fais trop de cas de ce que tu fais, trop de cas du fait d'écrire. Regarde, nous, on ne dit rien. »

Dans un cahier datant de 1955, alors qu'elle se trouve en pleine rédaction du *Square*, on trouve trace de cette violence et du doute que les critiques provoquent en elle :

Je montrerai mon texte à Dionys et il dira : Vous avez lu Hemingway ces jours-ci n'est-ce pas ? et il me laissera complètement désespérée. Je lui dirai : il est vrai que j'ai lu *Les vertes collines*, mais ce que j'écris là, j'aurais pu l'écrire tout aussi bien sans le lire... D'ailleurs l'histoire de la poubelle de Mme Dodin, si histoire il y a, elle m'appartient, c'est une histoire stagnante et lente et qui me procure une joie et une tristesse qui n'a rien à voir avec celles, fulgurantes, d'Hemingway.

Un jour viendra où je répondrai à Dionys une phrase définitive. Cela fait quatre ans que je la cherche mais je ne l'ai pas trouvée. C'est toujours lui qui formule la phrase définitive à mon sujet. Il faudrait beaucoup s'étendre là-dessus et expliquer que moi je crois aux formules définitives de Dionys et du seul Dionys et pas Dionys aux miennes.

Marguerite pense que la parole est un bruit humain et pas seulement un message intellectuel. Si elle s'obstine à écrire, c'est parce qu'elle croit que, par-delà les mots qu'elle utilise, elle peut atteindre une autre réalité, indicible. De cette façon, elle se révèle proche de Nathalie Sarraute qui fut un des rares écrivains vivants dont elle ne cessa de louer publiquement le talent. Cette conception de l'écriture, elle la nommera l'approche de l'ombre interne, là où se situent les archives du soi. Chacun d'entre nous possède cette ombre interne. Donc chacun de nous pourrait écrire. D'ailleurs pour Duras la question est : Comment est-il possible de ne pas écrire ? Nous ne prenons pas forcément le risque de nous aventurer dans ces territoires secrets. Duras n'a jamais caché qu'elle avait gâché sa vie, le corps rivé à une table pour écrire, se désencombrer, dépeupler ce qui s'entremêlait à l'intérieur d'elle-même. Elle eut souvent l'impression de passer à côté de la « vraie vie », la vie normale, le bonheur banal, la légèreté de l'existence. Même quand elle ne pourra plus physiquement écrire, elle parlera comme dans un livre et dira des phrases que Yann Andrea transcrira dans un livre. Ce que doit être un écrivain, elle le découvrit au milieu des années 50 en lisant *Les vertes collines d'Afrique* d'Hemingway. Son amie Madeleine Alleins raconte qu'elle en connaissait par cœur cette page :

— De quoi parlez-vous ?

— De ce qu'on peut écrire, jusqu'où on peut mener la prose si l'on est sérieux, si l'on a de la chance. Il y a une quatrième et une cinquième dimension que l'on peut atteindre.

— Et si un écrivain y arrive ?

— Alors plus rien ne compte. C'est plus important que tout ce qu'il peut faire. Il y a une chance pour qu'il réussisse.

— Mais c'est de la poésie que vous parlez là.

— Non. C'est beaucoup plus difficile que la poésie. C'est une prose qui n'a jamais été écrite, sans trucs et sans tricherie. Sans rien qui devienne mauvais plus tard.

— Et pourquoi n'a-t-elle jamais été écrite ?

— Parce qu'il y a trop de facteurs en jeu. D'abord il faut du talent, beaucoup de talent. Du talent comme celui qu'avait Kipling. Et puis il faut de la discipline. La discipline de Flaubert. Et puis il faut qu'il y ait une certaine conception de ce que cela peut être et une conscience absolue, aussi fixe que le mètre étalon à Paris qui empêche toute tricherie. Et puis il faut que l'écrivain soit intelligent et désintéressé et, par-dessus tout, qu'il survive. Essayez de réunir tout cela en un seul être et faites-lui subir toutes les influences qui accablent un écrivain[80].

Rue Saint-Benoît où elle recevait plusieurs fois par semaine, Marguerite n'était pas seulement considérée comme une intellectuelle dont le métier et la passion étaient d'écrire mais aussi comme une charmante hôtesse. Les hommes venaient chez elle souvent seuls et papillonnaient autour d'elle. Marguerite entretenait savamment cette passion-admiration. Tout ce petit monde vivait dans un territoire géographique très circonscrit. Quelques centaines de mètres séparent la rue Saint-Benoît de la maison Gallimard, et de l'Espérance, le bistrot de référence, où Robert et Dionys faisaient souvent escale entre le bureau et la maison. Responsable des droits de reproduction et d'adaptation chez Gallimard, Dionys était l'un des six chefs de service de la maison. Robert Antelme, lui, travaillait à la Pléiade. Queneau venait de s'éloigner professionnellement de Marguerite, même s'il continuait à fréquenter ses fêtes. Il avait en effet osé émettre quelques réserves sur *Des journées entières dans les arbres*, qui avaient agacé Marguerite. Elle réclama à Gaston un autre interlocuteur et ce fut Robert Gallimard. Il était heureux d'éditer un écrivain qu'il admirait et une femme qui, au fil des ans, devint une amie. Une amie peut-être mais pas un auteur avec qui le dialogue est possible. Car elle n'accepta ses remarques que pour *Des journées entières dans les arbres*. À partir du livre suivant, *Le square*, elle ne supporta plus aucune critique. « Elle paraissait douce et solaire mais dès qu'on parlait de ce qu'elle faisait il ne fallait pas exprimer le moindre doute. Je me rappelle avoir un jour commencé à lui faire une petite réserve. Elle m'a arrêté tout de suite en me disant : “ Tu n'es pas au niveau ”. » Éditer Marguerite signifie désormais lire toute affaire cessante le dernier texte qu'elle demande à Gallimard de venir chercher par coursier (alors qu'elle habite à cinq minutes à pied !), lui téléphoner dans les deux heures qui suivent et lui dire que c'est magnifique. Dionys n'a déjà plus le droit de lire les textes avant publication. Louis-René des Forêts, qui conjuguait alors le statut d'écrivain, d'éditeur et d'ami, continuera à la lire attentivement et à émettre des jugements sur son travail. Mais il se souvient que la moindre remarque la mettait dans un état de rage indescriptible [81]. Marguerite s'éloignera de lui en silence. Le seul dont elle craigne véritablement l'avis demeure Robert.

Marguerite déjà se prend pour un grand écrivain et manifeste le désir d'être indépendante financièrement de Dionys. Mais ses livres ne le lui permettent pas. Alors Marguerite exige des à-valoir plus importants et écoute les sirènes de la grande presse qui lui propose d'écrire des articles bien payés sur les faits divers, la mode, le cinéma. « Tu te prostitues si tu fais cela », lui rétorque Robert. Marguerite refuse donc. Pour le moment... Elle obéit encore à la loi de la bande, sur laquelle elle règne rue Saint-Benoît : Blanchot, des Forêts, de temps en temps Bataille, Queneau, Lacan, Barthes. La vieille garde, Morin, Antelme, Rolland, Dionys, se réunit chaque soir. « C'était à elle tous ces hommes, dit Robert Gallimard. Moi je n'étais pas à elle. J'avais une autre vie, d'autres personnes dans ma vie. Elle ne le supportait guère. » Marguerite est très autoritaire et intervient sur tout, la couleur d'une nouvelle veste comme la dernière déclaration du PC. Certes, elle a le sens de la convivialité, elle fait magnifiquement la cuisine et possède le chic pour connaître l'endroit où on achète les meilleures (et les moins chères) queues de cochon de Paris ; elle sait faire les bouchées charcutières à merveille et le riz vietnamien, épicé et gluant à souhait. Elle est gaie aussi, d'une gaieté et d'une facétie qui ne se démentent jamais, drôle, vive. Une enfant touchante, émouvante, capricieuse, insupportable et magnifique à la fois. Elle connaît Tino Rossi par cœur et se met à danser seule au milieu du salon en tournoyant longtemps, ivre de musique. Craquante, irrésistible Marguerite. Mais aussi jalouse, de tout et de rien. En particulier des femmes de ses amis, avec qui elle déploie une forme sophistiquée d'autorité perverse. Il faut savoir lui résister. Seule Monique Antelme par son charme et son caractère sait le faire. Ayant aussi des enfants du même âge que le fils de Marguerite, elle est devenue comme une seconde mère pour Outa et une vraie complice, la seule pour le moment, de Marguerite. Violette Naville, alors compagne d'Edgar Morin, se souvient que le jour où elle décida de quitter le groupe de la rue Saint-Benoît, son ami Roland Barthes lui fit alors remarquer qu'elle était restée muette pendant de longues années. Violette ne s'en était pas aperçue... Marguerite faisait-elle taire les autres femmes ? Elle ne s'intéresse qu'aux hommes, à leurs jugements, leur regard et ne découvrira l'amitié féminine, la sororité comme on disait dans les années 70, qu'avec le féminisme militant.

Simone de Beauvoir n'appartient pas à son clan et ne le souhaite pas. Marguerite fit quelques manœuvres d'approche auprès de Sartre pour publier une ou plusieurs nouvelles dans *Les Temps modernes* au milieu des années 50. Sartre la reçut et lui dit d'un ton bourru en s'excusant : « Je ne peux pas vous publier. Vous écrivez mal. Mais ce n'est pas moi qui le dis. Il faut écrire mieux, sans cela vous ne serez jamais publiée aux *Temps modernes*. » Jusqu'à la fin de sa vie, Marguerite Duras restera persuadée que c'était Simone de Beauvoir qui avait osé dire qu'elle écrivait mal et elle n'oubliera pas cet affront. Cette hostilité s'expliquait aussi par la jalousie — rappelons qu'elles aimèrent à un moment le même homme : Jacques-Laurent Bost — mais elle tenait surtout à une conception radicalement différente de l'écriture. Marguerite Duras reprochera souvent à Robert Gallimard de pouvoir tout à la fois publier Beauvoir et de prétendre aimer ses livres : « Dis-moi que c'est nul Beauvoir », le suppliait-elle tandis que Simone avouait à Robert : « Explique-moi Duras, je n'y comprends rien. » Marguerite n'aimait pas les autres femmes écrivains. Elles pouvaient lui faire de l'ombre et elle n'hésita pas à le dire haut et fort. Elle ne cacha pas le mépris que lui inspirait Marguerite Yourcenar avec qui elle était contrainte de partager un prénom. La seule femme écrivain qui trouva grâce à ses yeux fut, répétons-le, Nathalie Sarraute, dont elle loua pendant quarante ans le style, l'obstination à se frayer un chemin — mais aussi la discrétion légendaire...

Marguerite n'arrête pas d'écrire et de se faire publier dès qu'un manuscrit est achevé. En 1955, paraît *Le square*, un livre au statut étrange qui oscille entre la nouvelle et le conte philosophique. S'il disserte à l'infini sur la question : la vie vaut-elle vraiment la peine d'être vécue ?, son vrai sujet est encore la langue, la langue quotidienne, usée et recréée par celles et ceux qui l'utilisent. Volontairement très prosaïque, le texte comporte cependant des illuminations poétiques, des hallucinations, des rêves prémonitoires. Deux protagonistes — un voyageur de commerce un peu avachi et une jeune bonne toute fraîche — échangent leurs points de vue sur le monde dans un square par un bel après-midi de printemps. Lui est revenu de tout, il fait son métier avec humilité, ne se plaint jamais, plutôt content de son sort, d 'ailleurs pourquoi se plaindrait-il puisqu'il n'a jamais envisagé une autre vie ? Il a la quarantaine bien tassée et l'avenir derrière lui. Elle, elle a vingt ans, la fougue de la jeunesse, la certitude qu'elle s'en sortira et l'indignation d'avoir à subir le sort qui est le sien. Elle n'a pas choisi d'être bonne. Elle trouve que ce n'est pas un métier mais un état, une occupation mais pas une profession. Elle non plus ne se plaint pas. Simplement elle espère un jour être dans le monde et non pas à côté. Membre d'un peuple invisible, elle aimerait bien qu'on s'aperçoive de son existence : alors elle mange beaucoup pour tenter de grossir et de prendre un peu de volume dans l'espace, elle va au bal le samedi soir en espérant trouver un mari qui la distinguera et la fera passer de l'état de bonne à tout faire à celui de bonne de son tendre et cher. « J'ai vingt ans. Il ne m'est encore rien arrivé. Et je dors. » La bonne vit dans un état d'ensommeillement permanent. Elle sert ses patrons en somnolant, s'occupe de l'enfant en pensant au moment où elle tombera enfin le soir dans son lit dans le vertige du sommeil. Lui et elle sont dans un état d'absence.

— Oh nous sommes vraiment les derniers des derniers.
— On dit qu'il en faut.
— On dit qu'il faut de tout, Mademoiselle.

Pendant tout un après-midi, ils parlent, donc se reconnaissent, existent. Ils sont entrés dans un autre temps, une autre perception du monde. Parler, parler... Parler pour exister : « Cela fait du bien, oui c'est après que c'est un peu ennuyeux, après qu'on ait parlé. Le temps devient trop lent.

Peut-être qu'on ne devrait jamais parler. » Le square va fermer. Chacun retourne à ses rêves. Le voyageur de commerce songera à cette ville au bord de la mer où il aimerait tant habiter et la petite bonne en faisant la toilette de la grosse vieille qui pue s'imaginera en train de danser au bal du samedi soir à la Croix-Nivert avec un homme qui sent bon.

Pas de message, pas d'espoir à la fin du *Square*. Chaque personnage est renvoyé à sa propre solitude, à l'inanité de sa propre existence. *Le square* étant pour Marguerite un texte à dire, à proclamer, elle se battra avec une énergie farouche pour qu'il soit donné au théâtre dès 1957. Et aujourd'hui, le souvenir est brouillé par son adaptation théâtrale, par les nombreuses mises en scène et les différentes interprétations qu'il a connues. *Le square* est tiré à 2 200 exemplaires — chaque nouveau livre, depuis trois ans, voyait baisser son tirage. Lors de sa parution, il est accueilli froidement par la critique. *France-Observateur* trouve que le texte est une pâle imitation d'*En attendant Godot*, même la *NRF* estime que Marguerite Duras décidément « s'ennuie pour l'amour de l'humanité ». Les amis ne sont pas loin de partager cet avis. Maurice Nadeau le juge bavard et sans voix propre, Louis-René des Forêts dit qu'elle se caricature elle-même. Marguerite, alors, réclame l'exemplaire qu'elle lui a donné et le dédicace à sa femme. Mais Maurice Blanchot, dans un article publié un peu plus tard dans la *NRF*, se montrera, lui, très élogieux : « Marguerite Duras, par l'extrême délicatesse de son attention, a cherché et peut-être saisi le moment où les hommes deviennent capables de dialogue : il y faut la chance d'une rencontre fortuite, la simplicité aussi de la rencontre dans un square quoi de plus simple, qui contraste avec la tension cachée à laquelle ces deux êtres vont faire face. Ils parlent ces deux-là, mais se comprennent-ils ? Tous deux sont en dehors du cercle commun, en dehors du monde de la compréhension facile, ce monde où ne s'offrent à nous que bien rarement la chance et la douleur d'un dialogue véritable [82]. »

Pendant la rédaction de l'ouvrage, Marguerite a connu des difficultés financières qui l'ont amenée à demander, de façon insistante, de l'argent à Robert Gallimard. Lequel fut ironiquement obligé de la rappeler à la dure réalité : si Marguerite publiait beaucoup, ses livres se vendaient très peu : « Votre compte est à ce jour débiteur de 150 000 francs..., lui écrit-il. Cependant puisque vous parlez à notre cœur dont la sensibilité est bien connue, je ne puis me montrer intransigeant. Voici donc un chèque de 50 000 francs qui augmente d'autant votre débit... En m'excusant de ne pouvoir faire plus mais en me flattant d'en faire autant... »

Les relations de Marguerite avec ses éditeurs furent compliquées, passionnelles, tumultueuses, amoureuses, tant avec la famille Gallimard qu'avec Jérôme Lindon, qu'elle choisira deux ans plus tard pour trente ans de vie commune. À la fin de sa vie, elle trouva la paix et l'harmonie avec Paul Otchakovsky-Laurens qui sut lui apporter écoute et réconfort. Car Marguerite, malgré la célébrité, malgré le prix Goncourt, malgré le million et plus d'exemplaires vendus, restera une éternelle angoissée, une petite fille peureuse qui craint et réclame à la fois, lors de la remise de chacun de ses livres, approbation et reconnaissance. Quel critique n'a-t-il pas eu droit, généralement tard dans la nuit, le lendemain ou le surlendemain de l'envoi du dernier livre, à son coup de téléphone angoissé pour demander à quoi ça ressemblait, quelles impressions cela provoquait ? Orgueil démesuré, narcissisme exacerbé, mise en scène bien étudiée ? Certes, mais aussi remise en cause totale, à chaque livre, certitude douloureuse d'être toujours devant la porte fermée.

Mais les événements politiques vont bientôt mettre à l'arrière-plan les questions littéraires. La France est en guerre et Marguerite, dès ses débuts, fortement engagée contre les événements qui se déroulent en Algérie. Se constitue, à l'initiative de Dionys, un Comité des intellectuels contre la poursuite de la guerre en Algérie, réunissant des hommes de sensibilités très différentes : gens de droite et de gauche, communistes et trotskistes, ainsi que les surréalistes. En octobre 1955, Marguerite est parmi les premières à signer l'appel contre la poursuite de la guerre en Afrique du Nord en compagnie de plus de trois cents intellectuels et artistes.

> Cette guerre est injuste. On pourchasse, emprisonne, torture et fusille en notre nom des hommes dont le crime est de reprendre à leur compte nos propres principes, dans le langage de la révolte armée à laquelle ils ont été acculés.
>
> Cette guerre est honteuse.
>
> Cette guerre est vaine...
>
> Les soussignés, conscients d'exprimer non seulement le sen-

timent des jeunes gens jetés dans cette guerre mais celui de l'immense majorité des Français, se sont réunis pour affirmer leur exigence de voir établir en Afrique du Nord une paix fraternelle dans le respect des nationalités.

Parmi les signataires de cette première liste, outre Mascolo, Antelme et Duras, figurent Roger Martin du Gard, François Mauriac, Irène Joliot, Jean Cocteau, Jules Roy, Nathalie Sarraute, Jean-Paul Sartre, Simone de Beauvoir, Édith Thomas, Jean Cau... Tous réclament : la cessation de la répression, des négociations immédiates avec le peuple algérien, la fin de l'état d'urgence en Algérie, la libération du contingent et la fin de la discrimination raciale. L'appel se conclut par l'engagement solennel des signataires d'agir « de toutes les façons qu'ils jugeront bonnes en conscience » pour mettre fin à la guerre, qui menace la République et est un crime contre le genre humain.

Breton a assisté à la réunion inaugurale du comité. Mauriac et Martin du Gard n'ont pas hésité. Edgar Morin, Claude Roy, Robert Antelme, Louis-René des Forêts forment le premier noyau. Le 5 novembre 1955, Marguerite se rend à la réunion qui se tient à la salle des Horticulteurs, rue de Grenelle. Elle y lance deux idées : tourner un film sur la vie des Nord-Africains en France qui montrerait à quel point ils sont méprisés et qui sensibiliserait le peuple français. Elle a même trouvé le producteur, Claude Jeager, et propose d'écrire le scénario en collaboration avec Marc Pierret. La seconde idée est de rallier le plus grand nombre possible de peintres au comité d'action. Elle se charge personnellement de cette tâche fort activement et contacte Picasso, Dubuffet, Fautrier, notamment, et demande à ceux qui ont déjà signé une collaboration pour les frais du film. Chacun donna un peu d'argent mais le film ne vit pas le jour. Le comité tient des assemblées régulières, édite un bulletin et élit son bureau. Le trésorier en est d'abord J.-B. Pontalis puis Robert Gallimard.

L'appel du comité provoque la colère du gouverneur général de l'Algérie, Jacques Soustelle, qui, se prévalant de son autorité scientifique — il est ethnologue — et de sa connaissance du terrain, publie le 26 novembre, dans *Combat*, sous le titre « Lettre d'un intellectuel à quelques autres », une mise au point. Il récuse la notion même de guerre en Algérie, un mot qui, selon lui, a été utilisé par une bande d'intellectuels excités en vue de créer un complexe de culpabilité. Pour lui les Algériens — qu'il nomme des insurgés — n'ont ni aspirations ni principes, et ne sont que des obscurantistes, des tortionnaires, des incendiaires totalitaires et racistes. Intitulé *Réponse au gouverneur général de l'Algérie*, un long texte politique d'analyse de la situation en Algérie, publié sous l'égide du comité, répond aux objections de Soustelle le 3 décembre. Le 17 décembre, sans réaction de ce dernier, le comité rappelle sa proposition de nommer rapidement une commission d'enquête. Le 23 décembre, Soustelle répond et attaque la mauvaise foi et la désinformation de ceux qui osent se substituer aux pouvoirs publics et l'apostropher violemment.

C'est Marguerite Duras qui, au nom du collectif, est, le 10 janvier 1956, chargée de lui répondre. Dans une longue adresse de plusieurs pages, elle rappelle l'existence des camps en Algérie, la reprise de la torture policière et la responsabilité de civils et de militaires coupables d'assassinats collectifs de populations civiles en Algérie.

> Nous savons comment qualifier l'homme qui se dépense à dénoncer les atrocités des autres sans faire la moindre allusion à celles qui sont commises sous son autorité. Terminons-en. L'homme d'État qui vous a nommé gouverneur général de l'Algérie vous tient lui-même pour un fantôme. « Les féodalités économiques et sociales font la loi en Algérie », déclare-t-il. Vous n'avez pas su être un homme d'action selon les hommes d'action. Les intellectuels à qui vous avez feint de vous adresser (car enfin vous savez bien qu'aucun d'eux ne pouvait prendre votre lettre pour celle d'un intellectuel à d'autres intellectuels) ont été frappés les uns par l'indigence et la brutalité de votre réplique, les autres par sa complaisance et sa mauvaise foi.

Cette lettre est envoyée à Jacques Soustelle au nom du comité. Comment celui-ci a-t-il pu connaître l'identité de son auteur ? Écoutes, enquête de police ? Nul ne le sait. Toujours est-il qu'il répond personnellement à Marguerite Duras qui a conservé ce précieux document dans sa correspondance :

> Vous auriez tort, je me permets de vous le dire, de prétendre que mille intellectuels français adhèrent sans murmurer à tout ce qu'il plaît à vous et à quelques autres d'écrire. Plus d'un signataire de votre manifeste m'a fait connaître, depuis la publication de ma lettre, son désaccord avec votre démagogie. Quant au jugement

que vous prétendez porter sur ma qualité d'intellectuel, laissez-moi sourire. Nous n'avons pas encore, que je sache, à demander de certificat, en tout cas pas à vous. Votre excommunication majeure me laisse tout à fait indifférent et légèrement amusé.

Veuillez agréer, Madame, l'assurance de mes sentiments qui ne sont pas moins civiques que les vôtres et, de plus, français.

Marguerite se rend le 27 janvier 1956 salle Wagram, en compagnie de Dionys, qui interviendra à la tribune, au meeting au cours duquel Daniel Guérin, Jean Amrouche, Aimé Césaire, Jean-Paul Sartre répudient solennellement le colonialisme jusque sous ses formes les plus déguisées et réclament l'abandon définitif de la fiction qui veut que l'Algérie soit un département français, la dissolution de l'Assemblée algérienne et l'ouverture de négociations avec toutes les autorités de la Résistance algérienne. Sartre demande l'indépendance de l'Algérie tout de suite. Amrouche tente de prendre la parole pour dire qu'il est kabyle et chrétien. Sa voix est couverte par les huées. Dans le film *L'esprit d'insoumission* (de Jean Mascolo et Jean-Marc Turine) Marguerite se souviendra de cette soirée comme d'un moment capital : « Je suis très fière d'y avoir été. Nous étions des enfants politiques et nous avons réussi une réunion avec des intellectuels algériens... Je pense à ce bonheur. On voulait se réunir pour qu'ils sortent de la peur, de l'épouvante. »

Le comité prépare une brochure. Après les événements du 6 février, il adresse un télégramme au président du Conseil, l'adjurant de ne pas céder aux émeutes et aux manœuvres d'intimidation des colonialistes, et envoie un télégramme à Mollet, Mendès France, et Mitterrand, alors garde des Sceaux, leur demandant de surseoir à l'exécution des sentences de mort prononcées à l'encontre de combattants algériens. C'est à cette occasion que Mitterrand et Marguerite se parlent de nouveau. Le contact est froid. Marguerite est déçue par Mitterrand et aura désormais avec lui des rapports distants teintés d'un mépris qu'elle ne cache guère. Il faudra attendre les présidentielles de 1981 pour qu'elle renoue, participant activement à sa campagne, faisant son hagiographie et ayant, à l'évidence, miraculeusement oublié son action ministérielle pendant la guerre d'Algérie. Alors qu'André Breton et les surréalistes se rallient au Comité des intellectuels, il est dissous en 1957 pour être remplacé par un Comité des intellectuels révolutionnaires composé de

Michel Leiris, Jean Duvignaud, Jean Schuster et Dionys Mascolo. Edgar Morin, Georges Bataille, Maurice Blanchot y prennent part.

Mais la question algérienne ne fait pas l'unanimité parmi les intellectuels. Marguerite Duras appartient à ce que Camus appelle la « gauche femelle » qui, d'une manière frivole, évoque une « nation algérienne occupée qui lutte pour se délivrer de ses occupants ». Pour Camus, il existe une nation algérienne habitée par deux peuples qui ont un droit égal à conserver leur patrie et à vivre dans la justice. Des dissensions ne tardent pas à éclater aussi rue Saint-Benoît. Edgar Morin, suivi par Claude Roy, récuse certains agissements du FLN et refuse de s'associer avec ceux qui tirent sur des Français. « On ne connaissait rien à l'Algérie quand on s'est engagé », reconnaissait-il[83]. Les agissements du FLN en France lui rappelaient pourtant certaines attitudes des staliniens qui l'avaient tant choqué. Rue Saint-Benoît, les engueulades sont parfois très vives et durent tard dans la nuit. Robert Gallimard décide de partir sur la pointe des pieds. L'expédition de Suez et l'invasion de la Hongrie par les Soviétiques accélèrent les divisions entre les communistes et les autres. Profondément affectée par l'affaire hongroise, Marguerite adhère aux thèses de David Rousset dont jusqu'alors elle s'était méfiée. Le groupe décide de se dissoudre. Les réunions se raréfient. Ne reste plus que la vieille garde.

Marguerite, trop prise par les événements politiques, n'a pas de projet particulier mais elle a besoin d'argent. Elle ne veut pas en demander à Dionys dont elle est, pense-t-elle, en train de s'éloigner sans doute définitivement. Elle traverse une crise morale, amoureuse, financière. Elle s'est tournée vers son éditeur, lui a lancé un SOS déchirant, assorti, pour plus d'efficacité, de menaces de rupture. La crise qui débouchera effectivement sur la rupture avec Gallimard a donc été largement préméditée par Marguerite. Comme elle réclamait une nouvelle avance pour *Le square*, alors qu'elle était débitrice de 89 665 francs, Claude Gallimard lui a répondu qu'elle entretenait sciemment un dialogue de sourds[84]. « Mais cela ne peut justifier votre détermination de demander la résiliation de votre contrat, ajoutait-il. Nous sommes tout disposés à vous consentir une nouvelle avance sur un nouvel ouvrage, pensez-vous pouvoir l'annoncer prochaine-

1

2

Page précédente :

1. Marguerite Duras à Saïgon avec Max Bergier, élève de sa mère, 25 avril 1933.

2. La famille Donnadieu en 1920, posant devant le photographe. « De temps en temps, ma mère décrète : demain, on va chez le photographe. Elle se plaint du prix mais elle fait quand même les frais des photos de famille. »

3. 1er janvier 1964 : Mme Donnadieu et son fils Paul, héros d'Un barrage contre le Pacifique, d'Éden Cinéma, d'Agatha, de La pluie d'été.

4. Sur la route de Prey-Nop, au Cambodge, en direction de la concession, immortalisée dans Un barrage contre le Pacifique. Mme Donnadieu et son fils Paul, le frère adoré de Marguerite.

5. La traversée du fleuve, où eut lieu la première rencontre avec « l'Amant » : « Et ce fleuve, cet enchantement toujours, et de jour et de nuit, vide ou peuplé de jonques, d'appels, de rires, de chants, d'oiseaux, de mer qui remontent jusque-là de la plaine des Joncs. »

R.C. N° 1 BIS
SIEMREAP 141K
RUINES D'ANGKOR 147K
ETANG DE BARAI 158K
SISOPHON 246K
BATTAMBANG 314K
FRONTIERE SIAM 286K
BANGKOK
R.L. N° 2
RUINES DE SANBOR
PHNOM DEK
6865

3

4

5

6

7

6. Jean Lagrelet à l'époque où il rencontra Marguerite Duras. Jean Lagrelet fut un des modèles du Vice-consul.

7. Marguerite Duras et Jean Lagrelet au début des années 30, l'époque de la bohème étudiante au Quartier latin.

8. Rue Saint-Benoît. Marguerite décide, grâce à l'appui de Raymond Queneau, de prendre comme métier l'écriture. « Qu'est-ce que c'est que ce besoin constant, parallèle à la vie, constant d'écrire ? »

9

10

11

12

9. Robert Antelme au moment de sa rencontre avec Marguerite Duras.

10. Marguerite Duras revêtue de sa tenue de militante pour aller vendre l'Huma, « ma Tchekiste », comme l'appelait affectueusement son ami Audiberti.

11. Marguerite Duras, rue Saint-Benoît, en 1955.

12. Marguerite et son fils Jean, prénommé Outa. Pour Marguerite, une femme accomplie est une mère. « La femme laisse son corps à son enfant, à ses enfants, ils sont sur elle comme une colline, comme dans un jardin, ils la mangent, ils tapent dessus et elle se laisse dévorer et elle dort tandis qu'ils sont sur son corps. »

13. Marguerite Duras à Trouville, en 1963. « Plus tu refuses, plus t'es opposé, plus tu vis. »

13

18

15

16

14. Tournage d'India Song au Trianon Palace, à Versailles. Marguerite Duras avec Bruno Nuytten, à qui est dédié L'amant.

15. Elio Vittorini et Ginetta Vittorini, le couple immortalisé dans Dix heures et demie du soir en été, en compagnie d'Albert Steiner et de Marguerite Duras avant l'heure du campari...

16. Une répétition du Shaga avec Marie-Ange Duteil et Claire de Luca, l'une de ses interprètes favorites avec Loleh Bellon et Jeanne Moreau.

17. Marguerite Duras et Jules Dassin en 1967, au moment de la préparation du film adapté de Dix heures et demie du soir en été.

17

India Song

UN FILM DE MARGUERITE DURAS

18

18, 20. Marguerite Duras, India Song, Festival de Cannes, 1974.

19. Dactylographie avec corrections manuscrites du début du chapitre III de Dix heures et demie du soir en été (1967). « Des fois on a peur de mourir avant que la page soit pleine... Je pense que c'est effectivement l'activité qui fait que la pensée de la mort est là, chaque jour. »

prend

t arrive enfin. I

_ Ne comptez pas que l'électric

dit la patronne, c'est l'habitu

L'électricité n'était pas

dans la nuit. Le balcon où se

ses toits. Très bas, au dessus

Maria a quitté la sal

~~pour coucher la petite fille~~.

Le couloir, par terre, é

couvertures. Parmis eux se tro

où elle se ~~trouve~~ tient maintenant

déjà l'hotel est plein

dans un quartie de la ville à

19

dix heu
é revienne
venue. Il
e ceux ci,
à manger
plein d'e
peut vo
Il y a plus
ause de l'orage qui court v

21

21, 22. Marguerite Duras aux Roches Noires, à Trouville, en 1986, « petite et mondiale ». « Quand j'écris sur la mer, sur la tempête, sur le soleil, sur la pluie, sur le beau temps, sur les zones fluviales de la mer, je suis complètement dans l'amour. »

22

23

24

23. Marguerite Duras et Yann Andréa, à Neauphle, au début des années 90.

24. Neauphle, la maison-refuge, la maison-écriture, la maison des oppositions. Neauphle et son parc. Neauphle et ses roses. Neauphle et ses chats.

25. « Pourquoi écrit-on sur les écrivains ? Leurs livres devraient suffire. »

26. Aurait dit :
« J'ai la tête pleine de vertiges et de cris.
Pleine de vent.
Alors quelquefois, j'écris.
Des pages, vous voyez. »

25

26

27. « On a une vie très pauvre, les écrivains, je parle des gens qui écrivent vraiment... Je ne connais personne qui ait moins de vie personnelle que moi. »

Sources et crédits photographiques

1, 3, 4, 5 : Collection Max Bergier. 2, 10, 12, 15 : Collection Jean Mascolo-D.R. 6, 9 : Collection Jean-Louis Jacquet. 7 : Collection particulière-D.R. 8 : Photo © International Press. 11 : Photo © Lipnitzki-Viollet. 13, 23, 25 : Photos © Jean Mascolo. 14 : Photo © Erica Lennard. 16 : Photo © Bernand. 17 : Photo © Cahiers du Cinéma. 18 : D.R. 19 : Fonds Marguerite Duras, IMEC. 20 : Photo © Elizabeth Lennard. 21 : Photo © Erik Poulet. 22: Photo© Henri Chatelain. 24 : Photo © Michèle Laverdac. 26 : Photo © Julio Donoso/Sygma. 27 : Photo © Sichov/Sipa Press.

ment ? Nous sommes prêts à vous aider comme nous l'avons déjà fait mais nous ne pouvons pas vous verser une somme sans raison. Mettez-vous à notre place. »

Jamais Marguerite ne se mettra à la place d'aucun de ses éditeurs ! L'éditeur est d'abord un banquier à ses yeux et elle le soupçonne de pouvoir la voler. Certes, écrire est pour elle un métier, son unique métier, et elle ne dispose à l'époque que de cela pour vivre. Ce besoin d'argent la poursuivra jusqu'à la fin de sa vie. De l'argent elle n'en a jamais assez. Comment être payé d'ailleurs selon ses mérites quand on est écrivain ? Et puis il y a aussi l'absence de réactions et d'enthousiasme des éditions Gallimard à son égard. Odette Laigle, qui y joua pendant longtemps un rôle d'une importance capitale et qui devint, au fil du temps, une « correspondante » de Marguerite dans cette maison, se souvient de son désir insatiable de reconnaissance. Marguerite l'entraînait au café de l'Espérance et lui demandait avec angoisse si elle avait lu son manuscrit. Marguerite au demeurant se sentait peu aimée dans cette maison qu'elle ne fréquentait qu'au moment de la sortie de ses livres et où elle s'était montrée avec le personnel souvent sèche et hautaine. Elle était alors à la recherche d'un éditeur qui croirait en elle et la comprendrait mieux, tout en espérant publier des nouvelles dans des revues. En vain.

L'été 56 a été difficile. Marguerite s'est rendue d'abord à Trouville avec son fils. Elle a attendu Dionys qui n'est pas venu. « Oh oui, j'aimerais beaucoup que tu viennes — un peu — une fois quoi. » Puis elle partit pour le Midi au volant de sa voiture. Vitesse, maîtrise. Marguerite a toujours adoré conduire. Même âgée, fatiguée, elle continuera à se faire conduire dans de grosses bagnoles. Plus vieille encore, avant d'être enfermée rue Saint-Benoît, et au moment où la maladie l'empêchait de marcher, elle partait faire des virées en voiture avec des amis au volant : virées nocturnes dans Paris et dans ses banlieues préférées, virées de l'après-midi en Normandie. Même Yann, le dernier amant de sa vie, sera obligé de passer son permis de conduire. Arrivée dans le Midi, épuisée par son voyage, elle écrit à Dionys une énième lettre de mise au point qui sera, en fait, la lettre de rupture :

Vous n'avez jamais parlé avec moi. Ce que je dis de vous... que vous dois-je ? à quarante-deux ans, je ne veux plus continuer à vivre la vie que j'ai vécue. Je suis très fatiguée et je m'en excuse. Il me semble avoir été dans ma vie d'une bonne foi énorme et que j'ai été volée. Sans doute ai-je tort. J'ai vécu une enfance sans nom, j'ai été déshéritée et quand vous m'insultez je pense que c'est juste. Je vous veux tout le bien du monde. Mais cette sorte de bien que vous voulez de moi je n'en veux pas.

C'est au retour des vacances que la décision est définitivement prise. Rupture et pas séparation car Dionys continuera à habiter rue Saint-Benoît jusqu'en 1967. Ce n'est qu'à la naissance de sa fille qu'il se décidera à rejoindre la mère — Solange — dans un appartement trouvé par les Antelme. De la même manière qu'il eut du mal à quitter la maison de sa mère pour s'installer chez Marguerite, Dionys ne coupera pas les liens avec Marguerite, cohabitant désormais avec elle et assurant conjointement l'éducation d'Outa. Maurice Nadeau a assisté à la rupture. « C'était un soir. Nous étions tous les trois. Dionys a demandé à Marguerite : « Mais qu'avez-vous contre moi ? » Marguerite a sèchement répondu : " Tout à l'heure vous m'avez tutoyée [85]. " » C'était fini. Marguerite se met en vacance de Dionys. Loin de son regard critique. Libre. Dégagée de cette sollicitude suspicieuse, permanente. Apaisée surtout de ne plus avoir à l'attendre le soir quand elle le soupçonne de la tromper. S'endormant enfin sans avoir à lui demander — comme une exigence et une preuve — de faire l'amour avec elle quand il rentrait d'une soirée dont il ne voulait rien dire. « La douleur, les infidélités suppliciantes, sans lendemain, la surveillance, la douleur à hurler, silencieuse et pourquoi ? pourquoi ? », écrit-elle en évoquant cette période dans « Je me demande comment », un texte publié dans *Les yeux verts*.

Comment en effet ? Comment a-t-elle fait pour supporter ? Comme toute femme, Marguerite savait que l'homme avec qui elle vivait la trompait. Comme toute femme elle le savait sans vouloir le savoir. Comme souvent les hommes, Dionys niait. Cela alimentait les doutes et la culpabilité de Marguerite qui avait honte de ces mauvaises pensées. Autour d'elle, tout le monde savait que Dionys avait des liaisons. Sauf elle. Si les amis ignoraient la double vie avec Paulette Delval, ils connaissaient le talent donjuanesque de Dionys, comme le confirment les *Journaux* de Queneau publiés en 1996. Marguerite est une femme qu'on a trompée. Marguerite exige peut-être trop de l'homme avec qui elle vit. Elle est trop jalouse, insupportable, possessive, méchante. Alors à un moment les hommes s'en vont...ailleurs, pas loin... juste pour respirer. Mais elle n'est pas la femme des demi-mesures, des accommodements dans l'amour, de la conjugalité usée mais reprisée, des convenances sociales petites-bourgeoises. Dans *Les petits chevaux de Tarquinia*, quand Sara décide de coucher avec un homme qui la désire, elle dit de l'homme avec qui elle vit : « Lui m'avait trompée souvent mais moi je ne l'avais jamais encore trompé. » Sara rêve d'hommes nouveaux. Marguerite aussi.

Elle vivra désormais une relation de compagnonnage avec Dionys, une relation forte fondée sur une complicité profonde, une estime réciproque. Leur séparation n'est pas physique et géographique mais érotique et amoureuse. Marguerite, jusqu'à la fin de sa vie, avouera qu'elle a rarement autant aimé un homme et loué ses qualités d'amant. Quand elle regardait un album de photos où figurait Dionys, elle vantait à chaque fois sa beauté et son élégance.

Marguerite vit entre ses trois hommes : son fils d'abord, Outa, dont elle parle dans chacun des entretiens qu'elle donne à la presse et dont elle proclame qu'il est la personne la plus importante dans sa vie. — « Depuis la minute où il est né, je vis dans la folie[86] », dit-elle alors —, Dionys et Robert, ensuite, dont *L'espèce humaine* ressort dans une nouvelle édition chez Gallimard et qui se voit alors enfin reconnu à la fois comme philosophe, écrivain, historien. Maurice Nadeau, dans *L'Observateur*[87], évoque la formidable actualité de ce texte qui nous contraint à nous interroger sur les entrailles de notre société. Claude Roy, dans *Libération*[88] en souligne « l'atrocité sans emphase et le sublime évident. Antelme demeure en 1957 ce témoin qui n'arrête jamais de méditer l'imméditable, de penser l'impensable ». Robert Antelme n'a que très peu modifié le texte initial : quelques coupures pour des raisons personnelles et des corrections de style. Dans les interviews qu'il donne alors — et où il est souvent comparé à Jean-Paul Sartre[89] à la fois pour son physique, même visage lourd, même yeux vifs derrière des verres à grand foyer, et pour le rôle qu'il assigne à la classe intellectuelle —, il en appelle à la vie explosive de la raison, à un pessimisme actif et à une lutte contre toutes les répressions : en Algérie, en Hongrie, qui déclenchent l'impuissance et le doute.

Marguerite se montre très heureuse du succès remporté

par la réédition de *L'espèce humaine* et encourage Robert à reprendre l'écriture. Elle-même se trouve alors dans une période d'attente et de vacance qui l'empêche de se mettre à un nouveau roman. René Clément vient d'acheter les droits d'*Un barrage contre le Pacifique* et est en train de procéder au choix des actrices. Marguerite, qui n'est pas consultée, a dit alors sa déception de ne pas avoir été retenue pour écrire le scénario : « Ce n'est pas moi qui l'établirai et j'en suis fort triste. Le titre sera conservé ainsi que mon nom sur le générique [90]. » Elle a l'impression qu'on s'approprie son imaginaire impunément et, même si les droits sont importants, s'en montre choquée et troublée. Elle se félicite cependant que le projet cinématographique aboutisse alors que l'adaptation théâtrale, proposée deux ans auparavant par Geneviève Serreau fut abandonnée, faute de moyens [91].

Duras, alors, espère plus du théâtre que du cinéma. Elle pense que ce dernier est devenu une distraction et non plus un art, un mode de fabrication et non plus une invention. Le théâtre, lui, reste pur d'enjeux financiers et demeure un espace de risque. Duras croit à la dimension sacrificielle du théâtre, à un espace qui relève de l'archaïque et où les comédiens risquent leur propre vie par les mots qu'ils profèrent sur une scène. La première pièce de Marguerite Duras, *Le square*, est donnée le 17 septembre 1956 au Studio des Champs-Élysées. Marguerite a allégé son roman publié l'année précédente. Le texte du programme est tiré de l'article de Maurice Blanchot, « La douleur du dialogue », publié en mars par la *NRF*. *Le square*, mis en scène par Claude Martin, est interprété par Ketty Albertini et R.J. Chauffard. Marguerite avoue avoir écrit une pièce de théâtre sans le savoir. « Bien entendu, ne l'ayant pas fait exprès, je ne sais pas si je pourrai recommencer », explique-t-elle, modeste [92]. Le metteur en scène l'a consultée sur l'adaptation et lui a proposé d'assister aux répétitions. Elle s'est piquée au jeu très vite et a ressenti beaucoup d'admiration pour les deux acteurs : « Ils ont été tout de suite comme je les avais imaginés. Je n'ai rien à leur dire. » La pièce n'a que peu de représentations et passe quasiment inaperçue. Marguerite tente alors de la faire jouer de nouveau. Le théâtre de la Huchette s'étant désisté au dernier moment, le Studio des Champs-Élysées accepte de la reprendre à la saison suivante à condition d'être payé. Marguerite écrit donc le 3 avril 1957 à Gaston Gallimard : « On me dit que le Studio nécessite davantage. Si c'était possible, on serait bien content. Voilà c'est dit. Vous n'imaginez pas, Gaston, combien ce genre de démarche peut m'être insupportable. »

Gaston paie et la pièce sera reprise le 1er mai 1957. Le spectacle est fraîchement reçu par les critiques dramatiques. Jean-Jacques Gautier s'en donne à cœur joie : « Je ne sais plus où j'ai lu que Madame Duras, ayant écrit ce roman, ce sont les critiques littéraires qui lui ont conseillé d'en tirer une pièce. La pièce si j'ose dire. Pas d'intrigue, pas de péripéties. Pas de vie. Pas de mort. J'allais dire pas de personnages non plus. Enfin presque pas... Dialogue ? Pas exactement. Disons bla bla bla hésitation. Un festival de lieux communs, de banalités, d'indigences formulés dans un langage faussement simple bourré de points de suspension et ponctué de longs silences pensifs[93]. » Pièce émouvante pour *L'Aurore*, échec de qualité pour *Franc-Tireur*, leçon d'ennui pour *Le Parisien*. Marguerite ne se montre pas affectée par ce manque de reconnaissance[94]. Elle vit le début d'un amour qui l'entraîne bien loin des mesquineries et des règlements de comptes. Marguerite est follement amoureuse, disent aujourd'hui les amis qui se souviennent du surgissement dans sa vie d'un homme beau, ténébreux, séducteur, drôle, cultivé, écrivain à ses heures, journaliste de métier. Cet homme va beaucoup compter pour elle. Elle aura tendance, quand le temps aura effacé l'intensité de cet amour, à parler méchamment de lui, à vouloir l'oublier. Elle tentera d'écrire sur lui, à deux reprises. En vain. L'homme résistait aux mots. « L'homme menti », l'appelait-elle. Avec cet homme pourtant, elle partagera tout : ses amis, ses rencontres, ses maisons, des paysages, des tableaux. Avec lui, elle voyagea, en Italie surtout ; avec lui, elle but. Beaucoup. Avec lui, elle baisait. C'était un excellent baiseur, disait-elle. Il était là, avec elle, à l'enterrement de sa mère. C'est lui qui la consola, la prit dans ses bras alors qu'elle était hébétée d'alcool. C'est lui aussi qui la calmait quand, en pleurs, elle ne supportait pas l'absence de son fils que le père avait jugé bon d'éloigner d'elle, malgré son avis, et placé dans une pension du Chambon-sur-Lignon, tant leurs relations étaient devenues passionnelles. Avec et grâce à cet homme, elle écrivit des romans d'un nouveau style, deux de ses livres les plus importants, *Moderato cantabile* et *Le ravissement de Lol V. Stein*. Avec et grâce à elle, lui aussi, qui, à la différence de Dionys, l'admirait en tant qu'écrivain, écrivit un roman magnifique. Amour littéraire donc, en même temps que physique. Leur rencontre même fut romanesque à souhait.

Il se nommait Gérard Jarlot. Certains racontent qu'il la joua une nuit au poker, d'autres qu'il avait fait le pari de « l'emballer » devant des copains et de coucher avec elle au plus tard le lendemain. Peu de photographies subsistent de lui. Le jour où il obtint le prix Médicis, il eut droit à son portrait dans plusieurs journaux mais son visage reste un peu tremblé. Un film de vacances le montre en maillot de bain en train de nager dans la grande bleue avec Marguerite. Heureux, si heureux. Sportif, souriant. Un bel homme, s'accordent à dire toutes celles qui l'ont rencontré. Un beau brun. Pas vraiment genre intello rive gauche du boulevard Saint-Germain. Plutôt style grand reporter baroudeur à l'imper fatigué et à la bouche intéressante. Bref, un bon vivant qui avait de quoi séduire une femme venant de vivre si longtemps avec un intellectuel plutôt tourmenté. Avec lui, elle peut rire, dire n'importe quoi, ne pas parler de politique, passer des nuits dans les bars, marcher dans les rues jusqu'à l'aube, faire l'amour l'après-midi dans sa chambre en face du jardin des Tuileries.

Il était si beau qu'il avait, au bal des pompiers du 14 juillet 1945, séduit une jeune femme médecin pour qui la vie bascula du jour au lendemain. Il avait vingt ans, il venait de publier un premier roman chez Gallimard intitulé *Les armes blanches*, il travaillait comme stagiaire dans le journal d'Aragon *Ce soir* et, confesse aujourd'hui son épouse Eva Jarlot, « il avait vraiment beaucoup de charme ». Il a trente-quatre ans, il est marié, il a trois enfants, quand Marguerite le rencontre. Très masculin, précise Michel Mitrani qui fut son ami, hâbleur, à la fois frivole et grave, le teint anglais, l'accent stéphanois, passant sa vie à boire et à draguer les filles. La première fois, ils se sont rencontrés dans une fête. C'était le jour de Noël. Ils se sont beaucoup parlé. Il a proposé de la raccompagner. Elle a refusé. Grâce à un ami — Jacques-Francis Rolland —, il a pu avoir son adresse et lui déposer une lettre. Le message était : je vous attends dans tel café. Huit jours, il a attendu. Cinq à six heures par jour. La suite, Duras l'a racontée : « J'ai résisté, je sortais chaque jour, mais pas de ce côté-là de Paris. Cependant je mourais de vivre un nouvel amour. Le huitième jour, je suis entrée dans le café comme on va à l'échafaud. » Il l'attendait, et lui a dit qu'il l'attendait de toute éternité. Elle a fait semblant de le croire. Dans les cafés, ils vont continuer à s'aimer. Ils allaient de café en café et dans chacun d'eux, de table en table, rapportera Mitrani. Ils rentraient ivres morts et se réveillaient à midi.

C'est un prince, disait-elle alors. Léger, charmeur, frivole, passant son temps à écrire des articles pour les journaux, des scénarios de films, des romans achevés ou pas. Il avait fait de bonnes études. Fils chéri de la bonne bourgeoisie de province, il avait ses racines à Autun, ville qu'il a décrite dans son second roman, *Un mauvais lieu*. La vie de notaire ou d'avocat que sa famille lui promettait ne l'enthousiasmant pas, il « monte » à Paris. Son but est de fréquenter les artistes et de vivre dans la bande de Saint-Germain-des-Prés. Il y réussit tout naturellement tant il possède de charme, de finesse et de vraie gentillesse. Devenu l'ami de Boris Vian, il se lie à Aragon aux côtés de qui il travaille jusqu'en 1953. Amoureux de jazz et d'art contemporain, il ouvre avec sa femme, qui en était propriétaire, la petite Galerie du Luxembourg d'où fut lancé le mouvement de l'abstraction lyrique avec Wols, Mathieu et Riopelle.

Quand Marguerite le rencontre, il est rewriter à *France-Dimanche* où Claude Lanzmann l'a recruté. Tous les week-ends, à partir de thèmes imposés, il rédige des pages entières du journal. Il écrivait vite, confirme son épouse, et noircissait des pages sur ces thèmes imposés sans état d'âme. Ses articles traitent aussi bien d'amours cachées en province, de faits divers sanglants, de procès retentissants que de recettes féminines pour entretenir l'amour du conjoint. Bref il est devenu un expert en littérature dite alimentaire. Claude Lanzmann, son patron de l'époque, fait remarquer que ce n'était pas si facile de trouver un style, de concevoir une histoire alléchante et de la boucler en un temps record. Jarlot, dans ces exercices, se révélait un as. Mais à Lanzmann il avouait qu'il faisait cela pour de l'argent. Ses modèles étaient Joyce, Swift, Proust dont il parlait des heures entières. Il se prenait pour un écrivain, se souvient Claude Lanzmann, et ses deux romans publiés dans la collection Blanche lui donnaient une certaine stature dans le milieu du journalisme. Il tournait autour des vrais écrivains, se rappelle Nadeau, c'était le genre de type qui se poussait du col. « Je suis faible, timide, peu brillant. En un mot, je ne suis pas un champion et ma volonté de puissance ne peut prendre racine que dans la littérature », disait-il. « Cet homme était un écrivain merveilleusement doué. Il était très fin, très drôle, très charmant.

C'était un parleur aussi, d'une qualité rare », dira Duras[95]. En tout cas hâbleur et même un peu voyeur.

Écrivain peut-être mais excellent amant à coup sûr, selon Claude Lanzmann. Jarlot se vantait auprès de ses copains du journal d'avoir fait surélever son lit pour installer un miroir et se voir avec Marguerite en train de faire l'amour. Il faisait même visiter son petit bricolage érotique à ceux qui se montraient intéressés. Pas toujours discret ni élégant, Jarlot. Vantard même, trop bavard. Marguerite découvre avec lui les caresses interdites, réinvente les plaisirs, en devient captive. C'est comme une chute délicieuse, dira-t-elle à une amie. « Enfin ce n'était pas une histoire... je dis une histoire d'amour mais c'était une histoire... — comment dire — j'ai cru que je n'allais pas m'en sortir. C'était très étrange[96]. » Duras avait déjà vécu des épisodes où elle s'était sentie en danger : adolescente avec l'amant chinois, avant et après son mariage avec Antelme lorsqu'elle collectionnait des histoires avec des inconnus, à la fin de la guerre avec Delval. Là, pour la première fois, elle ne maîtrise plus ce qui lui arrive. Dans la vie de Marguerite, il y a l'avant Jarlot et l'après Jarlot. Elle le dira elle-même : « Pendant très longtemps, j'étais dans la société, je dînais chez des gens. Tout ça était un tout. J'allais dans les cocktails, j'y voyais des gens... et je faisais ces livres-là... Voilà. Et puis une fois, j'ai eu une histoire d'amour et je pense que c'est là que ça a commencé. » Son écriture et sa manière de l'envisager s'en trouvent transformées. L'éblouissement de l'amour physique la révèle à elle-même et lui donne la force et l'envie de se débarrasser de quelques maîtres : Hemingway, Vittorini, Beckett. Désormais, c'est à l'intérieur d'elle-même qu'elle puisera les forces pour écrire. Avant, elle était une femme qui apprenait et qui pensait que les gens plus vieux, plus cultivés pouvaient l'aider. Désormais — et quelquefois jusqu'à la caricature — elle ne croira plus qu'en elle-même. Elle accomplit ce qu'elle-même a appelé son virage vers la sincérité.

Après quelques mois où elle ne peut plus écrire tant son histoire avec Jarlot l'obsède, elle avoue à Claude Sarraute qu'elle vient d'entreprendre un roman sur l'amour fou, l'amour tout court où les personnages parleront à perdre haleine. Mais la mort de la mère vient en interrompre la rédaction. Elle l'apprend par un télégramme qu'elle reçoit avec retard dans une maison près de Saint-Tropez où elle passe ses vacances avec Jarlot. Elle décide de partir immédiatement pour tenter d'assister à l'enterrement qui a lieu le lendemain matin. Ils roulent comme des fous toute la nuit, Jarlot et elle se relayant au volant. À l'aube, épuisés, ils s'arrêtent dans un hôtel. Puis ils repartent. Ils sont ivres tous les deux. Il fait jour. Jarlot tremble. Il tient le volant. Près de chez la mère, dans un hôtel, ils s'arrêtent. « On a encore fait l'amour. On ne pouvait plus se parler. On buvait. Dans le sang froid, il frappait. Le visage. Et certains endroits du corps. On ne pouvait plus s'approcher l'un de l'autre sans avoir peur, sans trembler. » Elle se rend dans la maison de la mère ; Jarlot patiente à l'hôtel. Les employés des pompes funèbres l'attendent. Ils sont trois autour du cercueil : Dô, la domestique, le frère et elle. Marguerite embrasse le front glacé avant la mise en bière. Le frère pleure. Elle le voit pleurer. Elle n'a pas envie de pleurer. Elle n'est pas émue. Elle pense à cet homme qu'elle aime et qui l'aime et qui l'attend. Dans *Le dernier client de la nuit*[97], elle écrira : « Je n'avais pas de peine pour cette femme morte et cet homme qui pleurait, son fils. Je n'en ai jamais eu. » Après l'enterrement elle rejoint Jarlot. Ils restent dans cette chambre d'hôtel — à se battre, à s'aimer —, à pleurer, à courir dans la nuit, à boire, à tomber jusqu'au lendemain matin. Pendant six mois, cette relation faite de violence, d'alcool, d'érotisme devait continuer. Ça a encore été la folie pendant tout l'hiver, disait Marguerite. « Après c'est devenu moins grave, une histoire d'amour. » Après encore, elle a pu écrire *Moderato cantabile*.

Moderato est traversé par l'histoire de cet amour. Il est dédié d'ailleurs à Gérard Jarlot. On se borne d'habitude à ne raconter de l'amour que les apparences. Dans *Moderato*, Marguerite a pour ambition de raconter l'irracontable. Le livre a pour héroïne principale une jeune bourgeoise lasse de l'existence. Elle s'appelle Anne Desbaredes. Elle est la mère mélancolique d'un petit enfant turbulent qui la déborde de toutes parts et à qui elle répond sans jamais vraiment l'écouter. Anne est une alcoolique mondaine qui vient s'encanailler dans les bistrots du port, une somnambule de la vie, une amie des oiseaux. Elle a pour particularité de détester les camélias. Cette femme dont les mains tremblent au troisième verre de vin, c'est bien sûr Marguerite, mais c'est déjà Lol V. Stein et Anne-Marie Stretter.

Le livre s'ouvre sur une leçon de piano. Comment ne pas

reconnaître Outa dans ce petit garçon doué mais turbulent, talentueux mais buté et silencieux devant cette vieille dame revêche qui lui inflige une leçon sans lui faire goûter le plaisir de la musique ? Comment ne pas identifier Marguerite dans cette mère si fière et si admirative de son fils, mais débordée par sa violence ?

— Vous aurez beaucoup de mal — Madame Desbaredes baissa la tête —, avec cet enfant, dit-elle, c'est moi qui vous le dis.
— C'est déjà fait, il me dévore.

Elle le confirmera elle-même en 1975 au cours d'un entretien radiophonique : « J'ai vécu un énorme bouleversement dans ma vie quand mon fils, qui était très doué pour la musique, a appris le piano. Pendant un an, je n'ai pas écrit, je n'ai fait que ça : l'accompagner à ses leçons de piano et lui faire faire des exercices[98]. »

En sortant de la leçon de piano, la mère et le fils se trouvent confrontés à un crime. Dans le café, en bas, une femme vient de mourir assassinée par un homme qui la tient dans ses bras en l'appelant calmement mon amour, mon amour. Anne Desbaredes veut tout savoir sur cette femme morte. *Moderato* raconte cette recherche éperdue de vérité et l'obsession de l'héroïne qui s'identifie progressivement à cette femme morte. Anne, bientôt, ne vit plus que par et pour elle. Elle revient donc sur le lieu du crime comme si le lieu pouvait parler, expliquer, justifier l'injustifiable. L'homme a-t-il tué la femme qu'il aimait parce qu'elle le lui demandait ? Peut-on tuer par amour ? Une fois le meurtre accompli, l'homme l'a enlacée une dernière fois, lui a souri, lui a parlé avant d'être emmené par la police puis de sombrer dans la folie. Anne Desbaredes est une chasseuse, une voleuse. Elle se repaît de cette histoire et croit y étancher sa soif d'absolu. Ce crime est pour elle une leçon de vie. Anne Desbaredes semble douce et fragile comme le sera plus tard l'héroïne du *Vice-consul*. En fait, elle attend de choisir sa merveilleuse proie. Anne Desbaredes est une dévoreuse. Elle joue sur ses apparences de femme si lisse et si sage pour affoler les êtres et mieux les capturer.

Moderato paraît en 1958 aux éditions de Minuit. Dans l'œuvre de Marguerite Duras, ce livre représente indéniablement une rupture. Marguerite elle-même pense qu'elle n'écrit plus comme avant et souhaite le faire savoir. En quittant

Gallimard et en rejoignant les éditions de Minuit, elle s'inscrit désormais aux yeux d'un public averti dans une catégorie qu'elle niera toujours mais dont on l'a très souvent affublée : celle du Nouveau Roman. Pourquoi Marguerite a-t-elle choisi de quitter ce qu'elle appelait elle-même « sa famille » ? Dionys et Robert travaillent chez Gallimard, Gaston est une vieille connaissance, on s'invite de temps en temps à dîner, et Queneau, qui continue à régner sur le comité de lecture, vient encore très souvent passer ses soirées rue Saint-Benoît. À Pierre Assouline, Duras dira pour se justifier que chez Gallimard on ne lisait pas ses livres [99]. De fait, elle a l'impression d'être moins désirée. Jérôme Lindon, lui, la voulait et n'arrêtait pas de le lui répéter. Elle préféra l'enthousiasme et l'énergie d'un amoureux des textes au train-train de la sacro-sainte institution, même si, comme l'a remarqué Robert Gallimard, elle publiait dans cette maison ce qu'elle voulait quand elle voulait. Alain Robbe-Grillet, alors éditeur fort actif aux éditions de Minuit, a réussi à la persuader. Cela faisait deux ans qu'il l'avait repérée. Ils étaient devenus amis au cours d'une série de conférences qu'ils avaient faites ensemble en Angleterre et en Belgique. Il l'avait trouvée vive, drôle, gaie, d'une spontanéité extraordinaire. Il avait lu ses livres, qu'il estimait, et commença donc à la courtiser en tant qu'auteur.

Comme elle l'avait déjà fait pour *Des journées entières dans les arbres* et *Les petits chevaux de Tarquinia*, Marguerite publia le tout début de *Moderato* sous forme de court récit dans la revue de Maurice Nadeau, *Les Lettres nouvelles*. Frappé par la densité de la dramaturgie, Alain Robbe-Grillet voit, dans ces quelques pages, « une belle force de subversion au sein même des forces narratives [100] ». Il l'encourage à travailler dans une direction différente, « moins traditionnellement », précise-t-il en lui demandant de supprimer certaines naïvetés « dans le genre presse du cœur ». À l'époque, il était encore possible de lui faire des remarques ; elle était encore « pleine d'une liberté légère, drôle, amicale, disponible [101] ». Marguerite écoute donc les conseils de Robbe-Grillet et achève au bout de trois mois ce texte qu'il réclame. Le 16 octobre 1957, elle se décide à écrire à Gaston Gallimard.

Cher Gaston,

J'ai à vous demander quelque chose qui est important pour moi et qui l'est beaucoup moins pour vous.

Laissez-moi publier mon prochain livre chez un autre éditeur. Je ne vous ai pas rapporté beaucoup d'argent avec mes livres (sauf le *Barrage*) et vous ne m'en avez pas rapporté beaucoup non plus.

Divorçons donc le temps d'un livre Gaston. Je voudrais beaucoup, mais vraiment beaucoup, tenter ma chance ailleurs, une fois.

Pourquoi ne serait-il pas de l'édition comme de l'existence ? Pourquoi l'édition seulement exigerait-elle de l'individu une fidélité conditionnelle alors que dans les autres domaines humains, économiques, sentimental il en est autrement ? On peut changer de travail, d'existence, de conduite. On doit, il me semble, une fois pouvoir changer d'éditeur.

D'autant que mon nouveau roman est de la teneur et des dimensions du *Square*. Et qu'il a également ceci de commun avec *Le square* c'est la non-commercialité.

... Il arrive à chacun d'avoir l'illusion superstitieuse ou non que le changement relève de la santé en général. Ne serait-ce que pour mieux revenir à ses habitudes passées ?

Depuis 1943, Gaston a toujours manifesté son attachement et sa croyance au talent de Marguerite. Il lui envoie deux jours plus tard cette lettre non équivoque :

Chère Marguerite,

Vous vous trompez. Ce que vous me demandez est très important pour moi. Je peux même dire que c'est beaucoup plus important pour moi que pour vous. Car il s'agit d'une ligne de conduite que je me suis fixée.

Vous savez bien que ce n'est pas une question d'argent et je ne crois pas que vous ayez eu à vous plaindre de la NRF à ce sujet. N'ai-je pas toujours répondu amicalement à vos désirs ? Je ne vois pas comment on peut assimiler un accord entre auteur et éditeur, accord précis, et librement consenti, à des fidélités sentimentales. Bien que, de ma part, cette fidélité sentimentale existe. Et puis, je ne comprends pas bien ce que signifie « toute ma chance ailleurs ». Il n'y a pas de chance. Il y a des livres et ce n'est pas par vanité que j'estime que votre prochain roman sera plutôt mieux défendu ici qu'ailleurs. D'autant que la dispersion des œuvres d'un auteur est toujours préjudiciable... Non vraiment je vous assure que votre place est ici et c'est en toute amitié que je vous l'écris.

Marguerite supplie alors Gaston de lui rendre sa liberté. Elle se fait câline : « Je vous ai été fidèle pendant six livres.

Le septième vous pouvez bien me laisser le donner ailleurs. » Gaston s'entête et ne lui donnera sa réponse que si elle s'engage à lui envoyer le manuscrit ! Marguerite s'exécute. *Moderato* est terminé le 30 octobre. Gaston, de guerre lasse, s'incline :

Le 8 novembre 1957

Chère amie,

C'est à regret que je vous écris cette lettre. Je persiste à ne pas comprendre votre désir de donner votre livre ailleurs qu'à la NRF. D'autant que Queneau m'en a parlé et ce qu'il m'en dit me permet de penser que ce nouveau récit trouverait tout naturellement sa place à côté du *Square*. Mais, étant donné nos relations anciennes et l'importance que j'attache à la fidélité des sentiments, je ne veux ni d'aigreur, ni d'amertume entre nous. Donnez donc ce récit aux autres. Mais il est bien entendu que vous m'apporterez tous les prochains livres. Voyez dans cette concession que je vous fais à contrecœur, l'intérêt que je porte à vos écrits et la preuve de l'amitié que j'ai pour vous.

Marguerite tiendra sa promesse. *Les viaducs de la Seine-et-Oise*, l'année suivante, seront publiés par la maison mère. Suivront dix livres dont *Le vice-consul*, *Le ravissement de Lol V. Stein*, le *Théâtre*... Puis Marguerite, onze ans après, repartira de nouveau chez Jérôme Lindon pour un livre *Détruire dit-elle*, avant de revenir chez Gallimard. Le jeu de navette entre les deux maisons prouve son désir d'être rassurée. Chez Jérôme Lindon, elle a trouvé l'accueil enthousiaste d'un éditeur qui avait compris sa fragilité. Dans la nuit même, il lit le manuscrit qu'elle vient de lui apporter de façon à venir lui en parler dès le lendemain matin. *Moderato* fut remarqué par la critique mais brouilla l'image de l'écrivain en la rangeant abusivement dans la catégorie du Nouveau Roman. Robbe-Grillet, Sarraute, Duras, même combat tous pionniers, titra alors une certaine presse littéraire trop contente de mettre ensemble des œuvres pourtant de nature fort différente. Marguerite Duras, à l'époque, laisse dire, heureuse et fière d'être comparée à des écrivains qu'elle estime et avec qui elle est liée. D'ailleurs, le livre obtint le prix de Mai décerné à la librairie la Hune par un jury composé notamment de Roland Barthes, Georges Bataille, Maurice Nadeau, Louis-René des Forêts, Nathalie Sarraute, Alain Robbe-Grillet... Il faudra attendre trente ans pour qu'elle dise publiquement du mal du Nouveau Roman et qu'elle se défende ardemment d'en avoir jamais été l'un des auteurs, assurant même fièrement n'y avoir jamais rien compris... Moi c'est moi. Marguerite n'appartient à personne et ne se compare à quiconque. Il faut dire qu'entre-temps, elle s'était brouillée avec Robbe-Grillet.

Jérôme Lindon se souvient qu'après les éloges, *Moderato* fit les frais de son succès. Un article de Sagan très défavorable dans *L'Express* ainsi qu'une critique acerbe dans *Les Lettres françaises* arrêtèrent les ventes. Maurice Nadeau, toujours fidèle mais légèrement macho, défendit du bout des lèvres ce récit « modéré et chantant, écrit à l'aide de moyens d'une sobriété étonnante chez une femme » (*sic*). Claude Roy, dans *Libération*, fut le seul à soutenir avec ardeur le livre : « *Madame Bovary* réécrite par Bela Bartók. Romancière, enregistreuse, Duras s'absente du récit, éclaire crûment l'exil intérieur des personnages et excelle dans l'inachèvement. » Madeleine Chapsal la compare à Piaf et souligne son art de l'ambiguïté. Le roman, en effet, est ouvert à toutes les interprétations. Anne Desbaredes titube et ne sait jamais ni où ses pas ni où ses paroles vont la porter. Pourquoi hante-t-elle ce café ? Est-ce à la recherche d'une liaison avec cet habitué dont elle ne connaît que le nom, Chauvin, et le statut d'employé dans l'entreprise de son mari ? Est-ce pour assouvir son alcoolisme ? Dans le clair-obscur de ce lieu public, au milieu du brouhaha des conversations du port, cette bourgeoise aux yeux constamment baissés peut enfin affronter le regard d'un homme, s'approcher de lui jusqu'à le frôler, toucher sa peau de ses mains. Duras laisse en suspens les raisons de la relation qui unit ces deux êtres. Elle introduit ainsi le lecteur comme un personnage à part entière, provoque son impatience, perturbe sa quiétude en désorganisant sans cesse la logique du récit. Elle a toujours considéré la lecture comme un acte créateur à part entière. Lire pour elle veut dire aussi, d'une certaine manière, écrire. Autant de lectures, autant de créations. Un texte n'appartient qu'au lecteur qui s'en empare. L'auteur disparaît devant cette appropriation. Pour la première fois, Duras met en place un dispositif qu'elle utilisera ensuite beaucoup, et dont elle abusera quelquefois, celui du lecteur voyeur. Elle donne les éléments du puzzle mais ne l'assemble pas. Le récit achevé, il faut le reprendre pour rechercher les signes. Mais toujours des pièces manquent.

— Je voudrais que vous soyez morte, dit Chauvin.
— C'est fait, dit Anne Desbaredes.

Le roman ne se termine pas. Il en reste l'odeur de magnolia imprégnant les seins lourds d'une femme, le bruit lancinant du ressac de la mer, la couleur du sang sur le carrelage usé d'un café, le regard lumineux d'un enfant sautillant derrière sa mère sur le port au couchant, cherchant à la protéger, sentant bien que ça ne va pas, sans pouvoir faire quoi que ce soit. Littérature-essai, roman-exercice, expérimental, ont dit certains lors de la publication. Ce roman a pâti de la querelle des anciens et des modernes. Aujourd'hui, il se lit à la fois comme un roman-photo, un traité de style, un récit sentimental. Il n'a pas pris une ride et se dévore avec délices.

Moderato cantabile n'est ni modéré ni chantant. Art d'appel, a écrit Gaëtan Picon dans son *Usage de la lecture*, art créant par son vide même une sorte d'appel d'air. Duras écrit sur ce qui ne se dit pas, le grouillement obscène de la vie, le désir de jouissance chez une femme. Quand la femme pousse son cri avant de mourir, un cri très long, très haut qui s'arrêtera net, Anne Desbaredes le compare à celui qu'elle a poussé quand elle eut son enfant. Quand on donne la vie, on crie autant et de la même façon que lorsqu'on donne la mort. L'amour ici est mis à mort. L'amour peut-il changer une vie et se transformer en destin ? Chez Duras il est toujours trop tard. Les femmes ne savent jamais comment saisir leur chance et se réveiller à temps. Anne Desbaredes est déjà morte, morte à elle-même, morte au désir et elle le sait, elle le dit haut et fort avec une belle assurance et une certaine tranquillité d'âme. Du livre édité, Marguerite n'était pas très contente. Sur le premier tirage, elle effectua de multiples corrections qui ne furent jamais reportées sur les éditions suivantes : elle resserrait le récit sur les deux personnages, enlevant ce qui pouvait perturber leurs tentatives mutuelles d'approche. Elle ne reniera cependant jamais ce roman, à l'inverse de beaucoup d'autres. Elle savait qu'elle avait trouvé un nouveau chemin d'écriture mais qu'il fallait désormais prendre garde de ne pas verser dans l'autocitation. Elle n'aima guère le film que Peter Brook en tira. En 1974, elle disait vouloir le tourner elle-même avec de petits moyens [102].

La vie rue Saint-Benoît continue comme avant. Pour retrouver son amant, Marguerite doit le rejoindre dans son studio de la rue de Rivoli où elle dort aussi quelquefois à l'issue de leurs virées nocturnes bien arrosées. Dionys n'aime pas Jarlot. Jarlot va très peu rue Saint-Benoît où l'effervescence règne de nouveau. Les copains, toutes tendances politiques confondues, sont revenus après le 13 mai 1958 pour aider Dionys à concrétiser son projet de revue auquel, bien entendu, Marguerite va collaborer activement.

Le 14 Juillet est la revue du refus inconditionnel, la revue d'opposition au pouvoir gaulliste fondée par Dionys Mascolo et Jean Schuster. Le premier numéro est distribué le 14 juillet 1958 dans les kiosques. En exergue, cette citation de Pascal : « Nous n'avons parlé que lorsque nous n'eussions pu nous taire sans crime », et en ouverture un texte sur la gravité politique de la situation et sur le rôle que doivent jouer les intellectuels : « Au milieu de la foule pensante qui s'égaye, poissons effrayés, comme sur les places historiques à travers lesquelles on tire à rafale — laissant s'accomplir la débandade..., laissant les porteurs de oui se bousculer aux portes du palais et les petits ralliés honteux raser les murs vers les entrées des officines... il importait de proférer ce non avec toute la fermeté possible. » Envers et contre tous. Dos au mur. Les rédacteurs du *14 Juillet* pensent et écrivent que de Gaulle est un tyran qu'il faut abattre, un magnétiseur qui a endormi la France. *Le 14 Juillet* sera chargé de « réveiller l'opinion publique et de veiller à ce que les citoyens ne se fassent pas voler leur République ». « Cette revue était un acte politique majeur dont je suis très fier, dira Dionys en 1997 [103]. C'était une réaction élémentaire contre la régression que représentait le pouvoir personnel de De Gaulle. » Dionys et ses amis craignent alors un franquisme à la française et analysent le gaullisme comme un pouvoir quasi religieux propre à suspendre la lucidité du citoyen.

« Nous sommes dans un état de disgrâce historique, dans une situation de honte historique. Nous sommes dans un moment de décadence politique, intellectuelle et morale. Nous sommes dans un monde politique d'une vanité folle, sous le règne d'une intelligence sûre d'elle-même, qui n'est même pas la sottise, qui est l'étroitesse d'esprit désespérante, annonciatrice de toute tyrannie », dit l'éditorial du premier numéro. Collaborent à la revue André Breton, Benjamin Péret, Jean Duvignaud, Claude Lefort, mais aussi les

« anciens » de la rue Saint-Benoît, Louis-René des Forêts, Robert Antelme, Elio Vittorini, Edgar Morin, Jacques-Francis Rolland, Claude Roy, Maurice Nadeau et Maurice Blanchot qui, recevant l'appel, est sorti du silence dans lequel il s'était enfermé [104]. Il vient alors très fréquemment rue Saint-Benoît, fait participer René Char à la revue et publie — dès le second numéro — un long texte politique intitulé « Le refus ». Cette revue a pour effet de resserrer très fortement les liens d'amitié entre Dionys et Maurice Blanchot : « Il y aura désormais ensemble un " entre nous " [105]. » Le communisme, le vrai est, pour eux, « la croyance en une égalité des êtres, l'intégration des âmes [*sic*], le droit à la vérité pour tous, l'agrandissement des possibilités de l'être humain ». Loin des diktats staliniens, la revue en appelle à une autre ère de l'esprit, à une résistance intérieure. Tous les collaborateurs de la revue n'étaient pas aussi intransigeants que Dionys mais tous étaient soudés dans ce que Blanchot a nommé l'amitié du NON : non à la guerre d'Algérie, non à la confiscation des libertés, non à l'autoritarisme.

De cette expérience éphémère, mais où les échanges intellectuels et amicaux furent vifs et profonds, naîtra, en septembre 1960, la déclaration sur le droit à l'insoumission à la guerre d'Algérie. Cette manière d'envisager la politique sous l'angle philosophique déconcerte une partie de la gauche intellectuelle qui ne comprend pas la raison d'être de cette nouvelle revue : « Elle n'exprime ni un courant particulier, ni des idées nouvelles mais regroupe sur la seule base de l'amitié et de la camaraderie des auteurs qui écrivent ou peuvent facilement écrire ailleurs », note, ainsi, *France-Observateur* [106]. C'est le premier signe de vie des intellectuels français depuis le 13 mai, répond Marguerite dans les colonnes de ce journal. Devant l'angoisse de la menace « fasciste » et la paralysie des organisations ouvrières, il faut réagir. Mais la politique ne serait-elle que le job de quelques dirigeants ? demande-t-elle. Un écrivain doit-il être « élu ou mandaté » pour avoir à charge sa propre conscience ? Ou bien lui dira-t-on : « vous qui êtes tout seul, bas les pattes, bas les plumes [107] » ? Rappelons qu'à l'époque les revues vivaient un âge d'or : *Arguments*, *Les Temps modernes*, *Les Lettres nouvelles*, *Socialisme ou Barbarie*, *La Nouvelle Réforme*, *Les Cahiers Internationaux*, *Esprit*, *La Revue trimestrielle*. Pour Marguerite, ce n'est pas une revue de plus mais un organe de résistance. Tant mieux si elle gêne une certaine gauche. Elle ne vivra que trois numéros et apparaît aujourd'hui d'une importance capitale.

Deux femmes seulement figuraient à son sommaire : Colette Garrigues et Marguerite Duras. La première a fait de son adresse personnelle le siège du *14 Juillet* ; Marguerite, elle, tape les textes, s'occupe des problèmes matériels et contacte ceux qui veulent bien les aider financièrement et notamment certains peintres à qui elle demande de donner des tableaux en vue d'organiser une vente dont les bénéfices alimenteront la caisse du *14 Juillet*. Longue est la liste de ceux qui acceptèrent. Parmi eux Matta et Giacometti furent les plus généreux. Parfaite cheville ouvrière, Marguerite relance les donateurs — son abondante correspondance en témoigne —, participe activement à toutes les réunions, donne souvent son avis, disent les témoins, publie deux textes dont un, « Les assassins de Budapest », sur la condamnation de Imre Nagy. Quant à Colette Garrigues, aucun texte d'elle ne paraîtra dans la revue. « Tous ces intellectuels étaient machistes, confessera-t-elle, et puis nous, peut-être trop timides, pas assez assurées. Eux c'était la plume, la pensée. Nous les petites mains [108]. » Au pays des intellectuels qui savaient dire non, les relations homme-femme n'avaient pas vraiment évolué. C'est ailleurs que Marguerite, elle, prend la parole.

Elle a découvert, dès 1957, avec enthousiasme le journalisme. Les rédactions la réclamaient. Elle en choisit deux : *France-Observateur* pour l'honneur et *Constellation* pour les finances. Marguerite invente une forme de journalisme : la plupart de ses articles racontent des histoires vécues. Ils émeuvent donc d'abord avant d'informer ou de faire réfléchir. Marguerite se vit comme un grand reporter des turbulences de l'âme. Braconnant toujours en marge, elle dédaigne les lieux de pouvoir, les palais officiels, les porte-parole, les représentants de toute sorte. Pour comprendre le monde, proclame-t-elle, il suffit d'ouvrir les yeux, de descendre son escalier et de se retrouver dans la rue, de savoir regarder et écouter. Marguerite renoue avec la tradition des grands écrivains-reporters du XIXe siècle, mais pour elle le voyage s'arrête au bout de la rue. « Les fleurs de l'Algérien », sa première chronique dans la presse écrite, publiée par *France-Observateur* en 1957, demeure un modèle de concision, d'émotion. Ce n'est pas un article politique mais il sonne encore aujourd'hui comme un texte engagé. L'histoire se passe au quartier Saint-Germain-des-Prés. Un jeune Algérien s'apprête à vendre des fleurs, à la sauvette, sur sa petite charrette. Arrivent deux policiers. Papiers ? Il ne peut en fournir. L'un des policiers renverse la charrette, là, devant tous ces gens qui font leur marché tranquillement. C'est un dimanche matin, il fait beau, tout va bien, nous sommes en pleine guerre d'Algérie. « Eisenstein n'est pas là, ni aucun autre pour relever cette image de ces fleurs par terre, regardées par ce jeune homme algérien de vingt ans, encadré de part et d'autre par les représentants de l'ordre français. » Les fleurs sont ramassées une à une par des passants anonymes qui les paient au jeune Algérien toujours encadré des deux policiers. « Ces messieurs trépignent. Mais qu'y faire ? Ces fleurs sont à vendre et on ne peut empêcher qu'on désire les acheter. Ça a duré dix minutes à peine. Il n'y a plus une seule fleur par terre. Après quoi, ces messieurs ont eu le loisir d'emmener le jeune Algérien au poste de police. »

Marguerite évoquera beaucoup dans ses articles les conséquences psychologiques de cette guerre qui ne dit pas son nom : histoires d'arrestations pour cause de délit de faciès, insultes proférées par des policiers quand une Française ose se promener dans les rues avec un Algérien. Par sa volonté de mettre en scène, elle alerte l'opinion. Elle émeut aussi. Son art d'écouter des personnes qui généralement n'ont jamais le droit à la parole se double d'un talent de transcription. Elle écoute des enfants, des ouvrières, des « gens de peu ». Marguerite enquête dans les écoles, fait un reportage admirable sur la Villette, part pour Deauville l'été et nous décrit le tremblement des mains des femmes au Casino et les enfants qui bâillent devant leur cornet de frites dans les cafés abrités du vent. Un style télégraphique, une cavalcade de mots : Duras va vite, crayonne des situations, met en scène des personnages. Alertes et vifs, ses articles se lisent aujourd'hui avec plaisir et ont su traverser le temps. Elle s'installe dans des cafés des heures entières pour écouter les conversations. Sa voix porte, on croit l'entendre. La technique du dialogue qu'elle a perfectionnée dans ses romans lui permet d'inventer une sorte de langue mi-parlée, mi-écrite, comme une ritournelle, une rengaine de chanson populaire. Marguerite écrit pour tout le monde, sans précaution. Et ne se relit pas. Le journalisme est pour elle l'art de l'éphémère. Papiers d'un jour. Écrire pour les journaux, c'est écrire tout de suite. Ne pas attendre. L'écriture doit donc se ressentir de cette impatience, de cette obligation d'aller vite au risque d'avoir un style relâché. « Cette idée de négligence de l'écrit ne me déplaît pas », dira-t-elle [109].

Marguerite écrit pour sortir de sa chambre. N'ayant pas de projet de livre, le journalisme lui permet de continuer l'écriture, à la manière d'un entraînement sportif. Elle n'a jamais fait les deux en même temps. Quand elle est attelée à des livres, elle ne sort plus, ne s'intéresse à rien, ne lit même plus les journaux. Pour elle l'écriture journalistique s'inscrit dans les creux, les moments vides. « Écrire des articles c'était sortir au-dehors, c'était mon premier cinéma [110]. » Des quatorze articles publiés en 1957, trois seulement traitent de littérature : dans l'un le responsable éditorial d'une grande maison d'édition, qui reste anonyme mais n'est pas très difficile à identifier sous les traits de Raymond Queneau, explique comment il choisit les livres qu'il va publier ; deux sont consacrés à Georges Bataille qu'elle considère alors comme un ami et un modèle. « Georges Bataille n'écrit pas du tout puisqu'il écrit contre le langage. Il invente comment on peut ne pas écrire tout en écrivant. Il nous désapprend la littérature. » C'est ce que tentera de faire Marguerite quand elle reviendra au roman. Bataille et Blanchot sont ses maîtres. Leur influence sur son œuvre littéraire, jamais revendiquée par elle explicitement, fut considérable.

Au cours de l'année 1958, Marguerite Duras donne des chroniques hebdomadaires à *France-Observateur*, tant dans la rubrique livres que dans celle de la vie quotidienne ou des faits divers. Elle aborde des sujets très différents : la vie de Confucius, les pérégrinations d'un navigateur, l'accroissement de la circulation automobile dans Paris, les grandes expositions de peinture, Paris au mois d'août ; elle rend compte de certains livres et consacre notamment un article dithyrambique au « Tintoret » de Sartre, brosse des portraits de stars (Brigitte Bardot, Peter Townsend...), sans oublier les chroniques judiciaires où elle se montre déjà — trente ans avant l'affaire Villemin — passionnée, emportée [111]. Dans un article remarqué, qu'elle tiendra à voir republié vingt ans plus tard, « " Poubelle " et " La Planche " vont mourir », elle s'élève contre une justice de classe qui, sans s'émouvoir et sans se poser de questions, envoie à l'échafaud deux assassins de vingt ans. Orphelins sans origine, sans langage, sans conviction, Poubelle et La Planche n'ont montré aucune émotion à l'annonce de leur condamnation. Pour les professionnels de la justice, ce ne sont même pas des chiens. À peine des êtres humains, des rebuts de l'humanité qui ne peuvent satisfaire ce bon public des assises qui recherche du chic, de l'émotion, du sentiment. Il faut donc les supprimer. Normal. Sans état d'âme. « Que ces gens retournent d'où ils viennent, le vide au vide. La société s'en félicite, au nom du nettoyage et de l'hygiène dite sociale », commente Marguerite. La pratique de l'extorsion de l'aveu et le cérémonial de la justice la scandalisent.

Elle éprouve un choc en assistant pour la première fois à un procès d'assises : celui de Simone Deschamps, esclave sexuelle et criminelle du docteur Évenou. « Je m'excuse de n'avoir pas l'habitude des assises. Mais c'est ahurissant », note-t-elle. Cette « innocence » lui donne de la force. Elle raconte ce qu'elle voit : une justice viciée où les accusés n'ont pas droit à la parole. Dès qu'ils la prennent, on la leur ôte. Leur vie entière se définit rétrospectivement par l'abomination de leur acte. Les témoins de la défense ne peuvent les aider car ils se font très vite réprimander. Le procès ne sert qu'à justifier la noirceur du forfait. La confiscation de la parole de l'accusé apparaît, tout au long, comme légitime. « Simone Deschamps ne peut plus parler. Que l'on ne prenne pas ce que je dis là de façon vicieuse. C'est seulement l'expression d'un regret. L'injustice, là, c'est nous qui la subissons. Il y a injustice lorsqu'un criminel — même de l'ordre de Simone Deschamps — n'arrive pas, n'arrive même plus à nous dire ce qu'elle sait d'elle-même, c'est le cas. C'est frappant. Les enfants n'ont pas le droit de parler à table. Réduite à un infantilisme impératif, impérieux, Simone Deschamps se tait. Non seulement elle n'intéresse plus personne, mais elle ne s'intéresse plus à elle-même. Elle n'est plus personne. »

Marguerite a toujours éprouvé une fascination pour l'univers de la criminalité. La parfaite immoralité de son petit frère l'a impressionnée et elle a éprouvé crainte et admiration devant les vols répétés de son grand frère qui n'hésitait pas à dépouiller sa mère aux abois. Elle aime les voyous, les hors-la-loi et le dit haut et fort. Toujours, elle se situe dans le camp de ceux qui n'ont rien — souvenirs d'une enfance misérable —, même quand elle deviendra riche, très riche après le succès de *L'amant*. Écorchée vive, marquée à jamais par les cruautés de la vie et par l'injustice que subissait sa mère, et à laquelle elle fut obligée d'assister passivement, elle manifeste bruyamment, et quelquefois même de manière caricaturale, son admiration pour celles et ceux qui osent délibérément se mettre en marge : braqueurs, habitants de la noirceur de la nuit, filles de joie. Elle se dit l'amie de Georges Figon, condamné aux travaux forcés et qui, lors de son procès en 1955, sut transformer le rôle de l'accusé en interrogeant lui-même ses témoins. Elle publie un long entretien avec lui [112] où, revendiquant la violence, il ne manifeste aucun remords et dénonce la prison comme usine à caïds. « Comment nous voyez-vous par rapport à vous-même ? » lui demande-t-elle. Figon : « Un peu comme des pervers qui sont attirés par le goût du pittoresque... » Grande consommatrice de faits divers, passion qu'elle partage avec Gérard Jarlot qui écume les salles d'assises et enquête sur l'histoire des accusés pour étoffer ses articles dans *France-Dimanche,* il lui arrive d'être si fascinée qu'elle se met dans la peau du criminel. Elle se délivre quelquefois d'une histoire qui l'obsède en l'écrivant.

Ainsi, l'année suivante, elle publie *Les viaducs de la Seine-et-Oise*, un livre qu'elle reniera par la suite mais qu'elle réécrira dix ans plus tard, sous le titre *L'amante anglaise*. Un homme et une femme, d'une banalité consternante, que rien ne distingue, vivant tranquillement dans un village où ils sont respectés de tous, se débarrassent de leur cousine sourde-muette avec qui ils vivaient en bonne compagnie depuis une trentaine d'années. C'est la femme qui accomplit le crime au cœur de la nuit en découpant calmement le corps de sa cousine sans émoi particulier. Elle le fait disparaître en jetant les morceaux dans des wagons de chemin de fer qui passent sous le viaduc proche de chez eux. Pourquoi l'a-t-elle tuée ? Ni elle ni lui ne le savent. Parce qu'elle est folle ? demande le policier au mari qui répond : Plutôt parce que c'est quelqu'un qui ne s'est jamais accommodé de la vie. Elle a commencé par couper la tête qu'elle a cachée puis elle a jeté les autres morceaux chaque nuit dans des wagons différents. Rien n'annonçait le crime. Le mari n'aurait jamais pu deviner. Il aurait ri à cette idée. Mais d'elle il ne savait jamais ce qu'elle allait dire ou faire : « Tu l'as regardée et tu as trouvé qu'elle ressemblait tout à coup à un bœuf, c'est ça ? Tu as découvert tout d'un coup qu'il y avait un bœuf dans notre vie ? C'est ça ? » Tous deux sont unis dans ce crime : ils ont tué tous deux la même personne, lui en rêve, elle dans la réalité. Criminels ou imbéciles ? Les deux à la fois, conclut

Marguerite. Ces êtres sont proches de nous, dit-elle. Ils sont les fantômes d'un monde en apparence banal mais où le crime d'un être cher ne dérange pas l'ordre intérieur des choses. Nous portons tous notre part obscure et tout crime a sa logique. Nous sommes tous des criminels en puissance. Perversion, jouissance, meurtre ont partie liée.

Marguerite choque ; elle aime choquer. Et puis, enfin, elle gagne de l'argent grâce à ses piges à *Constellation* qu'elle dira avoir définitivement égarées. *Constellation* était dirigée à l'époque par Madame Lecoutre, une maîtresse de Staline, qui aimait faire travailler les intellectuels parisiens. J'ai pu en retrouver quatre entre avril et septembre 1958. Elle disait aussi avoir oublié son pseudonyme de l'époque. Il suffisait de savoir combien elle était obsédée par sa mère. Marguerite a repris, en effet, le nom de jeune fille de celle-ci pour signer des articles de midinette sur l'amour féminin. Sous le nom de Marie-Josèphe Legrand donc, Marguerite donne des recettes infaillibles à ses lectrices. Les titres des articles donnent le ton : « Le mensonge tue l'amour », « Pourquoi a-t-il quitté sa femme ? », « L'épouse face au drame des vacances scolaires », « Le mari cet égoïste » (qui figure en annexe). Mais ce n'est pas sous son pseudonyme qu'en cette année 1958 Marguerite jouit d'une reconnaissance publique presque triomphale. Romancière célébrée grâce à *Moderato*, journaliste reconnue à *France-Observateur*, elle fait événement au théâtre avec *Le square*, repris pour trente représentations au Théâtre de poche de Paris après une brillante tournée dans quatre villes d'Allemagne. Après la littérature, le journalisme, le théâtre, c'est le monde du cinéma qui lui fait maintenant des propositions : elle vient de commencer à rédiger un scénario à la demande d'Alain Resnais et le film de René Clément, tiré du *Barrage contre le Pacifique*, sort dans de nombreuses salles au début du printemps. Superproduction italo-américaine, fruit de la collaboration entre Dino de Laurentis et la Columbia, interprété par Sylvana Mangano et Anthony Perkins, le film a été adapté par Irwing Show qui en signe le scénario avec René Clément. Le tournage, en Thaïlande, a été un calvaire. Boue, chaleur, inconfort. Duras et Show se sont très peu vus et Clément a vite fait comprendre à Marguerite qu'il voulait avoir les mains libres. Tout juste a-t-elle obtenu que le personnage du frère ne soit pas réduit au rôle d'un maquereau. Elle a donc exigé des modifications : il doit aussi être beau, séduisant, mû par des impulsions sexuelles violentes. De guerre lasse, Clément a accepté de transformer cette partie, puis il a disparu pour tourner son film.

L'auteur de *La bataille du rail*, de *Monsieur Ripois* et de *Jeux interdits* n'a pas voulu traiter le problème colonial et s'est attaché aux problèmes psychologiques de la famille. Conçu pour avoir une carrière mondiale, le film a été testé à Hollywood et en Italie où, grâce à un cerveau électronique, les réactions de centaines de spectateurs ont été enregistrées ! James Dean devait, au départ, interpréter le rôle du frère mais il a, avantageusement, été remplacé par Anthony Perkins. À sa sortie, René Clément eut soin de prendre ses distances vis-à-vis du livre. Redoutant les critiques qui l'accuseraient d'avoir trahi le texte, il déclara qu'il n'avait pas fait une transposition mais une adaptation. Le terme exact, dit-il, serait « inspiré du roman ». Mais « bien que déplaçant le centre de l'intérêt du film, je suis sûr de ne pas avoir trahi l'esprit même. D'ailleurs, Marguerite Duras est sortie bouleversée de la projection. Dans le bungalow du film, elle a reconnu celui de son enfance [113] ». En fait, malgré l'amitié qui les lia, Duras n'aima jamais le film de René Clément. Elle dira plus tard qu'il n'avait rien compris à la sauvagerie du livre. Il a « récupéré » sa vie et celle de sa mère en évacuant la violence. Il a construit une happy end laissant entrevoir aux spectateurs qu'après la mort de la mère, le fils allait accepter la société blanche en construisant lui-même le barrage. Duras s'est sentie trahie et déshonorée. Pouvait-il en être autrement ? Sans doute pas. Désormais elle ne cédera plus ses droits cinématographiques et tournera elle-même ses propres films.

Elle assura cependant la promotion du film. C'est un très beau film, dit-elle à ceux qui l'interviewent. Elle en profite pour vendre de nouveau son livre. Marguerite ne perd pas le nord. À Gaston Gallimard, un mois avant la première projection du film au Moulin-Rouge, elle demandait : « Comptez-vous rééditer le roman ? Mon relevé de compte de juin 55 indique 3 000 exemplaires, en janvier 58, 3 070 exemplaires. Est-ce possible en deux ans et demi, soixante-dix exemplaires seulement du *Barrage* se sont vendus ? » Gaston lui répondit par retour du courrier qu'il restait 1 200 exemplaires en stock et qu'il allait les faire recouvrir d'une jaquette reproduisant l'affiche du film. « Je voudrais que vous pensiez que j'ai du cœur à vous satisfaire et je crois vous en avoir donné la preuve, d'abord parce que j'attache de l'importance à votre œuvre et aussi parce que j'ai de l'amitié pour vous. »

Mieux, Marguerite fait elle-même dans son journal, *France-Observateur*, la promotion de cette réédition. Impudique ? Et alors ? « Cet article est impudique nécessairement. Et je vois que je suis en train de faire cet article, bien qu'impudique. Pour une fois, je m'en fous, d'être impudique. Pourquoi je m'en fous ? Parce que je crois que de temps en temps l'impudeur est irrépressible et saine. » Le film est un succès et permet de doubler le tirage initial du livre. Grâce à lui, de nombreux spectateurs découvrent *Un barrage contre le Pacifique*. La presse se fait l'écho de ce nouvel intérêt pour le livre qui retrouve une seconde jeunesse. Sollicitée par les journaux, Marguerite parle de nouveau de sa mère, de l'enjeu que fut l'écriture du *Barrage*. Elle n'avait pas le choix. Ce n'était pas d'ordre sentimental mais moral. « Des gens seront sans doute gênés par le texte. Cela m'est parfaitement indifférent. Je n'ai plus rien à perdre. Même pas la décence. Puisque c'est en l'écrivant que j'ai encouru le risque de l'indécence. » Elle éprouve le sentiment d'avoir gagné une bataille. Aujourd'hui, la mère est morte mais la sortie du film ravive son souvenir. « Le problème a été pour moi de la faire disparaître derrière elle-même, d'outrepasser sa singularité, de l'assassiner et de la faire renaître de ses cendres. Je n'avais pas deux façons de faire qu'elle n'ait pas vécu inutilement, je n'en avais qu'une : l'oublier. Quand j'ai vu le film de Clément, j'ai su qu'elle était morte[114]. »

L'accueil de la critique est dithyrambique. La presse fait un triomphe au couple Clément-Duras. « Le film est une réussite totale, un chef-d'œuvre sans défaut, le génie remplace le talent, l'anecdote se hausse au ton de l'époque », peut-on lire sous la plume de Robert Chazal dans *France-Soir*. « Imaginez Païsa tourné à Hollywood et en technicolor et en cinémascope », écrit le journaliste de *Combat*, Henry Magnan, qui est sorti de la projection bouleversé, secoué par « le typhon intérieur ». *Jours de France* n'est pas en reste qui parle aussi de chef-d'œuvre, tandis que *Réforme* s'interroge : « Film admirable, un peu déconcertant, probablement génial. » Raymond Queneau lui-même, mis à contribution par Marguerite dans *Paris-Presse*[115], célèbre la rigueur du style, d'un classicisme subversif ainsi que la finesse de la description du couple formé par le frère et la sœur. Rares sont ceux qui boudent leur plaisir. Éric Rohmer dans *Arts* [116] formule quelques critiques : trop d'argent, trop de superproduction, trop de machinerie cinématographique, pas assez de grâce dans la mise en scène, pas assez de respiration dans la manière de filmer la nature. Cependant si Clément n'est pas Renoir ni Kazan ni Visconti, il s'est essayé, pour la première fois et à la couleur et à l'écran large. Et « la peinture des hésitations de ce frère et de cette sœur entre les tentations d'une semi-prostitution et l'appel d'un amour et d'une vocation regardés avec une non moins vraisemblable froideur, est menée avec une telle précision, une telle justesse de détail, malgré quelques poncifs accrochés au passage, que nous avons plaisir à réentendre la voix de Clément moraliste, tue depuis *Ripois* ». Sous le titre « Puberté que de crimes on commet en ton nom », Jean Dutourd dans *Combat* [117] concède que le film est assez beau malgré un académisme froid tiré « d'un livre assez plat, un peu ennuyeux, où les personnages disent avec gravité vraiment trop de niaiseries ». Aujourd'hui, le film qui repasse régulièrement à la télévision, apparaît comme un classique inspiré du cinéma américain, trahissant une parenté évidente avec l'univers de Kazan. Le couple du frère et de la sœur, Mangano-Perkins, tous deux admirablement dirigés, provoque toujours autant d'émotion érotique. L'inceste est esquissé subtilement par une danse d'accouplement permanente. Chaleur tropicale, malaise, rires feints, le film a ses morceaux d'anthologie comme la scène de la douche ou celle de la boîte de nuit ; il procure encore aujourd'hui le sentiment d'une délicieuse violence mêlée d'exotisme languissant.

Duras s'en démarqua très vite. Quinze jours après sa sortie, après avoir déclaré à *L'Express* que, certes, le film est bon mais que « les lecteurs du roman peuvent être déçus », elle songeait déjà à écrire elle-même pour le cinéma : « Si je devais transposer à l'écran un autre de mes romans, je crois que je le ferai bien, je pourrais prendre à l'égard de mon livre des libertés que les adaptateurs n'osent pas prendre. Je crois qu'en fin de compte, les adaptateurs sont trop fidèles. Je pourrais réécrire telle ou telle scène pour le cinéma, dans le même esprit, sans qu'elle ait rien à voir avec le livre. L'essentiel, si l'on veut être fidèle, c'est de conserver un ton [118]. » Le ton, elle le trouva tout de suite. Le ton pour *Hiroshima*. Sans aller au Japon, sans se documenter, sans travail particulier, elle disait qu'il y avait des moments dans la vie où pour créer il fallait être dans le non-travail. Pour *Hiroshima*, ce fut immédiat.

L'histoire de ce film fut une série de hasards. Anatole Dauman, fondateur et directeur de la société d'Argos, venait de produire *Nuit et brouillard*. Alain Resnais voulait se lancer dans le long métrage. Il avait un projet, écrit par Bernard Pingaud, mais qui ne trouvait pas preneur. Dauman, qui était alors en pourparlers avec une puissante compagnie japonaise lui parla de l'idée d'un documentaire sur Hiroshima. Le titre était trouvé : « Picadou », en japonais l'éclair de l'explosion nucléaire. Alain Resnais n'est pas emballé par cette proposition mais demande néanmoins à Chris Marker de s'embarquer avec lui dans l'aventure [119]. Resnais visionne des dizaines de films sur ce sujet, réfléchit six mois et dit à Dauman : « Si vous voulez faire un film sur Hiroshima, achetez les droits des Japonais, ni Marker ni moi ne pourrons faire mieux. Ce qu'il faudrait, ajoute Resnais, c'est faire une fiction. On ne peut plus faire de documentaire sur le sujet. » Dauman se met à la recherche d'un scénariste. Deux jours après, il demande à brûle-pourpoint à Resnais : « Accepteriez-vous d'aller au Japon avec Sagan ? — Oui, répond Resnais. Je ne la connais pas mais je la trouve sympathique. » Dauman s'était demandé si Simone de Beauvoir ne serait pas intéressée mais choisit finalement Sagan qu'il avait déjà rencontrée et lui fixe un rendez-vous au bar du Pont Royal pour lui présenter Resnais. Ils attendirent des heures. Sagan avait oublié le rendez-vous. « C'est alors, poursuit Resnais, que j'ai évoqué le nom de Marguerite Duras. Je venais de lire *Moderato*, j'avais eu le coup de foudre, j'avais beaucoup aimé *Les petits chevaux de Tarquinia*, je venais de voir *Le square* et j'avais été ému par la musicalité de la langue... Et puis j'adorais *Conversation en Sicile* de Vittorini que je traduisais chaque soir à des copains. » Pour Resnais, Duras est un auteur qui a un « ton ». Il avait même eu l'idée de tourner sans le lui dire *Moderato* et de lui montrer après : « Je voulais, de toute façon, entrer en contact avec elle. » Olga Wormser fera la messagère — qu'il me téléphone, lui dit Duras. Elle l'invita à prendre le thé le lendemain. « Ce n'était pas du thé, c'était de la bière, raconte Resnais. Cela a duré cinq heures. On s'est amusés ensemble. » Ils se mettent d'accord tout de suite pour ne pas faire un documentaire. Le thème de l'apocalypse nucléaire ne serait pas au premier plan. L'idée commune de départ était : depuis que l'horreur provoquée par cette bombe a eu lieu, notre vie est-elle changée pour autant ?

Trois jours après cette longue conversation, Marguerite téléphone à Resnais. « J'ai fait un bout de dialogue, voulez-vous le lire ? » « C'était une conversation amoureuse entre une jeune femme française et un Japonais, j'étais emballé. J'ai contacté le producteur. » L'accord fut rapidement conclu, dit Anatole Dauman. Marguerite se met à travailler d'arrache-pied. Jour et nuit. Elle invente sur un canevas fourni par Resnais : « Je lui avais précisé que je voulais deux actions différentes à des périodes différentes dont une à Lyon pendant l'Occupation. Je tenais aussi à ce que tout soit au présent. Le son du film était pour moi — définitivement — le présent on ne devait jamais retourner en arrière [120]. » En un peu plus de deux mois, le scénario sera bâti et les dialogues en partie écrits.

Pour la distribution, Resnais pense tout de suite à Emmanuelle Riva qu'il venait de voir jouer au théâtre de la Michodière en compagnie de François Périer. Ce sera son premier rôle au cinéma. Il lui fait tourner un court bout d'essai muet en 16 millimètres. « L'impression était extraordinaire, se souvient Resnais. Je l'ai montré tout de suite à Marguerite qui a eu les mêmes frissons et le même coup de foudre que moi. » La production engage donc Emmanuelle Riva. Reste à choisir le Japonais. Pas question pour des raisons financières d'aller au Japon pour procéder au choix. Alain Resnais doit se résoudre à choisir son héros sur photo. Quand il va faire ses premiers repérages au Japon, il souhaite le rencontrer très vite. Inquiet, il prend rendez-vous avec celui qu'il a sélectionné, par intuition, au milieu de centaines d'autres : « J'avais pris, sans le savoir, l'acteur le plus cultivé de Tokyo. Le premier soir je l'invite à dîner. La première question qu'il me posa était : En quoi l'œuvre de Marguerite Duras se distingue-t-elle de l'existentialisme ? J'étais rassuré. »

Le temps presse. Resnais demande à Marguerite deux sortes de continuité : la continuité proprement dite du film et la continuité « souterraine ». Il veut tout savoir de l'histoire qu'il va — sur l'écran — raconter et de celle qui ne le sera pas. Il souhaite tout connaître aussi des trois personnages : la Française, le Japonais, l'Allemand — leur jeunesse et même leur avenir après le film. Marguerite construit donc à sa demande trois biographies. « La femme aurait pu être une prostituée. Mais elle se serait ennuyée de ce métier. Elle l'aurait choisi par dépit. Or, elle n'était pas dépitée mais désespérée. Elle est sans illusions et en même temps toujours prête à s'illusionner au plus haut point. Elle veut, ce n'est pas tout, plaire à l'homme pour prendre avec cet homme le plaisir qu'elle désire. Avec elle fin de la comédie féminine [121]. » Resnais « voit » alors se dessiner cette femme sous ses yeux. Il demande à Marguerite de faire ensuite une sorte de précommentaire des images qui illustreront l'histoire. Du Japon, il lui écrit : « Dites-moi comment elle voit Nevers dans son souvenir. » Alors, raconte Marguerite, on a inventé tous deux Nevers comme on doit le voir de l'autre côté du monde [122]. » Resnais sait ce qu'il veut et comment il veut faire avancer son récit. Il pose de nombreuses questions à Marguerite qui lui répond immédiatement.

La production n'ayant pas prévu que Duras aille au Japon, Resnais part seul, le 28 juillet, pour faire ses repérages. Sylvie Bauderot, la scripte, le rejoint quelques jours plus tard. Devant la passerelle de l'avion, Resnais a confié à Dauman : « Je m'en vais pour constater que ce film est impossible, tout simplement impossible. » La production lui a accordé un délai de deux mois pour faire ses repérages et tourner dans la continuité les scènes japonaises. Pas très rassuré, il se demande si l'on peut manger du poisson cru dans un pays qui a subi les radiations ; il ne sait pas un mot de japonais, ne connaît personne. En extérieur comme en studio, il fera pourtant merveille et séduira l'équipe japonaise par sa précision, son professionnalisme et sa courtoisie. Il livre quotidiennement ses impressions à Marguerite qui s'en imprègne et ajoute au fur et à mesure des séquences au scénario. Ils travaillent donc d'abord par écrit, sans jamais pouvoir se parler. Cet éloignement sera fécond pour l'un et pour l'autre. Duras explique : « Hiroshima m'a fait peur tout d'abord. Et ensuite, au contraire, il m'a passionnée. Ressusciter un sujet de ses " cendres " est un travail au troisième degré qui porte à la fois sur soi-même — qui a oublié — et sur les autres qui ont oublié. Des milliers de pages ont été écrites sur Hiroshima. Comment faire ? Grâce à Resnais, j'ai vu que la résurgence d'Hiroshima était possible. Que l'on pouvait, au moins, faire quelque chose de ce lieu [123]. »

Marguerite disposait de neuf semaines pour écrire le

scénario. Resnais ne lui a dit qu'une seule chose : « Faites de la littérature, ne vous occupez pas de la caméra. » Mais Duras n'a pas le temps de faire de la littérature. Elle ne sait pas écrire de scénarios et n'a pas la moindre idée de la manière dont on procède. Resnais la rassure, lui dit d'avancer, en faisant ce qui lui plaît. « Allez-y, on a la chance de faire un film pas cher », lui répète-t-il. De toute façon, superstition ou pessimisme, il ne croit pas au film ! Autant prendre des risques, quitte à assumer ensuite l'échec. De Tokyo il lui écrit : « Si on passe dans un seul cinéma, ça sera gagné. Faites comme vous l'entendez exactement. C'est ce que je vous demande. Oubliez-moi. » Resnais est parti pour le Japon avec le mince scénario de Marguerite, qu'elle-même trouve « notoirement insuffisant », et qu'elle résume ainsi dans une note interne pour la production, en employant — il faut le souligner car ensuite elle se brouillera avec Resnais — toujours le on qui montre bien l'intensité de leur collaboration : « On a essayé de faire renaître Hiroshima en une histoire d'amour. On espère qu'elle sera particulière et " émerveillante " et qu'on y croira un peu plus que si elle s'était produite partout ailleurs dans le monde, du moment qu'elle se passe dans un endroit à ce point consacré par la mort. On a essayé de faire qu'entre deux êtres géographiquement, philosophiquement, historiquement, économiquement, racialement éloignés, le plus qu'il est possible de l'être, Hiroshima soit le terrain commun où les données universelles de l'érotisme, de l'amour et du malheur apparaîtront sous une lumière moins mensongère qu'ailleurs. On a peut-être échoué. Mais la chose, je le crois, valait la peine d'être tentée. » En aucun cas, le film dans l'esprit de la scénariste et du cinéaste ne doit être une coproduction franco-japonaise. Dans l'idéal, il devrait même être antijaponais. Ce serait là une victoire sans précédent, note Duras qui ajoute « *Madame Butterfly* n'a plus cours. De même *Mademoiselle de Paris*. Il faut tabler sur la fonction égalitaire du monde moderne[124]. »

Par-delà les océans, l'amitié et la confiance circulent. Tout est comme Marguerite l'avait imaginé dans ses lettres :

Chère Margot

... Il y a dans les rues à Hiroshima des tas de bois comme à Autun. Et des fleuves genre Loire et des cloches qui sonnent dans la brume et des canaux saumâtres qui bordent les maisons comme à Nevers...

Et les ruines du temple sur la colline et l'herbe qui repousse mal et les boutiques aux souvenirs et les gens qui se font photographier devant le cénotaphe et les pierres grillées et le marché aux poissons... Et les arbres replantés qui paraissent ne pas pouvoir repousser. Et les pierres d'un temple reconstruit en ciment armé. Et des milliers de lotus qui ont remplacé les pièces d'eau où vivaient les carpes géantes avant le 6 août. Et une mairie à la façade brûlée, pelée.

Elle saute de joie à Paris en constatant que ce qu'elle a imaginé peut s'ajuster à ce que Resnais va filmer. Dauman se souvient qu'elle battait des mains comme une petite fille à la réception des lettres et qu'elle dansait en l'entraînant dans un état d'exaltation peu ordinaire. Resnais qui a besoin de la voix de Marguerite et de ses intonations a demandé à Duras d'enregistrer son scénario sur une cassette. Marguerite va désormais correspondre autant par écrit que par cassette interposée. Elle réinvente le personnage du Japonais à la demande de Resnais. « Pensez, lui dit-il, que l'acteur, dont il a été voir des films dans les cinémas de banlieue, gifle très bien mais embrasse à la façon western. » Elle l'imagine grand, avec un visage assez occidentalisé, des lèvres prononcées mais dures, type international : « Il ne faut pas, surtout pas, que sa séduction soit d'ordre exotique, demande-t-elle à Resnais. Mais que cette séduction soit immédiatement reconnaissable par tout le monde comme étant celle des hommes qui sont arrivés à leur maturité. » « Ça ira, lui câble Resnais. Envoyez-moi la suite. » Chaque jour elle lui envoie les séquences en suivant la continuité : en tout 357 plans. Chacune d'entre elles appelle des questions du genre de celles-ci :

25 août, A. Resnais à M. Duras

— Je bute sur je fais de la politique

— Je ne suis toujours pas satisfait (je suis casse-pieds hein ?) de la réponse, qu'est-ce que c'est pour toi Hiroshima ?

— Nevers a-t-il 40 000 habitants ?

Marguerite répond toujours par retour du courrier.

Deux jours avant le premier tour de manivelle, les producteurs s'aperçoivent que le budget est en dépassement d'un tiers. Resnais câble à Marguerite qu'il a décidé de commencer quand même, mais qu'elle doit songer qu'il va être contraint de faire des sacrifices : « J'ai souvent dit qu'il valait mieux tourner un sujet intéressant sans moyens plutôt qu'un policier avec un temps de tournage normal. Me voilà obligé de pratiquer ma morale. » Marguerite modifie. L'acteur Okada dit son texte face à la caméra. Certaines répliques ne vont pas, dit Resnais. « La réplique Hiroshima fait encore trop bons sentiments et ne comporte pas assez de : au fond on s'en foutait un peu. C'était des Jaunes. » Marguerite réécrit. Emmanuelle Riva doit arriver au Japon le 20 août. Le découpage doit se faire en une semaine. Quitte ou double. Resnais confie ses angoisses à Marguerite : « Dites bien à Riva d'apprendre son texte par cœur. On peut sauver plusieurs journées de tournage. Qu'elle pense aussi à bien se faire épiler les jambes. » Marguerite travaille à Paris avec Emmanuelle Riva. Au Japon, Resnais attend avec impatience : « Je n'oublierai pas, écrit-il à Marguerite, mes étranges journées passées dans ma chambre en compagnie de votre voix et de deux poupées articulées en bois chargées de remplacer Okada et Riva. En un sens, ça me rappelle un peu les jours passés dans un couvent dominicain. Pas d'extase mystique dans les deux cas. Mais tout de même très ému pendant le 4e acte. Puissent les spectateurs... »

Le tournage avec Riva se passe admirablement bien. Resnais revient avec ses rushes du Japon. Les séquences tournées à Nevers, au départ, ne faisaient pas partie du scénario original. Marguerite a écrit de manière séparée l'histoire d'amour à Nevers sans tenir compte de l'ordre chronologique : « Faites comme si vous commentiez les images d'un film fait », lui dit Resnais. Le tournage à Nevers débute en décembre 1958. Il a été précédé de plusieurs repérages. Resnais se souvient de la présence permanente, aux côtés de Marguerite, de Gérard Jarlot qui l'aidait, faisant des commentaires et des propositions judicieuses souvent retenues. Resnais a souhaité qu'un épisode du film se passe en France pendant la guerre et que l'héroïne, au moment de sa rencontre avec le Japonais, soit habitée par les souvenirs d'un ancien amour. Marguerite a inventé l'histoire avec le soldat allemand. Nevers est une ville à la taille de l'amour même. « L'amour y est surveillé comme nulle part ailleurs », précise Duras dans un texte avant le tournage[125]. Un Nevers imaginaire où naît un amour impardonnable. Juste avant la fin de la guerre, l'héroïne a aimé ce jeune soldat allemand. Aimé malgré elle, dans la honte et le dégoût. Aimé dans les bois, dans les granges, dans les ruines, dans les chambres. « Nous nous sommes embrassés derrière les remparts. La mort dans l'âme, certes, mais dans un irrépressible bonheur, j'ai embrassé mon ennemi. » Peur, plaisir et attente de la mort indissolublement mêlés. « À Nevers, écrit Duras, la seule aventure est celle de l'attente de la mort. » Masochisme et honte deviennent la seule voie pour la jouissance. Duras insiste sur le thème de la nuit, nuit noire de l'Occupation, nuit perpétuelle de la cave où la jeune femme sera enfermée après son crime d'amour, ténèbres qui s'étendent sur le monde après qu'elle a fait l'amour pour la première fois.

On se souvient de la douceur du regard de Bernard Fresson — qui interprète le soldat allemand. Juste avant de mourir, elle lui sourit. « Oui tu vois, mon amour, même cela nous était possible. » Quand il est tué, elle se couche sur son corps un jour, une nuit. Quand il est emmené dans un camion, elle le désire encore : folle, obscène du désir de l'homme mort. Alors ils vont la tondre. On garde en mémoire le geste si doux d'Emmanuelle Riva offrant sa tête aux ciseaux. Après la tonte, elle attend encore, immobile. Craint-elle qu'on lui coupe la tête ? Marguerite Duras, qui a assisté au tournage des scènes à Nevers, n'a pas pu supporter cette séquence. Elle a crié avant de s'évanouir. Comment ne pas penser quand on revoit ces images et qu'on relit les textes de Marguerite consacrés à Nevers à ce qu'elle a vécu avec Delval pendant la guerre ? Jusqu'à la fin de sa vie, d'ailleurs, Marguerite, sans aucune preuve, sera persuadée que Delval était d'origine allemande et que, pour des raisons de sécurité et d'espionnage, il se faisait passer pour français. N'est-ce pas d'elle-même qu'elle parle quand elle fait dire à son héroïne : « Je suis d'une moralité douteuse » et « Je mens. Et je dis la vérité. » ? N'est-ce pas sa propre méchanceté qu'elle veut évoquer quand elle fait prononcer ces mots à Emmanuelle Riva : « J'étais folle de méchanceté. Il me semblait qu'on pouvait faire une véritable carrière dans la méchanceté. » ? De même, l'épisode de la tonte ne rappelle-t-il pas, avec insistance, ce qui est réellement arrivé à sa voisine et amie, Betty Fernandez, qui fut arrêtée, maltraitée à la Libération, tondue et promenée dans le quartier ? Cette Betty qui ne va cesser de l'obséder et qu'on retrouvera bien plus tard dans *L'amant* comme personnage capital. Nevers dans *Hiroshima* ne peut se comprendre que par le désir de Marguerite d'élucider des fragments de son propre passé et Resnais saura entrer admirablement en résonance avec son imaginaire et l'intègre miraculeusement dans l'histoire.

Resnais cependant est inquiet. Il se demande comment tous ces éléments disparates vont constituer un film. Superstitieux, il ne cesse de répéter à Marguerite : « Ce n'est pas tout à fait un vrai film que nous faisons. » Il commence le montage avec Henri Colpi et Jasmine Chasney qui n'ont pas participé au tournage. Marguerite vient souvent les regarder travailler. La production lui demande, parallèlement, de chercher un titre et d'écrire le résumé du film. Elle propose *Hiroshima mon amour* et se résout à écrire cette note d'intention : « Impossible de parler d'Hiroshima. Tout ce qu'on peut faire c'est de parler de l'impossibilité de parler d'Hiroshima. L'action se passe l'été 1957 et le spectateur devrait sortir de l'évocation d'Hiroshima nettoyé de bien des préjugés et prêt à tout accepter de ce qu'on va lui dire de nos deux héros. » C'est bien le problème que pose le film : celui de la vraisemblance, de la crédibilité. Vrai film ou faux documentaire ? Resnais s'interroge de plus en plus. Il décide, pendant le montage, de faire quelques préprojections. Il invite des amis qui tous, à la fin de la projection, témoignent de leur intérêt mais estiment que le film pourra difficilement sortir dans un circuit normal. « Cela voulait dire : moi je comprends votre film mais les autres... », traduit Resnais qui ajoute : « En fait, c'est la musique qui a structuré le film et a rendu intelligible le propos. »

Lui : Tu n'as rien vu à Hiroshima. Rien.
Elle : J'ai tout vu.

Resnais, lui, à l'issue du montage, ne voit plus son film, n'entend plus rien. Il multiplie les consultations. En tout, trente-quatre personnes verront cette continuité. Ils émettent bien sûr des critiques contradictoires. Long ? Trop long ? Film pas assez pacifiste ? Travail pas assez historique sur la mémoire ? Le texte de Marguerite Duras au mieux intrigue, déplaît à la plupart. « La hauteur du ton dépaysait d'abord, se souvient Frédéric de Towarnicki, l'un de ceux qui virent le film avant le dernier montage, puis cela devenait une partition étonnante où les dialogues se transformaient en lignes mélodiques et projetaient contre l'écran une sorte de matière lyrique et strophée. » Alors Resnais n'hésite pas à couper trente-cinq minutes ! Le film est ramené à une heure et cinq minutes. Mais plus rien ne tient. Resnais décide de tout remonter. Il n'enlève dans la version définitive qu'une minute et vingt secondes et décide que c'est à prendre ou à laisser. La commission de sélection du festival de Cannes propose au ministre et au comité du festival *Hiroshima* pour représenter la France. Mais le film est jugé « inopportun » et repoussé par cinq voix contre quatre. Le prétexte en est qu'il risque de choquer les Américains ! L'histoire de *Nuit et brouillard*, qui fut aussi écarté par Cannes parce que risquant de « déplaire aux Allemands », recommençait. Y aurait-il une affaire *Hiroshima* ?

Comme le dit Resnais, « le film est devenu martyr. Il serait passé en compétition, il aurait eu moins de chances [126] ». René Clair, Roberto Rossellini, Jean Cocteau, Clouzot, Claude Chabrol, François Truffaut, Louis Malle crient leur enthousiasme. Brisant la structure narrative habituelle, *Hiroshima* adopte le temps de la mémoire affective et nous entraîne dans un territoire brûlé : celui où l'amour est un crime et la connaissance de soi-même impossible. Thèmes durassiens par excellence... Comme dans *Moderato*, le rôle accordé au spectateur est capital. Il doit recomposer le puzzle de la mémoire et il est lui-même renvoyé à sa propre histoire. Le thème de l'exil intérieur des personnages, à jamais séparés même dans l'acte d'amour, soude les séquences entre elles. « Tu me tues, tu me fais du bien. » L'attrait de la guerre comme source de punition, de malfaisance, mais aussi de jouissance, apparaît également pour la première fois dans un texte de Duras, qui a tenu ses carnets, dès 1946, sur la guerre, mais attendra 1985, et *La douleur*, pour les publier. La Française d'*Hiroshima* possède beaucoup de points communs avec Anne Desbaredes, de *Moderato* : toutes deux s'approchent de l'homme qu'elles savent aimer mais pour mieux se dérober. Elles souhaitent se livrer corps et âme, mais sans cesse elles s'échappent. Elles vivent dans un rêve, distraites par ce rêve, sollicitées par lui mais incapables de le vivre. Amour sans emploi. Amour égorgé. Désespoir librement consenti. Vivre, c'est savoir s'effacer soi-même, s'abandonner au vide intérieur. Après Anne Desbaredes et la Française d'*Hiroshima*, Lol V. Stein incarnera cette volupté silencieuse à ne pas être.

Hiroshima est un travail de commande. Marguerite l'a dit et répété : si *Hiroshima* ne lui avait pas été commandé, elle n'aurait jamais écrit sur Hiroshima. A-t-elle d'ailleurs écrit sur Hiroshima ou n'a-t-elle pas plutôt continué à écrire encore et toujours sur la mise à mort de l'amour en plaçant ses personnages dans un lieu-dit qui s'appelle Hiroshima ? La réalité dépasse toujours la fiction. Quand Resnais est arrivé à Hiroshima, il a pris un car de touristes pour visiter le site. Dans les haut-parleurs, Gilbert Bécaud chantait une chanson d'amour qui se mêlait aux propos du guide... « Tu n'as rien vu à Hiroshima. » La réplique fera le tour du monde. Dans un entretien à la radio en 1969, Marguerite Duras s'en est expliquée : « Elle voulait dire, pour moi, tu ne verras jamais rien, tu n'écriras rien, tu ne pourras jamais rien dire sur cet événement. C'est vraiment à partir de l'impuissance dans laquelle j'étais de parler de la chose que j'ai fait le film [127]. » Resnais avait respecté le texte de Marguerite au point de calculer, chronomètre en main, le temps de ses travellings sur « le rythme *moderato cantabile* de la phrase durasienne ». La force du film réside essentiellement dans la mise en scène et dans l'art du montage. « Sa modestie dût-elle en souffrir, j'affirme qu'Alain Resnais est bien le véritable auteur de ses films », affirme Dauman aujourd'hui. Qui en douterait ? Le partage des rôles fut équitable, la confiance totale, et le succès devint vite un triomphe.

Le film tint six mois en première exclusivité à Paris, puis à Londres, puis à Bruxelles. Plus de 250 000 spectateurs en France. Un miracle pour un film dit « difficile ». Il triomphe en Allemagne, bat *La strada* en Italie, fait un malheur à Tel-Aviv, obtient un prix à Athènes, est acheté par plusieurs pays d'Amérique du Sud et même aux États-Unis. À New York, Los Angeles et Chicago, il vient en tête des films non américains !

Au générique du film figure le nom de Gérard Jarlot comme conseiller littéraire. Marguerite écrit dans l'avant-propos au livre *Hiroshima* publié en 1960 : « Je livre ce travail à l'édition dans la désolation de ne pouvoir le compléter par le compte rendu des conversations presque quotidiennes que nous avions, Alain Resnais et moi, d'une part, Gérard Jarlot et moi d'autre part, Alain Resnais, Gérard Jarlot, d'autre part encore. » Resnais confirmera l'importance psychologique qu'eut Jarlot — il évitait à Marguerite les dérapages et se moquait de son narcissisme en public — et le crédit professionnel qu'elle lui accordait à ce moment-là.

Une photographie d'alors montre Marguerite sur une plage, les cheveux au vent, le pantalon corsaire remonté sur des jambes bronzées, l'air souriant, le visage reposé, l'œil gai. À côté, Gérard Jarlot, mains dans les poches, l'air faussement indifférent, comme posant pour l'éternité. Marguerite cohabite avec Dionys, fait toujours la cuisine pour les copains qui débarquent le soir à la maison et réinventent le monde autour d'un plat vietnamien. Jarlot se partage entre sa vie de famille — sa femme et ses enfants qu'il adore — et son studio de la rue de Rivoli. À chacun sa vie, mais on sait qu'on est ensemble, dit Marguerite. Jarlot acquiesce, bien entendu. À eux deux les nuits bien arrosées, les virées au bord de la mer en amoureux, les vacances à Saint-Tropez ou en Italie. Jarlot est fin, drôle, tendre, subtil. « Je l'aime à la folie », confie Marguerite à une de ses amies. Jarlot, pour ses reportages, se déplace beaucoup, s'absente au dernier moment, part sans explication. Alors, Marguerite l'attend, comme elle attendra Yann, désespérément, des nuits entières, bien plus tard. Elle devient progressivement captive de Jarlot. Son amie Madeleine Alleins s'étonne de la voir enfermée chez elle dans l'attente d'un hypothétique coup de téléphone. « Elle était devenue une femme soumise. En échange, il lui demandait sa protection dans le monde des lettres [128]. » Les copains de Jarlot, eux, ont compris depuis longtemps. Tout le gotha des bistrots de Saint-Germain-des-Prés est au courant : Jarlot est un don Juan. Matador du sexe, il se vante même de la quantité et de la qualité de ses conquêtes féminines. Marguerite sera la dernière à l'apprendre.

Jarlot s'est fait accepter par la bande : Monique et Robert Antelme apprécient sa nonchalance et son humour, Louis-René des Forêts, son charme et sa légèreté, Alain Resnais aime discuter avec lui et loue sa vivacité et son intelligence ; Michel Mitrani est bluffé par son côté à la fois baroudeur et intellectuel de Saint-Germain-des-Prés, revenu de l'existentialisme, assoiffé de connaissances, pouvant discuter des nuits entières de Kierkegaard et des philosophies extrême-orientales. Mais Gérard Jarlot ment. Comme le dit laconiquement son épouse, Gérard était mythomane. Gérard ment pour tout ou pour rien, tout le temps, et il ne sait plus qu'il ment. Marguerite devient folle au début quand elle s'en aperçoit. Impossible de le faire changer. Ensuite, elle essaye de composer. Après la mort dramatique de Jarlot, qui la hantera longtemps, elle tentera, à plusieurs reprises, sans succès, d'écrire sur lui ce livre dont elle avait déjà le titre : *L'homme menti*.

> Il mentait tout le temps, à tout le monde à propos des faits de sa vie. Le mensonge arrivait sur ses lèvres avant les paroles pour le dire. Il ne le sentait pas passer. Il ne mentait pas sur Baudelaire ou Joyce, ni non plus pour se vanter ou faire accroire à des aventures qu'il aurait eues ! Non, rien de cela. Il mentait sur le prix d'un pull-over, sur un trajet en métro, l'horaire d'un film, une rencontre avec un copain, une conversation rapportée, un voyage en entier, les noms des villes compris, sur sa famille, sa mère, ses neveux. Ça n'avait aucune espèce d'intérêt [129].

Louis-René des Forêts confirme et ajoute : « Mais Marguerite était aussi menteuse que lui. Ils se mentaient l'un à l'autre. C'était une relation incroyable. Il était le mensonge incarné mais j'aimais cela. Je me souviens d'un voyage que nous avions projeté dans les Dolomites. Avec Marguerite nous avions rendez-vous avec Jarlot à Rome. Il pleuvait des cordes. Nous l'avons attendu plusieurs jours en vain. Il n'a pas prévenu [130]. » Jarlot se moque de tout, de la vérité, de l'amour, de la mort ; il ne respecte que les don Juans et les écrivains. Pour lui, Marguerite est une amante mais aussi un écrivain qu'il aime et qu'il admire. Avec elle, il va imaginer deux scénarios qu'ils vont cosigner : *Une aussi longue absence*, en 1961, et *Sans merveille*, en 1963, qui deviendront tous deux des films respectivement réalisés par Henri Colpi et Michel Mitrani. Les deux romans de Jarlot, *Les armes blanches* et *Un mauvais lieu*, publiés chez Gallimard après la guerre, sont adaptés et scénarisés par Marguerite mais, malgré leurs efforts, les deux projets resteront dans les tiroirs.

Ils aimaient travailler ensemble. Les différentes étapes du manuscrit d'*Une aussi longue absence* — que Marguerite renia plus tard en disant que c'était très mauvais — témoignent d'une collaboration active et d'un partage total de l'écriture. En général, Jarlot fournissait le point de départ. À force de lui parler et de lui raconter des histoires, Marguerite en retenait une : ainsi l'idée du couple de retraités qui tue leur cousine muette — fait divers réel — et point de départ de *L'amante anglaise*, a-t-elle été initialement rapportée à Marguerite par Jarlot. De même la trame du récit d'*Une aussi longue absence*, qu'Eva Jarlot entendit un jour à la radio et qu'elle rapporta à son mari. Gérard Jarlot écrit, Marguerite corrige. Il reprend, elle resserre et trouve la logique. Un style commun va, pendant un moment, naître : phrases très courtes, usage de la répétition, innovations langagières, écriture-refrain, écriture-ritournelle.

Marguerite écrit beaucoup. Elle a de nouveau confiance en elle. Ni Dionys ni Robert ne touchent désormais à ses textes ; elle ne les leur donne qu'après publication. Jarlot n'est en aucun cas un mentor. Il l'admire et ne la critique pas ; il la rassure. Marguerite éprouve l'impression de ne plus être sous la surveillance de « ses » hommes. L'argent qui lui tombe du ciel à ce moment-là, grâce à la vente des droits cinématographiques du *Barrage*, lui permet, pour la première fois, d'être indépendante financièrement. Elle qui a tout partagé avec Robert et Dionys va enfin pouvoir réaliser son rêve de petite fille : s'acheter une immense chambre à soi. Ce sera la maison de Neauphle, la caverne, le refuge et tout à la fois le lieu de la perdition la plus extrême, des joies les plus intenses, la chambre d'écriture de *Nathalie Granger*, de *Lol V. Stein* et du *Vice-consul*. Lieu de toutes les aventures et d'abord de celle qui intéresse le plus Marguerite : la solitude. La solitude à en trembler, la solitude à boire le litre de rouge dans le lit pour s'écraser entre les draps, la solitude qui lui arrache des larmes lorsqu'elle voit une mouche en train de mourir qui se débat contre une vitre pendant des heures, la solitude, quand elle se lève, à l'aube, grelottante, pour transcrire sur le papier ce qui vient de peupler sa nuit. Elle seule à voir la blancheur de lait des roses là-bas par la pleine lune, elle seule à savoir ouvrir les tiroirs de la commode pour trouver le linge ensanglanté d'une dame du temps passé, elle seule à réchauffer la maisonnée de la soupe aux poireaux pommes de terre, l'hiver à sept heures, comme chez les paysans, avec le fromage dedans, elle seule à imaginer que là, juste au fond du jardin, les sorcières de Michelet rôdent et les arbres se parlent. Elle avec elle, enfin retrouvée. Cette maison à elle destinée, et qui l'adopta, lui donna enfin, à l'âge de quarante-quatre ans, la joie d'avoir un toit au-dessus d'elle et autour d'elle la nature. Pas de typhon, pas de marée, pas de crabes pour attaquer les fondations de la maison. Ils ne sont pas éloignés les cauchemars de l'enfance, mais les craintes de la petite qui pensait que la maison de la mère pouvait, d'un jour à l'autre, lui être confisquée semblent endormies. Enfin, Marguerite peut s'enfermer et éprouver l'illusion d'être protégée. La petite fille pauvre, ballottée de poste en poste, dans des logements de fonction où le seul coin qui lui appartenait était la cache sous l'escalier, possède enfin un titre de propriété. « J'aime Neauphle. Je n'avais pas de patrie et voilà qui est fait. Patrie pour rire, comme elle devrait toujours être [131]. » Elle voudra aussi que la maison soit celle de son enfant. Désir exaucé. Aujourd'hui encore elle est habitée par son fils.

Marguerite, on le sait, exagère tout. Neauphle, c'est une maison de campagne située dans ce qu'on appelle alors la Seine-et-Oise, non loin de la route nationale. Avec un certain cachet, comme on dit dans les dépliants spécialisés. Mais Neauphle ne se contente pas d'être Neauphle, une maison de campagne comme une autre. D'abord, c'est une maison habitée par tous les temps et toutes les saisons, où l'on s'installe, et qui ne permet pas qu'on y passe en coup de vent. Le lieu possède une présence, d'une très forte intensité. Et puis Marguerite — tout le monde le reconnaît — a un don évident pour arranger les maisons. Celle de Neauphle a une histoire que Marguerite tente de reconstituer. Elle va à la mairie de Versailles pour connaître l'identité des propriétaires précédents, consulte les archives pour remonter jusqu'à sa construction. Elle ne recueille que des bribes d'informations : des paysans y habitèrent du temps de la Révolution et, pendant une famine, ils semèrent du blé devant la maison, et des Allemands la confisquèrent pendant l'Occupation. L'ayant au début arrangée pour la rendre plaisante, accueillante, elle va s'imprégner des lieux et les imprégner de la présence de ses personnages : en faire le théâtre naturel de son monde intérieur. Elle dira, dans *Les lieux de Marguerite Duras* avec Michelle Porte, qu'elle n'en a jamais autant habité un que celui-là. « C'est un petit peu comme si j'y étais née quand même, ici, je l'ai tellement faite à moi que j'ai le sentiment que cette maison m'appartient depuis... depuis avant moi, depuis avant ma naissance. » Les fenêtres sur le parc, l'étang, la forêt, l'école toute proche. Le village est un prolongement de la maison. Elle sort tout le temps, le jour, la nuit. Avec Jarlot, elle fait des grandes virées nocturnes dans les cafés et boit au comptoir jusqu'à tomber. Avec Jarlot un jour, en plein après-midi, elle a fait l'amour en bas sans tirer les rideaux. Des jeunes du village la regardaient. Elle a levé les yeux. Elle les a vus. Jamais elle ne les oubliera. Pendant longtemps elle dira avoir eu envie de les tuer.

Jarlot aime la maison. Il lui propose même de quitter Paris et de vivre avec elle, tous deux enfermés à Neauphle-le-Château. Quelle horreur, a dit Marguerite, qui ouvre sa maison chaque fin de semaine et pendant les vacances aux amis de toujours : Robert et Monique Antelme, Dionys et sa femme Solange, Edgar Morin, Louis-René des Forêts et les autres... tous les autres. Dionys prend possession du parc : excellent jardinier, il cultive pivoines et roses anciennes et réussit à créer un jardin enchanté qui, après une brouille, sera laissé à lui-même. « Les roses continuèrent à pousser. Il y a en ce moment quatre-vingt-dix mille roses et ça me tue [132] », écrira Marguerite qui n'a jamais eu la main verte. À Neauphle, il y a aussi des chats, beaucoup de chats abandonnés qui viennent quémander. Il y a des coussins, beaucoup de coussins sur les divans, des tables, beaucoup de tables, des fleurs séchées, des fleurs fanées — ici comme rue Saint-Benoît, c'est un principe, on ne jette pas les fleurs à la poubelle —, des napperons brodés, des petites lampes dépareillées trouvées sur les marchés chez les brocanteurs où Marguerite aime faire des virées. Il y a des armoires bleues où elle range des manuscrits dont elle oublie l'existence. Il y a des lumières qu'on laisse allumées toute la nuit, des lits défaits dans la journée, un piano désaccordé sur lequel tout le monde peut venir jouer et qui sera filmé dans *Nathalie Granger*. De l'extérieur, on dirait une ferme. À l'intérieur, elle donne la sensation d'une maison de villégiature où tout paraît léger : les meubles en rotin — touche d'exotisme colonial — et la couleur pastel des tissus. Chacun choisit sa pièce : celle du piano, de la cheminée, de la salle à manger, toutes en enfilade. On entend les oiseaux de la forêt, les cris des enfant à la sortie de l'école, les échos de la route nationale. Au printemps, on peut assister au fleurissement foudroyant des pivoines, l'hiver marcher dans le brouillard le long de la Mauldre. « On peut marcher dans cette maison dans toute sa longueur. Oui, on peut aussi y aller et venir. Et puis il y a le passé. Là, il y a les arbres millénaires et les arbres encore jeunes. Et il y a des mélèzes, des pommiers, un noyer, des pruniers, un cerisier. L'abricotier est mort. Devant ma chambre, il y a ce rosier fabuleux de l'homme atlantique. Un saule. Il y a aussi les cerisiers du Japon, les iris. Et, sous une fenêtre du salon de musique, il y a un camélia, planté pour moi par Dionys Mascolo [133]. »

Pourtant, Marguerite, à la fin de sa vie, ne venait plus que comme une visiteuse à Neauphle, passer un après-midi ou une soirée ; puis elle repartait. On aurait dit qu'elle avait peur de toutes les présences dont elle avait peuplé sa maison et qu'elle était, elle, maintenant de trop, importune, déplacée, en tout cas pas invitée à la table du banquet. Marguerite préférait alors la mer, l'immensité des plages à la marée descendante, le sable gris, la mer et le ciel unis. Elle avait eu le coup de foudre d'abord pour Deauville, du temps où elle était étudiante. Elle y était allée en 1924 dans son cabriolet Ford décapotable au moment où elle venait de déposer le titre de la thèse de droit qu'elle ne soutint jamais. Deauville lui apparut comme un lieu très étrange avec ses bâtiments du siècle passé, ses rues vides, la mer qui vient battre le flanc des grands hôtels, des terrains vagues en friche. Tout de suite, elle aima ce coin de la côte, cette transparence de la lumière, la rangée de collines. Mais ce n'est qu'en 1963 qu'elle achètera un appartement à Trouville du temps où elle vivait encore avec Jarlot. Un appartement au bord de la mer d'où l'on ne voit pas la mer. Il faut se pencher par une fenêtre pour l'apercevoir ou sortir. Mais on l'entend, elle bat comme un pouls, dit Marguerite qui descend la contempler. Enfant, elle a vécu au bord de la mer. Souvent ses personnages déambulent dans le sable et dans la nuit. Sa mère a tenté d'édifier un barrage. La mère pensait qu'on pouvait lutter contre les éléments. La petite connaîtra l'issue du combat. « La mer me fait très peur, c'est la chose au monde dont j'ai le plus peur... Mes cauchemars, mes rêves d'épouvante ont toujours trait à la marée, à l'envahissement par l'eau [134]. » De Trouville, où pour la première fois, étudiante, elle découvrit la mer occidentale, elle a fait dans son œuvre un lieu sauvage, excessif, abandonné aux vents, aux marées. Mais, vieille dame, elle y trouvera la paix et une certaine forme de sérénité ; elle y attendra Yann, le dernier homme de sa vie. « Trouville. C'est ma maison maintenant. Ça a supplanté Neauphle et Paris. C'est là que j'ai connu Yann [135]. » Trouville des étés gris, des automnes transparents, des fantasmes, des obsessions et des hallucinations légèrement maîtrisées. Là aussi viendront des amis, Bulle Ogier, Jérôme Lindon, Emmanuelle Riva. Mais Trouville, c'est aussi savoir fermer la porte, couper le téléphone, ne plus être là pour personne.

S'assurer que l'armoire est pleine de litres de rouge et de liqueurs sucrées. Attendre. S'étonner d'être encore en vie. Constater que le jour se lève encore. Neauphle puis Trouville furent les lieux de l'expérimentation de l'écriture. Marguerite y entrait dans la nuit, dans la sauvagerie de l'écriture, à la recherche de l'ombre interne. Là elle s'isolait du monde, savait abandonner ses boussoles, oublier ses idées théoriques sur l'écriture et elle avait la force alors de s'aventurer sur des territoires non encore cartographiés.

Mais, en cette année 1960, à peine quitte-t-elle la maison de Neauphle qu'elle est immédiatement happée par les tourbillons de la vie politique. « Je ne connais pas, dira-t-elle, de bonheur plus fort, plus merveilleux que de faire de la politique ou de faire la politique qu'on veut faire[136] », bonheur alors de s'engager clairement pour l'indépendance de l'Algérie. La déclaration sur le droit à l'insoumission concrétise la résistance intellectuelle déjà engagée par les collaborateurs de la revue *Le 14 Juillet*. Bonheur unique, dira aussi Dionys[137], bonheur d'éprouver la force d'être ensemble, d'envisager un avenir révolutionnaire, de lutter contre la confiscation de la liberté de pensée. Marguerite se retrouve dans les vertus et les joies d'une pensée et d'une action collectives où elle s'engage pleinement. Le Manifeste des 121, qui fut un des actes de résistance intellectuelle les plus importants contre l'« Algérie française » en effet, était bien l'expression d'une collectivité. Même au temps de l'affaire Dreyfus, les intellectuels avaient à leurs côtés certains hommes politiques, des associations, quelques relais d'opinion. Rien de tel en 1960, rappellera Dionys Mascolo, qui en fut un des principaux instigateurs avec Maurice Blanchot. La nation entière était alors plongée dans un malaise auquel aucune des instances du pouvoir et du savoir, aucune organisation politique, aucune institution morale ou culturelle ne tentait d'apporter une réponse[138]. Les signataires se découvrirent, presque à leur propre surprise, comme la seule autorité existante...

Avant la rédaction du Manifeste, Dionys et Marguerite avaient concrètement apporté leur soutien à ceux qui luttaient pour la cause de l'indépendance de l'Algérie : ainsi dans la cheminée de la rue Saint-Benoît, ils avaient tous deux caché de l'argent du FLN ; ils avaient porté des valises, hébergé des gens recherchés. Madeleine Lafue-Veron, qui était alors avocate au barreau de Paris, militante pro-FLN, longtemps inculpée d'atteinte à la sûreté de l'État et étroitement surveillée, se souvient que, chaque fois qu'elle avait un « service » à demander à Marguerite, celle-ci le rendait sans hésiter. Son appartement était une plaque tournante. « On avait beaucoup de fonds rue Saint-Benoît, on livrait ces fonds dans Paris. J'étais un porteur de valises. Et j'ai un souvenir panique de cela, j'étais suivie, perquisitionnée », dira Marguerite à Luce Perrot.

De nombreuses discussions précédèrent la rédaction du manifeste. Le troisième numéro du *14 Juillet* avait publié une enquête auprès des intellectuels sur un questionnaire établi par Schuster, Breton, Blanchot et Mascolo. Il s'agissait en fait déjà d'un appel à la résistance. Quinze ou seize versions de ce texte circulèrent en mai et en juin 1960. C'est Maurice Blanchot qui proposa le titre définitif *Déclaration sur le droit à l'insoumission dans la guerre d'Algérie* à la place d'*Adresse à l'opinion*, comme l'atteste la lettre qu'il envoya le 26 juin 1960 à Dionys Mascolo :

> Insoumission, ce mot même peut paraître restrictif. On pourrait compléter et dire plus brutalement : droit à l'insoumission et à la désertion dans la guerre d'Algérie. Mais insoumission me semble à la rigueur suffire. L'insoumission est le refus d'assurer les devoirs militaires. À partir de là, cette attitude peut se spécifier en différentes conduites — déserter — déserter de l'intérieur — déserter à l'étranger, déserter devant l'ennemi, déserter à l'ennemi. Ce terme général n'exclut aucune de ces déterminations qu'elle rend — au contraire — possibles. Ce titre aura, je le crois, l'avantage de dire tout de suite de quoi il s'agit[139].

Le texte circule en France puis en Europe. Début juillet, alors qu'il a reçu seulement l'accord d'une vingtaine de personnes, il est considéré comme définitif. Ronéotypé à deux cents exemplaires, il est alors communiqué jusqu'à la fin du mois d'août de personne à personne avec la liste des premiers signataires où Marguerite figure en compagnie de André Pieyre de Mandiargues, Tristan Tzara, Alain Robbe-Grillet, Jean-Pierre Vernant, Jérôme Lindon, Christiane Rochefort, Simone de Beauvoir, Arthur Adamov et bien sûr Maurice Blanchot, Robert Antelme, Dionys Mascolo et Gérard Jarlot. Elle s'emploie à contacter des personnalités qui le signeront et le diffuseront. Parmi elles, Jean Daniel, alors à *L'Express*, qui se souviendra de la scène[140] : « Marguerite Duras a débarqué un jour dans mon petit bureau de

L'Express, avec une autorité pleine de charme. Elle était flanquée de Dionys Mascolo, masque grec, crinière de statue du dieu Hermès, taciturne et distant. Marguerite me dit que le texte qu'elle va me faire lire est dans la suite logique de tout ce que j'ai écrit sur l'Algérie et qui a influencé la plupart des signataires. Elle s'inquiète de savoir comment je peux faire la navette entre l'état-major du FLN, qui se trouve à Tunis, et toutes les villes d'Algérie où l'armée française réprime les maquisards. Elle sait tout de mon désaccord avec Camus sur l'Algérie. Je lui dis " vous ", elle me tutoie : " Cela a dû être très dur pour toi, tu l'aimais tellement. " Je confirme que j'ai aimé en effet passionnément Camus. Elle se tourne vers Mascolo et elle dit : " Nous l'aimions tous. Surtout Robert. " Le Robert dont elle parle, c'est bien sûr Antelme, qui était allé porter le premier manuscrit de Marguerite Duras à Camus. C'est Robert Antelme qui avait dit à Camus : " Si on ne retient pas son livre, Marguerite est capable de se suicider. " Je prends le texte qui est celui du Manifeste des 121. J'évoque aussitôt la façon dont mes amis d'Alger, les Français progressistes, le liront. Insoumission ? D'accord, mais peut-on abandonner les Français d'Algérie, le million d'hommes, de femmes, d'enfants, et les laisser à la merci des actes de terreur du FLN ? L'indépendance, cela se négocie. Je dis à Marguerite que je signerai le manifeste s'il y a quelques lignes pour évoquer le sort de ces Français qui ne sont responsables ni de la colonisation ni du racisme. Marguerite est déconcertée. Elle me demande si j'ai de la famille en Algérie. Oui, j'en ai. Mais ce n'est pas seulement cela le problème. Elle me dit : " Donne-moi un instant. " Elle s'isole avec Mascolo. Pas assez cependant pour que je n'entende pas ce qu'elle affirme. Elle dit à Mascolo qu'elle me comprend. Qu'elle est bien placée pour savoir qu'on ne peut pas mettre dans le même sac tous les Français des colonies. Qu'elle a connu en Indochine des familles entières qui étaient très proches des nationalistes et des révolutionnaires. Elle revient vers moi : " Nous sommes d'accord. Rédige toi-même les quelques phrases que tu souhaites. " Elle m'embrasse. Mascolo ne dit pas un mot. Il me tend à peine la main. Deux jours passent. Marguerite me rappelle au téléphone. Impossible de modifier le texte. Dionys a remis le nouveau manifeste à Sartre, qui a dit : " Montrez cela au Castor ", et le Castor n'en a pas voulu. Dionys a décidé que le texte serait maintenu en l'état. Le temps presse, on ne peut plus revenir en arrière. Marguerite regrette. Elle insiste pour que je signe tout de même. Je refuse. Elle répète qu'elle me comprend. Par la suite, chaque fois qu'elle évoquera cette scène, ce sera pour m'approuver. Jean Cau m'apprendra que Marguerite a plaidé avec ferveur, mais en vain, la cause des Français d'Algérie auprès des premiers signataires. »

« C'était génial, ce truc-là. Magnifique. On ne pouvait pas ne pas le signer sans prendre un retard, un retard considérable sur l'Histoire. Et cela a marqué tout le monde, y compris ceux qui ne l'ont pas signé », déclarera-t-elle en octobre 1985 [141]. La signature du manifeste entraîne des mesures répressives. Après les insultes, viennent les décisions au Conseil des ministres. Ceux qu'on appelle les « propagandistes de la désertion » sont désormais interdits des ondes et des écrans de la RTF, ainsi que des scènes des théâtres subventionnés. Malraux, ministre de la Culture, rend publique une circulaire destinée « à refuser l'aide financière de l'État à tout film faisant appel à la collaboration d'un artiste signataire du manifeste ». Ces mesures, interprétées comme arbitraires, provoquent l'inverse de l'effet voulu : l'audience du manifeste s'élargit en France et trouve un retentissement important à l'étranger. L'agitation est à son comble lors de la préparation du procès Jeanson, qui s'ouvre devant le tribunal militaire le 5 septembre 1960. Francis Jeanson, auteur d'un livre intitulé *L'Algérie hors la loi*, publié en 1955, collaborateur des *Temps modernes*, a noué les premiers contacts avec le FLN dès 1956 et organise autour de lui un réseau clandestin qui s'occupe d'hébergement, d'assistance et de collecte des fonds du FLN. À Paris, des rumeurs de putsch circulent. Jeanson s'est réfugié en Suisse et Marguerite, comme ses camarades de l'opposition de gauche, pense que le fascisme est à nos portes. À droite, certains condamnent comme illégal l'abandon de la souveraineté française en Algérie. Un contre-manifeste d'intellectuels circule. Signé notamment par Henri Bordeaux, Pierre Gaxotte, il stigmatise l'attitude criminelle de « ces professeurs de trahison », coupables d'aider le traître à la patrie Francis Jeanson et lui demandent de comparaître. Le procès Jeanson attise les passions et donne lieu à de violents affrontements. Roland Dumas se souvient que les gens faisaient la queue des heures durant pour pouvoir assister aux séances. Ils se rendaient au tribunal comme s'ils allaient au théâtre. Les inculpés ne nient pas les accusations dont ils font l'objet mais souhaitent élargir le débat à l'ensemble du conflit. Des témoins de moralité sont cités par la défense. Parmi eux, Jean-Paul Sartre qui envoie une lettre qui sera lue à l'audience. Une vingtaine d'autres, dont Claude Roy, Jean Pouillon, Nathalie Sarraute, Claude Lanzmann, Jérôme Lindon, viennent déposer à la barre[142]. Marguerite, dans l'impossibilité physique de venir témoigner, a fait porter à l'avocat des signataires, Roland Dumas, cette lettre qu'il lit à l'audience :

« Pour Maître Roland Dumas Mardi 20 septembre 1960

Cher Maître,

Je suis dans l'obligation de partir aujourd'hui en Haute-Loire conduire mon fils au collège.

Voici mon témoignage que je vous prie de communiquer à Monsieur le Président et Juge du Tribunal des Forces Armées de Paris :

Je tiens avant tout à saluer fraternellement les hommes et les femmes qui se trouvent dans le box des accusés.

Je tiens à affirmer à nouveau, aujourd'hui, la position que j'ai prise en signant la Déclaration sur le Droit à l'Insoumission dans la Guerre d'Algérie. Je tiens à en répéter les termes derniers : je respecte et je juge justifié le refus de prendre les armes contre le peuple algérien. Je respecte et je juge justifiée la conduite des Français qui estiment de leur devoir d'apporter aide et protection aux Algériens opprimés au nom du peuple français. Je considère que la cause du peuple algérien, qui contribue de façon décisive à ruiner le système colonial, est la cause de tous les hommes libres.

Autant que le tribunal, sans doute, je déplore les horreurs de la guerre. Mais, puisque c'est bien d'une guerre qu'il s'agit, à l'esprit de qui viendrait-il que la France puisse se réserver pour elle seule le privilège des horreurs de la guerre ?

Cette guerre est tout entière horrible. Mais dans cette guerre, une seule des parties en présence a le droit de son côté. Lorsque sous les coups et le mépris ancestral du maître l'esclave s'est rebellé, et qu'il en est venu à répondre par des coups lui aussi, qui est coupable de la violence ainsi créée ? Qui pourrait dire que ce n'est pas le maître ? Et si le maître est tué, qui pourrait dire que le maître n'est pas lui-même responsable de sa propre mort ?

Quel sens aurait l'objection qui consisterait à dire : « Vous n'êtes pas allée en Algérie » ?

Je n'ai pas été en Allemagne pendant la guerre et je sais pourtant, comme beaucoup qui n'y sont pas allés non plus, qu'il y a eu des camps de concentration. Je sais aussi qu'il y a eu des tueries à

Madagascar en 1947 (80 000 morts malgaches) et qu'il y a eu des tueries dans le Constantinois en 1945 (45 000 morts).

Je suis née dans l'Indochine, alors française. Et je me souviens de ce qu'il en était des paisibles communautés colonialistes de nos grands-pères.

À la base, il s'agit toujours des mêmes conduites de mépris. C'est là-dessus que se fonde toujours l'oppression.

Comment supporter éternellement le mépris ?

D'autres peuples, pour la joie de tous les civilisés du monde, sont parvenus, dans la paix, à accéder à la dignité.

La conquête de cette simple dignité, qui lui est encore refusée, a coûté jusqu'ici au peuple algérien proportionnellement autant de morts que la guerre de 1914 en a coûté à la France.

À combien de morts estimera-t-on que le peuple algérien a bien fourni la preuve qu'il veut être libre ?

Marguerite Duras

Me Dumas conclut ainsi sa plaidoirie à l'adresse des juges militaires : « Je vous demande de faire en sorte que, dans quelque cent ou cent cinquante ans, quand on parlera de vous, on puisse dire de vous : " Ils ont été compréhensifs, sans que l'on puisse savoir à quels sentiments ils ont obéi, si c'était au sens de l'honneur ou au sens de l'histoire. " » Le verdict est de quatorze condamnations à dix ans de prison, trois autres peines, neuf acquittements. Marguerite se redécouvre résistante au cours de cet épisode et utilise le mot. Sa haine envers de Gaulle, déjà forte dès la Libération, s'en trouve singulièrement renforcée. De Gaulle était, à ses yeux, non seulement un dictateur mais aussi un menteur. Sur la guerre d'Algérie, l'histoire lui a donné tort. Elle se donne raison. De Gaulle, pour elle, fut le liquidateur de la Résistance, l'homme qui a dissous les milices patriotiques en 1945. Il restera à ses yeux non l'homme qui fit la paix en Algérie mais le machiavélien lucide qui, de concession en concession, et par souci de stratégie personnelle mentit à tous et à lui-même dans l'unique souci de se maintenir au pouvoir.

Pour Dionys Mascolo, Jean Schuster et Maurice Blanchot, la déclaration des 121 n'était qu'un commencement. Devant l'échec de la revue *Le 14 Juillet* qui, faute de moyens, dut s'arrêter, il était nécessaire de trouver un journal nouveau pour dire les vérités nouvelles. C'est ainsi que naquit, début 1961, le projet d'une *Revue internationale* avec une rédaction à la fois italienne, allemande et française. En Italie, Elio Vittorini, Pier Paolo Pasolini, Italo Calvino, Alberto Moravia, et en Allemagne, Martin Walser, Günter Grass, Ingebarg Bachmann donnent très vite leur accord et rejoignent le comité français où travaillent déjà activement Maurice Blanchot, Dionys Mascolo, Louis-René des Forêts, Maurice Nadeau, Roland Barthes, Michel Leiris et bien sûr Marguerite qui ne ménagera pas ses efforts pour que la revue paraisse. Malgré l'ambition affichée et l'ardente volonté de ces intellectuels européens engagés et fervents, la revue, sous le nom de *Gulliver*, ne vécut qu'un seul numéro, et encore ce numéro ne vit-il le jour que dans sa version italienne, insérée elle-même dans les pages d'un journal qui accepta de l'héberger le temps d'un numéro... Faute de financement et de relais, la revue mourut avant d'avoir vécu. Les articles, soigneusement rangés par Dionys, ne parurent jamais. Mais les discussions rue Saint-Benoît et les débats qu'elle occasionna furent les signes avant-coureurs de l'esprit contestataire de 68, en quelque sorte son prégénérique...

Marguerite cependant a besoin d'argent. Elle en a emprunté beaucoup à Dino de Laurentis pour acheter Neauphle. Elle tire le diable par la queue, n'arrive pas à boucler ses fins de mois. Gaston Gallimard lui propose de publier en livre le scénario d'*Hiroshima*. Gênée, elle lui répond le 23 décembre 1959 : « Il est entendu qu'*Hiroshima mon amour* est pour vous si je me décide à le publier en accord avec Alain Resnais. La question pour nous est de vaincre comment vous dire ? une certaine impudeur : le script a vraiment été fait pour nous seuls : Resnais, les acteurs et moi, et le donner au public nous gêne un peu, surtout à cause du succès du film. C'est comme si on livrait un secret, une histoire d'amour, tout de suite après qu'elle eut pris fin. » Finalement, pour des raisons financières elle s'y résout.

Sollicitée par de nombreux producteurs de films, après le succès d'*Hiroshima*, Marguerite écrit avec Gérard Jarlot *Une aussi longue absence*, cette histoire tirée d'un fait divers qui s'est produit l'année précédente et qui a frappé Eva Jarlot : une femme d'Aubervilliers, Léontine Fourcade, a cru voir passer dans la rue son mari, un ancien déporté de Buchenwald. Le film raconte la confrontation d'une femme avec un clochard dont elle va tenter de réveiller la mémoire. Jarlot construit l'histoire et Marguerite s'attache à décrire les marques de la guerre dans le corps et l'âme d'une femme qui n'a jamais voulu se résoudre à accepter la disparition de l'être aimé. Toujours et encore la guerre, l'obsession de cette guerre : Marguerite, dès qu'elle le peut, revient sur cette période. Remords, regrets, sentiment de culpabilité ? Marguerite, bien avant la publication de *La douleur*, est traversée par le désir d'expliquer, de comprendre, de rendre compte. Pour réaliser le film, elle pense à Henri Colpi qui fut avec Jasmine Chasney le monteur d'*Hiroshima*. Le 10 mars 1960, elle appelle Colpi qui lui donne son accord. Le 11 au matin, elle trouve un producteur en la personne de Raoul Lévy et, le soir même, Resnais l'encourage.

Elle rédige très vite pour l'équipe un résumé du scénario. « Une femme a cru reconnaître, dans un clochard qui passait devant chez elle, son mari déporté en Allemagne en 1944. Ce clochard avait perdu la mémoire, cette femme était la seule à se souvenir du couple qu'ils avaient formé. Il s'est trouvé que le clochard a consenti à accepter d'être le mari de cette femme jusqu'au jour où il a tenté de se jeter sous un autobus sans donner de raison à cet acte. Il a été enfermé à Sainte-Anne. Peu en a importé à sa femme. Elle a continué à aller voir à Sainte-Anne celui qu'elle tenait pour son mari, pour toujours. » Le scénario s'attache à décrire les mille et une ruses que déploie cette femme pour faire revenir vers elle cet homme dénué du sens du temps : chaleur de l'étreinte, douceur de la voix. Plus elle l'assiège, plus il s'enferme dans sa forteresse sans passé. Lui, l'homme du fleuve, l'homme de la boue, l'homme des détritus et de la ferraille, vivant dans une cahute de fortune au bord de la Seine, n'a besoin de rien ni de personne. Hors d'atteinte dans son bonheur d'imbécile heureux, il n'éprouve même pas le désir de faire semblant de la reconnaître pour changer de vie, retrouver un toit, une identité, une raison sociale. Rien ni personne ne l'arrêtera dans sa fuite éperdue et dans son contentement de n'être personne. « L'objet du film, a dit Duras, était de montrer l'impossibilité de coexistence de la mémoire et de l'oubli. » Le dernier manuscrit du scénario témoigne de la collaboration active des deux auteurs. Jarlot a pris en charge le découpage ultime, Marguerite la psychologie des personnages et des dialogues.

Mais Henri Colpi ne reprendra pas la totalité du scénario. Le film sera interprété — admirablement — par Alida Valli et Georges Wilson et, aujourd'hui encore, même s'il garde l'empreinte nostalgique d'un film néoréaliste à la française où les effets semblent un peu trop appuyés et la musique un peu démonstrative, il se regarde avec plaisir. Le film est bien accueilli par la critique qui souligne l'élégance du scénario et le talent très sûr des comédiens, à l'exception de *Combat*, qui le trouve prétentieux, ennuyeux et surfait. Jean de Baroncelli, dans *Le Monde*, écrit : « C'est un film que j'aime. Certains l'ont trouvé assommant. Mais il fallait ce martèlement, ce piétinement. » Colpi se rappelle que Marguerite ne vint jamais au tournage et qu'elle assista à quelques séances de montage mais sans intervenir. Elle considéra plus tard ce travail comme une commande et évoquait son rôle comme celui d'une technicienne plus que d'un auteur. Si elle se réjouit du succès du film qui obtint la consécration au festival de Cannes, palme d'or avec *Viridiana* de Luis Buñuel — décidément Marguerite porte bonheur aux cinéastes —, elle s'interrogeait sur sa facilité à rapidement rédiger des scénarios au lieu de se consacrer entièrement à sa propre écriture. Mais comment faire pour vivre ? Ses romans ne se vendent pas assez pour que la maison Gallimard lui consente d'autres avances ? À sa demande, celle-ci, le 30 juin 1960, fait un tableau récapitulatif de l'état de ses livres :

La vie tranquille : 11 000 disponibles
7 087 vendus
Un barrage contre le Pacifique : 8 000
5 935
Le marin de Gibraltar : 5 000
2 648
Les petits chevaux de Tarquinia : 5 000
2 023
Des journées entières : 3 000
929
Le square : 3 300
2 320

Alors elle accepte la proposition que lui fait Peter Brook de signer l'adaptation et les dialogues de *Moderato*. Mais elle pose la condition de cosigner avec Jarlot. Proposition acceptée par la production. Comme toujours, Marguerite ne fait rien à moitié et remet entièrement en chantier la matrice du roman. Contrainte de donner à l'histoire une unité de temps, elle décide que la rencontre entre Chauvin et Anne Desbaredes se déroulera en cinq jours. Elle dote d'une identité et d'une histoire la femme trouvée morte dans le café à l'ouverture du roman : « Elle habitait derrière l'arsenal. Mariée depuis dix ans. N'avait jamais fait parler d'elle. » Et surtout elle imagine Anne Desbaredes, ce fantôme de féminité qui hante ce café et tente Chauvin. Dans les notes préparatoires au scénario qu'elle rédige, elle la décrit comme « la femme la plus riche de la ville, la plus discrète aussi. Dans un ennui fondamental recouvert par l'habitude ancestrale de son milieu [143] ». Elle est en partance, Anne Desbaredes, elle veut quitter son milieu, son mari, sa maison et même sa ville : « J'irai habiter une ville sans arbres et sans vent. Ici il y a toujours du vent, tous les oiseaux ou presque sont des oiseaux de mer qu'on trouve crevés après les orages et quand l'orage cesse, on entend crier les arbres sur le fleuve comme des égorgés. Ça empêche de dormir. » Duras choisit comme cadre du récit la ville de Blaye à cause de la proximité de l'estuaire de la Gironde, de l'immensité de son quai. Blaye la ville de province par excellence où chacun se cadenasse chez soi à partir de huit heures du soir et où les ragots vont bon train. Anne Desbaredes y joue son honneur. Elle n'en a que faire. Elle devient la risée de la ville. Elle se fait chasser par Chauvin mais elle revient. Peu importent les apparences. Le dégoût qu'elle inspire l'indiffère.

— Que voulez-vous de moi ?
— Rester là. Ce sera à vous de décider.

Elle se donne à Chauvin, impudique et bestiale. Anne Desbaredes, dans le scénario du film, à la différence du roman, est une dévoreuse d'hommes. Elle les cherche partout dans les usines, dans les rues, sur le port. Elle veut s'offrir à eux avec le consentement implicite de son mari. Corps traversé par des émois successifs, elle récuse les convenances qu'implique son statut de femme mariée. À Chauvin, elle dit : « Je crois que je n'étais pas faite pour de longues durées de bonheur mais de très courts instants auprès de certains hommes. Je ne le sais que depuis que je vous connais. »

Quatre fins sont rédigées : le mari reprend Anne et l'emporte loin de Chauvin dans une grosse automobile noire (déjà annonciatrice de *L'amant* ?), Chauvin tente de l'étrangler, Chauvin quitte la ville, épouvanté par l'effrayante douceur de cette femme, Anne Desbaredes songe à se suicider... Dans les quatre récits, le thème prégnant de l'ensommeillement du corps et de l'âme d'Anne Desbaredes subsiste :

Anne, détentrice d'un secret qu'elle ne connaît pas, abandonnée à la sauvagerie de sa féminité, préfigure Lol V. Stein. « Elle regarde autour d'elle avec ravissement. Innocente à désespérer », écrit Marguerite dans l'ultime version. Huit manuscrits seront finalement nécessaires pour achever, comme elle le souhaitait, cette adaptation de son propre roman. Marguerite avait eu tendance à fanfaronner avant de se mettre à la tâche. Comme c'était la première fois qu'elle adaptait un de ses textes, la dénaturation du récit et la nécessité de donner certains traits de caractère aux principaux personnages lui apparurent, au début, comme des difficultés insurmontables. Marguerite, en effet, dans ses romans, ne raconte pas d'histoires. Le texte entier est une esquisse d'histoire suspendue au style et à l'attraction des personnages entre eux. Marguerite place ses personnages comme un marionnettiste puis construit le récit à partir de ce qui pourrait advenir entre eux : le plus souvent une atmosphère et rarement une action. On est toujours au bord des choses. À la limite même. Tout pourrait arriver mais justement rien ne se passe. Elle dispose d'une petite machinerie initiale, indispensable à la constitution d'un univers, mais l'attente et l'effacement demeurent ses deux grands thèmes de prédilection. Ainsi note-t-elle au cours de sa recherche les « ingrédients » nécessaires à conserver pour pouvoir ensuite les mélanger :

— la ville (dans la Manche aussi bien)
— enfant piano toujours
— Diabelli toujours
— Anne Desbaredes toujours
— le crime
— l'homme
— le café
— Anne et l'homme et le vin
— et l'enfant dehors sur le quai

Le film ne sortit que deux ans plus tard. Marguerite le récusera malgré l'admiration, l'estime et l'amitié qu'elle a pour l'actrice principale, Jeanne Moreau. Pour elle, le responsable du désastre est le réalisateur. Peter Brook n'a rien compris, dira-t-elle à plusieurs reprises. Ce film qu'elle n'aime pas l'encourage à passer de l'autre côté de la caméra.

Pour le moment son seul souci est de revenir au roman. D'être face à soi-même et de continuer à se mettre en péril. Dans sa tête, les idées se bousculent. Elle a besoin de temps pour démêler, transcrire. De plus en plus, elle ne se vit que comme la traductrice de ce qui l'habite intérieurement et non comme une créatrice de formes, qui renouvelle le langage. Dans un entretien important qu'elle accorde à Jean Schuster [144], devenu l'ami intime de Dionys et le visiteur du soir de la rue Saint-Benoît, elle retrace l'évolution qu'a connue sa conception de l'écriture. Tout le monde est écrivain, dit-elle et ne cessera-t-elle de répéter. La seule question est : comment est-il possible de ne pas écrire ? Cette fonction « écrivante » est pour elle une donnée naturelle. « Je vois que tout le monde écrit — que ceux qui n'écrivent pas écrivent aussi. Tout le monde peut devenir écrivain comme tout le monde peut devenir électricien. » Car, en chacun de nous, vit un « être pilote » qui s'intègre à notre « arrière-personne ». Cet être pilote n'est pas la conscience mais plutôt une « post-conscience » qui contient à la fois ce que nous avons déjà vécu et l'appréhension du réel. Nous possédons tous ce qu'elle appelle « une communauté intérieure ». C'est là que l'écriture vient puiser. Pour qu'il y ait écriture, il faut qu'il y ait décalage avec la vie réelle : « Déformer la réalité jusqu'à la faire plier aux exigences essentielles de l'histoire du moi. » Mon être écrivain me raconte ma vie et j'en suis le lecteur. Mon être historien déforme, chasse, classe, rompt. Mon être raisonnement fait tenir les morceaux du moi ensemble « afin que l'événement soit vivable par moi, pour moi et qu'il puisse rejoindre la foule interne du moi ». L'« être pilote », lui, vit et agit dans une région que Marguerite Duras appelle alors l'« ombre interne », plus tard le bloc noir, là où se situent les archives du soi.

Marguerite s'est toujours tenue éloignée de la psychanalyse, même si elle a lu plusieurs fois *L'interprétation des rêves* de Freud, et entretenu des liens d'amitié avec Jacques Lacan, qui était, justement à cette époque, un ami et un habitué de la rue Saint-Benoît. Il écrira d'ailleurs un texte remarqué, à l'occasion de la publication du *Ravissement de Lol V. Stein*, qui contribua à élargir son public et à augmenter sa notoriété. Duras n'a jamais employé le mot inconscient qu'elle ne refusait d'ailleurs pas. Mais la plier à une grille d'interprétation psychanalytique serait la réduire et la caricaturer. Les « signes » abondent, mais ce décodage apparaît comme un jeu de piste trop balisé pour quelqu'un qui sans cesse brouille les significations, pervertit l'idée même du sens, réinvente en chemin sa propre vie et, à partir de nombreuses influences, bricole plutôt que construit, au gré de ses rencontres et de ses lectures, sa propre écriture. Marguerite est une éponge. Certains le lui reprochèrent : elle fait du Beckett pour Lindon, du Sartre pour *Les Temps modernes*, du Hemingway, puis du Dos Passos pendant un certain temps pour Gallimard. Raymond Queneau n'aimait pas *Le marin de Gibraltar*, trop inspiré de la littérature romantique. Il ne s'est pas privé de le lui dire, de lui démontrer pourquoi. Elle a pleuré mais elle a refusé de rien changer. Elle s'est laissé beaucoup influencer, on l'a vu, par Vittorini, qu'elle a ensuite délaissé au profit de Maurice Blanchot et de Georges Bataille. L'écriture est un art dangereux, fait d'abandon et d'obscurité. Duras, l'impudente Duras, celle qui plus tard dira tout et n'importe quoi, apparaît déjà là, dans ce dédoublement d'elle-même. La Duras policée, civilisée, l'historienne, celle qui cadenasse et qui empêche, celle-là, elle décide déjà de l'enterrer pour laisser surgir la Duras déchiffreuse, onirique, méditative, en attente... Médium du réel, dira son amie Madeleine Alleins. « Je suis absolument sûre qu'écrire c'est se laisser faire par cette personne qui n'apparaît qu'à la table de travail, la visiteuse qui est : le livre », lui dira-t-elle[145]. Les écrivains sont tous des raccommodeurs de l'ombre interne, des personnes qui ont accepté de se dépeupler. Rimbaud a cherché de l'or après avoir cherché l'indicible ; il a accepté de laisser mourir son ombre interne dans le cercueil du moi.

Considérée et reconnue dans le milieu littéraire dont elle se dit exclue, elle est élue en 1960 membre du jury du prix Médicis où elle succède à Pierre Gascar. Elle y siégera pendant six ans en compagnie notamment de Félicien Marceau, Nathalie Sarraute, Alain Robbe-Grillet et Claude Roy, avant d'en démissionner avec Nathalie Sarraute et Claude Roy parce que « l'institution fait passer l'intérêt du prix avant celui du livre ». Elle a cru pouvoir agir contre ce qui existait, et restera fière que le Médicis ait pu couronner Claude Ollier et Monique Wittig. Mais ce n'est pas assez pour laver les erreurs, dira-t-elle après sa démission[146]. Il n'y aurait eu qu'une erreur en six ans que le prix serait douteux. Dix personnes ensemble qui ont en commun le seul goût de la bonne littérature forment un salon ; même les querelles y sont mondaines, affirmera-t-elle. En attendant, Marguerite fait partie intégrante des cercles d'une certaine mondanité littéraire. Elle est célébrée par des critiques prestigieux et à la mode dans les milieux cinématographiques d'art et essai. Elle a une haute idée de son écriture et ses amis et ses éditeurs ne peuvent plus lui adresser la moindre critique, la moindre remarque. Cela se passe entre elle et elle : « J'écris pour me déplacer de moi au livre. Pour m'alléger de mon importance. Que le livre en prenne à ma place. Pour me massacrer, me gâcher, m'abîmer dans la parturition du livre. Me vulgariser. Me coucher dans la rue. Ça réussit. À mesure que j'écris, j'existe moins. »

Elle écrit de plus en plus. Six textes en quatre ans. Théâtre, scénarios, mais aussi romans : *L'après-midi de Monsieur Andesmas* et *Dix heures et demie du soir en été*.

Faut-il voir dans *Dix heures et demie du soir en été* l'écho de la jalousie qui commence alors à gangrener son histoire avec Jarlot ? Au début du roman, un couple se retrouve dans une bourgade d'Italie coincé dans un hôtel pour cause d'orage. Avec eux leur enfant — une petite fille belle à en mourir, craintive, fragile, inquiète comme si elle connaissait déjà le destin de l'amour entre ses parents — et une amie. Duras décrit l'odeur moite de la terre après la pluie, le mouvement des nuages, l'atmosphère de cet hôtel transformé en refuge, l'orage qui gronde. Et puis survient le crime. Un crime est une signature pour Duras. Ce crime est évidemment un crime d'amour. Le meurtrier s'appelle Ricardo Paestra. Son nom sera invoqué à de nombreuses reprises au cours du récit. Dans son nom même se trouve enclos son secret. Sur l'échiquier des passions mortifères, Duras a placé deux femmes, un homme désiré par ces deux femmes et un mort vivant, Ricardo Paestra. Les deux femmes s'aiment et s'estiment. Maria aime Claire qui aime Pierre. Maria sait que Pierre va faire l'amour avec Claire. Maria devance le désir des futurs amants et prépare la scène d'amour. Duras utilise ce trio infernal emprunté à la comédie bourgeoise la plus éculée qu'elle détourne et mène de main de maître. Pas de tromperie ici entre un homme et une femme mais un échange entre deux femmes. Pas de rupture, juste un léger pincement au cœur. Qui aime qui ? Qui sont les véritables amants ? Ce n'est pas Pierre qui trompe sa femme avec son amie mais Maria qui trompe le père de son enfant avec l'alcool. La scène qui ordonne le récit est celle où Maria, en pleine nuit, aperçoit sur un toit le criminel qui a tué par amour et où, derrière elle, Pierre commet l'infidélité. Elle se voit elle-même y assistant, y consentant presque, tant elle se trouve dans l'incapacité d'intervenir. Aurait-elle envie de le tuer cet homme qu'elle aime encore, comme Ricardo Paestra a tué sa femme infidèle ? Peut-être, mais l'alcool lui brouille les idées.

Comme dans *Moderato*, l'héroïne n'assouvit son désir que dans la boisson. Un désir inextinguible. Tomber : les héroïnes de Duras tombent au ralenti dans l'ivresse pour ne se relever qu'abîmées, cassées, sans souvenir ni repères, toujours au bord de la jouissance, juste devant le précipice. L'alcool permet à Claire de déléguer son propre désir et de vivre par procuration : ainsi attend-elle avec impatience ce moment où son mari et son amie vont enfin faire l'amour. « Ça va être fait. Dans une demi-heure. Dans une heure. Et puis la conjugaison de leur amour s'inversera. Elle voudrait voir se faire les choses entre eux afin d'être éclairée à son tour d'une même lumière qu'eux et entrer dans cette communauté qu'elle leur lègue, en somme, depuis le jour où, elle, elle l'inventa, à Vérone, une certaine nuit. » L'alcool d'ailleurs va bien à Maria hormis les marques qu'il laisse sur son visage. Il n'efface pas ses divisions profondes, bien au contraire. Mais si elle ne buvait pas, elle tomberait dans la mélancolie. L'alcool lui permet de ne pas céder à la jalousie, de rester dans le champ de l'amour, sans cela elle se déshonorerait aux yeux de son mari comme à ses propres yeux. Pour la première fois un livre de Marguerite Duras évoque non le début d'un amour mais sa fin consentie sans le goût amer de la défaite et de l'humiliation. Coupables, elles se sentent toujours coupables les héroïnes de Duras. Coupables d'exister, d'avoir tant besoin de l'alcool, coupables d'être désirées ou de ne plus l'être : cela revient au même. Elles ne savent pas être à flot avec le monde : Sara des *Petits chevaux de Tarquinia*, la Française d'*Hiroshima*, Anne Desbaredes, Maria de *Dix heures et demie* : toutes quatre défaites, décomposées par l'alcool, se contentent d'amours ratées, perpétuellement dans l'esquive, la défausse. Les hommes chez Duras ne cherchent que les femmes solaires, avides de plénitude et de sérénité. Normal, donc, qu'ils se détournent inéluctablement. « C'est au moins sur son visage qu'elle le sent, qu'elle sait, qu'elle fut belle mais qu'elle a commencé à l'être moins. C'est à la façon, sans aucun ménagement dont elle passe les mains sur son visage qu'elle sait, qu'elle a accepté d'être défaite à jamais. »

L'idée d'un film fut évoquée dès l'achèvement du roman, le scénario sérieusement envisagé et Marguerite travailla tout de suite à l'adaptation. Trois versions furent rédigées. Le crime apparaissait dès l'ouverture et la critique de la conjugalité y était plus poussée. « Cela pourrait être un film muet. Le bavardage pourrait en être exclu. N'y seraient dits que les mots moteurs de l'action. L'essentiel ne serait jamais dit. Le langage se raréfie comme l'air qu'on respire [147]. » Duras lui trouva un titre : *Un homme venait de se tuer*, et souhaitait qu'il ne comportât pas de fin : le film s'arrêterait « coupé au rasoir ». Le projet fut vite abandonné. Il faudra attendre 1967 pour que le livre soit porté à l'écran dans une réalisation de Jules Dassin avec Melina Mercouri dans le rôle de Maria et Romy Schneider dans celui de Claire. À cette occasion, le livre sera réédité et Duras donnera quelques entretiens où elle rappellera que le thème principal du roman demeure pour elle la fin de l'amour et la dignité d'une femme face à cette découverte. Que faire devant une telle situation ? lui demande-t-on. « Ne pas empêcher que l'amour soit vécu car c'est encore la meilleure chose à faire ici-bas, aimer. Ne rien faire même si cela fait souffrir ? Oui. Mais il y a moyen de faire que cette souffrance soit supportable c'est d'en être l'auteur [148]. »

Dix heures et demie du soir en été fut accueilli fraîchement. Il faut dire que la production de Marguerite Duras devenait tellement abondante qu'elle commençait à attirer les sarcasmes de certains critiques. C'est toujours la même chanson que chante Piaf, c'est toujours le même livre qu'écrit Duras. Si l'on décèle une influence dans ce roman qui conserve son pouvoir d'envoûtement malgré quelques tics langagiers, et où Marguerite se caricature déjà elle-même avec quelques maladresses de style dignes des *Impudents* — la description des nuages notamment après l'orage —, c'est encore une fois vers l'auteur de *L'attente, l'oubli* qu'il faut se tourner. Maria possède un mystère au sens où Blanchot l'entend : « Mystérieux est ce qui se met à découvert sans se découvrir. » Elle est condamnée à elle-même et agit sans décision. On dit des hommes seulement que, dans l'acte sexuel, ils peuvent être impuissants. Maria, elle, incarne l'impuissance. Elle fut femme désirable, elle ne l'est plus.

Dissociée de sa féminité, elle tente désespérément, en acceptant l'infidélité de son mari, de ne pas rompre avec l'idée de l'amour. Elle réussit à sauver le criminel qu'elle emmène à l'aube dans sa voiture et qu'elle cache dans un champ. Quand l'homme s'allonge, elle découvre à côté du sexe son revolver. Elle pourrait s'approcher et, elle aussi, s'allonger. Elle préfère rejoindre sa voiture et boire jusqu'à l'ivresse en attendant l'aurore. Incandescente, Maria qui regarde le monde en sachant s'en abstraire. Turbulente, Maria qui dérange l'ordre du monde sans vraiment le vouloir ni le savoir. « Le véritable secret de Maria, écrit Duras en marge d'un de ses manuscrits, c'est qu'elle en est séparée. Plus simplement son secret, elle le tient dans une négligence égale à celle dans laquelle elle tient sa propre existence[149]. » Avec Maria qui préfigure et annonce Lol V. Stein, Duras perfectionne un type de personnage féminin. Elle n'en a pas fini avec ce tourment d'une féminité vénéneuse, comme une arme rouillée qu'on aurait toujours à sa portée et dont on ne sait si elle tuerait encore.

Marguerite se débat, encore et toujours, dans des ennuis d'argent.

16 septembre 1960

Chère Odette Laigle,

En mai, Gaston a dit à Dionys qu'il était prêt à me verser une mensualité. Mai, juin et maintenant septembre sont passés. Dionys ne veut plus s'en occuper. C'est à moi, dit-il, de le faire. Comment ?... alors puisque Gallimard se tait, je parle. J'ai besoin de cette mensualité pour me sortir des besognes de cinéma qui vont devenir alimentaires. J'en ai marre.

Marguerite obtient gain de cause : à partir d'octobre, elle sera mensualisée. Remerciant Gaston, elle prend acte de ce qu'elle ne vend pas : « C'est éprouvant à la fin tous ces livres qui jamais ne rapportent de quoi voir venir les autres livres. » Mais deux mois plus tard, *Un barrage contre le Pacifique* et *Le marin de Gibraltar* sortent en poche. Tirage : 60 000 exemplaires.

Pourquoi écrivez-vous, Marguerite Duras ? « Cette question m'est posée à chaque interview et je n'ai jamais trouvé de réponse satisfaisante. Tout le monde éprouve l'envie d'écrire non ? La seule difficulté entre les écrivains et les autres est que les premiers écrivent, publient, et que les seconds ne font qu'y penser. C'est même la seule définition dialectiquement juste de l'écrivain : un homme qui publie. Mais il y a des tas de gens qui passent leur vie à entretenir leur envie de faire un roman sans aller plus loin [150]. » Marguerite, elle, écrit beaucoup et publie tout ce qu'elle écrit. Elle travaille à un livre qui pendant plusieurs mois s'est appelé *Bien sûr, monsieur le maçon viendra*, avant de se transformer en *L'après-midi de Monsieur Andesmas*. Andesmas est la contraction de trois noms An/telme — des/Forêts — Mas/colo. Marguerite a-t-elle voulu faire un clin d'œil ironique à ces trois hommes qui lui reprochent alors de trop publier et de trop intervenir dans les journaux ? Sans doute. Marguerite n'a plus que faire de ses pères tutélaires et de ses grands frères professeurs. Tout l'inspire. Pour la première fois un lieu va être l'occasion puis la raison d'être d'un roman. En compagnie de Jarlot, Marguerite a visité l'été précédent une maison isolée entre Saint-Tropez et Gassin. L'intensité de la lumière et l'impression de sauvagerie qui s'en dégage l'ont frappée. Quand elle remonte à Paris, elle décide de tenter d'écrire — comme le font certains romanciers du Nouveau Roman — sur les choses qui constituent ce lieu. Dans un entretien radiophonique à l'occasion de la publication du livre [151], elle reconnaîtra avoir beaucoup travaillé sans trouver. Et puis le personnage de M. Andesmas est apparu. Un vieil homme bedonnant, fatigué, au corps poussif, respirant mal, riche, oui, très riche mais seul, abandonné de tous et surtout de son unique amour, sa fille dernière née d'un mariage tardif, aujourd'hui brisé. « Sans le personnage, je n'aurais pas pu construire le livre. » M. Andesmas est resté longtemps tout seul sur sa terrasse. Puis l'idée de l'attente — Andesmas espère la venue d'un entrepreneur qui doit lui construire une terrasse — a organisé le récit. Dans le bruissement des arbres, immergé dans cette nature qui lui fait peur — un étang sombre non loin, une forêt épaisse — M. Andesmas éprouve la certitude qu'il va mourir bientôt et que le seul lien qui le tienne à la vie est celui de son amour pour sa fille Valérie. Un chien, une petite fille folle, puis une femme triste viennent interrompre sa méditation mélancolique. Tous trois lui rendent visite mais Andesmas n'attend que sa fille, qui ne viendra pas.

Roman de la cruauté, *L'après-midi de Monsieur Andesmas* décrit l'agonie d'un vieillard rejeté de tous, traitée par le procédé du monologue intérieur. Andesmas pense tout haut et disserte à l'infini, mais c'est à nous lecteurs qu'il parle, car il parle aussi de nous, de ce que nous deviendrons tous, des vieillards fatigués, cacochymes, ratiocineurs et donc solitaires et abandonnés. « Pendant très longtemps, pendant toute une période de ma vie, j'ai été oppressée par le silence dans lequel baignent des millions d'hommes, dira Marguerite. Il m'a semblé que le rôle de l'écrivain était de rendre compte de ce silence, d'imaginer ce que serait le propos de ce silence s'il arrivait à crever le mur paralysant [152]. » Mais le livre ne se réduit pas à la description de l'incommunicabilité des êtres. Forêt, folie, jeune fille, il est scandé par les thèmes obsessionnels de Marguerite. Elle y décrit le crépuscule d'une vie où la certitude d'avoir tout manqué sert de garde-fou pour ne pas se suicider. Malheureux, oui, mais lucide, M. Andesmas, conscient de son malheur, est certain que le monde lui est fermé puisque sa fille l'a quitté. « Jamais il ne pourra disposer de son amour. Il n'aimera toujours que sa propre enfant Valérie [153]. » Attaché tout entier à sa fille, M. Andesmas attend, en vain, qu'elle termine sa danse nuptiale avec l'entrepreneur. Il comprend alors que l'ère de l'attente est terminée, que Valérie, son amour, sa douceur, sa blancheur, est partie avec cet homme ou avec un autre, peu importe, elle est partie loin de lui. Livre poignant, livre fragile, tendu par l'angoisse, *L'après-midi de Monsieur Andesmas* reste dans la mémoire car il réussit à nous attacher à cet homme crucifié par l'amour, par essence hors d'atteinte, qu'il porte à sa fille.

Une fois la dernière version achevée, Marguerite la fait parvenir à Robert Gallimard accompagnée de ce mot : « J'en ai marre de ce livre et pourtant j'y suis profondément attachée. » Elle rédige, comme d'habitude, elle-même le prière d'insérer et se met à gamberger sur le destin du livre. Après avoir beaucoup hésité, le 26 octobre 1961, elle se résout à envoyer ce message à Gaston Gallimard :

> Je n'ai évidemment aucune chance d'avoir un prix littéraire et au fond je m'en fiche un peu. Quand on a fini un livre, il y a ce moment-là pendant lequel on se dit pourquoi pas moi ? Mais ce temps est passé pour moi...
>
> Alors entendu, Gaston, je n'avais qu'à écrire plus vite et pour les prix. On publie *Andesmas* en janvier. Cela m'est profondément indifférent et j'en suis soulagée... Comme ça, je corrigerai tranquillement mes épreuves.

Gallimard n'avance pas pour autant la date de publication. L'accueil, encore une fois, est pour le moins partagé. Marguerite possède l'art de diviser. *Candide*, sous la plume de Kléber Haedens titre : « L'échec de Marguerite Duras ». « L'auteur n'a presque rien à faire, rien à dire », c'est une fausse *Madame Bovary*, clame *L'Aurore*, tandis que Robert Kanters, dans *Le Figaro*, crie, lui, au génie et écrit qu'elle a modifié l'air que nous respirons. Jean Piel, dans *Critique*, souligne que Duras a quelque chose d'essentiel à dire et qu'elle sait l'écrire avec une force obsédante : « Ce livre est une sorte de petit chef-d'œuvre classique. » Christine Arnothy prévient ses lectrices que « la lecture de cette histoire insolite provoque le même plaisir que donne une tasse de thé de Chine bue en solitaire ». En Angleterre, le prestigieux *Times Literary Supplement* évoque le « génie » de Marguerite Duras et, au Canada, *Le Devoir* de Montréal proclame qu'on doit remonter jusqu'au *Grand Meaulnes* pour retrouver dans un récit une poésie aussi agissante et éthérée...

Duras va vite, trop vite pour certains. Duras s'étourdit, elle multiplie les adaptations pour le théâtre, confectionne à la chaîne des scénarios pour le cinéma, écrit dans les journaux et ne dédaigne pas le rôle de productrice à la radio. Duras ne sait pas choisir. Elle aime qu'on l'aime. Elle est d'ailleurs choisie par le grand hebdomadaire féminin *Elle* comme « l'écrivain d'aujourd'hui qui a le mieux compris l'amour », et s'en montre très fière. Elle sait bien qu'elle en fait trop mais justifie ses travaux de commande par le plaisir qu'elle y trouve et l'énergie qu'elle y puise pour son œuvre littéraire. Elle lit les œuvres d'Henry James avant d'adapter avec Robert Antelme *Les papiers d'Aspern* à la demande de Raymond Rouleau. La pièce obtient un franc succès public et critique et est donnée à guichets fermés début 1961 au théâtre des Mathurins. Jean-Jacques Gautier cependant juge que Duras a fait de l'antithéâtre et que, par l'intervention abusive de l'écrivain, la pièce sombre dans une obscurité sentimentale qui ressemble à une grille de mots croisés sans solution.

Mais le succès va au succès. Marguerite acquiert vite la réputation de savoir clarifier un texte, de trouver les répliques et de donner un rythme à un récit — on se l'arrache donc. James Lord, mécontent du travail qu'il vient d'achever sur l'adaptation d'une nouvelle de James *The Beast in the Jungle*, lui demande son aide. Elle accepte. Elle coupe, élague et transforme cette nouvelle elliptique en un poème tragique du mysticisme amoureux. Au travail technique d'écriture, elle ajoute, en reconstruisant la mécanique du récit, un rythme et une intensité. « Ce qui me relie à Henry James ? La patience, peut-être, qui est toujours de l'impatience mise en patience », dit-elle dans *Le ravissement de la parole*. L'adaptation est jouée en septembre 1962 à l'Athénée par Loleh Bellon et Jean Leuvrais dans une mise en scène de ce dernier. Le succès, là aussi, lui est attribué et la presse considère la pièce comme sa pièce. « Du théâtre admirablement servi par Marguerite Duras, du théâtre de l'allusion, ravagé par l'attente, dévoré en beauté par sa propre fragilité », écrit Pierre Marny, alors qu'Elsa Triolet loue la qualité et la fidélité de l'adaptation. Seul Jean-Jacques Gautier, de nouveau, ronchonne : « Si le théâtre persiste dans cette voie sans issue, dans cette impasse du verbalisme et du chatouillis cérébral, je dis aux auteurs, aux acteurs, aux directeurs de théâtre qu'ils n'auront que ce qu'ils méritent quand, dans deux ou trois ans au plus tard, le grand public désertera les salles de théâtre comme aujourd'hui il se détourne d'un cinéma de chevaucheurs de mouches. »

Mais pour le moment, on a l'impression que tout ce à quoi touche Duras marche et plaît. Duras fait des entrées. Ses pièces sont reprises sans arrêt — ainsi *Le square* en avril 1961, avec Édith Scob. Duras est à la mode. Et Marguerite travaille comme une forcenée. « Elle se levait très tôt, elle travaillait tout le temps mais n'en parlait guère, dit son amie Monique. Chacun faisait ce qu'il avait à faire. Elle, c'était écrire. C'était un travail comme un autre. Elle s'interrompait pour faire les repas, la vaisselle. Son écriture n'était pas coupée de sa vie quotidienne. Elle en faisait naturellement partie. » Les projets affluent. Ainsi ce jeune homme qui sort de l'IDHEC et qui veut mettre en scène *Des journées entières dans les arbres* avec Annie Girardot et Jean Marais. Marguerite accepte mais la pièce ne verra jamais le jour. *Les viaducs de la Seine-et-Oise*, dont elle a confié la mise en scène à Claude Régy, débute en février 1963 au Théâtre de poche Montparnasse, interprétée par Paul Crauchet et Katharina Renn. Samuel Beckett se rend à la première. « C'est admirable », aurait-il dit en sortant. Sa phrase sera répétée par les gazettes. La pièce, dont Laurence Olivier a acheté les droits, obtient un honnête succès, relayé par le prix de la Jeune Critique, décerné deux mois plus tard.

Au cinéma aussi les propositions affluent : Jeanne Moreau s'apprête à acquérir les droits du *Marin de Gibraltar* pour produire le film et interpréter le personnage principal. Pour Michel Mitrani, Marguerite rédige avec Gérard Jarlot un scénario intitulé *Sans merveille*, l'histoire d'un couple moderne qui s'aime même si chacun trompe l'autre. Faut-il dire ou ne pas dire la vérité ? « Nous n'avons pas de secret l'un pour l'autre. Nous sommes l'un à l'autre une maison de verre. » Marguerite et Jarlot mettent en scène dans ce scénario leurs propres turbulences amoureuses. Marguerite croit pouvoir calmer la jalousie qu'elle éprouve en écrivant sur le sujet avec la collaboration du principal intéressé ; et Jarlot accepte le défi en espérant faire ainsi comprendre à Marguerite qu'on peut tromper une femme tout en continuant à l'aimer. L'idée du scénario leur était commune, dit Mitrani. À l'époque, Jarlot et Marguerite vivaient beaucoup la nuit dans les bars. Ils se réfugiaient souvent dans l'arrière-salle d'une boîte de nuit, fréquentée par les voyous, et qui était séparée de la piste de danse par une glace sans tain. Marguerite voyait sans être vue et y prenait plaisir. Du vin, du whisky, ils boivent beaucoup tous les deux. C'est Jarlot qui commence. Et Marguerite suit pour le dépasser très vite. Jarlot a installé dans sa garçonnière juste derrière le lit une réserve de bouteilles de cognac. Marguerite lui en pique et se promène avec la bouteille dans la poche de son manteau. Elle ne se cache pas pour boire, s'en vante même devant ses amis. Le jour, la nuit. Monique est effrayée mais Marguerite rit quand elle lui dit de faire attention.

Comment rendre Jarlot fidèle ? Marguerite croit encore qu'elle le peut en rejoignant son amant dans l'alcool et dans l'écriture. Prends-moi comme une jeune fille, lui demande-t-elle. Fais de moi un écrivain, rétorque Jarlot qui, depuis des années, noircit les pages d'un hypothétique roman, puis les déchire, recommence, se désespère. Marguerite exige de lire des pages, les annote et l'encourage. « Elle l'aidera beaucoup à modifier et à améliorer le roman *Un chat qui aboie* », confirme Eva Jarlot. Sur l'insistance de Marguerite, il propose une version à Gallimard qui refuse de le publier. Marguerite décide d'emmener Jarlot à Trouville dans cet appartement des Roches noires qu'il aime tant. Elle réussit à le tirer du désespoir et, grâce à elle, il remet en chantier son roman.

De retour à Paris, c'est lui qui l'encourage à poursuivre

un projet dont elle a peur et qui la dépasse. Elle lui montre quelques pages d'un texte érotique. Doit-elle le jeter, l'abandonner, recommencer ? Jarlot lui dit que c'est beau, qu'il faut l'achever. Il est le seul, à l'époque, à qui elle ait osé montrer ce qui deviendra, bien plus tard, quand elle décidera de le publier sous sa véritable identité, *L'homme assis dans le couloir*. Ce texte, dans sa première version de 1962, commence ainsi :

> Un homme était assis dans la maison, en face de la porte de l'été. Il regardait une femme cachée, à deux mètres de là, dans le sentier de silex, nue dans le soleil. Elle releva ses jambes, les lui offrit dans leur écartement, les écarta, les écarta encore dans un geste d'une impudeur forcenée et telle que son corps se gonfla, se mutila de sa longueur, s'en déforma jusqu'à la laideur. Puis elle s'immobilisa dans cette pose, celle d'une défécation insensée, celle de la volonté insensée de s'accoucher de son sexe.
>
> Les abeilles et leur miel et le silence de l'été cernaient leur demeure.
>
> Le sexe fuma au soleil un court instant. Puis l'homme le vit se nourrir de chaleur, se dessécher lentement, vit se tarir ses sources de miel.
>
> Ce ne fut que lorsque ce fut fait qu'il le sut praticable car on s'y serait alors blessé que l'homme bougea.
>
> Ce fut d'abord sur sa bouche qu'il le fit.
>
> Elle ferme les yeux.
>
> Le jet se brise sur les dents et éclabousse les cheveux de sa rosée. Puis il descend le long du corps, inonde les seins, lent à venir déjà. Quand il atteint le sexe il a un regain de forces, s'écrase dans sa chaleur, se mêle à son foutre et écume.
>
> Enfin il se tarit.
>
> L'homme resta là où il était, regarda longuement fumer le corps au soleil puis, alors qu'il aurait pu la croire endormie, il posa son pied sur son ventre, très bas, afin de lui venir en aide dans sa dure tentative.
>
> Il appuya.

Marguerite fait dactylographier ce texte en trois exemplaires. L'un est destiné à Gérard Jarlot, l'autre à Madeleine Alleins, le troisième elle l'« oubliera » dans une armoire pendant quelques années. Elle le redécouvrit en 1968, le relut, le corrigea et le fit porter anonymement par un intermédiaire, un jeune homme anglais, aux éditions de Minuit le 12 septembre 1969.

D'un seul coup, elle prit en son entier l'extrémité. Elle ferma les lèvres sur l'ourlet qui en marquait la croissance. Sa bouche en fut pleine. La douceur en était telle que des larmes lui vinrent aux yeux. Rien n'égalait en puissance cette douceur sinon l'interdit formel d'y porter atteinte.

Interdite.

Elle eut sur la langue mai, avril, le printemps d'un homme mais ne put se permettre de se l'approprier davantage qu'en le caressant, avec précaution, de sa langue.

Ce que d'ordinaire, on a dans l'esprit elle l'eut dans sa bouche. Elle le dévore en esprit, elle s'en nourrit, elle s'en rassasia l'esprit.

Le crime dans sa bouche, elle ne pouvait se permettre que de lui faire du bien, les dents prêtes. Elle léchait surtout. Et, entre deux baisers, nommait son amour, insultait cet amour, hurlant des mots, des mots. Hurlant des mots à son secours...

Elle s'exaspéra de nouveau dans une douceur raisonnable à avaler ce lait d'homme, maigre et stérile, à s'en désaltérer sans fin.

Nul n'était censé connaître l'identité de l'auteur. Jérôme Lindon se souvient d'avoir lu très vite ce texte et d'avoir eu la certitude qu'il était de Marguerite. Elle se réappropriera littérairement le texte et le transformera partiellement avant de le publier sous son nom aux éditions de Minuit en 1980. L'homme et la femme ne se parlent plus. L'assouvissement du désir se produit par la violence. Dans la version initiale, la jouissance de la femme vient avec le redoublement des coups que l'homme lui porte :

> La main bat. Chaque fois plus ponctuelle, elle est en train d'atteindre une vitesse et une précision machinale. Une bête ne ferait pas mieux. Sans elle, le visage se prête à ses coups de mieux en mieux. Il se meut sur le cou à volonté, huilé dans son engrenage de base comme un ravage. Il devient, par la main, vaginal. C'est fait. La mémoire a quitté la chambre. L'intelligence en est bannie. Y résonnent des coups. Des coups s'y donnent et y sont reçus. Comme bat le temps. Quelqu'un ne sait plus rien que recevoir des coups. Quelqu'un ne sait plus rien que donner des coups.

Dans la version définitive, avec les coups viennent la peur, puis les cris, enfin le silence. L'homme et la femme atteignent ainsi la jouissance. Duras ne juge pas la relation, elle la décrit avec précision et la dissèque admirablement. Écho de ce qu'elle est en train de vivre avec Jarlot ? Décidément, elle semble poursuivie par une violence dont elle se demande si elle ne l'appelle pas elle-même. Lui reviennent en mémoire les coups de la mère, les coups du frère. Et maintenant les coups de l'amant. De *L'homme assis dans le couloir*, elle dira : « Ce texte je n'aurais pas pu l'écrire si je ne l'avais pas vécu. » Les coups abondent aussi dans le roman de Jarlot *Un chat qui aboie*, où le personnage principal ne peut faire l'amour qu'en battant sa bien-aimée qui y prend un plaisir évident.

Je t'aime. Je te tue. Duras et Jarlot se battent mais ne se quittent pas. De retour à Paris, ils écrivent des courtes pièces de théâtre dont il ne reste aujourd'hui pas de traces et qui sont données une soirée ou deux, dans des cabarets de la rive gauche. Marguerite présente Jarlot à Mitterrand, ils parlent des nuits entières de politique et déambulent tous les trois dans les rues de Paris. Ensemble, ils partagent une certaine fascination pour les bandits, les hors-la-loi. Duras fait rencontrer à Mitterrand un gangster libéré après huit ans de réclusion pour attaque à main armée. La nuit elle dort peu. Le jour elle écrit les dialogues d'une pièce pour la télévision, *Les eaux et forêts*, avance un projet de roman qu'elle intitule alors *Vice-consul de France à Calcutta*, tout en travaillant avec Louis Malle à une adaptation de *Dix heures et demie du soir en été* qui ne verra jamais le jour. Elle est sur le point de commencer une collaboration avec le jeune cinéaste Marin Karmitz sur un scénario qui, au départ, devait traiter de l'alcoolisme et se transforme en méditation poétique, *Nuit noire Calcutta*. Elle vient d'accepter l'offre, transmise par Gallimard, d'un producteur américain qui a fait aussi appel à Beckett, Ionesco et Genet. « On s'est aperçu là-bas que les films intellectuels étaient rentables, que le public a évolué, commente-t-elle. Alors comme vous voyez, on fait ça à l'américaine[154]. » Le producteur lui offre le voyage à New York. En compagnie de son ami, le peintre Jo Dawning, elle s'embarque à bord du *France* avant de découvrir émerveillée « son Amérique », une Amérique qu'elle va ensuite tant aimer et tant défendre. Le projet américain tourne court mais Marguerite n'abandonne pas pour autant le cinéma.

À son retour des États-Unis, elle appelle Alain Resnais et lui demande de venir immédiatement chez elle. « Vous allez lire mon scénario et nous allons tourner dans quinze jours », lui dit-elle de manière péremptoire. Ils s'étaient promis, après *Hiroshima*, de faire un second film ensemble assez vite. Elle l'enferme chez elle pendant deux heures. Alain Resnais se souvient aujourd'hui d'un texte dont l'action se déroulait dans un hôtel, du bruit de balles de tennis, d'une fille déprimée. Il s'agirait manifestement d'une adaptation du texte *Les chantiers*, publié en 1954, ébauche de ce qui deviendra, en 1969, *Détruire, dit-elle*. Cette reprise d'un texte ancien, cette manière de le suspendre et de le remettre sur le métier, témoigne du côté cuisinière de l'écriture qu'a Marguerite Duras : chez elle pas de restes mais des accommodements divers, des recréations, des compositions différentes, variables jusqu'à la disparition des matériaux d'origine. Resnais n'est pas convaincu : il s'agit d'un texte, non d'un scénario, et il lui lance avant de repartir : « Écrivez comme d'habitude. Cela me donnera des idées d'images. N'écrivez pas sec. C'est à moi de me débrouiller. »

Marguerite lui en veut de ce refus et se montrera désormais jalouse de la collaboration que nouera Resnais avec d'autres scénaristes. « *Muriel* c'est nul, déclarera-t-elle publiquement à la sortie du film, on dirait du Cocteau ! » Elle deviendra de plus en plus violente à son égard allant jusqu'à l'accuser d'avoir volé le sujet d'*Hiroshima*. Puis elle le rendra responsable de ne pas avoir touché les bénéfices qu'elle aurait dû percevoir après le succès du film. Un exemplaire de la revue *L'Avant-Scène* de l'été 1966, où figure sur la couverture le visage d'Alain Resnais, atteste la violence des sentiments qu'elle lui portait : comme dans un rite étrange, Marguerite a entièrement griffonné le visage de Resnais, inscrivant le mot nul sur les joues et les tempes et le mot impur sur les cheveux. Resnais fait remarquer que la brouille fut unilatérale et que les accusations qu'elle proféra à son encontre furent énoncées publiquement mais ne lui furent jamais adressées [155]. Dans *Les parleuses*, elle reviendra sur l'une des causes de leur conflit. Elle y affirme qu'elle a perdu des millions — vingt-deux, précise-t-elle — à cause de lui après *Hiroshima*. Elle aurait dû toucher 50 % des recettes d'après la loi. Elle a touché en tout et pour tout, à la sortie du film, un million. « J'ai cru que c'était un geste du producteur. C'était pas un geste, c'était la clause obligatoire du 11 mars 1958 [156]. » L'avis d'Alain Resnais est différent : « " Ne signez rien ", lui ai-je dit. Elle m'a répondu qu'elle avait besoin d'argent tout de suite. » Anatole Dauman confirme qu'elle a accepté de signer le contrat d'*Hiroshima* en faisant ce commentaire : « Ce n'est pas un contrat en or mais c'est un contrat d'or, car il me donne toute liberté, liberté qui m'a été justement refusée pour le *Barrage*. » « Ensuite, elle m'a dit qu'elle avait fait une connerie. » Deux jours après la sortie du film, Dauman reçut la visite de Marguerite : « Elle avait l'air d'une hyène. Elle m'a insulté. Elle m'a traité de voleur. J'ai donné alors quatre millions à Marguerite. Elle est redevenue souriante et agréable[157]. »

Marguerite casse, Marguerite rompt. Pour de bonnes ou de mauvaises raisons. Marguerite revendique l'injustice de sa conduite et ne rend jamais de comptes. Elle se comporte toujours comme la petite fille derrière la porte, jamais aimée par la mère, quittée, quittée aussi par les hommes qu'elle aime.

Elle fut la dernière à apprendre que Jarlot la trompait. Au fil des années eut-elle l'illusion, par le pouvoir érotique et symbolique que représentait l'écriture, qu'il la choisirait entre toutes et qu'il cesserait enfin sa ronde amoureuse ? Elle a écrit dans *L'homme menti* : « Les femmes étaient le principal de la vie de cet homme et beaucoup de femmes le savaient dès son approche, dès son regard. Cet homme regardait une femme et il était déjà son amant. » Longtemps leur écriture commune a servi de paravent. Grâce à l'énergie de Marguerite, Jarlot reprend la énième version du *Chat qui aboie*, avec lequel il se débat depuis dix ans. Marguerite lui donne des indications précises qui lui permettent d'ordonner définitivement le récit. Jarlot confie le nouveau manuscrit à Louis-René des Forêts qui le soutient au comité de lecture de Gallimard. Le roman est enfin accepté. Il sort en septembre 1963. Jarlot dédicace le premier exemplaire à Marguerite.

Pour Marguerite
à qui d'abord un chat doit d'aboyer puisqu'elle m'a ressuscité il y a six ans de la mort sans phrases
en souvenir pêle-mêle
d'un lac au Mont-Cenis où il y avait de la truite saumonée
de l'essence avec bons de l'année de Suez
du prophète dansant de Gaillac et de la petite église de pêcheurs sur la rive de la Dordogne
du Haut-Var, du Luberon, du château de Lacoste, patrie du marquis de Sade
de la grande plage de La Hague
du tout-Paris et de sa banlieue, de Nevers bien sûr, de Trouville cette année

d'une nuit sous la pluie battante, sur le bord du lac de Garde,
de Venise, des salons du café Florian
pour Marguerite moitié d'une immense mémoire
de nouveau pour Marguerite éternellement mon amour.

Gros livre de 464 pages, *Un chat qui aboie* raconte les aventures et les facéties d'Armand Penche, qui possède une volonté prodigieuse de semer autour de lui le malheur. Jarlot confie à *L'Express* à la sortie du livre : « J'ai mis dix ans à écrire ce livre — et le moment de séparation est très dur. Je suis un père déboussolé, comme si j'avais perdu ma famille dans un bombardement. » Il avoue avoir décrit ce qu'il connaît le mieux : lui-même, « c'est-à-dire un mélange de choses horribles : sadisme, masochisme, égoïsme, cruauté ». Ce roman-épopée met en scène, de manière burlesque, un homme faible et séducteur entouré de femmes alcooliques, volages et hystériques. Le titre à lui seul résume l'esprit de l'entreprise : un chat qui aboie est pour le moins une incongruité, il fait précisément ce pour quoi il n'est pas fait... Livre bruyant au style crispé, cavalcade étourdissante et quelquefois brouillonne où les épisodes souvent cocasses se suivent sans beaucoup de continuité, inspiré manifestement de Jarry que Jarlot considère comme son mentor, sa sortie intrigue et divise la critique. « Les aboiements de ce chat bizarre m'ont un peu cassé le tympan, mais je dois avouer que je ne suis pas près de les oublier. Au milieu du peloton, des petits livres pâles pour personnes pâles, distingués et émollients, rabougris et frileux qui fleurissent à l'automne, ce chat qui aboie est une rudement forte bête », écrit Claude Roy dans *Libération*. Les jurés du Médicis — dont fait encore partie Marguerite — lui donnent le prix au cinquième tour après des discussions si vives que certains membres ont été obligés de voter par correspondance. Jarlot l'emporta donc de justesse le 25 novembre 1963 sur Jean-Edern Hallier fortement soutenu par Alain Robbe-Grillet et Nathalie Sarraute. Le prix signe enfin la reconnaissance qu'attendait Gérard Jarlot depuis si longtemps. Il ouvre aussi l'ère des disputes graves entre lui et Marguerite avec laquelle il se place désormais à égalité. La jalousie va empoisonner définitivement leur amour. Jalousie sexuelle de la part de Marguerite, jalousie littéraire de la part de Jarlot.

Marguerite ne se décide pas pour autant encore à rompre. Elle s'isole et part pour Neauphle où elle se réfugie dans sa chambre là-haut, en face de l'étang. Un lit d'une personne, une table. Elle commence un texte, au départ une commande de Peter Brook. Marguerite se jette donc dans ce qu'elle appelle un exercice. Brook lui a proposé un plateau de théâtre « pour que j'y fasse n'importe quoi, ce qui me viendrait à l'esprit [158] ». Alors elle commence à écrire une conversation entre deux personnes, pour deux actrices qu'elle aime, Loleh Bellon et Tatiana Moukhine. « J'entends leurs voix en écrivant, je ne sais pas où je vais. C'est très amusant. » Seuls les deux prénoms subsisteront. Car le texte devient vite récit et s'appellera longtemps *L'homme de Town Beach*. Loleh deviendra Lol. Duras dans sa solitude et son angoisse amoureuse laisse venir à elle cette Lol aux yeux si clairs. Gérard Jarlot vient la chercher et la supplie de partir pour Trouville, là où ils ont été si heureux. Ultime désir de réconciliation ? Apaisement temporaire ? Suspension de séance ? Dans l'évanouissement de ses certitudes, Marguerite Duras achève, au cours de l'été 1963, face à la mer, *Le ravissement de Lol V. Stein*.

CHAPITRE VI

LES TRAITÉS DE LA PERDITION : DE *LOL V. STEIN* À *AURÉLIA STEINER*

Donc le ravissement. Lol V. Stein ou le traité de résistance de la féminité, l'apprentissage de la sérénité, la méthode de l'élévation de l'âme, le tutoiement de Dieu. Le livre cardinal autour duquel se déploieront pendant des décennies Anne-Marie Stretter, le vice-consul, Alissa, Emily L. L'abandon enfin réalisé. Le dépeuplement de soi auquel veut atteindre Duras enfin commencé. En ouvrant le *Ravissement*, le lecteur est convié, en même temps que le narrateur, à un voyage d'un type particulier qui l'emmènera dans les contrées du moi. Le personnage de Lol échappe sans cesse : au sens commun, à la définition de l'amour, à l'ordre social, à toute tentative de catégorisation. Lol échappe à son fiancé, à son mari, à son amant, à son lecteur, et même à son auteur. Sur une page d'écolier au moment de la remise du manuscrit à son éditeur Robert Gallimard, Marguerite a écrit : « C'est fait. Je ne peux pas me relire, je n'en peux plus. L'animale elle est là je l'aime. » Elle reçoit les premières épreuves le 24 décembre 1963. Contrairement à ses habitudes, elle effectue très peu de corrections : le personnage de l'homme de T. Beach devient sur le jeu d'épreuves Michael Richardson, quelques répétitions disparaissent. Seule la dernière page est raturée. Une ambulance devait emmener Lol sirènes hurlantes. Marguerite l'a laissée épuisée dans le champ de seigle à attendre la nuit.

Comment sortir de la nuit ? telle est la question lancinante du livre. La nuit pendant laquelle Lol va assister impuissante au rapt de son fiancé par Anne-Marie Stretter, la nuit de l'amour, la nuit de l'écriture. Lol énonce des phrases énigmatiques ou éructe : on bat des gens dans l'escalier, la police est en bas. Par elle passent des hallucinations, des fantasmes, des fantômes. Ça parle, comme dirait Lacan :

ça parle tout le temps. Quand ça ne passe pas par la bouche, ça passe par le corps. Lol vit dans la crainte et les tremblements. Elle éprouve une fatigue infinie, des langueurs irrépressibles, elle est dans un sommeil permanent. Lol vit à la lisière du monde, sur la crête du temps, funambule vaillante du fil qu'elle ne cesse de tendre entre passé et présent. Seule si seule, nimbée d'une tristesse fondamentale. « Dire le vide, la transparence de Lol », écrit Duras en marge de la première page dans une des premières versions, et ajoute : « Elle n'était personne elle seule, la soi-disant Lol Blain. Au bord de l'être elle n'avait jamais sombré dans l'illusion. » On croit toujours que lorsqu'il est arrivé un grand malheur, il faut essayer d'oublier, ne jamais en parler, tenter d'effacer. La famille, les amis, les proches croient ainsi faire du bien comme si l'on pouvait avancer si lourdement lestée, comme si rien n'avait été. C'est le problème de Lol. Tous ont peur d'évoquer la nuit de son malheur quand son fiancé l'a abandonnée. Pour eux il n'y a pas eu d'avant. Lol, elle, attend depuis dix ans pour revenir sur le lieu du crime d'amour, pour comprendre son consentement à voir s'éloigner devant elle celui à qui elle était promise. Et pourtant dans ce casino où la scène s'est produite il n'y a rien à voir. Lol le sait. Un calme monumental a tout recouvert, a tout englouti. « Aucune trace aucune, tout a été enseveli. Lol avec le tout. »

Qui est Lol ? C'est une folle, une dingue, une dérangée. Elle n'a pas toute sa tête. Elle n'est pas vraiment entière. « Ça remonte très loin », dit d'elle Tatiana, sa meilleure amie. Ce n'est pas la rupture des fiançailles qui a provoqué son désordre mental dont il est impossible de connaître l'abîme. Sans doute avant la naissance même. Lisse Lol, trop lisse. « Elle donnait l'impression d'endurer dans un ennui tranquille une personne qu'elle se devait de paraître mais dont elle perdait la mémoire à la moindre occasion. » « Folle elle l'était », écrit Marguerite sur le cahier de brouillon de la seconde ébauche du roman. En marge, elle a ajouté : « Rien ne devrait être clair. » « Il s'agit bien d'une maladie mentale bien sûr, dira-t-elle en 1976, mais elle est vraiment nommée de l'extérieur [1]. » Marguerite Duras savait, dès le début, que ce roman allait l'entraîner loin d'un récit traditionnel, des règles habituelles de la psychologie, loin du sens commun. Les différentes versions de ce texte, les annotations multiples témoignent de l'intensité du travail mais aussi de cette traversée mentale que dut accomplir Marguerite Duras pour parvenir à la fin de cette épreuve de vérité qu'elle s'infligea à elle-même. En tout neuf versions complètes du roman permettent de restituer la genèse de ce personnage cardinal dans son œuvre : Lol V. Stein.

Au tout début du travail, elle s'appelle Manon. Manon existe. Marguerite rend hommage à son courage dans un de ses cahiers. Marguerite l'a rencontrée un soir de Noël dans un hôpital psychiatrique de la banlieue parisienne où elle s'était rendue avec des amis, dans le cadre d'une association caritative pour apporter des cadeaux. Marguerite a tout de suite remarqué Manon. Elle était belle, sereine, le regard vide. Marguerite revient la voir après les fêtes, obtient l'autorisation de la sortir, la promène et l'emmène chez elle pour l'écouter parler toute une journée. « Je l'ai connue. Et puis je ne l'ai jamais revue. Elle est devenue Lol V. Stein. Il ne me faut pas grand chose. Un regard[2]. » Manon n'est pas Lol. Marguerite Duras va lui emprunter certains traits de caractère : cette façon de se tenir en permanence loin du monde, ce regard éthéré, cette douceur dans la folie à peine visible. Manon est donc le point de départ du personnage. Marguerite écouta quelqu'un qu'on disait fou et qui pourtant tenait des propos sensés. Elle fut impressionnée par cette femme qui acceptait l'hospitalisation psychiatrique, car elle se sentait hors du commun. Puis Manon s'est éloignée. Duras lui a cherché un autre prénom : ce sera Loleh. Loleh comme Loleh Bellon, l'amie de Marguerite, une de ses comédiennes préférées, l'épouse de Claude Roy. Elle lui donne un nom : Blair, Loleh Blair, puis lui donne un corps : « Elle se voulait maigre et elle l'était à son souhait, glorieusement. L'ossature de son corps et de son visage avec son corps désiré. »

Le récit s'organise progressivement : au centre, Lol, « bonne pour l'asile mais pas folle », précise Duras dans une de ses notes préparatoires[3]. Lol Blair se situe en dehors des conventions sociales, ailleurs définitivement. Elle n'habite ni son corps ni son nom. Que cache-t-elle ? Pourquoi a-t-elle perdu la raison ? Lol est la petite sœur d'Anne Desbaredes de *Moderato* ; comme elle, elle vit dans un état de langueur et de séduction permanente. Elle est aussi la fille de Maria de *Dix heures et demie du soir en été*, elle a hérité d'elle son émotivité, sa recherche éperdue de l'amour et son désir forcené de parvenir à la jouissance. Toutes trois inquiètes et tourmentées, vivant, par secousses, avec une rare intensité, les plus grands bonheurs comme les plus profondes douleurs. Elles n'appartiennent à personne, ni à un père, ni à un mari, encore moins à un amant. Les hommes peuvent passer par elles mais jamais les posséder. Elles sont closes sur elles-mêmes. Peut-être sont-elles, quelquefois, visitées par Dieu. « Puis un jour ce corps infirme remue dans le ventre de Dieu », écrit Duras dans la version définitive du *Ravissement de Lol V. Stein*. Marguerite laisse toujours une part d'elle-même dans les femmes qu'elle invente. Ici c'est l'effroi de son expérience sexuelle d'adolescente. Lol se trouve ravie elle aussi, capturée à elle-même, dissociée de son propre corps, obligée de se retirer en elle-même. Elle doit trouver le chemin pour renaître au monde et croire encore à l'idée de l'amour malgré la salissure.

Marguerite Duras, au début de la rédaction du *Ravissement,* suspend son histoire d'amour avec Jarlot et s'enferme avec Lol. Trouvera-t-elle les mots ? Lol V. Stein, elle, ne trouve pas les mots qui stopperaient le cours des événements. Derrière le monde des apparences existe l'autre monde, celui-là seul que les mots peuvent atteindre et désigner. Nerval : « Pourquoi ne point forcer les portes mystiques armé de toute une volonté et dominer mes sensations au lieu de les subir ? » Duras décrit minutieusement les métamorphoses de la conscience de soi qu'éprouve Lol V. Stein. L'écriture joue le rôle d'une caméra qui entre dans l'épaisseur de l'être. Comment trouver sa place dans le monde ? Comment vivre dans ce monde et s'exprimer ? Lol vit toujours dans un léger décalage. Soit en avant d'elle-même soit en arrière des événements. *Le ravissement de Lol V. Stein,* s'il est un des textes les plus risqués de Duras, s'avère être aussi un livre de recherche sur l'écriture. Qu'est-ce qu'un mot ? Comment se situer dans ce bain de langue où nous vivons ? L'écrivain peut-il réduire la distance entre le sentiment de l'être et les mots ? Lol n'a pas trouvé le mot pour arrêter l'irréparable. Elle doute d'ailleurs que ce mot existe mais l'écrivain, lui, a pour mission de le trouver, de l'inventer. « Faute de son existence, elle se tait. Ç'aurait été un mot absence, un mot-trou creusé en son centre d'un trou, de ce trou où tous les autres mots auraient été enterrés. On n'aurait pas pu le dire mais on aurait pu le faire résonner. Immense, sans fin, un gong vide, il aurait retenu ceux qui voulaient partir, il les aurait convaincus de l'impossible, il les aurait assourdis à tout autre vocable que lui-même, en une fois il les aurait nommés, eux, l'avenir et l'instant[4]. »

Difficile en relisant le *Ravissement* de ne pas penser à l'œuvre de Nathalie Sarraute dont Marguerite Duras pourtant s'est toujours démarquée ; impossible de ne pas évoquer la tradition mystique dont Duras ne s'est jamais réclamée, même si ses amis savaient qu'elle était une lectrice attentive des écrits de Thérèse d'Avila et de saint Jean de la Croix.

Car Lol vit dans ce ravissement, cette béatitude, cet arrachement au réel le temps du bal. Puis elle tombe évanouie. Quand elle « revient », elle ne trouve pas les mots. Ses proches non plus. Ils n'auraient pu trouver que des mauvais mots, des mots faux. Pour opérer ce long voyage vers la raison, Lol va se servir de sa meilleure amie, Tatiana, témoin de la scène du bal. À son tour elle va lui ravir son amant pour trouver une place dans le monde. Lol ne cherche pas à devenir la femme aimée. Elle veut juste regarder l'étreinte entre l'amie et l'amant couchés dans le champ de seigle, là, juste derrière. Lol sait que l'amant pénètre le corps de Tatiana mais les mots qu'il prononce lui sont adressés à elle, elle qui est là, collée contre la terre, cachée dans les ondulations du seigle. Lol qui a assisté passivement au vol de son fiancé vient, par le regard, capturer ce nouvel amant et inflige à sa meilleure amie ce qu'elle a auparavant subi. À la fin du récit, Lol ne sait plus qui elle est. Quel corps habite-t-elle ? Quel est son nom ? Elle est sans mémoire, fatiguée, très fatiguée, juste bonne à s'allonger dans le champ de seigle pour regarder son amant faire l'amour avec sa meilleure amie. Dans sa première version, Lol n'abandonne pas la partie. Duras terminait le récit ainsi : « L'exactitude de la mort des marécages remplit Lol d'une tristesse abominable. Elle attend, prévoit, voit. Dans ses reins une force mauvaise monte [5]. »

Jacques Lacan a demandé à Marguerite Duras d'où lui venait Lol V. Stein. Elle a répondu qu'elle ne savait pas. Comment comprendre la figure de Lol V. Stein ? Jacques Lacan, dans un article qui fera date, s'y aventura : « De ce sens à portée de main, on se dépêtrera comme on peut, avec du symbole. Ravisseuse c'est aussi bien l'image que va nous imposer une figure de blessée, exilée des choses, qu'on n'ose pas toucher, mais qui nous fait sa proie [6]. » Après la reconnaissance de Maurice Blanchot, Lacan, dans ce texte magnifique, désigne Duras comme la décrypteuse de la sublimation, celle qui sait, par l'écriture, se brancher directement sur l'inconscient. « Sa quête est comparable à l'ascèse d'une mystique. » « Elle tend vers l'extase », ajoute Matthieu Galley dans *Arts* [7].

Marguerite ne saura jamais comment elle a terminé ce livre. Elle se souvenait de la peur intense dans laquelle elle vivait à la fin de la rédaction. Elle a lâché ce texte, comme un objet étrange encore maléfique. Comme Lol, Marguerite, par moments, s'est demandé pendant la rédaction si elle ne sombrait pas dans la folie et restait persuadée que certains de ses amis à l'époque la considéraient comme une folle. À Lol, elle transféra sa peur de la folie. Elle a achevé le livre au sortir de sa première cure de désintoxication alcoolique. Elle qui, pour les livres précédents, avait tant écrit la nuit en buvant, s'est retrouvée face à elle-même. La peur qu'elle connut en l'écrivant se confondait avec l'angoisse de trouver la force de vivre sans alcool. « J'étais vis-à-vis de moi dans une sorte de confiance. C'était à la fois le livre que j'avais le plus envie de faire et le plus dur en même temps », confie-t-elle aux *Lettres françaises* [8]. Joseph Losey voulut en acheter les droits. Duras refusa. Il revint à la charge plusieurs fois. Duras garda en elle jusqu'à la fin de sa vie le projet de « figurer » Lol V. Stein. En 1991, elle l'imaginait en vieille putain peinturlurée déambulant dans les rues de Trouville, titubante de fatigue.

Marguerite abandonne — temporairement — l'alcool et ne se résout pas à rompre encore avec Jarlot. Dans sa garçonnière on trouvera une version de Lol V. Stein. Le personnage de l'amant a changé de nom avant la publication. Pendant longtemps, il s'est appelé Gérard. Lol lui dit : « Je ne vous aime pas, cependant je vous aime, vous me comprenez. » Le *Ravissement* aura été le dernier terrain d'entente de Marguerite et de Gérard, leur ultime collaboration. Après la fin de la cure, Marguerite décide de quitter Gérard et de vivre seule. Elle se sent trop malheureuse pour accepter ses aventures, trop défaite par la torture de la jalousie : « La seule connaissance qu'il avait de lui-même en passait par les femmes, écrira-t-elle dans *L'homme menti*. Je l'ai vu dans des bars, la nuit, pâlir soudain à l'approche de certaine d'entre elles, comme tout à coup au bord de l'évanouissement. Pendant qu'il la regardait, il perdait le souvenir de toutes les autres. Chacune se présentait à lui comme la seule et la dernière. Et cela a duré jusqu'à sa mort. » Je t'aime, je te tue. Tu m'aimes, je te quitte. Jarlot nie les faits, supplie Marguerite, fait des promesses. Marguerite apprend qu'il a une liaison avec une strip-teaseuse de gauche, oui, une strip-teaseuse engagée. Ce n'est pas vraiment une femme puisqu'elle est strip-teaseuse, lui disent les amis de Gérard ; ce n'est pas vraiment une infidélité puisqu'elle appartient à tous les hommes qui la regardent, lui répond Jarlot. Marguerite lui demande de rompre avec cette femme. Jarlot accepte. L'histoire recommence. Ils vivent ensemble l'épreuve que fut la sortie du film de Michel Mitrani *Sans merveille* [9] et savent faire front aux controverses et aux mauvaises critiques [10]. Marguerite propose à Gallimard d'en faire un livre. Ils y travaillent tous deux d'arrache-pied mais le livre ne verra jamais le jour à cause des lenteurs administratives et juridiques qu'opposera la RTF à Gallimard. Ensemble, encore, et pour la dernière fois, ils rédigent le prière d'insérer de ce livre fantôme au sujet prémonitoire : « Il arrive que l'amour ne passe pas par les chemins tranquilles de l'entente du désir et même du bonheur. La nature est alors de rechercher franchement son anéantissement. *Sans merveille* est l'histoire de la lutte de deux amants, dans l'amour, contre leur amour. »

« Toi, tu sais qu'il me trompe. Il avait dit qu'il arrêtait. Il continue. » Michel Mitrani se souvenait du visage défait de Marguerite quand, un soir, elle a souhaité le voir d'urgence et s'est confiée à lui. « Il te trompe avec cette strip-teaseuse, ce n'est pas comme si c'était une intello [11] », argumente Mitrani en bon camarade. « Il préfère donc un beau cul à une femme intelligente », répond Marguerite. Elle le met à la porte, devient violente et ne parlera désormais de lui que comme d'un traître. Jarlot tente de faire intercéder Louis-René des Forêts, Alain Resnais pour renouer, obtenir un rendez-vous, tenter de nouveau de s'expliquer. La haine a pris la place de l'amour. Jarlot se sent mal, très mal et sombre dans une crise mélancolique. Marguerite avouera plus tard avoir, elle aussi, traversé une période de désespoir. Plus jamais, ils ne se rencontreront. Mais la haine de Marguerite poursuivra Jarlot qui confiera à Alain Resnais : « Marguerite est dangereuse, c'est une sorcière. »

« À l'âge du twist, de Freud et du whisky, avouer qu'on apprécie peu un livre de Marguerite Duras, c'est proclamer son crétinisme. Nous sommes encore quelques crétins, avec Marcel Aymé, Roger Ikor, qui préférons l'intelligence à la démence, la lucidité à l'éthylisme, la maîtrise de soi au ravissement pathologique » : ainsi s'exprime André Ducasse dans *Le Provençal* à la sortie du *Ravissement*. Duras irrite. Duras agace. Énormes banalités, habileté langagière, travail répétitif, gymnastiques laborieuses, disent ses ennemis. Géniale, forcément géniale, rétorquent ceux qui l'aiment et la défendent avec ardeur. Duras force l'estime, l'admiration. Claude Roy et Claude Mauriac se révèlent d'indéfectibles compagnons qui, à chaque sortie de livre, écrivent qu'il s'agit de son plus beau.

Le *Ravissement*, tiré à 5 000 exemplaires, sera réimprimé. En un an, 9 282 exemplaires seront vendus. Duras fait semblant de ne pas prêter garde aux commentaires qu'elle suscite. Elle avance, tourbillonne, ne dit jamais non aux propositions : elle accepte de faire des émissions de télévision — elle participe à *Cinq colonnes à la une* et signe un documentaire remarquable sur la prison de femmes de Paris —, des émissions de radio —, elle produit une émission sur Supervielle et sur Luis Corral — et elle écrit des scénarios pour la télévision : de *Dix heures et demie du soir en été* [12], *Rideaux blancs* de Georges Franju [13] ainsi que l'adaptation cinématographique du *Ravissement* qui restera inaboutie [14]. Surtout elle s'intéresse de plus en plus au théâtre et le travail avec les acteurs la passionne. Depuis 1960, déjà, plusieurs textes d'elle ont été mis en scène, et elle a cosigné diverses adaptations : *Les papiers d'Aspern* d'Henry James avec Robert Antelme, *Miracle en Alabama* de William Gibson avec Jarlot, puis en 1962, *La bête dans la jungle* avec James Lord [15]. Mais la naissance de *Des journées entières dans les arbres* est pour elle une révélation. D'abord, parce que pour la première fois, sa vie et celle de sa mère vont être représentées au théâtre — une expérience cruelle et bouleversante. Ensuite, parce qu'à cette occasion, elle fait la rencontre déterminante de Madeleine Renaud.

Madeleine Renaud sera la Dame des Arbres, la maman de Marguerite. Marguerite, arrivant un jour au cours d'une répétition, s'en trouvera clouée : sa mère était là, en chair et en os sur la scène de l'Odéon. Madeleine Renaud lui avait volé sa mère. Beckett a encouragé Madeleine à accepter le rôle et lui a dit que c'était une immense chance. Marguerite a donné sa mère à Madeleine qui se révéla patiente, douce, attentive. Madeleine s'est approchée d'elle progressivement. Un jour elle lui demande une photo. Marguerite sort de son album de famille une photo de la mère jeune, belle, séduisante. Plus tard, elle lui confie que sa mère était une petite fille de fermiers du Pas-de-Calais, une institutrice d'école indigène, un petit capitaine de l'enseignement primaire et qu'elle avait pour héros Jules Ferry. Madeleine veut savoir comment elle s'habillait : avec des sacs, pas des robes, lui dit Marguerite. Madeleine veut connaître sa manière de marcher, de parler, son odeur. Marguerite se prend au jeu et assiste aux répétitions. Elle reste silencieuse. Jean-Louis Barrault ne lui demande rien. Être là, c'est tout. C'est déjà beaucoup. Madeleine comprend très vite l'amour dément pour le fils, la folie naissante de la mère, l'amertume de cette fonctionnaire brisée, sa chute dans le désespoir. Les mots sonnent juste. Madeleine peut tout comprendre des contradictions et des douleurs de cette femme. Elle ne parle pas comme Mme Donnadieu, elle est Mme Donnadieu. Rôle clef, construit par elle, conçu pour elle, elle s'empare de la mère dont elle a l'âge. À Marguerite elle avoue : « Tu vois, chez les vieilles personnes il y a une accumulation de choses. Ça s'empile, les années. Si tu es trop jeune, tu n'es pas assez lourde, alors la Dame des Arbres, tu ne peux pas la jouer. Et si tu es trop vieille, tu n'as pas la force parce que c'est très fatigant de jouer avec ce qu'on trimbale, tout le poids que font les années en passant[16]. »

Alors elle surgit sur cette scène de l'Odéon, avec son manteau en astrakan, trop long, le corps cassé, les genoux pliés, son chapeau noir sur la tête et ses cheveux blancs qui s'en échappent, vieille, très vieille, bruyante avec tous ses bracelets en or aux poignets qui tintinnabulent. Elle pleure, elle crie, en riant, elle dit : « Je suis la dernière, la plus petite, je ne peux pas aller plus loin, je suis au plus petit de moi. » Elle est cette femme à la fois paysanne et clocharde qui soliloque et qui se tient face aux spectateurs toujours les pieds écartés. Méchante, autoritaire, elle est abandonnée de tous y compris de son fils. Vieux jouet cassé. L'espace est tout à coup envahi par sa présence. Une présence totale : charnelle, spirituelle, sanguine, respirée, une énorme humanité, violente, sauvage, gourmande. Barrault a voulu servir Marguerite qu'il considère plus comme un poète que comme un écrivain, et Marguerite lui voue une confiance totale. Duras est une enfant, dira-t-il, mais une enfant qui a grandi, pas un grand enfant. Au fil des répétitions elle comprend que son texte lui échappe tant il devient celui de Madeleine. « *Des journées entières dans les arbres*, c'est Madeleine Renaud et pas moi, je ne suis pas responsable de cette pièce c'est elle », répétera-t-elle aux critiques. Madeleine en assume l'âpreté, la beauté mais aussi les contradictions, l'inachèvement à la surprise de Marguerite qui confie : « Je n'aurais pas pensé que c'était possible. Le texte en lui-même est une sorte de fatras bordélique, c'est ça que j'aime dans ce texte, une sorte de brocante fantastique, n'importe quoi. Et Madeleine est là-dedans comme un poisson dans l'eau, elle le prend en charge complètement, elle le refait[17]. »

Ni la critique ni les spectateurs ne se trompent sur l'intensité de l'émotion qui se dégage dès les premières représentations. Ils font un triomphe à Madeleine. « La création est stupéfiante de naturel, de carrure. Madeleine Renaud porte à elle seule la pièce », écrit enthousiaste Marc Bernard dans *Les Nouvelles littéraires*, tandis que *Le Nouvel Observateur* crie au génie, qualifie Madeleine de monstre sacré. Même Jean Dutourd, dans *France-Soir*, ne cache pas, une fois n'est pas coutume, son admiration. Dans un article intitulé « La vieille dame et la choucroute », il dissèque avec délectation les traits de génie de cette vieille obscène égoïste, radoteuse, boulimique, veule, méchante. Il s'en excuserait presque : « Je suis bien content, je vais enfin pouvoir dire du bien de Marguerite Duras. Pas tout à fait autant que j'aurais voulu, mais assez quand même. La pièce *Des journées entières dans les arbres* n'est pas mal du tout, au moins au début. » Dix ans plus tard, la pièce sera reprise : Jean-Pierre Aumont remplacera Jean Desailly et Bulle Ogier sera l'inoubliable Marcelle, grande cruche généreuse et maladroite se heurtant à la dureté de la mère et à l'égoïsme du fils. Duras sera là à chaque répétition. Avec le temps, le sujet de la pièce s'est déplacé : l'amour passionné, océanique, injuste d'une mère pour son fils, demeure l'un des thèmes obsédants mais la relation tendre et fragile entre l'amoureuse du fils et la mère apparaît en pleine lumière. Le fils est alors beaucoup plus seul, mangé de l'intérieur par l'amour que lui porte sa mère, innocent de cette fascination qu'elle éprouve et qui se révèle lourde à porter. D'ailleurs ne souhaite-t-il pas sa mort pour être enfin libre d'aimer et d'être aimé par n'importe qui ?

Puis, après avoir été très vite adaptée pour la radio par Marguerite qui la colora de valse antillaise et de jazz, la pièce devient un film : au départ une commande d'Antenne 2 avec une équipe technique imposée, financée par la troupe

Renaud-Barrault. L'adaptation occasionne un énorme travail à Marguerite. Un cahier de quarante pages de dessins, de découpages, de notes techniques atteste la minutie de la cinéaste qui a tout prévu plan par plan : placement des caméras, angles de vues, déplacements des acteurs [18]. Le film, après une première diffusion à la télévision, sortit ensuite dans un circuit de six salles avec un certain succès. Il obtint le prix Jean Cocteau et fut présenté au festival de New York en octobre 1976. À cette occasion, Marguerite parla de nouveau de sa mère, les larmes aux yeux, au cours d'un débat. « Non elle n'est pas morte après sa dernière visite à son fils, à son dernier retour en Europe. Elle est morte bien plus tard à plus de quatre-vingts ans, loin de l'Indochine dont elle avait fait sa terre natale. Ses derniers mots ont été pour mon frère aîné. Elle ne voulait que sa présence à ses côtés, celle de son fils uniquement. Elle l'a réclamé lui, rien que lui [19]. »

Duras a toujours nié toute différence entre théâtre et écriture. Le théâtre est venu vers elle. Elle en a accepté les principes, les angoisses et les joies. Elle ne pourra plus se passer de l'atmosphère des répétitions, de ce calme soudain et de cette angoisse sourde l'après-midi des couturières, de l'excitation le soir des générales. Elle aime l'odeur du bois des planches, la lourdeur des rideaux de scène, cette lumière, la servante, toujours allumée dans la salle. Très vite elle s'intéresse à la direction d'acteurs. Elle sait les faire bouger et leur apprend à parler sa langue si particulière, cassée, brisée, pauvre, répétitive, qui s'apparente souvent à une longue plainte. « Écoutez la musique sous les mots », leur dit-elle. Elle admire Vitrac et Roland Dubillard. Elle aime les actrices fragiles, évanescentes, juste au bord de la crise de nerfs. Sans rien savoir du théâtre elle en comprend l'essentiel : la manière de placer un acteur, de jouer avec l'émotion du spectateur par des clairs-obscurs, des musiques tristes et ravissantes entre deux actes qui vous chiffonnent le cœur. Bref le théâtre, c'est presque la vie pour elle et non la reproduction caricaturale de la réalité. La représentation est un acte vital, une cérémonie propitiatoire où l'on joue l'essentiel à chaque fois. Et puis elle aime tant les actrices. Loleh la première, Madeleine bien sûr, mais aussi Jeanne Moreau, Delphine Seyrig, Bulle Ogier, cette nébuleuse d'étoiles proches, si proches qui lui ont tout donné. Humble avec elles, toujours admirative, pleine de ce désir d'échange et de don que résume bien Jeanne Moreau dans un entretien inédit : « Vous Marguerite, vous vous laissez déposséder, c'est votre vice. Il y a des gens qui sont avares. Vous, vous êtes le contraire et c'est une jouissance extrême [20]. » Les actrices ont en effet, à ses yeux, cessé d'être des personnages pour devenir des miroirs sur lesquels peut se projeter le spectateur.

Marguerite écrit aussi des pièces de théâtre pour le seul plaisir des mots et sait jouer avec eux. C'est dans cet esprit qu'elle conçoit *Les eaux et forêts*, créée le 14 mai 1965 au théâtre Mouffetard avec Hélène Surgère, Claire Deluca et René Erouk. Le titre est un clin d'œil ironique à Louis-René des Forêts à qui la pièce est d'ailleurs dédiée. Le sujet apparent : une conversation entre passants sur la pluie et le beau temps, la circulation, les chiens, quand survient l'événement : dans la rue, un monsieur se fait mordre par un petit chien et refuse d'aller à l'Institut Pasteur. C'est tout. L'action se passe entre le Flore et les Deux Magots. Des chiens il est beaucoup question, de la nuit canine *(sic)*, de la rage qui n'enrage pas, tout de suite, des chiens qui ne sont pas vraiment des chiens, des chiens limités mais qui font tout de même, quand ils mordent, un mal de chien. Les chiens, ça pisse, ça crotte. Duras raconte tout à ras du bitume, c'est le cas de le dire. Elle parle de tout, de rien, justement c'est le rien le sujet. Les deux femmes des *Eaux et forêts* se disent des choses, échangent leurs bonnes adresses : la Samaritaine et leurs recettes de cuisine à base de chien. Le chihuahua par exemple : « C'est un plat économique. Un bon plat avec des pois chiches... » Duras l'intello fait du calembour lourdingue. La critique n'a pas compris, qui a voulu trouver des énièmes degrés et des sophistications grammaticales. Mais Duras écrit n'importe quoi, pour le plaisir et sans arrière-pensée. « Il n'y a pas de ficelle », répond-elle, interrogée après la création de ce drame tristounet qu'elle modifia jusqu'à la dernière minute mais qui a mal vieilli, tant son humour langagier paraît daté et codé. « Je n'ai envie de ne faire que du théâtre comique », déclare-t-elle à la radio. « Du théâtre au premier degré plein de lieux communs, de choses vulgaires », affirmait-elle le soir de la première. « Cette pièce mérite qu'on l'aime », dira prudent, Jean-Jacques Gautier.

Trois ans plus tard, elle s'essaiera de nouveau dans ce même registre avec *Le Shaga*, sorte de répertoire comique des idées reçues, description d'un royaume où l'on parle une langue étrangère non identifiée. Hambo, hombre, yo oyo, kaback itou kaback. État zéro. Retour à l'origine des langues. Au pays du Shaga, on peut parler à l'infini sans rien se dire. La langue shaga est composée de consonances. Toute parole est un bruit, toute conversation un bourdonnement dénué de sens. Pour inventer cette langue aux sonorités exotiques, Marguerite Duras a suivi des cours à l'Institut des langues orientales, puis a travaillé longuement sur le dictionnaire indo-mélanésien. Au pays du Shaga, buffle veut dire aimer, pluie signifie heureux. Un seul mot français est employé : terminer. « Staga moa. Yumi une moa. » On s'habitue à tout, même au shaga, et le spectateur a l'impression à la fin de la pièce d'en comprendre quelques mots. Pied de nez au théâtre, acte de dérision. Duras qui se réclame alors de Jarry met en pièces la notion même de personnage. Lui, c'est Notagou. Elle, Papapopo, les autres A,B,H : cha va, cha va pas mal à la sortie du *Shaga*. Marguerite s'est bien amusée. Elle veut provoquer. Elle refuse qu'on puisse la juger. Elle est au-dessus des critiques, au-dessus des jugements, des qu'en-dira-t-on. Duras fait ce qui lui plaît et se fout du reste. La pièce sera donnée au théâtre Gramont avec Claire Deluca et René Erouk qui s'étaient déjà si vaillamment battus pour incarner le côté potache et déconneur de Duras dans *Les eaux et forêts*. *Le Shaga* ne dit rien mais dit sur le rien avec talent. Certains considéreront cette pièce comme l'annonce des événements de 1968. Duras célèbre l'ère du vide par l'éloge du gag et la destruction du sens. Barthes a raison : Duras seule sait trouver des mots pleinement irresponsables dans tous les contextes possibles.

« Au fond j'ai toujours une inclination, une prédilection profonde pour le roman. Cela tient sans doute au côté un peu sauvage de ma nature. » Cette déclaration de 1965 a de quoi surprendre. Marguerite semble alors complètement immergée dans le monde du théâtre et dans ses multiples projets d'adaptations cinématographiques et télévisuelles. Elle passe l'été à Livourne invitée chez les Vittorini, rentre fin août à Paris pour boucler *La musica* pour la rentrée théâtrale de l'automne, travaille à une nouvelle adaptation du *Square*. Elle court aussi après l'argent. Elle supplie Odette Laigle d'intercéder auprès de Claude Gallimard. Elle a, dit-elle, des ennuis graves. Claude Gallimard a eu beau lui doubler sa mensualité — 2 000 francs par mois ne lui suffisent pas. Il faut dire que, sans être riche, Marguerite mène grand train pour un écrivain de Saint-Germain-des-Prés. Trois maisons. Deux employées : une dame à Neauphle qui entretient la maison, une autre dame, « une perle » comme elle dit, pour faire le ménage rue Saint-Benoît. Une voiture — anglaise — chère et qui va vite. Marguerite collectionne les contraventions — plus de 20 000 francs par an qu'elle demande à Gallimard de rembourser ! — sort tous les soirs, fréquente les bistrots la nuit où elle ne boit que des boissons gazeuses. Un enfer, dit-elle, cette absence d'alcool. Elle a les cheveux très courts, s'habille avec des pulls d'homme et des jupes droites, porte quasiment toute l'année — elle est très frileuse — une canadienne. Elle fume des gitanes. Travaille tous les jours mais sans horaires précis. Lorsqu'elle n'arrive pas à se mettre devant sa table de travail, elle confectionne des coussins, mais elle peint aussi et dessine à l'encre de Chine, quand elle ne répare pas ses lampes ou tricote des chaussettes pour les enfants de ses amis. Cœur solitaire. Vivant toujours à côté d'elle-même, toujours en décalage. Comme Lol V. Stein. S'inventant d'autres vies où elle serait enfin heureuse. Écrire au fond ce n'est pas un métier, c'est une obligation. Elle rêve de métiers manuels, de ceux qui impliquent le surmenage physique, le lavage de cerveau. Par exemple, la restauration. Elle se voit bien en patronne d'un restaurant de banlieue spécialisé dans les noces et banquets. Au moins, on dort bien après les repas fabuleux au lieu de subir des insomnies d'intellectuelle angoissée. Seule. Si seule. Elle dit à des amis qu'en rentrant dans la chambre vide, le lit vide, la nuit, elle pleure. Elle éprouve la nostalgie obscure d'une vie familiale bien réglée — elle se serait bien vue maman d'une famille nombreuse — et regrette sa vie chaotique, épuisante mais excitante avec Jarlot. Elle résiste de plus en plus difficilement aux tentations de l'alcool et, à Dionys, avoue vivre dans une peur perpétuelle.

Elle s'enferme dans sa maison de Neauphle. Commence alors une étrange aventure intérieure. La présence d'une femme l'obsède. Elle l'a rencontrée, il y a très longtemps, à la tombée de la nuit, à la limite du quartier blanc de Sadec hurlant et courant. Marguerite avait déjà fixé ce personnage qui l'avait tant effrayée dans *Un barrage contre le Pacifique*. Est-ce une femme ou un enfant ? Elle semble très jeune, chétive. Elle cache dans ses bras un bébé. Elle paraît menaçante. D'elle on veut se débarrasser. Sur son passage, on baisse les yeux. Alors elle suit comme un chien les êtres humains. Aux femmes elle offre son bébé, vagissant, sale, repoussant. Elle a une plaie au pied, terrible, qui lui dévore le talon. La mère du *Barrage* recueille la mendiante et accepte l'enfant. C'est une petite fille d'un an qui semble avoir trois mois. « La mère, qui s'y connaissait, avait vu, dès le premier jour, qu'elle ne pourrait pas vivre longtemps. Cependant, on ne sait pourquoi il lui avait pris la fantaisie de lui faire construire un petit berceau qu'elle avait placé dans sa chambre et elle lui avait fait des vêtements. » « J'ai connu personnellement cette femme, dira Marguerite, j'avais dix ans. Elle me faisait très peur[21]. » Vingt-cinq ans plus tard, Marguerite Duras revient sur cette douleur. Une mère a laissé à sa propre mère un enfant qui allait mourir. Mi-femme, mi-animale, la mendiante parcourt la terre, non à la recherche de son enfant qu'elle a abandonné comme un fruit trop mûr mais de sa propre mère qui l'a chassée à tout jamais. Nomade, violente, sorcière hurlante, elle poursuit de ses cris jour et nuit Marguerite Duras qui va l'immortaliser dans *Le vice-consul*.

Ce livre, elle dira l'avoir achevé en huit mois, enfermée à Neauphle, avec des horaires insensés : devant sa table de cinq heures du matin à onze heures du soir sans s'arrêter. Ce livre, elle le porte en elle depuis déjà trois ans. L'idée lui est venue avant la rédaction du *Ravissement*. L'ébauche a cheminé en même temps que le *Ravissement* pendant longtemps, puis le personnage de Lol s'est détaché. La mendiante attendait son heure. Le texte a subi de nombreuses métamorphoses et a été reconstruit plusieurs fois. Croyant l'avoir achevé dès 1963, Duras accepta d'en publier quelques extraits[22]. À l'époque, c'était un récit très compliqué, qui se développait parallèlement sur deux plans : une femme habitant Neuilly inventait une histoire à partir d'un hôtel particulier toujours vide. Elle menait l'enquête et apprenait que cet hôtel appartenait à un homme, vice-consul de France à Calcutta. Dans cette ville, rôdait une mendiante. Les deux histoires n'avaient rien en commun à l'exception de l'unité de lieu et de temps. Le pari littéraire était de les faire tenir ensemble.

Comme d'habitude, Marguerite n'invente rien. Le personnage du vice-consul existe. C'est un de ses amis de faculté devenu diplomate et qui vient d'être muté à Bombay. Il s'appelle Freddy et les amis de Marguerite le rencontrent lors de ses courtes escales à Paris entre deux postes. Les palmes bleues, la moiteur de l'air, l'ennui poisseux de la communauté blanche, il en a parlé longuement à Marguerite. La maison de Neuilly existe, elle aussi. Marguerite, au cours de ses promenades, avait repéré une maison, 10, avenue Saint-Nicolas, datant du XIXe siècle, aux volets toujours clos, au jardin abandonné où les lilas seuls survivaient. Elle avait mené une enquête auprès des gens du quartier, sans succès, pour connaître l'identité du propriétaire.

Marguerite, progressivement, abandonne les lieux réels et les problèmes de construction romanesque pour centrer son récit et donner vie à celle qu'elle appelle sa petite fille. « Comment ne pas revenir ? Il faut se perdre. Je ne sais pas. Tu apprendras, je voudrais une indication pour me perdre[23]. » Ainsi commence *Le vice-consul*. Comment savoir se perdre ? *Le vice-consul* est un traité de la perdition. Ses personnages sont tous perdus, géographiquement, physiquement, sentimentalement, psychiquement, tous silencieux, enfermés sur un passé inavouable, repliés sur leurs secrets. Qu'est-il arrivé à Anne-Marie Stretter il y a vingt ans quand la chaloupe l'a arrachée à sa vie conjugale ? Quelles erreurs a commises le vice-consul à Lahore ? À Calcutta, dans ce languissement du corps que procure la chaleur, plus rien n'a d'importance. Vous croyez que l'amour c'est une idée qu'on se fait ? demande le vice-consul. Personne ne lui répond. Alors il crie.

Ce roman aux deux histoires parallèles bascule vers le livre initiatique grâce à une commande que Marguerite, tiraillée par le besoin d'argent, accepte pour des raisons alimentaires. Dans le cadre d'une grande enquête sur les personnes atteintes de psychopathie, les laboratoires Anphor ont proposé à Marin Karmitz de réaliser, en collaboration avec des écrivains, des films d'une demi-heure. Le premier sujet porte sur l'alcoolisme. Karmitz pense à Marguerite. Marguerite, en plein désarroi d'écriture, accepte très vite cette commande miraculeuse et repart à Neauphle pour écrire donc le scénario et les dialogues d'un film médical sur l'alcoolisme. L'action devait se passer en France mais Marguerite revient à l'histoire de cet homme, vice-consul à Calcutta, cette ville qu'elle ne connaît pas mais qui symbolise à ses yeux la lassitude d'être. « Je dois inventer Calcutta complètement, sa chaleur, des ventilateurs partout, leurs bruissements d'oiseaux effarouchés, l'amour d'une jeune femme rencontrée [24]. » Marguerite transforme progressivement la commande. Pour rassurer la production, elle rédige un texte où elle fait croire qu'elle va raconter l'histoire d'un homme qui buvait parce qu'il s'ennuyait, qui continue à boire alors qu'il vient pourtant de découvrir qu'il ne s'ennuie plus car il a enfin découvert sa vocation d'écrivain. Il boit dans le bonheur pour fêter ses retrouvailles avec lui-même avant de s'arrêter. Marguerite décrit admirablement l'imprégnation physique et sensuelle de l'alcool dans le corps de l'homme. Car si Marguerite a accepté la commande de Karmitz, c'est aussi parce qu'elle est fascinée par le sujet de l'alcoolisme. Elle écrit ce scénario jour et nuit dans une ivresse créatrice qui à la fois l'exalte et la terrifie :

> Cette nuit, c'est moi qui écris
> Alcoolique, quelle blague, je peux m'arrêter quand je veux
> D'une écriture tremblée elle se confie
> l'alcoolique c'est l'autre, celui qu'on ne voit pas
> On ne boit que pour soi [25].

Alors Marguerite boit de plus en plus pour mieux décrire cet alcoolique qui ne trouve pas les mots. Elle aussi cherche les mots, mais comment s'en sortir ? Le vice-consul se débat dans la moiteur mortelle de l'air.

> Le Gange qui charrie les morts, les ordures
> je n'y arriverai pas
> Impossible
> Quelle agonie

Elle cherche à décrire cette épaisseur autour du vice-consul, cette impression d'étouffement perpétuel. Elle se désespère. Tout n'a-t-il pas déjà été nommé pour l'éternité ? Elle oublie le scénario. Elle écrit le livre dans un état d'hébétude. Elle note en marge du livre en train de se faire : « Je ne sais pas écrire le livre, je ne sais plus. Mais qu'est-ce qui crève ? L'idée. C'est en morceaux, cassée. » Le Gange ne charrie plus que les déchets de la bêtise humaine. « Je me trompe, je confonds l'échec et la douceur de ma disposition. Le livre résiste mais l'homme commence à apparaître. Banal, fade, médiocre. Il va être nommé à Calcutta. Il va arriver à Calcutta. » Alors elle reprend espoir. Il faut recommencer calmement. Dans le journal de bord qu'elle tient, elle s'inflige à elle-même des leçons : il faudrait « écrire tous les jours, trouver le lien entre toutes ces choses que je raconte, commencer par le commencement, ne plus boire, être raisonnable ». Elle imagine Calcutta comme mère des Indes et la mère des morts. C'est une mauvaise ville qui sent mauvais, qui pue la vase et la transpiration des hommes.

Un œuf énorme, noir, pestilentiel.

Des images s'entassent au-dessus de l'embouchure du Gange en un Himalaya.

Une mendiante pleine de poux accroupie dans l'eau des rizières près des berges où dorment les carpes.

Elle les guette et les mange crues.

Marguerite se désespère, revient à l'histoire de l'écrivain qui boit, retourne à sa commande, invente deux femmes pour les besoins de son scénario. *Le vice-consul* lui échappe. Alors elle boit. Il revient. Elle barre, ajoute, laisse des blancs, recommence. Il est rare dans les documents laissés par Marguerite Duras de trouver ses propres commentaires sur l'œuvre en train de se faire. Dans ces fragments de journal intime, dans la difficulté de faire venir à soi un personnage et dans l'excitation que crée l'alcool, on peut découvrir comment Duras tient physiquement ses personnages, s'identifie à chacun d'eux, pratique le corps à corps, s'abandonne, titube, repart. Elle, qui a tant parlé des risques de l'écriture et de ces terrains sauvages où elle s'avance, convoque ses personnages et leur parle comme s'ils existaient physiquement à côté d'elle dans cette chambre de Neauphle où elle les invente. Elle leur donne une âme, un corps, une existence. Elle plonge dans le magma de ses impressions et quand un des personnages a la chance de venir un peu plus près d'elle, elle l'attrape et l'enlace :

Le cœur du vice-consul vient vers moi. Je dois accueillir son vertige.

Moi vice-consul de France devant le bonheur, je dis que je m'en fous.

Qu'on me comprenne, cet homme qui souffre à Calcutta, je suis auprès de lui.

Qu'on me laisse tranquille, qu'on me foute la paix, qu'on me laisse voir ce que je veux voir, dire ce que je veux dire... L'idée peut être invisible...

Je suis là pour faire quoi ? Quelle est ma difficulté ? C'est d'ignorer pourquoi je suis là... la vanité de cet effort et son importance irremplaçable... je crève. Qu'est-ce qui est en train de mourir dans cette chambre ?

... Plus loin

je suis ivre et je suis près de lui. Vide. Vertige.

Un homme ne dort pas à Calcutta

Quel passé. Quel poids de bêtise sur mes épaules.

Je crève parce que je ne sais pas me servir de ma force et de mon expérience, j'en crève. L'idée ? Parce que voici qu'elle sent mauvais tout à coup, elle se dépeuple, elle se décompose. Le découragement tout à coup n'est-ce pas le signe que le cœur du vice-consul lentement pénètre en moi ? Oui, il bat.

Duras rend dans les délais son scénario à Marin Karmitz. « On a beaucoup travaillé ensemble pendant le tournage, dit-il. J'ai tourné à Trouville dans son appartement avec ses objets. Elle a participé de près. Elle regardait comment je faisais. Elle était sans cesse présente[26]. » Elle lui avoue qu'elle a eu des expériences malheureuses au cinéma. Karmitz explique et commente ce qu'il fait. Si *Nuit noire Calcutta* fut la matrice du *Vice-consul*, le tournage du film fut le déclencheur de son désir de devenir cinéaste. « Elle a perdu sa peur de la technique. Elle a vu que faire du cinéma pouvait aussi être simple. » Marguerite emmène Marin au casino de Trouville. Elle joue des petites mises mais fait des scandales à chaque fois qu'elle perd. Elle lui fait découvrir la Normandie, les marchés, l'estuaire, les billes de bois abandonnées dans les champs et lui parle de son frère, de sa mère. Le film décrit une ville abandonnée, des plans de mer étale et plombée, des vagues de sable. On dirait du Duras. Le personnage de l'écrivain est interprété magnifiquement par Maurice Garrel. Il fréquente les bistrots, marche la nuit seul dans les rues, drague en vain les filles. Le film tient le coup. Une atmosphère de mélancolie s'en dégage. On y découvre un procédé dont usera et abusera Duras plus tard en tant que cinéaste : le décalage entre le commentaire et les images. Le film étonne et divise. Sélectionné au festival de Tours, Karmitz demande à Marguerite de venir avec lui le défendre. Elle ne donnera jamais suite. Le film est hué par le public mais défendu ardemment par Jean Paulhan et Peter Brook.

Marguerite, à la fin de sa vie, avait oublié l'existence même de *Nuit noire Calcutta*. Elle disait du *Vice-consul* qu'il était le premier livre de sa vie, le plus difficile, le plus risqué car il énonçait l'amplitude du malheur sans jamais évoquer les événements visibles qui l'avaient provoqué. Elle invente son Calcutta mais se sert d'une carte de géographie pour déterminer les vagabondages de sa mendiante. Les noms des endroits qu'elle traverse sont tous vrais. Le personnage de la mendiante construit le livre. « Sans elle, dira Duras à la radio, à l'occasion de la sortie du livre, *Le vice-consul* n'existerait pas[27]. » « Lui riche, décadent, bouffi de tout. Elle pauvre, détruite, enflée par la misère. À l'opposé l'un de l'autre. Ne se rencontrant jamais. Et pourtant si proches dans le malheur d'exister. Le fait qu'ils soient dans une inexistence d'un lieu identique même de quelques secondes, c'est le livre que je veux faire », écrit-elle en note.

Elle interrompt l'écriture pour rejoindre Ginetta et Elio Vittorini quelques jours en Italie. Ce sera la dernière fois qu'elle pourra marcher avec lui, boire du Campari, s'engueuler, danser, parler du communisme, déguster ses spaghettis *al pesto*, commenter Togliatti et les dernières décisions du PCI. Elle décide de ne pas rentrer à Paris. Elle a peur de retrouver Neauphle, ses angoisses, ses hurlements. De Livourne, elle part pour Venise, s'enferme dans une chambre d'hôtel avec sa bouteille de whisky et son manuscrit. Il pleut sur Venise. Les falaises de Pursat semblent loin, les lauriers-roses de l'ambassade de France à Calcutta aussi. La peur panique qu'elle éprouvait adolescente vis-à-vis des lépreux revient dans cette ville qui l'angoisse et sent la mort. Venise est présente dans *Le vice-consul* : Anne-Marie Stretter y a vécu autrefois. Marguerite se décourage. Le livre ne vient plus. Sur un carnet elle note : « Je n'ai pas envie de travailler, je laisse faire, je laisse courir l'histoire. L'histoire, si elle est faite un jour, je ne saurai pas de quoi elle est faite. Il pleut encore sur Venise. La rue sous la fenêtre est déserte, j'ai acheté du whisky tout à l'heure. Je peux si je le veux me soûler et dormir. » Marguerite la nuit boit, le jour suit des gens. Elle s'attache à une femme qui habite dans le quartier de l'Accademia, mange en face d'elle dans la petite trattoria à côté de son hôtel. Bientôt elle fantasme sur elle, se persuade qu'elle va se suicider, hésite à lui venir en aide. Elle cherche dans tout Venise un livre qui la renseigne sur les températures à Calcutta. Elle imagine l'ambassade. Elle sanglote tous les soirs. Elle pleure sur Anne-Marie Stretter, le vice-consul, les forêts de Malaisie. Elle boit beaucoup ; à ce propos, elle note dans son journal : « Je cherche une phrase, ivre un peu, oui à ma table, je cherche une phrase qui ne vient pas. La phrase planait hier, fragmentée en moi. Elle ne se reconstruit plus. Elle était longue, animée d'un balancement de chanson, de rengaine, elle ressemblait à une plainte scandée, régulière. Des mots dont je me souviens y étaient pris : vase, mort, ventilateur, oiseaux effarouchés, voleur, je cherche la phrase. Quelle douleur adorable de ne pas la trouver ce soir. Elle me reviendra demain comme une chienne vers son maître, après la chasse, inavouable de la nuit. »

Duras avance progressivement grâce aux odeurs : odeur nauséabonde de la vase sur les rives du fleuve, odeur subtile des lauriers le matin dans le jardin de l'ambassade de France, odeur fade spermatique, dit-elle du vice-consul, toujours fatigué alors qu'il ne fait rien. Dans la première version du roman, celui-ci est doté d'une femme, Nicole Courseules, une bêtasse qui lit *La citadelle* de Cronin. Duras ne lui permettra qu'une très brève apparition dans le dernier chapitre de la version définitive afin de mieux mettre en lumière son héroïne préférée, son modèle fantasmatique de Blanche des colonies, la mère et la putain ensemble accouplées : Anne-Marie Stretter, cette femme si lisse, si convenable, mariée, mère de deux enfants, qui accule un jeune homme au suicide d'amour. Marguerite Duras dira qu'Anne-Marie Stretter a vraiment existé. Manifestement elle est la synthèse de deux femmes : l'une, femme d'administrateur, vivait dans un coin reculé du Siam où Marguerite passait ses vacances. Avec sa mère, elle l'a rencontrée au fin fond de la brousse quand elle était petite. La mère et la fille avaient fait trois jours de chaloupe pour lui rendre visite. Elle leur avait servi le thé cérémonieusement. Sa beauté avait frappé la petite fille. Mais une autre femme a aussi inspiré le personnage : elle s'appelait Elizabeth Striedter et Marguerite l'a fréquentée quotidiennement pendant plusieurs années lors de son adolescence. Elle était la mère d'une de ses compagnes de classe au lycée Chasseloup-Laubat de Saigon. Belle, très belle, selon les souvenirs des camarades de classe de Marguerite, elle était une mère parfaite et une musicienne accomplie. Elle resurgira des brumes du passé grâce à *India Song*. Le 13 octobre 1977, après avoir vu le film, la petite-fille d'Elizabeth Striedter écrivait à Marguerite pour lui dire que sa grand-mère résidait dans une maison de retraite de la banlieue parisienne. Elle l'invitait à venir la retrouver. Sans nouvelles de Marguerite, le 15 novembre 1977, Elizabeth Striedter lui écrivait :

> Madame,
>
> Vous avez raison de rester silencieuse.
>
> À travers la jeune femme que j'étais, votre imagination a créé une image fictive et qui garde son charme justement grâce à cet anonymat mystérieux et qu'il faut préserver. J'en suis si profondément consciente moi-même que je n'ai pas voulu lire votre livre, ni voir votre film. Discrétions de souvenirs, d'impressions qui gardent leur valeur à rester dans l'ombre, dans la conscience du réel, devenu irréel...

Le 8 octobre 1978, Elizabeth Striedter s'éteignait à l'âge de quatre-vingt-onze ans.

À Venise, Marguerite en inventant Anne-Marie Stretter tombe dans une profonde dépression. Elle câble à l'une de ses amies, qui souhaite rester anonyme, son angoisse et ses terreurs. Celle-ci lui envoie un médecin. À Venise, il pleut encore, la femme de l'Accademia a disparu. S'est-elle suicidée comme Anne-Marie Stretter ? Marguerite le pense. Elle s'apprête à quitter Venise. Question de vie ou de mort. « Le docteur est venu, non ce n'est pas l'alcool. Alors quoi ? Je n'ai plus d'âge, je suis sans amour. Tout m'est égal excepté de connaître la cause de mes larmes. »

Le livre sera terminé à Neauphle dans l'hébétude de la dépression.

Gérard Jarlot meurt le 22 février 1966. Il a été fauché dans la fleur de l'âge au moment même où son talent d'écrivain commençait à être reconnu. De quoi est-il mort, cet éternel jeune homme de quarante-trois ans ? D'une crise cardiaque, dit la presse laconiquement. D'une crise cardiaque pendant qu'il faisait l'amour, apprennent très vite ses amis. Jarlot a été retrouvé mort dans un hôtel de Saint-Germain-des-Prés à l'heure de la sieste. Une jeune femme a téléphoné d'une cabine pour prévenir la police. Marguerite quand elle apprit la nouvelle devint folle. Folle de douleur certes, car cet homme elle l'aimait encore, mais folle de jalousie aussi envers la femme qu'elle rendait responsable de sa mort. Elle mena elle-même l'enquête pour connaître son identité, alla même trouver la police croyant se faire aider. En vain. Les amis de Jarlot se demandaient s'il n'avait pas médité sa fin et préparé ainsi sa mort : une mort à la don Juan, un suicide par l'amour. Il se savait en effet cardiaque. Une crise avait donné l'alerte. L'amour, l'alcool, la cigarette lui étaient interdits. « Parce que, avec la déraison, on détruit le temps, c'est-à-dire qu'on tue la mort. Ainsi qu'avec la poésie, l'amour au besoin, l'alcool, les drogues... : avec tout ça, on tue la mort », avait-il dit à l'occasion de son prix Médicis. De lui, restaient des manuscrits inédits, un sourire las, une présence si douce. « C'était un homme magnifique, achevé dans tous les sens du terme, épuisé de toujours mourir sans en mourir, espérant de la mort autant que de la passion », écrira Marguerite qui, dans *L'homme menti*, le fait mourir à Étretat. Non, Marguerite, il était tout près de vous à quelques rues, cet homme que vous avez tant aimé, cet homme avec qui vous aimiez tant l'idée et l'acte même de l'amour. Cet homme est mort en faisant l'amour avec la femme avec qui il vous trompait, celle-là même qui fut la cause de votre rupture. Non, vous ne l'avez jamais su. C'est mieux ainsi. Vous avez donc pu imaginer : « Depuis l'infarctus, à chaque nouvelle femme, il a peur de mourir. Sa mort dure une seconde. Il s'agit d'une mort subite. Il n'a pas le temps de dire que voici la mort. » Mais pour l'intelligence, la profondeur, la pureté, là sur cet homme vous n'avez pas menti.

Elio Vittorini était mort dix jours plus tôt. C'était l'homme de l'aube, comme l'écrira Maurice Nadeau dans *Les Lettres nouvelles*. Avec lui, Marguerite perdit un compagnon intime, peut-être son seul ami, un camarade de lutte, un homme fraternel qui fut toujours si attentif et si proche d'elle qu'ils réagissaient à l'unisson sans même se consulter. Un maître aussi, un maître ancien certes, un maître de morale, d'humilité et de courage.

Le vice-consul est composé fin octobre. Trois jeux d'épreuves seront nécessaires. Le travail de modification est intense sur les deux premiers et le début du texte entièrement recommencé. « Cette petite affamée, la petite fille animale qui marche dans les marécages de la Birmanie, c'est ça *Le vice-consul* », déclare Marguerite à la radio[28]. Il subsiste des traces du *Ravissement de Lol V. Stein* dans *Le vice-consul*. Les rideaux de la salle de réception de l'hôtel Prince of Wales sont tirés pour que le drame surgisse à nouveau comme dans le bal où Lol perdra à jamais son fiancé. Des scènes du *Barrage* s'y retrouvent quasi à l'identique : ainsi cette séquence où la mendiante donne son bébé malade. Dans le *Barrage*, le bébé meurt infesté par les vers. Dans *Le vice-consul*, la mendiante s'enfuit à l'arrivée du docteur. *Le vice-consul* n'a pas de fin, l'auteur suspend le récit. De sa mémoire, les personnages ne disparaîtront pas. Juste un petit air mélancolique le temps d'une valse et ils resurgiront dans *La femme du Gange* d'abord, puis dans *India Song*, puis dans *L'amour* qui fermera le cycle.

Le livre, tiré à 25 000 exemplaires, paraît en janvier 1966 — trois mois après *La maison de rendez-vous* d'Alain Robbe-Grillet. Même ville moite d'un Orient lointain et débilitant, mêmes réceptions interminables, mêmes coquetteries des jeux de la mort et du passé sur fond de miroirs à l'infini. La presse littéraire fera souvent le rapprochement entre les deux livres, d'autant qu'on sait les deux écrivains amis. Ce parallèle irrite au plus haut point Marguerite qui en profite pour régler des comptes avec le Nouveau Roman, étiquette dont on l'affuble souvent et qu'elle récuse violemment. Non, elle ne comprend rien au Nouveau Roman auquel elle a toujours été étrangère et dont elle dénonce les procédés quelquefois caricaturaux d'expérimentation du langage. Elle l'accuse de tourner en rond et d'être une relecture plus ou moins adroite de la littérature américano-surréaliste... « C'est même un peu pénible. Personnellement je ne crois pas en ce mouvement littéraire[29]. »

Le vice-consul est mal accueilli. « Récit lent tout en méandres, en touffeurs, en phrases savantes mais comme à bout de souffle », écrit François Nourissier, dans *L'Express*. « Roman feutré, discret, sourd, plein de réticences, de plainte détournée, pudique, il faut prêter l'oreille avec patience et passion », écrit Jean-Louis Bory d'habitude inconditionnel ; « tour de force artificiel », commente Robert Kanters. Duras se fâche. Elle a beau apparaître à la télévision, auprès de Pierre Dumayet, comme un écrivain timide, sensible, fragile, avec la presse écrite elle commence déjà à pratiquer l'art de l'autoglorification et se montre sarcastique et méchante envers ceux qui ne la reconnaissent pas. À un journal suisse qui lui demande pourquoi *Le vice-Consul* est si mal reçu, elle répond : « La presse française ne l'a pas compris. Ça m'est complètement égal d'ailleurs... Les critiques parues en Suisse ont été, comme il arrive souvent, plus sérieuses, plus profondes. » Duras parle de trahison. Diva Duras. Capricieuse Duras. Elle fait attendre les journalistes pendant des mois et n'accepte les entretiens qu'à la condition de faire les questions et les réponses. Duras monologue, ne s'intéresse qu'à elle. Déjà.

Le vice-consul l'a vidée, nettoyée. Pour la première fois depuis qu'elle a commencé à écrire, elle n'a pas d'autres projets de livres. Elle pense calmer le désespoir qui l'assaille en occupant son temps autrement. C'est ainsi qu'elle songe à faire du cinéma : « Rien ne me détendra mieux que de passer de l'autre côté de la caméra », note-t-elle dans un cahier[30]. Elle ne veut plus travailler pour les autres, en a assez de vendre ses droits d'auteur à des cinéastes qui ne comprennent pas l'esprit de ses livres et en a soupé de l'écriture alimentaire de scénarios pour des films qu'elle ne va jamais voir. Duras va donc faire du cinéma. C'est aussi une façon de se rapprocher de son fils qui vient d'avoir dix-huit ans. « Mon fils ne parle jamais de mes livres. Ce qu'il aime c'est le cinéma. Si je m'y mets, c'est peut-être à cause de lui. Il fera partie de notre équipe. »

Jean Mascolo sera le deuxième assistant du film *La musica* qu'elle réalise avec Paul Seban. Elle a rencontré celui-ci au cours d'un tournage dans le cadre de l'émission de Dumayet, *Lectures pour tous*. Il vient de réaliser avec Michel Cournot deux courts films, *Ruth ou le cap de l'été* et *Monique ou le temps de vivre*, qu'elle a beaucoup aimés. Le contrat entre eux est clair : ils signeront tous deux la mise en scène mais Marguerite, dans ses entretiens, avant même que le film ne commence, évoque « mon film à moi ». Son film à elle peut-être mais son texte à elle indubitablement. *La musica*, au départ, est une pièce de théâtre que Marguerite a écrite en 1964 à la demande de la télévision anglaise dans le cadre d'une série intitulée *Love Stories*. La pièce a été publiée par Gallimard puis mise en scène en France par Alain Astruc et Maurice Jacquemont et créée le 8 octobre 1965 au Studio des Champs-Élysées par Claire Deluca et René Erouk. Duras a déjà beaucoup transformé le texte pour la pièce de théâtre et a activement collaboré à la mise en scène. Elle a demandé que celle-ci « soit de caractère cinématographique. Éclairage violent des visages qui équivaudrait aux plans rapprochés et plongées de ces visages dans le noir parfait[31] ». Déjà donc l'idée du cinéma. On connaît l'histoire de *La musica* que Duras trouvera plus tard trop midinette — « c'est mon côté putassier *La musica* », dira-t-elle en riant et en ajoutant qu'elle pouvait écrire trois, quatre histoires de ce genre par an[32]. Un couple se retrouve dans la ville de province où ils ont vécu douze ans. Ils viennent pour divorcer. Tout est apparemment fini entre eux. Demain, ils repartiront vers de nouvelles aventures sentimentales ou professionnelles peu importe. Séparés à tout jamais. Dans la perspective du film, Duras a de nouveau tout remis en chantier : elle a imaginé concrètement les personnages, inventé de nouvelles scènes. Pour bien différencier le film, elle souhaite même ne pas lui donner le même titre. Longtemps il s'est appelé *Pleine lumière*.

Le tournage doit commencer en avril. Duras cherche un hôtel vieillot dans une ville assoupie de Normandie. Les repérages seront longs. Duras et Seban parcourent toute la région et visitent ensemble de nombreux hôtels. En vain. « Paul, je n'entends pas la *Musica* ici. » Seban tranche en lui imposant le Castel normand à Deauville. Le tournage qui se déroulera à Évreux et à Deauville commence le 7 mai 1966 et durera un mois. Sacha Vierny est directeur de la photographie, Delphine Seyrig, la femme d'Évreux. Elle saura très vite la comprendre et incarne magnifiquement cette grande provinciale dégingandée, cette dépressive, cette petite sœur de Lol V. Stein qui, comme elle, se promène au hasard dans les rues et dans les bois pour apaiser les fureurs de son âme ; cette obsessionnelle de la salle de cinéma, qui, comme la Suzanne du *Barrage*, s'assoit face à l'écran pour reprendre son souffle et repartir vivre loin du refuge de la grotte aux images. « Femme profonde mais qui pèse une plume », commentera Marguerite dans *Les Cahiers du cinéma*[33]. Ayant toujours laissé à l'homme qu'elle aimait sa liberté, liberté amoureuse, liberté sexuelle, elle ne l'a jamais englué dans les conventions de la conjugalité, a toujours refusé de le piéger. Femme disponible, toujours solitaire, en apparence offerte, en réalité interdite.

Delphine Seyrig est cette femme à la démarche titubante avec sa manière de biche ensommeillée quand elle pose son corps sur un divan et cette façon de moduler ses phrases tout doucement avec cette voix rauque qui vous fait frissonner. Duras a rencontré Delphine grâce à Alain Resnais qui l'avait révélée dans *L'année dernière à Marienbad*. Marguerite a beaucoup hésité avant de l'engager. Elle rêvait d'Anouk Aimée mais celle-ci tournait au même moment, et à Deauville aussi, *Un homme et une femme*. Marguerite proposait de l'attendre. Seban lui força la main. Elle ne le regretta pas. Entre elles deux ce fut le début d'une longue et profonde amitié. Delphine était entière et n'avait que des amitiés absolues, des amitiés de fer, dira Duras. Si vous n'avez pas vu Seyrig au cinéma, comment vous dire ce que le cinéma fait avec elle ? Duras l'explique : « Quand Delphine Seyrig arrive dans le champ de la caméra, les ombres de Garbo et de Clara Bow passent et à ses côtés on cherche Cary Grant. Alors voilà, on est inconsolable du désordre qui règne dans le destin du cinéma[34]. » Delphine sera donc ELLE, avec cet élan de pureté qui n'appartient qu'à elle, avec ce goût de vivre sans arranger les choses. Lui, ce sera Robert Hossein. Seban avait tout de suite pensé à lui. Duras, à l'évocation de son nom, s'était écriée : « Tout sauf Hossein, quelle horreur ! » Seban insista. Finalement là aussi elle céda. La suite, Hossein la raconte : « La première fois qu'elle m'a vu, elle m'a dit : écoutez je vais vous rendre intelligent. À l'époque, j'avais une cote d'amour. Ça allait bien pour moi. Elle prenait Seban pour son conseiller technique. Elle me traitait comme un môme. Elle me reprochait de ne pas assez me concentrer. Elle me traitait de don Juan de bazar et de Casanova pour midinettes. Je l'appelais alors Christiane Rochefort[35]. Ça la rendait folle mais ça la faisait rire. Elle m'a fait recommencer un plan une cinquantaine de fois. En fait, je l'adorais. C'était *Mamie Nova*. Quand j'avais des chagrins, j'allais la voir, j'étais très impressionné. Elle a cassé mon instinct. Elle jouait sur le registre des émotions et savait parfaitement ce qu'elle voulait. Elle était très bonne[36]. » Duras veut faire de *La musica* un film sans objets — elle critique l'attention donnée aux objets dans *Hiroshima mon amour* — uniquement avec des visages. Un film théâtral. Du théâtre cinématographique.

Une photographie de tournage la montre avec les techniciens, gaie, enjouée. Elle était là, omniprésente, courtoise mais ferme, imposant sa vision du cadrage et sa direction d'acteurs. Seban a très vite compris qu'il était dépossédé du film : « Je lui avais expliqué les objectifs, les travellings, j'avais pris soin de lui faire un découpage précis, plan par plan car je savais qu'il était difficile de partager une mise en scène. J'avais choisi de remarquables techniciens. Mais rien n'y a fait. Elle a vite compris que pour régner il fallait diviser. Elle a réussi. » L'atmosphère s'est très vite envenimée. Michelle Porte confirme : « J'avais lu dans un journal qu'elle allait faire un film. Je suis allée sonner chez elle. Je ne la connaissais pas. Elle m'a proposé de travailler avec elle sur le tournage de *La musica*. Je n'avais pas de vraies fonctions, j'étais là c'est tout. Elle m'avait dit : on ne pourra pas te payer mais en échange je te loge chez moi aux Roches noires. Il existait une très grande tension entre Seban et elle. Il se tenait au scénario, pas elle. Il jouait au technicien professionnel, pas elle. Les techniciens quand elle parlait, et ce qu'elle disait était souvent juste, râlaient derrière son dos et disaient qu'elle n'y connaissait rien. » De cette atmosphère de tension permanente, témoigne un reportage sur le tournage paru dans *Arts*[37] : « Ils ne sont jamais d'accord sur un jeu. Quand l'un est satisfait, l'autre fait recommencer. Ils tournent chacun leur plan. " Le vôtre c'est quoi ? Le 3 ? Le mien sera le 7. On verra au montage ", décide Duras qui gagne du temps. » « À trois reprises, j'ai proposé à Ploquin et Dorin, les producteurs, de quitter le film, confie Seban. Ils ont refusé. Finalement, elle a accepté mon opiniâtreté. On a rallongé le tournage. On a rallumé les lumières au grand désespoir des producteurs. Au dîner de fin de tournage, on s'est un peu réconciliés. Après elle a voulu tout récupérer. Elle voulait même ajouter dans le générique : un film produit par Marguerite Duras. Ensuite, elle a disparu, n'a pas souhaité venir avec moi présenter notre film[38]. »

Elle ou lui. Ce sera elle et ce sera son film. Elle le fera figurer comme son premier film dans le livre qui accompagnera en 1992 sa rétrospective à la Cinémathèque française. Avec Delphine Seyrig, l'histoire ne faisait que commencer. Avec Robert Hossein, elle s'interrompit à tout jamais. « Marguerite m'a redemandé mais je n'étais pas libre. Pour elle, j'étais un marin des ports, une brute. Dommage. Elle seule a su me dompter avec une infinie douceur[39]. »

Les relations avec Jules Dassin seront plus harmonieuses qu'avec Paul Seban. Elle collabore activement au scénario de *Dix heures et demie du soir en été*. Elle écrit avec lui un synopsis, imagine des lieux, des atmosphères et des odeurs, rédige de multiples brouillons, les donne à Dassin qui les retravaille, rédige des fiches biographiques sur les deux héroïnes pour aider les actrices, Melina Mercouri et Romy Schneider. Elle se rend sur les lieux du tournage où, ravie, elle découvre que Melina incarne à la perfection Maria. « Je crois, je suis même sûre, qu'elle joue le rôle de Maria au plus près de ce qu'elle est dans la vie, corps et âme », confie-t-elle à *Vogue* [40]. Ce n'est pas l'avis de la critique qui accueille froidement le film — film mi-chair mi-poisson, dit Henri Chapier dans *Combat* [41], ainsi que la prestation de Melina Mercouri qui transformait le film en festival Mercouri. *Les Nouvelles littéraires* reprochent à Marguerite Duras d'avoir vendu son âme au cinéma et d'avoir accepté de transformer son livre en un vulgaire mélodrame avec au centre Mercouri dépassant les bornes de la vulgarité [42].

Une passion sensuelle, intellectuelle et amoureuse naît pour Melina qui ne se démentira pas avec le temps. Duras tombe souvent amoureuse de ses actrices : Delphine, Melina, Jeanne Moreau. « J'ai commencé à avoir des amis quand je vous ai eue pour amie. Vous avez été ma première amitié d'adulte, dira Jeanne Moreau [43]. C'est à partir de vous que j'ai su ce qu'était l'amitié et que j'ai eu d'autres amis. » Marguerite s'offre et les actrices lui donnent. Marguerite aime leur corps, leur voix, leur démarche, leur visage que sa caméra dévoile, à elle, pour elle. Pour elle, le cinéma est un art de la capture amoureuse. Elle utilise la caméra pour voler la beauté. Grâce à cet instrument, on peut enfin regarder un visage. L'objet, la matière même du film, devient le visage humain : « Au théâtre, vous n'avez pas le visage, le visage vous échappe, pas au cinéma [44]. » Scruter, fixer, découvrir le mystère que possède tout être. Duras est une voyeuse. Le cinéma lui permet aussi d'assouvir sa passion pour le fait divers, son côté midinette qui veut s'encanailler pour éprouver des frissons en fréquentant de temps en temps les bas-fonds. Elle signe le scénario et les dialogues du premier film de Jean Chapot, *La voleuse*, histoire d'un fait divers qui, en Allemagne, a défrayé la chronique pendant des mois. Une femme avoue à son mari qu'avant de le connaître, elle a eu un enfant qu'elle a confié à un ménage d'ouvriers. Le père adoptif menace de se tuer si on lui enlève l'enfant. La mère, interprétée par Romy Schneider, va « voler » son propre fils dans la famille du père joué par Michel Piccoli. Duras s'identifie à la voleuse. « La collaboration avec Duras n'a pas été facile, avouera Jean Chapot [45]. Alors que je voulais montrer voleuse et volé, elle a fait glisser le film vers la voleuse. » Le film, qui devait initialement s'intituer *Cheminée 4*, sort en novembre 1966. Duras a « volé » le film à Chapot. La presse l'accueille... comme un film de Duras. « On aimerait dire de ce premier film de Jean Chapot qu'il annonce la naissance d'un auteur de cinéma. Mais ici l'auteur n'est-ce pas Marguerite Duras ? » s'exclame Henri Chapier dans *Combat*[46]. Duras fait du Duras.

Le désir d'élucider les crimes apparemment gratuits la poursuit. Elle aime fouiller dans les armoires et éclairer les misérables petits secrets. Certaines histoires la hantent. Ainsi ce fait divers — un couple qui s'est débarrassé d'une cousine en la découpant en morceaux — dont, on l'a vu, elle avait fait un texte, *Les viaducs de la Seine-et-Oise* en 1959, qu'elle reprend en 1967 et réécrit complètement sous forme d'un roman-dialogue. Ce sera *L'amante anglaise*, petit traité de la perversion et merveilleux roman policier. Elle dit « voir » le crime, comme si elle y avait assisté : cela s'est produit pendant une soirée d'hiver. L'homme lisait son journal près de la cheminée. Elle, elle tenait un marteau de maçon. Elle décale les personnages, introduit de la distance entre ce qu'ils disent et ce qu'ils font, laisse planer le doute sur l'identité du criminel. Elle ménage le suspense en inventant le personnage d'un narrateur qui, doté d'un magnétophone, s'installe dans le bistrot du village où fut commis le crime pour écouter les gens. Le soupçon du lecteur s'égare sur plusieurs personnages. Les personnages se soumettent à un interrogatoire qui fait penser à celui que mènerait un juge d'instruction doublé d'un psychiatre.

Duras adore Agatha Christie. Comme elle, elle est fascinée par le côté ordinaire du crime et par la banalité — apparente — de la personnalité des criminels. La différence entre un fou et un être normal n'apparaît qu'après le crime. Ce n'est pas dans le camp de la victime qu'elle se situe mais dans celui qui commet l'acte. C'est la destruction de soi-même à travers la mort qu'on inflige à un autre qui la captive. « On oublie trop facilement le martyre qu'a dû vivre le criminel », dit Pierre dans *L'amante anglaise*. Elle les a appelés Lannes, Claire et Pierre. Claire allait vers le crime ; elle aurait pu tuer son mari. Elle a tué sa cousine sourde et muette. C'est tombé ainsi. Qui est Claire ? Elle ne parle pas, n'explique pas, ne commente pas son crime. Alors Duras se met à la place de Claire. Ce qui la fascine, c'est qu'elle a agi comme s'il s'agissait du crime d'un autre. « Je cherche pour elle les raisons de son crime », dit Marguerite[47]. Claire sait ne rien faire et quand elle accomplit son geste, elle fait éclater le mensonge et retrouve « son destin sauvage ». Dans la réalité « Claire », à l'issue du procès, fut condamnée à cinq ans de prison. Elle purgea sa peine puis revint au village. Duras l'y suivit. Elle sut qu'elle vivait seule, sans parler à personne. Puis un jour, elle disparut. Le dossier de son crime rejoignit définitivement les archives judiciaires. Folle aux yeux des autres, logique et cohérente pour Duras qui rend Claire attachante, fragile. Son crime l'a lavée d'une salissure originelle et l'a rendue plus légère. La folie n'est qu'une manière commode de nommer ce qui lui arrive. « À force de chercher, sans trouver, on dira que c'est la folie, je le sais. » Claire accepte d'être folle aux yeux du monde mais pas Duras qui, dans son récit, la transforme en héroïne acculée au crime par un mari qui la méprise et la laisse la tête encombrée de mauvaises idées qu'il l'empêche d'exprimer. Le crime, c'est le trop-plein. Claire, comme toutes les héroïnes de Duras, en sait trop. Légèrement hallucinée, vivant en perpétuel décalage, Claire, comme Lol et plus tard comme la mère d'Ernesto de *La pluie d'été*, est à la fois pythie, devineresse, sorcière. Elle ne connaît que l'origine des choses, jamais les conséquences, et rôde dans la zone interdite du mystère de l'existence : « J'ai eu des pensées sur le bonheur, sur les plantes en hiver, certaines plantes, certaines choses, la nourriture, la politique, l'eau, sur l'eau, les lacs froids, les fonds des lacs, les lacs du fond des lacs, sur l'eau qui boit, qui prend, qui se ferme, sur cette chose-là, l'eau, beaucoup, sur les bêtes qui se traînent sans répit, sans mains, sur ce qui va et vient beaucoup aussi... » Comme la petite animale affamée d'*India Song*, Claire survit dans le chaos du monde en vociférant des paroles incompréhensibles. Débiles, simplettes, toutes deux sont les envoyées des dieux de la déraison, des femmes-forêt, des femmes-poisson, des femmes à peine sorties de la vase de l'inconscient, venues troubler notre mode petit-bourgeois de penser et de raisonner.

Le manuscrit de *L'amante anglaise* est remis à Gallimard le 9 janvier 1967. Plusieurs jeux d'épreuves sont nécessaires tant Marguerite Duras reprend le texte, y faisant des ajouts dans les marges, en bas des pages, y collant des paragraphes entiers. Sur le second jeu, des corrections figurent à chaque ligne, témoignant de l'acharnement de l'auteur à traquer le mot juste. Le livre sort en avril 1967, tiré à 10 000 exemplaires. L'accueil de la critique est enthousiaste, elle souligne la profondeur de l'analyse psychologique et le talent de l'écrivain à faire parler des êtres qui vivent au bord du silence éternel. « Marguerite Duras, résume François Nourissier, atteint une zone blessée de nous-même[48]. »

En décembre 1968, par la grâce du metteur en scène Claude Régy et de ses interprètes — Madeleine Renaud, Claude Dauphin, Michaël Lonsdale —, le texte devient un des spectacles de Marguerite Duras qui restera le plus dans la mémoire. Nous portons tous notre part de ténèbres, affirme Duras quand elle explore les mentalités des criminels. Le crime, dit Régy, c'est d'abord la possibilité du crime, elle est en nous. Régy a monté la pièce avec le désir de mettre le spectateur devant le vertige des meurtres, « nos envies d'être le criminel, de parler au criminel, de le connaître, de le comprendre, de nous identifier à lui[49] ». La petite salle du TNP à Paris au théâtre de Chaillot a été transformée. La scène, le balcon ont été supprimés. Les acteurs sont immobiles. L'action doit être mentale, intérieure. Voulue comme un examen clinique, une expérience dans un endroit clos, la pièce soumet acteurs et spectateurs à l'épreuve de la vérité. Triomphe du pouvoir de fascination qu'exerce Duras qui n'ira jamais aussi loin dans l'analyse du comportement. La critique est unanime. « Passionnante quête », dit Jean-Jacques Gautier dans *Le Figaro* ; « véritable musique de chambre » pour Marcabru dans *Paris Presse* ; « fascinant et fort », écrit Robert Kanters dans *L'Express*.

Duras n'arrête pas. Elle vient d'achever une nouvelle pièce intitulée *Pièce russe* : dans des odeurs de rôti de veau, deux anciens camarades règlent leurs comptes du temps du stalinisme ! La pièce ne verra jamais le jour. Elle continue une collaboration active avec la radio, parcourt la France en se rendant dans des lycées pour parler de littérature et de poésie aux adolescents, faisant découvrir Michaux — qu'elle qualifie de plus grand poète français — à des lycéens à qui elle lit des heures entières des extraits d'*Un certain Plume*. Elle plaide haut et fort pour la littérature dans les usines comme dans les salons. Elle s'associe à des manifestations culturelles comme la Quinzaine de la lecture, se rend dans plusieurs comités d'entreprise. Un journaliste de la radio l'accompagne quand elle passe deux soirs de suite à convaincre les femmes du comité des mines du Pas-de-Calais de la nécessité vitale de la littérature, et se met à lire du Michaux, un extrait de *Moby Dick* et un texte de Césaire devant une assistance attentive.

En mai 1967, elle accepte la proposition de RTL de partir pour le festival de Cannes en tant qu'envoyée spéciale. Consciencieuse et passionnée, elle défend *Mouchette* de Bresson, *Accident* de Losey et surtout *Blow up* d'Antonioni, auquel elle prédit la palme d'Or, qu'il remporta. Marguerite capte l'atmosphère du festival, possède l'œil exercé du critique mais écrit comme elle parle, de tout et pas seulement des films. Elle est dans son film à elle qu'elle se projette en permanence : « Cannes est là. Pierres blanches et films. Un petit peu comme à Calcutta. Elle est bâtie comme un théâtre. D'où je suis, au quatrième étage on le dirait, la scène serait la mer. Les nouvelles sont affreuses. On trouve ici le journal. Comme vous l'ouvrez avec épouvante Haiphong rasée. Onze jours déjà que le putsch militaire en Grèce a eu lieu. Sur la plage cependant il y a encore des marines américains qui se font photographier avec des starlettes de service[50]. »

De Cannes, elle envoie une lettre furibonde à Robert Gallimard pour lui dire qu'elle n'a trouvé son livre dans aucune des librairies de la ville. Robert s'excuse, Claude aussi. Une enquête est diligentée auprès du distributeur Hachette pour connaître les raisons de cette absence. Elle répond à Claude Gallimard le 22 mai :

> J'ai eu un vrai espoir avec ce livre. Mais le chiffre fatidique de 10 à 13 000 exemplaires ne sera pas dépassé encore une fois. La boule de neige des lecteurs a été détruite. Un succès se prend au vol et s'exploite tout de suite. Si on ne va pas vers le public qui réclame, si on traîne, on gâche un rapport spontané. Après quoi c'est trop tard.
>
> Mais ce que j'aurais voulu en somme, c'est un traitement particulier. Ce qui n'est pas très sympathique de ma part. Mais je dois dire que je savais que *L'amante anglaise* était un livre qui pouvait toucher plus de lecteurs que *Lol V. Stein* ou *Le vice-consul*. Je m'en excuse.

« Les gens sont des cons mais ça on le sait », ne cesse-t-elle de répéter. La France s'ennuie et Marguerite aussi. Sa haine du Général ne cesse de croître. Elle noie dans l'alcool son désenchantement. Elle vit repliée à Neauphle, réfugiée dans ses fantasmes : le monde est un gigantesque marécage où les trahisons de l'idée même de révolution sont devenues la règle. Il n'y a plus rien à espérer d'un quelconque parti et encore moins des hommes politiques qui, par définition, vivent dans la félonie. Elle voit régulièrement Robert Antelme, Dionys Mascolo avec qui elle continue à partager des espoirs de communisme utopique. Elle se proclame encore communiste, vraie communiste, comme elle dit pour se démarquer des hyènes du Parti qu'elle abhorre.

Mai 1968 alors arrive comme un miracle. Le 5 mai, en compagnie de Dionys et de Robert, elle se joint aux intellectuels et artistes qui appellent au boycott de l'ORTF, fait signer la pétition et commence à militer activement. Dès les premières manifestations, elle descend dans la rue chanter à tue-tête, courir devant les flics, participe aux barricades. Enjouée, rieuse, gamine. Mai 1968 la ressuscite. C'est pour elle un bain de jouvence. Elle retrouve la joie qui l'habitait à la Libération, les rues données au peuple, l'espoir de nouveau à portée de main, le désir d'être ensemble. Elle participe à l'occupation de la Sorbonne, va des nuits entières écouter les étudiants parler, appelle de nouveau à la désobéissance civile et croit, le temps d'un songe, à une possible abdication de l'État.

Ils allaient changer le monde. Duras, comme ses amis de la revue défunte *Le 14 Juillet*, croit que la révolution est pour demain matin. Elle a toujours peur dans les manifs d'être bousculée, écrasée, alors elle prend ses amis avec elle — Blanchot, surtout Mascolo, Marin — comme gardes du corps et court dans les rues en soufflant. Elle ne dort plus, passe son temps dans la rue, observe ce qui se passe. Tout de suite elle poétise : pour elle, mai 1968, c'est l'exploration d'un lieu sauvage, l'expression du désordre fondamental qui nous habite. À la mi-mai, en compagnie de Maurice Blanchot, qu'elle ne quittera guère pendant ce mois d'intense bonheur, elle participe à la fondation du Comité d'action étudiants-écrivains. Des commissions sont nommées, un secrétariat constitué. Ils sont une soixantaine dans la salle, écrivains, journalistes, étudiants, chroniqueurs de télévision. Le lendemain, ils ne seront plus que vingt-cinq. Les chroniqueurs de télévision ont disparu, les journalistes aussi. Les discussions sont moins violentes, plus audibles. Marguerite vient tous les jours avec Blanchot, Antelme, Mascolo. Le comité se déplace à Censier puis rue Soufflot. Il est constitué d'une vingtaine de personnes qui viennent régulièrement et d'autres, étudiants, enseignants, qui passent, deviennent des auditeurs assidus ou disparaissent. Certains écoutent puis claquent la porte définitivement, dégoûtés par la maniaquerie avec laquelle le Comité s'acharne à discuter mot par mot le contenu des textes révolutionnaires. D'abord on refuse ce qui est proposé, ensuite on se méfie puis le texte est entièrement refait. Certains s'exaspèrent de ces procédés. Marguerite tient bon. Elle s'avère habile dans la négociation et découvre avec délices les contradictions du gauchisme. Elle revit au contact de ces jeunes gens brillants qui la rudoient, l'admonestent et ne la reconnaissent pas. Elle qui se prenait pour une papesse découvre les joies de l'anonymat et se dévoue à la révolution en proposant ses services de zélé petit soldat de la langue française. Elle invente à tour de bras des slogans qui sont repris dans les mots d'ordre ou peints sur les murs du Quartier latin. « Nous ne savons pas où nous allons mais ce n'est pas une raison pour ne pas y aller », c'est d'elle. « Il est interdit d'interdire », c'est d'elle aussi, paraît-il, si l'on en croit Mascolo. Mais elle s'en fout, baigne dans le collectif — n'est plus un auteur mais une militante. Le comité est invivable, dit-elle, mais peu importe. On essaie de le saboter mais rien n'y fait. Les camarades sont soudés : « Rien ne nous lie que le refus. Dévoyés de la société de classe, mais en vie, inclassables mais incassables nous refusons. » À la fin du mois d'août, le comité se réunit encore. Ses membres s'enfoncent dans une attitude de refus politique et métaphysique. Ils ont résisté à tout : aux élections, au retour à l'ordre, au farniente de l'été. Assemblés par le hasard, ils continuent à débattre de concepts philosophiques sur les décombres d'une révolution manquée. Ils s'obstinent à poursuivre leur rêve d'un monde où le marxisme serait débarrassé enfin des crimes du stalinisme et où certaines aspirations du surréalisme pourraient enfin se réaliser. Nous sommes éternels, nous sommes la préhistoire de l'avenir, disent, parmi eux, Marguerite, Maurice Blanchot, Jean Schuster, Dionys Mascolo et quelques autres. Cette horde d'utopistes vit désormais avec ses rites et ses codes langagiers. Ceux qui débarquent pour la première fois à une réunion du comité pendant l'été 1968 repartent, tant ils deviennent incompréhensibles. Seule compte l'exigence révolutionnaire illimitée. Cette technique de dépersonnalisation au profit du groupe, cet effacement de toute singularité, cette destruction systématique des valeurs, Marguerite les vit intensément. Elle souhaite même changer d'identité. « Duras, j'en ai marre », dira-t-elle. Elle voudra aussi changer de patrie — quitter la France pour les États-Unis — et de métier : abandonner à tout jamais l'écriture.

Certains en rient encore. Mais à quoi ont-ils joué ? Pour eux 1968 ne fut même pas un décor d'opérette, tout juste un petit théâtre pour étudiants bouffis de fric et de vanité. Marguerite, elle, y a cru. Elle s'est brûlée à mai 1968. À un jeune homme qui deviendra très vite un ami proche, Henri Chatelain, elle écrit le 13 septembre 1968 :

> Il y a eu les événements. J'étais dedans nuit et jour. Mai ne se reproduira pas. Je suis dans l'angoisse et dans l'ennui. À tel point que j'envisage dans les choses possibles de quitter la France. La tragédie de Prague m'a tuée.
>
> Je vis entre Paris et la campagne, sans ordre, mal...
>
> Je n'écris pas. Sauf des textes politiques, je n'ai rien fait depuis un an ou presque. Ne me parlez pas de mes livres, je rêve d'un temps où écrire serait remplacé.
>
> J'aime encore Andesmas, Lol V. Stein et surtout le vice-consul.
>
> Mais je suis, comme des milliers d'Européens en ce moment, au creux de la vague [51].

La seule voie possible reste encore et toujours le communisme. Un communisme sauvage, non idéologique, non institutionnel qui resterait à définir. « Personne n'est une révolutionnaire-née, mais j'espère être communiste [52]. » Marguerite s'empêtre dans ses croyances. Elle ne croit pas aux mouvements d'extrême gauche et ne suivra pas les tentatives de ceux qui voulurent alors s'établir en usine ou à la campagne. Pour elle, le gauchisme doit rester un nomadisme, une liberté de penser. Fixer le gauchisme, c'est le faire disparaître. Tout se joue à l'intérieur de soi. Être engagé en politique, c'est savoir reconnaître cette sauvagerie, cette force de refus, l'exprimer sans la laisser récupérer par le moindre parti. La force de l'individu réside en sa capacité négatrice. Refuser d'abord ce qui existe pour, ensuite, redéfinir le monde. Le marxisme est mort, il ne s'agit pas de trouver une idéologie de substitution mais d'inventer des raisons de vivre et des moyens d'espérer. Elle vit durement les désillusions de l'après-68 dans son corps et dans sa tête. Nuit noire pendant un an. Elle opère ensuite une lente remontée vers la surface. Elle dira avoir cru étouffer, ne pas pouvoir s'en sortir, se laisser mourir. L'écriture, encore une fois, la sauvera de la tentation du néant. « J'ai écrit contre moi quand je me suis remise à écrire, j'ai écrit sans mes habitudes, contre Duras, ne pouvant plus me supporter. Je crois qu'il faut risquer quelque chose, je suis dans l'obscurité », avouera-t-elle en janvier 1970. Marguerite se sentait faible et, de cette faiblesse, naquit un livre douloureux, *Détruire, dit-elle*, qui a, comme point de départ, *Les balles*, cette nouvelle écrite en 1964 pour un film qu'elle voulait faire avec Resnais. Le refus du cinéaste avait blessé Marguerite qui, cependant, tint compte de ses remarques : d'une conversation philosophique, elle fit un récit de désamour et de mélancolie où les personnages s'échangent leur vision du monde devant un court de tennis. Puis *Les balles* furent abandonnées au profit de *La chaise longue*. Un manuscrit de *La chaise longue* fut repris de nouveau en 1967, donné à dactylographier puis retravaillé par Marguerite. Les événements de mai la contraignirent à le reprendre presque entièrement. Auparavant centré sur le couple Alissa-Max, le texte se fragmente. Duras ajoute le thème de la destruction — de l'amour, du politique, des mots.

L'héroïne, Elizabeth Alione, enfoncée dans une profonde mélancolie qu'elle traîne dans les couloirs, le parc et la salle à manger d'un hôtel qui est peut-être une clinique, n'a plus de goût pour rien. Tout autour de l'hôtel, la forêt, dangereuse, sauvage, lieu d'attraction et de perdition. « *Détruire* n'est pas un roman du tout, dira-t-elle à Alain Vircondelet[53]. Il est sorti de moi et du désespoir. » Méditation, incantation, plainte, psalmodie, poème, c'est une cérémonie du sacrifice. L'héroïne, comme elle, subit une convalescence forcée, avale les potions prescrites et se plie, en apparence, à la loi des médecins. Car le mal dont souffrent Marguerite et Elizabeth n'est pas soignable. Elizabeth Alione dort la nuit écrasée par ses songes, dort le jour abrutie par les médicaments. Elle regarde le vide. C'est la seule chose qu'elle regarde, dit Stein. Elizabeth Alione a perdu un enfant. L'accouchement s'est mal passé. L'enfant est mort à la naissance. Aucun médicament n'apaisera la douleur d'Elizabeth Alione, n'est-ce pas Marguerite ?

Détruire, dit-elle est un quatuor. Elizabeth donc, faible, alanguie, ouverte, Alissa dure, belle, féroce, sensuelle, affranchie des convenances. Deux femmes en apparence si loin l'une de l'autre, en fait des sœurs jumelles. Max Thor et Stein, deux intellectuels, voyeurs, chasseurs, destructeurs. Chacun se noie dans le désir de l'autre. Max dans celui de Stein, qui consignera l'histoire, Elizabeth dans celui d'Alissa. Les deux hommes, amants d'Alissa, sont tous deux épris d'Elizabeth, leur nouvelle proie. Ils ne sont pas jaloux l'un de l'autre mais jaloux du couple Elizabeth-Alissa. Alissa regardant le corps d'Elizabeth Alione dans la glace lui avoue : « Je vous aime et je vous désire ». Et puis, le monde s'écroule et l'atmosphère devient irrespirable. Plus rien n'a de sens. Ni la vie, ni la mort, ni l'écriture. À quoi bon ? *Détruire, dit-elle* célèbre le culte du néant sur fond de voyeurisme et d'homosexualité latente. « Écrire pour moi, confie Marguerite, c'est arriver avec la crise au bout de la crise. J'écris vite donc la crise ne me quitte pas [54]. » Tout est décrit sur fond d'absence. Un brouillard enveloppe les personnages qui se débattent maladroitement pour tenter de continuer à vivre. Duras creuse encore plus dans la langue, rejette l'idée de la continuité des phrases et déplie certains mots comme folie, désir, juif, les fouaille, les harcèle en tentant d'en épuiser les significations.

Détruire, dit-elle restera obscur à Marguerite qui avait du mal à en parler : « Je n'y vois rien, j'ai essayé de montrer un monde plus tard, après Freud, un monde qui aurait perdu le sommeil [55]. » Après avoir achevé ce livre, Marguerite, elle, retrouve le sommeil et un certain apaisement. Sans que Gallimard le sache encore, le livre paraîtra aux éditions de Minuit : Jérôme Lindon, qui l'attendait depuis onze ans, est heureux de retrouver un auteur qu'il admire avec ce texte qu'il juge important. Mais le titre prévu, *La chaise longue,* ne lui plaît pas et il suggère à Marguerite d'en changer. Elle propose le mot détruire, et Robbe-Grillet ajoute : dit-elle. « *Détruire, dit-elle,* titre durassien en diable, qu'elle accepta avec enthousiasme [56] », commentera Robbe-Grillet. Mais Marguerite veut utiliser son texte comme une arme politique. « Je crois qu'il faut détruire. Je voudrais qu'on détruise toutes les notes, toutes les curiosités qu'on passe dans un immense bain d'ignorance, d'obscurité [57]. » Détruire pour ne pas reconstruire. Le monde va à sa perte. Tant mieux. L'écrivain doit être un agent actif de la destruction de la bourgeoisie et des vieilles règles sociales. *Détruire, dit-elle* n'est qu'un début. Il faut continuer le combat en éditant les autres.

Début janvier 1969, elle propose à Gallimard la création d'une collection politique. Robert ne dit pas non mais demande plus de précisions. Marguerite s'impatiente. La révolution n'attend pas et elle a déjà fait quelques promesses à de jeunes écrivains. Le 16 janvier 1969, elle écrit à Robert et Claude Gallimard :

> Je vous ai parlé lundi dernier d'une collection politique — d'ordre contestataire — dont le texte que je viens de faire serait le premier volume.
>
> Des raisons politiques m'obligent à aller très vite. Et je n'ai pas les quatre, cinq titres d'avance que vous dites nécessaires pour lancer une collection.
>
> Je n'ai donc rien que ce livre qui est très court et que peut-être je ne signerai pas. Et ce besoin farouche de liberté qui fait que je supporterai pas un autre contrôle que le mien dans la collection.
>
> J'ai signé avec un autre éditeur c'est fait.
>
> Nos liens obligatoirement affectifs qu'il y a eu au bout de vingt ans traversent des crises inévitablement. Je suis en crise mettons. C'est aussi une des raisons pour lesquelles je viens de signer.

« Claude réagira comme un amant trompé », dit Robert Gallimard. Il lui rappelle l'admiration qu'il a pour son œuvre et la fidélité de son amitié. Ces démonstrations d'amour n'y feront rien. Trop tard. Marguerite ne veut plus être la dame écrivain de chez Gallimard, l'ancienne épouse de Robert Antelme et l'ancienne compagne de Dionys Mascolo qui y travaillent toujours à des postes importants. Elle refuse d'être considérée seulement comme un auteur mais désire être aussi éditeur. Plusieurs correspondances témoignent qu'elle a adressé personnellement à la maison plusieurs manuscrits en recommandant la publication. Aucun n'a retenu l'attention. Pourquoi ? Elle ne sait pas ce qui les intéresse.

> On se voit si rarement, je n'ai aucune idée de ce que vous voulez de neuf et même si vous en voulez. Pour moi, je sais que je ne veux plus être seulement un auteur *à faire vos livres, j'en ai marre de moi, de ce point de vue,* j'ai envie d'accueillir les autres, de les provoquer à écrire, d'ouvrir la profession, de *donner un sens à des écrits qui, isolés,* n'ouvrent — *qu'un sens réduit* [58].

Marguerite a hésité quelques semaines entre Gallimard et Minuit. L'idée de la collection eut le temps de mûrir : elle s'appellera « Ruptures » et rassemblera tous les genres littéraires, la condition étant que l'écrit participe de l'esprit d'insoumission : « Que de cette pluralité, placée sous le signe de la rupture, se dessine ce qui pourrait être un communisme de pensée ne nous semble pas un espoir déraisonnable. » Elle éprouve un besoin réel de mettre en pratique ses convictions et de renouer avec ce que fut *Le 14 Juillet*. Elle est épaulée activement dans ce projet éditorial par Maurice Blanchot qui lui propose un texte et par Dionys Mascolo qui n'a pas renoncé à l'idée de libérer l'imagination et d'écrire pour « dégager les voies vers un inconnu désirable ». Le 3 février 1969, elle annonce à Claude Gallimard que c'est à Jérôme Lindon qu'elle donne son prochain livre, « très court, très simple, complètement subversif ». Le 6 février, elle propose de nouveau à Gallimard de faire la collection sans son livre ! En mars, sort *Détruire, dit-elle*. « Le plus important roman qui nous ait été donné à lire cette annéelà. Un livre qui exige une lecture qui s'éloigne radicalement de notre besogneuse tendance à la référence et à l'explication », écrit Philippe Boyer dans *La Quinzaine littéraire*, résumant l'accueil favorable de la critique[59].

Très vite Marguerite a l'idée de transformer le livre en film. Dès la publication, elle se met à travailler à la rédaction du scénario qu'elle écrit en huit jours[60]. Marguerite va concrétiser son rêve et réaliser, enfin seule, son premier film. Elle signera tout : la réalisation, la mise en scène, le scénario, les dialogues. Elle établit même le devis : total 1 343 600 francs dont 250 000 pour les acteurs. Nicole Stéphane et Monique Montivier le produiront. Le film sera fait en participation, le tournage prévu sur quatorze jours. Marguerite prépare la distribution et, toujours ce côté midinette, téléphone aux grandes vedettes. Elles viennent toutes dans l'heure[61]. Rue Saint-Benoît, c'est un véritable défilé. Marguerite auditionne. Marguerite croit à ses intuitions. C'est sûr, c'est lui. Elle a des emballements qu'elle regrette le lendemain ; engage, désengage. Marguerite se prend pour une spécialiste du cinéma mais elle avance à l'aveuglette. Roland Dubillard, Michel Bouquet et Claude Oller sont sollicités. Lonsdale est chargé de donner la réplique. Ça ne va jamais. « Si tu ne trouves personne, je peux le jouer ton rôle », dit Lonsdale qui entre ainsi dans la grande saga durassienne.

Daniel Gélin, Henry Garcin, Nicole Hiss et Catherine Sellers sont finalement choisis. Le tournage se fera dans le parc de la maison d'un riche banquier qui ne donne pas l'autorisation à l'équipe d'entrer dans la maison. Marguerite apprend le cinéma en le faisant : Michaël Lonsdale se souvient qu'un après-midi au début du tournage, elle s'avança vers lui et Gélin assis dans l'herbe et leur dit : « Patientez, mes chéris, je ne sais pas où mettre la caméra[62]. » L'atmosphère est fraternelle et Marguerite découvre la joie du travail communautaire. « Faire quelque chose ensemble est un bonheur si violent que la création solitaire paraît une mauvaise habitude[63]. » Mais Marguerite est en panne d'inspiration et ne sait comment achever son film. Elle écoute, par hasard, *L'Art de la fugue*. La musique travaillera à sa place et définira la tonalité et le tempo du film. Dédié à la jeunesse du monde, il se veut résolument politique : détruire la société pour faire la révolution, détruire l'idée même de l'amour pour trouver une nouvelle façon d'aimer. La lumière est celle de l'été. On ne sait jamais l'heure ni le jour. Dans le parc, déambulent les personnages. Tout autour la forêt, omniprésente, menaçante, « la forêt c'est ce que vous voulez que ce soit, ce peut être Freud, la mort, la vérité, tout[64] ». C'est de la forêt que vient la musique. L'air tremble, le film, composé de soixante plans, alterne les plans fixes et les gros plans de visages scrutés par une caméra indiscrète qui traque la lassitude, le dégoût, la peur, l'attente. Duras truffe les répliques d'allusions politiques. Ainsi celles de Stein sont-elles inspirées par les discours de Bakounine à Lyon en 1870 ! : « Les peuples souffrent mais commencent à comprendre que ce n'est pas nécessaire. » La politique et l'amour sont les deux thèmes principaux : dans un reportage que lui consacre la RTF, à la fin du tournage, Marguerite explique qu'elle a interviewé des dizaines de prostituées pour définir une nouvelle manière de voir l'amour physique. Elle en a tiré des enseignements : « Faites l'amour avec n'importe qui, seul compte l'accouplement. Seule compte la disponibilité. »

Film-slogan, film-propagande, *Détruire* se veut aussi prophétique, appelant à un nouvel optimisme politique : « Dans ce film, j'essaie de situer le front révolutionnaire dans la vie intérieure », écrit-elle dans le programme. Sorti dans un petit circuit d'art et d'essai début 1970, il ne provoque guère la curiosité du grand public mais fait beaucoup parler de lui dans les cercles intellectuels influencés par la psychanalyse.

Des débats sont organisés pour le « décoder ». Ainsi celui du 5 janvier 1970 où pour *Le Nouvel Observateur*, Philippe Sollers y voit un grand bouleversement formel et une nouvelle lecture du texte d'Engels, *L'Origine de la famille, de la propriété privée et de l'État*. « Film très sexuel aussi avec ce très beau final où le défoncement qui arrive très soudainement, le bruit et la musique qui indiquent comme une sorte d'orgasme terminal, une sorte de décharge finale[65]. » Le film aurait pu s'appeler *Castrer, dit-elle* par la violence radicale qu'il suscite, il ne peut entraîner que du rejet, prédit aussi Sollers qui ne se trompe guère sur la violence des réactions. Sous le titre « Les illusions flétries », *Le Figaro* l'éreinte, soulignant l'ennui qu'il provoque et le narcissisme du propos. *La Quinzaine littéraire* stigmatise le laconisme du ton et le manque de sérieux des thèses politiques proposées, tandis que *Le Monde*, qui évoque un film ténébreux, vénéneux, vertigineux, avoue qu'il faut une bonne dose de courage pour s'enfoncer dans ses méandres et beaucoup de persévérance pour ne pas quitter la salle[66]. Quelques revues spécialisées, néanmoins, comme *Jeune Cinéma*, défendent cette « superbe audace visuelle », cette « tentative réussie d'approcher la vérité ». Marguerite n'a cure des critiques dont elle se vengera plus tard par le mépris. Seuls comptent les avis de ses proches, les autres ne peuvent encore rien comprendre. Pourquoi fait-elle des films ? « Parce que j'ai envie de voir et d'entendre dehors ce que je voyais et ce que j'entendais dedans. Je voulais voir si c'était communicable[67]. »

Duras ne cherche pas à expliquer, à commenter, à éclairer. On la suit ou pas. Elle s'en moque. Elle donne libre cours à ses pensées, soliloque à voix haute, transcrit ce qui lui passe par la tête et revendique sa part d'obscurité. Elle publie alors son livre réputé le plus illisible, le plus obscur, ce livre qu'elle aimait tant : *Abahn Sabana David*. De ce livre, elle avouait elle-même, en le relisant, qu'elle ne le comprenait pas. Elle disait qu'il l'avait épuisée, et que le corps à corps avec le texte avait été dangereux pour sa santé mentale et épuisant pour sa santé physique. Dans *Abahn Sabana David*, la partie ne se joue plus sur un court de tennis comme dans *Détruire, dit-elle* mais dans une maison abandonnée au cours d'une nuit. Les balles sont bien réelles. Il est question de vie ou de mort. On tire à bout portant et le revolver est omniprésent. *Abahn Sabana David* est un noyau de nuit, un météorite, une longue mélopée sadomasochiste où surnagent quelques îlots de sens. Elle protégera ce livre farouchement des critiques jusqu'à la fin de sa vie, sans vouloir s'expliquer[68]. *Abahn Sabana David* ou le long monologue d'une culpabilité jamais éteinte pour n'avoir pas su comprendre à temps ce qu'était le nazisme, d'une responsabilité pleine et entière d'avoir subi passivement l'Holocauste, de connaître l'étendue du désastre pour l'espèce humaine et de ne pouvoir rien en faire. La toute première version s'intitulait *Les dieux de Prague* et évoquait les événements douloureux de Tchécoslovaquie. Progressivement, Marguerite Duras a recentré le propos sur le judaïsme. Qu'est-ce qu'un juif ? Qui est juif ? Pourquoi est-on juif ?

Un homme qui passe.
— On l'appelle Abahn le juif, Abahn le chien, dit Sabana.
— Et aussi bien le juif ? le chien ?
— Oui.
— Qui appelle-t-on le juif à Staadt ? demande l'homme.
— Les autres.
— Qu'appelle-t-on chiens ?
— Les juifs

Le livre est dédié à Maurice Blanchot et à Robert Antelme. La lutte des classes se mêle à l'élevage des chiens, l'abêtissement du lumpenprolétariat à la vie de Bach. Dans le refus total du sens, dans le chantier de la déconstruction de son propre style, dans le désespoir de l'alcool, dans la désillusion de la révolution, Duras écrit sans même se relire, sans même se comprendre, comme un nageur endurci qui continue à briser les vagues en croyant pouvoir atteindre la ligne d'horizon. Le livre deviendra aussi un film sous le titre *Jaune le soleil*.

« *Abahn Sabana David* n'est pas un livre de crise, c'est une construction politique. Une parole logique, constructive, non militante, une démonstration de l'inefficacité du militantisme. J'ai mis quatre à cinq fois plus de temps à écrire *Abahn Sabana David* que *Détruire* », avouera-t-elle en 1972[69]. Les jeux d'épreuves témoignent de ce douloureux ressassement. De multiples corrections sont apportées sur le corps du texte pour épaissir le mystère, obscurcir le réel, compliquer les situations, tordre le mot juif, le disséquer comme s'il pouvait dans ce jeu de gymnastique langagière enfin délivrer son mystère. Duras est épuisée. Elle dit vivre une longue nuit. Elle compare ce qu'elle ressent au dégel d'une surface d'eau. Cela craque en elle. Elle se sait en danger physique et mental. Elle s'observe. Elle est plutôt contente et exaltée d'avoir à subir cet état mais en même temps elle a peur de sombrer dans la folie qu'elle sait si bien décrire et dont elle est, depuis longtemps, familière. Quand elle écrit — ou plutôt quand ça écrit pour elle car elle décide de s'abandonner physiquement et mentalement à ce qui l'assiège sans maîtriser l'organisation de son récit ou la cohérence de ses visions — elle se sent encore plus mal. L'alcool sans doute mais aussi l'angoisse de la solitude. Elle a l'impression d'être abandonnée par ses amis, comme morte. Les photographies la montrent le visage fatigué, les rides déjà marquées, les cheveux gris, le regard perdu derrière ses grosses lunettes. Presque une vieille dame. En tout cas une femme qui a — temporairement — abandonné l'idée de séduire.

Quand elle commence *L'amour,* physiquement elle ne va pas bien du tout ; elle est saisie d'une sorte d'ankylose généralisée qu'elle interprète comme de l'hystérie. *L'amour,* au début de sa rédaction, continue l'histoire du *Ravissement de Lol V. Stein*. Le fiancé de Lol revient sur les lieux de la rupture. La ville de S Thala s'est écroulée depuis le bal. Les personnages s'ensablent, la mer les encercle de son mouvement nauséeux.

Dans *L'amour,* la mer est omniprésente, cette masse visqueuse qui bat, avance et engloutit, cette mer des origines, cette mer qu'elle observe à Trouville, des nuits entières d'insomnie, cette mer qui lui fait si peur et qu'elle a tenté de décrire depuis son premier livre *La vie tranquille*. « Elle est seule allongée sur le sable au soleil, pourrissante, chien mort de l'idée, sa main est restée enterrée près du sac blanc. » D'ailleurs, S Thala, le nom de la ville où *L'amour* se déroule, donne, quand on l'inverse, THALASSA. Duras dira s'en être rendu compte vingt ans plus tard. S Thala n'existe pas, Duras l'a inventée. Ce lieu des sables, cette étendue sauvage ne figurant sur aucune carte géographique signifie aussi pour elle le lieu de l'attente du futur, ce lieu de l'ouvert dont parle Rilke, et que Duras relit alors beaucoup, ce lieu « que nous ne connaissons que par le visage de l'animal ». Le monde de l'amour est définitivement détruit. « Il faut tordre le cou au réel balzacien et à la passion stendhalienne. » C'est aussi une tentative désespérée pour détruire le livre dans le même temps qu'il se fait. Elle dira de ce livre qu'il l'a littéralement traversée et qu'elle s'est contentée d'obéir à ce qui lui arrivait. Son seul guide fut la mer, la mer et ses mouvements, ses laisses, ses mouettes. Elle voulait faire un livre physique, organique, et avouera, à la fin de sa vie à son ami Jean-Pierre Ceton qu'elle aurait dû commencer par ce livre ou finir par lui[70]. « *L'amour* est un livre qui porte cent livres, tous les livres que j'ai écrits, moi. Et puis d'autres aussi que d'autres auraient pu écrire[71]. »

Duras se demande alors si elle est vraiment un écrivain : ce qui lui arrive, quand elle écrit, est trop brut, trop traumatisant, trop épuisant, trop dangereux. Le désir d'écrire s'abat sur elle comme une pluie de grêle. Impossible de l'éviter, difficile à maîtriser. « C'est comme une crise, je me débats comme je peux. Quand je recopie c'est plus rassurant. C'est une sorte de subissement. J'ai peur quand j'écris comme si tout s'écroulait autour de moi. Les mots sont dangereux, chargés physiquement de poudre, de poison. Ils empoisonnent. Et puis ce sentiment que je ne dois pas le faire[72]. »

Alors Duras déserte l'écriture, fuit cette folie qui la guette. Elle part vers le cinéma comme on se protège dans un refuge en pleine montagne au moment où le ciel devient menaçant. Elle a besoin des autres pour se calmer, se rassurer. Le cinéma n'est donc pas pour elle d'abord un choix esthétique mais une nécessité biologique. Ça parle trop en elle, ça déborde de partout, ses voix, ses personnages. Elle va dompter ses visions en les exorcisant par l'intermédiaire de la caméra et trouver dans l'équipe de cinéma qui forme une communauté soudée pendant un temps déterminé de quoi se ressourcer et s'apaiser. Duras changea beaucoup d'avis sur le cinéma et tient même à son sujet des propos contradictoires. Au début, elle crut que faire un film serait plus simple qu'écrire un livre. Après *Le camion* — son film le plus réussi d'après elle — elle dira même ne pas faire de différence entre les films et les livres mais seulement entre les gens qui font des films et ceux qui font des livres. Pourtant, très vite, elle prit conscience que c'était très compliqué et toujours elle pensera qu'il n'y a de véritable confrontation avec soi-même que dans l'écriture, que seule celle-ci obéit à une exigence absolue et implique le risque suprême. Un film, pour elle, c'est de la matière, un livre de l'esprit. Un film peut traduire de l'émotion, un livre être émotion. Pour elle l'accès direct à la création se fait par l'acte même d'écrire, le film demeurant toujours un objet matériel, une résultante d'opérations techniques et mentales au statut indifférencié. Ce n'est pas pour autant que le cinéma est un pis-aller. C'est un lieu de rêve, la scène idéale pour célébrer la beauté en jouant avec le son, une possibilité de fabriquer du temps qu'on peut à l'envi plier et déplier, une manière d'approcher le mystère. Mais très vite, elle a été déçue par ceux qui ont voulu adapter ses romans au cinéma, même si elle a mis du temps à oser le dire. Si elle commença à faire du cinéma, à faire comme elle dit la mise en film de ses textes, ce fut d'abord pour arrêter ces trahisons qu'elle trouvait insoutenables.

Marguerite Duras a tourné dix-neuf films, dont quatre courts métrages. Du noir et blanc d'abord : *Détruire, dit-elle*, *Jaune le soleil*, *Nathalie Granger*, puis une étrange couleur décolorée apparaîtra dans *India Song*, *Son nom de Venise dans Calcutta désert*. Elle aborda tous les registres : le récit traditionnel, l'ode poétique, le film expérimental, le documentaire de création, le dialogue philosophique, le film comique. Elle fera même du cinéma sans image avec du son, du texte, du noir, rien que du noir. En tout, dix années pleines où l'activité de tourner devient prépondérante et où l'écriture accompagne le cinéma. Duras fait du film-texte, du texte filmé, du film de texte, on peut appeler cela comme on veut. Cela n'existait pas avant elle. Filmer est aussi indéniablement pour elle une manière d'écrire et il faudra attendre *Agatha* en 1981 pour qu'elle retrouve le désir d'écrire sans vouloir forcément le traduire en images. Elle écrira ensuite *La maladie de la mort* puis *L'amant*, et ce n'est pas un hasard si ce retour à l'écriture se fait par le biais de l'autobiographie. En disant je, elle reprend ainsi contact avec le chaos et la brutalité de l'écriture. Le cinéma lui a redonné des forces pour repartir à l'assaut d'elle-même en se dédoublant. Dans sa vie, Duras ne voudra plus du je. Elle parle désormais d'elle à la troisième personne et s'appelle elle-même Duras.

« Marguerite Duras n'a pas écrit que des conneries... Elle en a aussi filmé. » Pierre Desproges dira en 1986 tout haut ce que certains murmurent depuis longtemps[73]. Marguerite Duras a fait aussi son cinéma, s'est mise en scène elle-même dans *Le camion*, a fait entendre sa voix dans *India Song*, s'est prise pour la folle de *Savannakhet*, la meurtrière de *L'amante anglaise,* la pute de la côte normande. Elle a tenté d'assouvir ses angoisses en inventant tous ces personnages qui ont en commun une lassitude de l'âme, un désespoir tranquille. Chef marionnettiste d'un monde fissuré où les miroirs ne renvoient plus les images, où le sol se dérobe, où les corps ne coïncident pas avec les voix, elle a inauguré un nouveau style cinématographique dans la syncope et la distorsion. Elle a inventé un univers imaginaire avec ses codes, ses secrets. Les voix sont languissantes, les corps abandonnés, le vertige si proche, l'extase à fleur de peau. On a l'impression que la fin du monde est imminente et que tout tombe. Duras cependant n'a pas détruit l'idée même du cinéma comme elle le désirait ; elle n'a pas porté atteinte à un certain cinéma qu'elle jugeait honteux et qu'elle a tant dénoncé ; elle n'a pas révolutionné l'histoire du cinéma comme elle l'a proclamé. Elle en fait partie : ses films apparaissent aujourd'hui très datés et renvoient à la période intellectuelle et artistique de l'après-68. Mais certains restent à tout jamais dans nos mémoires ; et la simple évocation d'un titre comme *India Song* nous donne envie de chantonner et de danser... C'est déjà beaucoup.

Dans un texte inédit [74], elle avoue : « Le cinéma s'est trouvé là, facile, et je l'ai fait. Toujours ce sentiment de se prostituer. Cette petite honte à parler de ce que je ne connais pas... Je me suis encanaillée, dévoyée en faisant du cinéma. » Entre cet aveu et l'autoproclamation de son génie qui allait révolutionner le cinéma, Marguerite Duras a toujours oscillé, consciente au fond de ne pas avoir laissé une empreinte durable dans un art qu'elle a souvent plus utilisé comme instrument pour assouvir autrement sa passion de l'écriture que comme moyen d'expression autonome. « Pourquoi, mais pourquoi mes films ? Toutes les raisons que je donne depuis des années sont encore approximatives, je n'arrive pas à les voir clairement. Ça doit concerner ma vie. C'est peut-être l'envie des papiers collés devant les textes ou bien la salle de cinéma [75]. » Ajoutons-y l'appartenance à la cité, le refus de la solitude à un moment où elle aborde la vieillesse, le désir d'être avec des jeunes, de renouer avec l'esprit de communauté qui régnait autrefois rue Saint-Benoît.

Car chez Duras, on fait du cinéma en famille : Dionys Mascolo est un de ses acteurs fétiches et son fils Outa participe à la quasi-totalité de ses films en tant qu'assistant ou photographe de plateau. Faire du cinéma, ce n'est pas seulement tourner, c'est aussi inventer une manière de vivre et de partager. Duras, au fil des tournages, développa l'esprit d'une tribu avec ses mœurs, son langage ; une tribu particulière qui acceptait d'être mal payée, de travailler beaucoup et de vivre chez Marguerite pour Marguerite avec Marguerite. À l'époque ils étaient nombreux à vouloir être adoubés, à vouloir entrer dans le cercle, prêts à travailler pour rien, pour voir simplement Marguerite diriger. Ainsi de Jean-Marc Turine, auteur du *Ravissement de la parole*, devenu ami de Marguerite : « En 1970, se souvient-il, j'ai écrit une adaptation de *Lol V. Stein* pour le cinéma. Je lui ai envoyé. Elle a poliment refusé. Ensuite j'ai rencontré Delphine Seyrig à qui j'ai parlé de Duras. En janvier 1971, je reçois un coup de téléphone de Duras. Elle me dit : " Vous avez fait des études ? — Oui mais de philosophie. — Aucune importance, me dit-elle, dans une semaine on tourne. Si vous êtes libre venez. Vous ne serez pas payé mais vous serez logé et nourri. On va vivre en communauté [76]. " » Mascolo emmène Turine à Neauphle et il se retrouve sans préparation aucune plongé dans la tourmente du tournage. Duras se montre alors humble et modeste. Elle corrige si les acteurs ne comprennent pas son texte et recommence jusqu'au moment où les paroles leur paraissent naturelles. Attentive au bien-être de chacun, elle prépare le soir des bons petits plats et soigne techniciens et acteurs. Luc Beraud, qui est alors premier assistant sur ce tournage , lui présente un jeune homme qui commence à faire du cinéma, Bruno Nuytten. Immédiatement elle lui propose de faire la photo du film. « Êtes-vous vietnamien ? » lui demande Marguerite au lieu de se renseigner sur son expérience professionnelle. Elle avait touché juste. « D'instinct, dira Bruno Nuytten, elle abordait ce trouble de l'origine qui nous avait isolés en famille et qui tient en haleine toute son œuvre. Ainsi est Marguerite, intuitive, directive, propriétaire des gens et de leur histoire, généreuse aussi, faisant confiance [77]. »

Marguerite comprend que Nuytten n'est pas prêt à tourner. Mais elle l'adopte. « On est entré immédiatement dans un rapport de famille. » Nuytten deviendra le principal chef-opérateur de Duras, l'ami d'Outa, l'homme à qui elle dédiera *L'amant*, l'ami des amis de Marguerite. Nuytten accède à ce qu'elle appelle le groupe des Ernesto, tous ces brothers et sisters qui vivent ensemble avec elle, refusant d'apprendre des choses qu'ils ne savent pas et ne voulant jamais se quitter à l'issue des tournages. On campe chez Marguerite ; on mange ; on parle ; on dort chez Marguerite. L'autogestion est à la mode mais n'est pas chez elle un simple slogan. Chacun a son mot à dire sur le film en train de se faire. Marguerite écoute, tient compte des remarques. « Elle n'était pas manipulatrice mais elle adorait charmer », rapporte Nuytten. L'absence d'argent, la communauté de vie, l'intensité des tournages, l'impression d'inventer tous ensemble un nouveau type de cinéma contribuaient à créer un climat dont toutes celles et tous ceux qui ont travaillé avec elle se souviennent avec nostalgie. Et elle, la reine Marguerite régnait sur ce petit monde, à la fois midinette incroyable et starlette spécialisée dans la distribution des jeunes gens beaux et intelligents, érotisant tous les rapports et faisant graviter autour d'elle des talents qu'elle s'appropriait dans son univers imaginaire. Tous, Nuytten, Jacquot, Turine et les autres, sont tombés amoureux d'elle. Marguerite avait le don d'établir une relation amoureuse où elle jouait le rôle d'initiatrice, faisant éclater les points obscurs de l'histoire de chacun et naître l'amour, transformant les hommes en petits frères avec qui elle nouait des rapports incestueux. Machiavélique, Marguerite. Un tournage pour elle était toujours une épreuve de vérité, une psychanalyse sauvage, un moment rare d'intensité et d'échanges. Tout ce qui s'y passait devait profiter au film. Duras découvrit le cinéma en le faisant et sans craindre de ne pas savoir en faire. Amateur elle l'était et le revendiquait haut et fort : « Beaucoup de gens penseront que je suis " à côté " en parlant du cinéma, que je ne sais pas très bien de quoi je parle en parlant de cinéma. Moi, je dis que tout le monde peut parler de cinéma. Le cinéma est là et on en fait. Rien ne préexiste au cinéma. On a envie d'en faire la plupart du temps parce que sa pratique ne nécessite aucun don particulier, c'est un peu comme le maniement d'une automobile [78]. » Duras apprit sur le tas mais sut choisir ses techniciens et ses acteurs. Aronovitch fera la lumière du troisième film, *Jaune le soleil*, Michaël Lonsdale et Catherine Sellers, Sami Frey et Gérard Desarthe interprètent les rôles principaux. Déjà Duras vise haut et ne se trompe guère. La plupart des comédiens qui joueront pour elle lui resteront fidèles. Mais si elle admirait le talent et le métier de certains elle pensait aussi que tout le monde peut devenir, du jour au lendemain, acteur. Ainsi débauche-t-elle Mascolo pour *Jaune le soleil* où il donne la réplique entre deux séances de jardinage après s'être fait prier car il aime mieux tailler ses rosiers que d'incarner l'ouvrier et d'invoquer la lutte des classes.

Traduction cinématographique du livre *Abahn Sabana David, Jaune le soleil* donne un visage et une voix aux personnages. Mais comme ce n'est pas leur histoire que Duras veut capter mais leurs échanges, elle ne veut pas que les acteurs soient physiquement mis en valeur. « Je voudrais donner l'impression de tourner sans électricité. Que tout effet de lumière soit complètement banni, que tout le film baigne dans une lumière uniforme qui n'avantage aucun personnage[79]. » « Ce film est un film sur la parole. L'image ici sert à porter la parole[80]. » Se distingue cependant la figure mythique du juif errant incarné par Sami Frey. Marguerite reprend et amplifie tous les passages de *Abahn Sabana David* consacrés à la judéité. Elle note dans un carnet au moment de la préparation du film : « Les juifs, eux voient et jugent complètement le temps dans lequel ils sont. Leur défense à eux c'est la pensée politique. Ils jugent le monde, donc cessent de le subir, donc sont libérés de lui[81]. » Les juifs restent le sujet principal du film, les juifs avenir du monde, les juifs dont elle revendique l'honneur de partager le statut. « Dieu, ce truc », titrera *Le Figaro*, choqué pour évoquer cette parabole politico-métaphysique. On ne pouvait plus voir *Jaune le soleil*, le film était perdu jusqu'à ce que son fils, Outa, en ait récemment retrouvé la copie. Soutenu par quelques rares aficionados, ce film fit très peu d'entrées et tomba vite dans l'oubli. Marguerite ne se découragea pas de cet échec qui, au contraire, lui donna de l'énergie. Elle travaillait déjà à la mise en images du *Vice-consul* et cherchait qui pourrait donner un corps, sa présence, sa voix à cette Anne-Marie Stretter qui la poursuit depuis l'enfance.

Elle vit désormais complètement à Neauphle. Le monde vient vers elle, elle ne va plus dans le monde. Elle se réfugie dans cette maison où elle a invité ses personnages féminins : Lol, Tatiana, la mendiante, Anne-Marie Stretter. Elle peut encore les faire apparaître ou disparaître quand elle le désire mais ils hantent déjà cette maison comme des fantômes. Elle reste des heures durant à sa table de travail au premier étage. En contrebas de la fenêtre de sa chambre, elle voit l'étang qu'elle fixe de longues heures et tout autour la forêt qui lui fait un peu peur. L'étang, la forêt, la maison.

C'est dans sa maison qu'elle tourne *Nathalie Granger* en famille. Dionys Mascolo joue, Outa est photographe de plateau, Valérie, la nièce de Mascolo, interprète la petite fille et Solange, la femme de Mascolo, fait le montage. Mais elle a engagé aussi deux des plus belles actrices du cinéma international, Lucia Bose et Jeanne Moreau, qui ont accepté immédiatement. Ce film est une halte, une suspension dans cette volonté de destruction qui la mine, une respiration nécessaire. Film de femme et sur les femmes, *Nathalie Granger* est furieusement classique — le seul sans doute de ses films — à la fois dans sa construction, sa progression, son interprétation. Il n'a pas vieilli et dégage encore aujourd'hui une atmosphère de douceur, de sensualité et de mélancolie. Dans une note préparatoire, Marguerite décrit ainsi son héroïne principale : « Elle voit sa solitude répandue autour d'elle, contenue par la maison. Comme le chat, elle est encombrée dans son lieu. Mais cette solitude reconstruite est désirée par la femme, elle est aspiration profonde. » Le film est aussi la tentative d'exploration d'un lieu, d'un habitat. Qu'est-ce qu'une maison ? Comment l'habiter et s'y sentir chez soi ? La caméra explore lentement un lieu où vivent deux femmes en étroite harmonie. La maison elle-même suscite l'inquiétude. Faites l'expérience, demande Marguerite, « entrez par hasard n'importe où. N'importe où c'est terrifiant. Où que ce soit on se demande : comment peut-on vivre là ? » Dans le scénario des incidents extérieurs — des gangsters qui se cachent dans la région, un marchand de machines à laver qui veut fourguer sa marchandise, interprété génialement par Gérard Depardieu — viennent rompre la tranquillité de la vie quotidienne.

Duras peaufine son scénario, dessine les séquences du film plan par plan. Elle travaille vite mais ne laisse rien au hasard. Ce film elle le tourne l'œil rivé à la caméra. Avant qu'elle ne dise moteur, elle regarde longuement le cadre. Quand elle est satisfaite et que la caméra tourne, elle garde tout, y compris les accidents. Par exemple, au début du film, les deux femmes sont censées débarrasser une table. Elles le font lentement, très lentement, plus lentement que prévu dans le scénario. Mais Marguerite capte la lenteur des gestes, leur répétition, le prosaïsme de cet acte quotidien qu'on ne filme jamais. Va-t-on au cinéma pour voir pendant huit minutes deux femmes, si sublimes soient-elles, débarrasser une table ? Oui, dit Marguerite. On y va aussi pour cela. Ce plan révèle l'esprit du film : l'attention donnée à la matérialité des choses, le respect porté aux gestes les plus quotidiens, le désir de faire l'éloge de la banalité.

Duras navigue déjà entre hyperréalisme et fantastique. « Quand je dis magie, je dis cinéma en général, mettons une vie cinématographique. Parce que le cinéma c'est bizarre. Vous mettez une caméra là, il ne se passe rien, rien apparemment, et au cinéma c'est fantastique, quelqu'un va déboucher dans cette allée et on aura peur[82]. » Duras s'abandonne à ses intuitions, laisse venir à elle le hasard. Dans le scénario, un oiseau doit se poser mais l'oiseau loué pour le tournage n'obéit pas. Tant pis. Elle joue avec l'idée de cet oiseau qu'on attend et qui ne vient pas. Lucia Bose ne sait pas débarrasser une table, elle se trompe, elle est maladroite, tant mieux, elle sera comme une infirme, torturée par l'angoisse.

La lumière est très belle dans *Nathalie Granger* grâce à Ghislain Cloquet, un des plus grands maîtres du noir et blanc que Nuytten lui a suggéré d'engager. C'est une lumière de fin d'hiver, un peu aigre, légèrement brumeuse. Il y a un chat noir, des jouets cassés sur une terrasse, une petite fille qui joue maladroitement du piano, des corps de femmes abandonnés sur un divan, Jeanne Moreau, dans un pull moulant, Lucia Bose, mélancolique et froide, les yeux perdus dans le vague. Le spectateur a l'impression de pénétrer dans cette maison comme dans un organisme vivant. Lenteur du temps, gestes comme dans la vie et déjà cet entrelacs de sons qui deviendra la caractéristique des films de Duras : la voix du commentateur radio annonçant un fait divers se mêle aux notes discordantes du piano, le murmure des femmes à la voix bruyante de Gérard Depardieu, que Marguerite révèle ici dans son premier rôle au cinéma. Elle avait repéré ce type un peu étrange, à moitié loubard, à moitié zonard, au cours d'une répétition d'une pièce de Claude Régy où il faisait vaguement de la figuration. Il lui avait autant plu qu'il lui avait fait peur. Elle l'engagea sur-le-champ et ajouta un rôle pour lui au dernier moment dans le scénario. Dès le début du tournage, Marguerite parle à son équipe d'un type étrange qui doit les rejoindre. Chaque jour, elle fait le décompte et crée le suspense : il arrive dans cinq jours, quatre, trois. Le jour dit, elle fait installer une caméra derrière la porte de l'entrée et interdit à quiconque de sortir de la maison. Elle a dit à Depardieu d'arriver en fourgonnette. Quand elle entend la voiture, Marguerite dit : moteur. Elle ouvre précipitamment la porte de sa maison, et court se cacher derrière la caméra. « Et là, on a vu arriver, dit Nuytten, un être curieux, immense, un jeune golem chaloupant, en train de traverser la rue de Neauphle. Il flirtait avec le sol. C'était Gérard Depardieu[83]. »

Entre la maison et la forêt, Marguerite a tracé un chemin et elle a vu — car Marguerite avoue alors tranquillement avoir des visions —, avant que ne débute le tournage, un homme rentrer des champs, une femme se pencher pour prendre dans ses bras un enfant qui dort sous le mélèze. Cette femme a regardé longuement l'enfant et s'est plainte de la chaleur du jour. Cette scène, si elle ne fut jamais filmée, constitua cependant le point de départ du film. À partir de là, elle a fait le cinéma de la maison. « Le texte c'est la maison. La maison c'est le livre. » Marguerite commença d'abord par essayer d'écrire le livre. Elle n'y arrivait pas. Puis, un jour, elle eut ces visions qui débloquèrent l'écriture du scénario. Elle enchaîna avec le tournage. Une fois le film terminé, elle retourna au livre qu'elle intitule aussi *Nathalie Granger*. L'enfant qui dormait est devenue la petite fille solitaire et violente toujours à l'écart, toujours punie. La femme des champs s'est transformée en mère qui ne sait pas comment réagir devant la sauvagerie de sa fille — allusion à ce qu'elle a vécu avec Outa — et qui ne sait si elle doit s'en séparer ou la garder : écho d'un épisode douloureux où, sur l'insistance de Dionys qui jugeait les rapports mère-fils trop passionnels et violents, Outa fut envoyé contre la volonté de sa mère, en pension au Chambon-sur-Lignon.

Marguerite attrape tout ce qu'elle vit, voit, entend et le transcrit. Elle veille à tout. Quand les comédiens lui demandent à quel rythme ils doivent marcher dans la maison, elle trouve la cadence en improvisant quelques arpèges au piano qui deviendront la musique du film. Tout est bon pour confectionner une histoire et la vie doit « entrer » dans le film. Ainsi entend-elle par hasard à la radio, au moment de la préparation du film, que deux jeunes gens habitant dans la région ont tué trois personnes sans mobile apparent. Capturés sur une route du Midi, au terme d'une chasse à l'homme, ils n'expriment pas le moindre regret. Marguerite introduit ce fait divers au centre du film et fait de ces voyous des frères en violence de la petite Nathalie. *Nathalie Granger* est un film très fragile tissé de nombreux silences. À la fin du tournage il y eut rupture de pellicule. Marguerite arrêta là le film, délaissant la fin écrite.

Marguerite aime de plus en plus fabriquer des images, trouver des résonances avec les mots, des connivences secrètes et décalées entre ces images et ces mots. Dans ce chantier perpétuel de création, elle va vivre plusieurs années, protégée de ses visions par l'équipe chaleureuse et solidaire qu'elle s'est constituée. Quand elle ne remplit pas sa maison avec les équipes de cinéma — car on dort aussi à Neauphle et Marguerite donne une chambre à chacun —, elle s'enferme pour écouter de la musique. La maison de Neauphle semble, aux yeux de ses compagnons, lui appartenir. En fait, elle n'est déjà plus tout à fait à elle. Cette maison hantée échappe progressivement à sa propriétaire.

Dans la cohorte des fantômes qui viennent la nuit la visiter, Anne-Marie Stretter se fait insistante, elle supplie Marguerite Duras de lui donner enfin une existence. Elle vient réclamer son dû. Marguerite la subit et lui donnera satisfaction. Elle mettra en scène cette fascination et cet amour qu'elle éprouve pour elle, mélange de dégoût, d'admiration et d'effroi, dans un cycle de films qui vont la faire connaître du monde entier : *India Song* bien sûr, mais, avant, *La femme du Gange*. Anne-Marie Stretter attend depuis longtemps, tapie dans l'obscurité. Cette femme à la peau si blanche possède un corps lisse, une démarche de biche, une voix rauque, un regard las. Elle est à la fois la femme du Gange, la danseuse d'*India Song*, la pilleuse de tombeau dans Calcutta désert. Avec Anne-Marie Stretter, Marguerite Duras s'embarque alors pour un très long voyage où les films et les livres vont s'entrelacer dans une absence savante de repères géographiques. Ce n'est ni Calcutta, ni Venise, ni Lahore. Duras brouille les pistes. Seule importe l'angoisse de l'attente, cette mélancolie de ne se savoir jamais en phase avec la vie. Le désir rôde et la catastrophe menace. Marguerite raconte toujours la même histoire, se répète jusqu'à la satiété et quelquefois jusqu'à l'obscénité. Elle a quelques obsessions mais peu d'imagination. À partir de noms sur une carte et de personnes entrevues dans l'enfance, elle construit une épopée où la lenteur de l'action, l'exacerbation du désir, épaississent le mystère.

Duras dit qu'elle fait des films maigres. Dans *La femme du Gange*, il n'y a aucun mouvement de caméra mais cent cinquante-deux plans fixes. Elle ne sait pas, pendant le tournage, ce qu'elle cherche et elle l'avoue à son équipe ; elle compte sur le montage pour construire le film. Le tournage a lieu devant chez elle, sur la plage de Trouville. Jacquot a enfin rejoint la petite troupe qui vit dans l'appartement des Roches noires comme elle vivait à Neauphle. Marguerite est en panne. Elle joue aux cartes, boit et semble se désintéresser du tournage. Elle demande à Benoît Jacquot de faire des plans sur la plage, des plans de ciel, des plans de sable. Nuytten tourne sans savoir. On verra après, dit Marguerite. Pour Bruno Nuytten, ce film restera comme une répétition, une série d'essais pour un autre film. Mais Duras a raison : le film se construira à la fin du montage. Duras invente alors un second film qu'elle n'a pas tourné et qu'elle ajoute au premier, qui ne lui convient pas. Deux films se déroulent donc simultanément pour le spectateur : un film d'images tourné en douze jours à Trouville, monté rapidement et puis ce que Duras appelle le film des voix qu'on entend sur les images mais qui ont été enregistrées ailleurs. Ces voix ne commentent pas les images, et énoncent des phrases sans aucun rapport avec elles, accentuant le sentiment de vouloir ignorer délibérément le spectateur. Quand on lit, on se retrouve. Quand on va au cinéma, on se perd. Duras veut égarer le spectateur. Avec ce film, elle est enfin arrivée dans ce périmètre d'avant les livres [84], dans ce lieu de la folie et de l'angoisse qu'elle cherche tant à atteindre. On y entre ou pas. C'est tout ou rien. « C'est plutôt rien », confie Duras qui ne tient pas à ce que le film soit vu, sauf par les jeunes. Il sera bien accueilli au festival de Digne et sera sélectionné pour le festival de New York.

Débordée, Marguerite est débordée par toutes ces voix de femmes qui l'assiègent. Elle a peur de perdre la tête. Alors elle continue. Au lieu de crier seule dans sa maison de Neauphle, elle fait venir de nouveau l'équipe, reconstitue sa petite communauté et enchaîne film sur film. « Neauphle était devenue à l'époque une véritable usine, se souvient Benoît Jacquot qui a intégré la troupe des " boys ". Marguerite n'arrêtait pas de tourner, d'écrire pour tourner, de tourner pour écrire. Et ça tournait sans arrêt ! Les films coûtaient très peu cher, se faisaient en deux ou trois semaines, toujours dans ses murs, elle avait besoin, pour la faire tourner, de l'aide de deux ou trois personnes fixes : Bruno Nuytten, sa scripte Geneviève Dufour et lui[85]. » Jean-Marc Turine, autre boy présent depuis *Jaune le soleil* devenu depuis pensionnaire de Neauphle, ami d'Outa, lecteur des manuscrits de Marguerite, n'oublie pas, lui non plus, l'intensité de cette vie en commun où manger ensemble est essentiel. Car Marguerite fait la cuisine avec délices et délicieusement bien. Tout le monde se couche très tard, se lève très tard, excepté Marguerite qui, elle, se lève à l'aube pour écrire et préparer les repas.

Travailler avec Marguerite signifie vibrer avec elle et partager ses visions : Marguerite ne supporte pas qu'on ne la « suive » pas, qu'on ne soit pas aussi passionné qu'elle. « Elle était notre maman. On lui demandait de nous prendre la main pour traverser », dit Turine. « Elle était dans un état de séduction permanent », ajoute Nuytten. « Elle parlait pendant des heures, se souvient Benoît Jacquot. Elle s'estimait détentrice d'un trésor, se pensait déjà au-dessus des autres et éprouvait le besoin d'énoncer ses idées sur tout et n'importe quoi devant des amis captifs[86]. » « Elle se vivait comme un être d'exception, avoue Michelle Porte, n'avait aucune pudeur, se disait déjà géniale. » Période de gaieté folle, de travail intense, de bonheur partagé, se souvient avec nostalgie Geneviève Dufour. Marguerite invente une nouvelle manière d'être ensemble moins intellectuelle que rue Saint-Benoît, plus affective, plus créatrice aussi, avec des personnes qui ont trente ans, quarante ans de moins qu'elle : des gens qui ont l'âge de son fils, qui sont des amis de son fils. Elle admire la jeunesse, la prend pour modèle et pense que dans la foulée de l'après-68, elle va inventer un nouveau type de lien social. Elle tente de mettre en pratique la rupture qu'a introduite mai 68 et, après la dépression qui a suivi la déception, se ressource à l'énergie de cette bande de jeunes qui la vénère et la protège de cette folie créatrice qui la déborde.

Pour *India Song*, commande à l'origine d'une pièce de théâtre[87], elle part de l'émotion intense qu'elle a ressentie quand, à la fin du premier montage de *La femme du Gange*, elle eut l'idée d'introduire des voix nouvelles dans le film achevé. Dans cette séparation de l'image et du son, elle avait découvert une nouvelle source de sensations, un territoire mental où le monde se dérobe et le sens s'évanouit. Depuis *Lol V. Stein*, elle cherche à pénétrer cet indicible. Duras allume des incendies dans les zones les plus obscures de notre perception ; elle repousse les limites d'un réel qu'elle trouve bien pauvre et trop plat ; elle élargit, déplie notre champ de compréhension. Ce n'est pas tant ce qui demeure à l'intérieur de chacun de nous qui l'intéresse mais ce qui est en avant de nous, hors d'atteinte peut-être mais qu'il faut tenter de conquérir. En ce sens, elle est plus profondément influencée par le surréalisme que par la psychanalyse. Qui parle quand on parle ? Souvent personne. La parole alors se vautre dans le brouhaha, on appelle cela conversation. Pour dire, il faut peut-être crier mais qui est encore capable de crier ? Le vice-consul, lui, prévient avant de le faire : la stridence de sa voix déchire l'air et fait peur. « Et puis il y a toutes ces voix silencieuses dont on ne sait rien, provision à laquelle on ne touche pas en général, intacte entière et mortelle », écrit Duras au tout début de la préparation d'*India Song*.

India Song est une odyssée des sens, une cérémonie initiatique, une suspension du temps, la mise en scène d'un monde temporaire. Car tout va bientôt s'écrouler : les convenances sociales, les mensonges sur l'amour, le règne de l'argent et de l'hypocrisie. D'*India Song*, Duras dira à la fin de sa vie que c'était son unique film. Elle avouait avoir été émue jusqu'aux larmes quand elle entendit pour la première fois la valse de Carlos d'Alessio et avoir sangloté en entendant le vice-consul hurler. D'ailleurs, elle ne reverra jamais le film — par peur, par pudeur aussi. « Ce qui est mis en scène dans *India Song*, c'est moi. Rigoureusement[88]. » Certes, elle a entrevu l'Inde à dix-sept ans, elle a vu Calcutta pendant deux heures lors d'une escale et ne l'a jamais oublié. Mais à partir de ce fragment de souvenir, elle a recomposé l'Inde, une Inde qu'elle veut commune à tous.

Avant d'engager le projet, elle prend soin d'en faire elle-même un résumé, car elle ne veut pas qu'on puisse interpréter le film. *India Song* est à elle. « Ce résumé est le seul qui vaut pour la représentation d'*India Song* », prévient-elle :

> C'est l'histoire d'un amour, vécu aux Indes, dans les années 30, dans une ville surpeuplée des bords du Gange. Deux jours de cette histoire d'amour sont ici évoqués. La saison est celle de la mousson d'été.

Des VOIX — sans visage — au nombre de quatre (voix de deux jeunes femmes, d'une part, et voix de deux hommes, d'autre part) parlent de cette histoire.

Les VOIX ne s'adressent pas au spectateur ou au lecteur. Elles sont d'une totale autonomie. Elles parlent entre elles. Elle ne savent pas être écoutées.

L'histoire de cet amour, les VOIX l'ont sue, ou lue, il y a longtemps. Certaines s'en souviennent mieux que d'autres. Mais aucune ne s'en souvient tout à fait et aucune, non plus, ne l'a tout à fait oubliée.

On ne sait à aucun moment qui sont ces VOIX. Pourtant, à la seule façon qu'elles ont, chacune, d'avoir oublié ou de se souvenir, elles se font connaître plus avant que par leur identité.

L'histoire est une histoire d'amour immobilisée dans la culminance de la passion. Autour d'elle, une autre histoire, celle de l'horreur — famine et lèpre mêlées dans l'humidité pestilentielle de la mousson — immobilisée elle aussi dans un paroxysme quotidien.

La femme, Anne-Marie Stretter, femme d'un ambassadeur de France aux Indes, maintenant morte — sa tombe est au cimetière anglais de Calcutta — est comme née de cette horreur. Elle se tient au milieu d'elle avec une grâce où tout s'abîme, dans un inépuisable silence. Grâce que les VOIX essaient précisément de revoir, poreuse, dangereuse, et dangereuse aussi pour certaines des VOIX.

À côté de cette femme, dans la même ville, un homme, le vice-consul de France à Lahore, en disgrâce à Calcutta. Lui, c'est par la colère et le meurtre qu'il rejoint l'horreur indienne.

Une réception à l'ambassade de France aura lieu — pendant laquelle le vice-consul maudit criera son amour à Anne-Marie Stretter. Cela, devant l'Inde blanche qui regarde.

Après la réception, elle ira aux îles de l'embouchure par les routes droites du delta.

Après Dominique Sanda qui finalement se désista, Duras choisit Delphine Seyrig pour incarner Anne-Marie Stretter. Elle a les cheveux rouges, le dos dénudé, la robe noire très décolletée, un cou de cygne et ce regard si doux pour le vice-consul ! Delphine Seyrig, le trésor de Marguerite, cette beauté venue de l'Antiquité, la mélancolie de son sourire, son air énigmatique de muse, cette peau laiteuse. De Calcutta dans *India Song*, on ne voit rien, on ne voit que cette femme qui danse dans le salon de l'ambassade de France et cela suffit : Delphine remplit l'écran. Peu importe le lieu. Calcutta est la poubelle de toutes les colonies du monde. À Calcutta, ça sent la lèpre et les lauriers-roses car les mendiants lépreux viennent se reposer la nuit dans la fraîcheur de leurs massifs. Anne-Marie Stretter dépose de l'eau pour eux. Elle est la seule Blanche à le faire. Les autres ferment les yeux. D'ailleurs les lépreux sont-ils des hommes ? Anne-Marie Stretter, elle, a la lèpre du cœur.

Marguerite a beaucoup hésité sur le titre. Elle avait d'abord choisi « Les amants du Gange » pour bien marquer la parenté avec le film *La femme du Gange*, puis « Les îles », ou « Le ciel de mousson », ou « La route de Chandernagor ». Elle transcrit ce qu'elle « voit », imagine tout et refuse de se procurer la moindre photographie de Calcutta. Elle « voit » le Gange, les tamariniers, les banians. Elle « sent » la présence de l'eau, une eau stagnante, épaisse, sale. Une première ébauche du texte est achevée sous une forme théâtrale pour Peter Hall en juillet 1972. Un récit lui succède qu'elle commence à rédiger dans la fébrilité sur un cahier recto verso. Mais très vite, la vision du film balaie et la pièce et le récit. Anne-Marie Stretter surgit de ses visions. « J'entends sa voix, je vois son corps, sa marche surtout dans les jardins, en short, quand elle va au tennis, tu vois, je la vois là, je vois la couleur de ses cheveux, rousse, elle a des cils clairs. Des yeux comme un peu crevés, des yeux très clairs, tu sais, des yeux très clairs dans le soleil », explique-t-elle[89]. Sans Anne-Marie Stretter, l'initiatrice au double sens du mot, Marguerite n'aurait sans doute pas écrit *India Song*. Mais pourquoi la filmer ? Sans doute pour s'en débarrasser, pour la faire mourir. Car le film tout entier baigne dans la mort : mort probable du vice-consul ; suicide d'Anne-Marie Stretter, qui ne meurt pas d'un chagrin d'amour mais souhaite mourir en toute lucidité ; mort d'un monde qui se décompose de l'intérieur.

Tout repose sur le dédoublement entre les acteurs et les personnages et sur le décalage entre le son et l'image qui provoque un léger tremblement de l'être, un malaise délicieux, une nostalgie de la brûlure d'amour. *India Song* se passe dans un temps différé. Duras dit détester les films qui racontent des histoires, les films d'action, les films psychologiques, qu'elle appelle des films en direct. « Ce sont des films que font les messieurs qui sont en vacances et qui montrent à leur petite famille les enfants en train de faire des pâtés[90]. » Ce genre de film l'ennuie d'avance, comme l'ennuie l'idée qu'un producteur vient de lui soumettre de faire l'adaptation filmée du *Ravissement de Lol V. Stein*. « Il est inutile de tourner le roman », écrit-elle dans une note manuscrite pour l'équipe d'*India Song*[91]. « Aucun film n'en rendra compte autant que l'écriture l'a fait. Ce que l'on tourne c'est une interprétation filmique de l'épisode du livre, celui du bal. Le bal, *à la lettre,* appelle l'interprétation. La caméra doit être la voyeuse. Elle avance vers les trous de lumière, elle fait le tour des salons. Tout est clos. Impossible de sortir. La caméra va vite entre les trous, tourne, s'arrête, respire puis repart, cherche encore : non on ne peut pas sortir, c'est un endroit interne, c'est l'intérieur du corps du livre. Le bruit s'apaise. La caméra ne bouge plus. On entend un bruit, un halètement, puis plus rien[92]. »

Le film, produit par Stéphane Tchalgadjeff, coûtera 254 542 francs. Faute d'argent, le tournage qui doit durer deux mois n'a pu commencer à la date prévue. Marguerite adresse mi-mai un SOS à Alain Peyrefitte, alors ministre de la Culture. Le 21 mai, il lui envoie une avance de 250 000 francs du Centre national de la cinématographie, accompagnée de ce mot : « Je souhaite que cette procédure, à laquelle j'ai voulu donner la plus grande diligence, vous permette de commencer le tournage conformément à votre désir. »

Marguerite a écrit quatre cahiers entiers de plans, de découpages, de croquis pour le placement des caméras et le déplacement des acteurs. Au tout début, sur le premier cahier, on peut lire cette note : « Tout est vide en réalité c'est dans la glace qu'ils apparaissent. » Marguerite a beaucoup marché, des mois entiers pour repérer les lieux où pourrait advenir la métamorphose de l'écrit en image. Elle est tombée un jour, au gré de ses promenades, sur le palais Rothschild dans le bois de Boulogne. Jusqu'à la fin de sa vie, elle restera impressionnée par ce lieu qu'elle évoquait souvent. Elle racontait que Goebbels y avait habité et que des domestiques des Rothschild avaient pu continuer à faire de la résistance dans des endroits cachés, des pièces secrètes du palais à l'insu des Allemands. Après la guerre, les Rothschild décidèrent de ne plus jamais y revenir. Quand elle choisit d'y tourner, tout est dans un état avancé d'abandon, de délabrement. Des séquences sont aussi tournées au Trianon Palace à Versailles, et dans deux appartements, l'un rue de l'Université, l'autre rue Lauriston qui devait être prochainement détruit. Les locataires avaient tout laissé, même le piano. Marguerite s'empare des lieux dans l'état où elle les trouve.

D'ailleurs elle n'a pas prévu de chef décorateur mais a pensé à quelques accessoires : un ventilateur, de l'encens, du parfum à brûler, des bouquets, des coussins, une photographie d'Anne-Marie Stretter morte, des cigarettes. C'est tout.

Les repérages ont commencé le 13 mai 1974. Marguerite a préenregistré les voix en studio. Le premier jour de tournage, rue Lauriston, elle demande à ses techniciens d'enregistrer la musique de Carlos d'Alessio tout en diffusant la bande-son des dialogues. Elle qui aime tant défier la technique est obligée de constater que le pari est impossible : elle se trouve donc dans l'obligation de choisir entre les dialogues et la musique. Elle n'hésite pas et elle a raison. Il faut dire que Carlos d'Alessio vient de lui offrir un très beau cadeau : l'air d'*India Song*. Elle se rend compte tout de suite de l'effet émotif qu'il provoque : « L'air doit être très présent, joué tout entier et occuper ainsi le temps — toujours long — qu'il faut au spectateur pour sortir de l'endroit commun où il se trouve quand commence le spectacle. » Avant de dire « moteur », elle écrit sur son cahier : « Penser à des images blanches. » Quand le film sortira, elle conseillera à ses amis de le voir les yeux fermés.

« *India Song* n'est pas entièrement mon film. C'est le travail d'une équipe. D'ailleurs je découvre encore aujourd'hui la signification de certaines scènes », conclut-elle en fin de montage[93]. Tout au long du tournage a régné une atmosphère passionnelle. Bruno Nuytten en parle comme d'une initiation à un rite érotique. Marguerite le traitait, lui et ses électriciens, avec la même compassion qu'elle éprouvait pour le personnage du *vice-consul*, cet homme en disgrâce qui tire sur les mendiants et hurle son amour et son désespoir[94]. Delphine Seyrig à chaque prise était bercée, comme droguée par la musique qui sortait d'un petit transistor et par la polyphonie des voix enregistrées[95]. Marguerite mettait tout le monde à l'aise et faisait entrer ses acteurs dans l'histoire progressivement et naturellement. Marguerite possède un étrange pouvoir de conviction qu'elle utilise admirablement, comme en témoigne ce dialogue, dans la cuisine de Neauphle, où Delphine et Marguerite se souvenaient du tournage d'*India Song* :

Delphine : Et moi pourtant je n'ai jamais été aux Indes.
Marguerite : Et pourtant tu as été très loin.
Delphine : Au Liban et pourtant l'Inde dont tu parlais je la

connaissais. Elle était devenue la mienne pas la tienne. Le chemin était facile pour moi. J'ai joué comme si j'écrivais mon image par rapport à la tienne. Je me racontais à moi mon histoire qui rejoignait la tienne [96].

Tous, acteurs, techniciens, auteur, croyaient à Anne-Marie Stretter se débattant dans une Inde de misère. Le parc des Rothschild devenait jardin de la colonie. Un grand *soft-light* à quartz attirait les papillons de nuit qui venaient se brûler par centaines. La lumière blanche de l'été parisien prenait la couleur de la mousson. Mais dans quelle région de l'Inde avez-vous tourné ? demandera-t-on souvent à Marguerite à la sortie du film. Quelquefois, on ne voit rien sur l'écran. Par moments, on n'entend rien non plus. Marguerite a fait de nombreuses prises de son et ensuite les a délibérément brouillées. Elle a imaginé soixante-douze thèmes de conversations avec chacune une trentaine de phrases. De temps à autre, de ce flux de paroles un mot émerge qu'on écoute dans un bain de sons différents : avec un magnétophone, elle a enregistré dans des églises, des caves, des couloirs, des cafés.

Marguerite aime les voix. Le cinéma lui sert à s'en délivrer. Dans le film, Lonsdale s'entend lui-même comme s'entend un sourd. Huit jours avant le début du tournage, Marguerite demanda au futur vice-consul comment il allait pouvoir rendre cette impression d'éloignement, de perdition de lui-même. Marguerite était à court d'idées et angoissée. Lonsdale chercha. Marguerite tout d'un coup eut une idée : « Et si tu criais ? Je te ferai danser avec elle. Tu le diras en dansant. Tu y crois [97] ? » Il y crut, et il criera. La scène des cris et des pleurs se fera sans aucun effort. « Je me délivrais d'un tas de souffrance et j'avais envie de hurler », dit Lonsdale [98]. Les cris du vice-consul nous transpercent encore aujourd'hui et sa souffrance est si vive et si poignante que le spectateur compatit. Aucun acteur n'est, dans *India Song*, présent aux autres ; ils ne sont présents qu'à eux-mêmes, discrètement, comme s'ils allaient mourir. Jamais — à l'exception de celle du vice-consul — les voix ne montent, elles sont d'une constante douceur. Marguerite avait songé à Gilles Deleuze, François Mitterrand ou Edgar Morin pour faire la voix principale, celle qu'elle appelle la voix auteur. Finalement, ce fut Dionys Mascolo. Viviane Forrester interpréta la mendiante avec sa voix toujours à la limite de la brisure.

Toutes ces voix forment une chambre d'échos, un labyrinthe sensoriel ; elles se parlent mais ne se répondent jamais. D'ailleurs, les acteurs, quand leurs voix parlent sur la bande-son, ont, sur l'image, la bouche close.

La musique a donné son rythme et sa tonalité au film. Impossible de se souvenir du film sans avoir dans la tête la ritournelle de Carlos d'Alessio. Inventée au cours d'un bal improvisé sur un vieux piano désaccordé, elle circule dans le film, l'irriguant comme le sang. « Cette musique-là, je l'entendais sur les paquebots quand je revenais des colonies une fois tous les trois ans au milieu des océans [99]. » Carlos et Marguerite sont sur la même longueur d'onde et se vouent une amitié profonde. Avec Carlos, Marguerite n'a pas besoin d'expliquer. « Je lui ai demandé de faire la musique pour un film de moi, il a dit oui, j'ai dit sans argent, et il a dit oui, et moi j'ai fait les images et les paroles en raison du blanc que je lui laissais pour sa musique à lui et je lui ai expliqué que ce film se passait dans un pays qui nous était inconnu, aussi bien à lui qu'à moi, les Indes coloniales, l'étendue crépusculaire, de lèpre et de faim des amants de Calcutta, et que nous devions les inventer tous les deux en entier. Nous l'avons fait. Et de cette façon, la chose s'est faite, nous avons fait complètement ensemble lui et moi ce film au titre *India Song* et le film a été terminé et il est sorti de nos mains, et il nous a quittés [100]... »

Carlos d'Alessio est mort, Delphine Seyrig est morte, Marguerite Duras est morte et le film, disponible en cassette, provoque toujours un sentiment de douleur contenue, un trouble diffus. L'amour, même absolu, ne sauve pas du découragement général.

À la fin du tournage, Marguerite était déboussolée : elle ne savait plus ce qu'elle avait fait. Elle s'interrogeait : devait-elle tourner *India Song* puisque personne n'allait voir ses films ? D'un autre côté, ce film était pour elle une nécessité. Il fallait bien laisser parler ces voix, toutes ces voix qui l'assiégeaient : « Des voix, il y en avait des quantités. Il fallait choisir. Tout le monde voulait parler [101]. » La fin de l'été fut abominable de chaleur et d'angoisse, de solitude aussi. Après le tournage, tout le monde était reparti dans le tourbillon de sa vie et Marguerite se retrouva seule. Vidée, en état d'apesanteur. Mais les voix reviennent à Neauphle où elle essaie de se reposer. « Ça ne va pas du tout, dit-elle à une amie, je n'arrive pas à revenir dans la réalité. » Et puis quoi faire maintenant ? Marguerite songe déjà à un *India Song* bis. Elle veut revenir sur les lieux du crime, forcer la porte du réel, entrouvrir enfin le tombeau d'Anne-Marie Stretter. C'est alors que Duras fait un étrange rêve : elle rêve qu'on la pille, qu'on lui vole son appartement à Trouville, en prime on lui vole même la vue sur la mer. Puis on lui vole ses papiers d'identité, son argent, son sac. Elle pleure mais personne ne fait attention à elle. Marguerite se réveille en pleurs. Mais les cauchemars continuent les nuits suivantes. Elle rêve régulièrement qu'elle est dépouillée et qu'une sorte de marée de ciment armé monte vers elle pour l'étouffer. Elle n'arrive pas à croire que le film est achevé, ne peut rien en dire, se sent gênée. « Laissez-moi me nettoyer d'une parole pour rien, dit-elle à un journaliste qui veut l'interviewer. Je m'en veux d'être aussi bête, de l'avoir toujours été autant, oui. Laissez faire, je hais ce film que personne ne verra [102]. » Marguerite s'enfonce dans un début de dépression.

« Les deux derniers livres ne marchent pas et leur panne me laisse interloquée et épouvantée », écrit-elle à Claude Gallimard [103]. Elle se sent isolée, méprisée.

> Vous n'avez pas eu le temps de le lire, je le comprends très bien mais dans cet article on disait de moi (à juste titre ou non, là n'est pas la question) que je suis un auteur dramatique génial...
>
> Vous êtes débordé. Et moi je dois vivre. J'ai une position politique très violente... Je *dois vivre, je suis seule* et je ne suis plus jeune et je *ne veux pas finir dans la misère* [souligné par elle] sans cela je me flingue dans cette misère qu'enfant j'ai connue. Rien à faire, je veux me défendre, je ne suis pas une sainte. Personne ne l'est. Le martyre des dernières années de Bataille (il était à 50 francs près) je ne peux pas arriver à penser qu'il est normal... si je ne vends plus ici j'irai à l'étranger.

L'accueil réservé au film la surprend et lui met du baume au cœur. *India Song* devient un film culte, projeté encore aujourd'hui dans le monde entier, le seul film de Marguerite Duras à obtenir un succès commercial : en juin 1975, il avait déjà eu 180 000 spectateurs. Il est présenté, hors compétition en sélection officielle, au festival de Cannes en mai 1975. André Delvaux, membre du jury international, déclare : « Ce film est l'accomplissement de l'œuvre poétique et cinématographique de son auteur. Ce film a envoûté tout le festival, je le sais. Si nous l'avions en compétition, il ne fait pas de doute qu'on lui décernerait la palme d'or. » Michel Mohrt, dans *Le Figaro*, se dit fasciné et en parle comme de l'œuvre la plus originale montrée cette année-là à Cannes. Il milite, lui aussi, pour la palme d'or. Henri Chapier, lyrique, se joint au chœur : « Devant un pareil chef-d'œuvre à quoi bon retenir son souffle, modérer ses transports et jouer la critique impossible ? *India Song* est l'immense événement du festival, l'unique film qui ne ressemble à aucun autre, et, de toute évidence, le seul qui restera longtemps dans nos mémoires lorsqu'on évoquera l'année 1975. » Même ton dithyrambique dans *L'Express*, où Gilles Jacob y voit le comble de l'art. « Un film avec des années d'avance », écrit Robert Chazal dans *France-Soir*. Ce n'est plus une reconnaissance, c'est un triomphe. Marguerite, autrefois tant décriée par les milieux professionnels du cinéma, à l'exception notable des *Cahiers du cinéma*, et de *L'Avant-Scène*, se voit, pour la première fois, consacrée. Elle, qui se bat depuis ses débuts derrière la caméra pour transformer la position du spectateur en ne lui donnant pas une histoire ficelée et un rôle passif, est enfin récompensée : les critiques ont, chacun à leur manière, reconstruit leur propre film et fait leur cinéma. Marguerite a su les embarquer dans un voyage initiatique où sa langue propre — étrange sabir de sons, de musique, de voix et de lents panoramiques — est enfin compréhensible.

India Song ne remporte pas la palme d'or. « C'est une faute, lit-on dans *Le Film français*, pire une sottise impardonnable. » Cannes 1975 restera le festival où *India Song* n'a pas reçu le prix qu'il méritait... Il obtient en guise de lot de consolation le prix de l'Association française du cinéma d'art et d'essai. Rares sont les critiques à dénoncer le côté chic et choc d'une œuvre signée par une militante gauchiste qui se pique de proclamer la fin du monde capitaliste mais ne filme que des ambassades avec des femmes en robe longue, buvant du champagne dans des flûtes de cristal et dansant la rumba lascivement. Certains comparent Duras à Vicki Baum, et même à une Emmanuelle sur fond d'Inde famélique. *Télérama* s'indigne que le film identifie la misère morale des riches et la misère physique des pauvres. « J'en ai marre de ces catégories, répond Duras : les riches sont dégueulasses, les pauvres ne sont pas dégueulasses. Ce sont deux femmes. Dans les mêmes régions du monde, dans la même géographie, qui vont vers leur perte. La mendiante est suicidée par la société et Anne-Marie Stretter se suicide. Je ne préfère pas l'une à l'autre. » Dans les entretiens qu'elle accorde, Duras se place délibérément sur un plan politique : l'Inde pour elle, c'est toute la misère du monde, autour de l'Inde, c'est la guerre. Le film est un appel à la réalisation de l'égalité entre les classes et non une dérive poétique envoûtante. « Je n'ai pas impressionné un millimètre de pellicule qui ne soit pas politique. » Elle affirme haut et fort faire un cinéma différent : « Ça veut dire qu'on ne veut plus se laisser avoir par le cinéma officiel, expression de la société capitaliste. Et le cinéma différent débouche sur le procès de la société. *India Song* c'est donc la fin du monde capitaliste entièrement [104]. »

Depuis le temps qu'on patiente. Quand viendra-t-elle cette fameuse révolution et l'avènement de la société sans classes ? Bientôt, répond Marguerite, qui, reprise par l'espoir, vit alors sa période la plus militante de gauchiste féministe pure et dure et qui prophétise le surgissement d'un prolétariat européen, débarrassé de la doxa marxiste. Les jeunes forces révolutionnaires vont prendre les rênes du pouvoir et libérer l'humanité de ses mensonges et de ses inégalités. Marguerite parle, profère, déclame, proclame. Marguerite annonce, comme une diseuse de bonne aventure, un futur glorieux dans une société post-capitaliste. Elle devient la prêtresse d'un gauchisme désespéré, poétique et incandescent, elle s'abandonne à une logorrhée féministe qui trouve un écho dans un cercle d'admirateurs et, bien sûr, d'admiratrices. Marguerite parle, ou plutôt ça parle en elle. Elle dit des choses définitives : « Il y a un para chez tout homme... Il y a le para de la famille. Je crois que tout homme est beaucoup plus près d'un général, d'un militaire que de la moindre femme [105]. » Ou encore : « La classe phallique devient la pire ennemie. Faut attendre que ça se passe. » Marguerite placidement annonce qu'il faut attendre que disparaissent des générations entières d'hommes pour que les femmes puissent respirer. Pourtant côté hommes, Marguerite est plutôt gâtée. Pas para pour un sou, Dionys, plutôt fidèle en amitié. Il vient de publier, sur *India Song*, un article magnifique où, soulignant le travail de dépassement des limites qu'opère le film, il compare la démarche de Marguerite à celle de Rimbaud : « Un film qui nous atteint plus dans l'éclat d'une sublime impudence, un ouvrage aussi concerté et si proche de la perfection. » Dionys est un des rares hommes que Marguerite accepte. Chaque week-end, il vient à Neauphle avec son épouse — Solange Leprince — qui est aussi la monteuse d'*India Song* — et sa fille Virginie. Jardinier, il invente des greffes, fait pousser des rosiers anciens, construit des labyrinthes de verdure. Le jardin de Neauphle, grâce à lui, devient une splendeur.

C'était la pleine lune. C'était tard le soir après le dîner. D. était dans le jardin, il m'a appelée, il m'a dit qu'il voulait me montrer ce qu'il en devenait de la blancheur des fleurs blanches à la pleine lune par un temps clair. Il ne savait pas si je l'avais déjà remarqué. En fait, non, jamais. À l'emplacement des massifs de marguerites et de roses blanches, il y avait de la neige mais si éclatante, si blanche qu'elle faisait s'obscurcir tout le jardin, les autres fleurs, les arbres. Les roses rouges en étaient devenues très sombres, presque disparues. Restait cette blancheur incompréhensible que je n'ai jamais oubliée [106].

Marguerite parle d'elle, beaucoup d'elle, surtout d'elle, rien que d'elle. Tous ses amis d'alors le confirment : elle s'enferme dans une cage narcissique qui nie l'interlocuteur, et soliloque sur son audace, son talent, son génie. Marguerite s'étonne elle-même du succès qu'elle obtient. Elle en rajoute dans le genre midinette. Elle bricole son personnage, sa Duras à elle. Au début elle se livre à ce passe-temps en jouant mais, inexorablement, sans le savoir, sans le vouloir véritablement, Marguerite s'éloigne de plus en plus de Duras. Comment survivre à son succès ? En construisant un mythe. Marguerite édifie, de son vivant, le culte de Duras. Elle ne parle désormais plus que d'elle avec une totale impudeur, disent tous les amis, les compañeros, les brothers et les sisters. Ceux qui ne supportent pas n'ont qu'à s'en aller. Marguerite ne craint rien. Elle dit « Ma réputation, je m'en tape ! Le pognon, il n'y en a pas. Alors je fais ce qui me plaît. Les gens ne font jamais ce qui leur plaît. » Elle donne l'impression d'avoir lâché les amarres : « Je laisse faire [107]. » Elle qui pendant si longtemps a eu peur de la folie, elle à qui si longtemps « on » et surtout les hommes ont dit que la folie allait la prendre un jour n'a plus peur. La folie n'est plus désormais cet épouvantail qu'on a dressé devant elle toute sa vie. Et plus elle s'abandonne, plus surgit ce flux du désordre originel qui l'habite, cette masse de peur et d'effroi. Duras s'instrumentalise. Elle le dit elle-même : « Quand j'écris, j'ai le sentiment d'être dans l'extrême déconcentration, je me possède plus du tout, je suis moi-même une passoire, j'ai la tête trouée, je ne peux m'expliquer ce que j'écris, comme ça, parce qu'il y a des choses que je ne reconnais pas, dans ce que j'écris. Donc, elles me viennent bien d'ailleurs, je ne suis pas seule à écrire quand j'écris [108]. »

Je est un autre. Marguerite désormais construit Duras pour contenir toutes ces Duras qui foutent le camp, tous les personnages qui l'habitent et lui parlent, toutes les sensations qui lui viennent et l'engloutissent. Marguerite est une extra-voyante. Quand elle sort dans la rue, elle capte tout jusqu'au vertige de l'évanouissement ; quand elle regarde, à Neauphle, une mouche se cogner à une vitre, elle devient la mouche ; quand elle retrouve un linge souillé dans une vieille commode, telle la sorcière de Michelet, elle remonte le flux du temps et sent le sang couler. Mélange de post-surréalisme et de rimbaldisme, Marguerite continue à arpenter des territoires de plus en plus dangereux. Niant de plus en plus la réalité, elle fréquente plus les personnages qu'elle a créés que ses amis, à moins que ses amis ne la suivent dans son parcours onirique.

Ainsi Bruno Nuytten qui repart avec elle sur le lieu du tournage d'*India Song* dans le palais Rothschild pour exorciser Lol V. Stein et Anne-Marie Stretter. Pendant *India Song*, elle n'avait jamais osé pénétrer dans le palais dont seuls les façades et l'escalier extérieur avaient été filmés. Elle tournait autour de la maison comme une âme en peine. Le film à peine sorti, elle déclara qu'il n'était pas tout à fait terminé et qu'il lui manquait quelque chose. Mais comment revenir sur un film, objet matériel qui, à l'inverse d'un livre ou d'un tableau, est définitivement achevé ? Six mois après la fin du tournage, elle téléphona à Nuytten et lui dit : « Viens avec ta caméra, on va entrer tous les deux dans la maison et filmer [109]. » Les producteurs, Pierre et François Barat, réunissent 130 000 francs. L'idée du film se concrétise. Au premier jour de tournage, Marguerite tient Nuytten par la main, par la ceinture, par les épaules, par la taille et pénètre avec lui dans cette maison, l'air terrorisée. Elle tremble de tout son corps. Elle a emporté un lecteur de cassette avec la bande-son d'*India Song* et une lampe torche. Lui marche devant avec sa caméra. « Elle voulait vraiment entrer dans la sépulture d'Anne-Marie Stretter et j'avais l'impression physique qu'on allait véritablement ouvrir un tombeau. Elle avait réellement très peur. Elle me guidait avec sa lumière et, de sa lampe torche, me décrivait les ruines d'*India Song* et la poussière d'Anne-Marie Stretter. » Dans leurs pérégrinations, ils tombent sur une trappe que Marguerite ne voudra jamais soulever, persuadée que des Allemands dans les caves torturent encore des juifs. Elle entend les cris. Possédée par son passé, Marguerite mélange son histoire à celle d'Anne-Marie Stretter. Elle demande à Nuytten de filmer sans bruit dans l'espoir fou de ne pas réveiller de son sommeil éternel Anne-Marie Stretter qui gît là.

On ne voit jamais aucune figure humaine dans *Son nom de Venise dans Calcutta désert*. Des acteurs, on n'entend que les voix. Mais Duras a recopié purement et simplement la bande-son d'*India Song*. Répétition ? Procédé ? C'est la première fois dans l'histoire du cinéma que l'on fait un film avec la bande-son d'un autre en tournant de nouvelles images. Le film se présente techniquement comme une recherche permanente de contre-jours. Expérimental, il l'est à plusieurs titres : lumière, son, rythme, construction. Il n'y a que soixante-dix-huit plans dont trente-sept fixes. *Son nom de Venise* n'est pas une illustration d'*India Song* mais plutôt sa remise en cause : il fait basculer *India Song* dans le noir. Duras invente puis détruit, avec l'ambition de remettre en cause la narration cinématographique tout entière. « Je me disais je n'allais nulle part ou vers une sorte de no mans' land du cinéma. J'étais chargée d'accomplir une destruction dont le sens m'échappait[110]. » Duras disposant de peu de temps et de peu d'argent, le tournage s'est fait en huit jours, avec une équipe réduite au minimum. Duras fait ses films au montage. Celui-ci est laborieux. Quatre versions sont nécessaires. Marguerite, désespérée, veut laisser tomber. Elle travaille dans un bonheur douloureux, exaltée intellectuellement, épuisée physiquement. Elle a l'impression encore une fois qu'elle n'en sortira pas entière.

Le film sort en juin 1976. Il est bien accueilli. La critique admire cette caméra sensuelle qui sait si bien caresser des ruines, ce climat de violence d'un amour à jamais perdu, cette description savante de la lourdeur d'une attente. « Nous l'entendons *Son nom de Venise dans Calcutta désert*, sur des plans de murs lézardés, griffés, auxquels des lambeaux de tapisserie communiquent l'odeur rose de la lèpre », écrit Jean-Louis Bory. La revue *Esprit* n'hésite pas à citer l'Ecclésiaste et Pascal, et *Les Cahiers du cinéma* parlent de perfection picturale. Succès critique mais petit public. Seuls les aficionados du Duras song vont découvrir le film qui, encore aujourd'hui, se voit avec plaisir. Duras, à l'aube de sa vieillesse, dira que *Son nom de Venise* était indéniablement son film le plus important. Elle regrettait seulement de n'avoir pas été plus loin dans le processus même de destruction. « La véritable destruction aurait été de me tuer moi-même [111]. »

Malgré la reconnaissance dont elle jouit, Marguerite se sent isolée. Son livre *Abahn Sabana David* ne s'est vendu qu'à 4 600 exemplaires, *L'amour* à 6 000. Elle confesse que, si elle arrive à vivre, c'est grâce aux commandes de l'étranger : « Je reste très en marge, vous savez et je ne suis pas seule, on est nombreux. On n'a pas choisi, on a une telle horreur de ce qui se passe. Ce n'est pas une option, une attitude. C'est devenu un comportement instinctif [112]. » Marguerite exagère. Elle fait ce qu'elle veut et tourne sans s'arrêter, aidée par les pouvoirs publics. D'ailleurs elle enchaîne très vite avec *Vera Baxter*, adaptation cinématographique de sa pièce *Suzanne Andler*. Elle reçoit 40 millions d'avance sur recette. Un vrai miracle ! Pour une fois les choses sont organisées et l'équipe payée en début de tournage. Le grand luxe ! Marguerite engage un cuisinier mais elle râle tout le temps, trouve que ses soupes à elle sont bien meilleures. Tous les soirs, donc, comme avant quand il n'y avait pas d'argent, elle se remet aux fourneaux !

La boutique Duras désormais personne ne s'en occupera à sa place. Finis les producteurs qui s'engraissaient sur son dos (en tout cas c'est ce qu'elle croit alors que certains d'entre eux y ont laissé leur fortune et leur réputation). Elle devient une excellente gestionnaire de son propre talent. Elle recycle sans cesse Duras. Ce n'est plus de la création, c'est de la reproduction. Elle fixe par des images ce qu'elle a écrit dans des livres ou fait des livres à partir de ses scénarios. « Au bout de quinze jours, vous étiez censés connaître par cœur tous les livres de Marguerite, tous les personnages et les sentiments qu'ils éprouvaient [113] », dira Nuytten. Elle tourne donc mais toujours en se défiant du cinéma comme mode d'expression et en se désespérant de ne pouvoir se remettre à l'écrit. Elle filme parce qu'elle ne peut plus écrire. Filmer lui donne l'impression d'exister.

Un certain public attend ses films : des amoureux de ses livres bien sûr, mais aussi une partie du mouvement féministe, qui la revendique comme la mère tutélaire. Duras fait alors des films profondément imprégnés par son militantisme féministe. Ainsi de *Vera Baxter*, cette femme en proie à sa fidélité, cette femme éternelle, venue d'un âge immémorial, éduquée pour croire qu'on n'aime qu'un seul homme. « Il y a mille ans, dit-on dans les forêts qui bordaient l'Atlantique, il y avait des femmes. Leurs maris étaient loin, presque toujours, soit à la guerre du seigneur, soit à la croisade et elles étaient parfois pendant des mois dans leur cabane, seules, au milieu des forêts, à les attendre. C'est comme ça qu'elles ont commencé à parler aux arbres, à la mer, aux animaux de la forêt. On les appelle les sorcières. Et elles ont été brûlées. L'une de ces femmes, dit-on, s'appelle aussi Vera Baxter[114]. » Duras accompagne son propos de féministe engagée d'images expérimentales. Elle crie haut et fort son dégoût du cinéma petit-bourgeois. Le sien devient de plus en plus statique. Les plans fixes abondent. La caméra reste au même endroit, tentant de capter ce lieu où chacun d'entre nous est sourd et aveugle, l'endroit de la passion. Duras fait un cinéma de plus en plus onirique, poétique et autobiographique. Elle invente un ton et une manière de dire le désespoir de l'amour. Comment aimer ? Jusqu'où ? Que se passe-t-il entre un homme et une femme qui vivent en couple ? Où est l'insupportable ? Que peut endurer une femme ? Baxter ne vit que dans l'adultère. Sa femme l'accepte. Un jour il s'en va sans prévenir. Vera l'attend dans l'épouvante. Il revient et vend sa femme très cher. Il la jette hors du mariage pour qu'elle soit désirable. Vera devient adultère sur ordre de son mari. Le film est un poème satirique et féministe sur la mort du couple bourgeois. La fin est délibérément énigmatique. Duras renvoie le spectateur à ses propres limites et cherche à le troubler, à le questionner. Pourtant, un an après sa sortie, Duras dira avoir raté *Vera Baxter*. Elle sentait bien que quelque chose n'allait pas mais n'arrivait pas à savoir quoi. C'est pendant le montage du film *Le camion* qu'elle comprendra : elle regrettera qu'aucun regard d'homme ne se soit porté sur Vera Baxter. Sans homme qui la désire, Vera Baxter n'existe pas. Cette pseudo-communauté physique entre femmes évoquée dans le film ne peut fonctionner. Elle fera son mea-culpa. L'idéologie féministe de l'époque l'a empêchée de dire sa vérité : entre femmes le désir ne circule pas. Elle publiera plus tard le script du film en modifiant l'histoire. Trop tard. Le film ne peut être refait. Elle le désavouera.

Marguerite fabrique des images de cinéma jusqu'au vertige mais ne souhaite pas pour autant abandonner le théâtre. C'est donc avec enthousiasme qu'elle accepte la proposition que lui fait la télévision de filmer *Des journées entières dans les arbres* dont la reprise vient d'obtenir un grand succès. Le théâtre peut très bien se filmer, dit Marguerite. Il suffit de ne pas tricher, de faire une captation et non du théâtre filmé. Duras respecte la chronologie, conserve les dialogues mais ajoute cependant des silences pour augmenter l'intensité dramatique. Elle filme de manière classique mais sans se trahir. Créant le huis clos entre la mère et le fils, scrutant follement le visage de Madeleine Renaud dans la splendeur de son âge, captant la maladresse émouvante de Bulle Ogier, elle filme avec pudeur et respect cette ultime conversation entre la mère dévoreuse et le fils voyou, interprété magnifiquement par Jean-Pierre Aumont. Littérature, cinéma et théâtre se rejoignent pour décrire le vide, l'inanité de l'existence, l'absurdité des rapports humains.

Encore une fois la bande-son occupe une place prépondérante. Le film, *Des journées entières dans les arbres*, est délibérément très peu éclairé pour que le spectateur ne s'attache pas aux images mais à la prolifération des paroles. Marguerite explique à Nestor Almendros, son directeur de la photo, qu'elle fait des films pour qu'on les écoute, pas pour qu'on les voie ! Elle filme pour capter le sens des mots, la résonance de la parole. Cette recherche est relayée par des comédiennes qui acceptent de répéter en se concentrant exclusivement sur la musique de ses mots. « Marguerite possède une écriture précise comme une mathématique, explique Bulle Ogier. Elle me faisait arriver au sens par le tempo de ses phrases et nos sentiments arrivaient à exprimer son écriture. » « Il ne fallait pas que son texte soit dit. Obtenir ce ton sans ton qui correspond à sa voix », ajoutait Madeleine Renaud qui cherchait ce qu'elle appelait la non-voix de la voix. Claude Régy, qui fut le compagnon de théâtre de Marguerite, son ami, son complice, son confident, confirme : « Elle adorait les comédiens et en même temps ne les supportait pas. Elle ne voulait que sa voix intérieure. Sa propre pensée devait traverser l'acteur et partir vers le spectateur qui, lui-même, la prolongerait ailleurs [115]. »

Delphine Seyrig, Catherine Sellers, Bulle Ogier, Nicole Hiss ont rapidement trouvé cette manière de dire Duras. Avec Madeleine Renaud ce fut plus difficile. Il a fallu qu'elle casse sa manière de dire Marivaux, qu'elle oublie la langue de Beckett et qu'elle déploie des trésors de patience et d'humilité devant une Marguerite autoritaire, qui lui faisait recommencer des dizaines et des dizaines de fois la même phrase. « Je n'y comprends rien à tes silences, disait-elle souvent à Marguerite. Quand peux-tu m'envoyer la prochaine réplique ? » Marguerite riait de l'impatience de Madeleine, de son énergie, de son rayonnement. Duras et Renaud entretiennent des relations de passion, d'adoration mais aussi plus tard de méfiance et d'agressivité. Ces deux monstres se sont observés sans véritablement se rencontrer, se faire confiance, s'aimer. Marguerite pouvait-elle d'ailleurs aimer une femme qui lui faisait penser autant à sa mère ? Dans le film, Madeleine est la mère, sa mère, toutes les mères avec son manteau trop grand, son chapeau biscornu, ses bas de coton. Marguerite retrouvera la Dame aux Arbres dans *L'Eden Cinéma* avant d'écrire pour elle *Savannah Bay*.

Marguerite ne se sent pas assez aimée, pas assez estimée, pas assez adulée. Elle qui dit tant détester les honneurs et la reconnaissance publique se plaint de son manque de notoriété. À ses visiteurs, elle dit qu'elle est une star en Amérique et une inconnue en France. Elle envisage à l'époque de quitter ce pays qui ne veut pas d'elle. « Je ne sais pas où je suis, je sais simplement que je ne suis pas là ! Il y a à peu près vingt ans que j'ai quitté ma société : je n'ai pas d'insertion sociale véritable, je vis au milieu de plein d'étrangers. Le rapport principal que j'ai avec mon pays c'est le fisc et la télévision [116]. » S'enfermant à Neauphle ou rue Saint-Benoît, Marguerite sort de moins en moins, ne met plus jamais les pieds au cinéma. Elle vit de plus en plus en circuit fermé, ayant découvert la télévision qui va prendre désormais une place très importante dans sa vie. Tous ceux qui l'ont connue peuvent témoigner de son adoration-répulsion pour la télévision et particulièrement pour la sacro-sainte messe du journal de 20 heures qu'elle ne manquait sous aucun prétexte et qu'elle racontait ensuite interminablement au téléphone à ses amis en donnant l'impression d'avoir pu converser en direct avec les chefs d'État de la planète. « Cette foutue télévision », comme elle l'appelait, elle la regardait avec avidité, colère et mépris. Télévision-censure, télévision-capture, télévision-instrument de propagande. Critique féroce et inspirée, elle saura décrire le sourire de connivence stéréotypé des présentateurs, les mensonges obligatoires, le discours unique. Par le biais de la télévision, elle se donne l'illusion de convoquer le monde chez elle et de continuer ainsi sa lutte contre l'oppression du prolétariat. Elle se déclare alors d'un gauchisme sauvage, naturel, mais désormais hostile à tout militantisme sauf celui du non-travail. Elle admire que son fils ne fasse rien. Elle aimerait bien, elle aussi, être en vacance d'elle-même. Mais elle est obsédée par son image, son identité.

Mais qui est-elle, Duras ? se demande-t-elle. Ce sera le sujet de son film *Le camion*. Elle, encore elle, toujours elle. Elle qui écrit le texte qui sera dit, et qui interprétera à l'écran le rôle principal. Mais de qui parle-t-on ? De la dame. De quelle dame ?

— C'est la dame du camion.
— Déclassée. C'est la seule information.
— Pourquoi pleure-t-elle ?
— Cette histoire d'amour. Qu'elle aurait eue.

Dans *Le camion*, Duras porte les cheveux courts. Elle a de grosses lunettes avec lesquelles elle joue. Elle se filme telle qu'elle est avec ses rides accentuées à la commissure des lèvres, son visage fatigué et flétri qui a perdu la perfection de son ovale, sa peau crevassée et légèrement gonflée. Elle ne cherche pas à s'avantager ni par une lumière particulière, ni par un maquillage qui effacerait les ravages de l'âge et de l'alcool. Non, elle paraît ce qu'elle est : une vieille dame au corps cassé mais au regard resté très vif, assise dans une grande pièce, la nuit, dans une maison de campagne. Elle semble calme, patiente. Elle donne l'impression d'avoir tout son temps. Elle se décrit : « Petite maigre grise banale. Elle a cette noblesse de la banalité. Elle est invisible. »

Elle c'est qui ? C'est bien sûr Duras mais c'est aussi le personnage qu'elle a construit : une dame dont on ne sait pas très bien d'où elle vient ni quelle fut son histoire. Est-elle une vieille dame sortie de l'asile tout proche ? Une grand-mère qui fait de l'auto-stop pour aller voir son petit-fils qui vient de naître ? Ou bien quelqu'un qui tout simplement a envie de parler et profite du hasard de cette rencontre avec un camionneur pour dire tout haut ce qui lui traverse la tête ? Peu importe au fond, elle est là devant nous. Elle nous parle et nous l'écoutons. La vieille est donc écrivain. Petite fille, elle a habité les colonies. Duras réalisatrice brouille les pistes. Le spectateur se demande si Duras la comédienne récite un texte ou dévoile des fragments de son autobiographie. Elle soliloque à l'infini. Lui, le camionneur, se moque de ce qu'elle peut bien raconter. Pour lui ce n'est qu'une vieille givrée de plus qui discourt sur le monde et dit n'importe quoi.

Marguerite, pour la première fois, se trouve donc des deux côtés de la caméra. Le plus important, dit-elle à son équipe, est son rôle de réalisatrice. Elle fait un film. Mais est-ce vraiment un film, cet objet étrange où deux personnes se parlent pendant que des images de banlieue, de route, de plaines et de forêts défilent ? Est-ce un film ou l'hypothèse d'un film, cette histoire où deux personnages parlent d'un film qui aurait dû exister mais qui n'existe pas ? « Ç'aurait dû être un film. Le tournage aurait dû être rapide. Il aurait dû ne pas coûter cher », dit la voix de Marguerite au début de la projection. Encore aujourd'hui, ce film paraît drôle, gai, profond, émouvant. *Le camion* tient la route ! Il est toujours réjouissant de réentendre ce dialogue entre cette vieille dame indigne qui parle de son obsession de la révolution, de son admiration pour le prolétariat à un jeune homme un peu ahuri, légèrement sur la défensive et qui se demande où il va avec cette petite vieille à côté de lui. Justement la vieille ne va nulle part. Elle sait qu'il n'y a plus d'ailleurs, plus de rêve, plus d'espoir. Et cette connaissance-là, du rien, bâtie par ses expériences au fil du temps, la réjouit. Au lieu d'en pleurer, elle en rit. « Elle dit : que le monde aille à sa perte, c'est la seule politique. »

Le camion a été fait dans le bonheur. Duras a l'impression de trouver une nouvelle forme cinématographique et de ne plus être en manque d'écriture. Avec *Le camion*, elle dit être enfin à égalité avec ses livres. Par le biais de cette double identité d'auteur et d'actrice, elle réussit à perturber le spectateur. Est-ce bien Marguerite Duras devant nous qui parle ? Parle-t-elle d'elle ? La dame du *Camion* paraît dérangée, un peu, juste assez pour utiliser sa folie comme une coquetterie et un attrait. Cette dame, bien sûr, c'est d'abord elle. Elle sera même furieuse qu'on puisse, une seule seconde, en douter ! Elle le dira à Dominique Noguez : « Bien sûr c'est moi. La description correspond à moi non[117] ? » C'est elle cette femme qui ne sait plus très bien où elle est, embarquée nulle part, sans aucune inscription, ni sociale, ni familiale — « déconnectée du tout de cette société jusqu'à la relation très essentielle mais avec quoi ? Avec l'ensemble ? Quelquefois je dis Dieu[118] ».

Avant d'arriver au texte définitif du *Camion*, Duras avait conçu trois projets. Le premier était d'ordre idéologique : comment, au cinéma, arriver à tuer le cinéma, et du même coup, la croyance en quoi que ce soit. Le second voulait dépasser l'idée même de cinéma et inventer un art révolutionnaire du refus, qui ruinerait définitivement ce qu'elle appelait le cinéma-digestion. Le troisième projet mettait en scène déjà une femme — Duras ne précisait ni son âge ni son identité — qui attendait sur une route. D'abord Marguerite eut du mal à reconnaître que cette femme qu'elle venait d'inventer n'était autre qu'elle-même. Pour l'incarner, elle pensa à Suzanne Flon puis à Simone Signoret. Toutes deux refusèrent, et Marguerite abandonna le projet. Six mois plus tard, elle pensa à elle-même pour interpréter le rôle. Elle en parla tout de suite à des amis en ajoutant que c'était une très mauvaise idée. Elle laissa tomber. Mais le fantôme de cette vieille dame la poursuivait nuit et jour. Au cours d'une insomnie l'idée lui vint de ne pas tourner le film mais de raconter l'histoire d'un film qui devait se tourner. Dire ce qu'aurait été le film s'il avait été tourné. Un projet durassien en diable !

Le camion est donc d'abord un film qui n'existe pas. Le temps employé est le conditionnel. En exergue de ce qui deviendra le livre, Duras a mis la définition grammaticale de ce temps qui exprime un fait éventuel ou irréel, qui indique une simple imagination le plus souvent, un temps employé par les enfants dans leurs propositions de jeu. C'est exactement cela : *Le camion* est un jeu et, comme tous les jeux, à la fois grave et sérieux. Un jeu avec le cinéma, avec la folie encore et un jeu avec le je. *Le camion* raconte une relation impossible entre un homme et une femme. Elle, elle veut aller vers lui, mais lui ne l'écoute pas. Il n'en a rien à faire de ce qu'elle est. Et pourtant elle lui dit des choses importantes sur Dieu, sur l'enfance, sur la manière d'habiter le monde, sur les planètes mortes. Rien, il n'écoute rien. Il a peur, il n'a pas l'habitude de paroles aussi libres. Lui n'aime et ne supporte que les discours bien ficelés tenus au nom du parti ou du syndicat. Il est enfermé dans les définitions et sa parole ne rejoint jamais la vie. Elle, elle est dans la fêlure des mots, dans l'équivocité du sens. Quand elle ne parle pas, elle chante, en fermant les yeux. « Jamais je n'ai rencontré un personnage aussi fraternel qu'elle », dira Duras après la sortie du film. On comprend pourquoi. Grâce à la dame du *Camion*, Marguerite a redécouvert que la parole et l'écrit peuvent se rejoindre. La dame du *Camion* parle et Marguerite Duras, enfin, écrit de nouveau.

Le film est tourné en trois jours dans un froid glacial. Le premier jour, Nuytten filme dans le camion avec une caméra enchaînée à l'extérieur. Marguerite déteste cette idée. Le soir même elle dit à la petite équipe : « Rentrons à la maison, on sera mieux chez moi au chaud autour d'une table ronde qui figurera le volant d'un camion [119]. » La conversation aura lieu dans le grenier, la pièce figurant à la fois la cabine du camion, la chambre d'un bordel, un lieu clos, précise-t-elle. Sans Depardieu, elle n'aurait jamais fait le film. Tout s'est passé très vite : il a accepté le projet sans rien connaître. Elle lui a demandé de lire le texte mais de ne pas l'apprendre. Quand il lit, il se trompe quelquefois de ligne — Marguerite aussi d'ailleurs —, s'embrouille, il est perdu. Tant mieux. Tous les accidents seront conservés au montage pour souligner le refus du réalisme psychologisant. De toute façon, « Depardieu sait pas lire, pas écrire ! C'est un analphabète, tout le monde le sait [120] ». Un analphabète très intelligent et qui respire la fragilité, la bonté, et que l'actrice Marguerite couve amoureusement du regard pendant tout le film.

La bande-son devait être un folk de Bob Dylan et de Joan Baez mais, les droits s'avérant exorbitants, Duras choisit les variations Diabelli de Beethoven déjà utilisées dans *India Song*. Marguerite souhaitait tourner en noir et blanc mais les producteurs — Pierre et François Barat — lui firent valoir qu'ils n'arriveraient pas à le vendre. Marguerite céda sur la couleur : le film baigne dans la belle lumière blanchâtre des après-midi d'hiver. Tout au long du tournage, Marguerite était heureuse, enjouée, confiante : « Pour la première fois de ma vie, je ne me suis absolument pas souciée d'une certaine logique. Je me suis laissée complètement aller et après je me suis payé des insomnies en me disant : bon, ça ne va plus, tu as déraillé. Maintenant, je m'aperçois que non, j'allais dans tous les sens ? d'accord : je suis allée dans tous les sens [121]. » Elle dira avoir réussi avec ce film à exprimer sa pensée politique sans crainte du qu'en-dira-t-on : elle avoue pour la première fois publiquement son anticommunisme sans craindre qu'on la taxe d'être réactionnaire, et renvoie dos à dos la gauche et la droite. Elle affirme haut et fort qu'elle ne croit plus à l'idée même de révolution. Seule subsiste l'espérance de l'utopie. « Ce n'est plus la peine de nous faire le cinéma de l'espoir socialiste. De l'espoir capitaliste. Plus la peine de nous faire celui d'une justice à venir, sociale, finale ou autre. Celui du travail. Du mérite. Celui des femmes. Des jeunes. Des Portugais. Des Maliens. Des intellectuels. Des Sénégalais. Plus la peine de nous faire le cinéma de la peur. De la révolution. De la dictature du prolétariat. De la liberté. De vos épouvantails. De l'amour. Plus la peine[122]. » Duras soliloque. Duras profère. Duras trouve génial ce qu'elle dit. Duras étonne Marguerite. Elle a raison puisque tout ce qu'elle dit est repris. Duras devient un haut-parleur. Duras se croit branchée sur l'inconscient collectif. Ça parle Duras et Marguerite laisse dire. Elle parle avec une impudeur qu'elle vante comme un acte libertaire.

La projection du *Camion* en mai 1977 à Cannes provoque une belle polémique : partisans et détracteurs forment deux camps irréconciliables. Au cours d'une longue conférence de presse, Duras refuse de s'exprimer en cinéaste. Ce film est pour elle uniquement un acte politique. C'est donc de politique qu'elle parle : « À Moscou comme en Éthiopie c'est le retour de l'hitlérisme. C'est pareil en Argentine et en Allemagne de l'Est[123]. » À l'occasion de la sortie en salle, quinze jours après, elle prophétise la fin du marxisme qu'elle taxe de phallocratie déplacée, de terrorisme sémantique, de symbole éclatant de l'égarement en politique. L'idée même d'espoir devient pour elle une erreur politique. Elle célèbre le néant, fait l'éloge du rien et constate que l'Europe traverse une période d'ennui mortel.

Marguerite est désespérée politiquement, déprimée psychologiquement. Elle avoue alors à Michèle Manceaux qu'elle ne sait plus d'où elle tire cette volonté de vivre qu'elle possédait si fortement auparavant. Rien ne lui donne envie de se lever le matin. Des raisons majeures d'espérer, elle n'en a pas, ou plutôt elle n'en a plus. Alors elle se réinstalle à Neauphle, voit de moins en moins de monde, élève ses poules, ses canards, ses oiseaux, fait des confitures, reprend souffle, vit à son rythme, sans horaire, sans contraintes, sans le regard d'autrui. Elle s'enferme pendant des semaines, coupe le téléphone, s'abandonne à elle-même et à sa passion de l'alcool. Duras a connu la satisfaction de l'amour physique. Des amants, elle en a eu beaucoup. Des amants d'une nuit, des compagnons d'une vie, des hommes maladroits mais merveilleux, des amoureux. Mais l'unique, le seul auquel elle fut fidèle tout au long de sa vie, fut l'alcool. Dans cette quête éperdue du dérèglement de tous les sens pour mieux s'offrir pantelante, l'alcool resta la voie d'accès privilégiée à la jouissance.

C'est la mère d'abord qui l'incita à boire. « Chez nous, lui disait-elle, dans le Nord quand les filles sont maigres comme toi on leur fait boire de la bière. » Marguerite a donc, toute jeune, commencé à boire de la bière pour faire plaisir à sa mère. Elle n'a pas grossi mais elle s'habitua progressivement à l'alcool qui devint vite un besoin. Quand elle arriva à Paris, elle buvait raisonnablement mais éprouvait déjà le besoin de boire. L'habitude de boire plus et beaucoup vint plus tard, avec les compagnons du Parti après les réunions politiques, et, au cours des soirées folles de l'après-guerre, pendant des nuits entières dans son appartement de la rue Saint-Benoît. Elle boit du mauvais whisky, du gin, du rhum. Elle mélange allègrement. L'alcool la fait parler, lui donne des ailes pour danser, pour embrasser des hommes sur la bouche ! À cette époque, dans le milieu de Saint-Germain-des-Prés, on boit beaucoup et souvent. Les hommes surtout. Les femmes, c'est plus rare. Une femme qui boit, c'est toujours un scandale. Mais, Marguerite, alors, ne fait pas scandale. Elle aime beaucoup l'alcool, c'est tout. Ses amis ne se sont aperçus de rien. Elle seule a compris qu'elle était devenue alcoolique. « J'ai bu tout de suite comme une alcoolique. J'ai laissé tout le monde derrière moi, j'ai commencé à boire la nuit [124]. » Elle commence déjà à boire en cachette. Arrive la rencontre avec l'homme qui aimait boire. Ils boivent ensemble le jour, la nuit, à tituber, à s'injurier, à se battre, à s'aimer. La mort de la mère lui fait augmenter les doses. Marguerite ne sort plus sans sa fiole de whisky, quelle que soit l'heure du jour ou de la nuit. Gérard Jarlot, un jour, tombe subitement à terre : attaque grave. Les médecins sont formels : arrêtez de boire ou vous mourrez. Il arrête net. Seule Marguerite continue et refuse de consulter un médecin. « On dit toujours trop tard aux gens qu'ils boivent trop. Tu bois trop. C'est scandaleux de le dire, dans tous les cas... Dans cent pour cent des cas, on reçoit cette nouvelle comme une injure, on dit : si vous me dites ça c'est que vous m'en voulez [125]. » Marguerite boit de plus en plus et s'alimente de moins en moins, se sent en permanence épuisée. Un matin, elle s'aperçoit qu'en toussant elle crache du sang. Elle n'en parle à personne. Mais le lendemain, les quintes recommencent. Elle s'affole et consulte enfin un médecin qui diagnostique une cyrrhose du foie. Elle a cinquante ans. Elle accepte une cure. Elle est sauvée. Elle refuse de rentrer dans une clinique spécialisée et, seule, trouve la volonté de s'arrêter.

La pause dure dix ans. C'est en 1975 qu'elle recommence. D'abord tout doucement un verre de blanc avec les autres, de temps en temps deux verres de champagne, puis elle augmente les doses, revient au vin rouge et boit toute seule à Neauphle. Elle boit tant qu'elle ne veut plus de témoins. Elle s'enferme et vit au rythme que lui impose l'alcool. Il lui donne cette jouissance de la régression qu'elle aime tant et dans laquelle elle se vautre. Marguerite est devenue avec lucidité sa proie consentante. Elle s'abandonne à lui avec sauvagerie. Elle découvre alors la douceur d'un temps distendu, la faculté de ne rien faire pendant des heures, un état d'hébétude où le corps s'apaise et les angoisses se calment. Elle ne boit plus que du vin, très mauvais, du vin de supermarché pas cher, qu'elle achète par caisses entières. Elle boit, crache du sang et boit de nouveau pour se remonter et recracher du sang. Quand l'effet n'est pas assez fort, elle boit du whisky puis de nouveau du vin. Marguerite se détruit. Marguerite n'en a rien à faire. Elle, apparemment si entourée, n'ose parler à personne. Et, si elle boit trop quelquefois devant des amis, alors elle les supplie : « Si vous m'aimez vous ne voyez rien, vous ne dites rien. » Michelle Porte, qui, depuis qu'elle a été assistante de Marguerite pour son premier film, a beaucoup habité à Neauphle et a noué avec elle des rapports de confiance, raconte : « Nous venions de terminer toutes les deux le tournage du film intitulé *Les lieux* [126]. Un soir elle m'a appelée pour me parler. Elle ne trouvait pas ses mots. Terrifiée, j'ai pris ma voiture et j'ai filé à Neauphle. Elle était prostrée, hagarde. Elle prenait des pilules pour l'hypertension qu'elle avalait avec le vin et le whisky. Elle ne pouvait plus marcher, plus respirer normalement. » Elle consent à la visite d'un médecin qui dès le lendemain matin la conduit à l'hôpital de Saint-Germain. Elle y séjourne cinq semaines et accepte le traitement. Elle rentre à Neauphle, tient quelques semaines puis reprend. « J'ai écrit dans l'alcool, j'avais une faculté à tenir l'ivresse en respect qui me venait sans doute de l'horreur de la soûlographie. Je ne buvais jamais pour être soûle, j'étais retirée du monde, inatteignable mais pas soûle [127]. »

Encouragée par le succès du *Camion*, elle trouve cependant l'énergie de recommencer à écrire. Sur la proposition de son ami Claude Régy, elle travaille alors à un projet de théâtre, cherchant pour Madeleine Renaud un rôle qu'elle voudrait à sa mesure. L'image de sa mère revient et la taraude. Régy se souvient d'une Marguerite exténuée, éreintée par l'alcool, qu'il allait voir régulièrement à Neauphle et qui lui montrait des pages d'un poème dramatique sur sa mère, une réécriture recomposée d'*Un barrage contre le Pacifique*, un mélange de règlements de comptes de la fille avec sa mère et de dénonciations de l'injustice coloniale. Elle a des problèmes de mémoire qui l'empêchent de construire le récit et songe plusieurs fois à abandonner. Elle craint de se répéter : « J'en ai assez de ma petite musiquette », dit-elle à Régy. Lucide toujours, ironique tout de même avec elle-même. Régy l'encourage, la soutient, la persuade. Deux mois plus tard, elle lui donne *L'Eden Cinéma*. La première a lieu le 25 octobre 1977 grâce à la compagnie Renaud-Barrault, au théâtre d'Orsay, dans une mise en scène de Régy. C'est donc encore une fois l'histoire de la mère, de la sienne bien sûr, mais de toutes les mères. Madeleine est encore une fois la mère, une mère souvent muette, une mère défaite, malade. « Je ne vois personne d'autre qu'elle pour jouer le rôle de la mère [128]. » Mais la mère — objet du récit — n'aura jamais la parole sur elle-même, a noté Marguerite en marge du manuscrit [129]. Duras et Régy partagent les mêmes idées sur le théâtre : pour eux il ne doit jamais être la reproduction de la vie ; la représentation ne doit jamais donner l'illusion d'une quelconque vérité. « Il s'agit de déplier un livre, de faire passer au théâtre le matériau qui engendre le rêve pendant qu'on lit un livre [130]. » Ses souhaits furent exaucés. Madeleine, encore une fois, par l'intensité de sa présence, fut admirable. On l'entendait peu mais on la voyait souffrir et se consumer. Bulle Ogier, diaphane, fragile, transparente, portait, soutenait cette mère cruelle et haïssable. La musique de Carlos d'Alessio contribuait à épaissir le climat nostalgique de la pièce dont nombre de spectateurs sortirent bouleversés.

L'Eden Cinéma se veut délibérément la suite du *Barrage*

contre le Pacifique mais modifiée : Duras a fait de sa mère une pianiste et a profité de la pièce pour régler des comptes avec René Clément qui, dans le film, a trahi la vérité familiale en faisant croire qu'après la mort de la mère, le frère et la sœur ne quittaient pas le Vietnam mais s'installaient dans la concession comme de vulgaires pionniers du Middle West. Dans la pièce, Marguerite a accentué la dénonciation des institutions coloniales qu'elle trouvait trop timide dans le *Barrage*. Elle insiste sur la violence qui a broyé sa mère et lui fait tenir un discours accusateur qu'elle avait mis, dans le *Barrage*, dans la bouche du frère. C'est la mère maintenant qui hurle, accuse et se défend. C'est elle qui apostrophe tous ces fonctionnaires de l'administration coloniale qui lui ont menti, tous ces hommes corrompus qui ont accompli des actes d'ignominie : « Je vous ai donné tout, comme si je vous apportais mon propre corps en sacrifice, comme si de mon corps sacrifié il allait fleurir tout un avenir de bonheur pour mes enfants. Et cet argent, vous l'avez pris... Comment est-ce possible ? Comment peut-on faire métier de voler les pauvres et de s'enrichir de leur faim sans que rien puisse s'apercevoir de cette malfaisance ? Sans que celle-ci ne vous tue pas à votre tour du moment que nous sommes tous pareillement faits et pareillement mortels ? » La mère accuse les fonctionnaires d'avoir tué les enfants de la plaine, d'avoir volé les Blancs, de mettre sous tutelle le pays tout entier, de bafouer la dignité et l'honneur de tout un peuple. La tirade dure un quart d'heure. Marguerite, elle-même, a été effrayée par sa violence. Elle hésita même à garder ces incitations au meurtre proférées par sa propre mère. Elle décida finalement de les laisser par souci de la vérité, par égard pour sa mémoire : « Si inadmissible que soit cette violence, il m'est apparu plus grave de la passer sous silence que d'en mutiler la figure de la mère. Cette violence a existé pour nous, elle a bercé notre enfance. Ma mère nous a raconté comment il aurait fallu massacrer, supprimer les Blancs qui avaient volé l'espoir de sa vie ainsi que l'espoir des paysans de la plaine de Prey Nop [131]. »

Duras est revenue à sa propre histoire, renouant avec le désir d'élucider son lien avec sa mère : que se passait-il derrière cette porte fermée ? Pourquoi sa mère ne lui a-t-elle jamais ouvert ? En exprimant la douleur que la mère a éprouvée, elle continue à lui rendre hommage, sans cesser de régler des comptes avec elle. Tantôt elle la juge courageuse, magnifique, tantôt cruelle, méchante et injuste. Marguerite disait que sa mère n'était pas une femme accomplie. Elle était persuadée qu'elle n'avait jamais connu le désir avec son mari et qu'une fois veuve elle s'était réfugiée avec délices dans l'abstinence physique. Est-ce pour ne pas lui ressembler qu'elle-même n'a jamais caché sa volonté de séduire les hommes, a toujours clamé haut et fort l'appétit et les délices de l'amour physique ? Force est de constater qu'elles sont rares les femmes de cette époque à avoir osé dire cet appétit de jouissance. Marguerite, depuis l'adolescence, est toujours restée à l'écoute de son corps. Nombreux sont les hommes qui, tout en voulant rester anonymes, disent comment elle savait les séduire. La beauté physique d'un homme, sa grâce, son attrait, sa virilité pouvaient être, par elle, longuement commentés. Marguerite était une experte en amour. C'était un enchantement de l'écouter vanter les qualités physiques d'un homme comme un don juan peut le faire d'une jolie fille. Elle disait que le désir seul pouvait et devait gouverner la vie au risque de la faire basculer, et qu'elle possédait cette science de l'amour, cette manière dont, dans la passion, on peut hurler. Qui n'a pas connu cette passion physique ne connaît rien, répétait-elle d'un air entendu.

Elle qui se sent vieille, moche, ridée, « pas fonctionnelle », pour reprendre l'expression qu'elle utilise alors pour se décrire, s'empare, tout de suite après *L'Eden Cinéma*, d'une histoire de désir, de sexe et d'absence qu'un de ses amis lui raconte. Elle va lentement se l'approprier pour la scénariser. D'abord elle cherche à savoir si l'histoire qu'on vient de lui rapporter est vraie : un homme a noué pendant des mois une relation érotique par téléphone avec une femme qui aime lui parler mais ne veut pas le rencontrer. Il tente de forcer l'interdit. En vain. La femme lui avoue qu'elle est malade. Un jour les coups de téléphone cessent. Qu'est-elle devenue ? Duras est fascinée. Elle demande à rencontrer en tête à tête l'homme à qui est arrivée cette histoire et qu'elle appelle J.M. dans *Le navire Night*. Il s'appelle Jean Meunier ; à l'époque il est très lié avec Xavière Gauthier. La rencontre a lieu en décembre 1977. Il confirme ce qu'on a raconté à Marguerite. Elle ne veut pas que l'histoire se perde. J.M., amoureux d'une autre femme, oublie déjà certains détails.

Elle lui demande s'il veut bien raconter tout le déroulement de la relation au magnétophone. J.M. accepte.

C'est à partir de la transcription de cette bande magnétique que Duras commence à travailler. Une première version du texte paraît en février 1978 dans le numéro 29 de la revue des éditions de Minuit : quatorze pages serrées écrites au présent et dans un style télégraphique. Les voix y jouent un rôle prépondérant. C'est par la voix que l'amour se fait. La femme maîtrise le jeu et affole l'homme par ses coups de téléphone et par des rendez-vous qu'elle donne et auxquels elle ne se rend jamais. Lui, l'attend. Elle dira l'avoir vu, savoir comment il est, à quoi il ressemble, comment il est vêtu. Lui, il est obligé de l'imaginer. Puis, un jour, une femme lui apporte deux photographies d'elle : on y voit une jeune femme dans un parc, grande, mince, les cheveux longs. L'homme est déçu. « Les photos arrêtent tout », écrit Duras. L'homme cherche alors à les rendre et à oublier le visage qu'il a vu. Il préfère ne pas avoir d'image d'elle. Les coups de téléphone reprennent. La voix réussit à effacer le souvenir des photographies. Il peut enfin ne plus avoir qu'une « image noire » de cette femme qui se dérobe toujours à lui et qui dit pourtant n'aimer que lui. Le texte se termine par la question que Marguerite pose à J.M. : accepterait-il maintenant de la voir ? Il hésite et répond : maintenant, oui. Marguerite Duras n'a livré à la revue qu'un état provisoire d'un texte qu'elle compte très vite reprendre et retravailler. Dans son esprit il s'agit de la matrice d'une histoire qui, dans sa forme, dans son style, dans ses prolongements, demeure encore inaboutie. À la fin de l'article, elle a pris soin d'ailleurs de préciser qu'il s'agit des propos de J.M., « recueillis et rédigés par Marguerite Duras », et l'état d'un texte « tel qu'il est ce jour-là, le 10 février 1978 ».

Mais Marguerite va mal. Elle boit de plus en plus. Elle accepte cependant une invitation du ministère des Affaires étrangères pour se rendre en Israël. Le pays la bouleverse. Elle en aime les habitants et certains paysages qui imprégneront l'année suivante deux courts-métrages. Elle présente, avec succès, *India Song* à Jérusalem et *Le camion* à Tel-Aviv. André Rougon, alors attaché culturel à Haïfa, se souvient que le ministère l'avait prévenu de l'état d'extrême fragilité de l'écrivain. Il lui avait été demandé de ne pas la laisser seule, de ne pas la loger à l'hôtel. André Rougon reçut donc dans sa maison une Marguerite Duras lointaine, angoissée. Elle avalait des whiskys sans discontinuer et s'exprimait très peu. Au cours d'une visite qu'il lui proposa en Galilée, elle se montra à la fois terrorisée et profondément impressionnée par la beauté des villages et la transparence de la lumière. Il lui semblait revivre l'histoire du Christ en traversant les terres qu'il a arpentées. À Césarée, elle eut une sorte de révélation : un coup de foudre pour ce lieu sensuel et mystique. Elle s'y arrêta longuement et dit à André Rougon que de ce lieu, un jour, elle ferait un film. Elle tint parole. *Césarée, Césarée*, court-métrage de création, saura restituer l'intensité de son émotion. Dès la naissance de l'État d'Israël, Marguerite Duras l'avait défendu. Jusqu'à la fin de sa vie, elle professera des opinions farouchement pro-israéliennes, défendra envers et contre tout la politique d'un État qui, longtemps, ne voulut même pas considérer l'existence du peuple palestinien et prendra, seule contre l'opinion de tous ses amis, la défense de Begin au moment de la guerre du Liban. Juive, elle l'était devenue à la découverte des camps. Juive donc, pour elle, signifiait être pro-israélienne envers et contre tout. Elle demeura l'alliée inconditionnelle des politiques les plus répressives. Aucun argument ne pouvait la faire changer d'avis. Son voyage en Israël l'avait confirmée dans son impression que les juifs restaient encore des assiégés, toujours en danger. La terre d'Israël était pour elle le refuge, le recours, le salut des survivants de l'Holocauste.

C'est à son retour d'Israël qu'elle songe à faire un film du *Navire Night*. Elle hésite cependant, ne trouvant pas la forme. Mais elle sait que le texte ne sera pas terminé s'il n'est pas tourné. Alors, elle propose à Benoît Jacquot un film en forme de dialogue. Elle tente avec de grosses difficultés de monter la production. Le 4 avril 1978, elle se décide finalement à écrire au président de l'Office de création cinématographique pour lui demander une avance de 800 000 francs, pour un budget global de 1 980 000 francs. Elle souhaiterait filmer quand les nuits sont les plus courtes, pendant cinq semaines, en son direct. Le film n'obtient qu'une avance de 600 000 francs. Produit par les films du Losange, la société de production d'Eric Rohmer et Barbet Schroeder, il est tourné fin juillet.

Comme à son habitude, lors de la préparation, Marguerite marche, arpente Paris et sa banlieue le jour comme la nuit en compagnie de Jacques Tronel. Celui-ci se souvient de sa fascination pour le cimetière du Père-Lachaise où elle se promenait des journées entières, s'arrêtant des heures devant les tombes des généraux de l'Empire. Elle venait rendre visite au gisant de Victor Noir au sexe de bronze avantageux, poli par la ferveur populaire, et lui parlait de sa beauté et de son courage. Préparer un film avec Marguerite Duras, ce n'était pas travailler, c'était être disponible jour et nuit, disent ceux qui, à l'époque, formaient encore une petite tribu autour d'elle. Les images qu'elle avait dans la tête elle voulait les montrer au cinéma. Ces images naissent d'abord pendant les promenades. Le repérage devenait un prétexte pour une flânerie onirique. Pendant des jours et des nuits donc, Tronel accompagne Marguerite dans les rues de Neuilly à la recherche de ce lieu qu'elle vient d'inventer et qui, dit-elle, doit bien exister au fond d'une ruelle abandonnée. À la manière de détectives privés, ils questionnent discrètement les gens du quartier, poussent des portails de fer rouillé, découvrent des parcs abandonnés dans un Neuilly secret. Tous deux se livrent avec délices aux peurs de ces virées nocturnes. Marguerite ne dit presque rien. Elle marche. Elle rêve. Puis tout d'un coup, elle arrête ses déambulations. Elle n'en a plus besoin. Elle s'enferme rue Saint-Benoît et rédige en hâte, en deux mois, le scénario du *Navire Night*. Le calendrier de la production l'oblige à rendre un texte qu'elle trouve bancal. Certes, elle a besoin de personnages pour dire le texte mais elle ne les sent pas. Ceux qui vont raconter l'histoire seront-ils des figures ou des acteurs en chair et en os ? Marguerite hésite. Elle loge, comme d'habitude, la petite équipe de production à Neauphle et procède à la distribution : embarquent sur *Le navire Night* Bulle Ogier, Dominique Sanda, Mathieu Carrière. Elle leur dit qu'elle veut faire un film non triché. À deux semaines du début du tournage, elle déclare vouloir faire un film sans images ! Les personnages du *Navire Night* sont pour elle invisibles. Donc, la solution est de « faire des images noires, en creux. Des images non écloses. L'image non aboutie. Je voudrais pousser la puissance du texte ».

Le camion était écrit comme une partition. *Le navire Night* doit être la lecture d'un texte au cinéma. Comment en faire cependant un film ? Marguerite établit, comme à son habitude, un découpage précis des plans puis change radicalement de projet. Le film sera une conversation entre Benoît Jacquot et elle-même ; et les acteurs, réduits à faire de la figuration, marcheront autour du couple en relançant de temps en temps la conversation. Le projet est fragile, Marguerite n'est pas sûre d'elle mais le temps presse. Le tournage commence le 31 juillet 1978. Les deux premiers jours, elle tourne sans enthousiasme, selon le plan de travail prévu. Le soir du deuxième jour, elle voit les rushes. Catastrophe : c'est de la parole avec des images comme support et non un film. Sur son agenda elle note : film raté. Elle l'abandonne et décide de se tenir le plus loin possible de lui, comme si le film était un être vivant qui pouvait lui faire du mal. Elle s'endort délivrée. C'est enfin fini le cinéma ! Elle qui a tant essayé de le tuer réussit enfin à en faire le deuil. « Je n'ai jamais été aussi assurée d'une réussite que je ne l'ai été de cet échec au moment des grandes décisions[132]. » Le lendemain matin, elle prévient l'équipe que le film est un désastre et qu'il ne reste plus qu'à tenter de filmer ce désastre avec la pellicule qui reste. Elle ordonne aux acteurs d'oublier leurs dialogues et s'attache à les filmer comme dans un film muet. La caméra capte Dominique Sanda en train de se faire maquiller, Bulle dormant entre les projecteurs. Marguerite renverse les rôles et filme le film en train de se faire.

Peu à peu, il sort de la mort. Elle le déconstruit en le recouvrant par les paroles puis sature la bande-son. Elle filme les visages des comédiens en gros plan, et s'approche tant d'eux qu'elle les rend méconnaissables. N'en faisant qu'à sa tête, bientôt elle met la caméra à l'envers et filme tout ce qui s'offre : la nuit, l'air, les projecteurs. « J'ai découvert qu'il était possible d'atteindre un film dérivé du *Night* qui témoignerait de l'histoire plus encore que ne l'aurait fait le soi-disant film du *Night* que j'avais cherché pendant des mois[133]. » Peut-être. Marguerite cherche des explications et s'autojustifie. Elle est épuisée physiquement, littéralement à bout de souffle. Elle n'a pas voulu perdre la face devant l'équipe qui l'a soutenue. Elle a tenu son pari : terminer ce film tout en ne sacrifiant pas à l'idée classique du cinéma. Mais Marguerite ne sera jamais satisfaite du *Navire Night*. Après le montage, elle ne fait pas de projection de presse, s'en expliquant dans une courte lettre adressée à quelques journalistes : « *Le Night* est une espèce de dérive qu'on a appelée ainsi. Je voudrais bien qu'il mène sa vie seul. » Elle rédige pour les futurs spectateurs un texte qu'elle fait distribuer à l'entrée de l'unique cinéma où le film est projeté. « Chaque nuit, à Paris, des centaines d'hommes et de femmes utilisent l'anonymat de lignes téléphoniques non attribuées qui datent de l'occupation allemande pour se parler, s'aimer. Ces gens, ces naufragés de l'amour, du désir, se meurent d'aimer, de sortir du gouffre de la solitude. Ces gens qui crient la nuit dans le gouffre se donnent tous des rendez-vous. Ces rendez-vous ne sont jamais suivis de rencontres. Il suffit qu'ils soient pris. Personne n'y va. C'est l'appel lancé dans le gouffre, le cri qui déclenche la jouissance. »

Puis *Le navire Night* devient, avant d'être un roman, une pièce de théâtre, mise en scène à nouveau par Claude Régy. « On a tout fait trop vite, Marguerite allait mal, les acteurs ne savaient plus où ils étaient et ce que voulait Marguerite qui changeait sans cesse de texte et de direction », confie-t-il. Michaël Lonsdale confirme : « Marguerite arrivait aux répétitions au théâtre Édouard VII et demandait : “ Y a-t-il quelqu'un pour aller me chercher une bouteille de Ricard ? ” L'un de nous s'exécutait même si elle ne sortait jamais le moindre billet. » Marguerite boit alors sans interruption et devient de plus en plus agressive. Bulle Ogier et Michaël Lonsdale, dont les tirades ont été réécrites tant de fois, ont des trous de mémoire. Marie-France, célèbre travesti, est affublée, à la demande de Marguerite, d'une combinaison moulante imitant la panthère et de hauts talons qui la font trébucher. Elle est mal à l'aise et ne comprend pas ce qu'elle fait là. Mal dirigée, elle ressemble plus à une biche aux abois qu'à un personnage durassien. Les trois comédiens, à deux jours de la générale, oublient des pans entiers du texte. Claude Régy décide donc d'être souffleur. Et, pour ne pas faire croire au spectateur qu'il joue ce rôle, il se met dans la salle et décide de hurler le texte ! « Je n'ai rien dit à personne et les gens qui me connaissaient et qui venaient voir la pièce me prenaient tous pour un fou ! » Les spectateurs n'y croiront guère. Le naufrage sera total.

En fait, « il existait seulement des bribes éparses de textes », se souvient Régy qui allait régulièrement à Neauphle réclamer des précisions que Marguerite, perdue dans la fatigue de l'alcool, était bien en peine de lui donner. Il met donc en scène la pièce à partir d'un découpage abandonné et incomplet. Bulle Ogier se souvient de répétitions tâtonnantes, d'un projet théâtral à la dérive et sans cesse remis en cause. Marguerite y assistait de temps en temps, réécrivait sans cesse des fragments du texte et déstabilisait encore plus les comédiens par des indications comme celle-ci : « Le désir c'est la forêt vierge. Et la forêt vierge elle est dans le film. Au théâtre, si elle est quelque part, elle sera dans le public. » Claude Régy demanda aux acteurs de parler au bord de la scène pour donner le sentiment qu'ils parlaient comme au-dessus d'un gouffre. La voix off de Marguerite Duras dans le film était reprise sur scène par Michaël Lonsdale. La première de la pièce eut lieu le jour de la sortie du film. Ainsi le voulait Marguerite qui souhaitait mettre en écho son texte et le faire entendre de multiples façons. Rares seront les spectateurs qui se livrèrent à la double expérience. Le film est un échec et la pièce un fiasco. « La dérive de Duras » titre *Le Nouvel Observateur* sous la plume de Guy Dumur. Il n'est pas le seul. Duras fait du Duras, disent et les critiques de cinéma et les critiques de théâtre. Elle se caricature et se répète jusqu'au dégoût. La pièce comme le film sont jugés d'une monotonie effrayante. Duras pense que son style fait tout passer mais les comédiens ânonnent et ne sont pas convaincants ! Marguerite Duras a peut-être découvert, après Baudelaire, que « rien n'est plus beau que le lieu commun mais, pour parvenir à ce sommet, il lui faudra encore se simplifier », précise Dumur avant de conclure : « En attendant, nous relirons ses anciens livres. Ils sont fort beaux. » Peter Handke l'a très bien expliqué : Duras, après avoir séduit les lecteurs, les met alors en dehors. Nombreux furent ceux, comme lui, qui après l'avoir tant aimée abandonnèrent Duras en ayant le sentiment qu'elle ne voulait plus d'eux : « Pour moi lecteur spectateur, il ne restait plus rien : espace zéro [134]. »

Le navire Night est publié quelques mois après la sortie du film aux éditions du Mercure de France. Marguerite, avant la parution, l'a soumis à l'« auteur » de l'histoire qui le lut attentivement. Tout est vrai, dit-il à Marguerite, mais je ne reconnais rien. Il ne pouvait mieux dire. Duras raconte en effet une tout autre histoire que celle que J.M. a vécue. Dès le début, elle introduit le doute chez le lecteur :

> — L'histoire est arrivée ?
> — Quelqu'un dit l'avoir vécue en réalité, oui.
> Et puis elle a été racontée par d'autres.
> Et puis elle a été rédigée.
> Écrite.

L'histoire a été entièrement réécrite et le lecteur attentif peut y reconnaître des bouts du *Vice-consul*, de *Nuit noire Cal-*

cutta, des fragments d'*Anne-Marie Stretter*, sans oublier des commentaires — très datés — sur la politique et l'importance de la psychanalyse.

Le navire Night, en apparence récit d'une troublante histoire d'amour, est en fait un exercice littéraire où l'auteur perturbe sans arrêt le plaisir que peut prendre le lecteur à l'« histoire ». De nombreuses « apparitions » viennent casser le suspense : surgissent ainsi, inopinément, un banquier, conseiller financier privé du président de la République, une vraie mère prolétaire et une fausse mère bourgeoise de Neuilly, sans oublier une tête de femme en pierre avec la moitié du visage détruite et la présence obsédante d'un portefeuille en lézard. Ces éléments étrangers, sans aucun lien entre eux, brisent le récit et le détruisent progressivement. Ce n'est pas l'histoire qui intéresse Duras mais les jeux de déstabilisation qu'elle peut déployer à partir d'elle. D'ailleurs, cette femme a-t-elle existé ? « D'où qu'elle vienne, de quelque alibi dont elle se servirait, elle existait. Elle existe. Si même c'est une femme de soixante ans de l'HLM de Vincennes, elle existerait. Il dit que la question est sans objet. » Si l'on comptabilise les heures passées au téléphone, ces deux amants ont vécu ensemble pendant des mois. Histoire vraie ? Peu importe. Vraie ou vraisemblable. Avec Duras, on est toujours dans les franges de la vérité. Du *Navire Night*, elle dira que c'est un « truc » qu'elle a consigné, un fleuve qui l'a traversée, une manière de renouer ce qui lui passe par la tête et dans le corps. Le désir est pour elle aussi une pensée et il existe une intelligence du sexe. Ces deux amants qui ne se sont jamais touchés se sont peut-être plus aimés et ont plus joui l'un de l'autre que deux êtres unis. Dans le désir, on est toujours tout seul. Elle s'est faite l'écrivain public de l'histoire du *Navire Night*. « Aucun désir au monde ne peut tenir lieu du désir. Mais à travers un désir, le désir peut être vécu. Il se pose, il se déplace. Il se vit comme ça [135]. » La parution du livre fut une épreuve pour J.M. Il venait de se marier, mais son désir de revoir F. en lisant *Le navire Night* fut si fort qu'il demanda à Marguerite Duras, en cas de nouveau tirage, de mettre en toutes lettres le nom de F. dans l'espoir qu'elle se reconnût. Marguerite refusa. Les initiales, selon elle, suffisaient. Marguerite avait raison. Dans la semaine qui suivit la sortie du film, F. appella J.M. ou plutôt il reçut des coups de téléphone sans personne au bout du fil sauf cette présence respirante indéniable et dont il savait, lui, que c'était celle de F., « parce que c'était déjà sa manière, à elle, pendant leur histoire, de lui faire connaître qu'elle l'aimait toujours et si fort qu'il en était comme de croire en mourir [136] ».

Le navire Night fut publié avec cinq autres textes : le cycle d'Aurélia, composé d'*Aurélia Steiner Melbourne, Aurélia Steiner Vancouver, Aurélia Steiner, Césarée, Les mains négatives*. Les deux derniers sont une nouvelle version du commentaire écrit par Marguerite pour deux courts-métrages réalisés à partir des plans non utilisés du film *Le navire Night*. Cette idée de faire un film avec des chutes séduisait beaucoup Marguerite qui, dans la vie comme en littérature ou au cinéma, n'aimait rien jeter et détestait gâcher. Cette manière de recyclage permanent de son œuvre, cette façon d'énoncer différemment toujours les mêmes thèmes avec les mêmes mots, était aussi une tentative pour exterminer le sujet même, user les mots, les vider de l'intérieur. Dans sa façon de faire du cinéma, son art d'utiliser les mots et de les capturer aura toujours plus d'importance que les images. Duras, alors, ne s'intéresse plus aux acteurs, ni à ce qui peut se passer entre eux, mais à la manière dont leurs paroles et la tessiture de leur voix vont pouvoir nous toucher, nous troubler. L'écriture, pour elle, contient tout, y compris le cinéma. Un mot seul contient toutes les images. Le mot possède une puissance de prolifération, une énergie propre que l'image ne possède pas. Duras peut donc décaler complètement l'écrit de l'image et faire des films où son commentaire, qu'elle lit elle-même d'une voix brisée, ne coïncide pas avec ce qu'on voit. L'image n'est qu'un instrument d'amplification du trouble que les mots peuvent déclencher. Marguerite Duras souhaiterait inscrire au plus profond du spectateur de ses films la marque même des mots.

Le titre même du premier court métrage, *Les mains négatives*, est symbolique de la recherche qu'elle mène. On appelle mains négatives ces peintures de mains trouvées dans les grottes magdaléniennes et dont les contours sont le plus souvent enduits de bleu ou de noir. Marguerite en avait vu à Altamira vingt ans auparavant au cours d'un voyage en Espagne qu'elle avait effectué en compagnie de Dionys Mascolo, et cette découverte l'avait bouleversée. De ces mains, elle se souvient pour construire un récit poétique :

Devant l'océan
sous la falaise
sur la paroi de granit
les mains
ouvertes
bleues
et noires
du bleu de l'eau
du noir de la nuit

Dans *Les mains négatives*, on crie qu'on aime depuis trente mille ans et ces cris d'amour, ces allusions aux grottes de la préhistoire, sont accompagnés d'images d'hommes à la peau noire qui ramassent les poubelles à Paris au petit matin. Pas un seul Blanc, rien que des Noirs. Ces cris d'amour semblent adressés à cette population noire, rejetée, méprisée, humiliée, affectée aux tâches les plus basses de notre société blanche. « Toi qui as une identité, toi qui es doué d'un nom, je t'aime », dit le texte. Et l' on entend Marguerite qui, de sa voix cassée d'alcoolique, fatiguée, chante dans l'hiver l'exaspération du désir, elle qui est déjà dans l'hiver de la vie.

Dans *Césarée*, c'est Bérénice, « reine des Juifs, répudiée pour raison d'État », qui crie elle aussi foudroyée par le danger d'un amour interdit. Même décalage entre l'image et le texte : les images montrent des statues de la place de la Concorde, des hiéroglyphes de l'Obélisque, les jardins des Tuileries alors même que les mots prononcés par Marguerite évoquent le lac de Tibériade, les lumières de Saint-Jean-d'Acre, les champs d'oliviers, les orangeraies, les blés de la Galilée.

Il fait à Paris un mauvais été. Froid. De la brume. De toute façon, Marguerite a toujours détesté l'été. C'est une saison immobile, figée, qui lui cause souvent angoisse et effroi. L'été est sans devenir. Marguerite a toujours préféré l'automne. Elle retourne à Neauphle. Boit seule. Pendant le montage à Paris chez Auditel, elle arrivait le matin, partait tout de suite au bistrot boire trois, quatre verres de vin blanc au comptoir et donnait au patron des bouteilles d'Évian vides pour qu'il les remplît de vin blanc. Marguerite ne supporte plus les graisses. Au bistrot, quand sa monteuse et amie Geneviève Dufour la suppliait de manger, elle essuyait les frites une par une avec son mouchoir. Son corps ne supporte plus que l'alcool. À Neauphle, elle écrit. Traîne. Ne fait rien. Difficile de ne rien faire. Être à l'écoute de soi-même : se perdre, se laisser traverser. Marguerite va, la nuit, dans ces grands cafés éclairés tard où, au comptoir, des hommes au visage fripé par la fatigue boivent jusqu'à la chute dans la sciure. Billard, juke-box, valses de Verchuren pour les trimards. Avant de renverser les tables, quelquefois certains chantent, à partir du dixième verre de vin. D'autres comme Coco, l'Italien, le copain de Marguerite, dansent seuls pendant des heures devant le juke-box. Marguerite rentre chez elle à l'aube, épuisée mais rassérénée. À la fin de sa vie, elle se souviendra de cette période avec bonheur et nostalgie. Comment continuer à vivre ? En écrivant malgré l'immense fatigue. Elle accepte donc la commande d'un film de trente minutes pour s'obliger à écrire. Écrire oui mais sur quoi et pour qui ? Marguerite alors dans sa solitude imagine un interlocuteur à qui elle aurait envie de raconter une histoire. Au départ, elle lui emprunte les traits d'un homme avec qui autrefois elle a parlé souvent au téléphone et qu'elle a perdu de vue il y a treize ans. Un homme dont elle était tombée amoureuse récemment, pensent certains amis qui évoquent le nom de Benoît Jacquot ou de Michel Cournot. Aucun des deux n'en a jamais rien su. Marguerite ne leur a jamais rien dit. Quelqu'un à qui elle écrit, pour qui elle écrit, mais à qui elle n'enverra jamais les lettres. Un roman épistolaire commence alors à s'ébaucher. « J'ai envie que vous lisiez ce que je fais, de vous donner à vous des écrits frais, nouveaux, de frais désespoirs, ceux de ma vie de maintenant. » Elle écrit dans la confusion, sur la confusion. Elle ne sait plus rien, seulement qu'elle essaie d'écrire. Elle a été trop loin dans la mise en cause de l'écriture pour reprendre un récit. Elle aimerait bien mais elle ne sait plus.

Alors elle se laisse dominer par l'alcool, se cache, animal malade, jouisseuse encore de la vie, regardant le parc, les milliers de roses, écoutant le vent, clocharde sublime. Plus d'horaire, plus de pose. De toute façon, elle ne comprend plus rien à la vie, à sa vie. Elle subit. Elle revendique ce qu'elle appelle ce « subissement ». Elle croit que, dans cette exaspération de tous les sens, elle trouvera l'écrit encore non écrit, l'écrit écrit par tous, ce passage de soi vers les autres : « Quand j'écris, je ne meurs pas, qui mourra quand j'écris [137]. » Elle quitte le jardin des roses, l'étang sali par les enfants, les merles voleurs, le chat maigre et blanc qui lui fait si peur et qu'elle ne veut pas nourrir, pour son appartement de Trouville. Elle a de nouveau besoin de la mer, de l'immensité de la plage, de la douceur de l'air, de l'étendue grise, du bruit de la tempête. À Trouville, elle continue à écrire à l'inconnu sans lui poster les lettres. « Vous écrire pour moi c'est écrire cela en raison de ce qui me lie à vous, cet amour si violent. » Elle écrit sur la mer, veut se confondre avec elle. Elle boit à partir de la tombée de la nuit, laisse le bruit de la mer entrer dans la chambre, boit encore et écrit. Elle note plus qu'elle n'écrit. Puis elle reprend. Elle délire : elle entend les cris du chat qu'elle a laissé à Neauphle ! Elle a des hallucinations qu'elle fixe sur le papier : un fleuve ensanglanté, des palais abandonnés aux ronces, des femmes maigres.

> Comment faire pour que nous ayons vécu cet amour ?
> Comment ?
> Comment faire pour que cet amour ait été vécu ?

Avec *Aurélia*, Marguerite Duras a repris son corps à corps avec l'écrit. Au départ donc, cette lettre ininterrompue, cette voix dans le gouffre de la nuit, ce récit anonyme qui se perdra dans le vacarme du bruit que font les mots. *Aurélia* est un récit qui va à la perte, délibérément. Un récit, si prolifique qu'il ne peut que faire peur « Je vais peut-être vous écrire mille lettres, vous donner à vous des lettres de ma vie maintenant. Et vous, vous en feriez ce que je voudrais bien que vous en fassiez, c'est-à-dire ce que vous voulez. »

Et d'abord ce nom : Aurélia Steiner. Un nom sans sujet, dit Marguerite Duras. Aurélia Steiner est à la fois le nom d'une femme morte dans les chambres à gaz, le nom de sa fille née dans les camps, le nom d'une petite fille de sept ans qui vit chez une vieille dame où sa mère l'a laissée au moment où la police venait l'arrêter, le nom d'une jeune fille de dix-huit ans qui vit à Melbourne ou à Vancouver maintenant. Aurélia, c'est aussi elle, Marguerite, la narratrice, réfugiée dans cette chambre avec ce bruit de la mer. « Je suis seule dans cette maison depuis des années. Tout le monde en est parti pour rejoindre des zones plus calmes de la terre. » Le nom même d'Aurelia Steiner n'appartient à personne. Depuis la mort de la mère dans le camp, il résonne à travers la terre. Avec l'écriture des trois récits d'Aurélia Steiner, Marguerite Duras revient à cette culpabilité qu'elle éprouve vis-à-vis du peuple juif. On peut se moquer de cette exaltation. Trente-cinq ans après *L'espèce humaine*, Duras ose écrire sur ce sujet. Trois Aurélia donc. La première est née de l'hommage que voulait rendre Marguerite à la mère de Sami Frey : pendant la guerre, celle-ci entendant les policiers dans l'escalier a dit à son fils : « Descends vite chez la voisine, je viendrai très vite te chercher. » Sami avait cinq ans. Sa mère n'est jamais revenue d'Auschwitz. La seconde a surgi du récit, dans *La nuit* de Wiesel, du petit garçon de treize ans qui doit être pendu parce qu'il a volé de la soupe dans le camp. Aurélia est aussi cette femme qui donne naissance à cette petite fille dans le camp et qui agonise lentement dans le sang de cette naissance. À côté d'elle, l'enfant. Vivante. « J'ai perdu un enfant, un frère, j'ai perdu des amis dans la Résistance, dans les camps, mais je me suis mieux remise de ces pertes individuelles que du sort général des juifs. C'est dans cette émotion que je suis toujours quand je parle de ce problème et c'est cela que j'ai essayé de rendre dans *Aurélia* [138]. » Poème mystique, incantation amoureuse, méditation philosophique, Aurélia est aussi un chant et une plainte sans commencement ni fin, une délivrance et une agonie, une psalmodie que Duras jette sur le papier sans vouloir se relire. Elle continue à l'entendre crier et elle ne peut s'en débarrasser. Comment continuer à vivre avec elle ? Après lui avoir donné une existence par des mots elle veut lui donner un visage.

Le cycle d'*Aurélia Steiner* est à peine achevé que Marguerite entreprend de le transformer en film. Elle quitte Trouville et rejoint Neauphle d'où elle appelle un directeur de la photo qu'elle aime et qu'elle respecte, Pierre Lhomme. C'est à Neauphle même qu'elle rencontre une petite fille qui ressemble à Alice de Lewis Carroll. Pierre Lhomme la filme, mais Duras est déçue par les rushes. Marguerite se contente donc de la prendre en photo, abandonne l'idée de tourner avec une vraie petite fille et repart pour Trouville. Mais *Aurélia Melbourne* deviendra quand même un film. Henri Chapier contribue beaucoup au projet en passant une commande à Duras au nom de la Ville de Paris. Le budget est petit : Marguerite décide que le tournage sera rapide — quatre jours avec très peu de pellicule — et l'équipe réduite. À Trouville évidemment. Marguerite ne supporte plus de tourner que dans les lieux où elle a déjà tourné. Elle filme le ciel, le sable, les trous dans le sable. Elle marche d'abord beaucoup, part en repérage, sans idée préconçue. *Aurélia Melbourne* est filmé systématiquement à contre-jour. Pas de Melbourne, pas d'Aurélia, mais des fragments de l'histoire de l'Holocauste, un chat qui miaule, des plans de plage dans une lumière brumeuse. Tout est dans tout. Marguerite affirme qu'elle est à la fois le chat lépreux et Aurélia Steiner, et affirme que le chat est juif [139]. Au moment où elle termine le film, Pierre Goldman est assassiné. Dans un entretien au *Monde*, il avait déclaré : « Notre seule patrie c'est l'écriture, c'est le verbe. » Duras n'est qu'une passeuse. À travers elle c'est Aurélia Steiner qui écrit et qui, comme Pierre Goldman, appelle au secours. Steiner, Goldman même combat : ils sont la mémoire de tous les juifs dispersés, réfugiés. Marguerite décide d'enchaîner tout de suite le tournage du second film *Aurélia Steiner Vancouver* avec la même équipe, à Honfleur cette fois, et choisit une lumière crue, celle du milieu du jour. Elle éprouve vite le besoin de quitter la mer pour filmer « un fleuve » qui doit traverser Aurélia, et engloutir la ville. Marguerite rejoint Paris où elle filme la Seine. Le chemin de l'eau est l'axe du film. La présence de l'eau l'imprègne d'une inquiétante étrangeté. C'est par l'eau que se fait la fin du voyage. L'eau a plus d'éternité que la pierre. Les barques funèbres peuvent y glisser tranquillement.

CHAPITRE VII

LE PARC DES AMANTS

Marguerite est rentrée à Neauphle épuisée, brisée et continue à boire. Encore plus. « C'était effrayant », dira-t-elle plus tard.

Personne ne peut remplacer Dieu
Rien ne peut remplacer l'alcool
Donc Dieu reste irremplacé.

Marguerite est persuadée qu'elle boit parce qu'elle sait que Dieu n'existe pas. Marguerite n'a jamais été croyante même quand elle était enfant. Elle voyait les croyants comme atteints d'une certaine infirmité, d'une certaine irresponsabilité. Mais la lecture de Spinoza, Pascal, Ruysbroek lui a permis de comprendre la foi des mystiques. « Ils poussent les cris du non-croire[1]. » Aurélia Steiner crie, appelle Dieu au secours. De Dieu à l'époque, Marguerite parle sans cesse, « on manque d'un Dieu », « je ne crois pas en Dieu, c'est une infirmité mais ne pas croire en Dieu, c'est une croyance[2] ». L'alcool permet d'entrer en contact avec la spiritualité. « Dieu est absent mais sa place est là, vide », dira-t-elle en 1990[3]. Elle s'enivre pour trouver « la démence de la logique ». Serge et Henri se souviennent d'un après-midi cet automne-là où Marguerite but sans s'arrêter, dans le bouchon d'une bouteille, plusieurs litres de whisky en récitant par cœur des passages de l'Écclésiaste. « L'alcool a été fait pour supporter le vide de l'univers, le balancement des planètes, leur rotation imperturbable dans l'espace, leur silencieuse indifférence à l'endroit de votre douleur », écrira-t-elle dans *La vie matérielle*[4]. L'alcool la fait partir dans des régions qu'elle n'a jamais encore atteintes et dont elle se croit la souveraine. Il lui donne l'illusion de pouvoir se rassembler et de ne pas être bombardée par un présent qui la pulvérise. « Je n'ai pas d'histoire, je n'ai pas de vie. »

De Neauphle elle continue, quand elle en est capable, à écrire à l'inconnu des fragments de lettres. Elle ne sait plus très bien si elle les écrit vraiment ou si elle les imagine. Peu importe. La seule idée de cette relation épistolaire la maintient en vie. « Il faudrait que je ne passe plus mes nuits à boire, que je me couche tôt pour pouvoir vous écrire des lettres très longues afin de ne pas mourir[5]. » Elle sait qu'elle est toute proche de la mort. Une nuit, elle appelle Michelle Porte, lui dit qu'elle est exténuée de vivre. Michelle va la retrouver. C'est une séquestrée de l'alcool, titubante, les yeux vagues qui lui ouvre. Elle n'en a même plus pour un an, dit-elle. Michelle la soigne, la rassure. Marguerite reprend pied. Elle sort de la maison et se promène avec sa vieille 203, va voir la couleur des blés, visite les cimetières, chante Piaf au volant, reçoit les amis de son fils, refait la cuisine, invite des amis, regarde la télévision, accepte des entretiens avec des étudiants, sort un peu de son enfermement Neauphle-Trouville. Elle se rend cet été-là au festival de cinéma d'Hyères pour présenter ses derniers films, invitée par l'équipe la plus marginale du festival, celle qui croit encore au cinéma radical.

Marguerite, depuis une quinzaine d'années, reçoit rue Saint-Benoît beaucoup de courrier. Elle a des adorateurs, des fanatiques. Certains lui vouent un culte depuis longtemps. Ils parlent comme elle et connaissent certains de ses livres par cœur. Marguerite ne déteste pas cette adoration que certains jeunes gens lui vouent mais ne l'entretient pas. Toutes ces lettres s'amoncellent chez elle. Elle les conserve précieusement. Souvent, elle les ouvre, mais n'y répond jamais. Mais depuis quelques mois, elle reçoit de nombreuses lettres d'un jeune étudiant de Caen, de belles lettres qu'elle aime lire et qu'elle se surprend à attendre. À Hyères, justement, un jeune cinéaste lui dit que des amis de Caen dansent le samedi soir interminablement en écoutant *India Song* et boivent du Campari comme les héros des *Petits chevaux de Tarquinia*. « Quelqu'un de Caen m'écrit des lettres, j'en ai reçu beaucoup, lui dit-elle. Vous le connaissez peut-être ? » Bien sûr, il le connaît. Elle lui demande de lui décrire physiquement le jeune homme, de lui parler de lui. Il lui fournit des informations sans se rendre compte qu'elle oriente son discours[6]. Après quelques mois, Marguerite se rend à Caen à l'invitation d'un ciné-club universitaire qui souhaite organiser un débat autour d'*India Song*. A-t-elle oublié les lettres du jeune homme de Caen ? Vraisemblablement. À l'issue du débat, une bande de jeunes gens invite Marguerite Duras dans le bistrot d'à côté. À deux heures du matin, au moment où elle s'apprête à regagner sa voiture, un jeune homme propose de la raccompagner. C'est moi, dit-il. Il lui parle d'Anne-Marie Stretter, de Lol V. Stein, de Michaël Richardson, lui dit d'être prudente sur la route et la laisse repartir dans la nuit pour Neauphle.

Quelques jours plus tard, elle décide de lui répondre. Elle se souviendra très bien de ce jour-là : c'était en janvier 1980. Juste après la rechute. Elle est à Neauphle. Elle vient de consulter un médecin. Elle lui a dit qu'elle ne va pas bien mais sans oser lui avouer qu'elle est alcoolique. Celui-ci a diagnostiqué une dépression et lui a prescrit des antidépresseurs. Alcool plus antidépresseurs : le cocktail provoqua, pendant trois jours, des syncopes en série. Au bout de quatre jours de calvaire, en pleine nuit, elle a été transférée de toute urgence à l'hôpital de Saint-Germain-en-Laye. Elle y resta deux mois. Au retour elle lui écrit de nouveau ; elle lui avoue combien il est difficile pour elle de vivre encore. « Je lui ai dit que je buvais beaucoup, que j'étais rentrée à l'hôpital à cause de ça, que je ne savais pas pourquoi je buvais à ce point-là. » Elle se confie à lui, lui livre tout à trac le plus intime de sa vie. Ce jeune homme devient, brutalement, après l'épisode violent de l'hôpital, à la fois un confident, un frère, un compagnon en désespoir. Incarne-t-il cet inconnu à qui elle écrit depuis des mois des lettres qu'elle n'envoie jamais ? Sans doute. Encore une fois la fiction devient réalité. Elle a imaginé un homme. Le voici. Il est là, qui attend. Elle n'a de cesse alors de nouer l'échange. Mais c'est lui qui ne répondra plus.

Marguerite a repris son combat contre l'alcool. Un combat douloureux, difficile, solitaire. Elle n'a jamais été tendre envers elle-même. Elle tiendra six mois sans boire une seule goutte d'alcool. Mais elle devient irritable, irascible et quelquefois méchante. Elle ne perd pas pour autant son énergie, son appétit de vivre et ce goût qu'elle a de raconter des histoires. Michèle Manceaux, sa voisine et amie, raconte comment elle découpait dans tout ce qu'elle voyait des récits, transformait la réalité en succession de visions. « Elle agrandit ma vie comme elle agrandit tout, du particulier au général, du quotidien au métaphysique. Et j'ai la chance d'assister aux métamorphoses », écrit Michèle Manceaux dans *L'amie*. Marguerite reçoit de nouveau quelques amis à Neauphle. Elle s'intéresse de nouveau passionnément à la politique, vitupère le « fascisme soviétique » et tempête contre l'invasion de l'Afghanistan.

Marguerite fait de nouveaux projets. Quand Serge Daney vient lui proposer d'être la rédactrice d'un numéro spécial des *Cahiers du cinéma*, elle accepte avec enthousiasme. Elle veut en profiter pour retourner dans sa terre natale, l'enfance, propose d'inclure dans le numéro des photographies de sa mère, de ses frères. Elle aimerait mêler les textes aux images, proposer au lecteur des jeux de piste plutôt qu'un récit unitaire. Elle souhaite revenir sur le rapport entre l'écrit et l'image, savoir où elle en est, elle, de son rapport avec le cinéma. Pour se rassurer devant l'ampleur de cette tâche — construire un journal à la fois littéraire et cinématographique, à la fois biographique, collectif et politique — elle commence par enregistrer au magnétophone de longues conversations avec Serge Daney qui les fait décrypter puis qui les lui soumet pour qu'elle les réécrive. Le numéro spécial, intitulé joliment *Les yeux verts*, s'en ressent : Marguerite a réussi une polyphonie d'images, de textes, de conversations, de lettres volées, de confidences qui donnent une tonalité nostalgique, mélancolique et chaleureuse à ce qui deviendra plus tard un vrai livre réédité par les *Cahiers*, une sorte d'autoportrait à la fois cruel et facétieux d'une cinéaste qui aimerait bien révolutionner le cinéma mais qui sait pertinemment qu'elle n'y arrivera pas.

Marguerite va donc mieux. Elle s'alimente de nouveau normalement, fait des balades en automobile, un de ses hobbys préférés. Elle décide de s'installer pour l'été à Trouville, avec toujours l'espoir que, là-bas, face à la mer, elle va écrire un nouveau livre. Elle n'a pas de projet précis. L'écriture viendra peut-être, elle l'espère. Quand Serge July l'appelle pour lui proposer une chronique dans *Libération*, elle se montre tout de suite intéressée. July, qui vient de temps en temps à Trouville, a rencontré Marguerite aux Roches noires et a alors eu l'idée de lui commander des textes : « Marguerite regarde la mer et des morceaux du monde arrivent. Les pas des enfants, les empreintes, les épaves. Je la voyais bien faire un journal à elle toute seule de sa fenêtre [7]. » July veut sa signature et sa vision du monde mais pas forcément quelque chose de précis : ni éditorial politique ni compte rendu culturel, plutôt quelque chose qui ne ressemble à rien sauf à elle-même : ce qui lui plaît, non pas la couverture de l'actualité dans le sens journalistique du terme mais en quelque sorte l'actualité parallèle, ce qui ne surgit pas forcément en pleine lumière. L'idée l'attire, elle voit tout de suite que cette proposition va lui permettre de renouer avec l'écriture courante, avec un journalisme subjectif qu'elle a toujours défendu avec véhémence. July veut une contribution régulière et lui a suggéré un papier par jour pendant un an. C'est impossible, lui a répondu Marguerite qui lui propose un papier le temps de l'été. « Oui mais tous les jours », dit July. Elle dit non puis oui, en fixant les conditions : pendant trois mois une fois par semaine, un texte d'humeur. Pendant trois mois donc elle parlera de la pluie et du beau temps, de la pluie surtout, d'ailleurs, au début, car l'été est pourri, de tout et de rien, de la couleur du ciel, de la bêtise des touristes, des rites stupides des adorateurs du soleil, du prix du sandwich au jambon, de l'Iran, de l'Afghanistan, de Brejnev, de l'Ouganda, des chantiers de Gdansk, d'une jeune monitrice, du requin Ratekaboume et surtout de l'enfant maigre aux yeux gris qu'elle observe quotidiennement depuis son balcon des Roches noires. Un inventaire à la Duras où l'on retrouve ses obsessions : la guerre, le judaïsme, la haine du PCF, le mépris pour le général de Gaulle, la peur mêlée de fascination que lui inspire la mer, les ciels changeants qu'elle décrit admirablement, sa fixation brutale sur certains mots qu'elle sépare, comme ça, du reste de la langue et qui, tout d'un coup, parce que c'est son bon plaisir, deviennent poétiques : Antifer, par exemple, le mot Antifer ; peu importe qu'il désigne un port, Antifer le mot, par sa sonorité, nous fait voyager. Elle écrit comme elle parle, elle parle comme elle pense, elle pense sur tout, tout le temps. Elle s'exalte aussi, Marguerite, espère encore et toujours la révolution, et tente de la débusquer dans le magma de l'actualité politique. Les événements de Pologne la transportent. Elle songe à partir pour Gdansk. La grève des chantiers sonne le réveil de l'espoir révolutionnaire.

Elle s'enflamme, Marguerite, et veut embarquer ses amis dans ses passions subites ; c'est ce qu'ils appellent affectueusement ses toquades. Ils sont plutôt jeunes tous, beaux et tendres avec elle. L'admirant mais la protégeant, recherchant sa présence car avec elle la vie devient drôle, gaie. Avec elle, dit Henri[8], on avait envie de se confier, de marcher longtemps, de danser, de rire, d'écouter de la musique, d'observer les lumières, de vivre la nuit, d'être éveillé au monde tout le temps. Marguerite est intense, Marguerite s'intéresse aux autres profondément, Marguerite aime l'amitié, Marguerite aime être entourée. À son contact, ces jeunes gens éprouvent un sentiment de liberté et d'euphorie. « Je lui ai parlé de moi en totale liberté, avec grande confiance, rapporte l'un d'entre eux, comme j'aurais parlé à ma mère, ou plus exactement à une mère[9]. » Elle qu'on prend pour la reine du narcissisme et la grande prêtresse du génie autoproclamé est aussi une grande écouteuse et une grande curieuse. Celles et ceux qui ont pu la voir intervenir dans des débats en France ou à l'étranger auront été étonnés de sa capacité à inverser le jeu des questions-réponses : « Et vous qu'en pensez-vous ? » répondait-elle aux questions qu'on lui posait. Ce n'était nullement de la coquetterie, plutôt un désir réel de savoir. Marguerite est insatiable. Elle se nourrit des autres, pose des questions indiscrètes à ses amis, leur téléphone en pleine nuit, intervient dans leurs histoires d'amour, se mêle de tout et de rien. Envahissante Marguerite. Seule. Elle peut toujours rêver qu'un jour un homme viendra... À une amie, elle a avoué que c'en était fini pour elle de l'amour. Pourtant dans *Aurélia*, elle écrit : « Les yeux fermés, je vous aurais demandé comment êtes-vous ? blond ? un homme du Nord aux yeux bleus ? J'aurais demandé : vous cherchez quelqu'un ? Quelqu'un dont on vous avait parlé ? Vous dites : c'est ça. Vous auriez repris : c'est ça, oui quelqu'un que je n'ai aucun moyen de reconnaître et que j'aime au-delà de mes forces. »

Elle n'attend plus personne. Corps fermé à tout jamais. Au rebut. Vieille poupée défigurée par l'alcool. Elle n'inspire plus de désir. Même le jeune homme qui lui paraissait si timidement enamouré l'a oubliée. Et puis un jour, il téléphone. Lui, le jeune homme si doux et si élégant, le poète mystique, le philosophe qui aime le Campari, le frêle garçon au sourire mélancolique, tout habillé de blanc, qui connaît ses livres et ses films par cœur et qui lui en a parlé une nuit, si tendrement.

Vous ne pouviez pas le savoir, Marguerite, que ce sera votre dernier amour, l'homme de votre dernière vie, celui qui, jusqu'au bout, vous écoutera, vous regardera, vous prendra dans les bras. Il s'appelle Yann. Pas Yann Andréa. Andréa c'est le nom qu'elle lui donnera, le nom de baptême du paradis durassien. Il est très gai, il aime rire, c'est sans doute cela qu'il préfère dans la vie, rire, il aime marcher aussi. Quand je le voyais encore — aujourd'hui il vit reclus dans une chambre de bonne en face de l'appartement de Marguerite et ne voit plus personne sauf sa sœur de temps en temps — il me fixait des rendez-vous loin de Saint-Germain-des-Prés et s'y rendait toujours à pied. Il a des gestes lents, de longues mains, une voix assez haute. Il prend soin de vous. Avec lui, qui que l'on soit, homme ou femme, on se sent très vite en sécurité. Il est discret, patient. Il est maigre, un corps de jeune homme trop vite grandi, l'air dégingandé, le regard étonné, il ressemble au petit enfant de *L'été 1980* aux yeux gris qui aime que la monitrice lui raconte des histoires en s'allongeant dans le sable.

Il lui a donc téléphoné. C'était début septembre. Il lui a demandé s'il pouvait venir. « Pourquoi ? » — Pour se connaître », a-t-il répondu. Marguerite vivait alors dans un état de grande solitude. Non, j'ai du travail, a-t-elle dit, et je n'aime pas les gens nouveaux. Il a rappelé mais le téléphone a sonné dans le vide. Marguerite était partie en Italie à un festival de cinéma. Tous les jours, il a téléphoné. Et puis, elle est rentrée. Venir pour quoi ? « Pour parler de Théodora », lui a-t-il répondu. Il n'a pas insisté. Avant de raccrocher, elle a dit dans un souffle : « Rappelez-moi dans deux heures. » « Vous arrivez quand ? » a-t-elle alors murmuré. « Demain dans la matinée. Le car arrive à dix heures et demie, je serai chez vous vers onze heures. » Elle l'a attendu du balcon de sa chambre et l'a vu arriver : « Vous étiez une sorte de Breton grand et maigre. Vous étiez élégant me semblait-il, très discrètement, vous ne saviez pas que vous l'étiez [10]. » Il a frappé. Elle n'a pas répondu tout de suite. C'est moi Yann. Elle a attendu encore, elle n'a fait aucun bruit, puis s'est résolue à ouvrir. « On ne connaît jamais l'histoire avant qu'elle soit écrite [11]. » Elle l'a embrassé. Ils ont parlé. Tard dans la nuit il lui a demandé le nom d'un hôtel. Elle lui a dit qu'on était en pleine saison touristique. La chambre de son fils était vide. Il pouvait y dormir. « Rien qu'en entendant sa voix, j'ai su que c'était de la folie. Je lui ai dit de venir. Il a abandonné son travail, il a quitté sa maison. Il est resté [12]. » Bulle Ogier se souvient que Marguerite lui a téléphoné le lendemain. « Je viens de rencontrer un ange », lui a-t-elle dit. L'ange est resté quelques jours. D'abord elle lui a appris à regarder la mer la nuit. Au matin toujours elle se calme. « Je suis dans la chambre noire. Vous êtes là. Nous regardons dehors[13]. »

Yann est entré brutalement dans la vie de Marguerite. D'emblée, elle fait de lui un acteur de son théâtre imaginaire, celui qui sait déjà, qui est là pour authentifier ce qu'elle voit. Tout de suite, elle le dévore amoureusement, elle lui ôte son regard. Désormais ce sera elle qui regardera le monde à sa place. Elle lui prend son nom, ses nuits, son temps, ses amours. Captif amoureux, Yann ; consentant au sacrifice, dévoré de passion. À l'approche d'un génie devient-on écrivain pour autant ? Yann est devenu Yann Andréa dès le lendemain de cette nuit, enfermés dans la chambre noire dans le bruit de la mer. Yann compagnon, amant, acteur des films de Marguerite, chauffeur de Marguerite, son confident ; Yann qui ne la quittera plus, sera aussi son souffre-douleur, son infirmière. Yann seul qui connaît l'histoire et qui aujourd'hui se cache, Yann Andréa Steiner.

Dans la chambre noire, elle s'est offerte à lui. Ils ont découvert un territoire où jamais aucun amant de Marguerite n'avait osé s'aventurer et qu'ils vont arpenter tous deux la nuit, le jour, dans le délire de l'alcool, dans l'extase de la passion, dans les cris du plaisir de la souffrance et de l'attente. À la vie, à la mort.

> Vous dites : de quoi parlait-on dans la chambre noire ? Aujourd'hui je ne le sais plus. Je dis de même que vous ne plus le savoir. Des événements de l'été, sans doute, de la pluie et de la faim, du temps mauvais, vous vous souvenez, qui courait de jour et de nuit à travers le vent, le froid, de la chaleur, de ces nuits chaudes coulées des jours d'août, de l'ombre fraîche des murs, de ces jeunes filles cruelles aux formes si troublantes qui prodiguaient le désir, de ces hôtels, de ces couloirs de ces hôtels, de ces chambres délaissées où se faisaient l'amour et les livres[14].

Il lui dit qu'elle est géniale, adorable, lui avoue qu'il veut écrire. Elle peut tout pour lui, pense-t-il. Elle lui répond qu'elle ne peut rien pour lui. Vos lettres sont belles, continuez à écrire. Il lui parle de Théodora, il fait vivre Aurélia ; ensemble, ils continuent l'histoire de la jeune monitrice et du jeune garçon aux yeux gris qu'elle rédige pour *Libération*. Elle sait bien qu'elle écrit mais dit ne plus savoir très bien qui écrit. Elle n'est pas allée dans les collines d'argile, n'a pas vu l'enfant de *L'été 80*, n'est jamais passée sur les planches.

Quand elle lira la version complète et définitive de *L'été 80* qui deviendra un livre, elle aura une crise de nerfs qui durera une journée. Elle ne pouvait « rejoindre celle qui avait connu cet enfant dans les collines... Dans un état de colère que la vie vécue ne puisse rejoindre ce qu'elle écrit [15]... ».

Puis, Yann s'en va au bout de quelques jours. Marguerite attend une lettre de lui, un coup de téléphone. Rien. Dans le désespoir, elle écrit l'histoire d'une mère baleine blessée dans la mer qui devient toute blanche du lait qu'elle perd et que ses petits boivent pendant qu'elle-même est en train de mourir. Yann ne revient pas. Marguerite l'attend. Dans la chambre noire, elle ne peut plus entrer seule. Déjà la souffrance, déjà les aveux extorqués, déjà la faute, déjà l'impossibilité. Et les tortures de l'amour : elle l'aime aussi pour souffrir de lui, alors même qu'elle sait qu'il n'aime que les hommes ; peut-être, aussi à cause de cela, à cause de ce soir-là où elle a pensé qu'il allait peut-être changer ; elle l'aime déjà à la folie, parce que l'idée même de cet amour lui redonne le pouvoir et le goût d'écrire.

Yann revient. Ils s'enferment dans la chambre noire de Trouville. L'année suivante, elle écrira *L'homme atlantique* : « Vous penserez que c'est moi qui vous ai choisi. Vous. Vous qui êtes à chaque instant le tout de vous-même auprès de moi, cela, quoique vous fassiez, si loin ou si près que vous soyez de mon espérance. » Yann est arrivé dans la vie de Marguerite au moment où elle se sentait à bout de souffle. Il va lui donner envie d'écrire et de filmer leur amour, leur impossibilité de s'aimer. Yann la protégera, la supportera. Yann se taira. Présence souvent silencieuse, encaissant les coups, les insultes, la méchanceté de Marguerite — mais pourquoi donc suis-je si méchante ? lui demandait-elle quelquefois l'air égaré. Yann a hésité à revenir à Trouville comme s'il savait déjà que tout ce qui pourrait advenir serait impossible. Mais il est revenu et n'est plus reparti. De temps en temps, il disparaît. À Trouville, comme à Paris. Quelquefois, des nuits entières, parfois même une semaine sans donner de nouvelles. Marguerite devient folle d'inquiétude, appelle ses amis pour qu'ils aillent le chercher dans les hôtels de gare, dans les quartiers dangereux. Elle téléphone même au commissariat de police de son quartier. Elle cherche à le capturer. Car Yann ne la quitte pas : il s'échappe. Et puis il revient. « ... Il ne veut pas que je meure, et moi je ne veux pas qu'il meure, notre attachement c'est ça, notre amour [16]... »

Dans l'alcool, ils se claquemurent dès le début de leur histoire. L'Américain, comme elle l'appelle quelquefois affectueusement, quand il est venu la première fois avait apporté une bouteille de vin. Elle l'a ouverte. Ils l'ont bue. Marguerite lui a demandé de sortir pour ramener de l'alcool. Toute la nuit, ils ont parlé, ils ont bu. « Je ne sais pas pourquoi il a bu avec moi, en même temps que moi, dira-t-elle plus tard. Je crois qu'il ne voyait pas que j'étais en train de mourir. » Marguerite ne buvait plus. Elle était très fière de raconter qu'elle avait dans ses placards du vermouth italien depuis des semaines qu'elle n'avait pas ouvert. Yann ira ensuite acheter du vin par caisses entières dans les supermarchés. À la fin de l'automne, ils partent tous deux pour Neauphle. Michèle Manceaux remarque tout de suite que Marguerite a recommencé à boire : « Dès le premier moment, je m'aperçois qu'elle garde à nouveau son verre de fine près d'elle. Ce petit verre d'ordinaire dans le prolongement de la main, aussi attaché à sa personne que son bracelet de jade, ses bagues ou sa montre [17]. » L'alcoolisme décuple sa jalousie : Marguerite devient jalouse de Yann, des amants qu'il peut avoir, de cette homosexualité qu'il vit comme une passion dévorante et dont elle n'arrive pas à le détacher, qui l'insulte et l'excite tout à la fois : « Le matin lorsque je vous entends descendre les étages toujours tard, léger, charmant, les mots de vomissure me viennent à la tête " pédé ", " pédale ", " tante ". C'est ça c'est Lui. Et vous apparaissez comme un jeune homme charmant mais dont je me demande ce qu'il fait chez moi. Reste ceci qu'il n'y a que vous que je supporte au monde dans l'abjection que pour moi vous représentez. Toujours cette envie de pleurer encore davantage qu'autrefois avant de vous connaître [18]. »

Marguerite est jalouse aussi de ce qu'elle écrit ! Jalouse de ses livres, des personnages qu'elle invente. Yann va la rassurer en acceptant de vivre aussi avec ses personnages comme s'ils étaient là, vivants à leur côté. Ce n'est pas Yann et Marguerite mais Yann, les fantômes durassiens et Marguerite qui commencent alors une étrange cohabitation. Yann va apaiser cette souffrance qu'est l'écriture, cette folie corporelle et mentale dont Marguerite est la proie. Un mois après la rencontre avec Yann, elle confesse à Jean-Pierre Ceton : « Vous savez, je ne comprends pas toujours très bien ce que je dis. Ce que je sais simplement c'est que c'est complètement vrai. On ne peut pas être sur tous les fronts en même temps [19]. »

Personne ne peut la comprendre. Même Yann qui croit qu'il peut. « Je crois que notre enfer est exemplaire. Vous ne comprenez rien à ce que je dis. Rien. Jamais une fois vous n'avez compris. Aucun pédé n'est capable de comprendre ce que dit une femme qui a un amant homosexuel. Moi-même je suis troublée. Il doit s'agir là d'une appartenance secrète, religieuse [20]... »

Marguerite a des rapports compliqués avec l'homosexualité. Elle ne supporte plus parmi les hommes que la compagnie des homosexuels ; et ses amis, à l'époque, le sont, le plus souvent. L'homosexualité à ses yeux est une force. Être capable de refuser la norme sexuelle provoque chez elle un sentiment d'admiration mêlée d'agressivité. Une femme, pense-t-elle alors, est plus proche d'un homosexuel que d'une femme et entre eux deux le sexe est toujours là à tout moment. Le désir non assumé de l'homosexuel pour la femme ne fait qu'exacerber la passion de la femme pour cet homme qui ne veut, a priori, pas d'elle. « Il la pénètre pour jouir. Il ne fait pas l'amour avec elle. Il ne fait qu'une chose : la parodie de l'amour, l'amour avec les pédés. Du moins c'est ce qu'il croit... Je crois que les pédés ne font jamais l'amour. L'amant pédé d'une femme ne peut la pénétrer que dans l'épouvante et le refus [21]. » Elle devient de plus en plus intolérante vis-à-vis de l'homosexualité vécue comme une différence, une manière de voir le monde. Elle accepte le vécu homosexuel mais, en même temps, le nie. Un homosexuel est pour elle un hétérosexuel qui s'ignore. Elle qui est tant lue, adorée par les homosexuels, déclarait à une revue gay, deux mois avant la rencontre avec Yann. « Je vois l'homosexualité comme une violence à la recherche de sa propre confrontation, donc comme une nostalgie d'une nouvelle redistribution de la violence en cours mais dont elle serait l'auteur. Je vois dans l'apparente douceur de l'homosexualité une provocation à la violence [22]. » Nombreux sont ses amis homos qui témoignent de sorties très violentes sur ce qu'elle appelle alors « les sales pédés ». Marguerite va beaucoup souffrir et de l'amour que lui porte Yann et de l'impossibilité qu'il éprouve de l'aimer physiquement. Cette souffrance deviendra si violente qu'elle lui demandera de partir et de la quitter pour toujours ; elle alimentera une haine féroce envers ces hommes qui refusent l'idée de descendance. Marguerite aime trop les hommes et l'amour physique pour reconnaître et accepter l'homosexualité de Yann ! Elle a des côtés mère fouettard, gardienne du temple de l'ordre moral. Trois mois après l'avoir rencontré, elle déclare : « Je ne vois la passion qu'hétérosexuelle, foudroyante et brève. Quand une femme est pénétrée par un homme, le cœur est touché, je parle de l'organe. Si on ne connaît pas ça, on ne peut pas parler de passion, on parle d'un jeu sexuel. Il faut retrouver la nature[23]. »

Une nuit ils ont fait l'amour. Sur son sexe, il s'est endormi. Comme un enfant. Avec Yann, ils parlent des nuits entières, sans précaution. Il part encore, disparaît dans la nuit. Revient le matin avec des fruits et du lait. Elle l'attend. Elle écrit pour l'attendre, pour lui. Elle écrit cet amour fou qui les lie. Écrire sur autre chose serait cesser d'écrire. Elle l'emprisonne dans cet amour fou. En échange de tous ses écrits qu'elle lui offre, elle lui demande de rester avec elle jusqu'à sa mort. Elle n'est pas dupe, Marguerite. À la fois midinette, petite fille, vieille femme cruelle. Y.A. est dans les griffes de M.D. En juillet 1982, elle écrira à Yann : « La passion qui nous lie dure le temps de la vie qui me reste et durant le temps de celle qui se présente à vous comme longue. Rien n'y fera. Nous n'avons rien à attendre l'un de l'autre, ni enfants ni avenir... Pédé c'est ce que vous êtes et nous nous aimons... Rien n'y fera. Vous aurez beau reprendre vos rondes aux Tuileries, vos back-rooms, vos portes cochères, vos marches en rond autour de la place Saint-Martin. Rien n'y fera. Vous m'aimerez toute votre vie. Parce que je vais mourir beaucoup plus tôt que vous dans très peu d'années et que la très grande différence entre nos âges vous rassure et pallie votre pure panique d'affronter une femme[24]. » Mais lui, ne va-t-il pas être jaloux parce qu'elle écrit et pas lui ? Yann la rassure. La seule chose au monde qui l'intéresse est de l'« aider » à écrire, le temps qui lui reste à vivre. Elle écrit. Pendant qu'elle écrit, il a le « droit » de s'en aller, d'aller voir ailleurs. Il rentre au petit matin exténué. Le matin elle le regarde dormir, écrit à côté de lui. Trouville c'est leur endroit, l'endroit de la rencontre, la chambre noire, les promenades dans le vent, le grondement incessant de la mer. Jusqu'à la fin, ils reviendront dans cet appartement comme des enfants qui ont construit dans la forêt leur hutte en y mettant des provisions. Juste avant de quitter

Trouville, Marguerite avait écrit ce mot à Yann : « On va donc aller à Paris, quitter cette lumière, le bruit d'elle, incessant, ses transparences à portée de vue dans lesquelles on se perd toi et moi, parfois sombres, maigres quand tu fermes les yeux la nuit et que je te regarde les yeux fermés de cette privation absolue de l'amour. »

Fin octobre 1980, Marguerite avait entrepris la lecture de *L'homme sans qualités* de Robert Musil dont elle sortit bouleversée. Comme pour prolonger ce livre inachevé, elle a écrit *Agatha*, le livre de l'inceste, le dialogue d'un frère et d'une sœur juste avant leur séparation définitive. Un homme affirme à sa sœur qu'il est le seul à savoir ce qu'elle est, une femme. Celle-ci ne fait pas mystère de l'amour qu'elle lui porte — l'amour pour son corps, l'amour pour sa vie. Ils sont seuls au monde mais unis par ce secret. « Je vous aime comme il n'est pas possible d'aimer », lui dit-il en la suppliant de ne pas aimer cet homme qui va l'épouser et l'emmener très loin de lui. Ils se sont donné rendez-vous pour la dernière fois. Ils sont épuisés. Il la menace de se tuer. Ils sont là, face à face, dans cette villa abandonnée où ils se sont aimés, comme des imbéciles en train de se remémorer leur passion, la splendeur de leur union, leurs corps faits pour l'amour. *Agatha*, éloge de l'interdit suprême, est une conversation après la catastrophe. Avec *Agatha*, on est dans l'amour incestueux, c'est-à-dire dans l'essentiel pour Marguerite. « Il s'agit d'un amour qui ne se terminera jamais, qui ne connaîtra aucune résolution, qui n'est pas vécu, qui est invivable, qui est maudit, et qui se tient dans la sécurisation de la malédiction[25]. » Mais cet amour ne peut pas avoir lieu. Il est donc forcément voué à la clandestinité, à la nuit définitive. On peut reconnaître dans *Agatha* la maison d'enfance en Dordogne où Marguerite séjourna petite fille et dans le portrait de la mère — « celle qui nous avait appris à nous tenir dans cette merveilleuse négligence de nous-mêmes » — et du frère — « vous étiez très beau sans jamais vouloir le paraître, jamais, et cela donnait à votre beauté la grâce insaisissable de l'enfance » — des échos de sa propre histoire familiale. Agatha, comme Marguerite, est la seconde de la famille. Elle évoque plusieurs fois sa relation incestueuse avec son petit frère[26], cette jouissance partagée entre le frère et la sœur, si forte qu'ils n'eurent que le désir de recommencer.

Sur l'inceste, Marguerite se montre violente, stigmatisant ceux qui le critiquent et interdisant à ceux qui ne le connaissent pas de pouvoir en juger. Plus elle vieillit, plus elle le considère comme un des modèles les plus achevés de l'amour. La lecture de Musil a réactivé douloureusement la blessure de cet amour pour son frère disparu. « Si je n'avais pas vécu l'histoire avec mon frère, je n'aurais pas écrit *Agatha*. C'est la conjugaison de deux faits de la lecture de Musil et de mon adolescence avec ce jeune frère qui était un petit garçon très silencieux, pas apprivoisé, très beau en même temps, un peu scolairement retardé, adorable. Sûrement si je n'avais pas vécu tout ça, cette immensité de l'amour de ce petit frère, je ne l'aurais pas écrit ce livre [27]. » L'image du petit frère mort, son amour, son trésor, sa splendeur, se superpose à celle de Yann à qui elle confiera le rôle du frère dans le film. Car *Agatha* devient aussi un film intitulé *Agatha ou les lectures illimitées* — tourné à Trouville bien sûr. Marguerite sera la voix d'Agatha. Marguerite racontera l'inceste avec le frère, Yann Andréa. « Agatha c'est moi, dit Marguerite, je pense qu'il n'y a pas d'amour sans inceste et le premier inceste c'est celui de la mère. L'inceste ne se voit pas. Il n'a pas d'apparence particulière. C'est un incendie, après lui la terre est lisse, le passage est ouvert [28]. » Pourquoi interdit-elle qu'on en parle avec horreur ? Parce que celles et ceux qui n'ont pas eu la chance, dans l'enfance, de vivre cet amour irréversible, irrémédiable qui survient au cœur de la parenté la plus innocente, la plus naturelle ne peuvent rien y comprendre [29].

« *Agatha* est mon premier film sur le bonheur, confie Marguerite, tourné dans le bonheur. » En témoigne ce document *Duras filme*, signé Jérôme Beaujour et Jean Mascolo, qui montre une Marguerite joyeuse, ironique, drôle. Les cheveux coupés court, poivre et sel, le visage bouffi à cause de l'alcool mais les lèvres fardées et le regard rieur, elle semble aux anges. Ambiance de collégiens, petite équipe solidaire, improvisations techniques permanentes. Marguerite fait du cinéma buissonnier pour occuper le temps et trouver un emploi à son nouvel amant. Marguerite est derrière la caméra et elle l'utilise comme un moyen de maîtriser et de dominer son acteur principal, Yann Andréa, qui fait — difficilement — ses débuts. Marguerite se révèle autoritaire avec lui. « Marche comme cela, regarde-moi, ne fais jamais semblant, ne regarde que moi, je suis moi, moi c'est la caméra. » Marguerite dirige Yann, vampirise Yann en le faisant entrer corps et âme dans son imaginaire.

Le tournage du film fut un entracte. Tout le monde repart. Yann reprend ses habitudes. Il est fini le temps des nuits dans la chambre noire à écouter la mer, à s'aimer, à parler. Quand il disparaît dans la nuit, elle l'attend jusqu'au petit matin. Avant de s'endormir, elle lui laisse des mots :

> Le vin était imbuvable. On l'a bu. Puis vous êtes resté silencieux comme si vous cherchiez comment me dire ce que vous aviez à me dire.
>
> — Vous ne ferez jamais l'histoire de Théodora.
>
> — J'ai dit que je n'étais jamais sûre de rien quant à ce que j'allais écrire.
>
> C'est à ce moment-là de notre histoire que j'ai été confirmée que vous étiez venu ici pour vous tuer[30].

Je t'aime, je te tue. Je t'aime, je te quitte. Vieille ritournelle durassienne. Yann revient toujours.

Début avril 1981, le film à peine terminé, ils prennent tous deux l'avion pour Montréal où Marguerite doit faire des conférences accompagnée de Yann. Elle visite le cap Tourmente qui lui rappelle les paysages de son enfance et, rieuse et sérieuse à la fois, répond aux étudiants québécois qui l'interrogent sur son œuvre, des phrases définitives : « dans *Le camion*, je tiens la place de Dieu », « je n'aime que mon cinéma », « je suis un être rare, un être libre qui parle hors de toute censure ». Géniale, se jugeant elle-même ainsi dans un détachement qui renforce son narcissisme. Yann, toujours à ses côtés, sourit. « Si j'ose dire que je suis géniale, si j'ose avoir cette impudence de qualifier quelquefois de génial ce que j'écris, ce n'est certainement pas de la vanité. C'est certainement une forme de modestie. Je dis de mes livres ce que j'en dirais s'ils n'étaient pas de moi. L'humilité sartrienne, la culpabilité de l'intellectuel me font horreur[31]. » Duras enchante et choque à la fois son public. Elle renchérit, ne parle que d'elle, toujours d'elle. Elle se vante d'être à la mode et l'entretient par des reparties provocatrices. Elle affirme qu'elle incarne aux yeux des autres la marginalité politique, le pouvoir de subversion et la capacité de tout dire. Plus on se moque de sa prétention, plus elle en rajoute. Jean-François Josselin résume l'opinion quand il écrit : « On a toujours un peu envie de se moquer de Marguerite Duras. On a raison. Cette dame se prend tellement au sérieux qu'elle devient sa caricature [32]. » Elle se prend aussi pour un génie en politique. Durant l'été 1980, elle avait donné libre cours à son interprétation de l'actualité lors des événements de Gdansk qu'elle avait vécus dans un état de trouble et de convulsions. Les Soviétiques, elle les voyait le lendemain matin à Paris : « Ils constituent, bien encadrés, une bonne base de commis fonctionnaires... Rappelez-vous l'Allemagne nazie. Pour nos gouverneurs et leur meilleur suppôt, le PCF, la fin du monde c'est la bombe atomique [33]. » Elle délirait, mélangeait tout, l'Iran, l'Afghanistan, la Tchécoslovaquie, la Pologne. Puisqu'elle le pensait, c'était intelligent : « Moi j'ai envie de tuer très souvent. J'ouvre le journal et j'ai envie de tuer. La différence entre un nazi et moi, entre un fasciste et moi, entre un tueur et moi, c'est que moi je sais que j'ai cette capacité. Hitler est partout, potentiellement, le shah d'Iran est partout aussi, Pinochet et toute cette bande, la clique des meurtriers. »

À son retour du Canada, interrogée sur ses opinions politiques avant le début de la campagne présidentielle, elle décrit Giscard comme un pantin qui la fait hurler de rire, Marchais comme un menteur professionnel. Ses modèles demeurent Pierre Mendès France et Léon Blum. Questionnée sur François Mitterrand, elle répond avant le premier tour : « J'aime chez Mitterrand son désespoir, son dégoût du pouvoir, son doute. — Vous en faites un personnage de l'échec ? — Oui il n'y a que cela qui m'intéresse. — Allez-vous voter pour lui ? — Je ne sais pas, je ne voterai probablement pas. — Même pas pour Mitterrand ? — S'il est seul oui [34]. » Entre les deux tours, elle dresse son portrait psychologique : « Il est distrait de la politique. Il en fait accidentellement. Mais c'est un homme très bon. Je lui reprochais autrefois d'avoir une culture historique mais non idéologique. Aujourd'hui, je trouve que c'est un avantage. Il y a chez lui un pessimisme essentiel qui nous est commun à tous. Et avec lui c'est la fin du mensonge. » Elle hésite cependant à voter pour lui au second tour mais elle s'oppose à l'abstention. Laisser le pouvoir à la droite serait favoriser le capitalisme virulent. Dans le danger, il faut savoir prendre parti. Ne pas voter donc, « c'est comme si, en 1940, on avait laissé les nazis s'installer en France (!) ». Marguerite n'argumente pas, elle émet des jugements, elle exagère. Elle s'en fout. Elle ne savoure pas le bonheur de mai 1981, abîmée qu'elle est dans la séparation d'avec Yann. Car Yann est parti.

Marguerite souffre de l'absence du désir de Yann. Elle a l'impression d'être niée en tant que femme tout en pensant que cette résistance à l'aimer fait aussi partie de leur histoire : « Je suis revenue vers nous, le lieu noir, l'endroit sourd où nous nous retrouvons quotidiennement depuis des mois, cet enfer originel, ce bonheur des amants bannis... » Elle a beau se dire qu'à son âge, elle devrait ne plus rien espérer, elle se sent coupable de tout, coupable d'être femme, d'être vieille, de ne pas savoir le provoquer, d'avoir envie d'être tout près de lui. Elle ferme la porte de sa chambre la nuit : « Ne craignez plus rien dans ce sens. Ma demande n'existe plus à ce niveau-là. Vous êtes quelqu'un de différent. Nous sommes différents dans la plus grande des différences celle de la sexualité [35]. » Elle constate : « Votre vie s'éloigne de moi sans épaisseur, sans possibilité aucune pour les autres de s'y frayer une voix de désir. » Alors elle commence à travailler sur cette impossibilité de vivre ensemble, d'accepter l'intolérable, de faire le deuil de sa propre sexualité, alors qu'elle espère tout de même que par son écriture, sa vivacité, son charme, la métamorphose va s'opérer. « Je dois écrire de cet amour fou qui nous lie, sous peine qu'on en meure. Écrire autre chose serait, quant à moi, échapper à écrire. Écrire maintenant pour moi c'est de vous, je vais essayer de le faire, je vais écrire de moi quant à vous [36]... »

> J'avais balayé la maison. J'avais tout nettoyé avant mes funérailles. Tout était net de vie, exempt, vidé de signes, et puis je me suis dit : je vais commencer à écrire pour me guérir du mensonge d'un amour finissant, j'avais lavé mes affaires, quatre choses, tout était propre, mon corps, mes cheveux, mes vêtements et ce qui enfermait le tout aussi, le corps et les vêtements, ces chambres, cette maison, ce parc [37].

Marguerite n'écrit *L'homme atlantique* que pour retenir Yann. Dans cette longue lettre d'amour et de désespoir, elle prend à témoin le monde de la douleur de cet amour tout en ne voulant pas le briser. L'alcool ne fait qu'augmenter la violence et exacerber son désir. C'est ça ou ne pas écrire. C'est ça ou mourir. Duras, entourée d'une petite cour de fanatiques adorateurs, pense pouvoir encore emporter dans l'amour physique un homme qui n'aime pas les femmes.

Marguerite croit pouvoir changer les êtres. Cassante, autoritaire, elle peut faire rendre grâce mais ne peut contraindre quiconque à la désirer. Alors de quelle nature est ce lien s'il n'est pas sexuel ? Après tant d'années de solitude, d'angoisse, de tentation de la folie, Marguerite ne peut plus se passer de ce jeune homme qui s'est installé, sans crier gare, dans sa vie. Et pourtant, lui veut de nouveau fuir. Alors elle lui écrit : « Restons encore ensemble. Cette chambre est à toi. Je ne peux pas supporter l'idée de notre séparation. Je crois que ce serait faux. Même si le désir n'est pas là, notre séparation serait un malheur. J'ai dormi cette nuit près de toi sans le moindre désir de toi et cela sans le décider naturellement. C'est donc possible. Sois libre. Fais complètement ce que tu veux. La seule chose que je te demande c'est de ne pas garder ici du whisky, atteindre cette folie meurtrière de l'autre nuit qui m'a épouvantée. Nous ne sommes pas sortis de l'enfer de la guerre, toi aussi bien que moi. Nous avons été tués. Je suis dans un malheur absolu, je ne sais pas où mettre mon corps, comment me supporter encore vivante [38]. » Est-ce lui qu'elle aime ou est-ce ce personnage qu'elle a créé et à qui elle écrivait avant même de le rencontrer ? Elle songe à le remplacer.

Je sais que cette dernière nuit nous sépare pour toujours... j'écrirais peut-être à un autre homme qui serait à votre place. Tout est mort, atteint et même dans le passé le désir que nous avions l'un de l'autre.

C'est fini. Vous êtes seul au monde sans moi. Vous êtes libre. Le discours navrant que vous avez tenu hier soir sur la liberté, c'est la fin de notre histoire... vous avez dit aussi je préférais la vie que j'avais avant notre histoire. Oui la pédérastie c'est là double trahison, celle du désir et celle de la personne, je ne reviendrai jamais de cette horreur. Je viens de vivre sur un territoire cerné par les deux leurres et je regrette tout depuis le premier jour, c'est-à-dire que je regrette ce qui n'a pas existé et ce dont j'ai cru que cela avait existé.

Yann partira. Yann reviendra. Marguerite est invitée par François Mitterrand au voyage officiel pour la célébration de l'anniversaire de la victoire de La Fayette à Yorktown en octobre 1781. Auparavant, elle a déclaré : « Je préfère un vide, un vrai vide, à cette espèce de ramassis, de poubelles géantes, de toute l'idéologie du XXe siècle. Je préfère une absence d'État, un manque de pouvoir à ces propositions complètement trichées, fausses, mensongères, d'une possibilité d'État démocratique, d'une voie socialiste alors que tout depuis cinquante ans contredit cette possibilité[39]. » À New York où elle a retrouvé Yann, Marguerite répétera à l'envi qu'elle a du génie. Marguerite fréquente les grands de ce monde. Marguerite est déjà à la tête d'un capital important grâce à ses droits d'auteur et aux adaptations cinématographiques de certains de ses romans et une grosse partie de cet argent a été investie dans l'achat d'appartements parisiens. Mais, toute géniale qu'elle se prend et que certains la considèrent, Marguerite est toujours la petite fille pauvre d'Indochine vivant dans son petit appartement de la rue Saint-Benoît où rien n'a changé depuis le début de la guerre. Michèle Manceaux raconte ainsi la visite qu'elle fit à l'improviste rue Saint-Benoît la veille de son départ en compagnie du nouveau président de la République. « Marguerite coud dans sa cuisine. Une ampoule au plafond, un vieil évier, aucun gadget ménager. Elle s'apprête à partir demain, avec le président de la République. Elle me montre ce gilet qu'elle pique à la machine, qu'elle portera à la réception donnée par le président des États-Unis. Elle me montre ses bagages, chaque vêtement roulé en un paquet noué d'un ruban : on faisait ça en Indochine, c'est très bien, ça ne se froisse pas[40]. »

Marguerite a été heureuse de retrouver Mitterrand sur lequel, désormais, elle ne tarira plus d'éloges. On connaît son sens des nuances : la France, avec la victoire de la gauche, vit un « événement considérable », d'une « portée planétaire », que personne ne peut véritablement expliquer, même pas les responsables de l'événement eux-mêmes. Pendant le voyage, Marguerite boit dans sa chambre d'hôtel en compagnie de Yann jusqu'à tomber. Bulle, qu'elle appelle affectueusement sa Bullette, les rejoint et assiste, impuissante, au naufrage. Au retour, ils s'installent tous deux à Neauphle.

« Son teint se plombe », dit Michèle Manceaux. Ses mains tremblent tout le temps. Elle ne peut plus marcher seule. D'ailleurs, elle sort déjà de moins en moins de chez elle. Quand elle vient à Paris et qu'elle marche dans la rue Saint-Benoît, elle s'accroche au bras de Yann qui la porte littéralement, elle sa petite poupée fardée, lui son petit lapin. Dérision. Séparés mais unis, aussi, grâce à l'alcool. C'est à cette période que Paul Otchakovsky-Laurens la rencontre pour la première fois. Il lui avait envoyé les épreuves du premier livre de Leslie Kaplan, *L'excès l'usine*. Deux jours après, elle lui a téléphoné en lui disant : « Venez avec Leslie à Neauphle, on va faire un entretien. » Elle leur a offert du très bon vin rouge. Elle buvait sans s'arrêter. Elle établissait un parallèle entre l'usine et le camp de concentration et déclarait notamment : « L'usine est institutionnelle partout, dans le monde entier, elle existe partout... » *Libération* et *Le Nouvel Observateur* demandèrent à Marguerite et à Leslie de couper. Elles ne voulurent pas. Alors le texte est publié par une revue trotskiste en Belgique puis repris dans son intégralité dans *L'Autre Journal*. Marguerite y reconnaît vivre dans un état de « subissement » et nomme débilité l'état d'écrire.

En janvier 1982 paraît, aux éditions de Minuit, *L'homme atlantique*, un de ses livres qu'à la fin de sa vie elle jugeait l'un des plus importants. « Je ne sais plus où nous sommes dans quelle fin de quel amour, dans quel recommencement de quel autre amour, dans quelle histoire nous nous sommes égarés. » *L'homme atlantique* devient aussi un film, interprété par un unique acteur, Yann Andréa. Il dure quarante-deux minutes. Il a été, en partie, fabriqué avec les chutes d'*Agatha* et comme il n'y avait pas assez d'images, Marguerite a filmé du noir. La seule voix que l'on entende est la sienne. Elle dit : « Je ne vous aime plus comme le premier jour, je ne vous aime plus. » Elle insiste : « Je suis dans un amour entre vivre et mourir. C'est un film, juste un film, un livre, un petit livre. » Marguerite a peur pour la vie de Yann. « Je crois être seulement attachée à ce que la vie ne vous quitte pas, car autrement, le déroulement de celle-ci me laisse indifférente, elle ne peut rien m'apprendre du tout, elle ne peut que me rendre la mort plus proche, plus admissible, oui, souhaitable [41]. »

Le livre émeut jusqu'aux larmes tant la douleur de la perte y affleure. Le film, vu par un nombre restreint de spectateurs, provoque l'enthousiasme d'une certaine critique qui loue la manière dont Duras viole les règles du cinéma. *L'homme atlantique* est traversé par une grande angoisse qui imprègne l'écran aveugle. C'est la première fois en effet qu'elle filme du noir, couleur qu'elle juge plus profonde que toute autre. Noir, absence de lueur, épouvante. « Les cours d'eau, les lacs, les océans ont la puissance des images noires. Comme elles, ils vont [42]. » Le noir est chez Duras dans tous ses films, terré sous l'image. Le noir du film rejoint chez elle le noir de l'écriture qu'elle appelle l'ombre interne, ce qui fait le vivant. « Je crois que j'ai recherché dans mes films ce que j'ai recherché dans mes livres. En fin de compte, il s'agit d'une diversion et seulement de ça. Je n'ai pas changé d'emploi. Les différences sont très petites, jamais[43]. »

Avant la sortie du film dans une seule salle à Paris, l'Escurial, Marguerite Duras a jugé bon d'écrire un texte pour prévenir les spectateurs : Que ceux qui pensent « que le cinéma leur est dû » n'entrent pas voir le film, qu'ils laissent tomber, qu'ils oublient, que les autres puissent « le voir » sans faute, et qu'ils ne le manquent sous aucun prétexte, car « la vie est courte, rapide comme un éclair et il va être montré seulement pendant quinze jours[44] ».

Marguerite enchaîne avec *Dialogue de Rome*, un court métrage commandé par la RAI, une méditation poétique sur fond de guerres et d'apocalypse, une conversation entre un homme et une femme tentant de se séparer correctement. À Rome, Marguerite filme des images de la ville mais tout mouvement l'épuise. Elle est seule et malheureuse. Le sujet du film lui a-t-il été inspiré par ce qu'elle vivait avec Yann ? Vraisemblablement. Duras filme dans le désespoir le mal incurable de l'amour. Elle n'a pas d'idées ni de scénario. Elle filme pour se donner encore l'impression d'exister. Le film s'en ressentira, bavard, long, obscur. Elle aurait voulu filmer Rome mais comprit elle-même au milieu du tournage que c'était impossible. La nuit, elle ne dort plus. Elle monte se coucher très tard dans sa chambre d'hôtel avec plusieurs bouteilles de vino blanco — pour « m'abrutir et oublier », dit-elle à son amie monteuse. Yann, cette fois, a vraiment disparu. Elle attend un signe de lui, une lettre, Yann ne donne aucune nouvelle. Quand elle rentre à Paris, elle monte le film dans un état d'angoisse et de profonde hébétude. Elle n'arrête plus de boire. « On boit parce qu'on est perdu », dit-elle[45]. Elle n'a plus rien à perdre. Que faire d'autre ? Mourir ? Écrire ? Elle repart pour Neauphle. Elle écrit là-haut dans sa chambre ou en bas près du piano ou dans la grande entrée près de la porte charretière où on engrangeait autrefois les moissons. Elle écrit ce qui deviendra *Savannah Bay*. « On est quelqu'un dans l'écriture. On est moins quelqu'un dans la vie vécue. » Marguerite pense qu'elle n'est plus personne.

Yann revient. Il trouve Marguerite dans un piteux état, s'affole et demande à Michèle Manceaux si elle connaît un médecin. Marguerite ne veut voir personne, préfère crever tranquille. Michèle outrepasse, elle aussi, l'interdit — c'est une question de vie ou de mort — et contacte son ami Jean-Daniel Rainhorn, qui deviendra l'ami de Marguerite, un génie dira-t-elle de lui, « mon juif de Moldavie ». La première rencontre a lieu au café des Sports à Neauphle. Ils parlent de tout sauf de sa santé. Elle lui parle d'Israël, « un pays formidable où il n'y a que des juifs ». Elle n'arrête pas de boire. Il ne lui pose aucune question, ne lui demande pas de l'examiner. Avant de s'en aller il lui dit qu'il faut qu'elle décide elle-même si elle veut entreprendre une cure de désintoxication. Il reviendra la voir plusieurs fois. Marguerite continue à boire. Il ne brusque rien. « Tantôt elle veut mourir, tantôt elle se renseigne sur l'hôpital où elle irait. » Elle commence à boire moins, car elle veut terminer *Savannah Bay*.

Savannah Bay est l'histoire, magnifique, de la conquête d'une grand-mère par sa petite-fille. La grand-mère qui sera interprétée au théâtre en 1983, de manière inoubliable, par Madeleine Renaud dont ce sera la dernière apparition sur scène, est une femme arrêtée dans son existence, perdue, qui n'attend plus rien ni de la vie ni du monde. Ancienne comédienne de théâtre aux tournées triomphales, cette vieille femme présente-absente, fantôme parmi les vivants, reçoit un jour la visite d'une jeune femme. Celle-ci vient lui demander de raconter l'histoire de sa mère, qui s'est suicidée par amour en se noyant le soir de sa naissance. La vieille femme qui s'est enfermée le jour de la mort de son enfant n'a jamais vu sa petite-fille. Elle vit tout près de l'endroit où sa fille s'est tuée. Pour elle, celle-ci n'est que la fille de l'enfant morte. Mais, progressivement, la petite-fille réussit à sauver sa grand-mère de l'ensommeillement morbide et à la sortir de son égarement et de sa folie.

Marguerite dira avoir écrit *Savannah Bay* pour Madeleine. Depuis *Des journées entières dans les arbres*, Madeleine ne joue plus le rôle de sa mère, elle l'est devenue. Dans *L'amante anglaise*, elle a continué, folle, violente, fantasque. Dans *L'Eden Cinéma*, la mère était toujours là, muette, présence sauvage et pathétique. Madeleine en a eu assez de jouer le rôle de la mère de Marguerite. Elle lui a demandé, à plusieurs reprises, d'écrire pour elle un rôle sur mesure, dans le registre comique pour changer. En guise de comédie, Marguerite lui offre une tragédie :

Tu ne sais plus qui tu es, qui tu as été, tu sais que tu as joué, tu ne sais plus ce que tu as joué, ce que tu joues, tu joues, tu sais que tu dois jouer, tu ne sais plus quoi, tu joues. Ni quels sont les rôles, ni quels sont tes enfants vivants ou morts. Ni quels sont les lieux, les scènes, les capitales, les continents où tu as crié la passion des amants. Sauf que la salle a payé et qu'on lui doit le spectacle.

Tu es la comédienne de théâtre, la splendeur de l'âge du monde, son accomplissement, l'immensité de sa dernière délivrance.

Tu as tout oublié, sauf Savannah, Savannah Bay.

Savannah Bay c'est toi [46].

Elle attend la mort, la douce folle de Savannah. Elle n'est pas triste, non, elle pense qu'on va allumer les lumières, elle respire l'odeur de ses vieilles robes, sait encore écouter une chanson d'amour, se souvient de bonheurs anciens. Il y a des réminiscences d'*India Song* dans *Savannah Bay*, une mélancolie sourde, le suicide évoqué comme un acte de courage, le tombeau d'Anne-Marie Stretter, pierre blanche sans cesse recouverte par les flots. Anne-Marie Stretter est morte dans le delta du Gange pendant la mousson. La jeune femme absente de *Savannah Bay* est morte dans la mer. Elles avaient toutes deux dix-huit ans.

Marguerite a du mal à écrire tant sa main tremble. C'est Yann qui écrit ou qui tape sous sa dictée. Elle achève le manuscrit dans un état d'intense excitation. Yann le porte aux éditions de Minuit. Le lendemain Jérôme Lindon lui téléphone pour lui dire son admiration. Pendant quelques jours, elle va mieux. Puis repart : cinq litres au moins de vin par jour. Les jambes enflées, elle ne peut plus se déplacer ! Elle ne sort même plus dans le jardin, elle ne se lave plus les cheveux, ne change pas de vêtements. Elle devient une clocharde, en rigole et s'en vante auprès de Michèle Manceaux, la seule personne qui, avec le médecin Jean-Daniel, ait encore le droit de franchir le seuil de sa porte. Ses amis la croient perdue. Ils assistent, impuissants, au désastre. Plus tard, elle évoquera cette période de sa vie avec nostalgie et tendresse. Ça lui plaisait de se dégoûter. Elle se trouvait plutôt courageuse [47]. Elle part cependant pour Trouville. Elle commence de nouveau à écrire ce qui deviendra *La maladie de la mort* dans un climat de jubilation. Le texte alors s'appelle « Une odeur d'héliotrope et de cédrat ». Elle l'écrit dans un bain d'alcool, six à huit litres par jour. Elle a des états bizarres, elle voit tout se déformer sauf sa tête. « J'étais jamais soûle, j'étais partie. » Elle hiberne en plein été dans une somnolence quasi permanente qu'elle nommera, plus tard, engourdissement. La mer lui fait du bien. De temps en temps, elle sort pour la voir. C'est de plus en plus rare. Elle titube, ne peut plus faire un pas devant l'autre. Cela devient effrayant. Yann prend peur. Il veut la ramener à Paris, la faire soigner. Elle refuse, accrochée à son texte. Quand celui-ci atteint dix pages, Marguerite consent à quitter les Roches noires. Elle ne peut plus conduire. C'est fini pour elle, cette sensation de maîtrise et cette griserie de la vitesse. Yann prend le volant, sans permis de conduire. Direction : Neauphle.

Nous sommes le 5 septembre 1982. Marguerite alors vomit le matin ses deux premiers verres de vin. Le troisième, elle le retient. Seul l'alcool apaise ses tremblements. Elle ne s'alimente plus, avale très rarement de la soupe aux légumes. Elle ne sort plus, excepté tous les trois jours, au supermarché du coin pour acheter des caisses de vin, du mauvais bordeaux. « Nous buvons sans même nous en apercevoir, on ne compte plus le nombre de bouteilles[48]. » Tous les matins Yann s'éveille en pensant qu'elle a pu mourir dans la nuit.

Elle n'a plus grand-chose à perdre, Marguerite. Elle sait qu'elle est dans une dépression énorme car jamais elle ne perd sa conscience, son intelligence. Elle est vieille, malade, sans force. « Je suis à un âge où l'on peut mourir, pourquoi vouloir prolonger la vie ? » a-t-elle dit à Yann. Mais il y a toujours ces moments d'intense bonheur où elle a envie. Elle appelle Yann. Pas besoin d'expliquer. Il a compris. Il se met devant sa machine à écrire. Elle n'a plus que ce filet de voix ; un murmure dans la nuit. Généralement après des heures de silence. Yann est toujours prêt. Il tape vite. Elle ne se souvient de rien. Même pas de l'adjectif dans la phrase qu'elle vient de terminer. Yann consigne. Cela devient de l'écrit. Le texte grandit, constate Yann. Comme une plante sauvage. Yann a envie de pleurer quand Marguerite dicte. Quand le texte fait vingt pages, elle dit qu'il s'appellera « La maladie de la mort ». Elle accepte enfin l'idée de se faire soigner. Pour la clinique c'est oui. Yann l'embrasse, lui offre encore à boire, appelle Jean-Daniel qui arrive le lendemain matin à Neauphle. Il est effrayé par son état et craint le gâtisme, l'embolie, l'éclatement du foie. Marguerite voit la peur du médecin. Après avoir accepté l'hypothèse des soins, elle refuse. Après tout elle préfère mourir tranquille chez elle. Puis, par une volte-face, comme cela lui arrive souvent, une intuition, un espoir, elle dit : je choisis l'hôpital. On s'en va. Elle ferme minutieusement sa maison. Elle sait qu'elle n'a plus la force d'écrire et espère que l'hôpital lui permettra de reprendre ce texte qu'elle aime déjà d'une passion violente. Jean-Daniel la met dans un taxi. Elle pleure. Elle est ivre. Yann l'accompagne.

Michèle fait promettre à Jean-Daniel de la faire sortir tout de suite de l'hôpital, si on découvre aux examens qu'il est trop tard. Marguerite pense qu'il est trop tard mais elle se tient à sa décision. Nous sommes le 18 octobre. Le taxi dépose Marguerite et Yann rue Saint-Benoît. L'entrée à l'hôpital est prévue pour le 21. Marguerite continue à boire, reçoit le lendemain une journaliste argentine pendant deux heures, parle de littérature et de Dieu. La journaliste ne s'aperçoit de rien. Le lendemain, 21, Jean-Daniel vient la chercher avec Yann en taxi. Direction : l'Hôpital américain. Dans la soirée elle demande à boire en hurlant, menace, dit qu'elle est prête à tout, tente de s'enfuir. L'infirmière souriante répond : « Le vin ne vous est pas encore interdit, les comprimés non plus. » « J'étais si loin, c'était effrayant. C'était terrible car je ne voulais pas guérir du tout[49]. » Les amis à Paris s'inquiètent. Au téléphone, Yann reste évasif. « D'une certaine façon, écrira Jean-Pierre Ceton, l'ivresse régulière ne lui avait pas suffi. Elle s'était évadée pour échapper momentanément à elle-même[50]. » Tout le monde s'inquiète d'elle. Reviendra-t-elle ?

Très vite Marguerite refuse la cure dite gigue d'escalope et dinde froide *(sic)*. Elle préfère mourir. Elle invente les stratagèmes les plus variés : le prix de la chambre est trop cher, la nourriture est mauvaise, les infirmières sont incompétentes. La cure sera violente. Pas moyen de faire autrement, confirment les médecins qui eux-mêmes ne savent pas si elle en sortira vivante. Le troisième stade de la cirrhose est atteint. Marguerite serait morte si elle n'avait pas entrepris la cure. C'était devenu une question de mois. Yann dira dans *M.D.* que si Marguerite avait finalement « accepté », c'est parce qu'elle avait animalement senti qu'elle était en danger de mort. Marguerite croyait en effet plus à ses intuitions, à ses réactions biologiques qu'aux médecins qu'elle ne consulta quasiment jamais tout au long de sa vie et dont elle se méfiait depuis la mort de son premier fils pendant la guerre. Dès le troisième jour, elle a des visions qu'elle exprime à Yann : elle « voit » des veaux à la place des voitures quand elle regarde par la fenêtre, des poissons dans les bouteilles d'eau, des infirmières en smoking.

Elle dit entre deux somnolences qu'elle est au plus loin de son état normal mais qu'elle n'a plus la force de résister aux médicaments. Elle délire de plus en plus. À Yann un matin elle crie : « Je le sais, cette nuit vous êtes allé à Boston avec une infirmière portugaise. Ce n'est pas la peine de mentir. Dites la vérité puisque je le sais. » Les médecins prescrivent une encéphalographie : atrophie du cerveau due à l'état de santé ou mise en scène fabuleuse ? L'examen conclut à l'absence d'anomalie... Marguerite boit du lait, s'endort en chien de fusil dans la baignoire, rêve. Par moments, elle a des éclairs de lucidité : « J'ai un ramollissement du cerveau c'est fini. » Elle retombe en enfance, se revoit en Indochine dans l'école de sa mère, pleure comme une enfant qu'on réprimande. Les médecins arrêtent tout, les médicaments, la cure, les anxiolytiques. Quitte ou double. Pendant vingt-quatre heures Marguerite est entre la vie et la mort. « Ce n'est pas drôle de devoir mourir », dit-elle à Yann au milieu de cette attente. Elle sait ce qui lui arrive dans son corps mais dans sa tête ça continue à vagabonder. La femme d'un capitaine et un Chinois lui rendent beaucoup de visites. La première deviendra l'héroïne de son roman *Emily L.*, le second sera immortalisé sous les traits de *L'amant*. Marguerite s'abandonne à ses visions : des tortues noires, des centaines d'oiseaux au bout des branches. Elle en souffre mais accepte son sort. Elle se tourne vers Yann et lui demande en pleurant : « Pourquoi moi ? » Marguerite se vit comme le jouet du destin, l'instrument d'une force supérieure qu'elle ne nomme pas et qui, pour elle, est peut-être Dieu ou peut-être pas, peu lui importe. À la fin de la cure, elle dira à Yann : « Dieu n'est jamais représentable, en aucun cas sauf la boîte noire et vide. » Elle n'a pas peur de la mort. Quelquefois, elle a peur que Dieu n'existe pas et, très vieille, elle préférera faire comme s'il existait. À la fin de sa vie, elle ne lisait plus que l'Ecclésiaste. « Tous mes livres parlent de Dieu, disait-elle en rigolant, et personne ne s'en aperçoit [51]. » Madeleine Alleins, son amie depuis cinquante ans, sa fine exégète, pense aussi que toute son œuvre est traversée par l'appel mystique, par le désir incessant d'approcher Dieu et par la volonté constante d'un accomplissement spirituel.

Marguerite sort de sa cure au bout de trois semaines, exténuée. Seule l'écriture garde encore un sens pour elle. Avant de quitter l'Hôpital américain, elle offre à une dame son livre *Outside*, un recueil d'articles, en lui disant : « Vous verrez, c'est bien. » Et la première chose qu'elle demande à Yann en rentrant rue Saint-Benoît, c'est le texte de *La maladie de la mort*. Le lendemain, elle prend rendez-vous chez sa coiffeuse qui ne la reconnaît pas. Alors elle lui raconte d'où elle sort. Les femmes dans le salon se sont arrêtées de parler. La coiffeuse lui demande de parler moins fort. Elle demande pourquoi : elle n'a rien à cacher. Michelle Porte vient lui rendre visite : physiquement elle semble aller bien, extraordinairement présente, vive, et cependant ne parle que de ses délires qui augmentent. Elle voit des choses, vraiment : des monstres, des animaux fabuleux — on avait l'impression d'entendre des remontées de son imaginaire le plus profond qui s'exprimaient. Elle ne raconte pas, non, elle conte : chaque vision est l'occasion d'une ornementation, d'un abandon à certains mots, qu'elle trouve beaux. Michelle Porte se souvient d'un après-midi passé à écouter l'histoire d'un poisson bleu échoué sur le tapis. « C'était magnifique [52]. » Les médecins ne comprennent pas bien l'origine des visions, confirment que le cerveau n'est pas atteint, parlent prudemment d'hyperémotivité ou d'un affolement de l'imaginaire. Une nuit, Yann trouve Marguerite en chemise de nuit et bottes noires à hauts talons, munie d'un parapluie, essayant de tuer toutes les bêtes de sa chambre : des chats, des lions et des hippopotames. Alors que faire ? Faut-il entrer dans son jeu ou lui dire la vérité ? Ses amis sont fascinés par la beauté de ses récits mais horrifiés par son état. Dans cette si belle lettre intitulée *M.D.*, sténographie amoureuse de cette douloureuse période, Yann écrira : « ... Moi je n'essaie pas de savoir si vous le croyez ou non, si vous jouez ou non, je sais que la terreur se mêle au plaisir de raconter, je sais que l'effroi se confond avec la fabulation, que tout se brouille logiquement dans votre tête, que vous êtes seule à savoir [53]. » Quand Marguerite lui demande de tuer les horribles bêtes, il prend un parapluie et tape. Marguerite est rassurée. Michelle Porte préfère lui répondre simplement que, elle, elle ne voit rien. Marguerite n'insiste pas. Dionys lui dit qu'elle délire, que toutes ces choses n'existent pas. Marguerite hoche la tête.

Petit à petit, ces visions cauchemardesques s'espacent : le chien mort derrière le radiateur quitte l'appartement, l'homme poudré qui l'attendait dans le salon s'éclipse sans crier gare. Marguerite fait de timides sorties. Yann l'emmène visiter la maison de Balzac, elle se promène le long des quais de la Seine. Elle entre en convalescence et retrouve ses esprits et assez de force pour corriger les épreuves de *La maladie de la mort*. Elle envisage même tout de suite une mise en scène. Elle note dans un carnet comment elle la visualise : « On entendrait la mer sans la voir. La fille qui se vend pour faire l'amour serait allongée dans une flaque de draps. La comédienne qui interpréterait le rôle devrait être belle et personnelle [54]. » Marguerite fait des projets, ne prend plus de médicaments, n'a plus besoin de Yann pour se déplacer dans l'appartement.

La maladie de la mort sort en librairie. C'est une suite de *L'homme assis dans le couloir*, un texte initialement écrit au début des années 60, puis retravaillé et publié deux ans auparavant. Marguerite l'a beaucoup corrigé, surtout la ponctuation. Elle a hésité à le publier. Tout d'un coup il lui a paru trop secret, trop intime pour pouvoir être livré à tous. Elle y renoue avec ses amours d'adolescence et le seul genre qui l'éblouisse vraiment : la poésie. *La maladie de la mort* est un poème incantatoire sur l'absence de désir mais aussi l'odyssée d'un grand amour entre un homme et une femme. Ils sont à l'aube de l'humanité dans une chambre, enfermés. Il l'a payée pour venir. Pour faire quoi ? Pour essayer — pour essayer quoi ? Vous dites d'aimer. Le corps de la femme, oiseau mort échoué entre des draps, est manipulé par un homme qui ne sait par où pénétrer. Les draps peuvent aussi figurer le linceul. La non-connaissance de la jouissance est un arrêt de mort. On dit d'un homme qu'après l'amour il éprouve la « petite mort ». L'homme de *La maladie de la mort* est porteur de la grande. La femme, elle, peut jouir. Des lèvres de son sexe sort un liquide gluant et chaud.

Parce que l'homme n'aime pas les femmes et qu'il est porteur d'une maladie qu'il ignore, certains ont vu dans ce livre la préfiguration du sida. Peut-être... Marguerite est assez sorcière pour capter consciemment ou pas, par le biais de l'écriture, des événements qui se fomentent mais qui n'accèdent pas à l'existence faute d'être nommés. *La maladie de la mort* est aussi une longue adresse à l'homme qu'elle aime et qui a choisi de vivre avec elle. « Un soir vous dormez dans le haut de mes cuisses écartées. Contre mon sexe vous êtes déjà dans l'humidité de mon corps. Là où elle s'ouvre. Elle vous laisse faire. » Le sexe de l'héroïne, le sexe de Marguerite[55]. C'est un faire-part de décès de la sexualité d'une vieille dame qui crie son appétit, un acte de vengeance contre l'existence de ceux qui nient le désir entre un homme et une femme. *La maladie de la mort* est un procès de l'homosexualité et non la mise en scène de la pulsion de mort comme l'a cru Peter Handke en adaptant ce texte pour le cinéma. « Le jour est venu, dit-elle, tout va commencer sauf vous, vous, vous ne commencez jamais. » Quand le livre sort, Yann le lui lit à voix haute. « C'est un très beau texte », commente-t-elle à la fin, ajoutant que c'est un livre pour lui, un acte privé, un geste à lui adressé. *La maladie de la mort* a une soixantaine de pages, écrit gros. On n'y raconte rien de racontable. Lorsque le livre commença à être commercialisé, empilé dans les librairies, visible, un objet matériel qu'on pouvait emporter et s'approprier, alors elle dit, en guise d'exorcisme, à Didier Éribon : « *La maladie de la mort* correspondrait à ce qui resterait en vous une fois que vous auriez lu un livre de ce titre-là — qui n'existe pas — un livre très ancien qui raconterait longuement l'histoire. La trace que ce livre déposerait en vous, seul et à jamais ce livre-là[56]. » « Où voulez-vous en venir avec ce texte ? » lui demande Jacques-Pierre Amette. Elle répond : « Je vais vers l'inconnaissable. »

« Le progrès se précise, elle parle de plus en plus comme Duras », écrit Michèle Manceaux[57], qui passe le réveillon de Noël avec elle, Yann et les deux médecins qui l'ont sauvée. Seule Marguerite n'a pas acheté de cadeaux mais tout le monde lui en offre. Devant Yann gêné, Marguerite attaque violemment Jean-Daniel, le juif moldave, l'ami, celui qui l'a accompagnée tout au long de la cure et qui a su la sauver. « C'est une chance pour les médecins de soigner les écrivains. » Puis elle réattaque : « Tu as eu beaucoup de chance. Avec moi la médecine fait des progrès considérables. » Marguerite va mieux, donc redécouvre sa méchanceté. « Pourquoi suis-je autant méchante ? m'a-t-elle plusieurs fois demandé. Méchante... je suis si méchante. » Marguerite ne boit plus et à la place du verre de vin au réveil, avant de se mettre à sa table de travail, prend un aspro effervescent.

Un film, tourné par Michelle Porte, la montre pendant les répétitions de *Savannah Bay*, entre le 22 août et le 22 septembre : visage dégonflé, traits reposés, de grosses lunettes laissent entrevoir des yeux vifs et rieurs. Marguerite est métamorphosée. Revenue de l'enfer. Pendant toute la cure, elle a eu l'impression d'avoir une mine à l'intérieur de son corps qui n'aurait jamais explosé. Elle fait preuve, au cours des répétitions, d'une énergie considérable et d'une attention de tous les instants. Elle reprend le texte inlassablement avec les comédiens, écoutant la musique des mots, remaniant certains passages lorsqu'ils ne sont pas clairs. Elle s'occupe de tout : des lumières, des déplacements, des costumes, des gestes de Madeleine, des moues de Bulle. Elle est drôle, gaie. Elle fait rire. Elle revit. Elle rajeunit dans ce théâtre encore sans spectateurs et chantonne sur des musiques de Piaf. Elle danse sur la scène déserte en murmurant : « C'est fou ce que je peux t'aimer, mon amour, mon amour. » Yann est assis à ses côtés, attentif, timide, protecteur, répétiteur des actrices, connaissant par cœur les répliques. Elle redécouvre l'espace du théâtre, ce minuscule périmètre où peuvent s'affronter les passions les plus violentes, et réapprend la patience infinie qu'il faut déployer pendant les répétitions. Cette vieille femme amnésique, sans état civil, sans identité sociale, égarée dans les réminiscences d'une gloire ancienne, c'est Madeleine Renaud, quatre-vingt-trois ans, admirable de douceur animale et d'autorité contenue, perdue dans ses souvenirs, « c'est fou ce que je peux t'aimer, mon amour, mon amour ». La chanson de Piaf, pour Marguerite — qui connaissait par cœur tout son répertoire —, s'entendait comme une vocalise contre la mort. Madeleine c'est encore une fois sa mère, ce monstre de théâtre qu'elle n'hésite pas, comme le film le montre, à rudoyer sévèrement et à diriger autoritairement mais c'est aussi une actrice qui dépasse le jeu même de l'actrice et qui offre sa vieillesse souveraine, la force de sa présence, son innocence devant la mort qui s'approche.

Savannah Bay est une tragédie. Pour Marguerite Duras, il n'est plus de théâtre que tragique. Le théâtre doit être l'épure de la passion, et rendre l'invivable. Son modèle absolu reste *Bérénice*. Le décor de Roberto Platé renforce l'impression d'éternité, d'immuable. « Je crois à la dimension sacrificielle du rite théâtral, déclare-t-elle, à un espace qui relève de l'archaïque et où tout comédien risque sa propre mort, pour qui les personnages qu'il crée restent énigmatiques[58]. » Au théâtre, tout peut se donner à voir. À ses comédiennes épuisées, quelques minutes avant la première, elle dit simplement : « Vous devez architecturer l'invisible[59]. » En sortant de la pièce, les spectateurs ne sauront pas si *Savannah Bay* est une légende ou une histoire véritable. Madeleine pèle les mots, pour reprendre l'expression de Marguerite, elle découvre leur chair, elle leur enlève quelque chose, non pas leur sens mais leur signification. Madeleine Renaud est la passeuse de Marguerite Duras : elle a si bien assimilé corporellement le texte qu'on en vient à oublier que quelqu'un d'autre a écrit ce texte pour elle.

Le soir de la première, les spectateurs pleuraient. Michel Cournot, dans *Le Monde*, décrit l'émotion qui transporta la salle, dès les premières représentations, quand elle écouta Madeleine au bord du souffle : « C'est pour ce mystère du théâtre, cette magie de l'actrice, cette voix d'intimité, de vérité, cette voix de vie, cette eau fraîche, et cette figure d'éternité que le public en foule se presse le soir au Rond-Point pour sentir se poser sur soi la main, le regard, la touche de génie de Madeleine Renaud, plus que pour entendre la pièce de Marguerite Duras, sans mesurer à quel point Marguerite Duras, justement, n'a pas écrit sa pièce pour autre chose[60]. » Ne plus être un auteur, oser l'anonymat, telle est l'ambition nouvelle affichée par Marguerite ; et ce n'est pas l'expression d'une modestie mais au contraire de la sacralisation par elle-même de son écriture. Duras n'a cessé de construire Duras. Maintenant Duras ne vit plus qu'en Durassie et fait du sur-Duras : on n'est plus personne dans la vie vécue, on est quelqu'un seulement dans les livres. Ce qu'il y a dans les livres est plus vrai que l'auteur qui les écrit. En même temps, elle s'agace du succès de Madeleine — quand même c'est elle qui a écrit ce texte —, se plaint de l'absence d'intérêt des journalistes envers son œuvre, aimerait bien de nouveau tenir une rubrique à *Libération*, mais July ne la rappelle jamais. Incomprise, Marguerite Duras ?

C'est justement dans les colonnes de *Libération*, sous la forme ahurissante d'un entretien avec Yann Andréa, qu'elle confie : « Je crois que c'est juste que la critique officielle ne parle pas de mes livres. Il arrive un moment dans la vie d'un auteur où la critique abandonne son rôle, je veux dire qu'elle ne nous accompagne plus, qu'elle ne saurait pas comment dire si elle avait à dire, qu'elle est inutile. » Marguerite agace, irrite ; elle croit que tout ce qu'elle dit est intéressant : sur le Liban, sur Israël, sur la droite, sur la gauche. Marguerite ne parle qu'à elle-même. Les autres existent-ils encore ? Marguerite a des amis, peu, des jeunes gens surtout, avec qui elle se lie d'une affection forte, comme Jean-Pierre Ceton, dont elle a préfacé le livre *Rauque la ville*, qu'elle a fait publier aux éditions de Minuit, et avec qui elle envisage d'écrire un nouveau texte érotique. Avec lui, elle va au restaurant, se promène dans Paris la nuit. Tous les amis de Marguerite racontent, émerveillés, les promenades en « bagnole » avec Marguerite qui commentait de façon hilarante tout ce qu'elle voyait. Marguerite parle, elle ne peut s'arrêter. Mais à qui parle-t-elle ?

Elle inventait la vie, disent aujourd'hui ses amis, créait de la vie, donnait de la vie. Plus elle sent la mort s'éloigner physiquement, plus elle s'affranchit des convenances, des tabous. Elle fait de Yann sa poupée, son amour, sa petite chèvre, son souffre-douleur aussi. Combien d'insultes devant nous proférées, combien de mots cruels, avec la volonté d'abaisser, et lui qui rit nerveusement, qui encaisse, qui part quelquefois, toujours calmement, dans sa chambre, ferme la porte, écoute du Schubert. Marguerite nourrit Yann, habille Yann, parle à la place de Yann, choisit tout pour Yann : son menu au restaurant, sa chemise chez Saint Laurent — après avoir pris soin d'appeler Pierre Bergé pour obtenir une réduction. Marguerite pense aussi à la place de Yann. Alors de temps en temps, il disparaît. Combien d'entre nous, les compagnons d'alors, n'ont-ils pas reçu des coups de téléphone affolés de Marguerite voulant aller au commissariat demander aux policiers d'aller chercher Yann dans les rues ou de faire ouvrir en pleine nuit les chambres des hôtels de passe ? Et puis il revient mais Marguerite ne sait même plus trouver les mots pour lui dire de rester. Quelquefois il est là mais il se tait. Alors Marguerite préférerait le voir parti. Un jour, ayant pris conscience de son état de dédoublement mental et d'asservissement psychologique et moral, il propose de parler dans un magnétophone à Michèle Manceaux pour se délivrer. Marguerite approuve cette parodie de psychanalyse sauvage qu'il abandonne au bout de quelques jours. Et puis le charme de nouveau opère. Marguerite a totalement arraché du réel Yann et l'a incorporé dans sa fabrique d'imaginaire. Dans cette dialectique maître-esclave, elle aimerait mieux, en tout cas elle le dit, mais on n'est pas obligé de la croire, être l'esclave ; mais lui la trouve plus jeune, oui plus jeune, plus forte, plus énergique que lui pour mener le jeu. « Je ne peux plus me passer d'elle. C'est une drogue, je suis son objet principal, l'objet de tous ses soins. Personne ne m'a aimé comme ça. Elle ne me tua pas parce qu'elle en écrit, de cette passion-là, je ne suis plus moi Yann, mais elle me fait exister à la puissance cent[61]. »

Yann ne vit plus avec Marguerite mais dans l'univers de Duras. Et Duras où est-elle ? « Je suis plus écrivain que quelqu'un en vie », dit-elle alors[62]. Elle a fait le deuil d'une part d'elle-même. Elle a enfin, depuis la cure, définitivement compris que sa mère et son petit frère étaient morts, qu'elle est seule au monde avec son fils, que la mort physique ne lui fait plus peur. « Quand je mourrai, dit-elle à Yann le 5 janvier 1983, je ne mourrai à presque rien puisque l'essentiel de ce qui me définit sera parti de moi. Restera seulement à mourir que le corps. » Avant de mourir physiquement, il lui reste à se tuer vraiment en écrivant quelques livres, car, proclame-t-elle, « chaque livre est un meurtre de l'auteur par l'auteur[63] ».

Elle devient plus joyeuse, donnant l'impression de mieux supporter la vie. Elle qui vous offrait avec ostentation des chocolats avec un tout petit peu d'alcool dedans en vous suppliant de les manger pour qu'elle ne « retombe pas » dans l'alcoolisme, boit, oh ! le soir seulement, oh ! un tout petit peu, oh ! une petite coupe, d'abord du champagne — mais est-ce vraiment de l'alcool le champagne ? demande-t-elle sérieusement —, puis quelques verres d'excellent vin blanc, puis des verres de rosé sans compter. Bref, elle a repris langue avec l'alcool mais calmement. Elle ne tète pas, comme disent ses ennemis en employant ce vilain mot, non elle boit.

Elle boit pour écrire. Elle appelle cela l'état dangereux. Elle ne peut se passer ni d'écrire ni de l'idée de boire parce qu'écrire la met dans un état de danger extrême. « Si je ne peux pas assumer ça sans être en danger de boire ce n'est pas la peine d'écrire, c'est ce que je me dis quelquefois, comme si je pouvais m'y tenir. On peut recommencer malgré la cure. Ce soir. Pour rien. Aucune autre raison que l'alcoolisme[64]. » Depuis la cure, elle a réappris à écrire physiquement, à former les lettres, à composer les mots, à laisser des blancs. L'apprentissage a duré quelques jours puis elle a récupéré complètement les gestes. Mais cet épisode lui a laissé quelques traces : cette écriture de petite fille « éclatée, hachée », qui ressemble aussi à celle des criminels, lui donne le désir d'aller plus loin dans la recherche de la simplicité. Désormais, elle veut respirer les mots. C'est ce qu'elle nommera l'écriture courante, ce presque rien, ce flux qui sort de vous, ces mots légers qui s'évaporent et qu'il faut se dépêcher de fixer car, comme le galop de la mer, ça court, ça court l'écriture. Ça la déborde, l'aveugle, la rend confuse. Elle voudrait donc retenir quelques fragments de ce fleuve puis à partir d'eux, à la manière d'un enfant qui patiemment construit un puzzle, les assembler pour composer.

« *L'amant* ? Mais ce n'est pas un roman. Ce sont des chroniques », disait-elle.

« *L'amant* ? Mais c'est une commande », se défendait-elle.

« *L'amant* ? Mais ce sont seulement des commentaires de photographies », expliquait-elle.

Marguerite déteste qu'on dise d'elle qu'elle écrit des livres où on raconte des histoires. *L'amant*, le livre qui la fera connaître dans le monde entier, sera lu comme l'histoire de sa vie. Malentendu définitif que ce succès qu'elle vivra certes comme une reconnaissance mais pas comme une consécration véritable. Car écrire c'est même le contraire de raconter des histoires. Or les lecteurs de *L'amant* ont cru à l'histoire. Ils ont pris *L'amant* pour argent comptant. Emportée par le succès et sachant parfaitement que l'argument « histoire vraie » était la raison principale du succès, Marguerite a laissé faire. D'abord, à la sortie du livre, elle s'est timidement défendue, se battant sur le terrain de la construction du roman, de l'enchevêtrement des récits, a répété que *L'amant* était une fiction et non un récit autobiographique, puis elle a abandonné et elle a accepté de se souvenir d'elle, jeune fille de quatorze ans qui, un jour sur un bac en Indochine, dans une grande automobile noire...

Au début donc, il y a la redécouverte dans des armoires à Neauphle de manuscrits qu'elle croyait perdus à tout jamais, comme le cahier d'écolier où elle avait consigné l'histoire avec Léo, juste après la guerre. Marguerite feuillette ces pages puis les oublie tout en gardant dans un coin de la mémoire la précision de la description. Puis Outa lui propose d'écrire les légendes d'un livre de photographies de son album familial. Cette année 1983, Marguerite a envie de travailler avec son fils. Ils imaginent tous deux le livre qu'ils pourraient fabriquer. Marguerite accepte donc la commande de deux jeunes éditeurs qu'Outa lui présente. Elle se met au travail et, pour cela, fouille de nouveau dans ses armoires, tombe sur un texte ancien et sur de vieilles photographies de famille, des photos d'elle petite, adolescente. « La photo sans laquelle on ne pouvait pas vivre existait déjà dans ma jeunesse », écrira-t-elle dans *La vie matérielle*. Ni elle ni son fils n'imaginent alors que le passé va la reprendre et que l'écriture va courir à la recherche d'un temps perdu qu'elle recomposera en le rendant moins douloureux. Elle écrit donc, malgré elle, elle note ce qui la submerge. « C'était là avant moi, avant tout, ça resterait là où c'était après que moi j'ai cru que c'était autrement, que c'était à moi, que c'était là pour moi [65]. » Un noyau de texte commence à exister, il s'appelle encore « La photographie absolue ». « Pourquoi la photographie absolue de ma vie n'a pas été photographiée, écrit-elle alors en guise de commentaire à ce futur album. Cette photographie absolue c'est peut-être celle qui ne se prend pas, qui ne consacre rien de visible. Elle n'existe pas mais elle aurait pu exister. Elle a été omise, elle a été oubliée d'être prise, d'être détachée, enlevée à la source. C'est à son manque d'avoir été faite qu'elle doit cette vertu de représenter l'absolu, d'en être justement l'auteur. Elle dure. C'est une photo qui bouge. Et puis sans doute arrive-t-elle au bout de son mouvement du moment qu'elle se ferme. Elle s'arrête en effet. Elle est finie. Elle se clôt dans un tombeau. Dans le tombeau. J'ai quinze ans et demi. »

Puis le texte enchaîne sur le commentaire d'une photographie de la maison d'Hanoi et sur le découragement de la mère qui lui-même déclenchera le récit... On le sait, le texte définitif de *L'amant*, celui qui sera finalement publié, s'ouvre par la description du visage d'une vieille femme — déjà vieille à dix-huit ans — qui s'appelle Marguerite Duras. Visage lacéré par les rides, visage détruit, dit d'elle-même l'auteur avec cruauté. « C'est soi qu'on voit le moins dans la vie, y compris dans cette fausse perspective du miroir au regard de l'image composée de soi qu'on veut retenir, la meilleure, celle du visage armé que l'on tente de retrouver quand on pose pour la photo », notera-t-elle dans *La vie matérielle*. Marguerite Duras enlève le masque. C'est à partir de cette paix qu'elle vient de faire avec elle-même, qu'elle entreprend ce qui va devenir *L'amant*. Armistice dans l'histoire orageuse du désir impossible avec Yann, *L'amant* est un dialogue avec le lecteur — « que je vous dise encore » — où le désir de s'expliquer compte bien plus que le désir de raconter.

Marguerite change alors de projet : elle laisse en plan ses légendes de photos familiales, change de cahier, intitule toujours son texte « La photographie absolue », mais s'abandonne à ce qui la submerge, l'emporte, cette part endormie d'elle-même qui veut se livrer. « À soixante-neuf ans je suis encore là devant cette femme que je ne connais pas. Devant ces enfants possédés par une haine mutuelle d'une telle force qu'il en est d'être un enfant comme on traverse la guerre », écrit-elle en marge dans ce cahier. La mère donc la fait écrire, la peur de la mère, de Dieu, de l'enfance, la peur du grand frère, la peur de l'amour de la mère pour le grand frère. *L'amant* devient une bataille qu'elle livre contre le silence mortifère de sa propre famille. Elle craint de réécrire *Un barrage contre le Pacifique*. Elle note dans son cahier ses propres doutes : « L'histoire de ma vie je l'ai plus ou moins écrite... ce que je fais ici est différent. Ici je parle de certains points de cette histoire-là, de ceux surtout sur quoi j'ai caché [...], de certains enfouissements que j'ai opérés, de certains faits, de certains sentiments... Ils sont tous morts maintenant ces gens qui peuplaient les maisons de mon enfance. Et ils sont morts pour moi, pour tout le monde et pour moi. Et l'inconvenance de l'écrit a disparu... »

Il ne s'agit pas de donner une énième version d'*Un barrage contre le Pacifique*, ni de rendre encore justice à la mère, mais de se rendre justice à soi-même, enfin... Entr'ouvrir la porte maintenant que la vieillesse est là, le corps malade, le visage lacéré par les rides : « Utiliser l'écriture non pour restituer sous forme d'épopée mais pour accéder à beaucoup de choses, note-t-elle dans une page arrachée du premier cahier, encore cachées au plus profond de ma chair aveugle comme un nouveau-né au premier jour — inaccessible à l'écrit. » Marguerite Duras traverse le fleuve. Elle change de rive. Ce n'est pas par hasard si la rencontre avec le Chinois se fait sur le bac entre les deux rives, sur ces eaux qui tourbillonnent si fort, ces eaux si jaunes et si épaisses qu'on ne peut en deviner le fond, ces eaux qui lui ont fait si peur et dont elle craignait qu'elles ne l'engloutissent. Marguerite retrouve la petite fille, l'honorable petite fille maigre et jaune, si laide que sa mère jamais ne pensa qu'elle pût intéresser un homme, si mal attifée qu'elle-même ne pouvait imaginer de retenir le regard, si lente et si retardée que son frère l'insultait et la battait, si peureuse d'elle-même et des autres, de Dieu et du monde qu'elle voulait se terrer derrière l'escalier pour se faire oublier.

Marguerite replonge dans sa mémoire. Le chapeau bois de rose est déjà présent dans le cahier d'écolier de la fin de la guerre qu'elle vient de retrouver, ce chapeau invraisemblable que la mère affectionnait tant mais que Léo, le futur amant, n'appréciait pas : « Mais la foi que j'avais dans le bon goût de ma mère était telle que bien que je n'avais jamais vu quiconque porter un chapeau pareil et bien que Léo finit pas me dire comment il l'indisposait, je le porterai quand même en cachette de Léo et sous les yeux et à la barbe de tout le lycée. » Certes Marguerite enjolivera Léo, qu'elle ne nommera plus et qui portera à tout jamais le nom de l'amant. Il n'a plus la petite vérole, il n'est plus bancal ni ridicule. Il a la peau douce, les gestes lents, l'érotisme oriental. Marguerite rêve à voix haute de ce qu'aurait pu, de ce qu'aurait dû être son histoire d'adolescente. Marguerite invente cet amant si doux et si patient, si amoureux et si tendre... Les descriptions des photographies de son enfance subsistent dans le premier tiers de *L'amant*. Simplement, elles figurent comme des étapes vers la rencontre avec l'amant.

Marguerite Duras, un an après ce phénoménal succès, dira ne pas aimer ce livre. Les seuls fragments qu'elle sauvait et qu'elle supportait encore étaient ceux qui ont trait à la guerre et elle regrettait de ne pas les avoir plus développés. Les différentes étapes du manuscrit montrent d'ailleurs ses hésitations. Elle recommença entièrement le texte et le fit débuter par l'histoire de la guerre et la description de Marie-Claude Carpenter. Le texte portait alors pour titre *L'amant : histoire de Betty Fernandez* et décrivait le salon de Marie-Claude Carpenter à la fin de l'hiver 1942, que fréquentaient assidûment Henri Mondor, André Thérive, P.H. Simon, Robert Kanters et la poétesse khmère Makhali Phol, que la jeune Marguerite admirait. Dans la version définitive, Marguerite Duras abandonne partiellement la guerre, mais laisse subsister les personnages de Ramon et Betty Fernandez, qui apparaissent comme des fantômes d'un passé sur lequel finalement elle ne voulait plus revenir. Ils demeurent arrêtés, figés comme de mauvais figurants égarés par mégarde dans un roman-photo. Le secret du livre est sans doute là, dans ce mouvement que crée l'auteur entre un élément en trop — Ramon et Betty Fernandez — et un élément manquant — le Chinois [66]. Pour donner de la cohérence à son récit, Duras invente la photographie qui manque, qui deviendra le cœur du texte.

Le Chinois n'est pas au centre du livre effectivement. Il n'est pas pour Duras le sujet, quoi qu'en aient pensé des millions de lecteurs. Le sujet de *L'amant*, c'est l'écriture. Une écriture qu'elle recherche depuis longtemps et qu'elle n'a jamais réussi à attraper. Maintenant dans *L'amant*, elle va écrire d'eux et non sur eux, et non plus de manière morale comme dans *Un barrage contre le Pacifique*, mais se délivrer de la charge qu'est l'écriture. « Écrire, maintenant, il semblerait bien que ce ne soit plus rien bien souvent. Quelquefois, je sais cela : que du moment que ce n'est pas, toutes choses confondues, aller à la vanité et au vent, écrire ce n'est rien [67]. » Mais si *L'amant* a été lu et sera encore lu comme une histoire d'amour entre un Chinois riche et une toute jeune fille pauvre de la colonie, c'est parce que Duras l'a également voulu ainsi. Fidèle à sa méthode de placer le lecteur en position d'acteur, d'assembleur, de décodeur, elle offre à celui-ci de nombreuses possibilités de lecture. Les pistes sont multiples, les ouvertures innombrables. *L'amant* est un chantier d'expérimentation destiné à provoquer l'imaginaire du lecteur. C'est peut-être aussi pour cette raison qu'il a obtenu un tel succès : le lecteur y est le personnage principal et, en lisant, il réécrit lui-même l'histoire. *L'amant* n'est pas une autobiographie. Il faut croire à la lettre Marguerite quand elle l'écrit : « L'histoire de ma vie n'existe pas. Ce n'est pas pour raconter mon histoire que j'écris. L'écrit m'a enlevé ce qui me restait de vie, m'a dépeuplée et je ne sais plus de ce qui est écrit par moi sur ma vie et de ce que j'ai réellement vécu ce qui est vrai. »

L'amant est beaucoup plus proche de Lol V. Stein que du *Barrage*. Duras est partie du désir non de retranscrire la réalité, la vérité ou le point de vue des personnages mais de montrer que la littérature peut être une manière de se raccommoder avec soi-même, de revisiter le passé en le rendant moins chaotique. Retrouver une unité. Lol comme la petite doit pouvoir continuer à respirer. L'écriture sert à réenchaîner le réel « à partir d'un maillon qui manque ». Alors on peut interpréter à l'infini *L'amant* et, ce qu'inconsciemment ou pas Marguerite a voulu dire : le tabou suprême n'était pas de coucher avec un Chinois mais de coucher avec un collaborateur ; et ce souvenir-écran lui-même cacherait l'inavouable : coucher avec son propre frère. « Le Chinois absent est le soldat ennemi, écrit Alain Robbe-Grillet. *L'amant* est un livre important bien qu'il ait atteint deux millions d'exemplaires : ne soyons pas mesquins... Marguerite Duras est bête, mais c'est un grand écrivain... oui, oui... et elle a des intuitions créatrices très intelligentes sans le savoir[68]. » Marguerite Duras justement ne sait plus rien. Interrogée sur les raisons profondes pour lesquelles elle a écrit *L'amant*, elle répond qu'elle avait envie d'un livre à elle[69] et que la publication du livre de Yann Andréa *M.D.* fut déterminante dans son déclenchement. « Ça a dû contribuer à ce retour à moi, j'avais envie de lire un livre de moi. De le faire. De le lire... je suis allée là, cette fois, là où je ne partage rien, où je ne peux pas partager. Si je le fais, je perds le train qui passe, le livre, je ne veux pas embarquer autre chose que moi sous peine de perdre ce flot de ce qui vient », confie-t-elle à Marianne Alphant[70].

C'est à la fin de sa vie que Duras fera et se fera croire qu'elle a aimé le Chinois. L'écriture a éloigné le dégoût, effacé la honte de la vente de la petite par la mère, magnifié les rapports. Elle a corrigé le vécu et désormais Marguerite Duras croira plus à ce qu'elle a raconté dans *L'amant* qu'à ses propres souvenirs. Toute la violence de l'histoire imposée par le frère et la mère, parce que l'amant est pourvoyeur d'argent, est évacuée. La petite prostituée blanche devient, par la grâce de l'écriture, la poupée d'amour du Chinois. L'histoire avec l'amant a duré un an et demi. Le frère a eu de l'argent pour son opium, la mère de l'argent pour acheter à manger. La mère de Marguerite a obtenu du père du Chinois assez d'argent pour repartir en France. Dans *L'amant*, Marguerite Duras a protégé le souvenir de sa mère, défendu son honneur, et juré que sa mère ignorait que sa fille « couchait ». Or c'est la mère qui non seulement a autorisé l'histoire mais l'a fait durer pour des raisons financières. L'amant donne à Marguerite de l'argent qu'elle ne garde pas. Cet argent qu'elle rapportait lui conférait enfin un statut aux yeux de la mère et du frère. Marguerite Duras n'a compris que bien plus tard ce qui se passait alors dans cet échange pervers : « Mais en même temps et à mon insu, il se passait autre chose. Il y avait une histoire de cache là-dedans, le rôle que je m'assignais n'était pas seulement du secourisme, je le désirais, vous comprenez cet amant, et c'était de l'argent qu'il me donnait. Et il avait peur des Blancs. Et c'était une Blanche qu'il payait. Pas ma mère. Mais moi. Moi j'étais à la charnière entre les deux mondes, je mettais en scène [71]. »

Le texte a été écrit très vite. Trois mois à peine. Marguerite pensait toujours qu'il accompagnerait l'album de photographies. Peu enthousiastes, les éditeurs ont programmé la publication dudit beau livre pour 1986 ! Yann Andréa, qui achève de taper le texte, persuade Marguerite qu'il s'agit peut-être d'un roman et lui fait accepter l'idée de le faire lire à Hervé Lemasson, alors vendeur à la librairie La Hune, et, une fois achevé, à Irène Lindon. Celle-ci le lit dans la nuit, rappelle Yann et Marguerite pour dire son émotion. Son père, Jérôme Lindon, se rend chez Marguerite, lui explique qu'il ne s'agit ni d'une préface ni de légendes mais d'un livre. Elle écoute et accepte de le publier.

La presse en fait immédiatement un événement. Le lendemain de la sortie, Bertrand Poirot-Delpech titre : « L'attention incomparable des gens qui n'entendent pas ce qu'on dit ». Malgré quelques critiques — « des trucs, il y en a trop, abus des il dit, phrases distordues à la Duras : ce que je veux c'est ça, écrire » — il avoue avoir pris le large avec ce récit où l'auteur « par je ne sais quelle générosité qui est le signe des grands » donne l'impression que l'histoire pourrait être aussi la nôtre. *Libération*, sous la plume de Marianne Alphant, trois jours plus tard, évoque la grâce, l'évidence inimitable, le rayonnement, la nécessité interne qui porte les phrases [72]. Le même jour, dans *Le Matin*, Denis Roche, sur une pleine page, avoue son admiration. L'écriture de Duras « ressemble à celle de l'Amour. Beauté, désespoir, naïveté. Littérature absolue. Oui. Laissez-vous immerger par *L'amant* ». Le livre sort à la fin de l'été. Le tirage initial, de 25 000 exemplaires — une première pour cette maison d'édition qui n'a jamais tiré un livre à plus de 10 000 exemplaires —, est épuisé le lendemain. Jérôme Lindon est étonné par la rapidité des réactions mais pas autrement surpris par l'engouement que suscite le livre. Et pourtant les critiques avaient été gênés par le livre précédent, *La maladie de la mort*, qu'ils avaient, dans leur majorité, jugé complexe et inquiétant. Poirot-Delpech dans *Le Monde* avait écrit : « Marguerite Duras fait semblant de croire que la critique la néglige comme pour consoler des auteurs moins considérables. Elle sait très bien qu'il y a des silences et des embarras à son sujet qui sont autant d'éloges [73]. » Mais « ils attendaient de dire qu'elle était géniale. Je le sentais », me dira Marguerite [74]. L'émission *Apostrophes*, le 28 septembre, ne fait qu'accentuer la lame de fond. Bernard Pivot a pris le risque d'un tête-à-tête avec l'auteur. Pendant une heure et dix minutes, Marguerite Duras, tour à tour facétieuse, grave, enjouée et profonde, parle en toute sincérité de l'alcool, de l'écriture, du PC, de Jean-Paul Sartre et de son adolescence en Indochine. Elle ménage des silences, envoie des regards appuyés et donne l'impression qu'elle parle vraiment, du fond d'elle-même, sans représentation ni désir de plaire ou de vendre. « Du grand art », s'exclame François Périer qui s'y connaît en la matière et qui l'appelle le lendemain pour la féliciter de la qualité de sa prestation. « Elle ne jouait pas, dit-il. Cela s'appelle la disposition intérieure. Après avoir lu *L'amant*, j'ai pensé : Si tout au long de l'émission, elle a menti en jurant l'authenticité de l'histoire, c'est encore plus beau. Sans ériger le mensonge en vertu, on peut l'utiliser à des fins artistiques devant des caméras [75]. » Sincère ou pas, Marguerite a bouleversé, irrité, ému jusqu'aux larmes. Le lendemain, dans les librairies c'est la razzia. Le Seuil, diffuseur des éditions de Minuit, doit répondre à des demandes de 10 000 exemplaires... par jour ! Les éditions de Minuit ne peuvent immédiatement que procéder à deux réimpressions à 15 000 puis à 18 000 exemplaires, car il est impossible de trouver en quantité suffisante le papier originellement choisi pour l'édition. À l'étranger, déjà on se l'arrache et les demandes de traduction affluent du monde entier. Pour la première fois, *Newsweek* consacre une page entière à un écrivain français.

« L'effet d'*Apostrophes* fut foudroyant, explique Jérôme Lindon. Il avait été précédé par un tir de barrage de la presse écrite qui, unanimement, reconnaissait le livre comme un événement. » Les critiques, en effet, ont continué à louer les vertus de *L'amant*. Jacques-Pierre Amette, dans *Le Point*, s'est montré enthousiaste : « Contrairement aux autres romanciers de la rentrée, Duras ne fabrique pas un livre. Elle vit un livre comme on vit en religion. » Claude Roy, dans *Le Nouvel Observateur*, a évoqué la haute couture de cette langue qu'on ne parle qu'en Durassie [76]. Duras n'est plus un auteur, elle est devenue un phénomène d'édition : certains libraires se souviennent de la compulsion de clients qui venaient acheter plusieurs exemplaires de *L'amant*, comme si le livre allait manquer. C'est aussi un phénomène de société : on écrit à Marguerite pour lui raconter sa vie — Jérôme Lindon se souvient des kilos de courrier qui arrivaient chaque jour à la maison d'édition — pire qu'un courrier de Premier ministre —, on parle comme Marguerite avec des silences interminables ; même, à la grande joie de l'intéressée, on s'habille à Saint-Germain-des-Prés comme Marguerite : col roulé, gilet sans manches, petites bottes. Marguerite bat des mains comme une enfant comblée. Elle l'a enfin son sapin de Noël, ses guirlandes, son petit papa Noël, rien que pour elle. On ne parle que d'elle. Dans les journaux, à la radio, à la télé. C'est trop. Elle en serait presque gênée. Pudique, elle avoue à Bernard Pivot : « C'est un peu gênant. Ça a duré dix ans le silence autour de moi. Il y a un réflexe de suite qui se produit. »

Dès le début du mois de septembre, la rumeur est lancée : Duras pourrait avoir le Goncourt. N'est-ce pas le meilleur livre de la rentrée ? Mais avec elle, il faut se méfier. Elle serait capable de ne pas l'accepter. Michel Tournier appelle Jérôme Lindon et lui demande pourquoi il n'a pas reçu le livre. Lindon lui répond qu'il n'envoie jamais aucun des livres qu'il publie aux jurés des prix littéraires. Tournier achète le livre, rappelle Lindon après lecture : Duras accepterait-elle le Goncourt ? Marguerite fait mine de s'en moquer. Elle est à Trouville, aux Roches noires, et n'a pas l'intention de regagner Paris. Le vrai Goncourt on le lui a enlevé en 1950 avec *Un barrage contre le Pacifique*. Alors celui-ci a un goût de fruit trop mûr qu'on n'a pas envie de croquer. Mais elle ne dit pas non. Elle répond laconiquement à Lindon : « Proust l'a bien eu. » Le prix lui est attribué au troisième tour de scrutin. Les perdants sont Bertrand Poirot-Delpech pour *L'été 36* et Bernard-Henri Lévy pour *Le diable en tête*. *L'amant* est déjà sur toutes les listes des meilleures ventes depuis plusieurs semaines et son tirage dépasse désormais 200 000 exemplaires. « Les Goncourt volent au secours de la victoire », dit Josyane Savigneau dans *Le Monde*. François Nourissier, dans *Le Point*, lui répond : est-elle trop âgée, trop célèbre pour être couronnée, elle qu'aucun jury littéraire jamais n'a distinguée ? : « Il nous a semblé que l'occasion nous était offerte de désigner “ le meilleur volume d'imagination en prose " comme le testament d'Edmond de Goncourt nous y invite. »

Marguerite apprend la nouvelle par un coup de téléphone de son éditeur qui, auparavant, a commenté calmement la situation : « Le résultat est inespéré mais nous n'allons quand même pas fêter ce Goncourt comme s'il s'agissait du 14 juillet. Je crois que Marguerite est de mon avis. » Oui elle est entièrement de son avis. Tout de suite, elle répond : « Les Goncourt n'ont pas trouvé de raisons de me le refuser », et politise le prix. Pour elle, depuis l'arrivée de la gauche au pouvoir, les gens ont des conduites nouvelles, des comportements nouveaux. Avant ils n'auraient pas osé le lui donner. Maintenant, si ! Si elle obtient le Goncourt, ce n'est pas seulement parce qu'elle l'a mérité mais grâce aussi à Mitterrand ! Inimitable Marguerite qui déclare deux heures après l'obtention du prix : « Tout le monde essaie d'imiter Mitterrand, c'est-à-dire d'en faire à sa guise, selon soi, et dans tous les domaines aussi retranchés et décalés de l'actualité que le Goncourt [77]. » Pas de champagne aux Roches noires mais de l'eau, pas de petits fours mais des tartines de rillette, pas de tempête médiatique mais la compagnie de l'amant Y.A. et la présence de l'amie Marianne Alphant.

Mais dès ce jour, Marguerite ne reconnaît plus ce livre comme le sien. Elle s'en éloigne définitivement, elle s'est trompée, dit-elle, elle pensait qu'avec ce livre-là, le lecteur serait en colère contre elle. Ces retrouvailles publiques la gênent. Le triomphe de *L'amant* est à ses yeux l'effet d'un lent cheminement : son œuvre, jusqu'à présent, avait eu peu de lecteurs mais des lecteurs passionnés et fidèles. Et le style du livre lui a permis de toucher un large public : « C'est un livre tellement dans la littérature qu'il en paraît sans littérature aucune. On ne la voit pas comme le sang dans le corps. » Ont joué également ce qu'elle appelle les « données populaires » : l'alcoolisme, l'érotisme, le colonialisme qui ont intrigué, fasciné et séduit. Enfin, n'oublions pas le prix très bas du livre, 49 francs, et son faible volume, 142 pages. *L'amant* est vite devenu une rengaine, comme cette chanson d'Édith Piaf que Marguerite chantonne tout le temps : « C'est fou ce que je peux t'aimer, mon amour, mon amour. » Mais elle pense déjà au prochain : il y a infiniment de livres possibles dans *L'amant* et l'histoire pour elle n'est pas finie.

Fin novembre, le livre atteint 450 000 exemplaires. Le 26, Jérôme Lindon et Marguerite Duras donnent une réception au théâtre Renaud-Barrault. Étrange cérémonie où le tout-Paris intellectuel et artistique vient rendre hommage à la reine Marguerite, entourée de sa cour, dans ce lieu si fortement habité par sa présence. Assise, les mains en avant, les bagues brillant de tous leurs feux, embrassée par une foule de comédiens célèbres et de fanatiques anonymes, Marguerite Duras savoure son triomphe, se venge de ses années de galère de l'après-guerre, efface par le succès les souvenirs douloureux de l'adolescence. Désormais, elle ne croira plus qu'au mythe qu'elle a créé. Marguerite qui avait déjà pris l'étrange habitude de ne parler d'elle qu'à la troisième personne, s'appellera, ironie ou narcissisme, la Duras. Elle écrira en marge de certains de ses manuscrits : « Ce n'est pas du Duras. » « Est-ce vraiment du Duras ? » Où est encore Marguerite Duras ? Qui est-elle ? À force de réinventer sa vie et de rendre publique une fausse intimité, elle ne sait plus. Elle vit dans le rêve éveillé de ses constructions fantasmatiques. « Si tu savais comme j'en ai marre de moi », lâche-t-elle alors comme une confidence à un ami. Avec *L'amant*, Marguerite a définitivement déserté l'histoire de sa vie pour le roman de sa vie. Tout le monde s'y était mis pour encenser *L'amant* : critiques, libraires, lecteurs, téléspectateurs. Mais, aussi vite qu'elle l'a porté aux nues, une bonne partie de ce monde s'entend, quelques mois plus tard, pour le descendre : n'est-ce pas finalement un livre en trop, un livre leurre, un livre superficiel ? Marguerite ne dit-elle pas elle-même que *L'amant* n'est qu'un livre de redites ? Finalement, *L'amant*, on n'aime pas du tout, affirment haut et fort quelques aficionados de la première heure, ceux de *L'après-midi de Monsieur Andesmas* et des *Petits chevaux de Tarquinia*, déçus de voir leur auteur débitée en centaines de milliers d'exemplaires, exposée dans les rayons des supermarchés, offerte en pâture, eux qui croyaient entretenir avec elle, depuis si longtemps, une passion secrète...

Marguerite Duras s'en doutait. Elle savait qu'elle serait lâchée : la rançon du succès. Une Barbara Cartland, selon *Télérama* [78], une Vicki Baum des Tropiques, disent les autres. « Ma reine Margot, ma Mimi, ma Durasse, tu seras toujours mon amie malgré ta gloire », lui dit son vieil ami, Jacques-Francis Rolland [79]. Marguerite s'en fout. Marguerite n'a nul besoin de soutien ni de protection. Le succès lui va plutôt bien. Elle aime cette gloire à laquelle elle s'habitue très vite. Mais elle est déjà ailleurs. Elle fait un *Bon plaisir* pour

France Culture où, entre deux fous rires avec Marianne Alphant, elle parle de sa maison, donne ses recettes de cuisine et stigmatise la télévision : « Ils ne savent pas filmer, ils interrogent quelqu'un, ils parlent à sa place. Après la mort de Foucault, ils ont passé un extrait d'un de ses cours au Collège de France, le speaker parlait tout le temps, on n'a pas entendu la voix de Foucault [80]. » Elle enchaîne avec une série de cinq longs entretiens avec Dominique Noguez sur sa carrière de cinéaste pour l'édition vidéographique de son œuvre [81]. On la voit attendrie, écouter Delphine Seyrig et Bruno Nuytten raconter le tournage d'*India Song* ; affectueuse et émue avec Carlos d'Alessio quand ils évoquent le rôle de la musique, follement épatée par elle-même quelquefois : « *Le ravissement de Lol V. Stein* et *Le vice-consul* ont été écrits la même année, faut le faire quand même », commente-t-elle admirative dans des postfaces. « *Le camion* est un grand bonheur, moi-même quand je le revois, je suis aux anges. C'est extrêmement calé *Le camion*. C'est sans doute ce que j'ai fait de plus calé. »

Marguerite Duras est la meilleure. Elle s'aime beaucoup. Mais lorsqu'elle aime quelqu'un, elle entend aussi le faire savoir avec des mots qui nous touchent. Elle écrit, un mois après la mort de Pascale Ogier, fille de Bulle, actrice lumineuse et sensible, une lettre à *Libération* pour évoquer son souvenir et dire l'émotion que lui procura sa disparition : « Vingt-quatre ans de toute éternité. Pascale vit toujours. On mesure chaque jour davantage à quelle profondeur la mort est allée chercher sa proie [82]. » Elle défend avec ardeur et générosité quelques écrivains : Jean-Pierre Ceton, dont elle édite et préface, chez Minuit, *Rauque la ville* [83], Leslie Kaplan pour l'intensité poétique déployée dans *L'excès l'usine*, la cinéaste Barbara Loden pour *Wanda*. Autres coups de cœur qu'elle rend publics : Planchon et Zouc, sur laquelle elle écrit un magnifique article. Marguerite a un côté confesseur et sorcière qui invite au parler vrai. À une question qu'elle lui pose sur la peur de la mort, Zouc répond : « Non je n'ai pas peur de la mort mais il faut apprendre à mourir. Si un jour, vous avez une grande peur, il faudra m'appeler, qu'on puisse se prendre dans les bras, vous ou quelqu'un d'autre [84]. » Cette rencontre, Marguerite ne l'oubliera pas ; elle se souviendra de la formidable intelligence avec laquelle Zouc refusait d'apprendre ce qu'on voulait lui enseigner. On retrouvera certains de ses traits plus tard dans le personnage d'Ernesto de *La pluie d'été*.

L'année 1985 est celle des retrouvailles avec le théâtre : elle adapte *La Mouette* de Tchekhov et accepte la commande que lui propose Jean-Louis Barrault de remonter *La musica*. Alors qu'elle n'avait pas hésité à dire que *La musica* était un texte d'une grande facilité — « C'est mon côté pute, des *Musica* je peux en écrire tant que je veux » — elle entreprend cependant de la réécrire pour une nouvelle distribution avec Miou-Miou et Sami Frey. Elle s'en explique dans un court texte distribué aux spectateurs du théâtre du Rond-Point : « Dix-neuf ans exactement séparent *La musica 1* de *La musica 2* et pendant à peu près le même temps, j'ai désiré ce deuxième acte. Dix-neuf ans que j'entends les voix brisées de ce deuxième acte, défaites par la fatigue de la nuit blanche. Et qu'ils se tiennent toujours dans cette jeunesse du premier amour, effrayés. Quelquefois, on finit par écrire quelque chose. » « Oui, regarde-moi, je suis la seule qui te soit interdite », dit l'héroïne, Anne-Marie Roche, à son ancien mari. Voilà trois ans qu'ils sont séparés. L'audience de justice a eu lieu tard. Maintenant, il leur faut passer la nuit. Dans la version de 1965 — la pièce puis le film avec Delphine Seyrig et Robert Hossein — le couple se retrouvait à l'hôtel d'Évreux. Ils se parlaient jusqu'à trois heures du matin puis se couchaient épuisés, séparés à jamais. Cette fois-ci, Sami Frey et Miou-Miou traversent jusqu'au bout l'épreuve de la nuit. Ils se répètent, se contredisent, se rapprochent. Ils sont très loin l'un de l'autre et pourtant ils ne se sont jamais parlé comme cette nuit. C'est par leurs paroles qu'ils s'aperçoivent qu'ils sont irrémédiablement liés. Alors pourquoi divorcer ? Ils savent que le jour va les séparer. « On » les attend. Dans la vie de chacun, il y a quelqu'un d'autre, des projets, l'hypothèse d'un avenir. Elle, elle paraît plus libre que lui, plus désireuse d'oublier les blessures, d'espérer le jour. Lui, il s'accroche désespérément aux derniers instants. Elle, comme Lol V. Stein ou Anne-Marie Stretter, elle est déjà partie, loin de lui, hors d'atteinte définitivement, à l'intérieur d'elle-même.

On toussa beaucoup le soir de la générale. Coup de froid subit et contagieux ou réactions de gêne ? On toussa si fort que l'on entendit à peine le texte ! « On devrait apprendre trois choses aux enfants : le respect des parents, le respect des autres, et ne pas tousser au théâtre », dit Marguerite pour réconforter ses acteurs. « Écriture recueillie, jetée sur le papier pendant l'angoisse des répétitions. *La musica* de Duras jaillit souvent. Ses phrases qui n'ont l'air de rien, sa manière de sublimer nos états d'âme », écrit Marion Scali dans *Libération*[85]. « Absolu voulu, perfection tranquille », commente Gilles Costaz pour *Le Matin*. « Substance de vie pure », s'écrie, dithyrambique, Michel Cournot dans *Le Monde* qui évoque Michaux et Racine et exprime l'émotion qui l'a saisi : « un pic extrême du théâtre ». Mais, le soir de la première, la présence du ministre de la Culture, Jack Lang, a attisé les sarcasmes de certains spectateurs professionnels qui pensent comme Bernard Thomas du *Canard enchaîné*, que lorsqu'on va au théâtre entendre du Duras, on va pour la vénérer, forcément. On va à la messe, évidemment. Marguerite se moque de la critique, bonne ou mauvaise. Elle le dit haut et fort : la critique n'a de sens que pour les débutants. « Je suis désolée que la critique vienne voir mes pièces. Toujours. C'est tout à fait extraordinaire qu'on ait encore à subir, de la part de la vieille garde théâtrale — Dieu sait qu'il y en a un très grand nombre —, un jugement critique encore fondé sur de vieux critères de vraisemblance psychologique comme il y a quarante ans, de mal dire, de mal faire, critères uniquement fondés sur le souci de leur réputation[86]. »

La critique l'encense, elle lui crache dessus ; la critique l'ignore, elle en est malheureuse mais trouve tout de même le silence plus rassurant. Duras est devenue une star. On la consulte sur tout et sur rien. On lui raconte sa vie, on lui envoie chaque jour plusieurs manuscrits. Un journal féminin lui propose même de faire l'horoscope ! Hélas, elle refuse. Elle refuse tout, ou presque. Elle signe un bel article sur l'infidélité en amour pour *Le Nouvel Observateur*, une préface pour un livre d'Henri Choukroun, *L'économie de la création*, où elle attaque violemment le système d'aide au cinéma, un article sur la droite, intitulé « La droite la mort » pour *Le Monde*[87]. Elle continue à professer une admiration sans bornes pour Mitterrand, trop outrée pour pouvoir être considérée comme désintéressée, et une haine pour Chirac, si violente qu'elle en devient comique : « Mitterrand, fin comme l'ambre, aigu et clair, avec des mots précis... Chirac, boy-scout, vieux langage et nullité profonde. » Duras se caricature, elle se ridiculise. Elle le sait et raréfie sa participation épisodique aux journaux qu'elle aime. Certains lui en voudront, qui avaient beaucoup espéré d'elle. Jérôme Lindon la protège et la défend. Il réceptionne des sacs entiers de courrier, des centaines de sollicitations sur tout et rien. À la fin, elle n'accuse même plus réception. Dans ce raz de marée de propositions, elle accepte néanmoins celle de Luc Bondy et de Peter Stein de mettre en scène *La maladie de la mort* à la Schaubühne de Berlin. La traduction et le rôle principal doivent être assurés par Peter Handke qui vient, au festival de Cannes, de présenter son adaptation de la pièce. Le film a été mal accueilli par la critique qui le juge maladroit, appliqué, scolaire, inabouti [88]. Marguerite Duras écrit donc l'adaptation pour le théâtre et l'envoie à Berlin. Deux jours après, elle téléphone à Stein et Bondy pour leur dire qu'elle renonce. Sur leur insistance, elle relit son texte, le recommence trois fois. Ce qu'elle écrit la dégoûte. « J'étais creusée en mon centre, j'étais devenue le contraire d'un écrivain. Ce n'était pas le livre. C'était une trahison du livre, je ne pouvais plus compter sur moi, j'étais perdue. » Il lui faut un an pour renoncer définitivement à ce projet qu'elle transformera, une nuit de l'été 1986, en un texte intitulé *La pute de la côte normande*.

Depuis longtemps Duras viole les règles de la bienséance. Avec la publication de *La douleur* en avril 1985, elle prend le risque de violer celles de l'amour et de l'amitié. Livre poignant qui coupe le souffle, *La douleur* n'aurait en effet pas été publié si Robert Antelme avait été consulté. Mais au moment de la sortie du livre, il était à l'hôpital dans l'incapacité de pouvoir réagir, encore moins de répondre. Marguerite savait que Robert serait choqué de voir ainsi sa vie exposée. Elle n'en a pas tenu compte : Marguerite ne demande de comptes qu'à elle-même ou, éventuellement, à Dieu c'est-à-dire aussi à elle-même. Une première version de *La douleur* avait été publiée en février 1976, anonymement dans le premier numéro de la revue féministe *Sorcières*, consacré à la nourriture. Sous le titre « Pas mort en déportation », l'auteur racontait le lent retour à la vie de son mari rentré de déportation. Robert Antelme avait été prévenu de la publication par un ami qui était tombé par hasard sur ce texte et avait immédiatement reconnu l'histoire de Robert. Robert en prit connaissance avec stupeur [89].

Pourquoi a-t-elle décidé, dix ans après « Pas mort en

déportation », et quarante ans après les faits, de publier ce livre ? Il est dédié à Nicolas Régnier et Frédéric Antelme, le fils de Robert et de Monique. Voulait-elle léguer et transmettre une partie de son histoire et celle de son ancien mari à la famille de celui-ci ? Le livre fut rejeté par les amis et la famille de Robert. Elle l'envoya à sa femme, Monique, avec cette dédicace : « Pour Monique en souvenir de la vie, de lui, de l'amour de lui, de l'amour. » Monique n'accusa pas réception. Parmi les amis, Dionys ne cachera pas sa sévérité : « C'était l'occasion de dire l'amour sublime qui la liait à Robert. Elle ne l'a pas fait. Elle a gardé le prénom et elle l'a appelé Robert L. Ce genre de devinette est malsaine. » Marguerite Duras a en effet gardé l'initiale du nom de résistance de son mari qui était Leroy.

Il y avait une certaine logique, après la publication de *L'amant*, à continuer d'exposer sa vie pour la rejoindre. « C'est une des choses les plus importantes de ma vie. Le texte écrit ne conviendrait pas. » *La douleur* n'est pas de la littérature, c'est un chantier de la mémoire, une revisitation de son passé[90]. « Ça a été tout de suite trop tard. Il y avait quelque chose comme ça dans le fait de reprendre les textes, la crainte que ça pouvait être trop tard, très vite, que je ne sois plus soucieuse ou que je meure sans les avoir revus », expliquera-t-elle à Marianne Alphant[91]. Marguerite avait donc oublié ces textes. Elle se souvenait vaguement qu'ils existaient rangés quelque part. Ce n'est pas le journal du retour de Robert qu'elle retrouva mais la sténographie minutieuse de son désarroi moral et métaphysique. Si Dieu existe pourquoi a-t-il laissé exister les camps ? Paul Otchakovsky-Laurens se souvient de l'émotion de Marguerite quand elle relisait ces cahiers avant de les mettre au propre pour une publication : « Un jour, elle me téléphone et me dit : Viens, j'ai trouvé quelque chose de formidable. Elle m'a montré, très émue, un cahier d'écolier tout écrit qui tombait en ruine. L'écriture était passée, les feuilles se déchiraient. Pas une correction n'avait été apportée depuis la fin de la guerre. Très vite, l'idée, en parlant tous les deux, est venue de rajouter des textes écrits un peu plus tard et qu'elle a un peu retravaillés. Mais le texte *La douleur*, le premier qui ouvre le recueil, elle ne l'a jamais touché. C'est un texte sacré pour moi. En partant de chez Marguerite, j'ai photocopié le texte, gardé l'original dans un placard de ma maison d'édition. En partant ce soir-là, j'avais peur que la maison brûle[92]... »

Marguerite écrit au nom de la vérité — de sa vérité. Dans le premier récit, elle accuse Henri Frenay de ne pas avoir tout tenté pour protéger les déportés avant l'arrivée des Alliés dans les camps. On aurait pu, selon elle, envoyer des commandos de parachutistes. Frenay s'y est opposé car « il n'a pas voulu que l'initiative en revienne à un mouvement de résistance... Donc il a laissé fusiller [93] ». Après la publication de *La douleur*, Henri Frenay réagit et avec Jacques Benet, compagnon de résistance de Robert Antelme, demande par courrier à Marguerite des corrections sur les tirages ultérieurs, « tant sont énormes les fantasmes, les mensonges de ce gigantesque dérapage offert en pâture au public comme s'il s'agissait d'une vérité historique ». Le 6 décembre 1985, Marguerite Duras lui répond : « Cette phrase de ma part était instinctive. Je l'ai reprise comme elle était, comme elle avait été écrite, dans la douleur intolérable de l'attente. Comme toutes celles sur de Gaulle, je les ai laissées là. Si j'avais considéré le bien-fondé de toutes mes assertions, de mes " injustices ", il n'y aurait pas eu de livre. Je vous ferai remarquer que je n'ai pas non plus supprimé la torture que je fais subir, moi, au donneur des juifs — dans *Albert des Capitales*. Je pense que les gens ont compris que dans cet état, celui dans lequel j'étais, on doit pouvoir me pardonner une erreur. C'est ce que les gens ont fait sans doute... Je n'ai en effet reçu aucune lettre m'accusant d'avoir été injuste pendant cette douleur — mais si je peux enlever cette phrase — bien que ça soit trop tard — je le ferai par amitié pour vous [94]. »

Elle n'enlèvera pas la phrase, qui figure dans l'édition de poche de *La douleur*. Au nom de la douleur faut-il accepter les erreurs, les interprétations abusives ? *La douleur* n'est pas un livre d'histoire sur la guerre, ni un témoignage objectif. « Beaucoup de choses racontées dans *La douleur* sont vraies, confirme Dionys. Quelques-unes sont exagérées. » « C'est un peu notre histoire, dira Mitterrand, mais je n'en ferai pas exactement le même récit. *La douleur* n'est pas le plus rigoureux de ses livres [95]. » Aux yeux de Marguerite le fait qu'elle ne se ménage pas et qu'elle avoue avoir torturé lui donne le droit de jouer avec la vérité. Curieux trafic ! Encore devant Luce Perrot et Marianne Alphant, elle revendiquera d'avoir torturé et d'avoir osé le dire. Elle dira jusqu'à la fin de sa vie qu'elle n'avait pas peur d'être jugée pour ces actions : « Personne n'a le droit de me juger. Aucun commentaire n'est possible. Je n'ai de comptes à rendre à personne, j'étais là, devant l'inexplicable [96] ». Dans un parallèle qu'elle fera avec

Christine Villemin, elle affirme qu'elle fut, lors des séances de torture, « œuvrée » par Dieu, désignée par Dieu lui-même pour accomplir ce forfait, donc soustraite à tout jamais au jugement des hommes... donc sacrée, sacralisée dans cette cave de la rue de Richelieu où elle attendait patiemment que le corps tombe sur le sol comme une poupée molle.

Curieusement la presse n'a pas, à la sortie de *La douleur*, commenté la confession contenue dans *Albert des Capitales*, exception faite de *La Quinzaine littéraire* qui s'est montrée choquée : « Au moment de Le Pen, on n'a pas à rappeler qu'on a torturé un homme. » Duras dira avoir été désespérée en lisant cet article : « Je ne regrettais rien bien sûr mais je regrettais que dans un journal comme *La Quinzaine*, on pouvait avoir des arguments de cet ordre, de simple convenance, de stratégie littéraire [97]. » La critique se dit désemparée tant les mots paraissent pauvres pour exprimer les sentiments. « Et comment fait-on la critique de ça ? se demande Frédéric Ferney dans *Le Nouvel Observateur*. Existe-t-il seulement un mot pour dire la sincérité qui se surpasse ? La noblesse désespérée de l'attente et du refus ? *La douleur*, livre de combat, nous dit l'incomparable [98]. » « Aucun mot ne convient à ce qui est vécu sinon ça... quand les mots manquent, le souffle est court et le temps instantané. Il faut lire ce texte à voix basse et le lire à voix haute, dans ce travail d'incorporation qui nous sauve parce qu'il tremblera encore en nous jusqu'à ce que mort s'ensuive », écrit Michel Butel dans *L'Autre Journal*.

Le 29 mai 1985, après la clôture du festival de Cannes, son film *Les enfants*, qui a été sélectionné en février au festival de Berlin, sort dans quelques salles parisiennes, dans l'indifférence générale. Vieille histoire que celle de ces enfants « rachacheures » qu'elle a transformée en film l'année précédente. Tout avait commencé en 1971 quand Marguerite publia dans l'excellente collection Harlin Quist un conte ravageur, une histoire drôle et méchante écrite pour et du côté des enfants. Marqué par l'influence de Lewis Carroll, le livre, intitulé *A. Ernesto,* raconte les états d'âme d'un irrésistible petit garçon qui ne veut pas aller à l'école parce qu'on y apprend des choses qu'on ne sait pas. Ernesto a sept ans, le corps d'un adulte et l'intelligence tranquille d'un professeur de philosophie. Quand, finalement, il se résout à aller à l'école, le maître lui dit : « Le monde est loupé, Monsieur Ernesto. » Le livre n'obtint en France aucun succès. Mais les amis de Marguerite à qui elle le donna aimaient ce texte et songaient à l'adapter. Parmi eux Jean-Marc Turine qui, en 1978, proposa à Marguerite d'en faire un court métrage. Marguerite ne lui donna pas l'exclusivité des droits. Jean-Marie Straub et Danièle Huillet en firent sans autorisation un court métrage. Au centre, l'enfant Ernesto qui n'a pas besoin de faire l'effort d'apprendre. Comment l'enfant apprendrait-il ce qu'il sait déjà ? questionne perfidement le maître. *En rachachant*, expression qui donne son titre au film. Celui-ci est fidèle à l'esprit du livre. Marguerite, en le voyant, repense à son texte qu'elle trouve alors « innocent ». Elle décide de le transformer : elle y intègre ses souvenirs de la lecture de l'Ecclésiaste, qu'elle fait dire à Ernesto, lui donne le titre *Les enfants d'Israël*, puis celui des *Enfants du roi*. Elle ne sait pas encore ce qu'elle va faire de ce texte. Puis Jean-Marc Turine rentre d'un long voyage en Afrique et demande où en est le projet. « On va le faire à trois ce film, Outa, toi et moi, lui répond Marguerite. Je viens d'obtenir 500 000 francs du ministère pour tourner *La maladie de la mort* que je ne veux plus faire. »

Marguerite retravaille complètement le livre et pendant deux ans, avec Jean-Marc Turine et Outa, rédige six versions du scénario. Après avoir fait mourir Ernesto dans les premières versions, les auteurs le ressuscitent pour le faire parler. Car il sait tout, Ernesto. Tout sur tout. « Tout sur Dieu, l'Amérique, la chimie, la connaissance, Marx et Hegel, les grandes centrales mathématiques de la terre. Ernesto est un héros. » Incarnation du désespoir métaphysique de notre fin de siècle, Ernesto deviendra, cinq ans plus tard, le personnage principal de *La pluie d'été*, titre repris d'un fragment de l'Ecclésiaste.

Pour interpréter le rôle d'Ernesto, Marguerite contacte Gérard Depardieu qui refuse. Ce sera Axel, l'acteur génial de Claude Régy, l'ami de Marguerite et de son fils, l'innocent aux mains pleines.

Tandis que Daniel Gélin et Tatiana Moukhine interprètent ses parents et André Dussolier le maître. À l'occasion du tournage, la petite bande de fidèles se retrouve : Carlos d'Alessio compose la musique, Bruno Nuytten fait le cadrage, Robert Pansard-Besson assure la production. Le tournage a lieu à Vitry-sur-Seine. L'action se passe principalement dans une salle de classe. Le huis clos paraît vite statique et les paroles décalées, empruntées. Difficile de rendre au cinéma le comique de la langue malgré des acteurs formidables et de nombreuses répétitions vidéo. Marguerite est fatiguée, ne sait plus où elle en est. Elle dit ne plus rien comprendre aux films en général, à la continuité du récit, à la logique des personnages. « C'est le bordel total. Je ne peux plus suivre un film. Je suis complètement sortie de la psychologie, vraiment un film policier, je peux plus le voir du tout. J'oublie tout à mesure, donc il n'y a plus d'intrigue du tout, ça disparaît, je ne sais plus ce que je vois [99]. » Elle qui a su magistralement depuis vingt ans brouiller les cartes du son et de l'image, a fait un film de facture classique où seules les paroles perturbent. Des problèmes de production et un conflit sur la propriété du scénario — Duras exige que les noms de Turine et de Mascolo figurent au générique — viennent aggraver l'atmosphère du tournage et du montage avant d'affecter la sortie du film.

Prétextant un « froid européen » (*sic*), Duras ne se rend pas à Berlin pour le présenter mais, dans le dossier de presse, le définit comme « un film comique infiniment désespéré dont le sujet aurait trait à la connaissance ». *Les enfants* obtient un certain succès d'estime (un prix à Berlin) mais divise la critique française. Film philosophique sans queue ni tête, prétentieux, incohérent pour le critique du *Figaro* qui se demande si le projectionniste n'a pas inversé les bobines [100] ; fable d'une mélancolie poignante et d'une lumineuse ironie pour *Le Matin* [101] ; burlesque désespéré et hilarant pour *Libération* [102]. Puis une décision de justice en interdit la projection. Obligée de comparaître à plusieurs reprises au palais de justice, Duras s'y rend en tremblant comme une petite fille coupable, craignant qu'on la jette en prison. C'est par son avocat qu'elle apprend la date de sortie du film. Elle tente alors de s'y opposer — « C'est la plus mauvaise sortie de l'année » —, échoue et se désintéresse finalement du sort du film. Ayant décidé de refuser toute interview, elle accordera cependant à la fin de l'été un long entretien aux *Cahiers du cinéma* où elle assume l'échec : « *Les enfants* ? Il faut que je me souvienne que ce film existe, je suis là comme au sortir d'une poubelle. Il faut que j'oublie l'acharnement étrange, quasi meurtrier, la peur aussi car j'ai parfois peur [103]. » Après la publication de *La douleur*, quelques mois plus tôt, Marguerite déjà disait qu'elle était perdue. Elle craignait de ne plus pouvoir écrire... Est-ce pour cette raison, aggravée par l'échec des *Enfants*, qu'elle acceptera de revenir au journalisme ? Mais son état de fragilité psychique et physique ne peut servir de circonstance atténuante à l'épisode sinistre qu'on a appelé l'affaire Villemin où, sous prétexte de « génie », elle incarna la prophétesse de malheur et l'intellectuelle dévoyée.

Toujours aussi friande de faits divers et assoiffée de tragique, Marguerite Duras s'est, depuis les débuts, passionnée pour Christine Villemin. Bien sûr, les commentateurs littéraires pourront toujours expliquer qu'en s'emparant d'elle elle n'a pas voulu s'attaquer à sa personne même mais qu'elle a, par le biais de la fiction, reconstruit un personnage fantasmatique qui n'avait plus rien à voir avec la vraie Christine Villemin, inculpée du meurtre de son fils Grégory. Soit. Mais Marguerite Duras savait ce que nommer veut dire, que des paroles peuvent tuer ou inciter au meurtre. Elle n'a pas inventé une nouvelle Anne-Marie Stretter, une autre Lol V. Stein. Cette femme sur laquelle elle s'est acharnée fantasmatiquement est bien vivante. Marguerite en était littéralement obsédée, possédée. Pendant quelque temps, elle ne parlait plus que d'elle, de son mari et d'elle, de son enfant, de son mari et d'elle. Son nom, son visage, son regard, son histoire, sa sexualité hantaient l'imaginaire de Marguerite Duras. Elle a beaucoup écrit sur elle : outre l'article de *Libération*, des pages restées inédites. Elle a même songé à un livre. Pour elle Christine Villemin était désignée par Dieu pour accomplir le forfait suprême.

Jusqu'à la fin de sa vie, Duras pensa qu'elle avait été mal jugée et mal comprise. Elle n'éprouvait pas le moindre remords mais l'indignation la soulevait quand elle évoquait la haine suscitée par ses propos. Martyre oui, Duras s'est prise pour une martyre de la vérité, une vérité si dérangeante qu'elle ne pouvait être entendue. Se serait-elle prise à son propre piège de mauvaise devineresse ? Pour faire reculer le conformisme bien pensant, a-t-elle outrepassé ce qu'elle pensait véritablement ? Je ne le crois pas. Elle a joué avec le feu, en toute lucidité. Elle a tenté de capturer Christine Villemin dans son univers pour en faire une héroïne de tragédie des temps modernes. D'abord elle l'a vue, comme tout le monde, à la télévision et sur des photographies. Elle l'a trouvée très seule. Comme une servante mise à la porte. Elle a eu de la compassion pour elle. Elle a voulu lui envoyer des livres en prison mais elle a pensé qu'ils ne lui parviendraient jamais. Alors elle a véritablement commencé à penser à elle. Pour elle, il y avait eu des comptes rendus de l'affaire Villemin mais pas de « son », pas de « récit », pas de « roman ». Elle a voulu rejoindre Christine Villemin, savoir ce qui s'était passé dans sa vie avant. Elle ne pouvait plus supporter la comédie judiciaire qui entourait le drame. « Le langage qui consiste à pleurer Grégory pour mieux punir le crime nous fait accéder aux zones irrespirables de l'humanité, à la société sanguinaire et punitive », dit-elle à un ami [104].

Dans ce choix passionnel se lisent toutes les contradictions de Marguerite Duras sur la féminité, ses propres peurs d'elle-même et l'expérimentation de ses propres limites.

Rappelons la chronologie des faits. Le 13 juillet 1985, *Libération* propose à Marguerite Duras d'écrire sur ce tragique fait divers, devenu le feuilleton de l'été. Marguerite hésite, se demande ce qu'elle pourra bien en dire puis a l'idée d'aller sur les lieux. Les lieux vont parler, pense-t-elle. Elle entreprend donc le voyage à Lépanges en compagnie d'un journaliste de *Libération*, Éric Favereau, et de Yann Andréa. Duras est déçue : sa demande d'entrevue avec Christine Villemin n'a pas été exaucée. Duras se prend au jeu. Elle aimerait tant rencontrer celle dont les médias scrutent la moindre expression, interprètent le plus petit geste. Elle pense qu'elle comprendrait si elle la voyait. Elle insiste. Christine Villemin refuse de nouveau. Si elle ne veut pas lui parler, consentirait-elle à la voir, seulement la voir sans lui adresser la parole ? demande Duras à son avocat. Curieuse cette façon qu'a Marguerite de vouloir la voir à tout prix même sans communiquer avec elle. L'innocence se verrait-elle ? Christine Villemin serait-elle une curiosité qu'on montre pour se faire une idée, à la manière des aliénistes du XIXe siècle qui faisaient leurs observations sur les hystériques sans jamais croiser leur regard ou leur adresser la parole ? Marguerite Duras ne verra pas Christine Villemin et en voudra beaucoup à son avocat qui représentait à ses yeux la bêtise sociale, la « vieille justice ». C'est à partir de cette non-rencontre qu'elle imagine son scénario. Puisque Christine Villemin n'accepte pas de se confronter à elle, Duras va la capturer autrement. Elle ne lui échappera pas. « Je ne verrai jamais Christine Villemin. C'est trop tard. Mais j'ai vu le juge qui est certainement celui qui est le plus près de cette femme. » Ainsi commence l'article publié dans *Libération* le 17 juillet. Nous sommes au

273e jour de ce qu'on appelle l'affaire de la Vologne. Les juges de Nancy viennent de remettre en liberté Christine Villemin. La cour d'appel a retenu les charges accumulées par la police mais a noté aussi l'absence de tout témoignage direct et de mobile d'infanticide avéré.

Libération titre : « Le droit à l'innocence » et annonce à sa une le texte de Marguerite Duras : « Christine Villemin, sublime, forcément sublime ». Marguerite Duras se défendra toujours de ce « sublime, forcément sublime » ; elle dira l'avoir barré avant de remettre son texte au journal et reprochera à Serge July de l'avoir rétabli sans l'avoir consultée. Mais, pour le reste, elle confirmera ce qu'elle a alors, sous le coup de l'émotion, écrit, relu sous forme manuscrite puis corrigé sur les épreuves d'imprimerie. « Dès que je vois la maison, je crie que le crime a existé, je le crois. Au-delà de toute raison. » Marguerite Duras n'a pas vu Christine Villemin mais elle a vu sa maison. Le fait de l'avoir vue l'autorise à éprouver un sentiment qu'elle transforme en certitude même si c'est « au-delà de la raison ». De cette « vision », découle une identification : Christine Villemin c'est moi. Elle pourrait être moi. Je suis au-delà de toute pudeur. Je bouscule l'ordre. Seule l'incompréhension me fascine. L'intelligence suprême gît dans la part la plus obscure de nous-mêmes. Christine Villemin a peut-être accompli le souhait le plus abominable qui existe pour une femme. Peut-être ? Car si on relit attentivement le texte, on s'aperçoit que jamais Marguerite Duras n'écrit que Christine Villemin est coupable. Elle induit cette idée chez le lecteur à plusieurs reprises. Elle évoque l'hypothèse de manière obsédante mais jamais ne l'affirme. Marguerite Duras aimerait bien que Christine Villemin soit coupable. Elle en éprouve le désir : « Une nuit qui descendrait sur elle, Christine Villemin innocente qui a peut-être tué sans savoir comme moi j'écris sans savoir... »

Marguerite Duras ne sait pas pourquoi elle a crié quand elle a vu la maison. Mais elle se fait assez confiance pour savoir que si elle a crié ce n'est pas sans raison. Marguerite Duras croit en ses dons de voyante. Certes, elle les craint et sa première réaction au retour de Lépanges fut de ne PAS écrire ce texte. Après quarante-huit heures passées sur le lieu du crime, à renifler l'atmosphère au milieu de la meute des journalistes, elle regagna Paris et déclara forfait. Elle n'écrirait rien sur Christine Villemin. Mais, à deux heures du matin, elle commença à écrire, non pas son histoire mais la vision qu'elle en avait. À partir de ce qu'elle imaginait de la douleur de cette femme qui, à l'époque, était l'objet de la vindicte populaire, Marguerite Duras s'embarquait dans un pays imaginaire où l'amour entre un homme et une femme n'existe plus, où l'amour maternel a disparu, où l'homme bat sa femme pour des biftecks mal cuits, où l'existence d'un enfant ne compte plus.

La vraie Christine Villemin est bien loin. D'ailleurs ne s'appelle-t-elle pas désormais Christine V. ? Mais le jeu pratiqué par l'écrivain est trop grave pour qu'on puisse entrer avec elle impunément dans ce territoire où les femmes sont des fantômes, réduites à l'état d'esclaves, enfermées, asservies à des hommes d'ordre dont le néant est le slogan. « Il se pourrait », écrit Marguerite Duras. Cette Christine V(illemin) lui impose le respect, elle l'admirerait plutôt. Elle fait d'elle une femme sauvage, infidèle, nomade, fugueuse : « Une vagabonde en vérité, une rocky de boulevard en vérité sans foi ni loi ». « Il se pourrait. » Elle fait de Christine V. la grande sœur de l'amante anglaise, cette femme qui passe son temps à ne rien faire, assise sur son banc, sans désir de s'occuper, même pas du jardin, regardant le ciel vide, exténuée, pour mieux fomenter les crimes les plus abominables. Elle se remémore sa propre enfance quand elle eut l'idée, pour plaire à sa mère, de devenir une criminelle en imaginant tirer sur le représentant des fonctionnaires coloniaux responsable des malheurs familiaux. Marguerite Duras fait basculer son récit vers la fiction, ne relate plus des faits mais raconte une histoire, la sienne principalement. Elle fait feu de tout bois pour alimenter son imaginaire et n'hésite pas à piétiner la dignité d'une personne et à bafouer la présomption d'innocence. Elle, si soucieuse d'intégrité, elle qui se plaît à jouer le rôle d'arbitre moral dans les mœurs politiques et de redresseur de torts, verse dans les défauts qu'elle juge les plus graves chez ses contemporains : l'atteinte à la personne, la volonté de se placer au-dessus des lois.

« Il n'y a pas de journalisme sans morale. Tout journaliste est un moraliste. C'est absolument inévitable », a-t-elle écrit deux ans auparavant dans la préface à un recueil de ses articles, *Outside*. Où est la morale dans l'article « Christine V., sublime, forcément sublime » ? Certains durassolâtres auront beau pratiquer un jeu de cache-cache entre la réalité et la fiction, ils ne persuaderont guère. Serge July, lui-même, jugea utile de publier un article à côté de celui de Marguerite Duras, intitulé « La transgression de l'écriture », où il tentait de justifier la nature de ce texte. Marguerite Duras le découvrit à la lecture du journal. Elle en fut outrée. Cet article sonnait pour elle comme un mea-culpa, une longue lettre d'excuses adressée aux lecteurs, comme en témoignent ces explications embarrassées : « Ce n'est pas un travail de journaliste, d'enquêteur à la recherche de la vérité. Mais celui d'un écrivain en plein travail, fantasmant la réalité en quête d'une vérité qui n'est sans doute pas la vérité, mais une vérité quand même, à savoir celle du texte écrit. Ce n'est de toute évidence pas la vérité sur Christine Villemin, ni vraiment celle de Marguerite Duras mais celle d'une femme " sublime, forcément sublime ", flottant entre deux langages, celui de l'écrivain d'une part, et celui bien réel, en grande partie non dit, de Christine Villemin. »

Serge July pensait peut-être se prémunir contre les accusations que le texte allait provoquer. Ce fut le contraire qui se passa. Une véritable avalanche de lettres indignées s'abattit sur *Libération*. Les autres journaux s'emparèrent de ce qui devint l'affaire Duras... Les écrivains femmes furent sommées de donner leur opinion. Françoise Sagan, interviewée par Jérôme Garcin dans *L'Événement du jeudi*, crie son indignation. Simone Signoret souligne la confusion et l'ambiguïté du texte, Benoîte Groult se dit scandalisée, Régine Deforges avoue son dégoût et son malaise devant cette forme de délation et de complaisance impudique dans le malheur des autres. Le seul bémol dans ce concert de désapprobations vient d'Edmonde Charles-Roux qui juge l'article remarquable. « Bien sûr que Marguerite Duras croit Christine coupable. Là-dessus elle ne laisse planer aucun doute. Mais elle cherche à travers les causes profondes du crime. Dès ce moment, le lecteur est appelé à partager l'avis de Duras [105]. » Des paquets de lettres continuent d'arriver à *Libération* — en majorité défavorables — mais aussi à France-Inter où un journaliste fait publiquement part de sa désapprobation et à *L'Événement du jeudi* où des lecteurs prennent la défense de Duras en se moquant de ces femmes écrivains, grenouilles de bénitier qui n'ont pas le courage d'assumer la violence de leur féminité. Madame Bovary, Violette Nozières sont citées pour réhabiliter Marguerite Duras et la replacer dans la lignée des écrivains qui transforment le réel pour mieux le transcender.

Reste le texte, écrit en une nuit, porté par le désir de communion avec ce paysage que Duras découvrait, un texte comme échappé des régions les plus noires du subconscient, où elle tente de lever des interdits, de dire sa fascination pour le mal. Marguerite Duras est entrée par effraction dans la maison de Christine Villemin, dans son paysage, dans sa vie de couple, dans son rôle de mère de Grégory. Elle lui a tout dérobé : ses pensées les plus secrètes, les pulsations de son âme, les frémissements de son corps, ses rêves mêmes. Elle a pensé à sa place, agi et souffert à sa place de devoir aimer sans désir et sans amour. Marguerite Duras croit prendre la défense de Christine Villemin : son histoire ne relève plus de la justice et elle n'a de comptes à rendre qu'à Dieu. Elle pense la posséder, donc être la seule à pouvoir la comprendre, donc l'unique à pouvoir la défendre. Christine V. est sa semblable : toutes deux sont seules. « Elle est encore seule dans la solitude, là où sont encore les femmes du fond de la terre, du noir, afin qu'elle restent telles qu'elles étaient avant, reléguées dans la matérialité de la matière [106]. »

Loin, elle est loin, Marguerite Duras. Loin des jugements, des qu'en-dira-t-on. Le lendemain de la publication de l'article, elle rencontra par hasard François Mitterrand dans une librairie du quartier Latin. Mitterrand l'attrapa et lui dit : « Dites donc vous, vous n'y allez pas par quatre chemins ! — Oui, c'est vrai je vais comme ça, lui répondit-elle. Le crime, à de rares explications près, je ne le vois jamais comme un mal ou un bien mais toujours comme un accident qui arrive à la personne qui le commet. Excusez-moi je ne le juge pas [107]. » Mitterrand repartit sans un mot mais après avoir accepté de la revoir la semaine suivante pour une série d'entretiens qui feront date. Chez Duras, on ne parvient à la véritable jouissance que sur fond de crime. Christine Villemin est devenue la représentante de toutes les femmes humiliées dont le seul accès à la compréhension du monde passe par le crime. Marguerite Duras la prend pour une héroïne qu'elle souhaite réhabiliter. Elle commence donc un livre sur elle et Christine Villemin. Christine Villemin, au fil de la construction de ce roman qui ne verra jamais le jour, se fait vampiriser par toutes les autres femmes que Duras a inventées : lentes, passives, engourdies, ensommeillées. « Ça rend sauvage l'écriture. On rejoint une sauvagerie d'avant la vie », dira-t-elle trois ans avant de mourir.

Marguerite Duras fut suffoquée par la violence des réactions à son article et, à considérer les commentaires hargneux qu'elle fit sur certaines lettres que le journal lui transmit, fut profondément affectée. Sûre d'avoir raison, elle conclut que son texte atteignait si profondément l'inconscient de chacun qu'il en était devenu obscène. « Les femmes qui hurlent ne sont pas mécontentes qu'une femme indiscrète l'ait dit. » « Elles ont peur nuit et jour de l'homme et cela les hommes ne le savent pas. » Blessée plus particulièrement par les critiques de certaines femmes, elle pensa tout d'abord répondre à l'une d'entre elles, Isabelle C. Elle écrivit un projet de réponse : « Tous ces gens qui me parlent de ce qu'on doit écrire ou pas, quel ennui, quelle erreur. Comme si on en était encore au Père Sartre qui faisait la loi. On me dit, ça devait arriver tôt ou tard. Ça y est. Même l'auteur de *La bicyclette bleue*. L'auteur de l'indicible bicyclette rouge d'Anne-Marie Stretter étant moi-même... Peuvent rien contre l'écrit parce qu'ils savent pas ce que c'est [108]. » Puis elle relut son article attentivement, laissa passer du temps, écouta les uns et les autres, fit la part des choses, commença son examen de conscience. Elle reprit la plume et, sous forme d'une lettre adressée à cette jeune femme (reproduite en annexe), écrivit ce texte :

Comme si les crimes étaient répréhensibles, comme si d'en parler faisait du tort aux accusés, c'est le contraire. Comme si inventer les raisons c'était ça la délation (miss Deforges, à votre dictionnaire, pauvre !) comme s'il n'y avait que les intellectuels de responsables, alors que tout le monde l'est, même le prolétariat, même les faux écrivains, même les analphabètes.

[...]

C'est à vous, Isabelle C., que je réponds, à travers les autres lettres que j'ai reçues qu'elles soient indignées ou enthousiasmées, [...]

Vous êtes pour le silence, comme si éviter de ne rien dire, c'était ça le silence.

Moi je suis contre ce silence.

Nous sommes donc en apparence irréconciliables. Loin l'une de l'autre. Et c'est pourtant à travers votre lettre que je crois possible de peut-être nous rencontrer au milieu du chemin que nous faisons vous, Christine V. et moi. Même si c'était en intelligence, dans celle de nos différences.

[...]

Car je ne crois pas avoir rêvé sur le « destin inaccessible » de Christine V., et de ce fait, avoir convaincu le lecteur de sa culpabilité.

Je n'ai pas rêvé.
On ne rêve pas quand on écrit, ou on n'écrit pas.
Je me suis rapprochée de Christine V.
J'ai inventé, mais dans la banalité du sort commun et je ne crois pas que la culpabilité de Christine V. ait été potentiellement augmentée ou diminuée du fait de cet article [109]. »

Le 27 janvier 1994, Christine Villemin perdra le procès qu'elle avait intenté à Marguerite Duras et à Serge July pour atteinte à la présomption d'innocence et à son droit à l'image, et se verra refuser les dommages et intérêts qu'elle réclamait, les juges ayant rappelé que « l'actualité judiciaire donne au journaliste le droit de publier des informations concernant une personne impliquée dans une procédure et d'illustrer son article la représentant sans qu'il soit nécessaire d'obtenir au préalable son consentement ». Mais l'histoire laissa Duras amère et désemparée. L'article de *Libération* avait flétri sa réputation et son image. « C'était une chance de pouvoir accuser un écrivain d'avoir fait une faute morale. » Elle se sentit au ban de la société pendant plusieurs mois. « Si j'ai trop écrit, de l'autre côté on a trop crié. » La justice innocenta Christine Villemin. Mais on ne peut oublier son calvaire. Tant d'offenses, de souffrance, d'indignité... pour ne pas retrouver le meurtrier. Peu de temps après l'affaire, au cours d'une conversation, Marguerite Duras confessait avoir été trop loin : « Peut-être, n'ai-je pas respecté les règles de la prudence. Il s'est agi certainement de ma part d'une aberration, d'un emportement d'écriture, d'un excès d'écriture eu égard à l'acte le plus excessif de l'homme : tuer [110]. »

Une semaine après la publication de son article sur Christine Villemin, Duras s'attaquait à une autre star : François Mitterrand. Michel Butel qui préparait la naissance de *L'Autre Journal* avait envie de faire dialoguer Duras et Mitterrand. À chacun d'eux, il expliqua que l'autre souhaitait le rencontrer. La ruse a fonctionné. L'affaire est vite conclue. Mitterrand, pendant l'entretien, qui se déroule rue Saint-Benoît, a des trous de mémoire. Marguerite Duras est gênée, tente de rétablir les faits puis renonce à le reprendre sur la chronologie de la Résistance [111]. Elle demande à le revoir. Mitterrand accepte parce que c'est Marguerite, l'ancienne épouse de Robert Antelme qu'il admirait tant et qu'il est allé voir souvent à l'hôpital pendant sa longue maladie, et parce qu'elle l'amuse par ses manières, ses coq-à-l'âne. Le second rendez-vous a lieu à l'Élysée le 23 janvier 1986. Marguerite arrive sans avoir rien préparé. Elle dit ce qui lui vient à l'esprit. Il est question de l'Afrique, de la guerre, des animaux, de l'enfance, des plantes. Séduit par la liberté de ton de Marguerite, Mitterrand quitte la langue de bois des hommes politiques et parle souvent à la première personne. Marguerite, dans le rôle d'accoucheuse, se prend au jeu et souhaite compléter ces entretiens. Mais Mitterrand les interrompt. Elle ne cesse alors de harceler son secrétariat. Elle veut en faire un livre. Elle trouve un titre, *Le bureau de poste de la rue Dupin*, fixe le nombre de pages : 204 et même le nombre de signes : 298 000. Gallimard propose à Marguerite un à-valoir de 200 000 francs. Mais Marguerite n'obtient pas le rendez-vous. Mitterrand, fidèle à sa réputation, ne dit ni oui ni non. Marguerite ne se décourage pas, elle insiste. Mitterrand trouve urgent d'attendre. Son conseiller culturel a la délicate mission de faire patienter Marguerite qui tempête, exige des explications... Trois ans plus tard, elle ne désespère toujours pas de faire aboutir son projet. Elle a changé de titre : *Ce sera le dernier pays avant la mer*. Elle souhaite même publier les entretiens tels quels, sans complément car ce sont « des textes très intelligents, très forts, très émotionnants [112] ». Mitterrand était charmé par Marguerite, admirait certains de ses livres — surtout *Les petits chevaux de Tarquinia, Un barrage contre le Pacifique* —, reconnaissait son énergie et sa flamme mais n'avait pas une grande confiance en elle touchant l'exactitude des faits et il pensait qu'à force de vouloir jouer à tout prix le rôle de la provocatrice, elle empêchait, par sa manière de le questionner, le véritable débat politique. Il se méfiait aussi de son narcissisme et de sa manière systématique de tout ramener à elle. Il ne souhaitait pas qu'elle s'arrogeât le rôle de la biographe autorisée qui recueille les véritables pensées d'un président en exercice. Marguerite ne reverra donc plus Mitterrand. Elle continuera à lui envoyer ses livres qu'il lisait tous, séance tenante, et dont il accusait — courtoisement — réception.

Elle prend au sérieux ses activités de journaliste à *L'Autre Journal*, et ses fonctions d'éditorialiste la rajeunissent. Elle aime l'ambiance de l'équipe, donne son avis souvent, intervient sur tous les sujets politiques auprès de

Michel Butel qu'elle n'hésite pas à réveiller en pleine nuit dès qu'elle a une idée. Le 19 mars 1986, elle écrit au président du Conseil de la République socialiste du Vietnam pour lui demander de libérer Nguyen Syte, prisonnier politique et fait campagne pour lui en s'associant à Amnesty International pour laquelle elle militera. Le 7 avril 1986, en présence de François Léotard, ministre de la Culture, des mains de M. Al-Fayed, elle reçoit le prix Ritz-Paris-Hemingway doté de 50 000 dollars. Riche elle l'était déjà, elle devient richissime. Elle investira cette somme dans des placements immobiliers.

Début mai Marguerite réalise enfin son vœu : après avoir tenté en vain l'expérience avec Gallimard puis périodiquement chez Minuit, elle est devenue directrice de collection chez P.O.L. : les deux premiers titres de sa collection, intitulée « Outside », sortent en librairie. « L'idée est venue tout naturellement, explique Paul Otchakovsky-Laurens. Elle me disait qu'elle voulait aider de jeunes auteurs à se faire connaître. Elle voulait les publier et les protéger. Je lui ai donné carte blanche [113]. » La société littéraire macère dans « l'amertume, le rétrécissement de l'âme, le rattrapage par la somme culturelle et l'exercice régulier de la jalousie méchante ». Duras, elle, veut révolutionner les règles du jeu. « Ce n'est pas l'auteur que le public lit, c'est le livre [114]. » Elle publie donc des écrivains jeunes et prometteurs : Catherine de Richaud, Nicole Couderc et Jean-Pierre Ceton de nouveau, *Rapt d'amour*. L'expérience s'arrêta là. « Nous ne nous sommes pas fâchés, dira P.O.L., nous n'avions pas les mêmes goûts. Jamais elle n'a demandé un sou. »

Seul l'acte d'écrire peut apaiser — temporairement — la peur qui envahit de nouveau sa vie. Celle-ci est le thème obsédant du récit qu'elle commence, *Yeux bleus cheveux noirs*, qui est la suite de *La maladie de la mort*, la réécriture d'une adaptation théâtrale abandonnée. *La maladie de la mort* se passait dans le huis clos d'une chambre, *Yeux bleus cheveux noirs*, dédié à Yann Andréa, aussi. Quatre années séparent les deux textes. *La maladie de la mort* avait été écrit dans l'épouvante de l'homosexualité et dans la jouissance de cette épouvante. *Yeux bleus cheveux noirs* raconte l'armistice du désir : comment une femme peut-elle accepter l'homosexualité de l'homme qu'elle désire ? Ils sont couchés, immobiles et nus dans cette chambre où l'amour est impossible.

Autour d'eux des acteurs lisent leur histoire. Distance maximale. Elle veut tout de lui. Il ne veut rien. Même pas qu'elle le touche. Même cela il ne veut pas. « Elle lui dit de venir. Venez. Elle dit que c'est un velours, un vertige, mais aussi, il ne faut pas croire, un désert, une chose malfaisante qui porte aussi au crime et à la folie. Elle lui demande de venir voir ça, que c'est une chose infecte, criminelle, une eau trouble, sale, l'eau du sang, qu'un jour il devra bien le faire, même une fois, fourrager dans le lieu commun, qu'il ne pourra pas l'éviter toute sa vie. » La femme est écrivain. Lui, il ne fait rien sauf aimer par la pensée un homme qui l'a quitté ; il le pleure encore. Peu importe qui ils sont, ce qu'ils font. L'histoire est universelle. La femme pense que c'est peut-être dans l'horreur de cet amour qu'elle va réussir à lui faire entendre sa détresse de ne plus jouir. Cela fait cinq ans qu'ils vivent ensemble, dans l'impossibilité de pouvoir s'aimer, dans l'incapacité de pouvoir se quitter. Elle va chercher son plaisir en dehors de la chambre : sur les plages où des hommes font l'amour à des filles qu'ils ne connaissent pas, sans les voir, ou dans des chambres d'hôtel où l'attend un homme qui la bat pour la faire jouir plus vite. Mais c'est toujours vers celui qui ne lui est pas destiné et qui pleure de ne pouvoir la pénétrer qu'elle revient, épuisée, à la fin de la nuit.

Yeux bleus cheveux noirs met en scène en tentant de l'exorciser un moment de la relation entre Yann et Marguerite. Peut-on s'aimer sans jouir de l'amour ? L'amante d'un homme qui aime les hommes peut-elle se résoudre à être privée de la sexualité de son amant ? Jamais le mot homosexuel n'apparaît dans le texte. Duras veut ruiner le mot. Avant elle l'utilisait souvent. Maintenant elle le trouve faux : l'homosexualité n'est pas seulement sexuelle. En même temps, Duras n'a peut-être jamais été aussi loin dans l'analyse de la sexualité féminine : elle décrit avec précision les sensations que donne la pénétration d'une verge jusqu'au fond du vagin, les sécrétions du plaisir, et dessine le sexe masculin idéal pour toutes les étapes de l'amour féminin. *Yeux bleus cheveux noirs* est un chant d'amour au sexe féminin, un hymne au plaisir. De ce combat perdu d'avance, la femme sort cependant victorieuse : si l'homme ne peut la pénétrer, il a besoin désormais de s'allonger près d'elle pour ne pas pleurer. Elle sait qu'elle va bientôt mourir. Elle a la certitude qu'il sera là à ses côtés jusqu'à son dernier souffle.

La proximité de la mort et l'impossible dialogue avec Dieu teintent le récit d'une forte mélancolie.

Marguerite Duras hésita à publier le livre. Elle craignait les réactions des lecteurs. Deux ans après *L'amant*, elle a changé radicalement de style et détruit l'image qu'elle voulait donner d'elle : ce n'est plus la jeune fille ravissante aux chaussures en lamé qui s'abandonne aux mains expertes de l'homme à la peau de pluie, mais la vieille femme hurleuse qui, comme une vieille lionne au fond de sa tanière, réclame sa pitance de sexe à un jeune homosexuel dégoûté, dépressif. À la sortie du livre, interrogée à la radio, elle ne fait pas mystère de la part autobiographique du récit : « On fait toujours un livre sur soi. Les histoires inventées c'est pas moi. J'ai pas de mots pour parler de cela. Je me suis approchée dans le livre de la brutalité, du crime. Ça se vit solitairement. Le désir c'est la raison d'être, l'état de désir constant de l'autre, du désir qui est fugace mais qui envahit tout : les nuits, les jours, la parole, l'écriture [115]. » Inconvenante Duras ? Assurément et elle ne s'en cache pas. Elle prévient le lecteur : « C'est l'histoire d'un amour, le plus grand et le plus terrifiant qu'il m'ait été donné d'écrire. Je le sais. On le sait pour soi. Cet amour n'a pas de nom. Il est sans mots perdu comme une perdition. Lisez le livre. Dans tous les cas, même dans celui d'une détestation de principe. Nous n'avons plus rien à perdre, ni vous de moi ni moi de vous. »

Duras écrit sur Yann. Elle écrit aussi à Yann : « Je voudrais que tu m'écrives que tu ne m'aimes pas, que tu signes la lettre, le constat. Vous écrirez : je ne vous aime pas. Vous datez et vous signez. Au bas de la lettre, vous ajoutez : je ne peux pas aimer une femme [116]. » Yann ne signera pas. Duras transforme ses amis, son amant en acteurs de son propre théâtre. Duras décide de tout, y compris des réactions de ses lecteurs. À vos ordres, camarade Duras. Certains sont fatigués de son cinéma, de son inconvenance obligatoire, de ses imitations d'elle-même, de ses phrases refrains, de sa musica répétitive, de ses mots qui reviennent, amour, amant, cris, larmes, mer, nuit. L'amour avec elle est toujours terrifiant, les cris des hurlements, les amants affolants, qu'ils fassent trop ou jamais l'amour, la mer dévorante et cruelle, la nuit froide, interminable. Celle qu'on prenait pour la Callas des lettres françaises tournerait-elle à la Castafiore un peu sénile ? Duras rabâche, joue ses thèmes jusqu'à l'excès, jusqu'à l'écœurement. Mais est-on jamais lassé d'écouter une chanson de Piaf ? Musique, texte, sexe.

À qui écrit-elle ? Pour qui écrit-elle ? Pour Yann qui n'est pas que Yann, mais aussi tous les faux amants. « On finit par en douter de l'amour. C'est un cycle saisonnier qui peut-être va avec l'été, la mer. On en parle de façon trop simple dans les livres [117]. » Dans l'invivable auquel elle est confrontée, elle se rapproche de l'amour de Dieu, de la punition sacrificielle. Dans un texte intitulé *La pute de la côte normande*, publié d'abord dans *Libération* puis aux éditions de Minuit, Marguerite Duras racontera les circonstances dans lesquelles fut rédigé *Yeux bleus cheveux noirs*. Yann ne s'appelle plus le jeune homme, il s'appelle Yann. Deux heures par jour il tape *Yeux bleus cheveux noirs*. Quand il tape, il ne crie pas. Le reste du temps, il crie, contre elle, contre lui. Et puis il part. Il va dans les grands hôtels chercher des hommes beaux. Il en trouve quelquefois, pas des hommes aux yeux bleus, cheveux noirs mais des barmen. Quand il revient, il crie. Quoi qu'elle dise, il crie. Il l'empêche d'écrire. Mais bien vite elle ne peut plus se passer de ses cris. C'est Yann qui a fait le livre. Il n'en a pas seulement tapé d'innombrables étapes, il n'a pas uniquement mis de l'ordre dans ce fatras, accumulé de papiers collés, il l'a inspiré, il l'a commandité. Apparemment obéissant. On pourrait presque le croire servile. Mais c'est Marguerite qui a peur de lui et non l'inverse. Elle a peur de ses cris, de ses absences, elle a peur qu'il meure. Et lui qui lui dit : « Qu'est-ce que vous foutez à écrire tout le temps, toute la journée ? Vous êtes abandonnée par tous. Vous êtes folle, vous êtes la pute de la côte normande, une connarde, vous embarrassez. » Marguerite écrit le livre pour l'apaiser.

Avec *Yeux bleus cheveux noirs*, elle a la sensation d'avoir réussi à capturer Yann Andréa. Elle l'a fixé là dans ces pages où elle l'encage, où elle dit tout de lui, ses obsessions les plus secrètes, ses gestes les plus intimes, ses désirs les plus fous. Elle l'expose comme elle l'a fait l'an passé avec son ancien mari Robert Antelme. La merde de Robert, le sexe de Yann. Le sexe de Yann n'est pas pour elle. Mais son histoire avec Yann lui appartient. La personne même de Yann devient objet, prétexte moteur d'écriture. En écrivant sur lui, elle peut commencer à n'être plus dans la soif insatiable, dans l'impatience permanente. Elle peut enfin l'éloigner de sa vie à elle en inscrivant son prénom noir sur blanc sur le papier. En écrivant sur lui, elle a repris le dessus. Temporairement.

Le livre est bien accueilli. « Roman nocturne, aussi court que *L'amant* et tout aussi beau[118]. » « Duras met en scène les aveux les plus cruels[119]. » « Au faîte de sa gloire, au zénith de son art, c'est Duras tout entière à l'amour attachée[120]. » « Duras telle qu'en elle-même despotique, démunie[121]. » « C'est merveille qu'après *L'amant*, Duras ait pu écrire un livre plus beau, plus pur encore, enfance loin dans la nuit et dans la folie[122]. » Elle le désavouera l'année suivante et ressentira ce livre comme un échec. « Il y a dans ce livre un essayisme à la Barthes, j'ai des idées, j'en fais montre et le roman est parfois justifié, comme ceux des prix littéraires[123]. »

Marguerite écrit sans discontinuer. La mise en chantier d'*Emily L.* commence déjà dans *La pute de la côte normande* où Duras fait allusion à ce qui s'est passé un après-midi à Quillebeuf. Elle n'y a pas fait vraiment attention, elle a préféré oublier. À Quillebeuf, donc, où Yann et Marguerite se rendent presque chaque après-midi d'été, au beau milieu de ce paysage maritime, dans l'harmonie tranquille du bar de l'hôtel de la Marine où ils viennent boire, Marguerite a vu en un instant débarquer des êtres étranges : ils ont les yeux bridés, les cheveux en brosse, ils ont tous le même visage, le même corps, la même apparence asiatique. Marguerite est de nouveau hantée par ses visions provoquées par l'alcoolisme, habitée par ses apparitions qui la taraudaient si souvent après la cure de désintoxication et qu'elle nomme les « choses de la nuit ». Les Coréens sont donc là mais Yann ne les voit pas. Pourquoi des Coréens ? Elle ne sait pas mais ils sont là à les encercler en s'asseyant aux tables d'à côté. Ils les regardent, eux deux seuls, perdus, en souriant cruellement. La peur gagne Marguerite. Yann ironise. Pourquoi des Coréens ? Vous n'êtes qu'une espèce de raciste à la gomme. Marguerite dit qu'il a raison, elle tremble comme une petite fille. Yann cède et lui propose d'entrer dans le café pour s'éloigner des Coréens au regard cruel : « Je vous ai suivi dans le café. Je vous suivais toujours partout, où que vous alliez. »

Ainsi commence *Emily L.* La peur apaisée, l'état d'idiotie lamentable dans lequel l'auteur se trouve alors, évoqué dès les premières pages, le roman peut commencer. Car, à l'intérieur du bar de la Marine attendent Emily L. et le Captain, deux personnages issus des profondeurs de l'océan, des petits enfants du capitaine Achab, des cousins éloignés de Stevenson, des êtres apatrides qui reconnaissent comme seule frontière la ligne d'horizon et comme patrie l'ivresse du whisky. Mais les Coréens encerclent le bar de la Marine. Ils viennent de partout. Alors Marguerite regarde Yann pour qu'il la protège. Mais Yann regarde au loin. Marguerite parle pour expliquer la peur. Yann n'écoute pas. Alors Marguerite pleure. On ne sait qui est le plus cruel, de l'auteur qui dit à Yann : « Je ne vous aime plus. C'est vous qui m'aimez. Vous ne le savez pas », des Coréens qui veulent les torturer, ou de Yann qui impose le silence à l'auteur, le silence de la mort.

Duras écrit, encore une fois, ce qu'elle vit. Quillebeuf, c'est l'endroit où elle va tous les jours. Elle aime d'un amour fou ce petit port, à la limite de l'Eure et de la Seine-Maritime, où passent des pétroliers. Yann, c'est le jeune homme qu'elle ne quitte jamais, sans qui elle ne peut plus faire un pas, avec qui elle boit pour oublier qu'il n'y a d'histoire avec lui que par l'écriture, dans l'écriture, parce qu'elle s'appelle Marguerite Duras et non parce qu'elle est une vieille femme de soixante-douze ans géniale, séductrice en diable, gaie, vive, drôle, enjouée, avide de vivre, désireuse d'aimer.

— Vous dites :
— Il n'y a rien à raconter. Il n'y a jamais rien eu.

À cette période Yann et Marguerite boivent six à huit litres de vin par jour. Ils ne mangent plus. Ils grossissent beaucoup. Ils deviennent dégoûtants. « Ça me plaisait de me dégoûter. Je me voyais me défaire. C'était jouissif cette dégringolade [124]. » Avec l'alcool ils ne savent plus si l'amour est trop près ou trop loin, s'il est parti ou encore là. Ils savent seulement que dans l'alcool ils sont ensemble. Duras possède une force incroyable. Elle sait que la mort approche et que l'alcool accélère sa venue. Elle continue. Elle sait qu'elle doit quitter Yann pour écrire encore et que loin de lui elle retrouvera le Siam, le ciel du Siam, sa jeunesse. Elle sait que les apparitions reviennent et brouillent sa vision, peuplent son imaginaire et l'empêchent de faire surgir des personnages de fiction et non ses créatures de cauchemar, et pourtant elle réussit à créer Emily L., cette femme brisée par l'alcool, avec ses bagues aux doigts, son corps cassé ; Emily L., cette traîneuse de bar, cette plante aquatique fanée à tout jamais, cette femme qui se penche vers le sol pour mieux esquiver la mort.

Avec elle, Marguerite Duras a inventé une femme aussi attachante que Lol V. Stein, aussi fascinante qu'Anne-Marie Stretter. Emily L. est une petite sœur de Virginia Woolf et d'Emily Dickinson. Elle écrit des poèmes qu'elle juge inintéressants et qu'elle laisse emporter par le vent. Elle ne sait pas ce qu'elle fait avec les mots. Elle vit dans l'oubli des mots. Son mari, le Captain, constate qu'elle se sépare de lui quand elle écrit et il est jaloux. Elle a beau lui expliquer qu'elle met dans ses poèmes toute la passion qu'elle éprouve pour lui, le Captain ne croit pas, ne voit pas, ne comprend pas. Le Captain ne sait pas lire ce qu'écrit Emily. Il brûlera un jour le seul poème que voulait conserver Emily, un poème sur la lumière d'hiver, écrit après le long silence qui a suivi la mort de leur petite fille. Emily a cherché partout le poème. Le Captain ne lui a jamais dit la vérité. Elle n'a plus jamais écrit. Ils sont partis sur les mers. Elle a commencé à boire. Elle est devenue une poupée de chiffons aux ongles cassés, un pauvre petit oiseau tremblant et maigre, exténuée d'alcool, trop brisée par les malheurs de la vie, à tout jamais en dehors de l'écriture.

« Emily L. a du génie, dit Marguerite. C'est la femme que je préfère au monde, cette vieille alcoolique aux souliers troués. C'est tant pis pour les gens qui n'ont pas vu qui elle était. S'ils l'avaient vu, ça les aurait changés. Mais moi ça m'a changée, je traîne avec moi Emily L. [125]. » C'est sa sœur, Emily. Elle entend même son cœur qui bat quand elle a peur. Emily L. a tant de points communs avec elle qu'on a l'impression que Marguerite Duras l'a créée pour se protéger au moment où elle sent que sa vie est en danger : Emily L. s'en sort en vivant dans l'oubli des mots qu'elle a écrits, dans l'attente d'un amour dont elle sait qu'il existe mais qu'il est hors d'atteinte, sur le pont du bateau, ivre, les yeux mi-clos, à tanguer sur les mers, en attendant la mort. Marguerite Duras réussit à mettre le lecteur dans un état de disponibilité totale, de retour à l'innocence. C'est peut-être ça le phénomène Duras : nous remettre les compteurs à zéro, partir de l'origine. C'est peut-être à cela qu'elle nous sert, Duras, à nous lecteurs : à nous faire croire, comme le dit si bien Marianne Alphant, « au surgissement quotidien [126] ». Lorsqu'elle rédige la fin d'*Emily L.*, Marguerite Duras comprend que Yann Andréa ne l'aime pas. Elle a l'intuition qu'il va l'abandonner. La maladie en décidera autrement.

Quelques mois auparavant, Marguerite Duras a fait paraître un non-livre, une conversation, une longue suite de méditations, de vagabondages. Une autoroute de la parole, comme elle dit, qui parle de tout et de rien, de la couleur du ciel, d'une recette de cuisine, du désespoir de certains soirs, de la beauté d'une lecture, d'un fou rire. Ce n'est ni un roman, quoiqu'il s'en approche dans certains fragments, ni un journal comme *L'été 80*, ni un recueil d'articles comme *Outside*, ni un livre d'entretiens comme *Les parleuses* ou *Les lieux*, sans commencement ni fin. Le livre s'appelle *La vie matérielle*. Marguerite parle à Jérôme Beaujour. Parler, une manière comme une autre de passer le temps quand l'été s'enfuit et qu'aucun projet particulier ne vous retient. Parler pour transcrire des propos sans importance qui n'ont l'air de rien en apparence mais qui peuvent vous réveiller de votre torpeur ou de vos habitudes de lecteur. Parler pour démêler ce qui est inextricable : l'enfance, la mère, la sexualité. Duras avoue qu'elle n'a jamais vécu en harmonie avec elle-même, qu'elle a tout fait de travers dans la vie, qu'elle a toujours été en retard d'un train, d'une mode, d'un bonheur. Elle aurait voulu être comme les autres désespérément, a essayé, n'a jamais réussi, a toujours voulu vivre selon un modèle quelconque sans y parvenir : « Je n'ai aucune possibilité de m'approcher d'un modèle de l'existence. Je me demande sur quoi se basent les gens pour raconter leur vie. » Elle évoque longuement le « problème » qu'est devenu pour elle l'homosexualité : « La passion de l'homosexuel c'est l'homosexualité. Ce que l'homosexuel aime comme un amant, sa patrie, sa création, sa terre, ce n'est pas son amant, c'est l'homosexualité. » Pour Duras désormais tous les hommes sont des homosexuels. Les hétérosexuels sont des homosexuels qui s'ignorent ou qui attendent l'accident pour se métamorphoser. Duras hait les homosexuels, elle hait l'idée que Yann soit homosexuel. Elle a beaucoup d'amis homosexuels qu'elle traite de plus en plus de sales pédés, de vieilles tapettes.

Duras a un visage ravagé, un corps tout fripé, une méchanceté à tout casser, un désir de séduire et comme seule arme le fait de se prendre pour Duras. « Duras qu'on idolâtre. » Dur désir de Duras. Duras qui veut durer. Duras caricaturable, pastichable. Marguerite Duraille. Patrick Rambaud ne s'en privera pas avec *Virginie Q.* Rançon de la gloire certes, mais aussi mise à nu des afféteries du langage durassien, de cette hypertrophie emphatique du moi dont elle souffre, de cette manière de dire « la vérité » sur tout et n'importe quoi [127]. Duras qui, en même temps, sait à quel moment et de quelle manière reprendre pied et arrêter son cirque, comme en témoignent ces quatre émissions de télévision [128], où, à Luce Perrot, elle se montre tour à tour fragile, perdue, paysanne, narquoise, imprécatrice, bouche d'ombre. Duras, diva blessée. Duras qui se rassure, avec qui « des hommes veulent faire l'amour », répète-t-elle dans *La vie matérielle.* Duras qui nous assène des truismes du genre : « Une femme et un homme, c'est quand même différent. » Qui résiste à Duras ? Quand elle en rencontre un de cette espèce, elle est sidérée. « Une fois en avion, je suis tombée sur un monsieur qui ne me répondait pas, à aucune question, rien. J'ai abandonné. Je me suis dit que je ne lui étais pas sympathique. Il ne m'est pas venu à l'esprit qu'il ne me connaissait pas. Et quand il est parti, il m'a dit : " Au revoir, Marguerite Duras. " Donc, c'était bien ça, il n'avait pas voulu parler avec moi [129]. »

Marguerite Duras ne fait plus que des allers-retours entre elle et elle. Si elle s'adresse à vous, c'est pour ne parler que d'elle. Paris lui apparaît comme une immense cage de verre avec des miradors partout. Elle ne va plus qu'au bout de sa rue jusqu'au kiosque à journaux pour voir si elle est à l'affiche. Elle consigne dans sa chambre Yann Andréa qui se réfugie dans la musique. De temps en temps, à sa demande il la sort dans son automobile pour aller voir la banlieue la nuit. Devant les autres, ils se disputent de plus en plus. Pour rien : sur l'état de la cuisinière, la recette du poulet au curry, ou le nom d'un journaliste. On est pris à témoin. Tous deux aiment bien ce côté exhibitionniste de leur relation. Tout ce qui arrive à Marguerite est intéressant puisque cela lui arrive. Donc s'ils se disputent, elle pense que vous avez de la chance d'être là, de la voir, de l'entendre, vous qui n'avez qu'une envie, celle de fuir, mais qui n'osez pas, vous à qui elle démontre que la pudeur n'est qu'une forme d'hypocrisie. « Mon caractère ? Vous demanderez aux gens. J'ai un caractère difficile. Mon fils dit : infernal. C'est possible. Comme le sien. Je crie comme lui. Je crois que les hommes m'ont aimée parce que j'écrivais. Un écrivain c'est la terre étrangère, l'écrivain appelle le viol. Il l'appelle vraiment comme on appelle la mort[130]. »

Marguerite Duras parle en son nom propre, celui d'une femme qui a parcouru le cycle entier du désespoir amoureux et qui n'en est pas encore morte ; celui d'une amoureuse qui attend vainement de jouir en dedans, dans ce fond des océans, ce continent noir ; d'un écrivain qui pense qu'un livre ce n'est ni de la mémoire, ni des idées, ni des histoires mais une attente, un voyage, un risque. Marguerite Duras s'expose. Sa vie, ses commentaires sur le monde s'étalent dans les journaux. Tout ce qu'elle dit l'intéresse. Elle, pas forcément nous. Elle parle de Pasqua, de Bouygues, de Le Pen, de la danse. « J'adore, j'adore ! » Soit elle adore, soit elle exècre. La danse donc, elle adore, le sport aussi et particulièrement Platini avec qui elle fera un entretien mémorable pour *Libération*[131] titré « Le stade de l'ange » où le lecteur hésite entre le rire et la gêne, tant son narcissisme s'exhibe et sa technique d'interview à l'emporte-pièce paraît caricaturale. Marguerite Duras peut tout se permettre. Parce qu'elle est un génie mais aussi, comme elle le dit à tout bout de champ, parce qu'elle est l'« amie du Président ».

Elle accepte, à la demande de Colette Fellous, que soit filmé un tête-à-tête avec Jean-Luc Godard qui est diffusé sur France 3 dans le cadre d'*Océaniques*. « Tous les deux, on est des rois, des sauvages, des brutes. » Elle ne lui a pas donné les droits d'adaptation de *L'amant* et le questionne sur le devenir du cinéma. Leur faux dialogue constitue un grand moment de télévision. Godard feint de dormir. Duras lui intime l'ordre de ne pas bâiller. Duras réprimande Godard : « Tu ne vas pas commencer à radoter. » Duras, dans l'éternelle complaisance envers elle-même : « Ça ne sert à rien ce qu'on fait. » Et elle écrit alors en marge d'un de ses cahiers : « Je ne sais pas, moi, si je supporterais Duras. »

Le temps lui est compté. Elle le sait. Les crises d'emphysème ne cessent d'augmenter. Elles accélèrent son angoisse, l'enferment encore plus. Marguerite manque d'oxygène. Physiquement elle a de plus en plus de mal à descendre l'escalier de son immeuble, elle qui autrefois aimait tant se promener et capturer avec avidité tout ce qui l'environnait. Intellectuellement, elle vit de plus en plus isolée. L'âge, le temps et la maladie ont modifié les rapports avec Yann, devenu au fil du temps un protecteur, un infirmier, une présence plus qu'un amoureux, un compagnon. Marguerite a du mal à entrevoir le lendemain. Elle se sent à bout. Alors à quoi bon ? Mais Marguerite est une fille de paysanne, les pieds collés à la terre du Nord. La vie on la prend, on la garde jusqu'au bout. Elle luttera pour survivre jusqu'à son dernier souffle, dût-elle sombrer dans l'inconscience. Le 4 décembre 1986, elle notait : « Un jour je n'écrirai plus si je vis très vieille. Ça m'apparaît sans doute comme irréel, impraticable et absurde. » Sans doute. Mais elle se fait déjà à l'idée.

L'Avenir
Les hommes, les intellos, les blanchis de la vie
Que du surgelé
Plus de maison
Plus de café
Plus de femme gardienne du foyer, des espaces
Femme avenir de l'homme[132].

Elle a noté ces mots en marge d'un carnet, en octobre 1988, juste avant d'être hospitalisée pour cause d'insuffisance respiratoire. Elle est opérée. L'intervention chirurgicale est suivie d'un coma artificiel dont elle ne sortira qu'en juin 1989.

Ils la dirent perdue. Ils convoquèrent son fils pour lui annoncer qu'ils étaient obligés de la « débrancher », que c'était fini. Le fils tarda à venir. Comment dire aux médecins que oui, d'accord, il fallait arrêter de faire respirer sa mère ? Outa n'a pas voulu. Une intuition, dit-il, un pressentiment. Outa est en empathie avec sa mère depuis sa naissance dans les cris, dans les rires, dans les larmes. Outa a erré dans les rues de Paris toute la nuit. Il a beaucoup bu. Le lendemain matin, l'hôpital l'a réveillé pour lui dire que c'était « reparti ». Les médecins n'y comprenaient rien mais la courbe s'était inversée : Marguerite Duras remontait vers la vie. « Voilà le bordel que c'est la vie. On comprend pas. Personne[133]. » Elle en parlait en rigolant. Elle aimait bien dire qu'elle était un cas, une vraie miraculée. C'est elle qui avait voulu vivre, pas la médecine qui ne voulait pas la prolonger. Toujours cette croyance en ses propres forces et cette solitude fondamentale qui vous procure cette énergie dans la nécessité. Marguerite n'a toujours compté que sur elle depuis l'âge de sept ans. Son intelligence la protégeait des maux physiques. Elle s'était cousu sur son corps une seconde peau de mots qui l'empêchait de mourir. Elle dira que durant ces neuf mois elle a tout oublié, le passé.

Yann a été admirable. Présent à tout instant. Quand Marguerite ouvre les yeux il est là. Elle prononce son prénom, Yann, comme si elle l'avait vu la veille, sans émotion aucune. Elle croit le dire. Car aucun son ne peut sortir de sa gorge. Opérée d'une trachéotomie, elle a perdu sa voix. Mais Yann, par le regard, a vu qu'elle recommençait à parler. Elle lui a demandé du papier, a gribouillé quelques mots : il lui fallait d'urgence à l'hôpital cette page du manuscrit qu'elle était en train d'écrire la veille. « Il y avait là une phrase mal faite. Je veux la reconstruire. » Marguerite, c'est la belle au bois dormant. Dans la forêt enchantée du coma artificiel, elle a simplement suspendu le temps. Son prince charmant — ici un texte qu'elle terminera quelques mois plus tard et qui s'intitulera *La pluie d'été* — l'a réveillée. À la sortie de cette longue réanimation, elle a tragiquement maigri, elle n'a plus de voix et elle est assaillie par des visions. Elle vit dans un monde imaginaire qu'elle peuple de nouveaux personnages masculins. Ses fantasmes tournent autour de la sexualité. Elle évoque alors beaucoup les viols dont les femmes sont sans cesse victimes.

Petit à petit, elle reprend pied : elle a de nouveaux projets de théâtre, de cinéma, de livres. Elle convoque Claude Régy à qui elle propose de faire une adaptation théâtrale d'*Emily L.* Elle veut l'emmener sur les lieux mêmes à Quillebeuf, à l'hôtel de France. Régy se rend en Normandie. Ils font des repérages sur place. Elle veut Omar Sharif pour le rôle du Captain. Elle souhaite aussi engager son voisin d'en dessous rue Saint-Benoît. Un projet est conçu, rédigé, présenté et accepté par le théâtre de Bobigny. Il a pour titre *Les Coréens* puis *Darling, my darling*. Et puis elle abandonne. Elle dit qu'elle veut en finir avec *La maladie de la mort*, ce projet avorté qui la taraude. Alors elle le reprend encore, le réécrit sous une forme moins violente. Elle l'intitule *Le sommeil* : une femme essaie de comprendre dans la douceur d'un été l'homosexualité d'un homme qui dit l'aimer. Pas d'hystérie, pas de scènes, plutôt un climat à *La musica*. Mais le texte la dégoûte. Elle l'abandonne. Duras donne l'impression de vouloir régler des comptes avec certains de ses écrits, voir jusqu'où ils peuvent aller, s'ils peuvent se transformer ou tout simplement être abandonnés à la nuit de l'oubli. Elle éprouve le souci de ne pas laisser une œuvre ouverte, en suspens. Elle relit certains de ses écrits, voit s'ils sont utilisables, réadaptables. Elle tombe ainsi sur une des pièces qu'elle avait écrites au début des années 60 : *Un homme est venu me voir* (publiée dans le recueil *Théâtre II* chez Gallimard) qui met en scène un juge — Steiner — et un ancien accusé — dix-huit ans après les procès de Moscou. Elle demande à Claude Régy d'assurer la mise en scène, contacte Antoine Vitez pour qu'il interprète le rôle de Steiner puis, là aussi, abandonne.

Plusieurs mois après sa sortie de l'hôpital, elle achève *La pluie d'été*. Elle savait que le livre était là, « posé complètement » mais très peu écrit : vingt-cinq pages seulement. « Il était là, pourtant inévitable. » Elle a cru pendant un temps qu'elle s'était retenue de mourir pour terminer le livre. « En fait c'était le contraire, dira-t-elle un an plus tard, peut-être ai-je essayé de tuer le livre en tombant gravement malade sans y parvenir[134]. » Le livre porte les traces de cette traversée. Il est dédié à Hervé Sons, le médecin de Laennec qui l'a sauvée. Les vingt-cinq pages écrites avant le coma ont été très peu retouchées. *La pluie d'été* se présente comme la suite du film *Les enfants*. Exemple rare chez Duras d'un film qui devient livre. Depuis longtemps, elle mêle à sa langue des mots étrangers. Dans *Emily L.*, il y avait des lambeaux d'anglais. Dans *La pluie d'été*, roman métis, il y a aussi de l'espagnol, du portugais, des mots inventés, autant de fragments de langue étrangère qui donnent une sonorité nouvelle à la sienne. Une langue comme lâchée, au ras des sensations, pour nommer et pas pour commenter.

Le héros, comme dans le film et dans le conte pour enfants, s'appelle Ernesto. Il a entre douze et vingt ans. Il est très intelligent. Il n'a jamais rien appris et pourtant il sait tout sur le monde. Il est branché directement sur l'origine du monde, sur le pourquoi des choses. Il connaît l'inexistence de Dieu. Il philosophe à tout propos. Sa mère et sa sœur le comprennent, un peu son père et plus tard peut-être les brothers et sisters. Les autres sont loin derrière. L'action se situe à Vitry qui fut le lieu de tournage du film et où Marguerite s'est rendue à de nombreuses reprises pour capter des couleurs, des sensations, des émotions. À Vitry, il y a un arbre insolent de beauté dans un océan de béton et de maisons souvent abandonnées. Il y a bien une autoroute abandonnée, la Seine qui fait des courbes, des cages à lapins où on fait dormir les gens qui n'ont plus d'argent, une bibliothèque municipale interdite aux enfants turbulents et sûrement aux parents d'Ernesto, Emilio et Ginetta, chômeurs depuis longtemps, généreux, nomades, alcooliques, qui ne sont plus rien aux yeux du monde depuis longtemps. Et puis il y a les livres, les livres abîmés, laissés dans les trains de banlieue, et que les parents d'Ernesto dévorent avec avidité, les bandes dessinées que les brothers et les sisters lisent par terre dans les rangées du Prisu, et le livre brûlé qui raconte l'histoire de Jérusalem. Roman-reportage sur une banlieue d'immigrés ? Pas vraiment. Comme d'habitude, Duras perturbe l'histoire principale, celle de ce fils de chômeur qu'on met dans les poubelles de la société et qui en sait plus que tous les maîtres de la planète réunis, pour introduire le thème de l'inceste et du dialogue avec Dieu.

La pluie d'été est une chambre d'écho où Duras transcrit des voix qui lui parviennent mais qu'elle ne comprend pas forcément. À des questions posées sur le contenu du livre, elle répond : « Mais vous savez tout ça, c'est des histoires d'Ernesto, l'histoire du livre, l'histoire de l'arbre, du livre, de l'autoroute. Moi je n'y suis pour rien, c'est lui qui a tout fait, tout... Il est très fort Ernesto. Très. À ce point qu'il a inventé Duras et que j'ai gardé le nom [135]. » Duras s'imite, fait le clown, dit tout ce qui lui traverse la tête. Duras s'en fout. Elle a l'impression de sortir de nouveau de l'enfer et de jouer aux gamines effrontées qui disent la vérité : « La pluie d'été c'est comme si j'étais jeune. Le plaisir fou, un peu hagard d'écrire, c'est ma vie privée. »

Duras sort la nuit et se perd avec Yann dans les banlieues. Ils prennent des routes qui ne mènent nulle part, s'arrêtent dans des buvettes, rentrent au petit matin, s'enferment. Duras ne voit plus personne sauf son fils et son amie, ne voit plus rien. En six mois, pas une galerie de peinture, pas un musée. Elle s'abandonne de nouveau à elle-même. Elle dit ne plus croire qu'à l'écriture d'urgence, ce chemin mal fréquenté : « L'indécence n'a pas d'âge [136]. » Le livre est diversement accueilli. « *La pluie d'été* n'est pas le meilleur livre de Marguerite, mais étant donné la qualité de la dame, on ne va pas en faire un fromage », écrit Jean-François Josselin [137]. Exaspérante et délicieuse pour les uns, elle se montre là « d'une crapoteuse sentimentalité » pour Rinaldi [138], « sans pitié ni démagogie » pour Jérôme Garcin[139]. *Le Magazine littéraire* lui consacre son numéro de juin. À Aliette Armel, elle explique que, de son coma, elle a retenu son attachement biologique à l'écriture. Depuis elle tente de « rendre logique » sa vie. Elle essaie de se coucher toutes les nuits à cinq heures du matin pour se réveiller deux heures après pour écrire. Elle se met en condition « pour retrouver l'état d'entrer alors dans cet endroit foisonnant ».

Duras parle de tout et croit que ce qu'elle dit est génial. « Reagan, un vrai cow-boy démocratique, Chirac un voyou, Chirac Mitterrand copains-coquins, Marchais un débile mental, un mort-vivant, Chevènement un mec qui parle comme Pascal [*sic* !], Gaudin une pourriture vivante, Cresson une belle fermière courageuse [re *sic* !][140]. » Elle soliloque sur tout et sur la politique tout le temps, elle sait tout sur la Chine, la Roumanie, le mur de Berlin, elle a un avis sur tout parce qu'elle regarde la télévision. Une véritable soif de prophétie s'empare d'elle. Ne voyant plus personne, elle communique donc par journaux interposés qui, tous, lui donnent des tribunes. Elle amuse la galerie. Elle est soûlante, Marguerite. Elle parle de sa 405 qu'elle a achetée neuf millions : « Ouais, neuf millions. Tenez-vous bien, Messieurs, pour simplement rouler dans Paris et autour et ensemble. Je vous entends, elle exagère Duras. Mais non je n'exagère pas ; une 405 ça coûte vraiment neuf millions[141]. » Elle nous entretient de l'achat de son nouveau four à micro-ondes, des vestes Saint Laurent qu'elle a achetées à Yann, de son admiration pour Platini, l'ange du stade, du scandale que représente la fourrière (elle ne paye jamais ses contraventions), elle confond dans un entretien avec Mitterrand un porte-avions et un sous-marin[142] ; ça ne fait rien, c'est pas grave, du moment que c'est du Duras, que ça sonne comme du Duras... C'est rare quelqu'un qui soliloque à haute voix ! De temps à autre, des journalistes prennent les devants, lui disent qu'elle est narcissique, très narcissique. Duras a réponse à tout : « Vous avez l'air d'y tenir tellement. D'accord. C'est vrai qu'il y a quelque chose comme ça. Il n'y a rien de plus courageux qu'un écrivain... Comme ça. Soit dans un livre. Tous les écrivains sont très narcissiques. Mais ils ne le disent pas. Écoutez je ne suis pas très belle, ni élégante et tout ça. Mais voilà, je suis un écrivain. Croyez-vous que c'est parce que je suis narcissique que mes livres sont vendus dans le monde entier ? C'est parce que je dis que mes livres sont vendus dans le monde entier que mes livres se vendent. Alors de quoi vous plaignez-vous ? On n'a qu'à me supporter comme ça [143]. » Quelquefois, elle vise juste. Ainsi a-t-elle annoncé cinq ans avant la « vache folle » : « Nous autres, Européens, mangeons des animaux malades, infirmes, décalcifiés, des bouillies ambulantes sans plus de muscles qui tombent à chaque pas sans aller à l'abattoir [144]. » Elle prétend avoir rêvé de Maghrébins tabassant un fasciste dans un train. Certains l'idolâtrent toujours, d'autres qui la portèrent aux nues se fatiguent de ses facéties. Ainsi Philippe Sollers qui, dans ses *Carnets*, note : « Duras, pauvre femme. » Certains l'aiment tellement qu'ils veulent la toucher. Marguerite se prend pour une idole vivante. Elle raconte qu'un soir d'élections, un type est venu se branler contre elle... « Le président de la République, ajoute-t-elle, me trouve irrésistible. Spectaculaire intégrée. Spectaculaire désintégrée [145]. »

Elle parle trop pour pouvoir écrire. Écrire, c'est beaucoup taire de choses, savoir affronter une solitude essentielle, atteindre le non-dit, rejoindre la « vastitude », comme elle l'appelle. Elle le sait mais ne peut s'empêcher de « rachacher ». Et Dieu dans tout ça ? « Je crois que le vécu actuel est incompatible avec Dieu. Il n'a plus rien de sacré [146]. » Robert Antelme meurt dans la nuit du 25 au 26 octobre. Marguerite ne se manifeste pas auprès de sa femme et ne se rend pas à l'enterrement. Duras s'ennuie. Elle n'a plus d'assez bons yeux pour coudre des pyjamas, fabriquer des lampes, plus assez de bonnes jambes pour aller faire les courses, même si de temps à autre elle ne dédaigne pas faire encore la cuisine. Gourmande, Marguerite, économe. Elle voit très peu de gens. Il faut insister. Mais quand elle vous invite, elle met la nappe en macramé et, dans des bols de petit déjeuner, sert son excellentissime soupe aux poireaux, la meilleure d'Europe, dit-elle, la meilleure du monde même. Avis aux amateurs. En voici la recette. Et ça c'est de la littérature :

On croit savoir la faire, elle paraît si simple, et trop souvent on la néglige. Il faut qu'elle cuise entre quinze et vingt minutes et non pas deux heures — toutes les femmes françaises font trop cuire les légumes et les soupes. Et puis il vaut mieux mettre les poireaux lorsque les pommes de terre bouillent : la soupe restera verte et beaucoup plus parfumée. Et puis aussi il faut bien doser les poireaux : deux poireaux moyens suffisent pour un kilo de pommes de terre. Dans les restaurants, cette soupe n'est jamais bonne : elle est toujours trop cuite (recuite), trop « longue », elle est triste, morne, et elle rejoint le fonds commun des « soupes de légumes » — il en faut — des restaurants provinciaux français. Non, on doit vouloir la faire et la faire avec soin, éviter de l'« oublier sur le feu » et qu'elle perde aussi son identité. On la sert soit sans rien, soit avec du beurre frais ou de la crème fraîche. On peut aussi y ajouter des croûtons au moment de servir : on l'appellera alors d'un autre nom, on inventera lequel : de cette façon les enfants la mangeront plus volontiers que si on l'affuble du nom de soupe aux poireaux pommes de terre. Il faut du temps, des années, pour retrouver la saveur de cette soupe, imposée aux enfants sous divers prétextes (la soupe fait grandir, rend gentil, etc.). Rien, dans la cuisine française, ne rejoint la simplicité, la nécessité de la soupe aux poireaux. Elle a dû être inventée dans une contrée occidentale un soir d'hiver, par une femme encore jeune de la bourgeoisie locale qui, ce soir-là, tenait les sauces grasses en horreur — et plus encore sans doute — mais le savait-elle ? Le corps avale cette soupe avec bonheur. Aucune ambiguïté : ce n'est pas la garbure au lard, la soupe pour nourrir ou réchauffer, non, c'est la soupe maigre pour rafraîchir, le corps l'avale à grandes lampées, s'en nettoie, s'en dépure, verdure première, les muscles s'en abreuvent. Dans les maisons son odeur se répand très vite, très fort, vulgaire comme le manger pauvre, le travail des femmes, le coucher des bêtes, le vomi des nouveau-nés. On peut ne vouloir rien faire et puis, faire ça, oui, cette soupe-là : entre ces deux vouloirs, une marge très étroite, toujours la même : suicide [147].

L'adaptation cinématographique par Jean-Jacques Annaud de *L'amant* va lui permettre de mener à bien le projet qu'elle faisait déjà depuis quelques années de revenir à l'enfance, au ciel de Siam, à la mère haïe et adorée. L'histoire a commencé bien avant : au printemps 1987, très exactement. Duras appela Jacques Tronel, son ancien assistant de cinéma, et toujours son ami, qui travaillait avec Claude Berri, pour avoir un renseignement : les Américains souhaitaient acheter les droits de *L'amant* une somme dérisoire. Fallait-il accepter ? Jacques Tronel en parla dans la journée à Claude Berri qui lui proposa d'acheter les droits pour sa propre maison de production. Un rendez-vous fut très vite organisé. Duras et Berri se tombèrent dans les bras. Duras avait dans la tête qu'elle ferait le film. Berri ne démentit pas. Pourquoi pas ? Puis Duras recula, se dit âgée, fatiguée. L'idée d'un réalisateur fut évoquée : Roman Polanski, Stephen

Frears. Mais tous deux refusèrent finalement. Michaël Cimino accepta, signa mais abandonnera le projet.

Duras, elle, pendant ce temps, avance et, sur la proposition de Claude Berri, écrit un scénario. Jacques Tronel propose à Marguerite de lire à haute voix *L'amant* face à une caméra. Les enregistrements ont lieu dans un petit studio de la maison de production. Jacques Tronel pose des questions et filme. Claude Berri vient l'encourager. Quand on visionne ces bandes, on sent que Duras, dès le début, a du mal à lire calmement *L'amant*. Elle l'avoue : « Chaque fois que je commence à lire *L'amant*, j'ai l'impression que la lumière baisse. » Elle est prise de sanglots au moment de la mort du petit frère. Plus elle avance dans la lecture à haute voix de son livre, plus elle trouve le projet du film irréalisable. « Le plus grand ennemi de ce film, n'est-ce pas le roman ? dit-elle à Berri. Un film est possible mais un film commercial, non, n'est pas possible. » Et puis faut-il raconter l'histoire de l'amant uniquement ou celle de la famille ? Marguerite ne veut pas d'un film sur son histoire, refuse la chronologie, récuse l'arrière-plan érotique et songe déjà non à un film racontant un premier amour sur fond d'Indochine, mais à un film sur l'écriture : pour elle l'histoire de *L'amant*, c'est que la petite a découvert, grâce au Chinois, qu'elle voulait écrire. Berri laisse dire. Marguerite vagabonde. Elle se retrouve là-bas à Sadec, elle la petite devenue vieille femme. Entre deux lectures de *L'amant* à Tronel, elle raconte : « Je descends, je suis là près du bastingage. Comme dans *Emily L.* Il m'aborde. Les Blancs c'est aussi rare qu'un haricot blanc dans un kilo de lentilles. Il est riche. Il a une grosse bagnole. C'est normal qu'il puisse lui demander qui elle est. Il a peur. Mais il le fait. Je savais qu'il me regardait mais je ne le regardais pas. » Marguerite, au fil des enregistrements, refait sa vie, réécrit le livre, rêve à haute voix. Elle se remémore la douceur des gâteaux à la noix de coco que vendaient les vieilles femmes à l'arrivée du bac, la chaleur écrasante sur la route jusqu'à Saigon, la couleur des lampes en tôle dans la cour de la pension quand, au crépuscule, les filles métisses dansaient et Hélène Lagonelle qui l'attendait. « Hélène Lagonelle oh la la, la très très belle. Elle pleure Hélène Lagonelle. Toujours elle pleure. Je lui raconte l'histoire du Chinois ça la fascine[148]. »

L'idée du film, au fil de cette lecture assortie de nombreuses conversations, précisions, développements, prend corps. Claude Berri propose à Marguerite d'apparaître elle-même à la fin du film. « Je ne vois pas bien l'intérêt », lui répond-elle. Berri : « Si, si, ça authentifie. » Marguerite : « Bon, s'il faut. » À l'issue des enregistrements, elle lui explique : « On ne peut pas bâtir un script. Je ne peux pas le faire comme celui que tu veux. — Écrivez celui que vous avez envie de faire. Après on verra », répond-il. Marguerite se met au travail. Elle ne veut pas faire un film sur sa propre histoire comme René Clément l'a fait en mentant et en trichant. Elle veut raconter l'histoire d'une « petite » — elle précise qu'elle ne veut pas qu'on utilise son prénom — qui se vend pour l'amour de sa mère et qui décide alors de devenir écrivain. Elle voit des personnages arriver : Anne-Marie Stretter dans le bal de l'administration coloniale, la mendiante du Gange qui hurle dans les rues noires et la mère qui lui interdit d'écrire sur sa famille parce qu'écrire c'est faire mourir.

Elle achève une première continuité de l'adaptation le 20 août 1987. Berri, parallèlement, a contacté Jean-Jacques Annaud qui, après avoir refusé, accepte de faire le film. Lui aussi, de son côté, prépare l'adaptation du livre et débroussaille l'histoire d'une jeune fille qui, sur fond d'exotisme colonial, connaît ses premiers émois amoureux dans les bras d'un jeune Chinois, au grand scandale de la colonie. On le voit, ils ne sont pas sur la même longueur d'ondes et ne préparent pas le même film. Puis Marguerite entre à l'hôpital. Annaud continue à travailler. Il est tombé amoureux du projet, de l'histoire de la petite fille. Pendant l'hospitalisation de Marguerite, Claude Berri lui remet le scénario qu'elle était en train d'écrire et convainc le scénariste Gérard Brach d'y collaborer : ils écrivent un scénario, le leur, d'après le roman et d'après celui de Marguerite. Annaud part en repérages au Vietnam. Marguerite est mourante. Ses médecins eux-mêmes n'espèrent plus rien. Le projet continue sans elle.

À l'automne 1989, peu après sa sortie de l'hôpital, Marguerite appelle Annaud. Elle souhaite le voir. Il arrive à Neauphle-le-Château avec des centaines de photographies des lieux de son enfance : Sadec, Vinh Long. Marguerite, les yeux brillants, regarde, écoute. Le lendemain, elle téléphone à Claude Berri : « Il est sympathique ce garçon. Et puis il parle très bien du film. Il en parle même comme si c'était son film. » La lune de miel dure encore quelques semaines. Marguerite affirme publiquement que leur collaboration est féconde. Petit à petit, Annaud comprend que Marguerite veut faire de lui son opérateur. Son film à elle, il est écrit. « Alors il est bien mon scénario ? lui demande-t-elle. — Non, dit-il, je préfère le roman il m'inspire davantage. — Et il t'a inspiré quoi ? — Un scénario. — Mais c'est mon film et toi tu vas palper du fric sur mon film. » Duras affecte d'en rire. Annaud continue à aller la voir rue Saint-Benoît. Il se nourrit de ses souvenirs, prend des notes, et, un jour, remet à Marguerite son propre scénario cosigné avec Brach. Elle en prend connaissance devant lui. Elle s'arrête à la page 10 : la voiture du Chinois traverse un nid-de-poule fangeux. « Il n'a jamais été fangeux ce nid-de-poule, il est boueux. » Elle n'ira pas plus loin. Trois heures à négocier sur ce nid-de-poule. Annaud lui avoue que ce détail n'a aucune importance puisqu'il va tourner en saison sèche. « Alors tu ne contrôles rien ? S'il est poussiéreux, pourquoi tu laisses écrire qu'il est fangeux ? » « À partir de ce moment-là, explique Annaud, on est entrés dans une seconde phase où elle m'insultait. Elle se sentait dépossédée. Je connaissais son secret et elle m'en voulait. Elle travaillait de plus en plus dans le désordre. Un jour elle m'a dit : “ T'as vu les fleurs dans la salle à manger ? Tu sais qui les a envoyées ? Adjani. Elle est d'accord pour le rôle et Suzanne Flon aussi [149]. ” » Annaud joint Claude Berri qui aujourd'hui commente : « Marguerite ne subissait manifestement pas le charme d'Annaud. On avait déjà signé. J'avais les droits mais il y avait le droit moral. Elle pouvait s'élever contre le film. J'ai attendu qu'elle donne son accord [150]. »

Les négociations seront longues, compliquées, ponctuées de plusieurs traités de paix — temporaires — négociés entre Trouville et Quillebeuf. Gérard Depardieu, Thierry Lévy se montrent habiles, délicats. Yann Andréa appuie, en coulisses, le processus de paix qui ne se conclut que moyennant espèces sonnantes et trébuchantes : Marguerite obtint 500 000 francs de dédit sur les droits, plus 500 000 francs de dédit sur le scénario, plus 10 % des profits, sans oublier les droits initiaux d'achat de *L'amant* qui s'élevaient à 1,5 million de francs. L'opération financière s'avérait bénéfique. En échange, Marguerite acceptait de reconnaître que son adaptation ne correspondait pas « à la conception d'un film tiré de *L'amant* ». Elle signe le papier suivant : « J'arrête tous les travaux d'écriture et ne m'oppose pas à la réalisation. »

Marguerite Duras commence alors à détester son livre. Elle s'en veut d'avoir cédé à la facilité, en écrivant la dernière page qui raconte le coup de téléphone de l'amant. Elle regrette d'avoir travesti la vérité. Cette adaptation pour « cinéma à milliards » qui se prépare l'éloigne du livre qui bientôt la dégoûte. Avant de rompre avec Annaud, elle lui dira : « *L'amant* c'est de la merde. C'est un roman de gare. Je l'ai écrit quand j'étais soûle. » Déjà elle est en train de fomenter un autre texte qui portera atteinte au précédent. Elle veut revisiter le mythe de l'amant. Ce roman elle le réécrit quatre fois. Avant qu'il ne devienne *L'amant de la Chine du Nord*, il s'appela successivement *L'amant dans la rue, L'odeur de miel et du thé, Le cinéma de l'amant, Le roman de l'amant, L'amant recommencé.* Il s'agit bien, au départ, même si Marguerite Duras affirmera le contraire au moment de sa sortie, d'un scénario de film retravaillé. Les étapes matérielles des manuscrits le montrent : Marguerite coupe, barre, ajoute, colle sur le scénario même, transformant ainsi petit à petit le script en roman. Le livre se compose et s'assemble définitivement en mai 1990, quand Marguerite Duras apprend, par un coup de téléphone, que l'amant était mort depuis longtemps.

Un an elle est restée dans ce roman, enfermée dans cette histoire de l'amour entre le Chinois et l'enfant. Elle a retrouvé la lumière de son enfance, la douceur de son petit frère, les odeurs de la terre d'Indochine après la pluie, la cruauté de la mère, sa folie pathétique et son corps contre le sien, petite, dans la nuit au milieu des battements d'ailes des échassiers et dans la puanteur des fauves. Elle a tenu sa promesse : ouvrir la porte, revenir à l'enfance, être en paix avec elle-même et, par-delà le temps, rendre les armes et offrir sa vie à son amour, son tourment, sa certitude, son malheur merveilleux : sa mère Marie Donnadieu.

C'est un livre
C'est un film
C'est la nuit

Duras a repris l'idée initiale du scénario, celle qui a surgi tout de suite et qui est un retour à la matrice de *L'amant* : un long travelling d'images arrêtées, de scènes qui marquèrent à tout jamais la petite Donnadieu. Duras procède par visions successives et séparées. Au lecteur de faire les enchaînements. « Du moment que mes livres sont devenus mondiaux, je ne laisserai que la mise en scène de M.D. et pas l'épaisseur du problème familial », note-t-elle en marge du dernier chapitre du manuscrit. Les souliers en lamé sont devenus noirs, le dancing s'appelle la Cascade et non plus la Source. C'est la même chose, mais c'est tout autre chose. Duras fait son cinéma : écriture visuelle, dialogues nombreux, indications scéniques. Léon Bollée noire. Lancia noire décapotable de la femme en robe rouge de la valse de la nuit. *Lol V. Stein, Un barrage contre le Pacifique, L'amant, Emily L., L'Eden Cinéma* tournoient dans la lumière crue d'une adolescence réécrite pour le cinémascope. Marguerite Duras, qui veut nous faire croire qu'elle parle du véritable amant, brouille les pistes et invente un frère différent, légèrement arriéré, un amant beau et grand. Elle avoue, en revanche, la folie de la mère et la volonté qu'elle a manifestée de vendre sa fille moyennant espèces, les coups du frère, les coups de la mère et sa vocation d'écrivain qui est née au moment où l'histoire se vivait.

> Ils pleurent.
> — Et un jour on mourra.
> — Oui l'amour sera dans le cercueil avec les corps.
> — Oui. Il y aura les livres au-dehors du cercueil.
> — Peut-être. On ne peut pas encore savoir.
> Le Chinois dit :
> — Si, on sait. Qu'il y aura des livres on sait.

En même temps que le désir d'écrire vient aussi l'envie de mourir. L'écriture sert à éloigner cette tristesse. Désormais, Marguerite Donnadieu voit sa vie en dehors d'elle-même : « Je crois que ma vie a commencé à se montrer à moi », écrit-elle en marge du manuscrit de *L'amant de la Chine du Nord*. Désormais, comme dans la fin du récit, l'écrivain Marguerite Duras se sépare définitivement de son histoire. Par l'écriture, elle est devenue hors d'atteinte.

Marguerite Duras a beaucoup annoté ce texte, coupé, recollé. À l'automne 1990, elle envoya donc de Trouville un manuscrit très raturé, très surchargé, à Jérôme Lindon. Pendant deux mois, elle n'eut pas de nouvelles. Elle s'inquiéta. Jérôme Lindon lui dit qu'il travaillait son texte et qu'il lui renvoyait [151]. Ce qu'il fit. Marguerite Duras, un an et demi avant sa mort, pleurait encore quand elle racontait l'histoire du manuscrit de *L'amant de la Chine du Nord*. Elle pleurait comme une petite fille punie injustement et sanglotait : « Tu te rends compte il avait coupé, réécrit, barré en rouge comme une copie de classe [152]. » Jérôme Lindon ne nie pas qu'il a trouvé le manuscrit décevant et qu'il a opéré des corrections : « J'ai trouvé que ce n'était pas du tout au point, et elle n'a pas accepté. En fait, elle n'était pas sûre. Elle avait besoin d'être rassurée. J'ai peut-être eu le tort de le lui dire. Mais ce désir de vérité était à la hauteur de l'estime et de l'admiration que je lui portais, à elle et à son œuvre [153]. » Marguerite Duras fut d'abord très affectée par les réactions de Lindon mais elle pensa qu'il avait raison et que le manuscrit devait être retravaillé. Vint ensuite le temps de la colère, puis celui de l'indignation, de la haine enfin. Dans un cahier elle note : « Il a supprimé trente et une pages de mon manuscrit, de mon adaptation. Je les ai immédiatement remises [154]. » Rentrée à Paris, elle lui téléphone pour lui dire que c'est fini entre eux pour toujours et qu'elle a décidé de remettre dans son texte les pages qu'il avait enlevées. « Il m'a dit : il n'y a qu'à les remettre. J'ai dit non. C'était la rupture pour toujours. Il a encore et encore écrit. En vain [155]. » Elle renvoie le contrat à Jérôme Lindon annoté : elle considère que son texte a été « complètement mutilé » et que l'éditeur s'est livré un travail d'« escamotage de son manuscrit ». Le texte, en effet, a été réduit de 213 à 154 pages. « Il comporte un nombre impressionnant de changements et de suppressions de phrases ou de mots presque à chaque page. *Le livre que vous m'avez rendu n'est pas celui que vous avez reçu de moi*. » Elle le prévient qu'elle part retrouver « son ami Robert » chez Gallimard, où on va lui permettre « juridiquement de se sauver de vous ».

Marguerite, dès lors, éprouve une haine farouche envers Jérôme Lindon, qui se transformera, par moments, en délire paranoïaque. Elle l'accuse de tous les maux : d'avoir voulu falsifier son titre, de vouloir la voler, d'avoir été choqué par ses manuscrits érotiques, d'être un castrateur de textes... Un contrat chez Gallimard est immédiatement signé avec un double titre provisoire *Le cinéma de l'amant, l'amour dans la rue*. Lindon aura beau expliquer à Marguerite que ses corrections n'étaient que des transcriptions dactylographiques, une simple mise au point technique avec de légères suggestions sur lesquelles elle devait apporter les changements et les corrections nécessaires, rien n'y fera. En marge d'une lettre de Jérôme Lindon, datée du 7 novembre 1990, Marguerite a écrit : « Réduire le manuscrit de 213 à 154 pages vous appelez cela retapé ? Vous me prenez pour qui ? » Le 4 décembre 1990, elle change de ton : « Jérôme Lindon vous êtes un menteur... je ne vous ai jamais demandé de corriger *Le cinéma de l'amant*, je vous ai demandé comme d'habitude de vérifier la ponctuation du livre et de me donner votre avis sur ce livre que vous aviez depuis un mois pas encore lu... vous avez fait semblant d'être le bienfaiteur du livre, de le nettoyer de la sexualité du couple des amants, de couper le voyage des amants (9 pages), de raccourcir coûte que coûte les scènes relatives au désir et à l'amour... platitude du plat serait le mot pour dire la mort du livre par votre main opérée [156]. »

Cette rupture avait été précédée par de nombreux petits conflits qui portaient non sur ses propres textes mais sur la conception même de l'édition. Duras reprochait alors à son éditeur, qui avait fini par accepter qu'elle devienne directrice de collection, de ne pas assez prendre de risques, de n'aimer la littérature que bien écrite, correcte sur le plan grammatical [157]. Elle supportait mal aussi de constater que, dès que Yann venait déposer un de ses manuscrits, Jérôme Lindon s'empressait, sans la prévenir, de le mettre en fabrication. Cette transformation si rapide du manuscrit en livre disponible dans les librairies lui donnait l'impression d'une dépossession. N'oublions pas que Duras se prend pour Duras la mondiale, Duras le génie. Ce narcissisme de midinette est à la mesure de la fragilité intellectuelle et de l'angoisse profonde qu'elle éprouve. « Je crois que j'ai ajouté à la littérature un auteur nommé Duras », note-t-elle à cette époque dans un cahier d'écolier. Elle a écrit cette phrase pour elle, pour se rassurer, pour se faire croire qu'elle est bien celle qu'on croit. Elle a punaisé dans l'entrée de son appartement la double page publicitaire du *Monde* avec les courbes de vente de *L'amant*. À côté, elle a accroché une photographie de pingouins sur la banquise avec une annotation de sa main : les lecteurs de *L'amant*. Jérôme Lindon demande, en décembre 1990, 6 % des droits d'auteur ainsi que la moitié de la part éditeur sur les droits dérivés à Gallimard pour *L'amant de la Chine du Nord*. Il déclare que son travail sur le manuscrit n'a pas été « sans laisser de traces ». Il réclame, en vain, le manuscrit à Gallimard. Une solution à l'amiable est trouvée le 15 avril 1991 par Antoine Gallimard qui propose une édition en compte à demi, acceptant les conditions initialement proposées par Lindon.

Le livre est bien accueilli. Duras dira qu'il s'agit d'un de ses livres les plus importants avec *Lol V. Stein* et *Le vice-consul*. Aux reproches formulés très vite, de pastiche ou de remake, elle rétorque : « Je n'ai pas réécrit *L'amant*, j'ai écrit un autre livre. Le récit n'a pas la même forme épistolaire. Dans *L'amant de la Chine du Nord*, le souvenir de l'amant a disparu. C'est le nouvel amant de la Mandchourie lui aussi, du même nom, du même pays natal qui a pris sa place. Les amants je vais les chercher en Mandchourie pour les romans d'amour. Et à Cholon dans une garçonnière ou à Vitry sur les flancs de la colline qui descend dans la Seine. » *Libération* titre « Duras dans le parc à amants », soulignant l'inconvenance littéraire de la répétition : on n'en a donc jamais fini avec *L'amant*. L'histoire n'est pas vérité mais prétexte à de multiples histoires. L'écrivain, pourtant, s'en défend : « Dans *L'amant de la Chine du Nord*, c'est moins inventé que dans *L'amant*. Mais c'est vrai. Mon petit frère, mon grand frère aussi : c'est vrai encore plus que tout ce qu'on peut raconter[158]. » Elle pense qu'elle en a fini avec cette histoire de l'amant puisqu'elle l'a écrite : « Je pense que c'est la dernière fois que j'écrirai sur cette histoire. Mais, parfois, je ne sais pas[159]. »

La vie de Marguerite est devenue un roman, des romans et l'amant un prétexte à aller encore plus loin dans la nature même de son travail : la recherche toujours et encore d'une langue cassée, relâchée, respirée plus qu'écrite, d'une langue qu'elle appelle « dingo », inventée, qui embrouille, émeut, fait bifurquer le sens, une langue enfin abandonnée, style latino-annamite, super-charabia. « Moi je le trouve magique mon charabia. » Duras dit avoir écrit en écoutant *Blue Moon*, portée par une grâce indescriptible, et qu'elle s'approcha de l'histoire en ayant peur de se faire brûler. En la réinventant encore une fois, elle s'est réapproprié pour elle-même sa propre vie par cette mise en parole, cette mise en rythmes. Réflexe de défense vital et artistique, *L'amant de la Chine du Nord* est aussi, à ses yeux, une sorte de commande passée par le lecteur à l'auteur : ils en veulent encore de mon histoire ? Ils n'en ont pas assez avec le *Barrage*, avec *L'amant* ? « Ce qu'il y a d'étonnant, dit-elle, c'est que les gens continuent à lire. Ce qui prouve bien que cette histoire est inusable. »

À la fin du livre, Duras propose trois pages d'images — dites plans de coupe — qui pourraient, un jour, servir à ponctuer un film, le film de *L'amant de la Chine du Nord*, le sien, pas celui qui doit sortir dans quelques mois, *L'amant* de Jean-Jacques Annaud. Elle sait d'avance comment ça sera. Annaud a pris *L'amant* pour une autobiographie alors que c'était une traduction. Il a fait le tour de la terre, s'est livré à une enquête policière sur elle et *L'amant*, tourné là-bas au Vietnam en reconstruisant des décors, alors qu'elle peut évoquer sa terre natale en se contentant d'une boucle de la Seine. Elle a demandé à voir les acteurs et la production a refusé. Avant la sortie du film, elle a pensé que l'actrice choisie, dont elle a vu la photographie dans les magazines, était trop jolie pour ce rôle. Elle a ajouté en note dans *L'amant de la Chine du Nord* : « Une sorte de Miss France enfant ferait s'effondrer ce film tout entier. Plus encore : elle le ferait disparaître. La beauté ne fait rien. Elle ne regarde pas. Elle est regardée. » *L'amant* : sept mois de réalisation, un budget de 150 millions de francs. Ce qui l'intéresse, elle, c'est de faire des films « maigres », sans budget, sans récit structuré. Ayant obtenu de Claude Berri un droit de refaire *L'amant* au bout de deux ans, elle songe encore à faire SON film. *L'amant* d'Annaud aura du succès à la fois en France et à l'étranger. Au Vietnam, il est considéré comme un chef-d'œuvre ; censurée de ses scènes dites érotiques, la version originale a été piratée et circule sous forme de cassettes vidéo. Duras fera semblant de ne pas avoir vu le film. Un soir par hasard, dans le restaurant le Duc où Claude Berri lui a permis d'avoir table ouverte en permanence, Marguerite rencontre Annaud qu'elle vient embrasser et à qui elle glisse à l'oreille : « J'ai été voir ton film. Il est formidable[160]. »

Au théâtre, la pièce tirée de ses entretiens avec Mitterrand, intitulée *Marguerite et le Président*, fait un tabac[161]. Mais l'envie de cinéma ne la quitte pas : « Dans la littérature, je n'ai pas de famille, au cinéma oui. » Elle est très heureuse de la rétrospective de ses films organisée par Dominique Païni à la Cinémathèque française en novembre 1992. Elle assiste à la totalité des séances, exaltée, enchantée d'en revoir certains qu'elle croyait définitivement perdus. La salle est comble. « Tu vois, c'est la jeunesse qui m'aime », dit-elle à Dominique Païni, lui-même étonné de cet hommage passionné. Sur son œuvre cinématographique, elle porte alors un jugement globalement positif. Durant chacune de ces projections, elle labourait les côtes du directeur de la Cinémathèque pour lui faire ses commentaires. « Regarde, écoute, c'est juste. Regarde, écoute, c'est magnifique. » Elle revoyait, réellement émerveillée, tous ses films comme si elle les avait oubliés. Elle transforme les spectateurs en amis, anime des débats improvisés et détient le record d'entrées. Elle avoue ne plus aimer tellement son film *Les enfants*, qu'elle pense excessivement timide sur le plan de la forme, mais conserve une tendresse particulière pour *Des journées entières dans les arbres* et puis bien sûr pour *India Song*.

Duras fait des projets : elle souhaite tourner deux nouvelles de *La douleur*, *Aurélia Paris* et *L'ortie brisée* ; elle écrit le commentaire d'un court métrage qu'elle a intitulé *Le dernier client de l'hôtel*, la conversation entre des amants dans le jardin de Chambord la nuit ; elle veut réaliser un film de dix minutes, au maximum d'une demi-heure, sur Lol V. Stein : on la verrait très âgée, peinturlurée, fardée comme une putain, parcourant les rues de Trouville dans une chaise à porteurs véhiculée par de jeunes Chinois. Elle a envie de faire des films accidentels, légers, pas préparés. Elle veut travailler en commando : elle rêve d'une toute petite équipe qui partirait la nuit dans les rues de Paris et qui tournerait en improvisant. Elle ne veut plus que filmer séance tenante. Dans *Les yeux verts*, elle avait écrit : « On cherche tout le temps des lieux pour le cinéma alors qu'il y a tellement de lieux qui cherchent une caméra. » Le film qu'elle souhaite alors tout de suite entreprendre sera tiré de *L'été 80*. Elle lui a trouvé un titre : *La jeune fille et l'enfant*. Ce sera l'histoire d'un enfant « différent » avec une monitrice dans une colonie de vacances. Elle note : « Ce sera très éprouvant, très dangereux [162]. »

Mais elle ne fera plus jamais de films. Et de ce projet, elle tira un livre *Yann Andréa Steiner*, qui reprend *L'été 80* — Trouville, le ciel, l'enfant aux yeux gris, la monitrice, l'histoire du requin — en y incluant la rencontre avec Yann Andréa, et elle ajoute l'histoire de Théodora qu'elle invente pour Yann à partir d'un dessin de déporté trouvé à Auschwitz ; dessin que lui a apporté Georges-Arthur Goldschmitt après la lecture de *L'été 80*, qui montre un arbre, un banc et sur le banc une jeune femme en robe blanche qui attend le train promis par les Allemands. Elle attend depuis longtemps. « Maintenant, dit Duras, je vais de moi à moi. C'est ça le narcissisme. » Elle va de Yann à elle, d'elle à Yann, de la plage qu'elle a sous les yeux, de ces cieux qu'elle décrit inlassablement. Elle rabâche, ressasse ses obsessions : l'amour, la littérature, la douleur jamais éteinte de l'Holocauste, la grâce de l'enfance, l'inceste comme effroi et comme jouissance. *Yann Andréa Steiner* est un poème de l'oubli de l'écriture. « La jeune fille dit qu'on écrivait toujours sur la fin du monde et sur la mort de l'amour. Elle voit que l'enfant ne comprend pas. Et ils rient de ça tous les deux, très fort, tous les deux. Il dit que c'est pas vrai, qu'on écrit sur le papier. » « Duras tient, face au papier, à la solitude, à l'amour, à la mort, à la médiocrité comme à la médiocratie », écrira Jacques-Pierre Amette[163]. Ce n'est plus un écrivain mais un symbole moral qui, à soixante-dix-huit ans, écrit en réinventant, sous la forme d'un puzzle, un livre en train de s'écrire. « Les gens qui disent ne pas aimer leurs propres livres s'il y en a c'est qu'ils n'ont pas surmonté l'attrait de l'humiliation. J'aime mes livres. Ils m'intéressent. Les gens de mes livres sont ceux de ma vie », note-t-elle alors dans un carnet.

Marguerite Duras s'aime. Elle aime ce qu'elle écrit. Elle aime Yann à travers ce qu'elle en écrit. Steiner, elle a repris le nom d'un des personnages de sa pièce *Un homme est venu me voir*. Yann n'a plus que son prénom pour savoir qu'il a eu une existence avant Marguerite. Marguerite l'a vampirisé, judaïsé. Elle a exposé sa vie, sa sexualité, raconté ses conversations, ses fantasmes, ses dragues, sa peur, écrit ce qu'il aimait manger, boire, comment et à quelle heure il aimait dormir. Elle l'a littéralement épuisé. Maintenant elle l'exhibe. À l'occasion de la sortie du livre, elle se fait photographier avec lui : Yann et Marguerite dans une rue de Trouville, Marguerite et Yann dans un self-service de l'autoroute, son arrêt habituel entre Trouville et Paris, Yann derrière la vitre regardant Marguerite dans le parc de Neauphle, Marguerite et Yann regardant côte à côte la mer, Marguerite déclarant à *France-Soir* : « Ma passion pour Yann renaît tous les jours », Marguerite expliquant : « Quand je le vois traverser l'appartement le matin en attendant le café noir, j'ai le sentiment de ne l'avoir encore jamais vu. » « Vieille et seule, elle est avant de le rencontrer », écrit-elle dans le livre. Que veut-il ?

Pourquoi reste-t-il ? Il y a de l'épouvante dans l'amour de Duras, de l'effroi, du désir peut-être d'être tuée par lui avant de mourir naturellement, une mort romanesque, une mort de passion destructrice, qui figerait le temps, une mort comme à l'opéra. Yann n'est pas celui qu'on croit. À travers l'écriture elle tente de le transpercer : « Toutes mes amies ou connaissances sont enchantées par votre douceur. Vous êtes ma meilleure carte de visite. Moi, votre douceur, elle me ramène à la mort que vous devez rêver de me donner sans le savoir du tout [164]. » Yann la fait parler, continue l'histoire, l'oblige à ne pas encore s'interrompre, il reprend le fil de *Théodora*, ce roman jamais écrit, tout juste commencé, l'histoire de cette jeune femme sacrifiée, innocente, « cette femme en blanc égarée dans l'Europe de la mort ».

« Le plus dur, parce qu'il a si peu de temps, est que l'écrivain survive et que s'accomplisse son œuvre », a écrit Malcolm Lowry dans *Au-dessous du volcan*. Duras n'a plus de temps. Elle le sait et l'écrit dans un cahier : « ... Des fois on a peur de mourir avant que la page soit pleine... on connaît les repères, on connaît l'événement auquel on veut aboutir mais il faut amener le texte à ça. Il faut arriver, faire tout le voyage et quelquefois c'est... je pense que c'est effectivement l'activité qui fait que la pensée de la mort est là chaque jour [165]. » Elle n'a plus que le temps de mourir. De la mort physique elle se moque, de l'interruption de l'écriture, elle craint le pire. « Quand on n'écrit pas, on doit avancer dans une forêt qui ne se ferme jamais sur nous parce que là c'est *la forêt qui se ferme*, vous êtes pris [166]. »

La forêt se fermera en effet. Marguerite n'écrira plus. Certes elle publiera encore trois livres dont un, *Écrire*, sonnera comme un testament, mais ce sont des propos rapportés, des conversations transcrites, des décryptages de film. Marguerite n'aura plus ce corps à corps avec le papier, cette délivrance, cette décharge physique qu'elle éprouvait, ce sentiment de casser la glace, comme disait Thomas Mann. « Vivre devient la passion de mourir », écrit-elle d'une écriture tremblée, sur une page arrachée.

Seule la mort l'intéresse, la mort physique, le devenir après la mort, le souvenir des morts. D'une promenade parmi des tombes lui vient *La mort du jeune aviateur anglais*. Est-ce une fiction vraie, un conte de guerre, une chronique de mémoire villageoise ? Duras même ne le sait pas. Devant la caméra de Benoît Jacquot, venu la voir à Trouville, elle invente au fil des paroles : d'un nom sur une tombe d'un village de Normandie, elle tire le canevas de l'histoire d'un Anglais de vingt ans tué pendant la guerre par les Allemands dans la forêt de Vauville. *La mort du jeune aviateur anglais* est un poème sur l'innocence de la vie, une ode à son frère disparu. C'est aussi et surtout une méditation sur la mort. Marguerite a toujours beaucoup fréquenté les cimetières qui restèrent un de ses buts de visite favoris ; les cimetières anciens bien entendu, pas les nouveaux, ceux qu'elle appelle les cimetières de Prisunic où les gerbes sont en plastique et qui ressemblent à des terrains de golf. La découverte de cette tombe dans ce cimetière de village l'a bouleversée. Le souvenir de son frère mort la hante. Elle délire sur son corps mort, invente qu'il a été jeté dans la fosse commune et que son corps s'est mélangé aux autres corps. Elle se sent peut-être coupable, alors qu'elle-même sait qu'elle va mourir, de ne pas être allée se recueillir sur sa tombe dans le cimetière de Saigon ni sur celle de son père dans le pays de son enfance. Alors elle dit : « N'importe quelle mort c'est la mort... La mort de n'importe qui c'est la mort entière. » *La mort du jeune aviateur anglais* n'est pas un livre, ni une chanson, ni un poème, ni des pensées. C'est peut-être une complainte pour tenter de nouer un dialogue avec la mort. « Ça ne m'était jamais arrivé d'être bouleversée par le fait de la mort à ce point-là. Captée complètement. Engluée. »

L'écriture peut-elle éloigner la mort ? Marguerite ne le pense pas, qui s'apprête à la recevoir pacifiquement. L'écriture peut pacifier l'idée même de la mort, en faisant que la pensée ne regarde pas trop de ce côté-là. Mais, lucide, elle note : « C'est fini la période décisive est terminée [167]. » La mort elle la connaît, elle l'a suivie de très près quand elle était dans le coma. Elle sait qu'elle ne l'a jamais vraiment lâchée. Marguerite est laïque. Elle ne croit pas en Dieu même si elle a passé sa vie à tenter de converser avec lui. « Dieu c'est-à-dire rien, Dieu un mot que j'emploie par facilité. » Mais elle croit à l'existence terrestre de Jésus-Christ et de Jeanne d'Arc. « Moi qui ne prie pas, je le dis, et certains soirs j'en pleure pour dépasser le présent obligatoire. » Elle pleure en effet, beaucoup. Elle ne bouge plus de son appartement de la rue Saint-Benoît où elle dort très peu, ne lit plus, regarde beaucoup la télévision, range et dérange sa bibliothèque, regarde des photos de famille. « Je peux dire ce que je veux, je ne trouverai jamais pourquoi on écrit et comment on n'écrit pas. Dans la vie, il arrive un moment, et je pense que c'est total, auquel on ne peut échapper, où tout est mis en doute : le doute, c'est écrire. » Marguerite n'écrit plus. Elle parle de l'écriture à son ami Benoît Jacquot devant la caméra et Yann transcrit. Yann prend les affaires en main. C'est lui qui négocie avec Gallimard les droits et les titres. À la fin du tournage de *La mort du jeune aviateur anglais* à Paris[168], Marguerite confie à Benoît Jacquot : « Je n'ai pas tout dit. » Il propose en urgence un tournage dans sa maison de Neauphle. Il comprend qu'elle a envie qu'on s'occupe d'elle. Benoît demande à Caroline Champetier de venir faire le cadrage. Marguerite sera belle et émouvante dans ce film où une lumière douce a été choisie pour filmer en gros plan ce visage lacéré par les rides, chinois, de plus en plus chinois, ce regard profond et pétillant et cette voix cassée, haletante qui vient des profondeurs. Elle parle encore et toujours de l'acte d'écrire. Elle évoque la solitude, son alcoolisme, sa folie.

> Tout écrivait quand j'écrivais dans la maison. L'écriture était partout.
>
> On peut aussi ne pas écrire, oublier une mouche. Seulement la regarder. Voir comme à son tour, elle se débattait d'une façon terrible et comptabilisée dans un ciel inconnu et de rien. Voilà c'est tout.

Duras voit de moins en moins de gens. Dionys lui rend visite de temps en temps, Outa régulièrement. Ses amis Henri et Serge l'emmènent à Trouville. Ils seront parmi les derniers à obtenir l'autorisation de la rencontrer. Elle se coupe progressivement du monde, ne répond plus elle-même au téléphone, c'est Yann qui décroche. Il filtre les communications, interdit progressivement les visites, y compris des plus vieux amis qui vont se laisser persuader de la laisser tranquille et qui s'en voudront, après sa mort, de ne pas avoir assez insisté. Elle se montre très préoccupée par un livre qui doit paraître sur elle de Frédérique Lebelley[169]. Elle me montre le manuscrit, dit que c'est misère. En revanche, elle aime beaucoup le livre que Christine Blot-Labarrère lui a consacré. Elle avait oublié des passages entiers de ses romans. En les lisant, elle ne les a pas reconnus. « C'est très difficile à dire mais c'est extraordinaire de, tout à coup, redécouvrir une phrase dont vous êtes l'auteur. Quand elle me cite, l'encrage change. Christine Blot-Labarrère dit la phrase, elle me l'apprend, elle me l'offre. Moi, j'avais oublié. »

Lire et relire encore les textes, m'avait-elle dit. Donner à lire. Offrir au lecteur sa propre lecture. Tenter de raconter l'écriture. À l'époque, elle me parlait beaucoup de la mort de la mouche qu'elle était heureuse d'avoir su mettre sur le papier ; elle revenait à sa mère toujours — « il me reste ma mère, pourquoi me le cacher ? » — et, tout le temps, montrait des photographies, revenait à l'enfance : « La période la plus aride de ma vie. Rien de moins rêvé que ma haute enfance, rien de plus net [170]. » Yann était là dans l'appartement qui nous laissait seules, partait dans sa chambre. Elle avait souvent besoin de lui, pour une date, une précision, un souvenir. Elle s'épuisait très vite, vous retenait en riant, vous embrassait comme une enfant. Marguerite était une ingénue, dit un de ses amis. Tout le monde rit quand on dit de Duras qu'elle fut une ingénue. D'elle, en dehors de ses écrits qui constituent sa seule preuve d'existence, je retiens cette douceur, oui cette douceur de sa présence, sa manière de vous prendre dans les bras, de vous dire quand on la quittait : « Prends bien garde à toi. »

Les rendez-vous se sont espacés. C'était de plus en plus difficile de parler avec elle au téléphone. Yann, adorable, charmant, vous entretenait de la pluie et du beau temps, de la couleur du ciel, d'une promenade à pied la veille, il riait, il parlait mais il ne vous la passait pas. Marguerite, progressivement, s'est éloignée du monde et a vécu comme une recluse. Yann a fermé la porte. La porte de la chambre noire. Marguerite était-elle encore là ? Qu'a-t-il ainsi voulu protéger ? Elle ou sa mythologie ? Marguerite a à faire. Elle attend la mort calmement. Elle aimerait bien en écrire. Marguerite après tout n'est pas prisonnière. Elle pourrait prendre son téléphone, appeler au secours. Non. Marguerite attend. Yann devient le gardien, et même aux yeux de certains des amis de Marguerite, le geôlier de cette attente. Plus besoin des bruits du monde, des vanités de l'existence. Rien à faire. Et lui ? Il protège, il s'occupe d'elle, il continue la fiction avec elle. Il espère qu'elle écrira encore. Dans un texte rédigé le 5 septembre 1993, intitulé *À vous M.D.* [171], il dit : « Vous ne portez pas de lunettes noires, sans vous laisser aller à la pose, vous laissez le monde se tromper, voir autre chose, peu vous importe, vous passez outre et vous dites : Allez-y, vous ne m'aurez pas. Je ne suis pas là. Pour personne. Pas pour moi non plus. »

Plus là pour personne. Comment alors la rejoindre ? Marguerite habite déjà ailleurs. Marguerite parle de tout et de rien, un flux de paroles désordonnées, quelquefois des phrases isolées forment une ébauche de poème. Plus personne pourtant ne peut lui parler, à l'exception de Yann, de Dionys et des deux infirmières qui se relaient à son chevet. Quand Yann me téléphone, elle met le haut-parleur et me parle sans prendre l'écouteur. Elle est drôle, vive, gaie. De temps en temps, elle a toute sa tête. À d'autres, elle dit ce qui lui passe par la tête. Dans les paroles qui sortent d'elle quelquefois, elle choisit un mot sur lequel elle s'attarde et qu'elle commente longuement. Dans la dernière conversation, c'était le mot Gulf Stream. Yann ne sort plus qu'avec un téléphone portable et appelle tous les quarts d'heure les infirmières. Il ne s'éloigne plus géographiquement de la rue Saint-Benoît. Outa a réussi à faire venir son père et sa mère dans la maison de Neauphle et à les photographier ensemble. Les portraits qu'il a pris alors de sa mère sont d'une beauté et d'une tristesse à faire pleurer. Est-ce encore Marguerite ce masque qui regarde droit dans l'objectif, cette vieille petite fille maquillée qui prend la pose ? Marguerite le jour regarde la télévision, la nuit déménage sa bibliothèque. Dionys l'a vue un mois avant. Dionys à qui Yann demandera de venir fermer ses yeux. À sa mort, il s'en voudra de ne pas avoir été chez elle plus souvent. Il revenait très déprimé. La dernière fois, quand il a sonné rue Saint-Benoît, elle est venue ouvrir, l'a regardé longuement, l'a pris dans les bras et lui a dit : « Nous deux on s'est beaucoup aimés. »

Marguerite ne veut pas mourir. Plusieurs fois, Yann a appelé le SAMU, mais la vie est repartie. Elle s'accroche. Yann dit qu'elle parle tout le temps et que si l'on reste attentif, elle a, au cours de la journée ou de la nuit, des moments de lucidité. Elle dit alors des choses importantes qu'il décide de consigner devant elle. Elle se prend au jeu. Ainsi est né le dernier livre, *C'est tout*, qui provoquera, au moment de sa publication, une belle polémique. Journal intime du dernier souffle ? Mise en scène obscène d'une agonisante qui éructe, de temps à autre, quelques phrases définitives ? Le livre commence le 20 novembre 1994 et s'achève dans sa version italienne non expurgée le 29 février 1995 à treize heures[172].

Dans ce dialogue, Duras ne parle que de la mort, de sa mort si proche, dont elle n'a pas peur, de l'après. Après la mort il ne reste rien. « Que les vivants qui se sourient, qui se soutiennent. » Son enfance lui revient, la douceur de la terre natale, l'amour infini et malheureux qu'elle porta tout au long de sa vie à sa mère. M.D. attend. Elle est désormais dans un autre temps. « Je parle du temps qui sourd de la terre. » Elle a quitté le monde des vivants. Lucide :

> Yann je suis encore là.
> Il faut que je parte.
> Je ne sais plus où me mettre.

Méchante, narcissique encore, épuisée mais narcissique : « Il se trouve que j'ai du génie. J'y suis habituée maintenant. » Elle livre son ultime combat : elle ne veut pas « se jeter » dans la mort mais maîtriser ce moment. Pourquoi le corps résiste-t-il alors que les mots ne peuvent plus se former ? La mère l'a fait rester en vie : « J'aime toujours ma mère. Y a rien à faire, je l'aime toujours », Yann aussi qui, lui, croit en Dieu et à qui elle résiste. Le paradis, ça la fait rigoler. Elle s'apprête à partir, yeux ouverts vers nulle part.

À Yann la dernière phrase :

> Je vous aime.
> Au revoir.

ANNEXES

I

« Le mari, cet égoïste ! »

par Marie-Josèphe Legrand

Bien sûr qu'au début de notre mariage j'aimais ce désordre que John laissait toujours derrière lui, partout, dans la maison, lorsqu'il partait pour son agence. Je pourrais même dire que lorsque je me retrouvais seule dans la maison, je rangeais ce désordre avec... dévotion. Et que j'y voyais comme un signe de la présence de John.

— Et puis ?

— Et puis, petit à petit, ce désordre de John est devenu, tout au contraire, le signe de l'indifférence de John à mon égard.

— Mais, Sonia, cette période enchantée de votre amour n'aurait-elle pas pu durer toujours ? Est-ce à dire, si elle a cessé, qu'il y avait moins d'amour entre John et vous ? Excusez-moi d'avoir à vous poser cette question...

— Pas le moins du monde. Il y avait autant d'amour entre John et moi qu'au premier jour... Sinon davantage. Mais il en est de l'amour comme des autres sentiments. L'amour doit devenir adulte s'il veut durer. À mesure que les difficultés de l'existence augmentent dans un ménage, l'amour doit fournir d'autres preuves de sa force et de sa constance, que le désordre de John.

— Voyez-vous, Sonia, je vous écoute bien, mais je dois vous dire que rien de ce que vous reprochez à John ne me semble bien grave...

— Vous vous trompez. Une des cent petites choses que je reproche à John n'est pas grave quand on la prend isolément. Mais l'accumulation de ces cent petites choses devient à la longue tout à fait insupportable.

— Tout à fait ?

— Oui. Je peux bien vous le dire... Il y a un mois de cela, à cause de ces cent petites choses sans importance, j'ai failli envisager l'irrémédiable... J'ai failli envisager que je pouvais un jour quitter John.

— Est-ce là une façon de parler, Sonia ? Êtes-vous tout à fait sincère ?

— Oui. Et je suis d'autant plus sincère que je me sens coupable d'avoir rendu John comme il était devenu : un homme qu'on pouvait à la fois aimer et... quitter. Ce n'est pas la peine de jouer sur les mots. Je veux dire que je me sens responsable d'avoir fait de John un mari égoïste.

— Est-ce que vous consentez, Sonia, à me raconter quelques-unes de ces cent « petites » choses dont l'accumulation peut devenir dramatique ?

— Bien sûr. Mais vous savez, l'égoïsme d'un homme, d'un être, commence de façon imperceptible. Ne souriez pas, car ceci est très sérieux. Quand un homme pose une tasse de café vide sur une étagère et qu'il n'imagine pas une seconde ce qu'il adviendra de cette tasse de café lorsqu'il l'aura laissée sur cette étagère, qu'il n'imagine pas qu'elle doit être lavée, essuyée, rangée une heure plus tard, on peut dire que c'est déjà à ce stade, presque insignifiant, que commence l'égoïsme d'un homme.

— Dans les manuels scolaires, il est vrai que l'égoïsme se définit par l'incapacité où l'on est d'imaginer l'« autre », de se mettre à la place de l'« autre ». Encore une de ces cent petites choses, voulez-vous, Sonia ?

— Je veux bien. Le désordre de John que je trouvais si charmant au début de notre mariage, ce désordre incorrigible, désespérant.

— Et encore ?

— Pour parler de façon plus générale, je peux vous rappeler que nous avons trois enfants, que nous sommes logés étroitement et que, pour que notre appartement reste vivable, sinon agréable, cela représente pour moi un travail qui me prend les trois quarts de mes journées. Or, de ce travail-là, voyez-vous, il n'est jamais question entre John et moi. John ignore aussi complètement ce travail que s'il était fait par un robot.

— C'est une chose considérable que cette prétendue « petite chose », Sonia !

— Oui, c'est une chose considérable, en effet. Parce que, vous comprenez, il m'est égal d'être surchargée de travail comme je le suis. Ce qui m'est insupportable, c'est que John soit dans une ignorance totale de ce travail. Je ne suis pas un héros. Je suis comme tout le monde. Je suis comme John, comme John lui-même, ni plus ni moins.

— Comme John qui, lui, vous faisait part très souvent des soucis et du surcroît de travail qu'il avait à son agence ?

— Oui. Le soir, lorsqu'il rentrait, lorsque les enfants étaient couchés, et que nous avions devant nous une heure de répit, eh bien, il n'était question que des soucis de John. Jamais des miens.

— Racontez encore, voulez-vous ?

— Est-ce la peine de raconter ces détails si communément répandus que toutes les femmes, et même tous les hommes — dans les cas inverses du mien — connaissent par cœur ?

— Je crois qu'il n'est jamais inutile de revenir sur ces prétendus lieux communs. Ne le savez-vous pas ?

— Je le sais, oui. Voilà, si vous le voulez bien, un exemple que toutes les femmes dans mon cas reconnaîtront entre mille. Nous avons une automobile depuis l'année dernière. Et nous sommes tous les deux des chauffeurs excellents. Mais c'était toujours John qui avait l'automobile, même lorsqu'il savait que j'avais des courses urgentes à faire à Londres, et des courses pour nos enfants.

— Vous ne lui demandiez pas de vous laisser l'auto ce jour-là ?

— Non, je lui disais simplement que j'avais des courses urgentes à faire. Et jamais il n'a eu l'air d'imaginer que l'auto m'aurait été nécessaire et m'aurait permis de moins me fatiguer.

— Sonia, je vais vous poser une question indiscrète : pourquoi, dans ce cas, ne demandiez-vous pas à John de vous laisser l'automobile au lieu de la prendre pour aller à son agence ?

— Au début, parce que John avait un plaisir fou, un plaisir enfantin à se servir de cette automobile. Ensuite, parce que j'ai cru qu'il me la proposerait. Et ensuite encore, eh bien, parce que j'ai espéré que John lui-même serait frappé lui-même par le fait qu'il ne me la proposait jamais, cette automobile, et tellement frappé qu'un beau jour il en viendrait lui-même à reconnaître qu'il exagérait !

— Je crois comprendre que, déjà, vous en vouliez à John suffisamment pour, en secret, préparer le procès intime que vous vouliez lui faire. Que déjà vous accumuliez des charges contre lui. Pardonnez-moi d'en venir à cette franchise.

— Ne vous en excusez pas. Je crois que là où nous en sommes arrivés, la mondanité n'a plus sa place. Je ne peux que vous remercier de votre franchise.

— Sonia, avant de continuer, je voudrais savoir comment vous avez rappelé à John de façon... brutale, le fait que vous existiez. Je veux dire que vous aussi, en dehors de votre vie amoureuse, vous aviez une vie difficile, tout comme lui, John.

— Les choses sont arrivées, contrairement à ce que vous pensez, contre mon gré. J'étais extrêmement fatiguée, il y a un mois. La grippe avait mis au lit toute la maison et moi-même. Et j'étais seule à soigner cette grippe collective, seule à sortir de mon lit. Mais personne ne s'en est aperçu. Personne sauf, précisément, un ami de John. Est-ce la peine que je continue ?

— Je le pense, Sonia. Le sentiment que l'« autre » ne se soucie pas de vous à ce point-là doit vous rejeter dans une solitude pénible, de plus en plus pénible à mesure que le temps passe, et qui doit donner lieu à des dangers de l'ordre que vous dites... sans le dire.

— Je l'ai dit. Cette solitude est telle, parfois, en effet que, la fatigue et le temps aidant, elle peut s'exaspérer tellement que lorsque quelqu'un la reconnaît, simplement, lorsqu'un homme vient vers vous et vous dit : « Comme vous êtes fatiguée, Sonia », cela vous fait l'effet d'un miracle. Je me souviens. C'était le soir. Je m'étais endormie sur un fauteuil de notre living-room, éreintée et triste. Lorsque Peter est arrivé. Je me suis réveillée lorsqu'il est entré, comme prise en faute. Et Peter m'a dit ce que je viens de vous dire : « Comme vous êtes fatiguée, Sonia... », et il m'a souri. Les choses ne sont pas allées plus loin entre Peter et moi. Sauf que j'ai commencé à songer, à penser que Peter était très différent de John.

— Peter vous avait-il marqué, avant ce jour, un intérêt particulier ?

— Dans tous les couples, il arrive que certains amis portent à la femme une sorte de tendresse teintée d'autre sentiment. Même si cela est trouble et ne porte pas à conséquence, cela arrive.

— John s'en doutait-il ?

— John pensait trop à lui pour s'en apercevoir. John était dans ce que Freud appelle un amour narcissique de lui-même.

— Je m'excuse beaucoup d'avoir à vous demander, Sonia, si vous étiez sûre des sentiments de John à votre égard ?

— Bien sûr que je ne doutais pas un seul instant des sentiments de John à mon égard. Et je ne pouvais pas me tromper, précisément parce que j'aimais John, et aussi follement que les premiers jours. Non seulement John aimait sa femme, mais il était amoureux d'elle.

— J'ai entendu dire qu'être amoureux d'une femme signifie exagérer démesurément la *différence* entre cette femme et les autres...

— Cela n'est pas contradictoire de l'égoïsme d'un homme à l'égard de sa femme. Au contraire. Je n'ai jamais dit, comprenez-moi bien, que John était insensible au mérite, et même à la fatigue des *autres* femmes que la sienne, bien au contraire ! J'ai voulu dire que la sienne était une telle exception à la règle qui régit l'existence des autres femmes, que sa fatigue ne se comptait pas de la même façon que celle des autres femmes.

— Je vois aussi, là, Sonia, dans cette insouciance, cet égoïsme de John, appelez cela comme vous voudrez, un désir pathétique de conserver votre amour tel qu'il était aux premiers temps de votre mariage avant que se pose la question de l'égoïsme de John.

— Bien sûr. John aurait voulu qu'il n'entre dans notre histoire aucun souci matériel, aucune considération capable d'en contrarier le libre plaisir. En un mot, John aurait voulu que nous restions des fiancés perpétuels. Et comment ? En ignorant tout ce qui, dans mon existence à moi, les enfants, le ménage, etc., faisait que j'étais devenue sa femme, une femme responsable, et non plus sa fiancée.

— Mais John, lui-même, se plaignait beaucoup plus que dans les premiers temps des soucis et du travail qu'il a à son agence de voyages ?

— Bien sûr. Mais ces soucis existaient avant moi, même s'ils ont été plus grands du fait de notre mariage. Tandis que les miens n'existaient pas avant lui. Et le reconnaître aurait gêné sa conscience. L'amour narcissique de soi-même fait fuir les responsabilités.

— Est-ce que je peux vous demander, Sonia, si le fait que le travail d'une femme chez elle, du moment que ce travail ne rapporte aucun salaire, qu'il n'est pas rémunérateur, est, de ce fait, déconsidéré aux yeux de l'homme ?

— C'est là une interprétation trop facile, voyez-vous, et si elle est valable souvent, elle ne l'est pas toujours. Non, il faut chercher ailleurs. La différence entre le travail d'une femme et le travail d'un homme, c'est que le travail d'une femme ne cesse jamais, et que le travail d'un homme est en général parfaitement circonscrit dans le temps. À six heures du soir, tous les hommes du monde sont libres. Et à sept heures du soir, ce que tous les hommes du monde désireraient, c'est retrouver une femme qui, comme eux, serait libre de tout souci et les délasserait de leurs soucis à eux.

— Vous avez fait ce tour de force pendant des années, Sonia ?

— Je l'ai fait. Ce n'est pas toujours possible. Et dans certains cas — je parle aussi du mien que je connais bien — cela représente un miracle d'énergie et de constance. Et si ce miracle reste ignoré au point où John l'ignorait, eh bien, il vous rejette dans une solitude qui peut, encore une fois, devenir tragique !

— J'ai le devoir de vous dire, Sonia, que John avait dans votre faculté de laver en silence les tasses de café vides une confiance absolue, et que vous n'auriez pas dû en venir à la lui donner à ce point.

— Je le sais. Mais que voulez-vous, moi aussi, j'étais dans une sorte de vision narcissique de moi-même, si paradoxal que cela puisse paraître...

— Je ne comprends pas.

— J'aime tellement John, et depuis le premier jour, que je me croyais de taille à tout supporter de lui, à supporter à moi seule le poids phénoménal que représente l'égoïsme d'un être. J'ai surestimé mes forces, voyez-vous. Et tant et si bien qu'il y a quelques semaines de cela, je vous le répète, j'ai failli ne plus aimer John, j'ai cru pouvoir envisager de ne plus l'aimer.

— Vous avez choisi... de l'aimer encore ?

— Je n'ai rien choisi du tout. Je l'aimais toujours. Mais je ne le savais plus.

— Vous avez parlé à John ?

— Je n'ai pas eu à lui parler. John s'est aperçu brutalement de l'existence de Peter. De l'existence du danger. Il s'est aperçu que Peter revenait de plus en plus à la maison, et tout à coup il est sorti de son égocentrisme, il s'est aperçu que Peter ne venait pas chez nous seulement pour lui, John, mais aussi pour sa femme.

— Il vous a parlé ?

— Oui. Et je lui ai répondu. Et je l'ai écouté à mon tour. Comme il m'avait écoutée. Il a été très malheureux sur le moment, et de cette façon dont les hommes le sont lorsqu'ils sont pris au dépourvu de leur imagination. Mais comme ce problème est difficile !

— Insoluble ?

— Non, difficile. L'égoïsme d'un homme fait partie de son charme. Une femme y voit comme le transfert d'un charme enfantin et elle y est très sensible. L'égoïsme d'un homme adulte n'est que le transfert ou le refoulement de son humeur capricieuse enfantine. Vous savez bien que les enfants oublient à leur gré ce qui les gêne, et que leurs mères les trouvent alors charmants. Et que les mères, cela n'est plus à prouver, sont d'autant plus ravies de leurs enfants qu'ils sont plus enfantins... C'est là ce qu'on pourrait appeler un ordre sacré du sentiment de la femme jusque dans l'amour.

— Il y aurait comme un angélisme dans l'égoïsme de l'homme dans le couple ?

— Je le pense. Comme dans tout égoïsme. Ce que nous venons de dire peut s'inverser et s'appliquer tout aussi bien à la femme dans le couple.

— Peter est revenu ?

— C'est un des meilleurs amis de John. S'il n'était pas revenu, si John n'avait pas désiré qu'il revienne, c'est que je me serais mal expliquée avec John. Il ne dépendait que de mon attitude avec Peter qu'il comprenne que je n'aimais que John.

— Faites-vous vos courses en automobile, maintenant, Sonia ?

— Ne savez-vous pas que de l'égoïsme à la générosité il n'y a qu'un pas à franchir ? Encore une fois, celui de l'imagination. Et que la différence qu'il y a entre vouloir tous les avantages pour soi au lieu de les vouloir pour l'être qu'on aime ne tient parfois qu'à une toute petite décision ?

— Celle de ne plus se mentir ?

— Oui.

(*Constellation*, n° 123, juillet 1958, p. 125-130)

II

Lettre à Isabelle C.

Comme si les crimes étaient répréhensibles, comme si d'en parler faisait du tort aux accusés, c'est le contraire. Comme si inventer les raisons c'était ça la délation (miss Deforges, à votre dictionnaire, pauvre !) comme s'il n'y avait que les intellectuels de responsables, alors que tout le monde l'est, même le prolétariat, même les faux écrivains, même les analphabètes.

Même ceux que j'aime, comme Higelin, comme Souchon, comme Diane Dufresne — bonjour, baisers —

Même à vous

C'est à vous, Isabelle C., que je réponds, à travers les autres lettres que j'ai reçues qu'elles soient indignées ou enthousiasmées, à propos de mon article dans *Libé* autour du crime de Lépanges, sur Christine Villemin.

Je n'ai pas lu les articles parus à ce propos, sauf les extraits de ceux des femmes parus dans *Libé*.

Vous êtes pour le silence, Isabelle C. Et moi j'ai parlé.

Vous êtes pour le silence, comme si éviter de ne rien dire, c'était ça le silence.

Moi je suis contre ce silence.

Nous sommes donc en apparence irréconciliables. Loin l'une de l'autre. Et c'est pourtant à travers votre lettre que je crois possible de peut-être nous rencontrer au milieu du chemin que nous faisons vous, Christine V. et moi. Même si c'était en intelligence, dans celle de nos différences.

Que je vous dise, j'ai relu mon article huit jours après sa parution : si c'était à refaire, j'enlèverais une partie de la deuxième partie, depuis : « reste cet autre crime... », jusqu'à : « et si c'était le quatrième assassinat » parce que je l'ai écrit pour compléter l'article, naïvement.

Le début aussi, sur la visite à la nourrice, je l'enlèverais, mais moins évidemment encore que cette arithmétique à perte de vue renvoie aux battements du temps dans les tempes, certains soirs, qu'a dû connaître Christine V.

Les photos — très belles — je les enlèverais toutes — elles n'étaient pas nécessaires du moment qu'elles montraient ce que je disais, et qui de ce fait étaient une redondance et même une espèce d'insistance obscène.

Cela dit je voulais vous dire ceci : je n'ai fait aucun tort à Christine V.

Ceci dit, je garderais tout ce que j'ai écrit sur les femmes, sur elle qui habitait cette maison, et les autres sur le sens de la vie.

Tous les arguments judiciaires circonstanciels sont ici de notoriété publique.

J'ai inventé les gifles...

Je n'ai pas inventé la vie commune des couples, le mariage, les meubles à partir de certains bruits, également de notoriété publique, comme le prix du salon, sur l'orgueil de certains hommes du village, l'orgueil vide, fou, la maison neuve à fuir, le faux sable, le faux problème.

Le vrai problème étant encore une fois celui des femmes, la recherche du sens par les femmes de la vie qu'elles mènent et qu'elles n'ont pas désirée.

Si j'avais cru possible de faire du tort à Christine V., je n'aurais pas fait cet article. Peut-être est-ce une aberration de ma part, ce n'est pas sûr du tout, mais peut-être, auquel cas je serais inexcusable [...]

Je pense, comme tout le monde le sait et le pense que beaucoup d'entre ces femmes auraient souhaité que je fasse du tort à C.V., que je sois condamnée pour cela et qu'elles soient débarrassées de la gêne endémique que je représente dans leur vie.

Vous le savez comme moi.

Car je ne crois pas avoir rêvé sur le « destin inaccessible » de Christine V., et de ce fait, avoir convaincu le lecteur de sa culpabilité.

Je n'ai pas rêvé.

On ne rêve pas quand on écrit, ou on n'écrit pas.

Je me suis rapprochée de Christine V.

J'ai inventé, mais dans la banalité du sort commun et je ne crois pas que la culpabilité de Christine V. ait été potentiellement augmentée ou diminuée du fait de cet article.

Les gens mentent beaucoup. Ils sont très hypocrites. Ils

me disent que j'aurais dû me taire et laisser l'affaire aux spécialistes et pour dire cela, ils font quatre pages. Ce que l'on me reproche, au fond, c'est que *Libé* m'a demandé ce papier et que ce soit moi qui l'ai écrit.

Voici donc je suis déshonorée à leurs yeux, définitivement déshonorée.

Cela arrive, vous voyez.

Je suis assez honorée d'être déshonorée.

J'ai l'honneur d'avoir été exclu du Parti communiste, disait l'un de mes amis.

Toutes les lettres parlent de cet enfant qui ne peut pas se défendre.

D'autres parlent du style bâclé de mon article, d'autres du mépris dans lequel je tiens les gens qui travaillent de leurs mains, de délation... Ceci pour vous renseigner. Trop heureux les signataires des lettres ne demandent pas tous à être publiés. Pas tous, mais beaucoup.

Quoi dire encore ? Les hommes sont contre moi, pas les femmes en général, très peu.

Presque toutes les lettres d'hommes relèvent d'un formalisme éprouvé et très éprouvant. Toutes les lettres emploient le pronom impersonnel on : on n'a pas le droit, on doit, on ne doit pas, on est indigné.

Il y a des lettres très belles. Cette femme qui me tutoie, sans signature. Celle des deux jeunes gens prisonniers. Et celle de la femme d'un prisonnier. — Salut Baisers —

Le problème de ce crime est un problème de femmes.

Le problème des enfants est un problème de femmes.

Le problème des hommes est un problème de femmes.

L'homme l'ignore.

Tant que l'homme s'illusionnera sur la libre disposition de sa force musculaire, matérielle, la profondeur de l'intelligence ne sera pas masculine.

Seule la femme sera avertie de l'erreur de l'homme sur lui-même.

Il y a bien pire que les gifles pour un steak mal cuit, il y a la vie quotidienne.

Sa propre force trompe l'homme sur lui-même.

On peut le dire plus gentiment : la force de l'homme trouble la vue de l'homme sur le monde, comme le ferait l'enfance, quelques gouttes de lait dans l'eau claire des idées claires le séparent de l'intelligence définitive.

Très souvent l'homme croit qu'il est de son devoir de ne

jamais perdre de vue l'absurdité définissante de la vie. Je ne lis que des romans que je lis de la philosophie.

Là où l'homme lit de la philosophie, je lis l'histoire de l'homme qui fait de la philosophie et celle de l'homme qui lit la philosophie. Cela parce que je lis *tout*.

Je crois, comme vous, Isabelle C., que le crime de Lépanges est inaccessible, tellement inaccessible que je crois que personne n'en est l'auteur.

Même si quelqu'un l'a perpétré, il n'en est pas l'auteur.

L'auteur du crime opère et se retire aussitôt de la main et du corps de celui qui reste.

C'est ce que j'ai dit dans cet article.

Quand Pottecher que j'aime beaucoup, beaucoup, parle d'un accident qui serait survenu et qu'on aurait camouflé en crime. Je parle, quant à moi, d'un accident quand je parle du crime.

Dans le sublime fatras des religions anciennes, forcément sublimes, le crime visite le criminel, opère à sa place et s'en va de lui, le laissant parfois sans mémoire aucune de l'avoir commis.

APPENDICES

NOTES

AVANT-PROPOS

1. Entretien de Marguerite Duras avec Suzanne Koapit, *Réalités*, mars 1963.
2. Frédérique Lebelley, *Le poids d'une plume*, Grasset, 1994.
3. *L'amant*, Minuit, 1984, p. 35.
4. *Ibid.*, p. 35.

I. LES RACINES DE L'ENFANCE

1. *L'Eden Cinéma*, Mercure de France, 1977, réédition Folio, 1986, p. 17.
2. Marguerite Duras et Michelle Porte, *Les lieux de Marguerite Duras*, Minuit, 1978, p. 52.
3. *L'amant*, p. 22.
4. *Les lieux de Marguerite Duras*, Minuit, 1987, p. 56.
5. Miguel Angel Sevilla, « Duras et le nom des autres », *Critique*, p. 22.
6. *Les yeux verts, Les Cahiers du cinéma*, n° 312, juin 1980, réédition augmentée, coordination Serge Darney, *Les Cahiers du cinéma*, 1987, p. 244.
7. *Ibid.*, p. 80.
8. *L'amant de la Chine du Nord*, Gallimard, 1991, réédition Folio, 1995, p. 41.
9. *Un barrage contre le Pacifique*, Gallimard, 1950, réédition Biblos, 1990, p. 162.
10. À l'époque, les administrateurs d'outre-mer se plaignent de l'absence de publicité pour la vie aux colonies et proposent avec insistance à leur ministère que les rapports savants dont la technicité décourage le grand public soient remplacés par des dépliants attractifs et efficaces. L'affiche montrant un couple colonial tout de blanc vêtu, se balançant sensuellement dans des rocking-chairs à l'ombre d'un bananier qu'évoque Marguerite Duras pour expliquer le départ de ses parents à la colonie est donc postérieure.
11. *Un barrage contre le Pacifique*, p. 162-163.
12. *L'amant*, p. 27.
13. Émile Bonhoure, *L'Indochine*, Éditions géographiques, maritimes et coloniales, 1900.
14. C. Mayer, *Des Français en Indochine 1860-1910*, Hachette, 1985.
15. Dans un guide publié en 1902, à l'usage de ceux qui veulent partir aux colonies, Louis Saloun explique sentencieusement que les Français ne doivent occuper en Indochine que les emplois d'un certain rang : « L'exportation d'un petit employé n'est pas souhaitable dans un pays où sa détresse serait rendue plus dure qu'en France par les exigences d'un climat qui impose un appréciable confort et une certaine largeur de vie. Au demeurant, les besognes subalternes

qu'on pourrait lui confier sont exécutées aussi bien, sinon mieux, et sûrement à meilleur compte, par les indigènes auxquels des soldes bien moindres valent encore un bien-être supérieur à leur existence ordinaire et qui sont, en outre, parfaitement adaptés au milieu, et de plus, dociles et dévoués » (*L'Indochine*, édité par l'auteur).

16. *Ibid.* Les Chettyo sont des ouvriers d'origine indienne.

17. Pierre Brocheux et Daniel Hémery, *Indochine. La colonisation ambiguë (1858-1954)*, La Découverte, 1994.

18. Denise Bouché, *Histoire de la colonisation française*, Fayard, 1991. Consulter aussi Pierre Bezançon, *Éducation, colonisation et développement en Indochine : l'adaptation de l'enseignement primaire (1860-1949)*, DEA Université de Paris, 1992-1993.

19. De Napoléon III en passant par Jules Ferry, le pouvoir politique a toujours mis en avant la mission civilisatrice de la France pour justifier son expansion dans cette partie du monde. La campagne du Tonkin alimenta la passion des députés. Deux camps alors s'affrontaient : la droite, menée par le duc de Broglie, stigmatisait l'idée même de colonisation, s'insurgeait contre ces expéditions lointaines qui affaiblissaient la nation française, et jugeait le principe même de l'expansion coloniale dangereux pour la stabilité de la France ; et la gauche qui, sous la houlette de Jules Ferry, justifiait au nom des idéaux de la Révolution française, de la vitalité du peuple et des intérêts économiques l'expédition tonkinoise. « Il serait détestable, antifrançais, d'interdire à la France d'avoir une politique coloniale », expliqua Jules Ferry devant une Chambre houleuse. On connaît la suite. La France ne déserta pas l'Indochine. Cf. G. Hanotaux et A. Martineau, *Histoire des colonies françaises* (notamment le tome V), et Edmond Chassigneux, *L'Indochine*.

20. En 1887, fut créée l'Union indochinoise. Elle regroupait le Cambodge, le Laos, l'Annam, la Cochinchine et le Tonkin, ces trois derniers territoires constituant l'Indochine française. L'alliance de républicains opportunistes et de certains milieux d'affaire fit très vite de l'Indochine une colonie d'exploitation. « Civiliser les peuples aujourd'hui signifie leur enseigner comment travailler pour gagner et dépenser de l'argent », tel était le mot d'ordre (citation du président de la chambre de commerce de Lyon en 1901). La Cochinchine bénéficia d'un traitement particulier : un gouverneur général secondé par un lieutenant gouverneur fut nommé en 1899. Pour administrer la colonie, il était assisté d'un conseil colonial, composé pour moitié de Français et d'Annamites.

21. Stanley Karnov, *Vietnam*, Presses de la Cité, 1983. Le coût de la conquête du Vietnam fut considérable et, en 1895, la Cochinchine, l'Annam et le Tonkin creusaient d'énormes trous dans le budget colonial. Paul Doumer, nommé gouverneur général en 1897, unifia l'administration, centralisa le pouvoir, s'empressa de dissoudre le Cabinet des mandarins, dernier vestige de la souveraineté vietnamienne, et développa l'économie du pays au seul profit de la France, en démantelant la société rurale traditionnelle par une politique agraire brutale de dépossession des terres des paysans qui les cultivaient. Doumer écrira plus tard dans ses Mémoires : « Lorsque la France arriva en Indochine, les Annamites étaient mûrs pour la servitude. » Doumer, même s'il fut l'auteur d'un remarquable rapport sur l'éducation, où il se montra fort respectueux du système d'enseignement annamite, n'en demeure pas moins celui qui établit le modèle économique qui prévaudra en Indochine jusqu'en 1954. Il transforma l'Indochine en un pays économiquement rentable, sur le dos du peuple vietnamien, et dans un silence quasi général, car il réussit à réduire le courant anticolonialiste à une poignée d'intellectuels excentriques. Quand Doumer fut élu président de la République, des libéraux, plus soucieux de la culture et de l'identité du pays, lui succédèrent, qui durent, avec beaucoup de difficultés, se battre contre les groupes financiers pillant allègrement et en toute impunité l'Indochine.

À consulter aussi Marc Meuleau, *Histoire de la banque d'Indochine (1875-1975)*, DEA d'histoire, 1994, ainsi que P. Morlat, *La répression coloniale au Vietnam (1908-1940)*, L'Harmattan, 1990.

22. Monographie, *La femme de Cochinchine*, Saigon, 1882.

23. A. Maybon, *L'Indochine*, 1934.

24. « Le problème de l'enseignement est sans doute le plus important et le plus complexe de ceux qui sollicitent l'esprit du colonisateur car il contient plus ou moins en puissance tous les autres », avait déclaré en 1931 Albert Sarraut, ancien gouverneur général de l'Indochine, ancien ministre de l'Intérieur et futur président du Conseil. Comme le souligne Denise Bouché, dès les débuts de la colonisation, le gouvernement s'occupa de l'enseignement.

25. Dans chaque village d'Indochine, se dresse une école, souvent une simple hutte, ouverte sur la rue. Dès la plus tendre enfance, l'élève devait s'imprégner de règles à la fois formelles et morales. De l'école pour tous, installée dans chaque village avec un seul maître, jusqu'au collège impérial, l'esprit apprenait à s'incarner dans la lettre. La rectitude morale et la piété filiale y étaient enseignées comme les vertus cardinales. L'instituteur vietnamien était également un maître de vie. Il enseignait aussi bien l'art de la calligraphie, que la musique, la poésie et la géographie. Les rythmes scolaires traditionnels étaient soutenus et les punitions corporelles inexistantes. Les maîtres étaient considérés, très aimés, et se comportaient comme des frères aînés dont le rôle consiste plus à guider qu'à imposer. Au début de la conquête, les Français abandonnèrent l'instruction proprement dite à ces écoles traditionnelles et aux missions catholiques. Puis ils tentèrent de moderniser le système en mettant en place un système dit « franco-indigène » en 1906.

Face à cette école confucéenne très vivace, populaire et bien implantée, la première campagne de francisation, brutale, mécanique fut une catastrophe. Une écrasante majorité de la population vietnamienne connaissait alors plus ou moins bien les idéogrammes chinois utilisés pour écrire le vietnamien. Dans le but de briser l'unité culturelle, les Français interdirent l'utilisation à l'école des caractères chinois qu'ils remplacèrent par le français, et par le quac-ngu, sorte d'alphabet romanisé. Le gouvernement général de l'Indochine s'aperçut rapidement du désastre que provoquait sa politique d'enseignement et certains administrateurs firent même leur mea culpa : « On ne voit pas bien aujourd'hui au nom de quel principe, de quelle conception mystique de la civilisation occidentale, un État républicain qui a sécularisé chez lui l'enseignement officiel voudrait, à son tour, renverser les prétendues idoles en Indochine et faire table rase des doctrines morales qui leur sont enseignées, pour leur substituer on ne sait quelle orthodoxie philosophique présentée avec la même intolérance qu'une orthodoxie religieuse », dira courageusement l'un d'entre eux, qu'on sut écouter. Cf. Louis Saloun, *L'Indochine, op. cit*.

26. Comme l'explique si bien le livre de Trinh Van Thao, *L'école française en Indochine*, Karthala, 1995. Voir aussi le mémoire de Nguyen Van Ky, *Les Vietnamiens et l'enseignement franco-indigène*, mémoire DEA, Inalco, 1983.

27. *La vie matérielle*, P.O.L., 1987, réédition Folio, 1994, p. 60.

28. *Ibid.*, p. 62.

29. Écrivait-elle dans ses cahiers d'écolier pendant la guerre. Archives IMEC.

30. *L'amant*, p. 21.

31. *La vie matérielle*, p. 32.

32. Cf. Élisabeth Laffus, « Mémoire quand tu nous mens », *Pour la science*, Duche, 1998.

33. *La vie matérielle*, p. 32.

34. *Ibid.*

35. Archives IMEC.

36. Inédit (page sans date). Archives IMEC.

37. Même si Marguerite laissera libre cours à l'imagination de ses bio-

graphes, l'hypothèse de l'amant chinois de la mère paraît — vu les mœurs de celle-ci et les mentalités de l'époque — fortement invraisemblable. En revanche, plusieurs amies de Marguerite, ayant vécu comme elle longtemps en Indochine, témoignent — et leur visage aussi aujourd'hui — d'une imprégnation physique et sensuelle de cette terre sur leur corps. Quant au *Chinois et Marguerite* d'Angelo Morino (éditions Sellezio, Palerme, 1997), il s'agit d'une brillante interprétation psychanalytique et non d'une biographie appuyée sur des documents.

38. Dit-elle à François Peraldi cité par Christine Blot-Labarrère, *Marguerite Duras*, coll. Les contemporains, Seuil, 1992, p. 42.

39. *Le monde extérieur*, P.O.L., 1993, et conversations avec l'auteur, 3 mars 1990.

40. *L'amant*, p. 58, 59.

41. Entretien de l'auteur avec Marguerite Duras, 18 janvier 1996.

42. *La vie matérielle*, p. 131.

43. *Ibid.*, p. 30.

44. *L'amant de la Chine du Nord*, p. 38.

45. Car, à l'époque, rappelons-le, l'effectif total des filles scolarisées ne dépasse pas 8 % des élèves.

46. *Les lieux de Marguerite Duras*, p. 54.

47. *L'amant*, p. 34.

48. *Ibid.*, p. 104-105.

49. *Nuit noire Calcutta*, notes inédites. Archives IMEC.

50. *Le vice-consul*, Gallimard, 1965, p. 57.

51. Dans cet entretien, sa mémoire lui joue des tours. Elle dit avoir douze ans lors de cet épisode.

52. *Le Monde*, 29 juillet 1974.

53. Entretien de Marguerite Duras avec Claude Berri, octobre 1996.

54. *L'amant de la Chine du Nord*, p. 28.

55. *L'Eden Cinéma*, p. 26.

56. Le droit de devenir concessionnaire et de prendre part à une adjudication n'est reconnu qu'à des sociétés régulièrement constituées ou à des sujets français dont les noms doivent être soumis à l'agrément de l'administration qui sera juge des conditions dans lesquelles la cession est faite. Cf. A. Maybon, *L'Indochine, op. cit.*

57. *Les lieux de Marguerite Duras*, p. 56.

58. Archives nationales d'outre-mer, Aix-en-Provence.

59. Texte retrouvé dans ses archives, non daté. Archives IMEC.

60. *L'amant de la Chine du Nord*, p. 12.

61. *Ibid.*

62. *Les lieux de Marguerite Duras*, p. 59.

63. Roland Dorgelès, *Sur la route mandarine*, Albin Michel, 1925, réédition Kailash, 1995, p. 115.

64. Bernard Moitessier, *Tamata et l'Alliance*, Arthaud, 1993, p. 39.

65. *L'Eden Cinéma*, p. 21.

66. *Un barrage contre le Pacifique*, p. 164.

67. *Ibid.*, p. 234.

68. Marguerite Duras et Xavière Gauthier, *Les parleuses*, Minuit, 1974, p. 139.

69. *L'Eden Cinéma*, p. 4.

70. Poème rédigé au moment du travail d'adaptation radiophonique avec Geneviève Serreau. Archives IMEC.

71. « La mise en valeur du pays a été faite avant nous et se continuera sans nous. Il suffit de voir le paysan natif à sa rizière pour se rendre compte qu'il n'y a pas beaucoup mieux à faire après lui que ce qu'il y fait depuis des siècles » (Louis Saloun, *L'Indochine, op. cit.*).

72. *Un barrage contre le Pacifique*, p. 162.
73. Manuscrit inédit. Archives IMEC.
74. Archives IMEC.
75. *L'Eden Cinéma*, p. 34.
76. Archives IMEC.
77. Archives IMEC.
78. Archives IMEC.
79. Manuscrit inédit. Archives IMEC.
80. Entretien de l'auteur avec Max Bergier, 16 septembre 1996.

II. LA MÈRE, LA PETITE, L'AMANT

1. Manuscrit inédit, cahier contenant des fragments de *L'amant*, du *Barrage contre le Pacifique*, du *Boa*. Archives IMEC.
2. *Le boa* in *Des journées entières dans les arbres*, Gallimard, 1954, réédition Biblos, p. 996.
3. Manuscrit de *L'amant*, Archives IMEC.
4. Delly : pseudonyme adopté par Jeanne-Marie et Frédéric Petitjean de La Rosière pour signer d'innombrables romans populaires moralisants. Marguerite Duras aimait particulièrement *Magali* (1910).
5. Entretien de l'auteur avec Marguerite Duras, janvier 1990.
6. Entretien de l'auteur avec Denise Augé, 18 mars 1995.
7. *L'amant de la Chine du Nord*, p. 160-161.
8. *Ibid.*, p. 48.
9. *Un barrage contre le Pacifique*, p. 178.
10. *L'amant de la Chine du Nord*, p. 42.
11. Cf. *Un barrage contre le Pacifique*, où M. Jo n'a d'intérêt à ses yeux que parce qu'il a un diamant, p. 178.
12. Archives IMEC.
13. *L'amant de la Chine du Nord*, p. 101.
14. *Un barrage contre le Pacifique*, p. 178.
15. *L'amant*, p. 36.
16. Archives IMEC.
17. *L'amant*, p. 18.
18. *L'amant de la Chine du Nord*, p. 39.
19. *Ibid.*, p. 47.
20. Archives IMEC.
21. Archives IMEC.
22. Archives IMEC.
23. Archives IMEC.
24. Entretien Marguerite Duras-Claude Berri. Archives Claude Berri.
25. *L'amant de la Chine du Nord*, p. 52.
26. Archives IMEC.
27. Archives IMEC.
28. Archives IMEC.
29. R. Dorgelès, *op. cit.*
30. Archives IMEC.
31. Archives IMEC.
32. Archives IMEC.
33. Archives IMEC.
34. Archives IMEC.
35. Entretien inédit de M. Duras avec Claude Berri. Archives Claude Berri.
36. Archives IMEC.
37. Manuscrit inédit. Archives IMEC.
38. Entretien avec Luce Perrot. Archives IMEC.

39. Lire à ce propos *La montée des nationalismes*, Denise Bouché. En 1929-1930, il y eut une indéniable agitation dans le pays. À partir du 1er mai 1930, le Parti communiste vietnamien organise des grèves, des marches, des mises à sac de bâtiments administratifs. En 1931, l'administration reprend le dessus et exerce une terrible répression. À l'occasion de la visite de Paul Reynaud en Indochine, Phom Quynh affirme, au nom des siens, le patriotisme vietnamien : « Nous sommes un peuple qui va à la recherche d'une patrie et qui ne l'a pas encore trouvée. Cette patrie, monsieur le ministre, ne peut être pour nous la France. » Le livre de Werth a fait scandale. On accusa l'auteur d'être au service des bolcheviques et même de l'Intelligence Service ! Werth a réagi en témoin engagé d'un régime colonial cruel, pervers et autocrate. Six ans plus tard, le constat sur la colonisation en Indochine sera aussi dur et le diagnostic tout aussi violent.

40. Dans ce texte emporté et lyrique, Malraux fustige le jeu des entreprises coloniales et d'une administration complice, dénonce l'absence de la loi de l'État. L'Indochine est loin, ça permet d'entendre mal les cris qu'on y pousse. Cet aventurier, parti en Indochine une première fois, en 1923, desceller quelques statues, avait découvert la violence des mœurs coloniales et la corruption de l'administration. Il avait créé en 1925 le quotidien *L'Indochine*, qui réclamait déjà l'égalité des droits. Les pressions furent multiples, les intimidations incessantes. Les élites coloniales crièrent au scandale et le journal dut cesser sa parution, mais Malraux continua son combat en France. La situation a empiré, constate la journaliste Andrée Viollis en débarquant en Indochine en 1931. Face aux sociétés secrètes et aux associations d'étudiants annamites marxistes qui réclament l'autonomie, le pouvoir colonial riposte par une répression accrue dans les campagnes et par un emprisonnement massif d'étudiants contestataires dans les villes.

41. Archives IMEC.

42. Entretien non daté. Archives IMEC.

III. MARGUERITE, ROBERT ET DIONYS

1. Notamment à François Mitterrand, Monique Antelme et Georges Beauchamp.

2. Entretien de l'auteur avec Dionys Mascolo, 4 juin 1996.

3. Cahiers non datés. Archives IMEC.

4. Citation d'André Chamson dans son premier numéro du 8 novembre 1935.

5. Entretien de l'auteur avec France Brunel, 5 septembre 1996.

6. Entretien de l'auteur avec France Brunel, 11 juillet 1996.

7. Extrait d'un entretien radiophonique retranscrit, sans date. Archives IMEC.

8. Archives personnelles, Jean-Louis Jacquet.

9. Pierre Péan, *Une jeunesse française, François Mitterrand (1934-1947)*, Fayard, 1994.

10. *Ibid.*, p. 47.

11. Film de Jean Mascolo et Jean-Marc Turine, *Le groupe de la rue Saint-Benoît*. Disponible à la Vidéothèque de Paris.

12. *Ibid.*

13. Entretien de l'auteur avec Georges Beauchamp, 23 avril 1996.

14. Entretien de l'auteur avec Edgar Morin, 18 septembre 1995.

15. Ce texte publié anonymement en 1976 dans le premier numéro de la revue *Sorcières*, consacré à la nourriture, a été très vite revendiqué par Marguerite Duras.

16. Dominique rencontre Jean Toussaint Desanti dans ces années-là, au

cours d'un bal à Normale sup. Elle raconte dans ses Mémoires, *Ce que le siècle m'a dit* (Plon, 1997), qu'ils n'avaient pas vraiment le temps de se livrer à leur activité préférée : le bouche-à-bouche dans les bistrots ou les câlins dans la chambre de bonne. Le désir politique les appelait à s'égosiller dans des défilés aux cris de : « Des canons, des avions pour l'Espagne », à aller à Billancourt pour soutenir les grévistes de mai-juin 1936, à passer les vacances dans les auberges de jeunesse, où les étudiants se mêlaient à de jeunes ouvriers.

17. *La garçonne* de Victor Margueritte, 1922.
18. Entretien de l'auteur avec Henri Thano, 30 décembre 1997.
19. Cf. P. Péan, *op. cit.*, chap. « Journaliste à *L'Écho de Paris* », p. 61.
20. Entretien de l'auteur avec Jacques Benet, 15 avril 1996.
21. Comme l'explique Hervé Lottman dans *La rive gauche, du Front populaire à la guerre froide*, Seuil, 1981.
22. Cf. P. Péan, *op. cit.*, chap. « Le coup d'État intérieur : Dieu et Béatrice », p. 77.
23. Entretien de l'auteur avec François Mitterrand, 7 septembre 1995.
24. Michel Winock et Jacques Julliard, *Dictionnaire des intellectuels*, Seuil, 1996.
25. *Ibid.*
26. Correspondance de Robert Antelme. Archives privées France Brunel.
27. Cf. H. Lottman, *op. cit.*, chap. « Plongeon dans la barbarie ».
28. Entretien de l'auteur avec Jacques Benet, 8 avril 1996.
29. *Libres*, 22 juin 1945.
30. Entretiens de l'auteur avec Monique Antelme et Georges Beauchamp, mars-avril 1996.
31. Comme le fait remarquer Bertrand Favreau dans sa biographie de Georges Mandel, *Georges Mandel ou la passion de la république*, Fayard, 1996. Lire aussi Nicolas Sarkozy, *Mandel*, Grasset, 1997.
32. Entretien de l'auteur avec Jacques Benet, mars 1996.
33. Entretiens de l'auteur avec Dionys Mascolo, février, mars, avril 1996.
34. D. Desanti, *op. cit.*
35. Archives privées France Brunel.
36. Journaux de Raymond Queneau, Gallimard, 1996.
37. Cf. P. Péan, *op. cit.*, chap. « Le sergent Mitterrand au front ».
38. *Lettres au Castor et à quelques autres (1940-1963)*, Gallimard, 1983.
39. Cf. B. Favreau, *op. cit.*
40. Cf. Pierre Assouline, *Gaston Gallimard. Un demi-siècle d'édition française*, Balland, 1984, réédition Points Seuil, 1996.
41. Le gouvernement considère l'Empire comme un réservoir d'hommes. L'indifférence à l'égard de l'Empire semble avoir gagné du terrain. Dès 1935, G. Hanotaux remarque que l'opinion s'est endormie sur le succès de l'Exposition coloniale.
42. *L'Empire français*.
43. Cf. B. Favreau, *op. cit.*
44. Entretien de l'auteur avec Jacques Benet, mars 1995.
45. Entretien de l'auteur avec Georges Beauchamp, septembre 1994.
46. Inédit de *L'amant*. Archives IMEC.
47. À Dominique Fernandez à la publication de *Porfirio et Constance*, Grasset, 1991. Entretiens de l'auteur avec Dominique Fernandez, mars 1995.
48. P. Assouline, *op. cit.*, p. 319.
49. Comme le confirme Dominique Fernandez qui a su avec deux romans, *L'école du Sud* et *Porfirio et Constance*, exorciser la mémoire de son père.
50. « Molière », *NRF*, 1929, et « André Gide », *NRF*, 1931.
51. Archives IMEC.
52. Elle les fera revivre dans *L'amant*.
53. Entretien de l'auteur avec Marguerite Duras, avril 1990.

54. Archives IMEC.
55. P. Assouline, *op. cit.*, p. 319.
56. R. Queneau, *op. cit.*
57. Dominique Arban, *Je me retournerai souvent. Souvenirs*, Flammarion, 1990.
58. Entretien de l'auteur avec Jean Mascolo, 18 septembre 1996.
59. Cf. P. Assouline, *op. cit.*
60. Archives IMEC.
61. Archives IMEC.
62. Archives IMEC.
63. Comme le dit justement Christine Blot-Labarrère dans son livre *Marguerite Duras, op. cit.*

IV. DE LA COLLABORATION À LA RÉSISTANCE

1. À ce propos lire les travaux de Lottman et d'Assouline, après ceux de Paxton et de Klarsfeld.
2. Pascal Fouché, *L'édition française sous l'Occupation*, BLFC, 1987.
3. Entretien de l'auteur avec Lison Zuber, 12 novembre 1996.
4. Entretien de l'auteur avec Claude Roy, 3 avril 1996.
5. Cité par P. Fouché, *op. cit.*, t. II.
6. Entretien de l'auteur avec Dionys Mascolo, mai 1996.
7. Entretien de l'auteur avec Dionys Mascolo, avril 1995.
8. Archives IMEC.
9. Entretien de Marguerite Duras avec Luce Perrot.
10. Jean Galtier-Boissière cité par H. Lottman, *op. cit.*
11. Jean-Louis Crémieux-Brilhac, *La France libre*, Gallimard, 1996.
12. Entretien de l'auteur avec Dionys Mascolo, 24 mars 1996.
13. Entretien de l'auteur avec Dionys Mascolo, 12 mars 1996.
14. Entretien de l'auteur avec Dionys Mascolo, 7 mai 1996.
15. *Les yeux verts*, p. 148. Édit. Cahiers du cinéma, 1987.
16. « *Les impudents* est l'œuvre d'une jeune romancière qui témoigne dès l'abord d'un des dons essentiels de son art : celui de remuer de nombreux personnages, de les grouper, de les tenir en main et de les débrider soudain, et de suivre chacun d'eux au milieu de tous les autres sans être obligée de les distinguer sans cesse par des traits trop appuyés. Assurément, Madame Marguerite Duras doit plus ou moins rêver ses héros, se laisser obséder par eux. D'autre part, les personnages de Madame Marguerite Duras ne sont pas copiés sur place : elle semble séparée d'eux, quand elle écrit, par une certaine épaisseur de passé, d'où vient qu'ils sont déjà pris, quand elle les conçoit, dans la chimie du subconscient. Elle est maîtresse de les rêver, mais ils gardent, on le sent, la possibilité et comme le droit de la dérouter elle-même. La famille Grant-Tanneran (ces deux noms correspondent à deux pères successifs, maris successifs de l'actuelle Madame Tanneran) compose une de ces familles originales et quelque peu désordonnées comme il s'en rencontre beaucoup plus qu'on ne croit dans notre petite moyenne bourgeoisie. Sur ce fond se détachent Jacques et sa sœur Maud. Jacques, qui vient de perdre sa femme, victime d'un accident, est " très intelligent sans avoir jamais connu les joies de l'esprit ". Mais il est bien plus compliqué que cela : " Jacques était méchant par une sorte de retournement sur lui-même. Le bien le décourageait à l'avance et il l'évitait soigneusement ; *il n'osait être meilleur, parce que tout commencement, fût-ce même celui d'une attitude,* est aride et désolé comme la pointe du jour. " Voilà de l'excellente psychologie, le contraire de cette psychologie de confection dont tant de romanciers, et non des moindres, se contentent. Jacques est dépensier, poursuivi par les traites : c'est un joueur de son destin. Maud, au contraire,

n'est pas constitutionnellement faite pour l'état de réfractaire. Repliée sur elle-même sans être sournoise, sa vie se compose sur le rythme alterné de sourds et profonds replis sur elle-même et d'une aspiration à la fuite (non à la fugue) qui est l'effet moins du désespoir que d'un subtil désir de vivre et de régner. C'est qu'il faut dire que les Grant-Tanneran, qui ne choisissaient jamais leurs meubles, qui vivaient comme distraits les uns des autres et à la fois prodigieusement présents les uns aux autres, où la haine et l'attachement étaient comme des masques tour à tour posés sur le mystère ou la confusion de leurs sentiments, étaient tout à fait propres à déséquilibrer un jeune être en quête de donner un sens à sa vie. Le retour dans un domaine du Midi où Maud avait vécu enfant va faire éclater le drame. Prise entre les présences de Jean Pécresse et de Georges Durieux, Maud va s'orienter vers ce dernier par l'effet de ce qu'on pourrait appeler un psychotropisme. Les sentiments, les mouvements intérieurs de la jeune fille sont ici indiqués avec une belle et rare franchise qui exclut ces préciosités à retardement qu'on trouve trop souvent sous les plumes féminines : " Maud n'éprouvait aucune joie à voir Georges, puisqu'il restait aussi indifférent. Dans son opposition muette, elle engageait toute la volonté d'une femme décidée à triompher coûte que coûte d'un refus dont elle ignorait même la cause. Elle s'y appliquait sans orgueil. Retenir Georges quelques instants, prolonger son supplice, cela l'attachait à elle plus encore, sans qu'il le sût. Il y a là l'entêtement d'une petite sauvage civilisée qui jette d'un coup les cartes de sa vie. " Dans une atmosphère de chaleur et de tragédie (prise dans la tension des Grant, comme par une courroie, une jeune femme se suicide). Maud se donne à Durieux, et la notation des sentiments de Maud vis-à-vis de son amant, de sa famille, d'elle-même, de son frère et l'indication de la haine singulière qu'elle lui porte sont d'une excellente venue. Tout cela paraît à la fois étrange et naturel. Les hésitations mêmes de Georges, ses effacements devant elle, servent son destin. Et Maud, de son côté, doit retourner à Paris avant de repartir afin de le rejoindre. Il semble qu'elle ne puisse se décider qu'en isolant dans sa mémoire le jeune homme et le cadre de leurs singulières amours. Le roman abonde en impressions très fines des paysages et des âmes, de ces impressions qu'en même temps on croyait ignorer et qu'on croit reconnaître. Certes, le roman est centré sur le personnage de Maud, l'univers des *Impudents* coïncide avec l'univers intérieur de la jeune femme. C'est un être vivant environné d'apparitions. Quand l'auteur aura raffermi son style qui parfois bronche et où la phrase parfois semble se distraire d'elle-même, elle aura tout à fait mis au point son incontestable talent. »
R. Fernandez, in *Panorama*, « Hebdomadaire européen » (dirigé par Pietro Solari et R. Cardinne Petit), n° 15, 27 mai 1943.

17. Entretien de l'auteur avec Dionys Mascolo, 12 septembre 1996.
18. P. Péan, *op. cit.*
19. Entretien de l'auteur avec Jacques Benet, 5 octobre 1995.
20. Entretien de l'auteur avec Jacques Benet, 13 mai 1995.
21. Entretien de l'auteur avec Jacques Benet, novembre 1995.
22. Alain Peyrefitte, *C'était de Gaulle*, De Fallois/Fayard, 1997.
23. Cf. P. Péan, *op. cit.*, chap. « Le girondisme ».
24. *L'Autre Journal*, 26 février-4 mars 1986.
25. Entretien de l'auteur avec François Mitterrand, 8 septembre 1995.
26. Archives Dionys Mascolo.
27. Archives Dionys Mascolo.
28. Archives Dionys Mascolo.
29. Entretien de l'auteur avec Dionys Mascolo, 24 mars 1996.
30. Entretien de l'auteur avec Dionys Mascolo, 17 avril 1996.
31. Entretien de l'auteur avec Edgar Morin, 4 décembre 1995.
32. Film *Le groupe de la rue Saint-Benoît, op. cit.*
33. P. Péan, *op. cit.*, p. 251.

34. A. Peyrefitte, *op. cit*.
35. Archives Dionys Mascolo.
36. *L'Autre Journal*, 26 février-4 mars 1986.
37. Entretien de l'auteur avec François Mitterrand, octobre 1995.
38. Publié dans *Robert Antelme. Textes inédits sur « L'espèce humaine ». Essais et témoignages*, Gallimard, 1996.
39. *L'Autre Journal*, 26 février-4 mars 1986.
40. *La douleur*, P.O.L., 1985, réédition Folio, 1993, p. 91.
41. *Ibid.*, p. 93.
42. Entretien de l'auteur avec Paul Otchakovsky-Laurens, 4 mai 1996.
43. Avant-propos de *La douleur*, p. 12.
44. *Ibid.*, p. 90.
45. *Ibid.*, p. 93.
46. *Ibid.*, p. 94.
47. Entretien de l'auteur avec François Mitterrand, 23 mai 1995.
48. Dans *La douleur*, dans l'entretien avec Mitterrand pour *L'Autre Journal* et dans un entretien avec l'auteur.
49. *La douleur*, p. 96.
50. Entretien de l'auteur avec Paulette Delval, décembre 1995.
51. *L'Autre Journal*, 26 février-4 mars 1986.
52. *Ibid.*
53. Entretien de l'auteur avec Georges Beauchamp, 25 novembre 1996.
54. *La douleur*, p. 120-121.
55. Entretien de l'auteur avec Jean Munier, 4 décembre 1996.
56. Entretien de l'auteur avec Jean Munier, septembre 1995.
57. *L'Autre Journal*, 26 février-4 mars 1986.
58. *La douleur*, p. 100.
59. *Ibid.*, p. 110-111.
60. Archives IMEC.
61. Archives IMEC.
62. *L'Autre Journal*, 26 février-4 mars 1986.
63. *La douleur*, p. 134.
64. *L'Autre Journal*, 26 février-4 mars 1986.
65. Entretien de l'auteur avec Nicole Courant, 4 octobre 1996.
66. Entretien de l'auteur avec Dionys Mascolo, avril 1995.
67. Entretien de l'auteur avec Nicole Courant et Dionys Mascolo, mars-avril 1995.
68. A. Peyrefitte, *op. cit.*, t. II. Mitterrand, dans une ordonnance prise en mai 1944 par le Gouvernement provisoire grâce à l'appui d'Henri Frenay, titulaire du Commissariat aux prisonniers, est nommé secrétaire général, à titre intérimaire, précise de Gaulle. Il a vingt-sept ans.
69. *L'Homme libre*, 22 août 1944.
70. Entretien de l'auteur avec Georges Beauchamp, 15 septembre 1995.
71. Entretien de l'auteur avec Georges Beauchamp, septembre 1995.
72. Archives IMEC.
73. Entretien de l'auteur avec Bernard Guillochon, 26 décembre 1996.
74. Entretien de l'auteur avec Edgar Morin, 3 février 1995.
75. *L'Autre Journal*, 26 février-4 mars 1986.
76. Entretien de l'auteur avec Paulette Delval, 13 décembre 1996.
77. Entretien de l'auteur avec François Mitterrand, mars-avril 1995.
78. Cf. P. Péan, *op. cit.* ; chap. « Marguerite, Edgar, François et les autres ».
79. Entretien de l'auteur avec Paulette Delval, 2 février 1997.
80. Entretien de l'auteur avec François Mitterrand, mars-avril 1995.
81. Entretien de l'auteur avec Dionys Mascolo, 17 avril 1995.
82. Archives Luce Perrot.
83. *Les Cahiers du cinéma*, juillet 1985.

84. Entretien de l'auteur avec Paulette Delval, janvier 1996.
85. Dossier Delval. Archives nationales.
86. Procès-verbal, dossier Delval. Archives nationales.
87. Dossier Delval, Archives nationales.
88. Dossier Delval, Archives nationales.
89. Entretien de l'auteur avec Paulette Delval, 8 décembre 1996, et entretien de l'auteur avec Dionys Mascolo, 26 mai 1996.
90. Entretien de l'auteur avec Paulette Delval, janvier 1996.
91. Entretien de l'auteur avec P. Péan, novembre 1995.
92. *L'Autre Journal*, 26 février-4 mars 1986.
93. *La fin d'été* restera un titre prévisionnel.
94. Elle dira avoir mis deux ans pour l'écrire.
95. Forcer Gaston à partir et à prendre une retraite anticipée est même envisagé. Est-ce l'influence de Sartre, de Paulhan, l'absence de pouvoir de ce comité d'épuration de l'édition ou le fait que la quasi-totalité de l'édition avait collaboré ? Toujours est-il qu'il ne se passa rien. Comme le fait remarquer Pierre Assouline : « On a le sentiment que la machine tourne à vide et que, en haut lieu, les responsables sont d'accord avec les éditeurs pour que rien ne se passe. »
96. Maurice Nadeau, bien plus tard, lors de la parution du *Barrage*, l'évoquera en disant qu'il avait eu du succès et que son titre était *Les palombes*.
97. Le livre trouvera une seconde vie lors de sa réimpression en 1972.
98. Raymond Queneau en 1963, dans les *Cahiers Renaud-Barrault*, notera les références à *L'étranger* de Camus, paru en 1942, ainsi que l'usage systématique du passé indéfini, tic de cette époque et dont d'ailleurs l'auteur n'abusait pas.
99. *Écrire*, Gallimard, 1993, Folio, p. 36.
100. Publié le 9 février 1945.
101. Archives IMEC.
102. Edgar Morin, Suzie Rousset, Dionys Mascolo.
103. Entretien de l'auteur avec Dionys Mascolo, mars-avril 1996.
104. Archives IMEC.
105. *La douleur*, p. 51.
106. Archives IMEC.
107. *La douleur*, p. 65.
108. Entretien de l'auteur avec M. Bugeaud et Jacques Benet, mars-avril 1995.
109. Entretien de l'auteur avec Georges Beauchamp, septembre 1995.
110. Entretien de l'auteur avec Dionys Mascolo, mars-avril 1995.
111. Dionys Mascolo, *Autour d'un effort de mémoire. Sur une lettre de Robert Antelme*, Maurice Nadeau, 1988, p. 53.
112. *Ibid.*, p. 56.
113. Entretien de l'auteur avec Dionys Mascolo, mars-avril 1996.
114. *La douleur*, p. 71.
115. *Ibid.*, p. 75.
116. D. Mascolo, *op. cit.* Voir aussi la revue *Lignes*, n° 33, mars 1998, « Avec Dionys Mascolo », où la lettre de R. Antelme, après son exclusion du Parti, est intégralement reproduite.
117. Souligné par l'auteur.
118. Archives Dionys Mascolo.
119. *La douleur*, p. 79.
120. *Ibid.*, p. 80.
121. Archives Dionys Mascolo.

V. LE DÉSENCHANTEMENT

1. Jean-Pierre Rioux, *La France de la IVe République*, t. I, *L'ardeur et la nécessité (1944-1952)*, Seuil, 1980.
2. Archives IMEC.
3. 12 % des Français, en avril 1945, pensent que la Résistance peut encore fonder un parti.
4. Entretien de l'auteur avec Dionys Mascolo, 4 mai 1996.
5. J.-P. Rioux, *op. cit.*
6. Entretien de l'auteur avec Dionys Mascolo, avril 1996.
7. Entretien de l'auteur avec Edgar Morin, 12 novembre 1995.
8. Dionys Mascolo, *À la recherche d'un communisme de pensée*, Fourbis, 1993.
9. Annie Kriegel, *Ce que j'ai cru comprendre*, Robert Laffont, 1991.
10. *Ibid.*
11. *Le monde extérieur*, P.O.L., 1993, p. 30.
12. *Ibid.*
13. *Outside*, « Le rêve heureux du crime », p. 354.
14. Entretien de l'auteur avec Marguerite Duras, 11 novembre 1990.
15. Entretien de l'auteur avec Monique Antelme, 14 octobre 1995.
16. Archives Dionys Mascolo.
17. *Autour d'un effort de mémoire, op. cit.*
18. Journal. Archives Dionys Mascolo.
19. Entretien de l'auteur avec Dionys Mascolo, avril 1996.
20. Entretien de l'auteur avec Jacques-Francis Rolland, 25 avril 1996.
21. Entretien de l'auteur avec Dionys Mascolo, 12 avril 1996.
22. *Les hommes et les autres*, Gallimard, 1947.
23. Il s'en explique dans sa postface de *L'Œillet rouge*, Gallimard, 1950.
24. Claude Roy, *Nous*, Gallimard, 1972.
25. D. Desanti, *Ce que le siècle m'a dit, op. cit.*
26. Entretien de l'auteur avec Edgar Morin, 4 mai 1995.
27. Archives IMEC.
28. Entretien de l'auteur avec Monique Antelme, 4 octobre 1995.
29. Archives IMEC.
30. Archives IMEC.
31. « La littéralité des faits », *France-Observateur*, 8 juin 1958.
32. Article republié dans *Robert Antelme, textes inédits sur « L'espèce humaine », op. cit.*
33. *Ibid.*
34. *Jeunesse de l'Église*, n° 9, septembre 1948, *ibid.*
35. Comme le souligne Dominique Fernandez.
36. Entretien de l'auteur avec Pierre Daix, 3 mars 1997.
37. Entretien de l'auteur avec Pierre Daix, février 1997.
38. Archives Dionys Mascolo.
39. Manuscrit *Les yeux verts*. Archives IMEC.
40. Entretien de l'auteur avec Bernard Guillochon, 12 mars 1997.
41. Extrait de la lettre de Robert Antelme au secrétariat de la fédération de la Seine du PCF, reproduite dans *Lignes*, n° 33, mars 1998.
42. Entretien de l'auteur avec Jorge Semprun, 23 février 1998.
43. Entretien de l'auteur avec Edgar Morin, 8 mars 1996.
44. Entretien de l'auteur avec Jorge Semprun, 12 décembre 1996.
45. Entretien de l'auteur avec Pierre Daix, 12 décembre 1996.
46. Entretien de l'auteur avec Pierre Daix, 12 décembre 1996.
47. Entretien de l'auteur avec Jorge Semprun, 23 février 1998.

48. *Autocritique, op. cit.*
49. Archives IMEC.
50. À Benoît Jacquot dans une conversation inédite, prélude à *Écrire*. Archives IMEC.
51. Entretien de l'auteur avec Marguerite Duras, 8 avril 1994.
52. Entretien de l'auteur avec Dionys Mascolo, 18 avril 1996.
53. *Cahiers Renaud-Barrault*, décembre 1965.
54. Concourent cette année-là pour le prix : Serge Groussard (*La femme sans passé*), Paul Colin (*Les jeux sauvages*), Michel Zenaffa (*L'écume et le sel*), Hervé Bazin (*La mort du petit cheval*), Georges Arnaud (*Le salaire de la peur*), Gérard Bourtelleau (*Les ventriloques*) et Jean Hougron (*Tu récolteras la tempête*). En tout onze auteurs pour quatre prix : Goncourt, Femina, Renaudot, Interallié.
55. *Le Nouvel Observateur*, 28 septembre 1984.
56. Cité en exergue du chapitre 3 du livre de Christine Blot-Labarrère, *op. cit.*
57. *Le Nouvel Observateur*, 28 septembre 1984.
58. Entretien de l'auteur avec Edgar Morin, 22 septembre 1996.
59. *Outside*, p. 351.
60. Archives Dionys Mascolo.
61. Archives Dionys Mascolo.
62. Simone de Beauvoir, *Lettres à Nelson Algren* (1947-1966), Gallimard, 1997.
63. *Les yeux verts, op. cit.*, p. 187.
64. Archives IMEC.
65. Maurice Blanchot, *Le livre à venir*, Gallimard, 1959.
66. Entretien reproduit dans le coffret de Radio France édité par Jean-Marc Turine, *Le ravissement de la parole*, 1996.
67. *Le Travailleur du Maroc*, 31 octobre 1952.
68. Entretien de l'auteur avec Marguerite Duras, 16 mars 1994.
69. Archives IMEC.
70. *Le Figaro littéraire*, 29 novembre 1953.
71. *La Croix*, 29 octobre 1953.
72. *Les Nouvelles littéraires*, 11 décembre 1953.
73. *L'Observateur littéraire*, 31 octobre 1953.
74. *Le Nouvel Observateur*, 14-20 juin 1985.
75. *New York Times*, 17 octobre 1976.
76. En 1988, à l'occasion d'un livre collectif sur la mère, Marguerite Duras avouait : « L'image que j'ai d'elle, ce n'est pas une très bonne image, une image qui n'est pas tout à fait nette. Je la revois m'empêchant de l'embrasser, me repoussant de la main, laisse-moi tranquille. J'écris toujours sur elle. Elle est toujours là. » Texte repris dans *Le monde extérieur*.
77. Publié une première fois dans une version légèrement différente dans *Les Temps modernes*.
78. Entretien de l'auteur avec François Mitterrand, mars 1995.
79. Entretien de l'auteur avec Robert Gallimard, 18 octobre 1995.
80. Ernest Hemingway, *Les vertes collines d'Afrique*, Gallimard, 1937.
81. Entretien de l'auteur avec Louis-René des Forêts, 18 février 1995.
82. *NRF*, n° 39, 1er mars 1956, p. 492-503.
83. Entretien de l'auteur avec Claude Roy, 3 octobre 1994.
84. Archives Gallimard, 23 avril 1956.
85. Entretien de l'auteur avec Maurice Nadeau, 17 mars 1996.
86. Archives IMEC.
87. *L'Observateur*, 4 avril 1957.
88. *Libération*, 13 mars 1957.
89. Reportage dans *Paris-Normandie*, 8 mars 1957.
90. *Dimanche*, 19 février 1956.

91. Cf. lettre de Marguerite Duras à Gaston Gallimard le 2 mars 1954. Archives Gallimard.
92. *Paris-Normandie*, 6 décembre 1956.
93. *Le Figaro*, 3 mai 1957.
94. Mais la pièce s'inscrira au répertoire du théâtre contemporain. Elle sera reprise en 1960 dans cette version abrégée par José Quaglia, puis, en janvier 1965, donnée dans sa version intégrale au théâtre Daniel Sorano par Évelyne Istria et Alexandre Astruc.
95. *La vie matérielle*, p. 105-106.
96. *Les parleuses*, p. 59.
97. *La vie matérielle*, p. 20.
98. *Le ravissement de la parole, op. cit.*
99. Entretien avec Pierre Assouline, *Lire*, nº 112, juin 1985.
100. Entretien de l'auteur avec Alain Robbe-Grillet, 16 juin 1996.
101. Entretien de l'auteur avec Alain Robbe-Grillet, 23 juin 1996.
102. *Les parleuses*.
103. Entretien de l'auteur avec Dionys Mascolo, 18 janvier 1996.
104. Dans un article de la *NRF* — réputée gaulliste — consacré à Proust, après le 13 mai 1958, dans une note en bas de page, il avait tenu à exprimer son désaccord politique : le coup d'État est un néant auquel il faut opposer notre propre néant. Cela faisait vingt ans qu'il s'était abstenu de prendre position en politique. Et à l'époque il était profasciste.
105. Préface du livre de Dionys Mascolo *À la recherche d'un communisme de pensée.*
106. *France-Observateur*, 24 juillet 1958.
107. *France-Observateur*, 31 juillet 1958.
108. Colette Garrigues, interrogée par Outa et Jean-Marc Turine trente ans après, dans le film *L'esprit d'insoumission.*
109. En 1980, dans l'avant-propos d'*Outside* où, à la suggestion de Jean-Luc Hennig qu'elle accepta tout de suite, elle a regroupé certains de ses articles avec, en premier, « Les fleurs de l'Algérien », à ses yeux un des plus importants.
110. *Outside*, p. 8.
111. Toujours elle se met à la place des accusés pour dénoncer l'intolérable d'une injustice de quelque ordre qu'elle soit, subie par un peuple tout entier ou par un seul individu, affirmera-t-elle en 1980 dans l'avant-propos d'*Outside*.
112. *France-Observateur*, 1957.
113. *France-Observateur*, 8 mai 1958.
114. *Ibid.*
115. *Paris-Presse*, 30 avril 1958.
116. *Arts*, 7 mai 1958.
117. *Combat*, 7 mai 1958.
118. *L'Express*, 8 mai 1958.
119. Entretien de l'auteur avec Alain Resnais, 6 décembre 1997.
120. Entretien de l'auteur avec Alain Resnais, 4 février 1996.
121. Préparation pour le film. Archives IMEC.
122. *Image et son*, nº 128.
123. Archives IMEC.
124. Archives IMEC.
125. « Ces évidences nocturnes ». Archives IMEC.
126. Entretien de l'auteur avec Alain Resnais, 4 février 1996.
127. *Le ravissement de la parole, op. cit.*
128. Entretien de l'auteur avec Madeleine Alleins, 18 septembre 1995.
129. *Le monde extérieur*, p. 106.
130. Entretien de l'auteur avec Louis-René des Forêts, 18 février 1995.
131. *Outside*, p. 119.
132. *Les yeux verts*, p. 18.

133. *La vie matérielle*, p. 82.
134. *Les lieux de Marguerite Duras, op. cit.*, p. 85.
135. Entretien de l'auteur avec Marguerite Duras, 8 mars 1995.
136. *La vie matérielle,* p. 82.
137. Entretien de l'auteur avec Dionys Mascolo, 17 mai 1995.
138. Entretien de l'auteur avec Dionys Mascolo, 18 janvier 1996.
139. Fonds Dionys Mascolo. Archives IMEC.
140. Entretien de l'auteur avec Jean Daniel, 8 février 1996, repris par Jean Daniel le 25 février 1998.
141. *Libération,* 1er octobre 1985.
142. Voir *La guerre d'Algérie sous la IVe République.*
143. Archives IMEC.
144. Entretien de Marguerite Duras avec Jean Schuster, publié dans le n° 1 de *L'Archibras.*
145. Entretien de Marguerite Duras avec Madeleine Alleins. Cf. Madeleine Alleins, *Marguerite Duras, médium du réel,* L'Âge d'homme, 1984.
146. Archives IMEC.
147. Archives IMEC.
148. Archives IMEC.
149. Archives IMEC.
150. *Le ravissement de la parole, op. cit.*
151. *Ibid.*
152. Archives IMEC.
153. *L'après-midi de Monsieur Andesmas*, Gallimard, 1962, rééd. L'Imaginaire, 1990, p. 95.
154. Archives IMEC.
155. Entretien de l'auteur avec Alain Resnais, 6 décembre 1997.
156. *Les parleuses*, p. 81-82.
157. Entretien de l'auteur avec Anatole Dauman, 4 avril 1996. Lire aussi Anatole Dauman, *Souvenir écran*, Centre Georges Pompidou, 1996, p. 105, 111, 117.
158. Archives IMEC.

VI. LES TRAITÉS DE LA PERDITION : DE *LOL V. STEIN* À *AURÉLIA STEINER*

1. Conversation avec Jean-Louis Barrault, *Cahiers Renaud-Barrault,* n° 91, septembre 1996.
2. Archives IMEC.
3. Archives IMEC.
4. *Le ravissement de Lol V. Stein*, Gallimard, 1964, Folio, 1994, p. 48.
5. Archives IMEC.
6. *Cahiers Renaud-Barrault,* décembre 1965, numéro spécial repris dans *Marguerite Duras* par Marguerite Duras, Jacques Lacan, Maurice Blanchot, Dionys Mascolo, Xavière Gauthier, Albatros, 1975.
7. Arts, 15-21 avril 1964.
8. Citation reprise dans *Duras, romans, cinémas, théâtre : un parcours 1943-1993*, Gallimard, Quarto, 1997.
9. Ce film sera diffusé le 29 mars 1964.
10. Langlois le ressortira vingt ans plus tard à la Cinémathèque et le film alors fut couvert d'éloges.
11. Entretien de l'auteur avec Michel Mitrani, 10 septembre 1997.
12. Pour un film de télévision qui ne verra jamais le jour, ce qui permettra à Jules Dassin de reprendre le projet pour un film de cinéma.
13. Pour la télévision allemande.

14. Archives IMEC.
15. Pièce jouée à l'Athénée par Jean Leuvrais et Loleh à partir de septembre 1962. Pour James Lord (entretien avec l'auteur, le 18 novembre 1997), la collaboration avec Marguerite ne fut pas facile. Elle se montra possessive, autoritaire. Marguerite Duras admire le jeu de Loleh Bellon. Pour elle, en 1968, elle écrira une pièce : *Suzanna Andler.*
16. *Vogue* 1966 repris dans *Outside*, p. 290.
17. « Rencontre au théâtre », *Cahiers Renaud-Barrault*, n° 91, septembre 1996.
18. Archives IMEC.
19. Reprise par le *New York Times*, Helen Garey Bishop, 17 octobre 1976.
20. Archives IMEC.
21. *Réalités*, mars 1963.
22. *Les Lettres nouvelles.*
23. *Écrire*, p. 35-51. Elle évoque à plusieurs reprises ses difficultés à retranscrire l'univers du *Vice-consul.*
24. Archives Marin Karmitz.
25. Archives Marin Karmitz. De même les citations de la p. 402.
26. Entretiens de l'auteur avec Marin Karmitz, 18-24 avril 1996.
27. *Le ravissement de la parole, op. cit.*
28. *Ibid.*
29. Archives IMEC.
30. Archives IMEC.
31. Convention précédant la publication du texte de la pièce, *Théâtre I*, Gallimard, 1965.
32. Entretien de l'auteur avec Marguerite Duras, 18 mars 1995.
33. *Les Cahiers du cinéma*, février 1967.
34. *Outside*, p. 254.
35. Écrivain, auteur du *Repos du guerrier* (1958), des *Petits enfants du siècle* (1961) et des *Stances à Sophie* (1963) aux éditions Grasset.
36. Entretien de l'auteur avec Robert Hossein, 20 mars 1996.
37. *Arts*, 27 juillet et 2 août 1966.
38. Entretien de l'auteur avec Paul Seban, 4 février 1996.
39. Entretien de l'auteur avec Robert Hossein, 11 mars 1996.
40. Repris dans *Outside*, p. 296.
41. *Combat*, 3 février 1967.
42. *Les Nouvelles littéraires*, 9 décembre 1967.
43. Interview inédite par Jean Daniel de Jeanne Moreau et Marguerite Duras, 17 septembre 1965. Archives IMEC.
44. Archives IMEC.
45. *Cinéma 66*, décembre 1966.
46. *Combat*, 28 novembre 1966.
47. Dans l'entretien publié dans le programme de théâtre distribué aux spectateurs. Archives IMEC.
48. *Les Nouvelles littéraires*, 23 mars 1967.
49. Avant-propos, programme de théâtre. Archives IMEC.
50. RTL, 7 mai 1967, réédité dans *50 ans de Festival de Cannes*, Cahiers du Cinéma, 1997.
51. Archives Henri Chatelain.
52. *Le ravissement de la parole, op. cit.*
53. Préparation des entretiens d'Alain Vircondelet. Archives IMEC. Lire aussi *Duras*, Julliard, 1991, *Marguerite Duras*, Écriture, 1994, *Pour Duras*, Calmann-Lévy, 1995, *Marguerite Duras*, Le Chêne, 1996.
54. *Ibid.*
55. *Le ravissement de la parole, op. cit.*
56. Entretien de l'auteur avec Alain Robbe-Grillet, 16 juin 1996.

57. *Ibid.*
58. Archives Gallimard.
59. *La Quinzaine littéraire*, 16-30 juin 1969.
60. Ce qu'elle confirmera à Pascal Bonitzer. Archives IMEC.
61. Entretien de l'auteur avec Michelle Porte, 21 mai 1996.
62. Entretien de l'auteur avec Michaël Lonsdale, 4 avril 1996.
63. Notes sur le film. Archives IMEC.
64. Notes sur le film. Archives IMEC.
65. Archives IMEC.
66. Jean de Baroncelli, *Le Monde*, 17 décembre 1969.
67. Archives IMEC.
68. Entretien de l'auteur avec Marguerite Duras, 4 mars 1995.
69. A. Vircondelet, *op. cit.*
70. Archives IMEC.
71. *Le ravissement de la parole, op. cit.*
72. *Ibid.* et Archives IMEC.
73. Pierre Desproges, « Les Piles », sketch au cours du spectacle donné au théâtre Grévin en octobre 1986 : « Hiroshima mon amour ! Quel étrange cri disait Marguerite Yourcenar à propos de ce titre de Marguerite Duras !... Marguerite Duras, vous en avez entendu parler quand même ?... Marguerite Duras, l'apologiste sénile des infanticides ruraux... Marguerite Duras n'a pas écrit que des conneries... elle en a aussi filmé... C'est vrai, quel étrange cri : Hiroshima mon amour — pourquoi pas Auschwitz mon loulou !... »
74. Entretien préparatoire au numéro spécial des *Cahiers du Cinéma, Les yeux verts.* Archives IMEC.
75. *Ibid.*
76. Entretien de l'auteur, avec Jean-Marc Turine, 16 mai 1996.
77. *Les Cahiers du cinéma*, n° 501, avril 1996.
78. *Les yeux ouverts.*
79. Dans une note manuscrite retrouvée dans les notes préparatoires du film *Jaune le soleil.* Archives IMEC.
80. Archives IMEC.
81. Archives IMEC.
82. *Les parleuses*, p. 72, 73, 75.
83. *Les Cahiers du cinéma*, n° 501, avril 1996.
84. Une expression qu'elle utilise dans *Les lieux de Marguerite Duras.*
85. *Les Cahiers du cinéma*, n° 501, avril 1996.
86. *Ibid.*
87. Commande de Peter Hall, directeur du National Theatre de Londres.
88. *Cahiers Renaud-Barrault*, n° 91, septembre 1996.
89. *Les parleuses*, p. 171.
90. Archives IMEC.
91. Archives IMEC.
92. Archives IMEC.
93. Archives IMEC.
94. *Les Cahiers du cinéma,* n° 501, avril 1996.
95. Entretiens inédits avec Dominique Noguez. Archives IMEC.
96. Dominique Noguez, *Les films de Marguerite Duras*, production du ministère des Affaires étrangères.
97. *Le ravissement de la parole, op. cit.*
98. Entretien de l'auteur avec Michaël Lonsdale, 4 avril 1996.
99. D. Noguez, *op. cit.*
100. *Outside*, p. 328.
101. *Le ravissement de la parole, op. cit.*
102. Archives IMEC.
103. Archives Gallimard.

104. *Marguerite Duras*, Albatros, *op. cit.*
105. *Les parleuses*, p. 33.
106. *Les yeux verts*, p. 18.
107. *Les parleuses*, p. 43.
108. *Les lieux de Marguerite Duras*, p. 98-99.
109. Entretien de l'auteur avec Bruno Nuytten, 8 octobre 1996.
110. Archives IMEC.
111. Entretien de l'auteur avec Marguerite Duras, 8 avril 1994.
112. *Le Monde*, 29 juillet 1974.
113. Entretien de l'auteur avec Bruno Nuytten, 8 octobre 1996.
114. Archives IMEC.
115. Entretien de l'auteur avec Claude Régy, 8 octobre 1995.
116. Archives IMEC.
117. D. Noguez, *op. cit.*
118. *Ibid.*
119. *Les Cahiers du cinéma*, n° 501, avril 1996.
120. Archives IMEC.
121. Michelle Porte, *Le camion*, Minuit, 1977, p. 99.
122. *Ibid.*, p. 73.
123. Festival de Cannes, conférence de Marguerite Duras.
124. *La vie matérielle*, p. 23.
125. *Ibid.*, p. 24.
126. Au départ deux émissions de télévision, *Les lieux de Marguerite Duras*, produites par l'Institut national de l'audiovisuel et diffusées en mai 1976 par TF1.
127. Archives IMEC.
128. *Le Quotidien de Paris*, 25 octobre 1977.
129. Archives IMEC.
130. *Le Quotidien de Paris*, 25 octobre 1977.
131. Remarques générales publiées à la fin de *L'Eden-Cinéma.*
132. Archives IMEC.
133. Préface du *Navire Night*, Mercure de France, 1979, réédition Folio.
134. Dans un texte publié par *Le Monde*, 19 novembre 1992.
135. Préface au *Navire Night.*
136. Archives IMEC.
137. *Les yeux verts*, p. 17.
138. *Marguerite Duras à Montréal*, textes et entretiens réunis par Suzanne Lamy et André Roy, Québec, Spirale, 1981.
139. Michèle Manceaux, *L'amie*, Albin Michel, 1996.

VII. LE PARC DES AMANTS

1. *Les parleuses*, p. 240.
2. *Ibid.*, p. 239.
3. *Les Nouvelles littéraires*, juin 1990.
4. *La vie matérielle*, p. 25.
5. Archives IMEC.
6. Entretien de l'auteur avec Jean-Pierre Ceton, 14 septembre 1996.
7. Entretien de l'auteur avec Serge July, 3 février 1998.
8. Entretien de l'auteur avec Henri Chatelain, 14 octobre 1996.
9. Entretien de l'auteur avec Henri Chatelain, 25 novembre 1996.
10. *Yann Andréa Steiner*, P.O.L., 1992, p. 17.
11. *Ibid.*, p. 20.
12. *Ibid.*, p. 27.
13. *L'été 80*, Minuit, 1980, p. 91.

14. *Yann Andréa Steiner*, p. 129-130.
15. *Marguerite Duras à Montréal, op. cit.*
16. Archives IMEC.
17. M. Manceaux, *op. cit.*
18. Archives IMEC.
19. Émission pour France Culture, notes sténographiques. Archives IMEC.
20. Archives IMEC.
21. Archives IMEC.
22. Entretien sténographique inédit. Archives IMEC.
23. *Ibid.*
24. Archives IMEC.
25. *Marguerite Duras à Montréal, op. cit.*
26. Entretien de l'auteur avec Luce Perrot, 6 juin 1997.
27. *Le ravissement de la parole, op. cit.*
28. *Marguerite Duras à Montréal, op. cit.* Déclaration reprise dans l'entretien avec Anne Sinclair, publié dans *Elle*, 8 décembre 1986.
29. *Marguerite Duras à Montréal, op. cit.*
30. Archives IMEC.
31. *Marguerite Duras à Montréal, op. cit.*
32. *Le Nouvel Observateur*, 13 avril 1981.
33. *L'été 80*, p. 38.
34. Interview de Jean-Jacques Fieschi. Archives IMEC.
35. Archives IMEC.
36. Archives IMEC.
37. Archives IMEC.
38. Archives IMEC.
39. Entretien de Marguerite Duras avec Claire Devarrieux, *Le Monde*, 6 octobre 1981.
40. M. Manceaux, *op. cit.*
41. *L'homme atlantique*, Minuit, 1985, p. 31.
42. *Le monde extérieur*, p. 14.
43. « À propos de l'Homme Atlantique », *Des femmes*, hebdo, mars 1982.
44. *Le Monde*, 27 novembre 1981.
45. Manuscrit inédit d'*Écrire.* Archives IMEC.
46. Préface à la nouvelle édition augmentée, *Savannah Bay*, Minuit, 1983.
47. Elle l'avouera alors à Marianne Alphant. *Le bon plaisir*, diffusé sur France Culture en septembre 1984, repris dans *Le ravissement de la parole, op. cit.* À Michèle Manceaux elle dit : « On est des clochards » (*op. cit.*, p. 144).
48. Yann Andréa, *M.D.*, Minuit, 1983, p. 9-13.
49. Entretien avec Marianne Alphant, *op. cit.*
50. Jean-Pierre Ceton, *La fiction Emmedée*, Rocher, 1997.
51. Entretien de l'auteur avec Marguerite Duras, 18 mars 1995.
52. Entretien de l'auteur avec Michelle Porte, 4 novembre 1996.
53. Y. Andréa, *op. cit.*, p. 118.
54. Archives IMEC.
55. Manuscrit de *La maladie de la mort.* Archives IMEC.
56. *Libération*, 4 janvier 1983.
57. M. Manceaux, *op. cit.*, p. 149.
58. *Le Quotidien de Paris*, 30 septembre 1983.
59. Film de Michelle Porte.
60. *Le Monde*, 5 octobre 1983.
61. M. Manceaux, *op. cit.*, p. 126.
62. *Le monde extérieur*, p. 25.
63. *Libération*, 5 janvier 1983.
64. Archives IMEC.
65. *La vie matérielle*, p. 33.

66. Interprétation reprise et commentée par Alain Robbe-Grillet, entretien avec l'auteur, 16 juin 1996.
67. *L'amant*, p. 14-15.
68. Reprenant les thèses émises par Gilles Deleuze dans *Logique du sens* (Minuit, 1969) dans un entretien publié dans *Caractères*, n° 7, la revue semestrielle du fonds d'aide à la création littéraire de Basse-Normandie (1996).
69. *Libération*, 4 septembre 1984.
70. *Ibid.*
71. *Ibid.*
72. *Ibid.*
73. *Le Monde*, 14 janvier 1983.
74. Entretien de l'auteur avec Jérôme Lindon, 8 juin 1996.
75. « Hommage à Marguerite Duras », *Les Cahiers du cinéma*, janvier 1985.
76. *Le Nouvel Observateur*, 31 août 1984.
77. *Libération*, 13 novembre 1984.
78. *Télérama*, 14 novembre 1984.
79. *Paris-Match*, 21 novembre 1984.
80. *Le bon plaisir*, France Culture, 20 octobre 1984.
81. Édition vidéographique, réalisation Jérôme Beaujour et Jean Mascolo, 13 décembre 1984, ministère des Relations extérieures sous la direction de P. Gallet.
82. *Libération*, 20 novembre 1984.
83. Repris dans *Outside*, p. 330-332.
84. *Libération*, 13 décembre 1984.
85. *Libération*, 2 avril 1985.
86. Archives IMEC.
87. *Le Monde*, 17 février 1985.
88. Cf. *Libération*, 20 mai 1985, article dans la rubrique « Déceptions atroces ».
89. Sa femme, Monique, se souvient de son indignation et de sa mine décomposée après la lecture du texte où son ancienne épouse décrit littéralement, avec force détails, l'évolution de sa merde. La brouille, entre eux, était déjà consommée depuis dix ans : au cours d'une soirée mémorable passée au restaurant les Charpentiers, Robert avait dit à Marguerite que son narcissisme et son autoglorification permanente devenaient insupportables. Marguerite avait quitté la table.
90. Elle dira à François Mitterrand que si elle avait attendu si longtemps pour le publier, c'est aussi parce qu'elle avait voulu préserver l'enfant de Rabier-Delval (*L'Autre Journal*, 26 février-4 mars 1986).
91. *Libération*, 17 avril 1985.
92. Entretien de l'auteur avec Paul Otchakovsky-Laurens, 16 juin 1996.
93. *La douleur*, p. 39.
94. Archives Jacques Benet.
95. Entretien de l'auteur avec François Mitterrand, 8 avril 1994.
96. *Les Cahiers du cinéma*, septembre 1996.
97. *Les Cahiers du cinéma*, n° 375, juillet-septembre 1985.
98. *Le Nouvel Observateur*, 19 avril 1985.
99. Texte qu'elle a donné pour commenter le film *Les enfants* à l'occasion de la rétrospective de la Cinémathèque française, tiré d'un entretien réalisé par Danièle Blain.
100. *Le Figaro*, 23 février 1985.
101. Michel Perez, *Le Matin*, 22 février 1985.
102. Gérard Lefort, *Libération*, 22 février 1985.
103. *Les Cahiers du cinéma*, septembre 1995.
104. *Ibid.*
105. *L'Événement du jeudi*, 25-31 juillet 1985.

106. Archives IMEC.
107. Entretien de l'auteur avec François Mitterrand, 8 avril 1994.
108. Merci à Henri Chatelain de m'avoir procuré ce document resté inédit et indicatif de son état d'esprit.
109. Archives Henri Chatelain.
110. Archives IMEC.
111. Entretien de l'auteur avec Michel Butel, 4 octobre 1996. L'article ne sera publié qu'en février 1986, dans le premier numéro de *L'Autre Journal*.
112. Lettre à Antoine Gallimard non datée. Archives Gallimard.
113. Entretien de l'auteur avec Paul Otchakovsky-Laurens, 18 décembre 1997.
114. *Libération*, 8 mai 1986.
115. *Le ravissement de la parole, op. cit.*
116. Archives IMEC.
117. Archives IMEC.
118. *La Tribune de Genève*, 24 novembre 1986.
119. *France-Soir*, 3 mai 1986.
120. *Le Quotidien de Paris*, 6 janvier 1986.
121. *Libération*, 14 mars 1986.
122. *Le Figaro*, 11 février 1986.
123. *La vie matérielle*.
124. *Le bon plaisir*, France Culture, *op. cit.*
125. *Le ravissement de la parole*.
126. *Libération*, 13 octobre 1987.
127. Article sur Tapie, 28 juillet 1993.
128. TF1, juillet 1988.
129. *La vie matérielle*, p. 132.
130. Archives IMEC.
131. *Libération*, 15 décembre 1987.
132. Archives IMEC.
133. *Libération*, 11 janvier 1990.
134. *Ibid.*
135. *Le ravissement de la parole, op. cit.*
136. *Libération*, 11 janvier 1990.
137. *Le Nouvel Observateur*, 11-17 janvier 1990.
138. *L'Express*, février 1990.
139. *L'Événement du jeudi*, 1er-7 février 1990.
140. Note, 28 avril 1992. Archives IMEC.
141. *Libération*, 11 janvier 1990.
142. *L'Autre Journal*, nº 3, 12 mars 1986.
143. *L'Événement du jeudi*, 1er-7 février 1990. Entretien avec Jean-Marcel Bouguereau.
144. *L'Événement du jeudi*, 11-17 janvier 1990.
145. *Globe*, juillet-août 1988.
146. *Le Magazine littéraire*, juin 1990.
147. *Outside*, p. 345-346.
148. Archives Claude Berri.
149. Entretien de l'auteur avec Jean-Jacques Annaud, 18 septembre 1995.
150. Entretien de l'auteur avec Claude Berri, 8 octobre 1996.
151. Entretien de l'auteur avec Jérôme Lindon, 8 juin 1996.
152. Entretien de l'auteur avec Marguerite Duras, 8 avril 1994.
153. Entretien de l'auteur avec Jérôme Lindon, 8 juin 1996.
154. Archives IMEC.
155. Archives IMEC.
156. Archives IMEC.
157. Entretien de l'auteur avec Marguerite Duras, 8 avril 1994.

158. *Libération*, 13 juin 1991, entretien avec Marianne Alphant.
159. *Ibid.*
160. Entretien de l'auteur avec Jean-Jacques Annaud, 18 septembre 1995. Affirmation contestée par Outa qui affirme que Marguerite n'a jamais vu le film.
161. Pièce montée par Didier Bezace.
162. Archives IMEC.
163. *Le Point*, 27 juin 1992.
164. *Yann Andréa Steiner*, p. 15.
165. Archives IMEC.
166. Archives IMEC.
167. Note sur le manuscrit d'*Écrire*. Archives IMEC.
168. Image, Caroline Champetier. Son, Michel Vionnel.
169. Cf. Frédérique Lebelley, *op. cit.*
170. Entretien de l'auteur avec Marguerite Duras, 8 avril 1994.
171. À l'occasion d'une photographie parue dans *Vogue* et prise par Dominique Isserman.
172. Chez Mondadori, Petite Bibliothèque Oscar, 1995.

INDEX DES PERSONNES CITÉES

ŒUVRES DE MARGUERITE DURAS

LES IMPUDENTS, 1943, roman, Plon-réédition 1992, Gallimard.
LA VIE TRANQUILLE, 1944, roman, Gallimard.
UN BARRAGE CONTRE LE PACIFIQUE, 1950, roman, Gallimard.
LE MARIN DE GIBRALTAR, 1952, roman, Gallimard.
LES PETITS CHEVAUX DE TARQUINIA, 1953, roman, Gallimard.
DES JOURNÉES ENTIÈRES DANS LES ARBRES, suivi de : LE BOA - MADAME DODIN - LES CHANTIERS, 1954, récits, Gallimard.
LE SQUARE, 1955, roman, Gallimard.
MODERATO CANTABILE, 1958, roman, Éditions de Minuit.
LES VIADUCS DE LA SEINE-ET-OISE, 1959, théâtre, Gallimard.
DIX HEURES ET DEMIE DU SOIR EN ÉTÉ, 1960, roman, Gallimard.
HIROSHIMA MON AMOUR, 1960, scénario et dialogues, Gallimard.
UNE AUSSI LONGUE ABSENCE, 1961, scénario et dialogues, en collaboration avec Gérard Jarlot, Gallimard.
L'APRÈS-MIDI DE MONSIEUR ANDESMAS, 1962, récit, Gallimard.
LE RAVISSEMENT DE LOL V. STEIN, 1964, roman, Gallimard.
THÉÂTRE I : LES EAUX ET FORÊTS - LE SQUARE - LA MUSICA, 1965, Gallimard.
LE VICE-CONSUL, 1965, Gallimard.
LA MUSICA, 1966, film co-réalisé par Paul Seban, distr. Artistes Associés.
L'AMANTE ANGLAISE, 1967, roman, Gallimard.
L'AMANTE ANGLAISE, 1968, théâtre, Cahiers du Théâtre national populaire.
THÉÂTRE II : SUZANNA ANDLER - DES JOURNÉES ENTIÈRES DANS LES ARBRES - YES, PEUT-ÊTRE - LE SHAGA - UN HOMME EST VENU ME VOIR, 1968, Gallimard.
DÉTRUIRE, DIT-ELLE, 1969, Éditions de Minuit.
DÉTRUIRE, DIT-ELLE, 1969, film, distr. Benoît-Jacob.
ABAHN SABANA DAVID, 1970, Gallimard.
L'AMOUR, 1971, Gallimard.
JAUNE LE SOLEIL, 1971, film, distr. Films Molière.
NATHALIE GRANGER, 1972, film, distr. Films Molière.

INDIA SONG, 1973, texte, théâtre, film, Gallimard.
LA FEMME DU GANGE, 1973, film, distr. Benoît-Jacob.
NATHALIE GRANGER, suivi de LA FEMME DU GANGE, 1973, Gallimard.
LES PARLEUSES, 1974, entretiens avec Xavière Gauthier, Éditions de Minuit.
INDIA SONG, 1975, film, distr. Films Armorial.
BAXTER, VERA BAXTER, 1976, film, distr. N.E.F. Diffusion.
SON NOM DE VENISE DANS CALCUTTA DÉSERT, 1976, film, distr. Benoît-Jacob.
DES JOURNÉES ENTIÈRES DANS LES ARBRES, 1976, film, distr. Benoît-Jacob.
LE CAMION, 1977, film, distr. D.D. Prod.
LE CAMION, suivi de ENTRETIEN AVEC MICHELLE PORTE, 1977, Éditions de Minuit.
LES LIEUX DE MARGUERITE DURAS, 1977, en collaboration avec Michelle Porte, Éditions de Minuit.
L'EDEN-CINÉMA, 1977, théâtre, Mercure de France.
LE NAVIRE NIGHT, 1978, film, Films du Losange.
LE NAVIRE NIGHT, suivi de CÉSARÉE, LES MAINS NÉGATIVES, AURÉLIA STEINER, AURÉLIA STEINER, AURÉLIA STEINER, 1979, Mercure de France.
CÉSARÉE, 1979, film, Films du Losange.
LES MAINS NÉGATIVES, 1979, film, Films du Losange.
AURÉLIA STEINER, DIT AURÉLIA MELBOURNE, 1979, film, Film Paris-Audiovisuels.
AURÉLIA STEINER, DIT AURÉLIA VANCOUVER, 1979, film, Films du Losange.
VERA BAXTER OU LES PLAGES DE L'ATLANTIQUE, 1980, Albatros.
L'HOMME ASSIS DANS LE COULOIR, 1980, récit, Éditions de Minuit.
L'ÉTÉ 80, 1980, Éditions de Minuit.
LES YEUX VERTS, 1980, Cahiers du Cinéma.
AGATHA, 1981, Éditions de Minuit.
AGATHA OU LES LECTURES ILLIMITÉES, 1981, film, prod. Berthemont.
OUTSIDE, 1981, Albin Michel, rééd. P.O.L., 1984.
LA JEUNE FILLE ET L'ENFANT, 1981, cassette, Des femmes éd. Adaptation de L'ÉTÉ 80 par Yann Andréa, lue par Marguerite Duras.
DIALOGUE DE ROME, 1982, film, prod. Coop. Longa Gittata. Rome.
L'HOMME ATLANTIQUE, 1981, film, prod. Berthemont.
L'HOMME ATLANTIQUE, 1982, récit, Éditions de Minuit.
SAVANNAH BAY, 1re éd., 1982, 2e éd. augmentée, 1983, Éditions de Minuit.
LA MALADIE DE LA MORT, 1982, récit, Éditions de Minuit.
THÉÂTRE III : LA BÊTE DANS LA JUNGLE, d'après Henry James, adaptation de James Lord et Marguerite Duras — LES PAPIERS

D'ASPERN, d'après Henry James, adaptation de Marguerite Duras et Robert Antelme — LA DANSE DE MORT, d'après August Strindberg, adaptation de Marguerite Duras, 1984, Gallimard.
L'AMANT, 1984, Éditions de Minuit.
LA DOULEUR, 1985, P.O.L.
LA MUSICA DEUXIÈME, 1985, Gallimard.
LA MOUETTE DE TCHEKHOV, 1985, Gallimard.
LES ENFANTS, avec Jean Mascolo et Jean-Marc Turine, 1985, film.
YEUX BLEUS CHEVEUX NOIRS, 1986, roman, Éditions de Minuit.
LA PUTE DE LA CÔTE NORMANDE, 1986, Éditions de Minuit.
LA VIE MATÉRIELLE, 1987, P.O.L.
EMILY L., 1987, roman, Éditions de Minuit.
LA PLUIE D'ÉTÉ, 1990, roman, P.O.L.
L'AMANT DE LA CHINE DU NORD, 1991, roman, Gallimard.
YANN ANDRÉA STEINER, 1992, roman, P.O.L.
ÉCRIRE, 1993, Gallimard.
C'EST TOUT, 1995, P.O.L.
ROMANS, CINÉMA, THÉÂTRE, UN PARCOURS 1943-1993. 1997, Gallimard, collection « Quarto ».

Ce livre n'aurait pu se faire sans l'appui et l'aide de : Monique Antelme, Dionys Mascolo, Jean Mascolo, Edgar Morin ; qu'ils en soient ici vivement remerciés.

Cette enquête est le fruit de nombreuses rencontres et de multiples entretiens réalisés pendant plusieurs années. Toutes et tous acceptèrent de remonter le temps et de livrer leurs souvenirs. Je les remercie de leur patience et de leur générosité.

Madeleine ALLEINS, Yann ANDRÉA, Jean-Jacques ANNAUD, Denise AUGÉ, Nicole BAUCHARD, Georges BEAUCHAMP, Jérôme BEAUJOUR, Jacques BENET, Pierre BÉNICHOU, Max BERGIER, Claude BERRI, Maurice BLANCHOT, Nicole BOUCHARD, France BRUNEL, Michel BUTEL, Jean-Pierre CETON, Henri CHATELAIN, Henri COLPI, Michel COURNOT, Pierre DAIX, Jean DANIEL, Anatole DAUMAN, Paulette DELVAL, Louis-René DES FORÊTS, Dominique DESANTI, Geneviève DUFOUR, Roland DUMAS, Dominique FERNANDEZ, Robert GALLIMARD, Xavière GAUTHIER, Marcel HAEDRICH, Robert HOSSEIN, Jean-Louis JACQUET, Benoît JACQUOT, Eva JARLOT, Marin KARMITZ, Odette LAIGLE, Claude LANZMANN, Antoine LEFÉBURE, Bernard LE GUILLOCHON, Jérôme LINDON, Michaël LONSDALE, James LORD, Michel MITRANI, François MITTERRAND, Patrick MODIANO, Jeanne MOREAU, Jean MUNIER, Maurice NADEAU, Violette NAVILLE, Bruno NUYTTEN, Bulle OGIER, Paul OTCHAKOVSKY-LAURENS, Robert PANSARD-BESSON, Pierre PÉAN, Luce PERROT, Michel PICCOLI, Michelle PORTE, France QUEYREL, Claude RÉGY, Alain RESNAIS, Alain ROBBE-GRILLET, Jacques-Francis ROLLAND, Claude ROY, Paul SEBAN, Jorge SEMPRUN, Jacques TRONEL, Jean-Marc TURINE, Yvette.

Lily Phan, Alban Cerisier des archives Gallimard ont été pendant toute ma recherche des interlocuteurs patients et attentionnés.

Albert Dichy, Olivier Corpet, François Laurent de l'Institut de la Mémoire de l'édition contemporaine m'ont accueillie et aidée sans cesse à comprendre le fonds Marguerite Duras.

Sans la confiance de Jean Mascolo, je n'aurais pu y avoir accès.

Pour l'édition de ce livre, Isabelle Gallimard, Teresa Cremisi et Georges Liébert ont été des éditeurs amicaux précieux.

M'ont accompagnée, aidée et encouragée tout au long Alain Veinstein, Anne-Julie Bémont, Christine Lhérault.

Annexes

Appendices

DU MÊME AUTEUR

À L'AUBE DU FÉMINISME. LES PREMIÈRES JOURNALISTES, Payot, 1979.

SECRETS D'ALCÔVE : UNE HISTOIRE DU COUPLE DE 1830 À 1930, Hachette littératures, 1983/réédition Complexe, 1990.

L'AMOUR À L'ARSENIC : HISTOIRE DE MARIE LAFARGE, Denoël, 1986.

LA VIE QUOTIDIENNE DANS LES MAISONS CLOSES DE 1830 À 1930, Hachette, 1990.

LES FEMMES POLITIQUES, Seuil, 1994.

L'ANNÉE DES ADIEUX, Flammarion, 1995/réédition J'ai lu, 1996.

En collaboration :

MISÉRABLE ET GLORIEUSE. LA FEMME AU XIXe SIÈCLE (sous la direction de Jean-Paul Aron), Fayard, 1981.

AVIGNON : 40 ANS DE FESTIVAL (avec Alain Veinstein), Hachette, 1987.

Achevé d'imprimer
sur Roto-Page
par l'Imprimerie Floch
à Mayenne, le 6 août 1998.
Dépôt légal : août 1998.
Numéro d'imprimeur : 43582.
ISBN 2-07-074523-6 / Imprimé en France.

76065